谨以此书献给

为中国水运基础设施建设事业作出贡献的决策者、建设者、管理者

"十四五"时期国家重点出版物出版专项规划项目

Record of
Port and Waterway Engineering
Construction in

China

中国水运工程建设实录

（1978 — 2015）

第二卷·沿海港口与航道工程（上）

中华人民共和国交通运输部

人民交通出版社股份有限公司

北　京

内 容 提 要

本书分为发展篇、管理篇、科技篇、开放篇、成就篇，共九卷十三章。内容包括改革开放以来的中国水运事业、水运基础设施建设规划及前期工作、水运工程建设法律法规、水运工程建设与管理、水运工程建设技术标准、水运工程建设科技创新与应用、水运工程建设对外合作与交流、沿海港口与航道工程、内河港口工程、内河航道工程、内河通航建筑物（船闸与升船机）、水运支持保障系统工程、重要水工工程等。

本书集中梳理了改革开放以来我国水运事业的发展历程，特别是水运基础设施建设方面的巨大成就，较为系统地总结了我国水路交通发展的实践经验，具有很强的学术价值和史料价值，可供水运工程建设行业相关人员阅读、学习与查询参考。

图书在版编目（CIP）数据

中国水运工程建设实录：1978—2015／中华人民共和国交通运输部组织编写. — 北京：人民交通出版社股份有限公司，2021.6

ISBN 978-7-114-17354-7

Ⅰ.①中⋯ Ⅱ.①中⋯ Ⅲ.①航道工程—工程建设—中国—1978—2015 Ⅳ.①U61

中国版本图书馆 CIP 数据核字（2021）第 100900 号

审图号：GS（2021）2063 号

Zhongguo Shuiyun Gongcheng Jianshe Shilu(1978—2015)　Di-Er Juan·Yanhai Gangkou yu Hangdao Gongcheng (Shang)

书　　　　　名：	中国水运工程建设实录（1978—2015）　第二卷·沿海港口与航道工程（上）
著　　作　　者：	中华人民共和国交通运输部
本卷责任编辑：	崔　建　林春江　卢　珊　王景景
本卷责任校对：	孙国靖　扈　婕
责 任 印 制：	张　凯
出 版 发 行：	人民交通出版社股份有限公司
地　　　　　址：	（100011）北京市朝阳区安定门外外馆斜街 3 号
网　　　　　址：	http://www.ccpcl.com.cn
销 售 电 话：	（010）59757973
总 经 销：	人民交通出版社股份有限公司发行部
经　　　　　销：	各地新华书店
印　　　　　刷：	北京印匠彩色印刷有限公司
开　　　　　本：	787×1092　1/16
印　　　　　张：	354.75
字　　　　　数：	6620 千
版　　　　　次：	2021 年 6 月　第 1 版
印　　　　　次：	2021 年 6 月　第 1 次印刷
书　　　　　号：	ISBN 978-7-114-17354-7
定　　　　　价：	2980.00 元（全九卷）

（有印刷、装订质量问题的图书由本公司负责调换）

《中国水运工程建设实录(1978—2015)》
编 审 委 员 会

参 编 单 位

交通运输部办公厅
交通运输部政策研究室
交通运输部综合规划司
交通运输部人事教育司
交通运输部财务审计司
交通运输部水运局
交通运输部科技司
交通运输部国际合作司
交通运输部海事局
交通运输部救助打捞局
天津市交通运输委员会
河北省交通运输厅
辽宁省交通运输厅
黑龙江省交通运输厅
上海市交通委员会
江苏省交通运输厅
浙江省交通运输厅
安徽省交通运输厅
福建省交通运输厅
江西省交通运输厅
山东省交通运输厅
河南省交通运输厅
湖北省交通运输厅

湖南省交通运输厅

广东省交通运输厅

广西壮族自治区交通运输厅

海南省交通运输厅

重庆市交通局

四川省交通运输厅

贵州省交通运输厅

云南省交通运输厅

陕西省交通运输厅

中国远洋海运集团有限公司

招商局集团有限公司

中国交通建设集团有限公司

交通运输部长江航务管理局

交通运输部珠江航务管理局

交通运输部规划研究院

交通运输部科学研究院

交通运输部水运科学研究院

交通运输部天津水运工程科学研究院

水利部交通运输部国家能源局南京水利科学研究院

人民交通出版社股份有限公司

中国交通通信信息中心

中国船级社

大连海事大学

重庆交通大学

上海海事大学

上海航运交易所

中国引航协会

参编人员

丁军华	丁武雄	于广学	于传见	于金义	于海洋
万东亚	万 宇	万 亨	马兆亮	马进荣	马 良
马绍珍	马格琪	马朝阳	王大鹏	王义青	王文博
王平义	王 东	王目昌	王仙美	王永兴	王吉刚
王吉春	王达川	王 伟	王多银	王庆普	王阳红
王如正	王纪锋	王孝元	王 杨	王 坚	王 岚
王灿强	王 宏	王 坤	王 奇	王欣铭	王建华
王建军	王洪海	王艳欣	王晓明	王 晖	王 敏
王 烽	王 琳	王 辉	王瑞成	王 魁	王 鹏
王 新	王嘉琪	王慧宇	韦世荣	韦华文	韦国维
牙廷周	毛元平	毛亚伟	毛成永	尹海卿	邓 川
邓志刚	邓晓云	邓 强	孔令元	孔 华	孔德峰
石 晨	卢永昌	申 霞	叶建平	叶 智	田红旗
田佐臣	田轶群	田 浩	史超妍	付 广	付向东
付秀忠	付昌辉	付春祥	白雪清	冯小香	冯 玥
边 恒	母德伟	邢 艳	曲春燕	吕春江	吕勇刚
吕海林	朱立俊	朱吉全	朱红俊	朱 昊	朱剑飞
朱晓萌	朱逢立	朱悦鑫	朱 焰	乔 木	仲晓雯
任宏安	任建华	任建毅	任胜平	任 舫	任 超
向 阳	庄明刚	庄儒仲	刘 广	刘广红	刘元方
刘亚平	刘光辉	刘华丽	刘如君	刘孝明	刘 虎
刘国辉	刘明志	刘 岭	刘建纯	刘俊华	刘 洋

刘晓东	刘晓峰	刘润刚	刘雪青	刘常春	刘 祺
刘 颖	刘新勇	刘德荣	闫 军	闫岳峰	关云飞
许贵斌	许 麟	牟凯旋	纪成强	孙卫东	孙小清
孙百顺	孙林云	孙相海	孙洪刚	孙 敏	孙智勇
严 冰	严超虹	杨文武	杨立波	杨 华	杨宇民
杨远航	杨 武	杨国平	杨明昌	杨宝仁	杨建勇
杨树海	杨胜发	杨 艳	杨钱梅	杨 靓	杨 瑾
杨 鹤	杨 蕾	李一兵	李广涛	李天洋	李 云
李中华	李文正	李 玉	李东风	李永刚	李光辉
李 刚	李传光	李兆荣	李秀平	李作良	李 坦
李旺生	李国斌	李 明	李 凯	李佳轩	李金泉
李金海	李定国	李建宇	李建斌	李玲琳	李思玮
李思强	李俊涛	李 航	李 涛	李海涛	李培琪
李雪莲	李 博	李景林	李 锋	李 椿	李 群
李 静	李歌清	李德春	李 毅	李鹤高	李耀倩
李 巍	肖仕宝	肖 刚	肖胜平	肖 富	吴 天
吴凤亮	吴 昊	吴相忠	吴 俊	吴晓敏	吴彬材
吴 颖	吴新顺	吴蔚斌	吴 颜	时荣强	时梓铭
岑仲阳	邱志勇	邱逢埕	邱 梅	何升平	何月甫
何 杰	何国明	何海滨	何继红	何 斌	何静涛
何 睿	余高潮	余 辉	佘小健	邹 鸽	邹德华
应翰海	汪溪子	沈 忱	沈益华	宋伟巍	宋昊通
张子闽	张公振	张凤丽	张 平	张光平	张 伟
张 华	张华庆	张华麟	张 军	张红梅	张远红
张志刚	张志华	张志明	张 兵	张宏军	张 玮
张幸农	张金善	张怡帆	张学文	张宝华	张建林
张俊勇	张俊峰	张娇凤	张晓峰	张 涛	张 婧

张绪进	张越佳	张筱龙	张 鹏	张 黎	张 霞
张 懿	张懿慧	陆永军	陆 彦	陆培东	陈一梅
陈 飞	陈小旭	陈长荣	陈凤权	陈正勇	陈 竹
陈传礼	陈 冰	陈志杰	陈良志	陈 明	陈明栋
陈 佳	陈治政	陈 俊	陈美娥	陈娜妍	陈 勇
陈振钢	陈晓云	陈晓欢	陈晓亮	陈 峻	陈 鹏
陈源华	陈 飚	邵荣顺	范亚祥	范明桥	范海燕
范期锦	茅伯科	林一鹏	林小平	林 鸣	林和平
林鸿怡	林 琴	林 巍	易涌浪	易 矗	罗小峰
罗 冬	罗 军	罗春艳	罗海燕	罗 毅	季荣耀
金宏松	金晓博	金震宇	金 鏐	周大刚	周小玲
周世良	周立伟	周 兰	周永盼	周永富	周发林
周安妮	周欣阳	周 炜	周承芳	周柳言	周炳泉
周 培	周隆瑾	周 朝	庞雪松	郑艺鹏	郑文燕
郑 东	郑冬妮	郑尔惠	郑学文	郑惠明	郑锋勇
孟祥玮	孟德臣	封建明	赵玉玺	赵世青	赵吉东
赵志垒	赵岸贵	赵洪波	赵 晖	赵培雪	赵德招
赵 鑫	郝建利	郝建新	郝晓莹	郝润申	胡亿军
胡文斌	胡玉娟	胡 平	胡亚安	胡华平	胡旭跃
胡旭铭	胡冰洁	胡 军	胡 浩	胡瑞清	柳恩梅
哈志辉	钟 芸	钮建定	俞 晓	逄文昱	饶京川
施海建	姜正林	姜 帅	姜兰英	洪 毅	宣国祥
祝振宇	姚二鹏	姚小松	姚育胜	姚 莉	班 铭
班 新	袁子文	袁 茁	耿宝磊	聂 锋	贾石岩
贾吉河	贾润东	贾 楠	夏云峰	夏 炜	夏炳荣
顾祥奎	柴信众	钱文勋	徐 力	徐 飞	徐子寿
徐业松	徐思思	徐宿东	高万明	高江宁	高军军

高纪兵	高 敏	高 超	高翔成	郭玉起	郭 枫
郭 钧	郭剑勇	郭晓峰	郭 超	唐建新	唐家风
谈建平	陶 伟	陶竞成	桑史良	黄风华	黄东旭
黄召标	黄克艰	黄昌顿	黄明毅	黄 河	黄 莉
黄莉芸	黄 铠	黄维民	黄 超	黄 淼	黄 锦
黄 群	黄 磊	梅 蕾	曹民雄	曹桂榕	曹 辉
曹慕鑫	龚正平	盛 乐	鄂启科	崔乃霞	崔坤成
崔 建	崔 洋	麻旭东	梁 正	梁 桁	梁雪峰
梁雄耀	寇 军	宿大亮	绳露露	彭职隆	董成赞
董 政	董徐飞	董溪涧	蒋龙生	蒋江松	蒋昌波
韩亚楠	韩 庆	韩 俊	韩振英	韩 敏	韩静波
覃规钦	程永舟	程泽坤	焦志斌	储祥虎	童本标
童翠龙	曾光祥	曾 莹	曾 越	谢臣伟	谢殿武
谢耀峰	赖炳超	赖 晶	雷 林	雷 潘	詹永渝
雍清赠	窦运生	窦希萍	蔡正银	蔡光莲	蔡晶晶
廖 原	翟征秋	翟剑峰	樊建华	樊 勇	黎江东
滕爱国	潘军宁	潘 峰	潘展超	薛 扬	薛润泽
薛 淑	薛翠玉	戴广超	戴济群	戴菊明	戴 葳
鞠文昌	鞠银山	魏 巍			

参与咨询的专家

（按姓氏笔画排序）

于胜英　王庆普　仇伯强　边　恒　朱永光　邬　丹
刘凤全　孙国庆　杨　咏　李光灵　李金海　李　锋
吴　澎　何升平　张小文　张华庆　张　鹏　陈明栋
茅伯科　林鸿怡　孟乙民　孟德臣　胡汉湘　胡亚安
洪善祥　徐子寿　曹凤帅　崔坤成　董学博　蒋　千
鞠文昌　檀会春

奋力谱写加快建设交通强国水运篇

习近平总书记强调，经济要发展，国家要强大，交通特别是海运首先要强起来。水运业是经济社会发展的基础性、先导性、战略性行业和服务性产业，是综合交通运输体系的重要组成部分，在支撑经济发展、促进国土开发、优化产业布局、促进对外贸易、维护国家安全等方面发挥着重要作用。

自古以来，水运以其舟楫之利成为十分重要的运输方式。新中国成立后，海运是最先走出去的领域。改革开放40多年来，我国水运业走过了不平凡的发展历程。改革开放初期，沿海港口吞吐能力严重不足，对经济社会发展形成瓶颈制约。之后，港口率先改革开放，依托港口设定经济特区和开放14个沿海港口城市。1983年交通工作会议提出了"有河大家走船，有路大家走车"，在放宽搞活方针指引下，水运进入快速发展时期，逐步缓解水路运输"瓶颈"制约，解决了"有没有"的问题。1992年，邓小平同志南方谈话后，交通运输行业加快培育和发展水运市场体系，港口和内河航道建设成绩斐然，船舶运力加快发展，涵盖散货船、油船、集装箱船等主要船型和LNG船等高技术、高附加值船舶，运输全面紧张状况得到缓解，"瓶颈"制约状况得到改善。2001年我国加入世界贸易组织（WTO），水运行业抓住机遇，实现了大发展，高等级航道和港口建设成绩突出，深水泊位大幅增加，吞吐能力显著增强，专业化水平不断提高，基本适应了经济社会发展需要，解决了"够不够"的问题。

党的十八大以来，习近平总书记高度重视水运事业发展，强调经济强国必定是海洋强国、航运强国，强调要努力打造世界一流的智慧港口、绿色港口。推动我国水运事业发展取得历史性成就、发生历史性变革，进入高质量发展的新阶段。截至2020年底，全国内河高等级航道达标里程1.61万公里，长江南京以下12.5

米深水航道全线贯通，黄金水道发挥黄金效益。西江航运干线扩能升级加快推进，通航能力显著增强。沿海港口万吨级及以上泊位数 2530 个。我国水运量、港口货物吞吐量和集装箱吞吐量等指标均稳居世界第一。世界前十的集装箱港口中，我国占据 7 席。运输船队运力跻身世界前列，船舶大型化趋势明显，30 万吨级原油船、40 万吨级铁矿石运输船舶等陆续投入使用。水运科技创新能力大幅跃升，高坝通航、离岸深水港和巨型河口航道整治等建设技术迈入世界先进或领先行列，洋山港四期、青岛港等自动化码头引领全球港口智能化发展。上海国际航运中心基本建成，国际航运网络进一步完善，投资建设运营"一带一路"支点港口成绩斐然，希腊比雷埃夫斯港成为"一带一路"合作旗舰项目，在服务国家重大战略中彰显力量，为畅通国际物流大通道发挥了重要作用。期间涌现出许振超、包起帆等一批行业先锋，生动诠释了新时代奋斗者的深刻内涵，凝聚起新时代交通精神的磅礴伟力。

总的来看，水运对经济社会需求的适应程度经历了由"瓶颈制约"到"初步缓解"再到"总体缓解""基本适应"的历史性变化，并在"基本适应"的基础上向"适度超前"迈进了一大步，探索走出了一条具有中国特色的水运发展道路。这些成绩的取得，根本在于以习近平同志为核心的党中央的坚强领导和习近平新时代中国特色社会主义思想的科学指导，在于发挥了我国社会主义制度集中力量办大事的制度优势，在于坚持人民交通为人民的根本宗旨，在于不断深化改革、扩大开放、创新驱动，解放和发展了水运生产力。

"十四五"时期是我国开启全面建设社会主义现代化国家新征程的第一个五年，是加快建设交通强国的第一个五年，水运业面临加快建设、提升发展能级等重大机遇。要把握新发展阶段、贯彻新发展理念，按照构建新发展格局的要求，充分发挥水运运能大、成本低、能耗小、占地少、污染轻等比较优势，加快补齐内河水运基础设施短板，加快服务功能升级，推进安全绿色智慧发展，提高支撑引领水平，打造安全、便捷、高效、绿色、经济的现代水运体系，更好服务经济社会发展和高水平对外开放，为加快建设交通强国当好先行。要着力加快高等级航道建设，提升航道区段间、干支间标准衔接水平，推进运河连通工程建设，打造与城市、文化、旅游等融合的旅游航道。要着力打造高能级港口枢纽和辐射全球的航运枢纽，推进区域港口高质量协同发展，提升服务现代产业发展、促进国内国际双循环的能力。要着力发展高水平运输，优化运输组织，发展现代物流，改善营商环境，提升客运服务品质，加快构建现代化物流供应链体系。要着力提升智慧运输发展水平，推动5G、区块链、北斗、大数据等现代技术在水运领域的深度应用，推进水运安全绿色发展。要着力提升港航服务国际化水平，提高海运船队国际竞争力，深化国际港航海事合作。要着力完善治理体系，强化法规制度保障、深化行业管理改革，提升治理能力与水平。

潮平岸阔催人进，风起扬帆正当时。写好加快建设交通强国水运篇这篇大文章，使命光荣、责任重大、机遇难得。让我们更加紧密地团结在以习近平同志为核心的党中央周围，砥砺奋进、不懈努力，奋力谱写加快建设交通强国水运篇，为全面建设社会主义现代化国家当好先行。

2021 年 2 月 1 日

前言
Foreword

习近平总书记指出："中国特色社会主义是全面发展、全面进步的伟大事业，没有社会主义文化繁荣发展，就没有社会主义现代化。要坚定文化自信，推动中华优秀传统文化创造性转化、创新性发展，继承革命文化，发展社会主义先进文化，不断铸就中华文化新辉煌，建设社会主义文化强国。"❶2017 年 6 月，交通运输部决定编纂《中国水运史（1949—2015）》和《中国水运工程建设实录（1978—2015）》，并印发了交办政研〔2017〕86 号文件，明确指出"编纂《中国水运史（1949—2015）》和《中国水运工程建设实录（1978—2015）》是我国交通文化工程的重要内容，也是一项光荣而艰巨的重要历史任务，必须以高度的责任感和使命感抓紧抓好"。三年多来，在承办单位交通运输部水运科学研究院及各参编单位的共同努力下，完成了《中国水运工程建设实录（1978—2015）》（以下简称《实录》）的编纂工作。

《实录》集中梳理了改革开放近 40 年来我国水运事业，特别是水运基础设施建设方面的历史进程和巨大成就，较为系统地总结了我国水路交通发展的实践经验。改革开放初期的 1978 年，我国主要港口（不含港、澳、台地区，以下同）的生产性泊位只有 735 个，其中万吨级泊位 133 个。经贸快速发展带动港口吞吐量快速增长，港口再次出现严重的"三压"（压船、压车、压货）现象，成为制约国民经济发展的"瓶颈"。经过艰苦努力，到 2015 年，全国港口生产性泊位达到了 31259 个，其中万吨级泊位 2221 个，分别增长了 41.5 倍和 15.7 倍，10 万吨级以上泊位达到 331 个，大型化、专业化供给结构明显改善。我国轮驳船达到

---

❶ 习近平在教育文化卫生体育领域专家代表座谈会上的讲话（2020 年 9 月 22 日），《人民日报》2020 年 9 月 23 日 01 版。

16.6 万艘,净载重量2.7 亿吨,集装箱箱位260 万 TEU,载客量101.7 万客位,海运运力规模跃居世界第三位,形成初具规模的上海国际航运中心和多个区域性航运中心。水路交通对经济社会需求的适应程度经历了由"瓶颈制约""初步缓解""全面缓解"到"基本适应"并迈向高质量发展的历史性变化。特别是2001年我国加入世界贸易组织(WTO)后,经济发展融入全球化,水路国际运输航线通达全球逾 100 个国家和地区,1000 多个港口。2015 年,全国港口吞吐量127.5 亿吨,是1978 年2.8 亿吨的45 倍,其中外贸吞吐量增长了61 倍。港口集装箱吞吐量自改革开放初期由几乎为零起步,到2015 年达到2.1 亿 TEU。2015年,全国已有 33 个港口(沿海23 个、内河10 个)货物吞吐量超亿吨,其中 10 个港口位列世界前 20 位。集装箱吞吐量世界前 20 位中,中国占有 10 席(包括香港特别行政区、台湾地区的港口)。中国已是名副其实的航运大国,水路交通包括水运基础设施建设,许多领域已处于国际领先的位置,这不仅是国家综合实力的重要体现,更是中华民族伟大复兴的重要标志。中国水运发展受到了国际社会的高度关注和称誉,世界银行列专题组织专家进行了"新时代的蓝色航道:中国内河水运发展"(Blue Route for a New Era: Developing Inland Waterways Transport in China)和"中国港口发展回顾"(Retrospective Review of China Port Sector Development)的研究,将中国发展经验介绍给世界。2020 年 10 月 13日,世界银行发布研究报告指出,中国目前拥有世界上最繁忙的内河水运体系,2018 年中国内河水运货运量已达到 37.4 亿吨,是欧盟或美国的 6 倍。报告认为,中国内河水运发展成就,源于持续有力的政策支持、分工明确的管理体制、大量投入的建设资金、与基础设施建设同步进行的船型标准化和航道等级划分、完善的水运教育体系等,值得更多国家学习借鉴。世界银行的报告分析全面,评价中肯,体现了国际社会对中国水运发展的肯定。

《实录》全面翔实地反映了改革开放近 40 年,中国水运事业的历史性变化和探索中国特色社会主义交通运输发展道路的历程。回望探索发展的历程,我们始终不能忘记敬爱的周恩来总理在 1973 年 2 月提出的"三年改变港口面貌""力争1975 年基本上改变主要依靠租用外轮的局面"的重要指示,和 1975 年嘱咐争取到1980 年建设250～300 个泊位的遗愿;不能忘记 1978 年 3 月交通部向国务院呈报的《关于实现交通运输现代化的设想(汇报提纲)》;不能忘记 1983 年全国交通工作会议提出了"有河大家走船,有路大家走车"的改革方针,坚决冲破计划经济束缚,开放运输市场;不能忘记1990年交通部提出关于发展交通基础设施"三主一支持"❶的规划设想;不能忘记1998年交通部提出实现交通运输现代化"三阶段"的发展战略❷;不能忘记2006—2008年交通部不断探索转变发展方式,提出了发展现代交通业"三个转变"❸和"三个服务"❹的重大决策;不能忘记2014年全国交通运输工作会议提出了"四个交通"❺的理念,推动交通运输科学发展;我们更不能忘记习近平总书记在党的十九大报告中明确指出要加快建设创新型国家,把"交通强国"作为新时代建设现代经济体系重要战略目标之一……这一项项遵循党中央国务院重大战略部署,结合我国交通运输发展实际做出的具有里程碑意义的决策,使交通运输,特别是水路交通铸就了无愧于时代的历史性变化,走出了一条具有中国特色社会主义交通运输发展的道路。

改革开放以来水路交通走过的历程可谓爬坡过坎,披荆斩棘,取得的成就来之不易。回答中国水运事业特别是水运基础设施建设为什么能实现历史性的变化,是怎样实现历史性变化的,这就是我们编纂《实录》的初衷。回顾总结水运发展可从多方面阐述,但核心的就是三条:没有社会主义制度的优越性,就不能集中力量办大事、办难事、办成事,就没有水运事业的历史性变化;没有改革开放,就不能调动、发挥各方面积极性,就没有水运行业科学的、持续的发展,就没有水运事业的历史性变化;没有人民群众对发展水运事业的殷切期盼,就没有发展水运事业的力量源泉和动力,也就没有水运事业的历史性变化。最根本的一条就是在党中央国务院坚强领导下,全体交通人特别是水运行业的广大干部职工筚路蓝缕、

---

❶　"三主一支持"是1989年2月27日在全国交通工作会议上正式提出的,从"八五"开始用了几个五年计划实施的交通基础设施建设长远规划。1990年在此基础上,增加"三主",就是公路主骨架、水运主通道、港站主枢纽,"一支持"即交通支持保障系统。

❷　"三阶段"发展战略即第一阶段从"瓶颈制约,全面紧张"走向"两个明显"(交通运输的紧张状况有明显缓解,对国民经济的制约状况有明显改善);第二阶段2020年前从"两个明显",再到"基本适应";第三阶段2040年前从"基本适应"到"基本实现现代化"。

❸　"三个转变"即交通发展由主要依靠基础设施投资建设拉动向建设、养护、管理和运输服务协调拉动转变;由主要依靠增加物质资源消耗向科技进步、行业创新、从业人员素质提高和资源节约环境友好转变;由主要依靠单一运输方式的发展向综合运输体系发展转变。

❹　"三个服务"是交通运输部提出的交通发展要服务国民经济和社会发展全局、服务社会主义新农村建设、服务人民群众安全便捷出行。

❺　"四个交通"是交通运输部综合分析形势任务,立足于交通运输发展的阶段性特征,更好地实现交通运输科学发展,服务好"两个百年目标",由部党组于2014年研究提出的当时和此后一个时期的战略任务,即全面深化改革,集中力量加快推进综合交通、智慧交通、绿色交通、平安交通的发展。

砥砺奋进,水运事业才取得了令世人瞩目和彪炳史册的巨大成就,成为国民经济发展的"先行官"。

《实录》在谋篇布局上紧扣编纂初衷,由五篇十三章及附录构成,力求回答国际、国内社会特别是交通运输行业人士关注的问题,也为今后研究分析改革开放以来,我国水运基础设施建设的历程和规律提供了翔实的资料。《实录》分为九卷,每卷既是《实录》的一部分,又是水运基础设施建设一个相对独立的领域,便于研读分析。

第一卷为"综合",由四篇七章组成。第一篇"发展篇"中的第一章"改革开放以来的中国水运事业",对改革开放以来我国水运事业发展进行了系统回顾总结,分为历史性变化的阶段性特征、发展成就、基本经验和结语四个方面,全面阐述了在探索中国特色社会主义交通发展道路进程中实现了水运事业的历史性变化。第二章为"水运基础设施建设规划及前期工作",重点阐述了四个规划,即 1993—1994 年编制的《全国水运主通道、港口主枢纽总体布局规划》,2006 年编制的《全国沿海港口布局规划》,2007 年编制的《全国内河航道与港口布局规划》《国家水上交通安全监管和救助系统布局规划》。这是 20 世纪 80 年代交通部提出"三主一支持"规划设想,以及 1998 年交通部关于实现交通运输现代化"三阶段"设想的交通发展战略,在我国水运事业特别是基础设施建设方面的重要布局规划,指导了改革开放尤其是"八五"之后的水运基础设施建设,体现了交通发展的规划引领作用。重点项目的前期工作作为从规划安排到项目建设的重要转换环节,是水路交通建设可持续发展的保证,也是基础设施建设不可或缺的重要工作。第二篇"管理篇"的第三章"水运工程建设法律法规"和第四章"水运工程建设与管理",阐述了改革开放以来,我国水运工程建设吸收国际先进管理经验,结合我国工程建设实践建立起一套行之有效的法律法规,体现了全面依法治国理念在水运基础设施建设中的实践。第三篇"科技篇"的第五章"水运工程建设技术标准",展示了水运工程主要技术标准的发展,体现了我国水运工程建设的软实力。新中国成立之初,向苏联学习,采用的是"苏标"。历经几代水运建设者的艰苦奋斗,在水运工程实践中逐步形成了完整的中国水运工程标准规范体系,涵盖了水运工程所有领域,标志着中国水运工程标准从'无'到'有',由'弱'变'强'。第六章"水运工程建设科技创新与应用",从水运领域的港口、航道、枢纽、海工、疏浚吹填、地基处理、港口设备、环境保护、综合技术等方面，总结了改革开放近40年来水运工程技术创新与进展，体现了水运基础设施建设践行"科学技术是第一生产力"的理念和水运事业发展中的"亮点"。第四篇"开放篇"的第七章"水运工程建设对外合作与交流"，记载了以企业为主的市场主体在国际水运工程，如港口码头建设、航道疏浚开发和营运管理等方面开展的国际合作与交流，特别是党中央提出"一带一路"倡议之后，水运工程在援建、施工承建、项目总承包以及投资和技术装备等方面取得的业绩，共收录了84个项目，反映了改革开放近40年来水运工程建设领域由"引进来"迈向"走出去"的历史性变化。

第二卷至第五卷为第五篇"成就篇"，包括第八章"沿海港口与航道工程"（第二卷、第三卷）与第九章"内河港口工程"（第四卷、第五卷）。由于沿海港口的航道一般是港口（港区）的公共或专用航道，所以沿海的港口航道工程与港口码头泊位建设合并阐述，但内河航道是公共、公益性水运基础设施，为航道沿线各港口和航行的船舶服务，故对内河航道的工程建设单设一章（第十章）。第八章"沿海港口与航道工程"和第九章"内河港口工程"的最大区别在于收录入书的标准不同，第八章收录的是拥有万吨级泊位的沿海港口，第九章收录的是拥有500吨级泊位的内河港口。根据2015年《全国交通运输统计资料汇编》，港口货物吞吐量1000万吨以上沿海港口和200万吨以上内河港口为规模以上港口，沿海港口39个、内河港口54个，本书全部收录。对规模以下的港口，有万吨级以上泊位的8个沿海港口收录入书，有500吨级以上泊位以及国际河流边境贸易口岸港口等有特别典型意义的53个内河港口也收录入书。这样，第八章"沿海港口与航道工程"共收录港口47个，第九章"内河港口工程"共收录港口107个。第二卷至第五卷对沿海、内河港口的编撰内容，按港口的管理体制及地域位置，分省区市、港口、港区、工程项目四个层面展开。第八章"沿海港口与航道工程"共录入大中小型工程项目1054个（包括1978年和2015年在建项目），万吨级以上泊位1739个。第九章"内河港口工程"共录入工程项目1133个，500吨级以上泊位3028个。由于从20世纪90年代开始的长江口深水航道治理工程和长江南京以下12.5米深水航道整治工程实施完成，长江南京以下港口可接纳5万吨级船舶直接靠泊、10万吨级船舶乘潮或减载靠泊，实现了海港化的功能，故《实录》收录的码头泊位视同海港，按万吨级泊位入书标准收录。此外，长江干线上的水富港是云南进入长江的"北大门",黑龙江、澜沧江边境河流的港口,泊位等级有些达不到500吨级,但这些港口在对外开放、发展边境贸易方面意义重大,也都收录入书。

第六卷为"成就篇"的第十章"内河航道工程",遵循2007年国务院批准的《全国内河航道与港口布局规划》明确的"两横一纵两网十八线"和我国通航河流分布特征设置"节、目"。2015年,我国内河通航里程12.7万千米,其中等级航道6.62万千米,四级以上的航道为2.22万千米,占等级航道的33.5%,故确定通航500吨级船舶的四级及以上航道工程收录入书。此外,对"两横一纵两网十八线"规划以外,一些在区域经济发展中有突出意义的内河航道建设工程,如赤水河等十二条河流的航道建设工程也收录入书。共收录了包括长江口深水航道治理工程、长江南京以下12.5米深水航道整治工程在内的256个项目工程。对"寸水寸金"的内河航道来说,这些工程极大地发挥了基础设施的服务能力,对发展我国水运事业的意义和作用不言而喻。

第七卷为"成就篇"的第十一章"内河通航建筑物(船闸与升船机)"。按我国大江大河(包括运河)水系分布状况以及航道发展"两横一纵两网十八线"的规划与分布设置"节、目"。发展内河航运是水资源综合利用的重要方向,船闸、升船机是内河通航建筑物中较为常见的工程设施。改革开放以来,我国在发展水利事业的同时,通过船闸、升船机建设,极大地改善了航道条件,提高了我国内河航运能力,助推国民经济的发展。第十一章收录改革开放以来,通过能力500吨级及以上船舶的船闸、升船机建设项目;对不在规划河流上或通过能力不够500吨级船舶的船闸、升船机,但对区域经济发展和科技创新有典型意义,如澜沧江景洪水力式升船机也收录入书。第十一章共收录改革开放以来工程项目168个,含220座船闸、9座升船机。

第八卷为"成就篇"的第十二章"水运支持保障系统工程"。水运支持保障系统由海事管理、救助打捞、船舶检验、科技教育、通信导航、船舶引航等构成,是水路运输不可或缺的重要组成部分。改革开放以来,我国在大力发展港口、航道水运基础设施的同时,高度重视支持保障系统建设,不断提高为水运发展的服务能力。第十二章按上述系统构成设置"节、目",共收录工程项目396个。相对港口、航道建设项目,支持系统的中小型项目居多,由于数量较大,在收录入书时对部分项目进行了汇总合并。

第九卷为"成就篇"的第十三章"重要水工工程",收录了六项重大水运工程。改革开放以来,我国的水运工程建设项目多达数千项,奠定了中国在全球的航运大国、交通大国地位,也为我国从航运大国、交通大国向航运强国、交通强国迈进奠定了坚实的基础。第十三章收录的六项工程,建设规模大,科技创新突出,对我国经济社会发展有重大意义,在国际上有重要影响,是我国水运发展辉煌成就的标志性工程。葛洲坝水利枢纽航运工程与长江三峡水利枢纽航运工程,特别是三峡工程的双线连续五级船闸和升船机为当今世界规模最大的内河通航建筑物。长江口深水航道治理工程,建成了12.5米的深水航道,获得了2007年国家科学技术进步奖一等奖,是世界上巨型河口航道治理的成功范例,连同长江南京以下12.5米深水航道整治工程,不仅使长江南京以下港口功能海港化产生巨大的经济社会效益,而且是党中央国务院关于建设长江黄金水道重大决策的基础性工程。上海国际航运中心洋山深水港区工程,不仅标志着我国在外海深水建设港口的技术进步,而且洋山深水港区四期工程自动化集装箱码头建成投产,使我国集装箱码头智能化建设处于世界领先地位。港珠澳大桥岛隧工程是极为复杂的水工工程,取得了一系列技术突破,标志着我国水工工程技术水平处于国际领先的第一方阵,大桥建成通车有力支撑了粤港澳大湾区发展。这六大工程是我国水工工程中的典型,在《实录》第十三章中做了比较细致的阐述。这一卷还有大事记、纪年图表等内容,不仅体现《实录》作为史书的完整性,而且便于读者查阅,比较直观地反映了改革开放以来,我国水运工程建设取得的成就。

在交通运输部的领导下,经过三年多的努力,《实录》编纂工作如期完成。编纂这部作为交通文化建设工程的书籍,凝聚了全行业的力量,众多的参编者为之付出了心血和智慧。特别是改革开放初期的文献,由于时间久远、机构变化、人员更迭,很多资料缺失,参编者千方百计,走访老同志,翻阅档案,力求《实录》的完整性、准确性。《实录》综合了改革开放近40年的水运基础设施建设项目,对此我们组织水运工程方面的专家编写了项目模板,并委托上海国际港务(集团)股份有限公司开发了电脑软件;第一次项目综合时,请重庆交通大学河海学院20多位师生进行了系统合成。《实录》编纂过程中,召开了多次专家咨询会、评审会,专家们为《实录》编纂建言献策,助推了编纂工作。交通运输部水运科学研究院承办《实录》

综合编纂工作,组织编写人员全力以赴,深入调查研究,及时解决编纂中存在的专业问题,确保《实录》编纂质量。本着对历史负责、对子孙负责的精神,参加综合编写的同志兢兢业业,按照时间节点的进度要求,完成各自的编写工作。人民交通出版社股份有限公司的编审同志,认真校审,为确保《实录》的出版质量做了大量的工作。最后,我们还要对支持《实录》编纂工作的中国远洋海运集团有限公司、招商局集团有限公司、中国交通建设集团有限公司表示衷心的感谢。

《中国水运史》《中国水运工程建设实录》
编审委员会

2020 年 11 月 10 日

总目录
Contents

第一卷　综　　合

一、发　展　篇

二、管　理　篇

第二卷　沿海港口与航道工程（上）

五、成就篇（一）

第三卷　沿海港口与航道工程（下）

五、成就篇（二）

第四卷　内河港口工程（上）

五、成就篇（三）

第五卷　内河港口工程(下)

五、成就篇(四)

第六卷　内河航道工程

五、成就篇(五)

第七卷　内河通航建筑物

五、成就篇(六)

第八卷　水运支持保障系统工程

五、成就篇(七)

第九卷　重要水工工程

五、成就篇（八）

《中国水运工程建设实录（1978—2015）》纪年图表

《中国水运工程建设实录（1978—2015）》大事记

附　录

地 图 图 例

⊗ 省级行政中心	━━━━ 已通高速
⊙ 地级行政中心	━ ━ ━ ━ 在建高速
◎ 县级行政中心	━━━━ 国道
⊙ 乡镇	━━━━ 省道
● 港区位置	━━━━ 铁路
⊢·⊢·⊢· 国界	━━━━ 高速铁路
⊢ ⊢ ⊢ ⊣ 未定国界	河流 湖泊
━·━·━· 省级界	海岸线
━ ━ ━ ━ 特别行政区界	━━━━ 桥梁
━·━·━· 地级界	＝＝＝＝＝＝ 隧道
━··━··━· 县级界	

目录
Contents

五、成就篇（一）

Record of
Port and Waterway Engineering
Construction in
China
中 国 水 运 工 程 建 设 实 录
（1978 — 2015）

五、成就篇（一）

第八章
沿海港口与航道工程(上)

第一节　辽　宁　省

一、综述

(一)基本省情

辽宁历史源远流长。早在 40 万~50 万年以前,辽宁已是古人类活动的场所,营口金牛山猿人遗址与北京周口店猿人遗址比驾齐鸣。辽宁形成了与我国"中原古文化"既有内在联系,又有自己特点的"北方古文化"区系。

辽宁省南濒黄海、渤海,辽东半岛斜插于两海之间,隔渤海海峡,与山东半岛呼应;西南与河北省接壤;西北与内蒙古自治区毗连;东北与吉林省为邻;东南以鸭绿江为界与朝鲜民主主义人民共和国隔江相望。介于东经 118°53′至 125°46′,北纬 38°43′至 43°26′之间。辽宁省陆地总面积 14.86 万平方公里,占中国陆地总面积的 1.5%。截至 2015 年底,辽宁省辖 14 个地级市(其中沈阳、大连为副省级城市)、16 个县级市、27 个县(其中 8 个汉族以外民族自治县)、57 个市辖区,常住人口 4382.4 万人。辽宁大陆海岸线东起鸭绿江口、西至辽冀海域行政区域界线,全长 2110 千米。沿海城市众多,港口密集,交通发达。辽宁省沿海港口的腹地范围主要包括东北三省以及内蒙古东部的赤峰市、通辽市、呼伦贝尔市和兴安盟、锡林浩特盟等三市两盟。

辽宁省自然资源丰富。土地资源:耕地面积 409.29 万公顷,占全省土地总面积的 27.65%,人均占有耕地约 0.10 公顷。东部山区是全省的林业基地,也是调节全省气候等自然环境的生态屏障,其他地区则是以防风固沙等保护性的生态林为主;牧草地面积 35.01 万公顷,占土地总面积的 2.37%。动物资源:辽宁动物种类繁多,其中,有国家一类保护动物 6 种,二类保护动物 68 种,三类保护动物 107 种。水产资源:辽宁近海生物资源丰富,品种繁多,有 3 大类 520 多种。全省开发近海渔业生产潜力相当可观。近海水域二级生产力达 320 万吨。全省内陆水域有淡水类资源 119 种。植物资源:有各种植物 161

科 2200 余种,其中具有经济价值的 1300 种以上。全省现有林业用地面积 634.4 万公顷。全省人工林已成林面积 267.6 万公顷,占全省有林地面积的 57.66%。矿产资源:辽宁处于环太平洋成矿北缘,地质成矿条件优越,矿产资源丰富,种类齐全配套,区位条件好。辽宁的菱镁矿在世界上具有优势,质地优良、埋藏浅,保有资源量 25.6 亿吨,分别占全国和世界的 85.6% 和 25% 左右。

辽宁经济发展持续向好。2015 年,坚持稳中求进的工作总基调,紧紧抓住振兴发展的重大机遇,积极应对经济下行带来的压力和挑战,不断培育和壮大新的经济增长点,国民经济平稳发展,社会事业不断进步,人民生活持续改善。全年地区生产总值 28743.4 亿元,比上年增长 3.0%。其中,第一产业增加值 2384.0 亿元,增长 3.8%;第二产业增加值 13382.6 亿元,下降 0.2%;第三产业增加值 12976.8 亿元,增长 7.1%。全年粮食总产量 2002.5 万吨,比上年增产 248.6 万吨,增长 14.2%。全年固定资产投资 17640.4 亿元,比上年下降 27.8%。全年民间投资 12946.9 亿元,占固定资产投资的 73.4%;国有及国有控股企业投资 3803.0 亿元;中国港澳台地区及外商企业投资 890.5 亿元。全年新增固定资产 15058.3 亿元,固定资产交付使用率由上年的 70.6% 提高到 85.4%。全年社会消费品零售总额 12773.8 亿元,比上年增长 7.7%。全年公共财政预算收入 2125.6 亿元,比上年下降 33.4%。全年公共财政预算支出 4617.8 亿元,比上年下降 9.1%。年末金融机构(含外资)本外币各项存款余额 47758.2 亿元,比年初增加 4811.6 亿元。年末全省境内上市公司 76 家,年内累计实现境内融资 218.3 亿元。全年保险保费收入 941.4 亿元,按可比口径计算,比上年增长 24.4%。

辽宁省沿海港口作为辽宁沿海经济带最重要的战略性资源,是大连东北亚国际航运中心的核心载体,是区域综合交通网络的重要枢纽,在东北老工业基地经济社会发展和对外开放中的地位和作用十分突出。

(二)综合运输

辽宁省综合运输体系建设与发展起步于"十二五",在"十一五"期间交通基础设施建设取得巨大成绩的基础上,以完善综合交通运输体系为目标,开展综合交通运输改革工作,加速构建具有辽宁特色的综合交通运输新体制、新机制。建立了由省交通厅牵头,由铁路、民航、邮政等相关单位为成员单位的交通物流联席会议制度,并共同编制辽宁省交通运输推动物流业发展规划;牵头与邮政部门制定行业合作发展指导意见;牵头与民航部门制定关于打造空港城际快线服务品牌的指导意见。通过各部门间的沟通、协调、合作,初步建立了常态化多部门协同配合机制。

1.铁路

沈阳铁路局管辖范围以沈阳枢纽为中心,东起长图线东端终点图们江国际铁路大桥

529千米与朝鲜铁路接轨；东北起自图佳线鹿道至斗沟子间146千米与哈尔滨局分界；南起沈大线辽宁省大连站；西南在京哈线秦皇岛至山海关站间312千米、津山线秦皇岛至山海关站432.70千米与北京局分界；西至珠珠线296千米珠恩嘎达布其站、京通线河洛营至隆化站244千米、锦承线杨树岭至平泉间335千米与北京局分界；西北至伊阿线伊通至白阿线伊尔炮南185千米、内蒙古自治区通霍线416千米霍林河站；北在京哈线蔡家沟至兰陵间1172千米、平齐线街基至泰来间450千米、通让线太阳升至立志间335千米与哈尔滨局分界。

2. 公路

辽宁陆路交通亦比较发达。辽宁是东北各族人民与中原人民相互交往的必经之地。1978年中共十一届三中全会后，中国进入以经济建设为中心，实行改革开放的新的历史时期，为中国及辽宁公路实现跨越式发展创造了战略机遇。

1983年，辽宁省委、省政府为加快辽东半岛外向型经济建设，决定举全省之力，自筹资金修建沈大高速公路。1984年2月，省政府组建沈大公路改扩建工程总指挥部，正式启动沈大高速公路建设。同年5月，国家批复沈大公路按一级公路标准改扩建，可考虑为以后发展高速公路创造条件。1988年10月25日，沈大公路沈阳至鞍山、大连至三十里堡段131公里高速公路建成通车，结束了中国没有高速公路的历史，成为中国公路发展史上划时代的里程碑。1990年9月1日中国第一条里程最长的高速公路建成，标志着中国有能力建设一流的高速公路。

1986年8月交通部在沈阳召开全国公路机械化施工现场会，辽宁省路面机械化施工和引进国外筑路机械设备的成功经验在全国推广。1989年7月国家在辽宁召开全国高等级公路建设经验现场交流会，以1988年10月建成通车的沈阳至鞍山、大连至三十里堡131公里高速公路为范例，形成中国必须发展高速公路的共识，推动全国进入高速公路建设新时期。

1991—1995年，辽宁省建成沈阳至本溪、沈阳至铁岭、沈阳至抚顺和沈阳过境绕城4条高速公路183千米，沈阳、大连、鞍山、抚顺、本溪、营口、辽阳、铁岭8市通高速公路。1995年底，全省高速公路通车总里程达572千米，初步形成以沈阳为中心，向外辐射的"一环四射"高速公路主骨架格局。

1996—2000年，辽宁省建成沈阳至山海关、铁岭至四平、沈阳至本溪（小堡至南芬段）3条高速公路496千米，其中沈山高速公路按8车道规划6车道建设，全长361千米，为当时国内建设里程最长、规模最大、标准最高的高速公路；铁四高速公路的建成，标志着东北地区高速公路南北主干线辽宁段实现全部贯通。截至2000年底，辽宁省高速公路总里程突破1000千米，达到1068千米，基本建成"一网五射两环"高速公路网主干线。全省通高速公路的省辖市达到11个。

2001—2005 年，辽宁省建成丹东至本溪、盘锦至海城（含营口连接线）、锦州至阜新、锦州至朝阳、大连至庄河、丹东至庄河6条高速公路705千米。同期，沈大高速公路改扩建348千米，为全国最长的8车道高速公路，被交通部确定为高速公路改扩建示范工程。2002年8月，全省14个省辖市全部通高速公路，率先在全国实现市市通高速公路的目标，提前8年完成国家"五纵七横"国道主干线规划在辽宁省境内的建设项目。

2006—2010 年，辽宁省建成沈大、丹大连接线、沈阳至抚顺（南杂木）、铁岭至朝阳、沈阳至彰武、辽中环线（本溪至辽中至新民）、大窑湾疏港高速、土城子至羊头洼、沈阳至康平、朝阳至黑水、抚顺（南杂木）至草市、长兴岛疏港高速12条高速公路1303千米。进一步完善了辽宁省规划的三环、七射、五连、六通高速公路网。

2011—2015 年，辽宁省建成丹东至海城、彰武至阿尔乡、皮口至炮台、西丰至开源、丹东至桓仁、抚顺（南杂木）至旺清门、辽中环线（新民至铁岭）、桓仁至永陵、大连湾疏港高速、庄河至盖州、阜新至盘锦、阜盘北延伸线、建昌至兴城、盘锦辽滨疏港高速、辽阳灯塔至沈阳辽中、康平至海洲窝堡，16条高速公路1146千米；还建成沈阳至桃仙、沈阳过境绕城高速2条改扩建工程，由4车道改建成8车道93.8千米，其间在建工程仙人岛疏港高速、大东疏港高速、鲅鱼圈疏港高速、辽中环线（铁岭至本溪）4条150.3千米，沈阳至四平4车道改建成8车道改扩建148.4千米。

1986—2015 年，辽宁省交通系统在发展改革中逐步形成了具有辽宁特色的"统一规划，统一建设，统一管理，统贷统还"管理体制（简称"四个统一"），确立了"设计一流，施工一流，管理一流，质量一流"指导思想（简称"四个一流"），为辽宁高速公路高质量、高速度、高效益、低成本建设发展提供有力保证。

高速公路建设实行"统一规划"。规划制定以适应社会经济发展、改革开放、提高人民群众生活水平需要为指导思想，以高速公路与国际标准接轨、普通公路接轨、国家路网接轨为建设目标，科学规划、适度超前、注重效益。依据不同时期的辽宁省社会经济发展战略和国家高速公路网规划，先后制定"一环四射""一网五射两环""三环七射五联六通道"等辽宁高速公路发展规划。

全省公路重点工程建设特色显著，建成连接沿海6市、21个县区，全长1443千米的滨海公路等环保、绿色优质公路工程。截至2015年底，辽宁省公路总里程为120365千米，其中城管里程1003千米，公路净里程119362千米；其中普通公路115167千米，高速公路4195千米。公路密度每百平方公里81.1千米。在普通公路中，等级公路101317千米，占普通公路里程的88%，其中二级以上公路20822千米，占普通公路里程的18.1%；高级、次高级路面73961千米，占普通公路里程的64.2%；桥梁31341座、894835延长米，隧道33座、22711延长米，县级公路渡口11处。晴雨通车里程107129千米，占普通公路里程的93%；公路绿化里程65280千米，占可绿化里程的70%。省到市全部通高速公路，市到县、县（市）到（市）县通二级以上公路，主要城市进出口为一级公路，乡镇到乡镇通油路，村村通公路，布局合理、纵横贯通、干支结合、连接城乡的现代化公路网基本形成。公路事业的迅猛发展，为全省经济发展、社会进步和人民生活水平提高提供了有力的支撑。

3. 航空

中华人民共和国成立后，辽宁省民航事业得到发展。20世纪50年代，辽宁省民航事业经历了基础差、底子薄、规模小，艰苦创业的发展过程。20世纪60年代至80年代，基础设施不断完善，航线网络延伸拓展，机队规模逐步扩大。尤其是中共十一届三中全会后，改革开放给民航事业发展注入生机和活力。20世纪90年代后，辽宁省民航经历了两次深层次以政企分开为主的管理体制改革，民航事业开始步入持续、稳定、快速发展新时期。进入21世纪，辽宁省民航依据国家发展规划和"十二五"交通运输体系发展规划，着手建立枢纽、干线、支线功能齐全的机场体系，完善沈阳、大连枢纽机场功能，实施沈阳桃仙机场航站区扩建和第二跑道建设，以及兴建大连新机场前期工作，迁建锦州机场，增建营口机场。与此同时，加快机型更新换代步伐、扩大机队规模；加大航线网络建设、拓展国际航线、巩固加密国内干线；推进通用航空发展，加强通用航空基础设施建设，拓宽服务领域；提高空管保障能力，完善空中交通网络，优化航路结构，提高运行效率，加强技术保障；完善机场航油供应设施，优化资源配置，提高机场航油保障能力；进一步挖掘潜能，加强科技基础设施建设、重视培养人才、强化行业管理、加强完善监管体系，以适应辽宁省综合交通运输和民用航空事业发展要求。

4. 管道

20世纪60年代大庆油田开发之后，为了缓解大庆油田"以产定运"的局面，党中央决定由沈阳军区、燃料化学工业部以及辽宁、吉林、黑龙江三省革委会，大庆油田革委会的负责人组成东北输油管道工程建设领导小组。1970年8月3日在沈阳召开大庆—铁岭—抚顺输油管道工程第一次会议，并以这个具有历史意义的日期将工程命名为"八三工程"。同时经中央军委批准沈阳军区抽调8个步兵师、3个工兵团、2个舟桥部队及部分特种兵参加建设。燃料化学工业部抽调大批技术骨干会同东北三省20万民兵，在松辽大地打响了轰轰烈烈的"八三工程"大会战。从此，拉开了中国油气长输管道建设的序幕。

东北油气长输管道建设大体分为1970年8月—1975年12月和2003—2015年两个阶段：1970年8月—1975年12月，东北共建成8条长输管道，全部途经或止于辽宁省境内，是全国最大的石油输送管网，辽宁省成为全国最大的石油长输管道大省。

5. 水运

辽宁历史上水路运输比较发达。辽宁境内河流纵横,有大小河流 360 多条,共长约 16 万公里,其中辽河为境内第一大河,是古代中原通吉林、黑龙江的水陆联运渠道;鸭绿江是辽宁第二大河,为中朝两国的天然界河;大凌河是辽宁第三大河,大凌河谷是古代中原与东北地区交往见诸史籍的最早通道。旅顺、营口是古代海上交通的重要停泊点。辽、元、明、清时期,辽河上漕运空前,舟楫不绝;大连、营口、安东(丹东,下同)、锦州等地已成为东北地区对外开放的门户。

辽宁省港航实行省、市、县三级管理体制。省交通厅港航管理局(省地方海事局、省船舶检验局),担负全省港口、水路运输、水上交通安全、船舶检验和航道管理职能。14 个省辖市设置港航管理机构,各市、县为港航(水运、航政)管理处、所。负责辖区内的港航行业管理。其中,沿海 6 市中的大连、锦州、盘锦、葫芦岛市在 2001 年港口体制改革后成立港口与口岸局,负责辖区内的港航行业管理和航道管理;丹东、营口两市港航管理职能在市交通局,分别委托本市港航管理处和航道管理处负责辖区内的港航行业管理和航道管理。

辽宁航运业发展迅猛。1978 年改革开放之初,水路运输是最先开放的行业之一。1983 年后,货运价格率先放开,由交通部提出指导价,市场主体多方协商定价。1985 年,全省有民用运输船舶 1017 艘、637554 载重吨、20730 客位,累计完成货运量 1209 万吨、货物周转量 270.96 亿吨公里,客运量 273 万人、旅客周转量 5.65 亿人公里。"七五"时期,全省水路运输累计完成货运量 1062 万吨、货物周转量 185 亿吨公里,客运量 112 万人、旅客周转量 8225 万人公里。1990 年,全省有民用运输船舶 782 艘、969621 载重吨、15280 客位,累计完成货运量 1737 万吨、货物周转量 316.50 亿吨公里,客运量 330 万人、旅客周转量 6 亿人公里。"八五"时期,全省水路运输累计完成货运量 1.17 亿吨、货物周转量 2860.8 亿吨公里,客运量 2473 万人、旅客周转量 40.8 亿人公里。1995 年,全省有民用运输船舶 858 艘、126.22 万载重吨、29933 客位,累计完成货运量 2725 万吨、货物周转量 686.91 亿吨公里,客运量 555 万人、旅客周转量 8.66 亿人公里。"九五"时期,全省水路运输累计完成货运量 1.23 亿吨、货物周转量 2137.10 亿吨公里,客运量 2809 万人、旅客周转量 48.6 亿人公里。2000 年,全省有民用运输船舶 834 艘、148.33 万载重吨、29999 客位,累计完成货运量 3091 万吨、货物周转量 572.44 亿吨公里,客运量 616 万人、旅客周转量 10.68 亿人公里。"十五"时期,大力发展客滚船、内外贸集装箱船、大型散杂货船、液化气特种船,淘汰老旧船舶,提升单船运力,形成船龄合理的梯形层次分布。货运船舶日趋大型化、专业化,客船日趋快速化、舒适化。全省水路运输累计完成货运量 1.96 亿吨、货物周转量 5598.8 亿吨公里,客运量 3061 万人、旅客周转量 41 亿人公里。2005 年,全省有民用运输船舶 760 艘、299.46 万载重吨、27591 客位,累计完成货运量 5730 万吨、货物周转量 1738.16 亿吨公里,客运量 650 万人、旅客周转量 8.39 亿人公里。"十一五"时期,全省水路运输累计完成货运量 4.56 亿吨、货物周转量 21241 亿吨公里,客运量 2995 万人、旅客周转量 38.7 亿人公里。2010 年,全省有民用运输船舶 553 艘、720.27 万载重吨、26034 客位,累计完成货运量 1.04 亿吨、货物周转量 5695.71 亿吨公里,客运量 490 万人、旅客周转量 6.39 亿人公里。"十二五"时期,全省水路运输累计完成货运量 6.49 亿吨、货物周转量 37793 亿吨公里,客运量 2717 万人、旅客周转量 34 亿人公里。2015 年,全省有民用运输船舶 500 艘、808.97 万载重吨、30326 客位,累计完成货运量 1.34 亿吨、货物周转量 7963.17 亿吨公里,客运量 504 万人、旅客周转量 5.97 亿人公里。辽宁省充分利用经济、行政政策,优化航运业结构,提升水运整体服务水平。

(三)港口概况

辽宁地处中纬度的南半部,欧亚大陆东岸,属温带大陆性季风气候,雨热同季,日照丰富,四季分明。冬季以西北风为主,漫长寒冷,夏季多东南风,炎热多雨,春季少雨多风,秋季短暂晴朗。年平均气温为 5.2 ~ 11.7 摄氏度,最高气温零上 30 摄氏度左右,最低气温零下 30 摄氏度左右。年平均降水量 400 ~ 970 毫米,平均无霜期 130 ~ 200 天,一般无霜期均在 150 天以上。

辽宁港口历史悠久,早在元代,大连地区口岸就成为海运驻军粮饷转运地。至近代,帝国主义侵略势力开辟营口港,又将大连、安东等港口作为侵略的桥头堡。陆上腹地是东北经济区,包括辽宁、吉林、黑龙江三省和内蒙古东部呼伦贝尔市、哲里木盟、兴安盟、赤峰市,面积 124 万平方公里,人口超过 1 亿。腹地经济发达,物产资源丰富。黑龙江省西部松嫩平原土质肥沃,农产品有玉米、谷子、小麦、大豆、高粱、水稻、甜菜、亚麻、向日葵等;北部和东南部多落叶松、红松等针叶林,木材积蓄量丰富,是全国最大的木材产区。矿产有煤、石油、金等,大庆油田是全国最大的油田。吉林省是全国最大的商品粮生产基地,平原和河谷盛产粮食等农作物,山区森林资源丰富,西部牧业发达,并有富煤、铁、金等矿产。辽宁省除农作物外,尤以柞蚕丝、花生、苹果等经济作物闻名于世;矿产资源多,有富煤、铁、镁、钼、锰、油页岩等,鞍山、抚顺是全国重要钢铁生产基地;沿海渔业发达,黄海、渤海沿岸渔场广布,海岛县长海县经济以水产为主;辽宁盐区是全国最大盐产区之一,有皮口、金州、旅顺、复州湾等著名盐场。内蒙古东部畜牧业、林业较盛,畜产有绵羊、牛、马、骆驼等,富煤矿。

中华人民共和国成立以来,辽宁海上航运发展迅速,沿海港口建设与生产逐年提升,改革开放(1977—1985 年)初期,辽宁交通部门根据中共辽宁省委和交通部的部署,进行了一系列调整改革工作。特别是中共十一届三中全会以后,营口港货物吞吐量达到 97 万吨以上,大连港货物吞吐量超过 3000 万吨。交通事业发展速度之快、成效之大,为历史上所未有。至 1985 年,大连港成为中国北方第一大港,港口吞吐量位居全国第二位,外贸吞吐量多年居全国首位;全省共有大连港、营口港、丹东港、锦州港、盘锦港、葫芦岛港、庄河港、皮口港、旅顺港、鲅鱼圈港、大东港等商港 11 个、码头 139 个(总长度 14200 米)。其中生产性码头 96 个、万吨级泊位 26 个;有各种营运船舶 1017 艘、63.8 万载重吨。全省港口完成货物吞吐量 4570.7 万吨。1986 年后,经过改建、扩建、新建,全省港口通过能力逐步增强。1990 年,全省共有码头泊位 111 个,综合通过能力 5122 万吨。1999 年,全省港口共有生产性泊位 249 个,其中集装箱 161.3 万 TEU。2000 年,全省港口共有生产性泊位 258 个。2001 年后,全国新一轮港口管理体制改革和《中华人民共和国港口法》(以下简称《港口法》)的实施,充分调动了各地政府建设港口的积极性,也为港口企业提供了发展动力。辽宁省港口基础设施建设投资稳步加大,沿海港口布局不断优化,港口通过能力和吞吐量持续增长,港口设施大型化、专业化步伐显著加快,初步形成以大连、营口为主枢纽港,丹东、锦州为地区性重要港口,盘锦、葫芦岛等中小港口为补充的沿海港口分层次布局。2003 年,国家实施东北老工业基地振兴战略,提出建设大连东北亚国际航运中心,使辽宁港口业成为经济发展的重要领域。至 2005 年,大连港以集装箱干线运输为重点,通过老港区改造和长兴岛港区开发建设,全面建设石油、矿石、散粮、商品汽车等码头,成为大连东北亚国际航运中心的核心载体。营口港以发展内贸集装箱、钢材、铁矿石运输为重点,大力建设鲅鱼圈港区和仙人岛港区,提升对辽宁中部城市群的服务能力。丹东港、锦州港加快散杂货、内贸集装箱运输和石油、煤炭、粮食码头建设,区域发展优势明显。盘锦港依托辽河油田,进行海港区的规划和建设。葫芦岛港新建港区(柳条沟港区)初具规模。港口的建设和发展,带动相关产业发展,拉动地区经济增长,推动辽宁老工业基地振兴。2006 年,根据辽宁省委、省政府关于"五点一线"["五点",即辽宁沿海岸线上的大连长兴岛临港工业区、辽宁(营口)沿海产业基地、辽西锦州湾沿海经济区(包括锦州西海工业区和葫芦岛北港工业区)、丹东临港产业园区、大连花园口工业园区等五个重点区域;"一线",即全长 1443 千米的滨海公路]沿海开发的战略部署,修改《辽宁省沿海港口布局规划》,加快大型专业化泊位建设。2007 年,继大连市之后,锦州、盘锦和葫芦岛市成立港口与口岸管理局,港口管理体系逐步理顺。2008 年,《辽宁沿海港口布局规划》颁布实施。2009 年,辽宁省人民政府和交通运输部联合批复《营口港鲅鱼圈港区鞍本钢铁集团码头作业区》《营口港仙人岛港区总体规划》《大连港长兴岛港区总体规划》和《大连港旅顺羊头洼港区》四个新建港区的总体规划,并审查通过大连港登沙河港区、松木岛港区和三十里堡港区三个港区的总体规划,推动新建港区后方相关临港工业区的开发和建设。《锦州、葫芦岛一体化港口规划纲要》编制完成,明确以锦州湾为核心的辽西港口的总体发展目标和功能分工。2010 年,全省各港口总体规划全部编制完成,同时积极推进新开发港区规划的编制工作。2011 年,规范港口基本建设程序,全省共有 80 个港口项目开工建设。2012 年,全省港口完成货物吞吐量 8.8 亿吨,连续三年增幅超过 1 亿吨。2013 年,大连港和营口港的吞吐量分别达到 4.1 亿吨和 3.2 亿吨,位居全国沿海港口第七位和第八位;丹东港吞吐量达到 1.2 亿吨,跻身亿吨大港行列。大连港全年完成集装箱吞吐量 1001.5 万 TEU,位居全国沿海港口集装箱吞吐量第七位。2014 年,《辽宁省沿海港口布局规划(2010—2030 年)》颁布实施,辽宁省沿海港口形成以大连港、营口港为主要港口,丹东港、锦州港、盘锦港和葫芦岛港为地区性重要港口的分层次布局。考虑到既有基础设施和吞吐量规模以及在综合运输体系和主要货类运输系统中发挥的作用,丹东港和锦州港在地区性重要港口中的地位将比盘锦港和葫芦岛港更为突出。辽宁省大陆岸线东起鸭绿江口,西至辽冀分界线,全长 2110 千米,占全国大陆海岸线的 12%;近海分布大小岛屿 506 个,岛屿岸线长 622 千米,占全国岛屿岸线的 4.4%。规划辽宁省沿海港口岸线 333 千米,其中大陆海岸线 246.3 千米,岛屿岸线 86.7 千米,截至 2014 年,辽宁省沿海已利用港口岸线占全省规划港口岸线总长约 44%。2015 年,加强港口经营和建设管理,开展港口工程未批先建专项整治活动,规范港口基本建设程序。

　　1986 年市级港口管理机构改革启动。一是大连市港口改革。同年 1 月,大连港将原大连港装卸联合公司、中国外轮理货公司大连分公司、大连港口管理局的建港、公安、岸线、引航、陆域管理及外事等部门合并组成大连港务局,实行中央和地方双重领导、地方为主的管理体制。同时,将原大连港口管理局的港务监督及所属有关单位,改为大连海上安全监督局,直属交通部。同年 4 月,大连港务局、交通部大连海上安全监督局挂牌。2003 年 4 月,根据国家和辽宁省政府深化中央直属和双重领导港口管理体制改革的要求,成立大连市港口管理局,为市政府工作部门。将原大连港务局的行政职能和市交通口岸管理局的港口及航运管理职能划入市港口管理局,并成立大连港集团有限公司,承担原大连港务局企业经营职能。2004 年 8 月,撤销大连市港口管理局,组建大连市港口与口岸局,为市政府工作部门,将市港口管理局职能和市交通口岸管理局口岸工作和物流管理职能划入市港口与口岸局,负责全市港口、航运行政管理和口岸工作。大连市港口实行市和港口所在的区(市、县)港口行政管理部门两级管理。市港口与口岸局负责全市靠泊能力为 3000 吨级以上的港口经营资质审批和大连港核心港区及市内三区港口经营监督管理工作;3000 吨级以下港口的经营资质审批和核心港区以外港口的经营监督管理工作由港口所在的区(市、县)港口行政管理部门负责。大连市港口管理部门从 1995 年开始推行“一城一港”“一港一政”的现代企业管理模式,放开港口经营市场,逐步形成以大连港集团有限公司为骨干的发展格局。2003 年,大连港务局改制成立大连港集团有限公司以后,集团专业化子公司重组取得重大进展,65 个多种经营企业改制基本结束,分流人员 6000 余人。大连全面完成长兴岛港区及铁路规划、大窑湾北岸详细规划,指导完成中远、辽渔及石化港区等规划,修改完成大连陆岛交通规划。与此同时,调整和完善《大连市港口总体规划》,完成全国最大的集装箱港区——大窑湾港区北岸详细规划,使北岸集装箱码头开发建设成为招商引资的热点。2004年5月,大连市港口管理局与交通部水运司、规划司在大连共同举办建设大连东北亚重要国际航运中心研讨会,加快大连国际航运中心建设。二是丹东市港口改革。1986年8月,丹东市交通局撤销航政外事科,成立港航管理处,负责全地区港航建设规划、水上运输管理、港航监督、船舶检验以及涉外航运等工作。1987年5月,撤销原丹东港务局港务监督科,将其职能划归丹东市交通局港航管理处。1991年5月,丹东港务局从市交通局划出,归市政府直接领导;港航管理处从市交通局划出,市政府委托丹东港务局代管。1992年4月,丹东市政府决定将丹东市海上安全指挥部改为丹东市海上搜救中心,与港航管理处合署办公。同年9月,将港航管理处由丹东港务局划出,隶属丹东市交通局。三是锦州市港口改革。1996年之前,锦州市港口由锦州港务局管理。港务局是以企业为主体兼有行政和行业管理职能的政企合一单位,既直接统管全港的生产经营活动和港口建设,又代表市政府对港区(水域、陆域)和港务进行管理。从1993—1996年上半年,锦州港务局和锦州港务(集团)股份有限公司合署办公。1996年4月,锦州港务局与锦州港务(集团)股份有限公司进行机构、人员、资产的剥离,具有政府行政管理职能、港口行业管理职能及港口公共职能的单位划归港务局;从事港口生产、经营、建设的单位划归锦州港务(集团)股份有限公司。政企分开后,市政府授权锦州港务局行使港口的行政管理职能;受市政府委托,持有锦州港务(集团)股份有限公司的国家股份;作为国有独资企业,经营未入股的国有资产,管理为港口生产提供保障的服务性单位。四是营口市港口改革。1988年2月,交通部将营口港务管理局下放到营口市,实行营口市、交通部双重领导,以营口市为主的管理体制。1992年11月,营口市交通局所属水上运输管理站、航政科和渡口安全监督站合并成立营口市港航管理处,负责水上运输管理工作。1996年2月,更名为营口市交通局港航管理处。同年5月,渡口安全监督站从港航管理处划出;9月,港航管理处增设鲅鱼圈监督站。2002年末,营口港务管理局政企分开,更名为营口港务集团有限公司。港口改制后,由营口市交通局港航管理处负责港口行政管理,主要负责港口企业资质管理、市场管理、危险货物和港口安全生产管理。五是盘锦市港口改革。1985年7月,盘锦市交通局成立航运管理处,负责港航管理。2000年6月,盘锦市航运管理处人员划归营口海事局盘锦办事处。同年,盘锦市交通局重调人员从事盘锦市航运管理处的各项工作。六是葫芦岛市港口改革。1990年3月,锦西市交通局成立航政处,1994年改为葫芦岛市航政处。2001年7月,撤销航政处,成立葫芦岛市港航管理处,政企分开。成立港口与口岸局,主要负责拟订全市港航发展规划、港口等基建项目的审定与申报、港区内岸线与水域管理等工作。

1965 年 9 月,交通部和辽宁省人民委员会联合设立辽宁省船舶检验局。1969 年,辽宁省船舶检验局被撤销,船舶检验工作中断。1973 年 11 月,交通部和辽宁省革命委员会共同设立辽宁省船舶检验局,隶属省交通局,下设大连、丹东、营口 3 个检验处。1994 年 1 月,恢复辽宁省船舶检验局名称,下设大连船舶检验处、丹东船舶检验处、营口船舶检验处、锦州船舶检验处。

辽宁省交通厅对道路运输、水运、公路等单位及其行业主管部门通过严格规章制度、落实安全生产责任、培训从业人员、专项治理整顿、定期考核评估等措施,强化安全管理,保证生产安全。水上运输安全管理,主要包括水运、港口、渡口等安全管理及应急处理。渡口管理,按照省交通厅行业管理分工,省航运管理部门重点负责渡船、趸船的养护管理及安全检查;省公路管理部门重点负责码头及引道的养护管理及车辆通行管理。各市渡口管理站对渡口管理、渡口养护及安全负全责。1985 年水上安全监督体制改革后,辽宁省交通厅航运管理局负责地方港口、港口范围内水域及内陆水域的船舶进出口审验、船员管理和签证管理工作。严格危险货物管理,港口设施保安履约,大型水运安检系统建设。大连地区从事渤海湾客滚运输业务的港口客运企业安装大型车辆安检系统。

（四）港口发展成就

辽宁港口发展有 130 多年的历史。20 世纪 60 至 70 年代,辽宁港航发展迅速。全省港口建设与生产逐年提升,"压船、压港、压货"问题得到解决。大连港成为中国北方第一大港,港口吞吐量位居全国第二位,外贸吞吐量多年居全国首位。

改革开放初期(1977—1985 年),辽宁交通部门根据中共辽宁省委和交通部的部署,进行了一系列调整改革工作。中共十一届三中全会以后,全省交通系统在改革开放方针指引下,实现了转变职能,从过去主要抓直属企业,转变面向全行业;从抓企业具体生产经营活动,转向对运输经济进行宏观调控;从单纯管理型向服务型转变;从独家经营的单一公有制形式,改变为以国营为主导,国家、集体、个体多种成分协调发展的经济结构;通过政企分开,所有权与经营权分离,使企业有了独立经营的自主权,并开始从单一生产型向生产经营型转变。先后推行多种形式的承包经营责任制,引进竞争机制,实行承包经营。地方航运企业采取自筹、贷款多种形式造船、买船,并开始迈出国门参与近洋运输。中央航运企业则拓展航线与世界五大洲通航。营口港货物吞吐量超过 97 万吨,大连港货物吞吐量超过 3000 万吨。交通事业发展速度之快、成效之大,为历史上所未有。

"七五"期间,港口建设的重点为中小地方码头和陆岛交通码头。锦州港兴建投产;大连港继续占有全省港口吞吐量的最大份额;营口港鲅鱼圈港区正式开埠。"八五"期间,地方港口建设资金投入力度加大,陆岛交通码头和航线不断增加,全省港口吞吐量年均增加近 600 万吨。"九五"期间，码头泊位比"八五"时期增加近 1 倍，万吨级以上深水泊位比"八五"时期增加近 70%，全省港口吞吐量年均增加 850 万吨。这一时期，以建设通用泊位为主，大型专业化泊位相对较少，万吨级及以上泊位仅占全部泊位的 31.8%，结构性矛盾比较突出。"十五"期间，全省港口吞吐量年均增加超过 3500 万吨。大连港达 1.7 亿吨，跻身亿吨大港行列；营口港突破 7500 万吨，居全国第 10 位；锦州港突破 3000 万吨；丹东港也超过 1000 万吨。这一时期，随着一批 30 万吨级原油和矿石等大型专业化码头的建成投产和大连、营口等老港区的加速改造，全省港口的总体规模迅速扩大，泊位结构性矛盾得到一定缓解。"十一五"期间，全省港口共完成固定资产投资 687 亿元，将近"十五"期间的 3 倍，超过新中国成立至"十一五"前全部港口建设投资的总和。"十二五"期间，全省港口基础设施建设完成投资 1022 亿元，是"十一五"时期的 1.9 倍。沿海港口货物吞吐量年均增加 9.1%，高于全国平均水平，集装箱吞吐量年均增长 13.6%。

辽宁省主要有鸭绿江与辽河两条内河航道。2015 年，辽河航道逐渐断航，建设的重点是鸭绿江航道。省市航道管理部门通过加强基础设施建设、养护及日常管理，保证航道的畅通。

"七五"时期，全省港口建设累计完成投资 3.3 亿元，新增地方港口吞吐能力 243 万吨。1990 年，全省有生产用泊位 109 个，其中万吨级 33 个，货物吞吐量 5360 万吨，其中集装箱 13.2 万 TEU，旅客吞吐量 327 万人。

"八五"时期，全省港口建设累计完成投资 8.06 亿元，新增地方港口吞吐能力 372 万吨。1995 年，全省有生产用泊位 128 个，其中万吨级 40 个，货物吞吐量 8222 万吨，其中集装箱 38.8 万 TEU，旅客吞吐量 509 万人。

"九五"时期，在"扩大内需、增加出口"的拉动下，全省港口建设共完成投资 24.13 亿元，新建泊位 26 个，新增吞吐能力 1905 万吨、85 万 TEU。2000 年，全省有生产用泊位 258 个，其中万吨级 82 个，货物吞吐量 1.37 亿吨，其中集装箱 122 万 TEU，旅客吞吐量 743 万人。

"十五"时期，辽宁港口行业引入民营资本，探索运用股票上市、内外合资合作、国际国内信贷等方式，加强与国内外大型港口集团的战略合作，加大基础设施建设力度。辽宁建成全国乃至亚洲地区作业效率最佳的集装箱码头、世界先进水平的 30 万吨原油码头、国内最大的 30 万吨矿石码头、亚洲规模最大的现代化粮食专业码头，具有国际水平的汽车滚装专用码头，具备完善的内外贸集装箱运输和原油、成品油、铁矿石、散粮、煤炭、散杂货、钢材、商品汽车、液体化工的装卸、仓储、运输、服务及滚装运输、火车轮渡等功能。辽宁港口全面开放，同 160 多个国家和地区建立贸易航运往来，每年承担东北地区 70% 以上的海运货物、80% 以上的外贸运输、90% 以上的集装箱外贸运输。"十五"时期，全省港口

表8-1-1

辽宁省沿海港口基本情况表

港口名称	港口岸线		2015年港口生产用泊位				其中:1978—2015年建成的生产用泊位				2015年港口货物和旅客吞吐量						
	港口规划岸线	其中:2015年前已建成岸线	生产用泊位数	其中:万吨级及以上	生产用泊位长度	其中:万吨级及以上	生产用泊位数	其中:万吨级及以上	生产用泊位长度	其中:万吨级及以上	货物吞吐量	其中:外贸货物吞吐量	集装箱	滚装车辆 数量	滚装车辆 质量	旅客	其中:国际旅客
	千米	千米	个	个	米	米	个	个	米	米	万吨	万吨	万TEU	万辆	万吨	万人	万人
规模以上港口 丹东港	33.82	24.75	42	25	7387	6120	42	25	7387	6120	15022	1767	182.9	—	—	18.1	18.1
大连港	166.9	90.5	222	103	40079	27684	199	87	34952	23800	41482	13023	944.9	292.5	13162	547.8	7
营口港	53.7	34.39	83	57	18232	15061	72	57	16733	15061	33849	7904	592.3	—	—	5.46	0.12
锦州港	36.22	6.12	23	21	6119	5849	23	21	6119	5849	9192	1001	81.9	—	—	—	—
盘锦港	39.0	7.42	13	2	1999	562	13	2	1999	562	3444	236	35	—	—	—	—
规模以下港口 葫芦岛港	82	25.8	21	6	2947	1431	21	6	2947	1431	1870	3.6	1	—	—	60	60
合计	411.64	188.98	404	214	76763	56707	370	198	70137	52823	104859	23934.6	1838	292.5	13162	631.36	85.22

建设累计完成投资 241.3 亿元,新增吞吐能力 9800 万吨,其中新增集装箱泊位 12 个、能力 112 万 TEU。全省港口累计完成货物吞吐量 10.6 亿吨,其中集装箱吞吐量 1120 万 TEU。货物吞吐能力 2.23 亿吨,其中集装箱吞吐能力 288 万 TEU。2005 年,全省有生产用泊位 288 个,其中万吨级 88 个,货物吞吐量 3.02 亿吨,其中集装箱 378 万 TEU,旅客吞吐量 659 万人。

"十一五"时期,全省港口建设累计完成投资 687 亿元,新建泊位 124 个,新增吞吐能力 2.7 亿吨,全省港口累计完成货物吞吐量 24.95 亿吨,其中集装箱吞吐量 3575 万 TEU。2010 年,全省港口生产用泊位达到 340 个,其中万吨级以上泊位 153 个,货物吞吐能力 4.4 亿吨,其中集装箱吞吐能力 667 万 TEU,货物吞吐量 6.80 亿吨,旅客吞吐量 631 万人。

"十二五"时期,全省港口建设累计完成投资 1022 亿元,新建泊位 96 个,新增吞吐能力 1.5 亿吨,全省港口累计完成货物吞吐量 47.4 亿吨,其中集装箱吞吐量 8205 万 TEU。2015 年,全省港口有生产用泊位 410 个,其中万吨级 214 个。货物吞吐量 10.49 亿吨,集装箱吞吐量 8205 万 TEU,旅客吞吐量 571 万人。

辽宁省沿海港口基本情况见表 8-1-1。

二、丹东港

(一)港口概况

1. 港口综述

丹东港位于辽东半岛东部、鸭绿江入海口西岸,南邻黄海,东与朝鲜半岛隔江相望,是东北东部地区最便捷的出海通道。丹东港是我国沿海重要港口,是国家"一带一路"建设的北方起点,是辽宁省和东北东部地区重要交通枢纽,是丹东市进一步扩大开放的重要口岸和经济社会发展的重要支撑,是实施辽宁沿海经济带开发战略、提升区域经济竞争力的重要战略资源,是丹东市优化产业布局、发展临港产业园区的主要依托。

丹东港共包含三个港区,即大东港核心港区、浪头港区、一撮毛港区和沿海陆岛小港,共有泊位 42 个。其中,大东港核心港区面积 47 平方公里,有粮食专业化泊位、客货滚装泊位、通用泊位、煤炭矿石自动化泊位、集装箱专业化泊位,在已建成使用的泊位中,有 25 个万吨级以上泊位,最大泊位为 20 万吨级(结构 30 万吨级)自动化矿石泊位;粮食物流仓储能力达 180 万吨;港区铁路专用线 110 多千米,连接沈丹、京哈、哈大等干线;港区内公路网 120 千米,并与沈丹、丹霍、大盘等东北高速公路网络直接连通。丹东港集疏运条件优良,功能设施完善,口岸通关便利,能够为东北东部广大腹地客户和国内外船东提供优质高效的服务。丹东港是我国北部重要的出海通道。

丹东港历史久远，西汉泊汋口（今叆河口上尖）、镇江、唐代大孤山均为古代辽东半岛著名港口。在鸭绿江"朝贡道"形成之前，黄海、渤海间的航路已十分畅通，航海技术也较为发达，为近代鸭绿江航运和港口的发展奠定了基础。

近代以来，丹东港口的成长与中国近现代史的演变是同频共振的，伴随 1871 年清政府解除"边禁"，由最初散落分布在鸭绿江下游沿岸的安东漕运码头逐步向黄海延伸，历经 110 余年最终形成现今由大东港核心港区、浪头港区、一撮毛港区组成的现代化的丹东港。

1975 年，丹东港完成吞吐量 41.9 万吨，利润 25.1 万元；1978 年完成吞吐量 39.7 万吨，经营收入 345.8 万元，丹东港吞吐量长期徘徊在 40 万吨左右；到 2002 年，经营收入首次破 1 亿元；2004 年吞吐量突破千万吨，达到 1100 万吨，经营收入 2.1 亿元。

2. 港口水文气象

丹东港区属规则半日潮。最高潮位 8.20 米（1997 年 8 月 21 日）；平均高潮位 5.74 米；平均低潮位 1.15 米；平均潮位 3.52 米；最低潮位 −0.82 米（1987 年 2 月 3 日）；最大潮差 7.60 米（1997 年 8 月）；平均潮差 4.51 米；平均涨潮历时 6 小时 9 分钟；平均落潮历时 6 小时 15 分钟。设计高水位 6.66 米；设计低水位 0.49 米；极端高水位 8.40 米；极端低水位 −1.20 米；施工水位 2.50 米。根据丹东港大东港区港口运营以来的实测记录，丹东港大东港区开港以来，海冰对船舶进出港和码头装卸作业基本无影响。

年平均气温 8.4 摄氏度；历年平均最高气温 13.6 摄氏度；历年平均最低气温 4.3 摄氏度；历年极端最高气温 36.0 摄氏度（1935 年 8 月 11 日）；历年极端最低气温 −28.2 摄氏度（1958 年 1 月 4 日）。历年平均降水量 875.4 毫米；历年最大降水量 1320.7 毫米（1964 年）；一日最大降水量 184.4 毫米（1960 年 8 月 4 日）；降水多集中于 6~8 月份，这 3 个月降水量占全年降水量的 62.3%。日降水量 ≥25 毫米的年平均日数为 9.8 天。常风向为 N 向，频率为 12.05%；次常风向为 NNW、NE 向，频率分别为 9.91% 和 9.61%；强风向为 N 向。三年间出现的最大风速为 10.1 米/秒，风向为 SE，出现在 2010 年 12 月 10 日。年平均风速为 3.41 米/秒。春季平均风速最大为 4.50 米/秒，常风向为 SSE；秋季平均风速最小为 2.35 米/秒，常风向为 N 向。本地区冬、秋两季受寒潮影响较多。强寒潮影响时，偏北风可达 7~8 级，平均每年寒潮影响 3 次，最多不超过 5 次。但 2009 年冬季受极端天气影响，辽宁地区先后出现了 15 次寒潮天气过程，并造成了多次大范围雨雪、海冰等海洋灾害，丹东地区也受到一定影响。本港区 7、8 月受台风影响，年平均影响次数为 1.4 次。台风影响时陆上风力 6~7 级，海上风力 7~8 级，最大风速可达 28 米/秒；风向多为 SE。年平均雾日数（能见度 <1 千米）约 31.6 天。雾日多集中在夏季，夏季年平均出现雾日 13.1 天；7 月份最多，曾达 16 天。多年平均相对湿度为 72%。夏季最大，平均相对湿度为 85%；冬季湿度最小，最小相对湿度可达 1%（1969 年 3 月 9 日；1982 年 3 月 5 日）。丹东年平均雷暴日为 26.9 天。雷暴日有明显的季节变化，夏季最多，秋季次之，冬

季几乎没有雷暴发生。夏季雷暴发生频率占全年的57.8%，春季和秋季发生的频率分别为16.2%和25.5%，冬季发生的频率仅为0.5%。雷暴发生频率最大值出现在7月，而历史上1月份无雷暴发生。

3. 发展成就

2005—2008年，根据辽宁省政府指导意见，结合水运行业和腹地经济发展，丹东港集团开展对1996年版《丹东港总体规划》（1996—2010年）和2002年版《丹东港补充规划》的论证和修编工作。

2010年《丹东港总体规划》批准实施，恰逢国家"十二五"开局之年，依据《丹东港总体规划》，结合东北东部（12+1）市（州）区域经济合作和丹东"以港兴市、港城融合"的发展战略，丹东港肩负起与临港产业互动发展的新任务。按照省政府《辽宁沿海港口布局规划》和区域经济发展要求，丹东港与辽宁沿海各港口同步改扩建，"十二五"期间的2012—2014年是丹东港建设投资高峰期，完成围填海土地25平方公里，建设20万吨级航道、防波堤、矿石泊位、散粮泊位、专业化散货堆场、粮食筒仓、疏港道路、疏港铁路、疏港高速公路、疏临港输配水管线、湿地保护区调整等工作；老港区改造升级2个万吨级泊位和3个5万吨级泊位，新建4个万吨级泊位、9个10万吨级泊位和1个20万吨级专用矿石泊位，另有3个10万吨级泊位在建。

根据国家"一带一路"建设要求，结合深化港口经济转型升级的需要，丹东港依据《丹东港总体规划》，结合本地区产业特点，推动临港产业发展，将港区功能划分为"一港三区、三板块、六物流"，即工业园区、农产品加工园区、综合保税区三大园区；形成沿江滨海文化旅游、海洋渔业生产加工物流、进口木材深加工基地三大板块；发展粮食物流、散货物流、油品物流、集装箱物流、冷链物流、商品汽车物流六大物流体系。同时，为扩大辐射东北东部地区，前置延伸港口物流节点，促进区域内产业升级，合资合作建设通化陆港、牡丹江陆港、哈尔滨陆港三个核心内陆港，使本港与腹地经济更好更快地融入东北亚经济发展和国际贸易的大格局。

丹东港港区分布图如图8-1-1所示。丹东港基本情况见表8-1-2。

（二）大东港区

1. 港区综述

（1）港区建设和运营概况

大东港区为丹东港核心港区，陆域面积4130万平方米。港区分为庙沟作业区、大东作业区、东沟作业一区、东沟作业二区、东沟作业三区，建成生产性泊位29个，最大泊位为20万吨级矿石泊位。装卸设备为岸桥14台，门机64台，铁路专用线39千米，装车机5台，卸船机2台。

图 8-1-1　丹东港港区分布图

仓库堆场面积为 1200.7 万平方米，其中，仓库面积 20.2 万平方米，生产性堆场面积 1170 万平方米，非生产性仓库 10.5 万平方米。其中，筒仓散粮仓储能力 180 万立方米，平房仓 22 万立方米；煤炭和矿石专业化堆场 135 公顷，堆存能力 870 万吨。

庙沟港池位于丹东港大东港区北部，港池呈梯形布置，陆域面积 7.7 平方公里，水域总面积 162 万平方米，开发岸线 4.6 千米，其中，2006—2013 年建成的粮食泊位 13 号～15 号泊位占用岸线 984 米，2010—2014 年建成的外 1 号～4 号泊位占用岸线 612 米，1 号、2 号船台和船坞占用岸线 350 米，泊位后方建设陆域筒仓仓储能力为 126 万吨，平方仓 16 栋，堆场面积 60 万平方米。

大东作业区作为先行开发的深水海港区，位于江海分界线南北两侧，泊位为顺岸泊位，陆域面积 2.29 平方公里，水域总面积 272.1 万平方米，形成岸线 2.24 千米，其中，1998 年建成的华能丹东电厂 1 号煤炭自动化装卸泊位占用岸线 239 米，1986—2006 年建成的 2 号～11 号泊位及粮食物流泊位岸线 2 千米，泊位后方建成精品钢材库及 9 栋库房，生产、生活区和 85 万平方米堆场。

丹东港基本情况表（沿海）

表 8-1-2

序号	港区名称	港口岸线		2015年港口生产用泊位				其中:1978—2015年建成的生产用泊位				2015年港口货物和旅客吞吐量						
		港口规划岸线	其中:2015年前已建成岸线	生产用泊位数	其中:万吨级及以上	生产用泊位长度	其中:万吨级及以上	生产用泊位数	其中:万吨级及以上	生产用泊位长度	其中:万吨级及以上	货物吞吐量	其中:外贸货物吞吐量	集装箱	滚装车辆数量	滚装车辆重量	旅客	其中:国际旅客
		千米	千米	个	个	米	米	个	个	米	米	万吨	万吨	万TEU	万辆	万吨	万人	万人
1	大东港区	29.37	20.99	28	25	6607	6120	28	25	6607	6120	—	—	—	0	0	—	—
2	浪头港区	2.50	2.50	5	0	552	0	5	0	552	0	—	—	—	0	0	—	—
3	一撮毛港区	1.95	1.00	4	0	200	0	4	0	200	0	—	—	—	0	0	—	—
4	其他小港	—	—	5	0	—	0	5	0	—	—	—	—	—	—	—	—	—
	合计	33.82	24.49	42	25	7359	6120	42	25	7359	6120	15022	1750	182.9	0	0	18.1	18.1

东沟作业一区位于华能电厂输煤廊道南侧,陆域面积 4.8 平方公里,水域总面积150.8 万平方米,形成岸线 3.6 千米,其中,2008—2015 年建成的南 1 号、2 号 10 万吨级煤炭泊位占用岸线 553 米,2010—2014 年建成的南 3 号油品专用泊位和通用 1 号~3 号泊位占用岸线 1.24 千米,泊位后方建成库房 1 栋,堆场面积 193 万平方米。

东沟作业二区位于东沟区中部,陆域面积 7.1 平方公里,水域面积 231.2 万平方米,形成岸线 5.1 千米,其中,2011—2018 年建成的 202 号~204 号通用泊位占用岸线 769米,泊位后方堆场 73 万平方米。

东沟作业三区位于东沟区南部,陆域面积 11.5 平方公里,水域面积 374.6 公顷,形成岸线 6.3 千米,其中,2015—2018 年已建成的 317 号泊位,占用岸线 380 延长米,2011—2015 年建成的 318 号泊位占用岸线 450 米,泊位后方陆域堆场面积 72 万平方米。

区域陆域面积约 8 平方公里为临港产业用地,包括农产品综合加工区、中心渔港商贸区、港航服务区等。

丹东港主要货类为铁矿石、煤炭、矿粉、木材、钢材、铁制品、非金属矿石、粮食、集装箱、化肥等。丹东港 2011—2015 年吞吐量分别为 7636.4 万吨、9606.2 万吨、12019 万吨、13757 万吨、15022 万吨。

（2）港区地理条件和集疏运概况

大东港区位于东港市南部,鸭绿江西水道入海口西岸,地理坐标 39°49′N、124°09′E。大东港区北距丹东市区 50 千米,距东港市区 5 千米;水上距大连港 157 海里,距营口港330 海里,距秦皇岛港 285 海里,距烟台港 215 海里,距朝鲜南浦港 119 海里,距韩国仁川港 245 海里。

通往东北东部腹地的公路为 201 国道、通往沈阳地区的 304 国道、丹阜高速、沈丹高速公路、鹤大高速公路,铁路为沈丹线和丹东至大连客货快速铁路,东北东部铁路既是一条东北腹地的重要货运通道,也是一条重要的客运风景旅游路线。

2.港区工程项目

（1）丹东港大东港区华能电厂专用自卸船 1 号泊位工程

项目于 1994 年 7 月开工,1998 年 11 月完工并投入试运行,1998 年 12 月完成竣工验收。

项目建设依据:1990 年,辽宁省水利部门《关于丹东发电厂取铁甲水库淡水做补给水源的批复》(辽水电资字〔1990〕286 号);1991 年 11 月,国家计划委员会《关于辽宁丹东电厂项目建议书的批复》(辽环建发〔1991〕1772 号);1992 年 6 月,辽宁省计划委员会《关于丹东港大东港区电厂煤码头工程可行性研究初审意见》;1992 年,国家环境保护总局《关于丹东发电厂新建工程环境影响报告书审批意见》(环监〔1992〕295 号);1993 年,国家计划委员会《关于将丹东电厂改为利用外资项目的批复》(会计外资〔1993〕1140 号);1993

年4月,辽宁省环境保护局《关于丹东港大东港区电厂煤码头建设项目环境影响报告书的批复》(辽环建发〔1993〕7号);2003年8月,丹东市人民政府颁发海域使用权证书(DD-2003002)。

丹东华能电厂自卸船码头为3万吨级,高桩梁板式结构,码头安装卸船机一台。码头平台与后方护岸之间采用引桥连接。码头长239米,码头面高程8.70米,设计底高程-10.5米。项目总投资8540万元。

设计单位为中交第一航务工程勘察设计院,施工单位为中交一航局第一工程有限公司、营口友一港航有限公司;监理单位为营口港工程监理咨询有限公司;质监单位为葫芦岛市交通工程质量与安全监督处。

2014年初开始与大东港合用码头,部分煤炭使用大东港码头接卸,电厂专用码头接卸量逐渐减少。2015年开始,电厂专用码头停止接卸煤炭,改用大东港码头接卸。2015年至2019年12月初,使用大东港码头接卸燃煤共计781.37万吨。2015年至今,电厂专用码头处于备用状态。

(2)丹东港大东港区2号泊位工程

项目于1992年7月开工,1994年9月完成竣工验收。

项目建设依据:1990年,辽宁省计划经济委员会《关于丹东港大东港区续建工程初步设计批复》(辽计经发〔1990〕142号);2003年6月,辽宁省人民政府颁发海域使用权证书(国海证042101999)。

丹东港大东港区2号泊位工程建设1个万吨级通用散货泊位,布置在庙沟港池内。码头作业平台采用高桩梁板结构,码头平台与后方护岸之间采用引桥连接。码头长182米,码头面高程8.70米,设计底高程-9.5米。项目总投资2398万元,资金来源于银行贷款。

建设单位为丹东港大东港区建设指挥部;设计单位为交通部水运规划设计院;施工单位为交通部第一航务工程局第一工程公司;监理单位为京华水运工程监理事务所。

(3)丹东港大东港区3号泊位工程

项目于1986年9月开工,1988年6月完成竣工验收。

该工程是丹东港走向海港的起步工程,是丹东港开发建设的第一个深水泊位。该工程由交通部门主持建设前期工作、规划布局,对丹东港的后续开发具有决定性的意义。

项目建设依据:1984年10月,辽宁省计划委员会《关于丹东港大东港区建设项目计划任务书的批复》(辽计发〔1984〕503号)。1986年7月,辽宁省人民政府批复项目用地(辽政地字〔1986〕170号);2003年6月,辽宁省人民政府颁发海域使用权证书(国海证042101999)。

项目建设1个5000吨级通用散货码头泊位(码头水工建筑允许靠泊能力1吨级),岸线总长 190 米。码头采用引桥布局,高桩结构(梁板式)。码头前沿水深 9.5 米。项目后方堆场面积 5000 平方米。主要装卸设备配置两台 10 吨门机。项目总投资 6000 万元,来自国家补助、丹东市政府自筹。项目用地面积 140 万平方米。

建设单位为丹东港大东港区建设指挥部;设计单位为交通部水运规划设计院;施工单位为交通部第一航务工程局第一工程公司;监理单位为京华水运工程监理事务所。

自 1988 年一期工程竣工后,中外货轮络绎不绝,货源充足,腹地辽阔,1990 年完成货物吞吐量 250 万吨,1992 年和 1993 年泊位吞吐量均接近 39 万吨;彻底结束了中国海疆的零海岸没有自己的海港和远洋船队的时代。

(4)丹东港大东港区 4 号泊位工程

项目于 1992 年 7 月开工,1994 年 9 月完成竣工验收。

项目建设依据:1990 年,辽宁省计划经济委员会《关于丹东港大东港区续建工程初步设计批复》(辽计经发〔1990〕142 号)。2003 年 6 月,辽宁省人民政府颁发海域使用权证书(国海证 042101999)。

丹东港大东港区 4 号泊位工程建设规模为 1 个万吨级通用散货泊位,布置在庙沟港池内,码头作业平台采用高桩梁板结构,顺岸布局,码头长 159 米,码头前沿水深 9.5 米。项目总投资 2398 万元,来自银行贷款。

建设单位为丹东港大东港区建设指挥部;设计单位为交通部水运规划设计院;施工单位为交通部第一航务工程局第一工程公司;监理单位为京华水运工程监理事务所。

(5)丹东港大东港区 5 号泊位工程

项目于 1992 年 7 月开工,1994 年 9 月完成竣工验收。

项目建设依据:1990 年,辽宁省计划经济委员会《关于丹东港大东港区续建工程初步设计批复》(辽计经发〔1990〕142 号);2003 年 6 月,辽宁省人民政府颁发海域使用权证书(国海证 042101999)。

项目建设 1 个万吨级通用散货码头泊位,岸线总长 175.55 米。码头采用顺岸布局,高桩结构。码头前沿水深 9.5 米。项目总投资 2398 万元,均来自于银行贷款。

建设单位为丹东港大东港区建设指挥部;设计单位为交通部水运规划设计院;施工单位为交通部第一航务工程局第一工程公司;监理单位为京华水运工程监理事务所。

2 号、4 号、5 号泊位为大东港续建工程,其建设解决了泊位不足和等级不高的问题,扩大了丹东港的规模和能力,进一步完善了港口配套设施建设,港口综合能力显现。

(6)丹东港大东港区 2 号~5 号泊位更新改造工程

项目于 2010 年 7 月开工,2011 年 12 月试运行。

项目建设依据:2008 年 1 月,辽宁省发展和改革委员会审批立项文件(辽发改交通〔2008〕70 号);2011 年 4 月,辽宁省交通厅《丹东港大东港区 2#-5#泊位更新改造工程初步设计》（辽交航发〔2011〕128 号）。2008 年 1 月，辽宁省环境保护厅《丹东港大东港区东沟 2#-5#泊位更新改造工程环境影响报告书的批复》（环审〔2008〕15 号）；2003 年 6 月，辽宁省人民政府颁发海域使用权证书（国海证 042101999）；2010 年 8 月，交通运输部《关于丹东港大东港区 2#-5#泊位更新改造工程使用港口岸线的批复》（交规划发〔2010〕444 号）。

项目将原 2 号~5 号 4 个万吨级泊位更新改造为 2 个 5 万吨级通用散货泊位（码头水工建筑允许靠泊能力 7 万吨级）和 1 个 3.5 万吨级通用散杂货泊位，岸线总长 707 米。码头采用顺岸布局，高桩结构。码头前沿水深10.5 米。项目总投资 82019 万元，其中企业自筹 35%，其余部分来自银行贷款。

建设单位为丹东港集团有限公司丹东港集团有限公司；设计单位为中交水运规划设计院有限公司；施工单位为中交第三航务工程局有限公司、丹东航道工程局有限责任公司等；监理单位为丹东江华水运工程建设监理事务所；质监单位为丹东市水运工程质量监督站。

项目建成投产后，解决了现有码头泊位安全问题，符合丹东港总体规划，提升丹东港综合竞争力；使全港吞吐能力大幅度提高，对促进当地经济和社会的可持续发展、降低物流运输成本等起着十分积极的意义。

（7）丹东港大东港区 6 号泊位工程

项目于 2001 年 4 月开工，2001 年 10 月完成竣工验收，竣工验收后投产使用。

项目建设依据：2001 年 1 月，丹东市计划委员会《关于大东港区客货滚装码头改造工程的批复》（丹计能字〔2001〕5 号）；2003 年 6 月，辽宁省人民政府颁发海域使用权证书（国海证 042101999）；2001 年 4 月辽宁省交通厅《关于同意丹东港大东港区客货滚装码头改造工程使用岸线的批复》（辽交航发〔2001〕64 号）。

项目建设 1 万吨级客货滚装码头泊位，岸线总长 206 米。码头采用高桩结构。码头前沿水深6.5 米。主要设备包括一座可升降的活动钢引桥、升降设施及两个用以固定升降装置的墩台。项目总投资 1545 万元，丹东港务局自筹解决。

建设单位为丹东港港务局；设计单位为大连理工大学土木建筑设计研究院；施工单位为中港第一航务工程局第一工程公司东北分公司、烟台港务局机修厂等；监理单位为丹东江华水运工程建设监理事务；质监单位为丹东市水运工程质量监督站。

项目投产后，丹东港开通了丹东港至韩国仁川的客滚船定期航班，每周三班，平均每年完成国际旅客吞吐量 20 万人次，集装箱 20 万 TEU。

（8）丹东港大东港区 7 号泊位工程

项目于 2003 年 8 月开工，2004 年 6 月完成竣工验收。

项目建设依据：2003 年 6 月，辽宁省发展计划委员会《关于丹东港大东港区散杂泊位

（7 号）可行性研究报告（代项目建议书）的批复》（辽计发〔2003〕437 号）；2003 年 12 月，辽宁省发展计划委员会《关于丹东港大东港区散杂泊位（7 号）初步设计的批复》（辽计发〔2003〕998 号）；2003 年 12 月，辽宁省环境保护局《关于丹东港大东港区集装箱、散杂泊位工程环境影响报告书的批复》（辽环函〔2003〕232 号）；2005 年 5 月，辽宁省人民政府《关于丹东大东港二期工程项目用地的批复》（辽政地字〔2005〕135 号）；2005 年 8 月，丹东市人民政府颁发海域使用权证书（国海证 022104191）；2005 年 4 月，交通部《关于丹东港 7、8 号泊位工程使用岸线的批复》（交规划发〔2005〕160 号）。

项目建设 1 个 5 万吨级散杂货码头泊位，岸线总长 190 米。码头采用高桩梁板结构。码头前沿水深 13.6 米。主要装卸设备配置岸边集装箱起重机 1 台、门座式起重机 5 台；28 吨叉车 1 台；15 吨叉车 1 台；6 吨叉车 2 台；集装箱正面吊 1 台等。项目总投资 8119.82 万元，35% 的项目资本金由项目法人丹东港集团有限公司（原丹东港务局）自筹，其余由项目法人申请银行贷款解决。

建设单位为丹东港集团有限公司；设计单位为中交水运规划设计院；施工单位为中交一航局一公司等；监理单位为江华水运工程建设监理事务所；质监单位为丹东市水运工程质量监督站。

（9）丹东港大东港区 8 号泊位工程

项目于 2003 年 8 月开工，2004 年 6 月完成竣工验收。

项目建设依据：2003 年 6 月，辽宁省发展计划委员会《关于丹东港大东港区集装箱泊位（8 号）可行性研究报告（代项目建议书）的批复》（辽计发〔2003〕438 号）；2003 年 12 月，辽宁省发展计划委员会《关于丹东港大东港区集装箱泊位（8 号）初步设计的批复》（辽计发〔2003〕966 号）；2003 年 12 月，辽宁省环境保护局《关于丹东港大东港区集装箱、散杂泊位工程环境影响报告书的批复》（辽环函〔2003〕232 号）；2005 年 5 月，辽宁省人民政府《关于丹东大东港二期工程项目用地的批复》（辽政地字〔2005〕135 号）；2005 年 8 月，丹东市人民政府颁发海域使用权证书（国海证 022104191）；2005 年 4 月，交通部《关于丹东港 7、8 号泊位工程使用岸线的批复》（交规划发〔2005〕160 号）。

项目建设 1 个 5 万吨级集装箱码头泊位，岸线总长 190 米。码头采用高桩梁板结构。码头前沿水深 13.6 米。7 号、8 号泊位工程配置的主要装卸机械设备有岸边集装箱起重机 1 台、门座式起重机 5 台；28 吨叉车 1 台；15 吨叉车 1 台；6 吨叉车 2 台；集装箱正面吊 1 台等。项目总投资 15763.95 万元，35% 的项目资本金由项目法人丹东港集团有限公司（原丹东港务局）自筹，其余由项目法人申请银行贷款解决。

建设单位为丹东港集团有限公司；设计单位为中交水运规划设计院；施工单位为中交一航局一公司、丹东航道工程局；监理单位为江华水运工程建设监理事务所；质监单位为丹东市水运工程质量监督站。

7 号、8 号泊位是丹东港第一批 5 万吨级以上泊位,解决了丹东港迫切需要大型散杂货泊位的难题,其投产大大方便了内地客户,使吞吐量大幅度提高,港口效益显著增加。

(10)丹东港大东港区 9 号泊位工程

项目于 2004 年 7 月开工,2005 年 4 月完成竣工验收。

项目建设依据:2004 年 4 月,辽宁省发展计划委员会《关于丹东港大东港区 9 号泊位可行性研究报告(代项目建议书)的批复》(辽计发〔2004〕222 号);2004 年 9 月,辽宁省发展计划委员会《关于丹东港大东港区 9#泊位初步设计的批复》(辽计发〔2004〕446 号)。2005 年,辽宁省国土资源厅《关于大东港二期工程及配套项目用地预审意见的复函》(辽国土资规审〔2005〕20 号);2005 年 5 月,交通部《关于丹东港大东港区 9 号、10 号泊位工程使用岸线的批复》(交规划发〔2005〕206 号)。

项目建设 1 个 3 万吨级散货码头泊位,岸线总长 170 米。码头采用高桩梁板结构。码头前沿水深 12.6 米。项目后方堆场面积 5.5 万平方米,预留堆场 11.5 万平方米。主要装卸设备配置门座式起重机 6 台;28 吨叉车 2 台等。项目总投资 14080 万元,35% 的项目资本金由项目法人丹东港集团有限公司(原丹东港务局)自筹,其余由项目法人申请银行贷款解决。

建设单位为丹东港集团有限公司;设计单位为中交水运规划设计院;施工单位为中交一航局一公司、丹东航道工程局;监理单位为江华水运工程建设监理事务所;质监单位为丹东市水运工程质量监督站。

工程建成后进一步扩大了港口规模,增加了散杂货吞吐能力,促使泊位分工进一步明确、合理。

(11)丹东港大东港区 10 号泊位工程

项目于 2004 年 7 月开工,2005 年 4 月完成竣工验收。

项目建设依据:2004 年 4 月,辽宁省发展计划委员会《关于丹东港大东港区 10 号泊位可行性研究报告(代项目建议书)的批复》(辽计发〔2004〕225 号);2004 年 9 月,辽宁省发展计划委员会《关于丹东港大东港区 10#泊位初步设计的批复》(辽计发〔2004〕445 号)。2005 年,辽宁省国土资源厅《关于大东港二期工程及配套项目用地预审意见的复函》(辽国土资规审〔2005〕20 号);2005 年 5 月,交通部《关于丹东港大东港区 9 号、10 号泊位工程使用岸线的批复》(交规划发〔2005〕206 号)。

项目建设 1 个 3 万吨级散货码头泊位,岸线总长 175 米。码头采用顺岸布局,高桩结构。码头前沿水深 12.6 米。项目后方堆场面积 4.3 万平方米,预留堆场面积 7.3 万平方米。主要装卸设备配置门座式起重机 6 台;28 吨叉车 2 台等。项目总投资 14080 万元,35% 的项目资本金由项目法人丹东港集团有限公司(原丹东港务局)自筹,其余由项目法人申请银行贷款解决。

建设单位为丹东港集团有限公司;设计单位为中交水运规划设计院;施工单位为中交一航局一公司、丹东航道工程局;监理单位为江华水运工程建设监理事务所;质监单位为丹东市水运工程质量监督站。

(12)丹东港大东港区11号泊位工程

项目于2005年10月开工,2006年9月交工。

项目建设依据:2004年4月,辽宁省发展计划委员会《丹东港大东港区11号泊位建设工程可行性研究报告》(辽计发〔2004〕221号);2010年4月,辽宁省交通厅《丹东港大东港区11#泊位建设工程初步设计》(辽交建发〔2010〕78号)。2004年3月,辽宁省人民政府《关于丹东大东港区二期工程项目用地的批复》(辽政地字〔2004〕125号)。2010年1月,交通运输部《关于丹东大东港区11-14号泊位工程适用港口岸线的批复》(交规划发〔2010〕3号)。

项目建设1个3万吨级散杂货码头泊位,岸线总长240米。码头采用重力式接岸布局,高桩结构(梁板式)。码头前沿水深11.8米。项目后方堆场面积83852万平方米。主要装卸设备配置16吨门座起重机2台。项目总投资17824.24万元,总投资的65%采用国内贷款,其余35%企业自筹。

建设单位为丹东港集团有限公司;设计单位为中交水运规划设计院;施工单位为中港第二航务工程局;监理单位为丹东江华水运工程建设监理事务所;质监单位为丹东市交通工程质量监督站。

(13)丹东港粮食物流泊位工程

项目于2005年10月开工。

项目建设依据:2014年1月,辽宁省发展计划委员会《丹东港粮食物流泊位工程可行性研究报告》(辽发改交通〔2014〕36号);2014年10月,辽宁省交通厅批复《丹东港粮食物流泊位工程初步设计》(辽交航发〔2014〕512号)。2013年7月,辽宁省环境保护厅《关于丹东港粮食物流泊位工程环境影响报告书的批复》(辽环函〔2013〕248号);2004年3月,丹东市人民政府《关于丹东大东港区二期工程项目用地的批复》(辽政地字〔2004〕125号);2010年1月,交通运输部《关于丹东大东港区11-14号泊位工程适用港口岸线的批复》(交规划发〔2010〕3号)。

项目建设1个1万吨级粮食码头泊位,岸线总长132.2米。码头采用引桥式布局,高桩结构(梁板式)。码头前沿水深12.6米。仓库面积0.8万平方米,堆存能力2.4万吨。主要装卸设备配置门座起重机2台。项目总投资估算值为11285万元,项目总投资的70%考虑采用国内贷款,其余30%企业自筹,流动资金也由企业自筹解决。项目用地面积3.5万平方米。

建设单位为丹东港集团有限公司;设计单位为中交水运规划设计院;施工单位为中港

第二航务工程局;监理单位为丹东江华水运工程建设监理事务所;质监单位为丹东市交通工程质量监督站。

（14）丹东港大东港区粮食泊位工程

项目于2006年5月开工,2011年3月试运行,2011年7月完成竣工验收。

2006年4月,辽宁省发展和改革委员会《关于丹东港大东港区粮食泊位工程项目核准的批复》（辽发改交通〔2006〕274号）;2010年11月,辽宁省交通厅《关于丹东港大东港区粮食泊位工程（水域部分）初步设计的批复》（辽交航发〔2010〕332号）。2006年3月,丹东市环境保护局《关于丹东港大东港区粮食泊位建设工程环境影响报告表批复》;2006年2月,丹东市人民政府《关于丹东港集团有限公司建设大东港区二期工程12#、13#、14#泊位及配套货场用地的批复》（丹政地字〔2006〕37号）;2010年10月,辽宁海事局《关于丹东港大东港区粮食泊位12#-15#泊位工程岸线安全使用的批复》（辽海通航〔2010〕293号）。

项目建设1个5万吨级粮食码头泊位,岸线总长256米。码头采用顺岸布局,高桩结构（梁板式）。码头前沿水深13.6米。粮食筒仓27座,仓容10万吨。主要装卸设备配置散粮装船机1台、门座起重机2台、装载机4台。项目总投资24335.08万元,35%的项目资本金由丹东港集团有限公司自筹,其余由项目法人通过银行贷款解决。项目用地面积10万平方米。

建设单位为丹东港集团有限公司;设计单位为中交水运规划设计院有限公司;施工单位为中交二航局、日林建设集团、辽宁新港建设工程有限公司等;监理单位为丹东江华水运工程建设监理事务所;质监单位为丹东市交通工程质量与安全监督处。

工程投产后主要用于散粮装卸,提升港口北粮南运能力。

（15）丹东港大东港区13号泊位工程

项目于2005年8月开工,2011年3月试运行,2011年7月完成竣工验收。

项目建设依据:2007年11月,辽宁省发展和改革委员会《关于丹东港大东港区13#泊位工程项目核准的批复》（辽发改交通〔2007〕1163号）;2010年11月,辽宁省交通厅《关于丹东港大东港区13#泊位工程（水域部分）初步设计的批复》（辽交航发〔2010〕333号）。2007年12月,辽宁省环境保护局《关于丹东港大东港区13#泊位建设工程环境影响报告书的批复》（辽环函〔2007〕362号）;2006年2月,丹东市人民政府《关于丹东港集团有限公司建设大东港区二期工程12#、13#、14#泊位及配套货场用地的批复》（丹政地字〔2006〕37号）;2010年1月,交通运输部《关于丹东港大东港区11-14号泊位工程使用港口岸线的批复》（交规划发〔2010〕3号）。

项目建设1个5万吨级粮食码头泊位,岸线总长249米。码头采用顺岸布局,高桩结构（梁板式）。码头前沿水深13.6米。粮食浅圆仓10座,仓容7.5万吨。主要装卸设备配置散粮装船机 1 台、门座起重机 4 台、装载机 4 台。项目总投资 2.35 亿元,35% 的项目资本金由丹东港集团有限公司自筹,其余由项目法人通过银行贷款解决。

建设单位为丹东港集团有限公司;设计单位为中交水运规划设计院有限公司;施工单位为中交二航局、日林建设集团;监理单位为丹东江华水运工程建设监理事务所、辽宁鸿川工程监理有限公司;质监单位为丹东市交通工程质量与安全监督处。

工程投产后主要用于散粮装卸,提升港口北粮南运能力。

（16）丹东港大东港区 14 号粮食泊位工程

项目于 2006 年 4 月开工,2011 年 7 月完成竣工验收。

项目建设依据:2006 年 7 月,辽宁省发展和改革委员会《关于丹东港大东港区 14#粮食泊位工程项目核准的批复》(辽发改交通〔2006〕565 号);2011 年 2 月,辽宁省交通厅《关于同意丹东港大东港区 14#粮食泊位工程(水域部分)初步设计的批复》(辽交航发〔2011〕54 号)。2006 年 6 月,辽宁省环境保护局《关于丹东港大东港区 14#粮食泊位建设工程环境影响报告书的批复》(辽环函〔2006〕185 号);2010 年 1 月,交通运输部《关于丹东港大东港区 11-14 号泊位工程使用港口岸线的批复》(交规划发〔2010〕3 号)。

项目建设 1 个 3.5 万吨级粮食码头泊位(码头水工建筑允许靠泊能力 5 万吨级),岸线总长 226 米。码头采用顺岸布局,高桩结构(梁板式)。码头前沿水深 13.6 米。粮食筒仓 57 座,仓容 32 万吨。主要装卸设备配置装船机 1 台,输送机 1 台,门座起重机 3 台,轮式装载机 4 台。项目总投资 2.47 亿元,35% 的项目资本金由丹东港集团有限公司自筹,其余由项目法人通过银行贷款解决。项目用地面积 10 万平方米。

建设单位为丹东港集团有限公司;设计单位为中交水运规划设计院有限公司;施工单位为中交三航局、日林集团有限公司、辽宁港湾建设工程有限公司;监理单位为丹东江华水运工程建设监理事务所、辽宁鸿川工程监理有限公司;质监单位为丹东市交通工程质量与安全监督处。

工程投产后主要用于钢材和散粮装卸,提升港口北粮南运能力。

（17）丹东港大东港区 15 号通用泊位工程

项目于 2009 年 7 月开工,2011 年 8 月完成竣工验收。

项目建设依据:2010 年 2 月,辽宁省发展和改革委员会《关于丹东港大东港区 15 号通用泊位工程项目核准的批复》(辽发改交通〔2010〕135 号);2011 年 2 月,辽宁省交通厅《关于同意丹东港大东港区 15 号散杂货泊位工程初步设计的批复》(辽交航发〔2011〕55 号)。2009 年 7 月,辽宁省环境保护局《关于丹东港大东港区 15#通用泊位工程环境影响报告书的批复》(辽环函〔2009〕257 号);2004 年 3 月,辽宁省政府《关于丹东大东港区二期工程项目用地的批复》(辽政地字〔2004〕125 号);2010 年 1 月,交通运输部《关于丹东港大东港区 15 号泊位工程使用港口岸线的批复》(交规划发〔2010〕31 号)。

项目建设 1 个 5 万吨级通用码头泊位,岸线总长 253 米。码头采用引桥式布局,高桩结构(梁板式)。码头前沿水深 13.6 米。项目后方堆场面积 6.5 万平方米。主要装卸设备配置门座起重机 4 台。项目总投资 37951.37 万元,30% 的项目资本金由丹东港集团有限公司安排自有资金投入,其余 70% 资金由银行贷款解决。

建设单位为丹东港集团有限公司;设计单位为中交水运规划设计院有限公司;施工单位为中交三航局、辽宁新港建设工程有限公司、丹东航道工程局有限责任公司、丹东通海港航工程有限公司;监理单位为丹东江华水运工程建设监理事务所、辽宁鸿川工程监理有限公司;质监单位为丹东市交通工程质量与安全监督处。

项目建成投产后主要用于木材、钢材装卸船,为丹东港大东港区临港木材产业发展提供基本条件。

(18)丹东港大东港区南 1 号矿石泊位工程

项目于 2008 年 3 月开工,2010 年 12 月竣工。

项目建设依据:2006 年 12 月,辽宁省发展和改革委员会《关于丹东港大东港区南 1# 矿石泊位工程项目核准的批复》(辽发改交通〔2006〕1299 号);2010 年 8 月,辽宁省交通厅《关于丹东港大东港区南 1# 矿石泊位工程初步设计的批复》(辽交建发〔2010〕226 号)。2007 年 4 月,辽宁省环境保护局《关于丹东港大东港区南 1# 矿石泊位工程环境影响报告书的批复》(辽环函〔2007〕118 号);2010 年 5 月,丹东市国土资源局批准工程用地(丹东国用〔2010〕第 064701121 号)。2014 年 1 月,交通运输部《关于丹东港大东港区南 1 号矿石泊位工程使用港口岸线的批复》(交规划发〔2014〕21 号)。

项目建设 1 个 5 万吨级矿石码头泊位(码头水工建筑允许靠泊能力 10 万吨级),岸线总长 275 米。码头采用引桥式布局,高桩结构(梁板式)。码头前沿水深 13.4 米。项目后方堆场面积 40 万平方米,堆存能力 240 万吨。主要装卸设备配置利用码头原有门机增加移动漏斗,并配置 2 条 1800 吨/小时卸船皮带线,通过转运站和皮带输送线输送至后方堆场;40 - 43 门机 2 台;自制移动漏斗 4 台;CLG888 轮式装载机 10 台;HOWO 自卸车 10 台。项目总投资 4.56 亿元,35% 的项目资本金由丹东港集团有限公司自筹,其余资金由银行贷款解决。项目用地面积 45 万平方米。

建设单位为丹东港集团有限公司;设计单位为中交水运规划设计院有限公司;施工单位为中交三航局、丹东航道工程局有限责任公司、丹东通海港航工程有限公司、辽宁港湾建设工程有限公司、辽宁新港建设工程有限公司;监理单位为丹东江华水运工程建设监理事务所有限公司、辽宁鸿川工程监理有限公司;质监单位为丹东市交通工程质量与安全监督处。

建设项目投产满足二程矿接卸和一程矿减载靠泊,提升了丹东港散杂货中转能力。

(19)丹东港大东港区南2号散杂货泊位工程

项目于2007年10月开工,2011年6月竣工。

项目建设依据:2006年12月,辽宁省发展和改革委员会《关于丹东港大东港区南2#散杂货泊位工程项目核准的批复》(辽发改交通〔2006〕1297号);2010年8月,辽宁省交通厅《关于丹东港大东港区南2#散杂货泊位工程初步设计的批复》(辽交建发〔2010〕227号);2007年4月,辽宁省环境保护局《关于丹东港大东港区南2#通用散杂货泊位工程环境影响报告书的批复》(辽环函〔2007〕125号);2010年6月,丹东市国土资源局批准工程用地(丹东国用〔2010〕第064701123号);2012年10月,交通运输部《关于丹东港大东港区南2号散杂货泊位工程使用港口岸线的批复》(交规划发〔2012〕568号)。

项目建设1个5万吨级散杂货码头泊位(码头水工建筑允许靠泊能力10万吨级),岸线总长250米。码头采用引桥式布局,高桩结构(梁板式)。码头前沿水深13.4米。项目后方堆场面积35万平方米,堆存能力150万吨。主要装卸设备配置原有门机增加移动漏斗,并配置2条1800吨/小时卸船皮带线,通过转运站和皮带输送线输送至后方堆场;40-43门机3台,CLG888轮式装载机10台,HOWO自卸车14台,10吨叉车4台,25吨轮胎式起重机2台,50吨轮胎式起重机1台,SK250-8神钢挖掘机5台。项目总投资为4.56亿元,35%的项目资本金由丹东港集团有限公司自筹,其余资金由银行贷款解决。项目用地面积37万平方米。

建设单位为丹东港集团有限公司;设计单位为中交水运规划设计院有限公司;施工单位为中交第三航务工程局有限公司、丹东航道工程局有限责任公司;监理单位为丹东江华水运工程建设监理事务所有限公司、辽宁鸿川工程监理有限公司;质监单位为丹东市交通工程质量与安全监督处。

建设项目投产满足二程矿接卸和一程矿减载靠泊,提升了丹东港散杂货中转能力。

(20)丹东港大东港区南3号液体化工品泊位工程

项目于2004年12月开工,2006年9月试运行,2007年12月竣工。

项目建设依据:2009年4月,辽宁省发展和改革委员会《关于丹东港大东港区南3#液体化工品泊位工程项目核准的批复》(辽发改交通〔2009〕291号);2010年8月,辽宁省交通厅《关于丹东港大东港区南2#散杂货泊位工程初步设计的批复》(辽交建发〔2010〕227号);2007年12月,辽宁省环境保护局《关于丹东港大东港区南3#液体化工品泊位工程环境影响报告书的批复》(辽环函〔2007〕377号);2014年3月,丹东市国土资源局批准工程用地(丹东国用〔2014〕第064701082号);2013年12月,交通运输部《交通运输部关于丹东港大东港区一港池南3号液体化工品泊位工程使用港口岸线的批复》(交规划发〔2013〕743号)。

项目建设1个5万吨级成品油码头泊位,岸线总长320米。码头采用引桥式布局,高桩结构（梁板式）。码头前沿水深 13.4 米。油品罐区占地面积 25 万平方米，总罐容 25.4 万立方米。主要装卸设备配置软管吊、输油臂 6 台。项目总投资 8.89 亿元，65% 的资本金考虑采用国内贷款，其余 35% 由企业自筹，流动资金也考虑由企业自筹解决。项目用地面积 25 万平方米。

建设单位为丹东港集团有限公司；设计单位为中交水运规划设计院有限公司；施工单位为上海三航奔腾建设工程有限公司；监理单位为丹东江华水运工程建设监理事务所有限公司；质监单位为丹东市交通工程质量与安全监督处。

（21）丹东港大东港区东沟一港池 1 号和 2 号通用泊位工程

项目于 2010 年 2 月开工，2014 年 9 月试运行，2016 年 2 月竣工。

项目建设依据：2011 年 10 月，辽宁省发展和改革委员会《关于丹东港大东港区东沟一港池 1 号和 2 号通用泊位工程项目核准的批复》（辽发改交通〔2011〕1359 号）；2012 年 6 月，辽宁省交通厅《关于丹东港大东港区东沟一港池 1#、2#通用泊位工程初步设计批复》（辽交航发〔2012〕197 号）。2011 年 1 月，辽宁省环境保护厅《丹东港大东港区东沟一港池 1#通用泊位工程环境影响报告书的批复》（辽环函〔2011〕18 号）、《丹东港大东港区东沟一港池 2#通用泊位工程环境影响报告书的批复》（辽环函〔2011〕88 号）；2009 年 12 月，丹东市国土资源局批准工程用地（丹东国用〔2009〕第 064701116 号）；2011 年 9 月，交通运输部《关于丹东港大东港区东沟一港池 1 号和 2 号通用泊位工程使用港口岸线的批复》（交规划发〔2011〕525 号）。

项目建设 2 个 5 万吨级通用码头泊位（码头水工建筑允许靠泊能力 10 万吨级），岸线总长 521 米。码头采用引桥式布局，高桩结构（梁板式）。码头前沿水深 13.6 米。项目后方堆场面积 23.5 万平方米，堆存能力 45 万吨。主要装卸设备配置 4 台 40 吨-43 米门机。项目总投资 127824 万元，30% 的项目资本金由丹东港集团有限公司自筹，其余由项目法人通过银行贷款解决。

建设单位为丹东港集团有限公司；设计单位为中交水运规划设计院有限公司；施工单位为中交第三航务工程局有限公司、丹东航道工程局有限责任公司、辽宁天海机械有限公司、丹东通海港航工程有限公司；监理单位为丹东江华水运工程建设监理事务所有限公司；质监单位为丹东市交通工程质量与安全监督处。

该项目完善了港口功能，提升丹东港综合竞争力；使全港吞吐能力大幅度提高，满足丹东港腹地陆续投产的新建或改扩建的钢铁项目对钢铁产品的运输要求，提高行业整体服务水平；带动临港工业和港口物流业的发展，同时，项目增加了就业，对促进当地经济和社会的可持续发展、降低物流运输成本等都起着十分积极的意义。

（22）丹东港大东港区东沟一港池 3 号通用泊位工程

项目于 2010 年 3 月开工，2014 年 12 月试运行，2016 年 2 月竣工。

项目建设依据:2012 年 11 月,辽宁省发展和改革委员会《关于丹东港大东港区东沟一港池 3#通用泊位工程项目核准的批复》(辽发改交通〔2012〕1307 号);2013 年 9 月,辽宁省交通厅《关于丹东港大东港区东沟一港池 3#通用泊位工程初步设计批复》(辽交航发〔2013〕331 号)。

项目建设 1 个 5 万吨级通用码头泊位(码头水工建筑允许靠泊能力 10 吨级),岸线总长 261 米。码头采用引桥式布局,高桩结构(梁板式)。码头前沿水深 13.6 米。项目后方堆场面积 5.4 万平方米,堆存能力 15 万吨。仓库面积 0.7 万平方米,堆存能力 2 万吨。主要装卸设备包括 2 台 40 吨-43 米门机。项目总投资 5.20 亿元,30% 的项目资本金由丹东港集团有限公司自筹,其余由项目法人通过银行贷款解决。项目用地面积 17 万平方米。

建设单位为丹东港集团有限公司;设计单位为中交水运规划设计院有限公司;施工单位为中交第三航务工程局有限公司、丹东航道工程局有限责任公司、丹东通海港航工程有限公司;监理单位为丹东江华水运工程建设监理事务所有限公司;质监单位为丹东市交通工程质量与安全监督处。

项目完善了港口功能,提升丹东港综合竞争力;使全港吞吐能力大幅度提高。

(23)丹东港大东港区 202 号通用泊位工程

项目于 2011 年 4 月开工,2018 年 1 月试运行。

项目建设依据:2012 年 11 月,辽宁省发展和改革委员会《关于丹东港大东港区 202#通用泊位工程项目核准的批复》(丹发改交字〔2012〕156 号);2014 年 4 月,辽宁省交通厅《丹东港大东港区 202#通用泊位工程初步设计》(辽交航发〔2014〕205 号);2012 年 5 月,辽宁省环境保护厅《丹东港大东港区 202#通用泊位工程环境影响报告书的批复》(辽环函〔2012〕216 号);2009 年 12 月,丹东市国土资源局批准工程用地(丹东国用〔2009〕第 064701120 号);2012 年 4 月,交通运输部《关于丹东港大东港区 202#至 204#泊位工程使用港口岸线的批复》(交规划发〔2012〕144 号)。

项目建设 1 个 5 万吨级通用码头泊位(码头水工建筑允许靠泊能力 10 万吨级),岸线总长 273 米。码头采用引桥式布局,高桩结构(梁板式)。码头前沿水深 15.3 米。项目后方堆场面积 35 万平方米,堆存能力 60 万吨。主要装卸设备配置 2 台 40 吨—43 米门机。项目总投资 7.33 亿元,30% 的项目资本金由丹东港集团有限公司自筹,其余由项目法人通过银行贷款解决。项目用地面积 40 万平方米。

建设单位为丹东港集团有限公司;设计单位为中交水运规划设计院有限公司;施工单位为中交第三航务工程局有限公司、丹东航道工程局有限责任公司、丹东通海港航工程有限公司;监理单位为丹东江华水运工程建设监理事务所有限公司;质监单位为丹东市交通工程质量与安全监督处。

项目使全港吞吐能力大幅度提高,满足丹东港腹地陆续投产的新建或改扩建的钢铁项目对钢铁产品的运输要求，同时本项目的建设带动了机械、铁路、石油、煤炭、电力开发、汽车、建材等相关行业的发展，有利于行业整体服务水平的提高；对带动临港工业和港口物流业的发展有重要的作用。

（24）丹东港大东港区203号通用泊位工程

项目于2013年10月开工，2018年1月试运行。

项目建设依据：2013年9月，辽宁省发展和改革委员会《关于丹东港大东港区203#通用泊位工程项目核准的批复》（丹发改交字〔2013〕1095号）；2014年4月，辽宁省交通厅批复《丹东港大东港区203#通用泊位工程初步设计》（辽交航发〔2014〕204号）；2012年5月，辽宁省环境保护厅《丹东港大东港区203#通用泊位工程环境影响报告书的批复》（辽环函〔2012〕379号）；2014年1月，丹东市国土资源局批准工程用地（丹东国用〔2014〕第0647001010号）；2012年4月，交通运输部《关于丹东港大东港区202#至204#泊位工程使用港口岸线的批复》（交规划发〔2012〕144号）。

项目建设1个5万吨级通用码头泊位（码头水工建筑允许靠泊能力10万吨级），岸线总长248米。码头采用顺岸布局，高桩结构（梁板式）。码头前沿水深15.3米。项目后方堆场面积9.1万平方米，堆存能力20万吨。主要装卸设备配置2台40吨-43米门机。项目总投资64020万元，其中30%的项目资本金由丹东港集团有限公司自筹，其余由项目法人通过银行贷款解决。项目用地面积9.1万平方米。

建设单位为丹东港集团有限公司；设计单位为中交水运规划设计院有限公司；施工单位为中交第三航务工程局有限公司、丹东航道工程局有限责任公司、丹东通海港航工程有限公司；监理单位为丹东江华水运工程建设监理事务所有限公司；质监单位为丹东市交通工程质量与安全监督处。

项目使全港吞吐能力大幅度提高，满足丹东港腹地陆续投产的新建或改扩建的钢铁项目对钢铁产品的运输要求，同时本项目的建设带动了机械、铁路、石油、煤炭、电力开发、汽车、建材等相关行业的发展，有利于行业整体服务水平的提高；对带动临港工业和港口物流业的发展有重要的作用，同时，项目增加了就业，对促进当地经济和社会的可持续发展、降低物流运输成本等都起着十分积极的意义。

（25）丹东港大东港区204号通用泊位工程

项目于2011年4月开工，2018年1月试运行。

项目建设依据：2013年10月，辽宁省发展和改革委员会《关于丹东港大东港区204#通用泊位工程项目核准的批复》（丹发改交字〔2013〕1135号）；2014年4月，辽宁省交通厅《丹东港大东港区204#通用泊位工程初步设计》（辽交航发〔2014〕203号）。2012年9月，辽宁省环境保护厅《丹东港大东港区204#通用泊位工程环境影响报告书的批复》（辽环函〔2012〕407号）；2014年3月，丹东市国土资源局批准工程用地（丹东国用〔2014〕第

064701078号);2012年4月,交通运输部《关于丹东港大东港区202#至204#泊位工程使用港口岸线的批复》(交规划发〔2012〕144号)。

项目建设1个5万吨级通用码头泊位(码头水工建筑允许靠泊能力10吨级),岸线总长248米。码头采用顺岸布局,高桩结构(梁板式)。码头前沿水深15.3米。项目后方堆场面积12.4万平方米,堆存能力27万吨。主要装卸设备包括2台40吨-43米门机。项目总投资4.25亿元,30%的项目资本金由丹东港集团有限公司自筹,其余由项目法人通过银行贷款解决。项目用地面积12.9万平方米。

建设单位为丹东港集团有限公司;设计单位为中交水运规划设计院有限公司;施工单位为中交第三航务工程局有限公司、丹东航道工程局有限责任公司、丹东通海港航工程有限公司;监理单位为丹东江华水运工程建设监理事务所有限公司;质监单位为丹东市交通工程质量与安全监督处。

项目投产后使用状况良好,解决了港区泊位分工不明确的问题。

(26)丹东港大东港区20万吨级矿石泊位工程

项目于2011年10月开工,2014年12月试运行。

项目建设依据:2012年9月,国家发展和改革委员会《关于丹东港大东港区矿石码头工程项目核准的批复》(发改基础〔2012〕3076号)。2014年5月,交通运输部批复《丹东港大东港区20万吨级矿石泊位工程初步设计》(交函水〔2014〕325号)。2010年12月,环境保护部《关于丹东港大东港区20万吨级矿石泊位工程环境影响报告书的批复》(环审〔2010〕402号);2011年12月,国土资源部《关于丹东港大东港区20万吨级矿石泊位工程建设用地预审意见的复函》(国土资预审字〔2011〕333号);2013年7月,国家海洋局《关于丹东港大东港区20万吨级矿石泊位工程项目用海预审意见的函》(国海管字〔2012〕221号)。

项目建设1个20万吨级矿石码头泊位,岸线总长450米。码头采用引桥式布局,高桩结构(梁板式)。码头前沿水深20.6米。项目后方堆场面积58.2万平方米,堆存能力330万吨。主要装卸设备配置5条堆取料机线。项目总投资249619万元,30%的项目资本金由丹东港集团有限公司自筹,其余由项目法人通过银行贷款解决。项目用地面积53.5万平方米。

建设单位为丹东港集团有限公司;设计单位为中交水运规划设计院有限公司;施工单位为中交第三航务工程局有限公司、丹东航道工程局有限责任公司、丹东通海港航工程有限公司;监理单位为丹东江华水运工程建设监理事务所有限公司、辽宁鸿川工程监理有限公司;质监单位为丹东市交通工程质量与安全监督处。

项目满足了丹东港腹地陆续投产的新建或改扩建的钢铁项目对钢铁产品的运输要求,成为丹东港直接经济腹地内钢铁生产企业最经济、便捷的大型矿石接卸码头之一,提高了行业整体服务水平;解决了丹东地区无大型深水矿石专业化码头的问题,对于促进综合交通发展起到积极作用。

（27）丹东港大东港区外 1 号通用杂货泊位工程

项目于 2008 年 6 月开工,2011 年 1 月投入使用。

项目建设依据:2006 年 7 月,辽宁省发展和改革委员会《关于丹东港大东港区外 1#通用杂货泊位工程项目核准的批复》（丹发改交通〔2006〕257 号）;2012 年 9 月,辽宁省交通厅批复《丹东港大东港区外 1—4#通用杂货泊位工程初步设计》（辽交航发〔2012〕199 号）。2006 年 5 月,辽宁省环境保护厅出具外 1 号环评审批意见;2005 年 10 月,丹东市城乡规划局颁发《建设用地规划许可证》（编号 20050118）;2005 年 4 月,辽宁省国土资源厅《关于大东港二期工程及配套项目用地预审意见的复函》（辽国土资规审〔2005〕20 号）;2010 年 9 月,交通运输部《关于丹东港大东港区外 1 号和外 2 号泊位工程使用港口岸线的批复》（交规划发〔2010〕499 号）。

项目建设 1 个 1 万吨级通用码头泊位,岸线总长 175 米。码头采用顺岸式布局,板桩结构。码头前沿水深 9.5 米。项目后方堆场面积3.1 万平方米,堆存能力 8 万吨。主要装卸设备配置门座式起重机 2 台。项目总投资14564 万元,35% 的项目资本金由丹东港集团有限公司自筹,其余由项目法人通过银行贷款解决。项目用地面积 4 万平方米。

建设单位为丹东港集团有限公司;设计单位为中交水运规划设计院有限公司;施工单位为中交第三航务工程局有限公司、丹东航道工程局有限责任公司;监理单位为丹东江华水运工程建设监理事务所有限公司;质监单位为丹东市交通工程质量与安全监督处。

项目投产使用后主要用于鸭绿江河道采砂上岸运输,提升港口江海转运能力。

（28）丹东港大东港区外 2 号通用杂货泊位工程

项目于 2008 年 6 月开工,2011 年 1 月投入使用。

项目建设依据:2006 年 7 月,辽宁省发展和改革委员会《关于丹东港大东港区外 2#通用杂货泊位工程项目核准的批复》（丹发改交通〔2006〕563 号）;2012 年 9 月,辽宁省交通厅批复《丹东港大东港区外 1-4#通用杂货泊位工程初步设计》（辽交航发〔2012〕199 号）。2006 年 5 月,辽宁省环境保护厅出具外 2 号环评审批意见;2005 年 10 月,丹东市城乡规划局《建设用地规划许可证》（编号 20050118）;2005 年 4 月,辽宁省国土资源厅《关于大东港二期工程及配套项目用地预审意见的复函》（辽国土资规审〔2005〕20 号）;2010 年 9 月,交通运输部《关于丹东港大东港区外 1 号和外 2 号泊位工程使用港口岸线的批复》（交规划发〔2010〕499 号）。

项目建设 1 个 1 万吨级通用杂货码头泊位。码头采用顺岸式布局,板桩结构。码头前沿水深 9.5 米。项目后方堆场面积 3.12 万平方米,堆存能力 8 万吨。主要装卸设备包括门座式起重机 2 台。项目总投资 1.26 亿元,35% 的项目资本金由丹东港集团有限公司自筹,其余由项目法人通过银行贷款解决。项目用地面积 4 万平方米。

建设单位为丹东港集团有限公司;设计单位为中交水运规划设计院有限公司;施工单位为中交第三航务工程局有限公司、丹东航道工程局有限责任公司;监理单位为丹东江华水运工程建设监理事务所有限公司;质监单位为丹东市交通工程质量与安全监督处。

项目使全港吞吐能力大幅度提高,完善港口功能,提升丹东港综合竞争力,扩大港口通过能力,促进了丹东市临港工业发展的需要,满足腹地货物进出口量快速增长的需要。

(29)丹东港大东港区外 3 号通用杂货泊位工程

项目于 2008 年 6 月开工,2011 年 1 月投入使用。

项目建设依据:2006 年 4 月,辽宁省发展和改革委员会《关于丹东港大东港区外 3#通用杂货泊位工程项目核准的批复》(丹发改交通〔2006〕566 号);2012 年 9 月,辽宁省交通厅批复《丹东港大东港区外 1-4#通用杂货泊位工程初步设计》(辽交航发〔2012〕199 号);2006 年 5 月,辽宁省环境保护厅出具外 3 号环评审批意见;2005 年 10 月,丹东市城乡规划局颁发《建设用地规划许可证》(编号 20050118);2005 年 4 月,辽宁省国土资源厅《关于大东港二期工程及配套项目用地预审意见的复函》(辽国土资规审〔2005〕20 号);2010 年 9 月,交通运输部《关于丹东港大东港区外 1 号和外 2 号泊位工程使用港口岸线的批复》(交规划发〔2010〕499 号)。

项目建设 1 个 5000 吨级杂货码头泊位,岸线总长 140 米。码头采用顺岸式布局,板桩结构。码头前沿水深 8.0 米。项目后方堆场面积 2.44 万平方米,堆存能力 6 万吨。主要装卸设备配置门座式起重机 2 台。项目总投资 1.05 亿元,35% 的项目资本金由丹东港集团有限公司自筹,其余由项目法人通过银行贷款解决。项目用地面积 3 万平方米。

建设单位为丹东港集团有限公司;设计单位为中交水运规划设计院有限公司;施工单位为中交第三航务工程局有限公司、丹东航道工程局有限责任公司;监理单位为丹东江华水运工程建设监理事务所有限公司;质监单位为丹东市交通工程质量与安全监督处。

(30)丹东港大东港区 5~20 万吨级航道工程

项目于 2006 年 4 月开工,2014 年 12 月投入使用。

项目建设依据:2011 年 9 月,辽宁省发展和改革委员会《关于丹东港大东港区 5~20 万吨级航道工程项目核准的批复》(辽发改交通〔2011〕1223 号);2013 年 10 月,辽宁省交通厅《关于丹东港大东港区 5~20 万吨级航道工程初步设计的批复》(辽交航发〔2013〕342 号)。2011 年 6 月,辽宁省环境保护厅《关于丹东港大东港区 5~20 万吨级出海航道整治工程环境影响报告书的批复》(辽环函〔2011〕227 号);2006 年 8 月,丹东市政府批复航道用海（国海证 022104200 号）；2010 年 10 月，丹东市政府批复海上交通用海（国海证102101587 号）。

项目建设可乘潮通航 5 万～20 万吨级船舶的出海航道，从大东港区一号港池口门外起至 16 米等深线止，全长 28 千米。第一阶段按全程满足 5 万吨级满载散货乘潮双向同行建设；第二阶段按满足 15 万～20 万吨级满载货船乘潮单向通航建设。总概算 21.45 亿元，建设资金 30% 由企业自筹，70% 采用银行贷款。

建设单位为丹东港集团有限公司；设计单位为中交上海航道勘察设计研究院有限公司；施工单位为丹东航道工程局有限责任公司、日林集团有限公司；监理单位为丹东江华水运工程建设监理事务所有限公司；质监单位为丹东市交通工程质量与安全监督处。

该工程于 2014 年 9 月投入使用，满足了各类船舶进出港的需要，提升了港口综合竞争力。

（31）丹东港大东沟西南航道工程

项目于 2007 年 7 月开工，2009 年 4 月投入使用。

项目建设依据：2006 年 12 月，辽宁省发展和改革委员会《关于丹东港大东沟西南航道工程项目核准的批复》（辽发改交通〔2006〕1298 号）；2010 年 7 月，辽宁省交通厅《关于丹东港大东沟西南航道工程初步设计批复》（辽交建发〔2010〕172 号）。2007 年 1 月，丹东市环境保护局批复环评备案表；2015 年 3 月，丹东市批复交通运输用海（新换证）（国海证 2015C210681106345 号）；2012 年 1 月，辽宁海事局《关于丹东港大东沟西南航道工程通航安全的审核意见》（辽海通航〔2012〕10 号）。

西南航道全长 5.8 千米，航道有效宽度 50 米，通航深度 1.1 米，设计底高程 −1.5 米，边坡 1∶10。基建疏浚工程量为 330 万立方米。在航道两侧共设置 5 座侧面浮标，设标宽度 80 米，同侧航标间距约 2 千米。总概算 1.02 亿元，35% 由企业自筹，其余资金申请银行贷款。

建设单位为丹东港集团有限公司；设计单位为中交上海航道勘察设计研究院有限公司；施工单位为丹东航道工程局有限责任公司、日林集团有限公司、辽宁新港建设工程有限公司；监理单位为丹东江华水运工程建设监理事务所有限公司；质监单位为丹东市交通工程质量与安全监督处。

三、大连港

（一）港口概况

1. 港口综述

大连港位于辽东半岛南端，黄、渤海分界点上，北接我国东北地区并辐射与我国接壤的蒙古和俄罗斯广阔的内陆腹地，南眺山东半岛，西扼渤海水道，东望韩国、日本，处于东北亚地区的中心位置。

大连港始建于 1899 年，俄国占领期间开始兴建大连商港（大港港区），城市功能开始在港口后方出现；日本占领期间港口范围沿大连湾蔓延式发展，先后修建甘井子、寺儿沟、香炉礁等港区，依赖港口的口岸条件，工业、贸易、金融等城市功能开始在大连湾区域迅速发展，大连核心城区形态开始确立；20 世纪 80 年代大窑湾港区的建设实现了大连港发展的第一次空间跳跃，吸引了大量出口加工企业落户开发区。大窑湾港区的建设带动了开发区、保税区的兴起和发展。

2000 年以来，在振兴东北老工业基地战略的带动下，腹地重化工业呈现高速发展态势，临港石化、装备制造等产业加快布局，大连港实现了快速发展，依托资源优势，在腹地集装箱、大宗能源、原油、粮食等专业化运输系统中的地位突出。2005 年长兴岛深水港区开发建设，拉开了大连港渤海侧规模化开发的序幕，以船舶和海洋工程、石化、装备制造业等为主的临港工业项目陆续进驻长兴岛经济技术开发区，并逐步成为国家级石化产业基地之一。同时，为适应城市发展需要，2006 年开始启动了大港、寺儿沟、香炉礁、甘井子等老港区功能搬迁调整，进一步促进了和尚岛东、鲇鱼湾和大窑湾等深水港区功能集聚发展。2009 年随着辽宁沿海经济带开发建设上升为国家战略，带动了太平湾、普湾、双岛湾、庄河、皮口等新港区开发，使大连港发展空间呈现北移西扩态势，即从黄海翼大连湾沿岸"一岛三湾"港区—皮口港区—庄河港区，到渤海翼旅顺新港港区—长兴岛港区—普湾港区—太平湾港区，大连港沿黄、渤海岸线呈"V"形带状的总体发展格局。

近年来，大连港"一岛三湾"内各港区发展渐趋成熟，由于城市化改造，大连湾内港口货运功能逐步弱化，滚装、旅游客运功能显著增强，大孤山半岛区域的大窑湾、鲇鱼湾、大孤山南、大孤山西等港区已成为大连港综合运输的核心载体。长兴岛港区临港工业服务功能日益加强，辐射集聚效应逐步显现；旅顺新港、庄河、皮口、普湾等以服务临港工业和陆岛运输为主的中小港站（区）稳步发展，促进了大连港黄、渤海两翼空间布局的完善；太平湾港区尚处于起步开发建设阶段。

2008 年省部批复的规划提出大连港划分为 12 个港区，划分为大窑湾、鲇鱼湾、大孤山南、大孤山西、和尚岛东、和尚岛西、长兴岛、大港、黑嘴子、甘井子、大石化、旅顺新港，相应发展皮口港、庄河港等其他中小港站。大连港投入使用的航道共有 25 条，主要分布在"一岛三湾"、大窑湾、长兴岛及旅顺新港港区。大连市范围内总计有 15 块锚地投入使用，总面积 245.08 平方公里。"一岛三湾"核心港区共有锚地 7 处，面积为 96.74 平方公里，占大连港总锚地面积的 38.7%。

2. 港口水文气象

大连地区沿岸潮汐现象黄海一侧属于北黄海潮波系统，为正规半 5 日潮，潮差从渤海海峡向鸭绿江口递增；渤海一侧属于北渤海潮波系统，为不正规半日混合潮，从渤海海峡至长兴岛沿岸潮差较小,长兴岛至辽东湾湾底潮差逐渐加大。北黄海岸段南向诸方位海区开阔,外海涌浪可直接传入该区,常浪向和强浪向为 SE~SW,以混合浪为主,波高较大。夏秋两季波高较大,台风浪出现频率约一年一次。辽东湾东部岸段常浪向为 SSW,强浪向为 N~NNE,以风浪为主。波高季节变化明显,春秋两季波高较大。大连沿岸海流以潮流为主,余流很小。大连沿海冰情较轻,11 月~次年 3 月为冰冻期,庄河、皮口、长兴岛以北地区及普兰店湾有固定冰,厚度一般为 10~30 厘米,其他海岸一般无固定冰,流冰大致沿 15 米等深线分布。大连沿海无大型河流流入,基本没有泥沙来源,海水含沙量较小,约 0.01 千克/立方米。基岩海湾一带底质以粗颗粒泥沙较多,泥沙运动以推移为主;庄河、皮口一带属平原淤泥质海岸,潮汐运动强劲,泥沙运动相对明显;普兰店湾至葫芦山湾一带底质以粉砂为主,潮汐动力较弱,泥沙运动不太明显,基本不存在回淤问题。

大连处于暖温带湿润半湿润季风气候区,兼具大陆性和海洋性特征。多年平均气温10.2 摄氏度,极端最高气温 35.3 摄氏度,极端最低气温 -21.1 摄氏度。多年平均降水量658.7 毫米,年最大降水量 1050.2 毫米,日最大降水量 171.1 毫米。本区属东亚季风区,有显著的季节变化,夏季多偏南风,冬季多偏北风。台风对本区域的影响主要集中在 7~9 月。影响本区的台风过程均每年约 1.1 次,最多年份(1964 年)达 4 次。雾主要发生在3~8 月,大连湾、大窑湾、长兴岛平均每年能见度小于 1 千米的雾日数分别为 31.6 天、55天、18.3 天。

3. 发展成就

1951 年 1 月 1 日,我国正式接管大连港,当时移交大连港的陆域面积为 8.07 平方公里,水域面积 8560 公顷。自新中国成立至 1972 年间,港口建设基本停留在对老港区进行修复、改造、完善和补充零星设备的水平上。随着国民经济的迅猛发展,港口通过能力,特别是原油出口能力明显不足,为贯彻周恩来总理“三年改变港口面貌”的指示精神和满足原油出口任务的急需,1973 年 3 月,大连港成立建港办公室,此后,大连港基本建设大规模展开。自 1974—2002 年,大连港逐步发展成为我国北方大港和南北水陆交通的重要枢纽。

2003 年底,中共中央、国务院在《关于实施东北地区等老工业基地振兴战略的若干意见》中明确提出,“充分利用东北地区现有港口条件和优势,把大连建设成东北亚重要的国际航运中心(以下简称大连航运中心)”。这是继上海之后,国家确定的全国第二个国际航运中心,是中央对大连在推动东北地区进一步对外开放,促进老工业基地全面振兴所处地位和所发挥作用的科学定位。

航运中心建设以来,自 2003—2015 年,全市累计完成港航建设投资 700 多亿元,相当于从 1949—2003 年投资总和的 13 倍。截至 2015 年,港口生产性泊位达到 222 个,其中万吨级以上泊位 103 个,形成了大窑湾、长兴岛、鲶鱼湾、和尚岛港区等布局合理、层次分明、分工明确的港口集群。海港实现了大型化、深水化、专业化、现代化，装卸能力和效率达到国际一流水平。其中专业化集装箱泊位由 4 个发展到 2015 年的 14 个，可靠泊目前世界上最大的集装箱船；国内最大的 30 万吨级矿石专用卸船及转水码头的投产，使大连成为我国重要的矿石分拨中心；国内最大的 45 万吨级原油码头和国内港口规模最大的总储存能力近 2000 万立方米油罐群的建设，国内最大的中石油 LNG 码头的投产，使大连成为我国东北地区重要的油品及液体化工品储转分拨中心；大连还是国家指定的四大整车海运进口口岸之一，大连港汽车码头已成为国内商品车南北运输和国际中转的重要节点。

大连港是东北地区重要的海上门户，为腹地对外开放、全面参与经济全球化发挥了重要作用。大连港一直以来是东北地区对外贸易的主要口岸。2005—2015 年间，东北地区外贸进出口总额由 580 亿美元增长至 1500 亿美元，同期大连港的外贸吞吐量由 0.64 亿吨提高到 1.3 亿吨，承担了东北地区 70% 左右的外贸海运物资运输和 95% 以上的外贸集装箱运输。多年来，大连港在外贸集装箱运输中一直处于绝对优势地位，已开通远洋干线 13 条、近洋航线 52 条，与世界上 160 多个国家和地区、300 多个港口建立了经贸航运关系，2015 年国际航线集装箱吞吐量占辽宁沿海港口群的 98%。大连港的快速发展和综合竞争力的提升，为东北地区扩大对外开放、全面参与国际经济合作和竞争创造了条件。

大连港是东北地区重化工业发展的重要基础，有力支撑了区域生产力布局优化和产业结构调整。东北地区是我国重化工业基地，在我国经济发展中占有举足轻重的作用。自 2003 年东北老工业基地振兴战略实施以来，以冶金、石化、装备制造等产业为代表的重工业发展迅猛，能源、原材料和产成品的大量调运对港口具有较强的依赖性。近十年大连港吞吐量增长迅速，2015 年达到 4.15 亿吨，占辽宁沿海港口吞吐量的 42%。铁矿石、钢铁、油品等货类的快速发展为腹地钢铁、石化及其他产业的发展提供了重要支撑。同时，大连市 80% 以上的重点产业园区分布在沿海地区，以大连经济技术开发区、长兴岛临港经济区、大连湾临海装备制造业聚集区、松木岛化工园区等为代表的重点园区的发展带动了区域资源要素的集聚和生产力布局的优化调整，特别是近些年长兴岛经济区国家级石化产业基地的建设，在推进东北地区和大连市石化产业转型升级中发挥了重要作用。

截至 2015 年，大连市港口共有生产性泊位 222 个。其中万吨级以上生产性泊位 103 个。

按专业化泊位分：原油泊位 6 个；成品油泊位 30 个；粮食泊位 5 个；集装箱泊位 14 个；矿石泊位 1 个；客货、客货滚装泊位 38 个；通用件杂泊位 50 个；通用散货泊位 21 个。

2015 年全市港口完成货物吞吐量 4.15 亿吨，其中，外贸货物吞吐量 1.3 亿吨，内贸货物吞吐量 2.85 亿吨。在全国沿海港口中排名第 7 位，在全球主要港口中排名第 11 位。

2015 年全市港口共完成集装箱吞吐量 944.9 万 TEU，其中，外贸集装箱吞吐量 510.4 万 TEU，内贸集装箱吞吐量 434.5 万 TEU。在全国沿海港口中排名第 7 位，在全球主要港口中排名第 15 位。

截至 2015 年,大连港共有集装箱班轮航线 111 条,包括外贸航线 86 条,内贸航线 25 条。外贸航线中干线 13 条,包括 3 条欧线、2 条美线、1 条黑海线、1 条地中海航线、3 条中东线、1 条东非航线、1 条西非航线、1 条南美航线。基本建成覆盖主要国家、地区及国内沿海港口的航线网络。

大连港港区分布图如图 8-1-2 所示。大连港基本情况见表 8-1-3。

图 8-1-2　大连港港区分布图

(二)鲇鱼湾港区

1. 港区综述

(1)港区建设和运营概况

鲇鱼湾港区大型原油码头采取开敞式布置,通过防护建筑形成沿岸成品油和液体化工品泊位区。港区陆域分为原油、成品油、液体化工品储运区、LNG 接收站、辅助生产区和储备区等功能区。

大连港鲇鱼湾港区位于大连市大孤山半岛端部东侧,地理位置优越,港区海域浪小、水深,自然条件良好,是腹地内石油化工企业装卸运输产品的理想港口。

表8-1-3

大连港基本情况表（沿海）

序号	港区名称	港口岸线		2015年港口生产用泊位				其中:1978—2015年建成的生产用泊位			
		港口规划岸线 千米	其中:2015年前已建成岸线 千米	生产用泊位数 个	其中:万吨级及以上 个	生产用泊位长度 米	其中:万吨级及以上 米	生产用泊位数 个	其中:万吨级及以上 个	生产用泊位长度 米	其中:万吨级及以上 米
1	大港区	1	1	17	11	3648	2505	0	0	0	0
2	黑嘴子港区	0	0	6	0	702	0	6	0	702	0
3	甘井子港区	2.2	2.2	6	2	1108	400	4	0	708	0
4	大石化港区	3.2	3.2	13	8	2660	1942	11	7	2410	1792
5	大窑湾港区	20.2	13	20	20	5951	5951	20	20	5951	5951
6	鲇鱼湾港区	8.4	8.4	19	10	4805	3367	17	8	3976	2538
7	大孤山南港区	4.7	4.7	2	2	886	886	2	2	886	886
8	大孤山西港区	8.5	8.5	18	12	4391	3497	18	12	4391	3497
9	和尚岛东港区	5.5	5.5	20	18	4860	4421	20	18	4860	4421

续上表

序号	港区名称	港口岸线		2015 年港口生产用泊位				其中:1978—2015 年建成的生产用泊位			
		港口规划岸线	其中:2015 年前已建成岸线	生产用泊位数	其中:万吨级及以上	生产用泊位长度	其中:万吨级及以上	生产用泊位数	其中:万吨级及以上	生产用泊位长度	其中:万吨级及以上
		千米	千米	个	个	米	米	个	个	米	米
10	利尚岛西港区	9.2	9.2	11	3	1666	596	11	3	1666	596
11	长兴岛港区	79.8	19.5	13	10	3410	2829	13	10	3410	2829
12	旅顺新港区	17.5	8.6	13	2	1494	394	13	2	1494	394
13	庄河港区	3.7	3.7	7	5	1117	896	7	5	1117	896
14	陆岛运输码头	3	3	57	0	3381	0	57	0	3381	0
	合计	166.9	90.5	222	103	40079	27684	199	87	34952	23800

注:无法提供分港区综述部分的运营情况及大连港基本情况表中分港区货物和旅客吞吐量的原因说明:一是历年港口吞吐量统计资料均以港口企业为单位上报汇总,部分港口企业尤其是大连港集团,其经营范围不限于一个港区且跨港区经营,各港口企业无法提供分港区的运营情况及各港吞吐量情况;二是各港区同时存在多家港口企业,只要其中一家企业存在跨港区经营的情况,则本港区运营情况就无法统计出分港区数据,目前大连港所有港区均存在此情况。

大连港鲇鱼湾港区始建于 20 世纪 70 年代。1974 年 11 月，大连港新港港务公司建立，建设项目名称为大连港鲇鱼湾油港，为国家"四五"期间重点建设工程。1976 年，鲇鱼湾港区第一个 10 万吨级原油泊位建成并投产，为当时国内规模最大、泊位水深最深的原油外贸泊位。2004 年，0 号泊位，即 30 万吨级原油泊位，建成并投产。2006 年，大连港集团对油品业务进行专业化整合，寺儿沟港区的业务整体搬迁至鲇鱼湾港区，大连港油品码头公司由原新港港务公司于寺儿沟港务公司合并组成。2011 年，大连港 LNG 泊位正式投产，鲇鱼湾港区建设翻开崭新的一页。

截至 2018 年，大连港鲇鱼湾港区相继建成 1 座 30 万吨级原油码头、1 座 45 万吨级原油码头、1 座可靠泊 26.6 万立方米舱容 LNG 码头、21 个 0.5 万～5 万吨级的成品油和液体化工品泊位，原油公用储罐 510 万立方米，成品油公用储罐 36.8 万立方米，国家战略原油储备库 300 万立方米，原油商业储罐 805.5 万立方米，成品油及液体化工品商业储罐 103.7 万立方米，LNG 储罐 48 万立方米，建设铁路装卸线 18 条，输油管道总长 150 千米。鲇鱼湾港区泊位类型齐全，泊位吨级结构合理，符合主要液体散货船舶装卸要求，后方各类液体散货储罐存储能力充足，可有效满足腹地各大型炼化企业全产业链生产需求，为大连港建设成为东北亚最大的油品及液体化工品储运分拨基地提供不可或缺的基础设施。大连港鲇鱼湾港区已经成为我国沿海液体散货港口布置最集中、作业货种最多、吞吐量最大、仓储容量最大、装卸效率最高、集疏运体系最综合的大型综合性液体散货港口，成为世界最大的能源港之一。

经过多年的建设与发展，鲇鱼湾港区已经成为具备装、卸、储运原油、成品油及液体化工品的服务功能，集水路、管道、铁路、公路四位一体的现代化综合型港口，成为我国沿海的主要枢纽港之一和北方地区最大的综合性港口。鲇鱼湾港区可为客户提供油品及液体化工品的装卸、仓储、管道转输、海上中转、码头过驳、铁路装卸车、汽车装卸车等服务。港内设备设施完备、功能先进。经过近 40 年的发展，鲇鱼湾港区已从开港时单一的原油泊位迅速发展成为装卸油种齐全、泊位吨级结构合理的大型液体散货港区。

（2）港区地理条件和集疏运概况

鲇鱼湾港区位于大孤山半岛东部，北接大窑湾港区，南与大孤山南港区相邻。港区以原油、成品油和液体化工运输为主。主要通过连接大连石化、西太平洋炼厂和东北地区其他石油加工企业的管网系统对外集疏运，铁路疏运自大窑湾第一铁路分区车场引出联络线进入鲇鱼湾港区。

港区内现有西、北两个方向主要出入口与大连经济技术开发区东北大街相接。一个出入口是位于港区中心南北方向的创业路，沥青路面，路宽 9 米。创业路向北与金港路相连。金港路长 3.1 千米，宽 32 米，为双向四车道一级港外公路。另一出入口是位于港区中心东西方向的海鲇路。海鲇路宽 15 米，向西出港区约 1 千米后与开发区东北大街相通。东北大街路宽 50 米,为双向六车道一级公路。道路网布局采用了平行与环状相结合的结构,即以海鲇路(迎宾路)为横轴,以创业路、矿石路为纵轴,沿海岸线的海滨路为环路,形成一个曲直结合的道路网系统。

新港原油出库方式为管道外输和海运外输。港区原油利用新港罐区至西太平洋石油化工有限公司的管道输送到西太平洋石油化工有限公司。海运外输是利用接力泵房通过 15 万吨原油码头或 30 万吨原油码头中转至国内沿海地区的其他炼油厂。其中 1 号原油码头为西山罐区、北罐区、南罐区、桃园罐区服务,已经建成 5 条 DN700 的码头至罐区原油管线。0 号原油码头(30 万吨原油码头)及新建的 30 万吨原油码头与库区间已建成 2 条 DN1000 原油管线,码头主要为海滨罐区、海滨北罐区及大连中石油国际储备库北区、中储油库区、大连保税库区、7 号 ~9 号原油库区服务,已经能够接卸国外进口原油或利用该码头进行原油外运。另外,各码头间已形成环网闭合,各罐区之间的原油可以实现相互倒罐。

2.港区工程项目

(1)大连港出口成品油码头工程及出口液化气设施

项目于 1993 年 3 月开工,1995 年 10 月试运行,1997 年 4 月竣工。

项目建设依据:1991 年 12 月,大连开发区规划建设管理局《关于大连炼油厂兴建输油码头工程报告的批复》(大开规字〔1991〕71 号);1992 年 9 月,大连市城乡建设委员会《关于大连港出口成品油码头工程初步设计的批复》(大建工发〔1992〕279 号);1993 年,大连港务局受大连市城乡建设委员会的委托签发了《关于出口成品油码头工程中液化气设施工程的批复》(连港办字〔1993〕643 号)。1992 年 12 月,大连市环境保护局《关于大窑湾一期工程后六泊位,大连港出口成品油码头工程疏浚工程的环保意见》(大环发〔1992〕128 号)。2006 年 3 月,交通部办公厅《关于确认大连港股份有限公司码头经营和岸线使用的函》(厅函水〔2006〕47 号)。

项目建设 1 个 1 万吨级码头泊位,码头前沿水深 11.5 米,1 个 3 万吨级码头泊位,码头前沿水深 13.8 米,岸线总长 680.5 米。码头采用引桥式布局,重力式沉箱结构。储罐容量 1.1 万立方米。共设输油臂 10 架。项目总投资 3.63 亿元,其中炼油厂集资 5500 万元,港务局集资债券 5000 万元,银行贷款 2.39 亿元。项目用地面积 0.6083 平方公里。

建设单位为大连港建港指挥部;设计单位为交通部第一航务工程勘察设计院;施工单位为交通部一航局三公司、铁道部十三局大连机械厂、上海航道局等;监理单位为大连港建港指挥部油运工程指挥部;质监单位为大连港口工程质量监督站。

大连港出口成品油码头工程及出口液化气设施自 1996 年 9 月至 1997 年 4 月底,安全输送油品 165.4 万吨。

(2)大连港新港油码头改扩建工程

项目于2002年6月开工,2003年6月试运行,2004年6月竣工。

项目建设依据:2001年,交通部《关于印发大连港新港港区油码头改扩建工程工程可行性研究报告审查意见的通知》(交规划发〔2001〕672号);2002年4月,交通部《关于大连港新港港区油码头改扩建工程可行性研究报告的批复》(交规划发〔2002〕134号);2002年9月,交通部《关于大连港新港港区油码头改扩建工程初步设计的批复》(交水发〔2002〕412号);2003年,大连市发展计划委员会《关于大连港新港7#、9#泊位扩建工程可行性研究报告的批复》(大计基础发〔2003〕362号);2003年,大连市城乡建设委员会《关于大连港新港7#和9#泊位扩建工程初步设计的批复》(大建勘设发〔2003〕257号);2003年,大连市环境保护局《关于对大连港新港港区油码头改扩建工程环境影响报告书的批复》(大建环发〔2003〕4号);2006年3月,交通部办公厅《关于确认大连港股份有限公司码头经营和岸线使用的函》(厅函水〔2006〕47号)。

项目建设1个1万吨级成品油码头泊位,2个5000吨级成品油码头泊位。岸线总长472米。码头采用顺岸式布局,重力式沉箱结构。码头前沿水深9米。储罐容量10万立方米。共设输油臂2架。项目总投资1.92亿元,其中中央政府投资1200万元,其他为银行贷款等。项目用地面积0.6083平方公里。

建设单位为大连港集团有限公司;设计单位为中交水运规划设计院、大连港设计研究院等;施工单位为大连港港湾工程总公司、中港一航局三公司、大连港新港建筑公司等;监理单位为大连港口建设监理公司;质监单位为大连港口质量监督站。

大连港新港油码头改扩建工程自2003年6月工程投入使用至2004年5月底,安全输送油品138.3万吨。

(3)大连30万吨级进口原油码头工程

项目于2002年9月开工,2004年6月试运行,2006年4月竣工。

项目建设依据:1997年9月,国家计划委员会《关于审批中外合资大连30万吨级原油进口码头工程项目建议书的请示的通知》(计交能〔1997〕1562号);2002年9月,国家发展计划委员会《关于大连30万吨级进口原油码头工程项目可行性研究报告的批复》(计基础〔2002〕1785号);2005年1月,交通部《关于大连港30万吨级进口原油码头工程初步设计的批复》(交水发〔2005〕28号);2004年10月,国家环境保护总局《关于大连30万吨级进口原油码头工程港址变更环境影响补充报告书审查意见的复函》(环审〔2004〕409号);2005年11月,大连保税区规划土地管理局《建设用地规划许可证》(编号20051123);2003年11月,辽宁省海洋与渔业厅《关于同意大连前盐滚装新港等项目使用海域的通知》(辽海字〔2003〕161号)。2005年12月,大连市港口与口岸局《关于大连港股份有限公司泊位使用的函》(大港口函〔2005〕263号)。

项目建设 1 个 30 万吨级原油码头泊位,岸线总长 510 米。码头采用引桥式布局,重力式结构。码头前沿水深 25 米。共设 3000～6000 吨/小时输油臂 4 架。项目总投资 5.29 亿元,项目资金 65% 为银行贷款,35% 为企业资本金。

建设单位为大连港集团有限公司;设计单位为中交水运规划设计院、大连理工大学土木建筑设计研究院,承担引桥、人行桥上部结构等设计工作;施工单位为中港一航局三公司、上海航道局、中铁十三局集团有限公司等;监理单位为大连港口建设监理咨询有限公司;质监单位为大连市水运工程质量监督站。

大连港新港 30 万吨级原油码头工程自 2004 年 6 月投入试运行,截至 2005 年 11 月 30 日,共靠泊油轮 67 艘次,完成外贸进口原油接卸 1520 万吨。

(4)大连港东港区油品码头及配套设施迁建工程

项目于 2003 年 3 月开工,2007 年 2 月试运行,2015 年 7 月竣工。

项目建设依据:2001 年 11 月,交通部《关于印发大连港新港港区油码头改扩建工程可行性研究报告审查意见的通知》(交规划发〔2001〕672 号),2002 年 4 月,交通部《关于大连港新港港区油码头改扩建工程可行性研究报告的批复》(交规划发〔2002〕134 号)。2011 年 3 月,交通运输部《关于对大连港东港区油品码头及配套设施迁建工程初步设计的批复》(交水发〔2011〕92 号);2007 年 1 月,国家环境保护总局《关于大连东港区油品码头及配套设施搬迁建设工程环境影响报告书的批复》(环审〔2007〕49 号);2006 年 4 月,国土资源部《关于大连东港区油品码头及配套设施搬迁建设工程建设用地预审意见的复函》(国土资预审字〔2006〕119 号);2008 年 8 月,国家海洋局《关于大连东港区油品码头及配套设施搬迁建设工程建设用海预审意见的复函》(国海管字〔2008〕453 号);2005 年 8 月,大连市港口与口岸局《关于实施大连东港区油品码头及配套设施搬迁建设工程岸线使用的函》(大港口函〔2005〕156 号)。

项目建设 6 个 5000 吨级成品油及液体化工品泊位,3 个 1 万吨级泊位,1 个 1 万吨级泊位(水工结构按靠泊 3 万吨级船舶设计),1 个 5 万吨级泊位,1 个 5 万吨级泊位(水工结构按靠泊 10 万吨级船舶设计),燃料油基地供应泊位 8 个。岸线总长 2376.8 米。码头采用引桥式布局,重力式结构。码头前沿水深 15.3 米。储罐容量 171.78 万立方米。共设输油臂 30 架。项目总投资 36.52 亿元,由项目单位从大连市政府给予的大连港老港区搬迁资金中解决 80%,其余 20% 由银行贷款解决。项目用地面积 129.21 平方公里。

建设单位为大连港集团有限公司;设计单位为中交水运规划设计院有限公司、中油辽河工程有限公司、大连理工大学土木建筑设计研究院有限公司;施工单位为中交一航局第三工程有限公司、大连港新港建筑工程有限公司、大庆油田建设集团有限责任公司等;监理单位为大连港口建设监理咨询有限公司;质监单位为大连市水运工程质量监督站。

2007 年 2 月大连港油品码头公司、2007 年 4 月大连港湾液体储罐码头有限公司、

2009 年 4 月中国船舶燃料大连有限公司、2009 年 10 月中石化中海船舶燃料供应有限公司辽宁分公司陆续进入试生产阶段。截至 2014 年 3 月 31 日，共接卸船舶 17802 艘次，累计完成吞吐量为 3632.08 万吨，其中 10 号、11 号、12 号、15 号、16 号泊位接卸船舶 6836 艘次，吞吐量 2344 万吨；17 号泊位接卸船舶 458 艘次，吞吐量 56.19 万吨；13 号、14 号泊位接卸船舶 3028 艘次，吞吐量 665.79 万吨；大连燃供接卸船舶 7480 艘次，吞吐量 566.10 万吨。生产设施、设备运行良好。

（5）大连港鲇鱼湾港区 22 号原油泊位工程

项目于 2008 年 1 月开工，2010 年 8 月试运行，2014 年 9 月竣工。

项目建设依据：2008 年，交通运输部《关于对大连港鲇鱼湾港区新建 30 万吨级原油码头项目申请报告的意见》（交函规划〔2008〕22 号）；2008 年，国家发展和改革委员会《关于大连港鲇鱼湾港区 22 号原油泊位工程项目核准的批复》（发改交运〔2008〕2198 号）；2009 年 6 月，交通运输部《关于大连港鲇鱼湾港区 22 号原油泊位工程初步设计的批复》（交水发〔2009〕297 号）；2007 年 8 月，国家环境保护总局《关于大连新港新 30 万吨级进口原油码头工程环境影响报告书的批复》（环审〔2007〕340 号）；2005 年 12 月，国土资源部《关于大连新港新 30 万吨级进口原油码头项目建设用地预审意见的复函》（国土资预审字〔2005〕512 号）；2010 年 3 月，国家海洋局《关于大连港鲇鱼湾港区 22#原油泊位工程项目用海的批复》（国海管字〔2010〕104 号）；2005 年 8 月，大连市港口与口岸局《关于建设大连港 30 万吨级进口原油码头工程岸线使用的函》（大港口函〔2005〕154 号）。

项目建设 1 个 30 万吨级原油码头泊位（码头水工建筑允许靠泊能力 45 万吨级），岸线总长 446.75 米。码头采用蝶式平面布局，重力式结构（圆沉箱）。码头前沿水深 27 米。主要装卸设备包括额定生产率 6000 吨/小时的输油臂 4 台。项目总投资 7.44 亿元，其中 65% 为银行贷款，35% 为企业资本金。

建设单位为大连港中石油国际码头有限公司；设计单位为中交水运规划设计院、大连理工大学土木建筑设计研究院等；施工单位为中交一航局第三工程有限公司、中铁港航工程局（原广东中海工程建设总局）、中铁十三局集团第一工程有限公司等；监理单位为大连港口建设监理咨询有限公司；质监单位为大连市水运工程质量监督站。

大连港鲇鱼湾港区 22 号原油泊位工程自 2010 年 8 月 14 日首次顺利投入使用，截至 2013 年 12 月 31 日，共靠泊油轮 144 艘次，完成外贸进口原油接卸 3150.5 万吨。

（6）中石油大连液化天然气（LNG）接收站项目

项目一期于 2007 年 9 月 26 日开工，2008 年 7 月 30 日护岸工程完工，2010 年 5 月 22 日码头主体完工，2011 年 4 月 28 日接收站机械完工。项目二期于 2014 年 9 月 28 日开工，2015 年 12 月机械完工，2016 年 11 月 10 日试运投产。

项目建设依据：2004 年 9 月，大连市人民政府、中国石油天然气股份有限公司签订

《共同开发建设大连 LNG 接收站项目协议书》;2004 年 11 月,辽宁省海洋与渔业厅《关于对中国石油大连 LNG 项目使用海域的预审意见》(辽海管函〔2004〕30 号);2004 年 12 月,辽宁省人民政府与中国石油集团公司签订《辽宁大连液化天然气项目合作框架协议》;2005 年 3 月,国家发展和改革委员会办公厅《关于大连 LNG 项目开展前期工作的复函》;2005 年 11 月,大连市港口与口岸局《关于大连液化天然气项目岸线使用的函》(大港口函〔2005〕241 号);2005 年 12 月,大连海事局《关于大连液化天然气项目通航安全审核意见的批复》(大海通航〔2005〕106 号);2006 年 2 月,辽宁省建设厅签署《建设项目选址意见书》(辽建字第 06001 号);2006 年 3 月,国土资源部《关于大连 LNG(液化天然气)工程建设用地预审意见的复函》(国土资预审字〔2006〕71 号);2008 年 2 月,国家发展和改革委员会《关于大连 LNG 项目核准的批复》(发改能源〔2008〕364 号);2008 年 11 月,大连海事局下发《大连液化天然气项目建设规模调整岸线安全使用的意见》;2008 年 12 月,国家海洋局下发《关于大连液化天然气项目用海预审意见的函》(国海管字〔2008〕725 号);2010 年 8 月,大连保税区规划土地管理局签署《建设项目选址意见书》(选字第 210213201020025 号);2010 年 9 月,国家海洋局签署《关于大连液化天然气项目用海的批复》(国海管字〔2010〕571 号);2010 年 11 月,大连保税区规划土地管理局签署《建设用地规划许可证》(地字第 21021320120055 号);2011 年 2 月,大连海事局《关于大连 LNG 码头工程航道和锚地选划的回复意见》;2011 年 7 月,大连保税区规划土地管理局《建设工程规划许可》(建字第 210213201120058 号);2012 年 5 月,大连市国土资源和房屋局《国有建设用地土地使用权出让合同》(大保划 2012009 号、电子监管 2102002012B08705 号);2012 年 5 月,大连保税区管理委员会签署《国有土地使用权证》(大保国用(2012)第 14050 号);2013 年 3 月,国家海洋局《国家海洋局关于大连液化天然气项目填海竣工海域使用验收的批复》(国海管字〔2013〕132 号);2013 年 6 月,国家海洋局下发《海域使用权证书》(国海证 2013A22020000502 号、2013A22020000516 号)。

大连 LNG 项目分两期建设,一期工程建设规模 300 万吨/年,设计年供气能力为 42 亿立方米;二期工程在一期工程基础上进行扩建,建设规模达到 600 万吨/年,设计年供气能力为 84 亿立方米。实际处理能力经初步测算可达到 1000 万吨/年。

项目一期工程由接收站工程、系统配套工程和码头工程三部分组成。其中接收站工程主要包括卸船、储存、气化、蒸发气回收、外输、自动化控制以及配套设施等。站外系统配套工程主要包括站外供排水、外供电、外采暖、外通信系统等。

项目二期工程在一期工程基础上进行扩建,主要包括新上 2 台 ORV、2 台 SCV、3 台高压泵、3 台海水泵以及土建、工艺管道、消防、仪表、电气、防雷接地等相关内容,其他工程依托一期已建工程。项目二期工程核准增加了码头装船功能。根据专业公司要求新增一套 BOG 增压外输系统。

项目建设1个LNG专用码头，接卸8～26.7万方舱容LNG船舶，码头前沿水深13.8米，岸线总长680.5米。码头采用引桥式布局，重力式沉箱结构。储罐容量48万立方米。共设卸料臂4台。项目总投资约46亿元，资金来源为企业自筹。项目用地面积0.4054平方公里。

项目一期工程建设单位为中石油大连液化天然气有限公司；总承包单位为中国寰球工程公司、中国石油建设公司大连设计分公司；监理单位为北京兴油工程建设监理有限公司、天津大港油田集团建设监理有限责任公司、大连港口建设监理咨询有限公司、大连电安工程建设监理有限公司；勘察、设计单位为中国寰球工程公司、中国石油建设公司大连设计分公司、中交水运规划设计院、东北电力设计院、辽宁地质海上工程勘察院；主要施工单位为辽河石油勘探局油田建设工程一公司、辽宁北方土石方工程有限公司、中交一航局第三工程有限公司、中国核工业华兴建设有限公司、中国石油天然气第六建设公司、上海江南涂装工程有限公司等；质监单位为中国石油天然气管道工程质量监督站。

项目二期工程总承包单位为中国寰球工程公司；监理单位为大庆市兴工工程建设监理有限公司；设计单位为中国寰球工程公司、中国石油集团工程设计有限责任公司大连分公司；施工单位为中国石油天然气第六建设公司、中国石油吉林化建工程有限公司、大连亚太消防工程有限公司、大连建工机电安装工程有限公司、大连长恒电力工程有限公司、湖北中南勘察基础工程有限公司；质监单位为中国石油天然气辽河质量监督站。

自2011年11月投产以来，已接卸卡塔尔、澳大利亚、俄罗斯等五大洲15个国家的LNG运输船182艘次，接卸进口LNG资源1466.62万吨，累计外输天然气202亿标方，港口运行状况良好。

（三）大窑湾港区

1.港区综述

（1）港区建设和运营概况

大窑湾湾口建设南、北、中防波堤，形成良好的掩护条件，湾内呈南岸、北岸、湾底三大区域。其中南岸、北岸以集装箱运输为主，湾底以商品汽车运输为主。大窑湾南岸码头布置以大顺岸、小港池为主。防波堤内侧为散粮泊位，顺岸为规模化的集装箱泊位。集装箱泊位后方为物流园区。大窑湾北岸集装箱码头沿自然岸线形成折线形大顺岸布置，后方为配套的综合物流园区，半岛端部为港区服务、观光区。大窑湾湾底岸线1350米，顺岸布置商品汽车或通用泊位及支持系统。后方配套具有保税功能的汽车物流园区和中心服务区约100万平方米。

依托大连市，经济腹地包括黑龙江省、吉林省、辽宁省及内蒙古自治区东部的呼伦贝尔市、通辽市和赤峰市，东北地区98.5%以上的外贸集装箱均在此转运。公司内外贸航线网络布局完善,可连接160多个国家和地区的300余个港口。

码头堆场总面积235.1万平方米,总堆存能力180835TEU。

规划建设18个专业集装箱泊位,14个投产泊位岸线总长度为4389.9米,其中5个深水泊位水工设计为20万吨级,最大水深为17.8米,可满足当今最大的20万吨级集装箱船舶停靠。

拥有岸桥35台,场桥94台,其中纯油轮胎吊15台、油改电轮胎吊30台、纯电轮胎吊25台(1台为全锂电池轮胎吊)、轨道吊24台、空叉14台,正面吊2台。

码头操作单机效率最高可达121.8自然箱/小时,单船效率可达422.7自然箱/小时。单证中心窗口货方收费审单计费平均3.5分钟/笔;检查桥单车通过效率平均14秒/车,外部拖车平均在港时间22分钟/车。

(2)港区地理条件和集疏运概况

大窑湾港区位于大孤山半岛北部的大窑湾内,是大连港国际集装箱运输的主体港区,兼顾散粮及少量杂货运输。

大窑湾南岸有两条对外集疏运公路接入沈大、丹大高速公路,金窑铁路复线连接哈大铁路。

大窑湾北岸公路集疏运主要通过三条通道分别接沈大高速公路、黄海大道、开发区主干道。集中设置铁路集装箱中心处理站,经金窑复线接哈大铁路。

湾底港区道路直接与保税区路网相连。

2. 港区工程项目

(1)大连港大窑湾港区一期工程前四个泊位

项目于1987年8月开工,1992年3月试运行,1993年1月竣工。

项目建设依据:1986年,国家计划委员会《关于大连港大窑湾新港区一期工程设计计划任务书的批复》(计交字〔1986〕106号);1987年,国家计划委员会《关于大连港大窑湾港区一期工程初步设计的批复》(计二〔1987〕252号);1987年2月,交通部《关于大连港大窑湾港区一期工程设计复查的报告》(交基字〔87〕535号);1991年,国家交通投资公司《关于大连港大窑湾港区一期工程防波堤修改初步设计的批复》(交投水〔1991〕55号)。1984年3月,辽宁省人民政府征用土地批复(辽政地字〔1987〕337号)、《海域使用权证书》(国海证022103968号)。

项目建设1个3万吨级矿石泊位,1个2.5万吨级化肥泊位,2个3万吨级集装箱泊位,配套新建防波堤工程,防波堤内侧兼作一个8万吨级散粮码头泊位,岸线总长1476米。码头采用顺岸式布局,重力式结构。码头前沿水深15.5米。项目后方堆场面积26.8万平方米,堆存能力8万吨及1.11万TEU。仓库面积2.8万平方米。主要装卸设备配置集装箱岸桥、场桥、正面吊等172台(套)。项目总投资38768.83万元,其中外币9538万美元。项目用地面积0.6104平方公里。

建设单位为大连港建港指挥部;设计单位为交通部水运规划设计院;施工单位为交通部一航局三公司、中港昆仑工程公司、上海航道局等;监理单位为丹麦金硕国际公司;质监单位为大连港建港指挥部工程质量监督站。

自1992年3月24日首次靠泊以来,试生产至1992年11月底已完成吞吐量17.67万吨,共装卸船舶24艘(不含靠泊修理船)。

(2)大连港大窑湾港区一期工程后六个泊位

项目于1993年7月开工,1996年7月试运行,2002年12月竣工。

项目建设依据:1987年2月27日,国家计划委员会《关于大连港大窑湾港区一期工程初步设计的批复》(计二〔1987〕252号);1993年,国家交通投资公司《关于大连港大窑湾一期工程后六个泊位初步设计及概算审定意见》(交投水〔1993〕27号);1995年,交通部《关于大连港大窑湾港区一期工程后六个泊位有关问题的批复》(交计发〔1995〕544号);1996年,交通部《关于大连港大窑湾港区一期工程后六个泊位尺度调整初步设计的批复》(交基发〔1996〕257号);1996年,交通部《关于大连港大窑湾港区一期工程后六个泊位初步设计修改概算调整的批复》(交基发〔1996〕350号);1998年,交通部《关于大连港大窑湾港区岛堤工程修改初步设计的批复》(交基发〔1998〕110号);2000年,交通部水运司《关于调整大连港大窑湾港区一期后六个泊位工程初步设计和概算的批复》(水运基建字〔2000〕322号);2002年12月,取得《国有土地使用权证》(大国用〔96〕字第96002号)、《海域使用权证书》(国海证022103968号)。

项目建设1个2.5万吨级集装箱码头泊位,2个5万吨级集装箱码头泊位,2个万吨级集装箱码头泊位,岸线总长1509米。码头采用顺岸式布局,重力式结构。码头前沿水深14米。项目后方堆场面积47.33万平方米,堆存能力85万TEU。仓库面积1.4万平方米。项目总投资内币12.28亿元,外币38.63亿日元。内币投资中,政府投资(中央投资)为3.16亿元,企业投资(业主自有资金)为9.12亿元。项目用地面积0.3083平方公里。

配套岛堤工程,岛堤方位为26°~206°,岛堤长度640米,岛堤与南堤间的口门宽度为350米。

交通部《关于大连港码头靠泊能力核准的批复》(交水发〔2006〕753号),同意按照核准的限定条件减载靠泊超过码头原设计船型的船舶,其中5号泊位核定为3.6万吨,6号、7号泊位核定为10万吨级。

建设单位为大连港务局;设计单位为中交水运规划设计院;施工单位为中港一航局三公司、中港昆仑工程公司武警交通建港指挥部、天津航道局等;监理单位为大连港口建设监理公司;质监单位为大连港口质量监督站。

自 1996 年 7 月 5 日集装箱泊位投入使用以来,至 2002 年上半年,累计完成吞吐量 2144.23 万吨。

（3）大连港大窑湾港区 11 号、12 号集装箱泊位工程

项目于 2002 年 8 月开工,2005 年 6 月试运行,2012 年 5 月竣工。

项目建设依据:2001 年,交通部《关于大连港大窑湾港区 11#集装箱泊位工程项目建议书的批复》(交规划发〔2001〕448 号);2002 年,交通部《关于大连港大窑湾港区 12#集装箱泊位工程项目建议书的批复》(交规划发〔2002〕46 号);2001 年 12 月 31 日,交通部《关于大连港大窑湾港区 11#集装箱泊位工程可行性研究报告的批复》(交规划发〔2001〕801 号);2002 年 3 月 20 日,交通部《关于大连港大窑湾港区 12#集装箱泊位工程可行性研究报告的批复》(交规划发〔2002〕97 号);2002 年 6 月 19 日,交通部《关于大连港大窑湾港区 11#集装箱泊位工程初步设计的批复》(交规划发〔2002〕260 号);2002 年 6 月 19 日,交通部《关于大连港大窑湾港区 12#集装箱泊位工程初步设计的批复》(交规划发〔2002〕258 号);2004 年 4 月 6 日,国家环境保护总局《关于大连港大窑湾港区二期工程环境影响报告书审查意见的复函》(环审〔2004〕115 号);2005 年 8 月 21 日,国土资源部《关于大连港大窑湾港区二期工程建设用地预审意见的复函》(国土资预审字〔2005〕325 号);2008 年,大连市海洋与渔业局《海域使用权证书》(国海证 042101997、042101998);2006 年,交通部办公厅《关于确认大连港股份有限公司码头经营和岸线使用的函》(厅函水〔2006〕47 号)。

项目建设 1 个 3.5 万吨级集装箱码头泊位,1 个 5 万吨级集装箱码头泊位,岸线总长 629 米。码头采用顺岸式布局,重力式结构。码头前沿水深 13.5 米。项目后方堆场面积 33.6 万平方米,堆存能力 21067TEU。主要装卸设备配置额定起重量 50 吨的岸边集装箱起重机 2 台及轮胎式集装箱门式起重机 6 台。项目总投资 7.00 亿元,其中政府投资 6105.0 万元,企业投资 6.39 亿元。项目用地面积 25.52 万平方米。

建设单位为大连港务局;设计单位为中交水运规划设计院有限公司;施工单位为中港一航局三公司、长江航道局、天津航道局等;监理单位为大连港口建设监理咨询有限公司;质监单位为大连市水运工程质量监督站。

自 2005 年 6 月 17 日第一条集装箱船停靠大窑湾 11 号、12 号泊位,至 2005 年 12 月 31 日两泊位在试投产期间共接卸集装箱船 180 艘次,累计完成箱量 13.3 万 TEU,完成吞吐量 129 万吨。

（4）大连港大窑湾港区二期工程

项目于 2002 年 12 月开工,2006 年 9 月试运行,2016 年 7 月竣工。

项目建设依据:2002 年,交通部《关于对大连港大窑湾港区二期工程项目建议书意见的函》(交函规划〔2002〕312 号);2003 年,大连市发展计划委员会《转发国家发展改革委

的通知》（大计基础发〔2003〕272 号）；2005 年 11 月 4 日，大连市发展和改革委员会《转发国家发展改革委关于大连港大窑湾港区二期工程项目核准的批复的通知》（大发改交通字〔2005〕622 号）；2006 年 4 月 18 日，交通部《关于大连港大窑湾港区二期工程初步设计的批复》（交水发〔2006〕163 号）。2004 年 4 月 6 日，国家环境保护总局《关于大连港大窑湾港区二期工程环境影响报告书审查意见的复函》（环审〔2004〕115 号）；2005 年 8 月 21 日，国土资源部《关于大连港大窑湾港区二期工程建设用地预审意见的复函》（国土资预审字〔2005〕325 号）；2008 年，大连市海洋与渔业局《海域使用权证书》（国海证 210200-20020022 号、210200-20020023 号）。

项目建设 2 个 7 万吨级集装箱码头泊位（码头水工建筑允许靠泊能力 15 万吨级），1 个 10 万吨级集装箱码头泊位（码头水工建筑允许靠泊能力 20 万吨级），岸线总长 1445 米。码头采用顺岸式布局，重力式结构。码头前沿水深 17.8 米。项目后方堆场面积 87.7 万平方米，堆存能力 25809TEU。主要装卸设备配置额定起重量 50～100 吨岸边集装箱起重机 12 台、轮距 20～30 米的轮胎式集装箱门式起重机 36 台、轮距 35～50 米的轨道式集装箱门式起重机 3 台。项目总投资 37.53 亿元，其中人民币 31.82 亿元，外币 7060.28 万美元（折合人民币 5.72 亿元）。项目资本金占 35%，由国家安排港口建设费、企业出资筹措；其余通过银行贷款解决。项目用地面积 140.16 万平方米。

建设单位为大连港集团有限公司；设计单位为中交水运规划设计院有限公司；施工单位为中交一航局三公司、天津航道局、武警交通部队；监理单位为大连港口建设监理咨询有限公司；质监单位为大连市水运工程质量监督站。

自 2006 年 9 月 17 日第一条集装箱船顺利停靠大窑湾 13 号、14 号泊位至 2007 年 3 月 15 日，两泊位在试投产期间累计停靠集装箱船 232 艘次，累计完成箱量 20.25 万 TEU，完成吞吐量 218 万吨。

15 号泊位自 2011 年 7 月 18 日试投产以来至 2015 年底，共停靠 1630 艘次，其主要为集装箱作业，累计完成箱量 219 万 TEU。

（5）大连汽车码头工程

项目于 2004 年 8 月开工，2006 年 12 月试运行，2018 年 1 月竣工。

项目建设依据：2004 年 9 月，大连市发展计划委员会《关于大窑湾港区汽车专运码头项目工程可行性研究报告的批复》（大计基础发〔2004〕327 号）；2004 年 10 月，大连保税区规划建设管理局《关于大连汽车码头工程初步设计的批复》（大保规发〔2004〕33 号）。2004 年 10 月，大连市环境保护局《关于对大连汽车码头工程环境影响报告书的批复》（大环建发〔2004〕33 号）；2013 年，大连市环境保护局《关于大连汽车码头工程（3#泊位）项目环境影响报告书的批复》（大环建发〔2013〕3 号）；2007 年 4 月，大连保税区管理委员会《中华人民共和国国有土地使用证》（大保国用〔2007〕第 14020 号）；2005 年 8 月，辽宁省人民政府《中华人民共和国海域使用权证书》（国海证 042101997 号、042101998 号）；
2006 年 12 月，交通部《关于大连港大窑湾港区汽车滚装码头工程使用港口岸线的批复》
（交规划发〔2006〕761 号）。

新建 5 万吨级汽车滚装泊位 1 个、1 万吨级汽车滚装泊位 2 个（水工结构均按靠泊 5
万吨级汽车滚装船设计），码头岸线长度 640 米 +35 米。码头采用重力式实体沉箱结构，
码头前沿底高程 -11.00 米，前沿停泊水域宽度 65 米。停车场面积 28 万平方米，停车数
量 14400 个标准车位。项目总投资 6.03 亿元，其中资金 1/3 为自有资金，其余部分采用
商业贷款落实。项目用地面积 54.0386 万平方米。

分两期建设：一期建设规模为 5 万吨级和 1 万吨级滚装泊位各 1 个（水工结构均按靠
泊 5 万吨级滚装船设计）及相应配套设施，码头岸线长度 470 米 +35 米；二期建设规模为
3 号泊位建设规模为 1 个 1 万吨级滚装泊位（水工结构按靠泊 5 万吨级滚装船设计）及相
应配套设施，码头岸线长度 170 米。

建设单位为大连汽车码头有限公司；设计单位为中交水运规划设计院、大连港设计研
究院；施工单位为中港一航局三公司、长江武汉航道局、新疆昆仑路港工程公司等；监理单
位为大连港口建设监理咨询有限公司；质监单位为大连市水运工程质量监督站。

1 号、2 号泊位自 2006 年 7 月接卸第一艘滚装船，至 2008 年 6 月底共作业船舶 330 艘
次，吞吐量达到 60063 辆，另加 47649 吨杂货。其中滚装船 269 艘次，多用途船 61 艘次。3
号泊位自 2016 年 11 月 7 日试投产以来至 2017 年 10 月底，不包括借用 2 号泊位靠泊情
况，单独靠泊汽车滚装船共 37 艘次，其主要为商品汽车装卸作业，累计完成装卸
14624 辆。

（6）大连港大窑湾港区三期工程

项目于 2005 年 3 月开工，2008 年 7 月试运行，2012 年 5 月竣工。

项目建设依据：2007 年 5 月 12 日，国家发展和改革委员会《关于中外合资建设经营
大连港大窑湾港区三期工程项目核准的批复》（发改交运〔2007〕1120 号）；2007 年 9 月 10
日，交通部《关于大连港大窑湾三期工程初步设计的批复》（交水发〔2007〕480 号）。2006
年 1 月 16 日，国家环境保护总局《关于大连港大窑湾港区二期续建工程环境影响报告书
的批复》（环审〔2006〕15 号）；2006 年 3 月 20 日，国土资源部《关于大连港大窑湾港区二
期续建工程建设用地预审意见的复函》（国土资预审字〔2006〕85 号）；2008 年 6 月 17 日，
国家海洋局《关于大连港大窑湾三期工程项目用海的批复》（国海管字〔2008〕351 号）；
2005 年 8 月 11 日，大连市港口与口岸局《关于大窑湾港区二期续建工程岸线使用的函》
（大港口函〔2005〕163 号）。

项目建设 3 个 10 万吨级集装箱码头泊位（码头水工建筑允许靠泊能力 15 万吨级），2
个 7 万吨级集装箱码头泊位（码头水工建筑允许靠泊能力 10 万吨级），岸线总长 1842 米。

码头采用顺岸式布局，重力式结构。码头前沿水深 16 米。项目后方堆场面积 73.7 万平方米，堆存能力 9.94 万 TEU。主要装卸设备配置额定起重量 50～100 吨的岸边集装箱起重机 16 台、轮距大于 30 米的轮胎式集装箱门式起重机 48 台。项目批复总概算为 4800 亿元，其中 17 号、18 号泊位工程分配概算为 22.74 亿元，资本金占总投资 35%，资本金以外申请银行贷款解决。项目用地面积 179.03 万平方米，另填海造地 28.04 万平方米。

建设单位为大连国际集装箱码头有限公司；主要设计单位为中交水运规划设计院有限公司；主要施工单位为中交一航局第三工程有限公司、天津航道局、中国建筑第二工程局有限公司等；监理单位为大连港口建设监理咨询有限公司；质监单位为大连市水运工程质量监督站。

17 号、18 号泊位工程的堆场装卸设备采用轨道式集装箱龙门起重机，利用电能驱动，是国内外最先进的堆场装卸设备，节能环保，是全国使用数量最多、规模最大的集装箱码头之一。

建筑配套方面，该项目采用了海水源热泵中央空调系统、LED 照明、太阳能淋浴等多项绿色建筑技术。其中海水源热泵中央空调系统获得了 2007 年国家第三批可再生能源示范项目，是国内第一个港口类建筑获此殊荣。

码头操作系统采用自主开发并拥有知识产权的多码头操作系统，其中港区中转业务、停车场管理、海铁联运业务等功能是针对大连湾南岸集装箱码头群特点研发的新功能；操作智能化、监控图形化、计划评价体系、信息预警机制、自适应机制等技术创新优化是根据大连港多年来集装箱码头操作的经验研发，这些功能、技术创新在国内甚至国际都处于领先地位，具有重要的推广价值。2010 年 3 月，"智能集装箱码头操作系统"获得大连市科技进步奖二等奖。

已建成并投产 10 万吨级集装箱码头泊位 2 个（根据最大载重量、吃水、风速等条件可减载靠泊 20 万吨级集装箱船），投产岸线长度 793 米。陆域码头面积约 76.2 万平方米，其中包括重箱堆场、空箱堆场及其他场地，并配套建设相应的生产及生产辅助建筑物。大窑湾港区三期工程 17 号、18 号泊位于 2008 年 7 月 30 日开始试运营，截至 2011 年 12 月 30 日，两泊位累计停靠 2280 艘次，完成箱量 270 万 TEU。

（7）大连港大窑湾北岸汽车物流中心配套码头工程（5 号～7 号泊位）

项目于 2015 年 9 月开工。

项目建设依据：2013 年 10 月，大连保税区经济发展和统计局《大连港大窑湾北岸汽车物流中心配套码头工程大连保税区企业投资项目备案确认书及附件》（大保经发改备〔2013〕17 号）；2014 年 9 月，大连市港口与口岸局《关于大连港大窑湾北岸汽车物流中心配套码头工程（5#～7#泊位）初步设计的批复》（大港口发〔2014〕210 号）。2013 年 2 月，大连市环境保护局《关于对大连港大窑湾北岸汽车物流中心配套码头工程环境影响报告书的批复》(大环建发〔2013〕15 号);2015 年 3 月,大连保税区规划和土地房屋局《大连汽车物流中心码头工程建设用地规划许可证》(地字第 21021320150005 号);2013 年 1 月,国家海洋局《大连港大窑湾北岸汽车物流中心配套码头工程海域使用权证书》(国海证2013B21021302684 号);2014 年 11 月,国家海洋局《大连港大窑湾北岸汽车物流中心配套码头工程海域使用权证书》(国海证 2014B21021317798 号);2018 年 7 月 11 日,《大连港大窑湾北岸汽车物流中心配套码头工程不动产证》(辽 2018 金普新区不动产权第01930058 号,原国海证 2014B21021317806 号);2015 年,国家海洋局《大连港大窑湾北岸汽车物流中心配套码头工程海域使用权证书》(国海证 2015B21021322242 号);2015 年 3月,交通运输部《大连港大窑湾港区北岸作业区 5 号至 7 号商品汽车滚装泊位工程中华人民共和国港口岸线使用证》(交港海岸〔2015〕第 23 号)。

项目建设 2 个 7 万吨级滚装码头泊位(码头水工建筑允许靠泊能力 10 万吨级),1 个5 万吨级滚装码头泊位。岸线总长 964 米。码头采用顺岸式布局,重力式结构。码头前沿水深 15 米。项目后方堆场面积 53 万平方米。项目总投资 16.74 亿元。建设资金按30% 自筹、70% 银行贷款。项目用地面积 92.8 万平方米。

建设单位为大连港北岸汽车码头有限公司;设计单位为中交水运规划设计院有限公司、大连港设计研究院有限公司;施工单位为大连港湾工程有限公司等;监理单位为大连港口建设监理咨询有限公司;质监单位为大连市水运工程质量监督站。

结合工程建设实际情况及使用需求,本项目分两期实施,7 号泊位工程先行建设,于2015 年 9 月开工建设,5 号、6 号泊位后期实施,于 2017 年 3 月 29 日开工建设。

(8)大连港大窑湾港区四期工程

项目于 2016 年 7 月开工。

项目建设依据:2014 年 5 月 29 日,交通运输部《关于大连港大窑湾港区四期工程项目的意见》(交函规划〔2014〕371 号)。2015 年 1 月,国家发展和改革委员会《关于大连港大窑湾港区四期工程项目核准的批复》(发改基础〔2015〕61 号);2015 年 11 月,交通运输部《关于大连港大窑湾港区四期工程初步设计的批复》(交水函〔2015〕766 号)。2014 年10 月,环境保护部《关于大连港大窑湾港区四期工程(22#、23#泊位)环境影响报告书的批复》(环审〔2014〕279 号);2014 年 6 月,国土资源部《关于大连港大窑湾港区四期工程(22#、23#泊位)建设用地预审意见的复函》(国土资预审字〔2014〕63 号);2016 年 1 月,国家海洋局《关于大连港大窑湾港区四期工程项目用海的批复》(国海管字〔2016〕46 号);2016 年 3 月 7 日,国家海洋局《大连港大窑湾港区四期工程海域使用权证书》(国海证2016A21021300286 号、国海证 2016A21021300294 号);2015 年 6 月,交通运输部《大连港大窑湾港区四期工程港口岸线使用证》(交港海岸〔2015〕第 61 号)。

项目建设 2 个 20 万吨级集装箱码头泊位,岸线总长 912 米。码头采用顺岸式布局,重力式结构。码头前沿水深 20 米。项目后方堆场面积 72 万平方米,堆存能力 1.4 万 TEU。主要装卸设备配置岸边集装箱起重机 10 台、轨道式集装箱门式起重机 30 台。项目总投资 362625.52 万元,其中资本金占 30%,其余利用国内银行贷款解决。项目用地面积 86.42 万平方米,另填海造地面积 60.35 公顷。

建设单位为大连港北岸集装箱码头有限公司,大连港口建设监理咨询有限公司代表建设单位进行建设管理;设计单位为中交水运规划设计院有限公司;施工单位为大连港湾工程有限公司;监理单位为大连港口建设监理咨询有限公司;质监单位为大连市水运工程质量监督站。

(四)大孤山西港区

1.港区综述

(1)港区建设和运营概况

大孤山西港区位于大孤山半岛的西南部,包括原北良港区和大孤山湾及南侧岸线。由北向南依次布置粮食码头作业区、公共码头作业区、修造船作业区、临港工业区和预留液体散货码头作业区,共可形成码头岸线 8415 米,各类生产性泊位 27 个,以散粮储运为主。

(2)港区地理条件和集疏运概况

大孤山西港区位于大孤山半岛的西南部,疏港公路主要依托大孤山半岛已规划建设的大孤山中路、大孤山南路、东北大街等。

2.港区工程项目

(1)大连港石化 7 号、10 号泊位工程

项目于 2003 年 9 月开工,2006 年 7 月试运行,2014 年 7 月竣工。

项目建设依据:2012 年 8 月,大连市发展和改革委员会《关于大连港石化 7#、10#泊位工程项目核准决定》(大发改交通准字〔2012〕第 23 号);2013 年 5 月,大连市港口与口岸局《关于大连港石化 7#、10#泊位工程初步设计的批复》(大港口发〔2013〕103 号)。2003 年,大连市环境保护局《关于对大连北良园区配套改造工程成品油装卸泊位项目环境影响报告书的批复》(大环建发〔2003〕13 号);2002 年,大连经济技术开发区规划土地建设局《建设用地规划许可证》(大开规批〔2002〕390 号);2006 年,辽宁省海洋与渔业厅《关于大连北良石化物流项目用海的批复》(辽海管函〔2003〕2 号);2012 年 7 月,交通运输部《关于大连港石化 7 号和 10 号泊位使用港口岸线的批复》(交规划发〔2012〕312 号)。

项目建设 2 个 2 万吨级油品码头泊位(码头水工建筑允许靠泊能力 3 万吨级),岸线总长 538 米。码头采用引桥式布局,高桩结构。码头前沿水深 11.5 米。主要共设 12 架

输油臂。项目总投资1.76亿元,全部来源于企业自筹。

建设单位为大连北良石化有限公司,2009年大连港集团有限公司收购了北良石化项目并更名为大连港石化有限公司;设计单位为大连理工大学土木建筑设计研究院、抚顺石油化工设计院(现更名为中国寰球工程公司辽宁分公司);施工单位为中交一航局第一工程有限公司、广东省工业设备安装公司等;监理单位为大连理工工程建设监理有限公司、大连七星工程建设监理公司;质监单位为大连市水运工程质量监督站。

原项目建设单位大连北良石化有限公司,为非港航企业,对需履行的基本建设程序认识不足,加之2002年《港口法》和《国务院关于投资体制改革的决定》尚未出台,大连市港口与口岸局尚未成立,相关审批权限界定不明确等原因,该项目没有完全履行港口立项和建设程序,导致码头工程未能竣工验收。因此,为避免国有资产闲置和浪费,确保油品作业安全生产及加快北良港区的建设,合理利用深水岸线资源,满足腹地石化企业对油品接卸的需求。2009年,大连港集团有限公司收购了北良石化项目并更名为大连港石化有限公司。大连港石化有限公司对7号~10号油品泊位补办项目手续。7号、10号泊位工程与8号、9号泊位工程分别立项核准。2006年7月经有关部门批准,允许7号泊位投入试运行,可靠泊1万吨级及以下船舶,10号泊位于2014年1月份经有关部门批准后投入试运行。截至2014年4月23日,大连港石化7号、10号泊位共靠泊油轮51艘次,完成油品装卸作业21.7万吨。

(2)大连港石化8号、9号泊位工程

项目于2003年9月开工,2015年7月试运行,2016年1月竣工。

项目建设依据:2014年6月,大连市发展和改革委员会《关于大连港石化8#、9#泊位工程项目核准决定》(大发改交通准字〔2014〕第8号);2015年2月,大连市港口与口岸局《关于大连港石化8#、9#泊位工程初步设计的批复》(大港口发〔2015〕20号);2004年8月,大连市环境保护局《环境影响评价批复》对项目环境影响评价报告表进行了批复;2002年,大连经济技术开发区规划土地建设局《建设用地规划许可证》(大开规批〔2002〕390号);2006年,辽宁省海洋与渔业厅《关于大连北良石化物流项目用海的批复》(辽海管函〔2006〕2号);2014年4月,交通运输部《关于大连港大孤山西港区8号、9号油品码头工程使用港口岸线的批复》(交函规划〔2014〕187号)。

项目建设2个5万吨级油品码头泊位(码头水工建筑允许靠泊能力10万吨级),岸线总长720米。码头采用引桥式布局,高桩结构。码头前沿水深14.3米。共设7架输油臂。项目总投资2.13亿元,来源于企业自筹。

建设单位为大连北良石化有限公司;设计单位为大连理工大学土木建筑设计研究院、抚顺石油化工设计院(现更名为中国寰球工程公司辽宁分公司);施工单位为中交一航局第一工程有限公司、广东省工业设备安装有限公司等;监理单位为大连七星工程建设监理公司、大连理工工程建设监理有限公司;质监单位为大连市水运工程质量监督站。

2009 年,大连港集团有限公司收购了北良石化项目并更名为大连港石化有限公司。大连港石化有限公司对 7 号~10 号油品泊位补办项目手续。7 号、10 号泊位工程与 8 号、9 号泊位工程分别立项核准。

大连港石化 8 号、9 号泊位于 2015 年 7 月 31 日开始试运行,截至 2016 年 1 月 17 日,大连港石化 8 号、9 号泊位共靠泊油轮 5 艘次,其中 12000 载重吨 2 艘,10000 载重吨 2 艘,38000 载重吨 1 艘,完成石脑油装卸作业 55700 吨。

(3)北良港项目

项目于 1995 年 12 月开工,2000 年 6 月试运行。

项目建设依据:1993 年 8 月,国内贸易部《关于实施利用世界银行贷款改善我国粮食流通项目的通知》(内贸世字〔1993〕第 162 号);1993 年 9 月,国家计划委员会《关于利用世界银行贷款改善我国粮食流通项目可行性研究报告的批复》(计市场〔1993〕1613 号);1995 年 11 月,国家计划委员会《国家计委关于大连粮食中转设施项目可行性研究报告的批复》(计市场〔1995〕1796 号);1996 年 3 月,国家计划委员会《国家计委关于大连粮食中转设施工程初步设计的批复》(计市场〔1996〕493 号);1996 年 5 月,国内贸易部《关于世行贷款粮食流通项目大连北良有限公司金桥站至西咀港铁路专用线扩大初步设计的批复》(内贸外贷字〔1996〕第 52 号);2001 年 8 月,国家发展计划委员会《国家计委关于世行贷款粮食流通项目大连北良粮食中转设施工程概算调整和新增子项的批复》(计经贸〔2001〕1435 号);2003 年 9 月,国家竣工验收委员会《世行贷款粮食流通项目大连粮食中转设施暨散粮火车皮工程国家竣工验收鉴定书》。

项目建设 1 个 8 万吨级粮食卸船泊位、2 个 7 万吨级(减载靠泊)粮食装船泊位,3 万吨级和 5 万吨级(减载靠泊)通用泊位各 1 个;散粮装卸设施、铁路专用线、港区作业车场和停车场、通信和导航设施、安全监督辅助设施,以及必要的生产生活配套设施。

项目主管单位为国家世行贷款粮食流通项目部际协调领导小组办公室、国内贸易部国外贷款实物管理办公室;工程设计单位为中交第一航务工程勘察设计院、国内贸易部郑州粮食科学研究设计院、辽宁省城乡建设规划设计院、铁道部第三勘测设计院、天津港湾工程研究所、辽宁有色勘察研究院、大连电力勘察设计院、大连理工大学土建勘察设计研究院、鞍山钢铁公司设计研究院、大连海事大学科技开发总公司、辽宁省建设科学研究院、大连经济技术开发区规划设计研究院;土建施工单位为中国港湾建设(集团)总公司、中港一航局三公司、江苏镇江市第四建筑工程公司、铁道部十三工程局一处、铁道部十九工程局二处、铁道部十九工程局三处、大连英宝顺混凝土有限公司、鞍钢眼前山矿土石方工程有限公司、大连电力建设总公司、大连金州区阿尔滨建筑工程公司、冶金工业部沈阳勘察研究院地基处理公司、大连市政工程总公司;设备总承包单位为英国 AS－C 公司、法国凯亚公司、瑞士布勒公司、齐齐哈尔铁路车辆（集团）有限公司；工程监理单位为大连市理工工程建设监理公司、澳大利亚康奈尔·瓦格纳公司、铁道部铁路科学研究院工程建设监理部、大连开建集团建设监理公司；工程质监单位为大连港口工程质量监督站、铁道部大连铁路分局工程质量监督站、大连地区送变电工程质量监督站。

北良港 1 号~5 号泊位于 2000 年 6 月开始试运行，截至 2015 年，累计完成吞吐量 13748.3 万吨，其中粮食吞吐量 10859.7 万吨（包括玉米 7122.2 万吨，大豆 2969.0 万吨）。

（五）大连福骏港口物流有限公司码头（原福佳·大化码头）

1. 港区综述

（1）港区建设和运营概况

本港区作为大孤山石化产业园区的主要组成部分——大连福佳·大化石油化工有限公司大型芳烃联合装置项目的配套码头，完全符合大连港总体规划和大连港大孤山湾港口岸线规划利用方案。本港区建设 1 万吨级码头 1 座和 8 万吨级码头 1 座。本港区的主要货物种类为液体化工品，包括：石脑油、对二甲苯、邻二甲苯、燃料油、轻石脑油、苯、抽余油和甲醇。本港区从建设到使用运营情况良好，据统计从 2010 年至今共完成货物装卸约 1596 万吨。

（2）港区地理条件和集疏运概况

本港区位于大连经济技术开发区大孤山规化工园区，大连湾东北侧，工程所在地为大孤山半岛的南端，西侧为逸盛大化港区，南面临海，东侧为 30 万吨级矿石码头和大连新港，地理位置优越。

开发区距大连市中心 27 千米，距大连火车站 25 千米，距周水子国际机场 18 千米，距沈大高速公路入口 8 千米，距大连港 7 海里，距大窑湾港 3 海里，距和尚岛东港区 4 海里，形成现代化海陆空交通网，集疏运依托条件良好。

2. 港区工程项目

大连福佳·大化芳烃联合装置配套码头工程

项目于 2007 年 10 月开工建设，2009 年 3 月完工。

项目建设依据：2008 年 11 月，大连市发展和改革委员会《关于福佳·大化芳烃联合装置配套码头工程核准的批复》（大发改交通字〔2008〕639 号）；2009 年 1 月，交通运输部《关于大连港大孤山西港区大连福佳大化液体化工品码头使用港口岸线的批复》（交规划发〔2009〕53 号）；2009 年 7 月，辽宁省海洋与渔业厅《海域使用权证书》（国海证092100031 号）；2009 年 12 月，大连市人民政府《国有建设用地使用权出让批复》（大政地（开）出字〔2009〕53 号）；2010 年 6 月，大连经济技术开发区规划建设局《建设用地规划许可证》(地字第 201000002 号)。

项目共建设 8 万吨级码头一座,1 万吨级码头一座。8 万吨级码头为开敞式蝶形布置,码头长度 350 米,码头由 1 个工作平台、2 个靠船墩和 6 个系缆墩组成,工作平台前沿作业段长度为 46 米,宽 40 米,顶高程为 9.5 米,靠船墩顶高程为 8.0 米,系缆墩顶高程为 7.0 米,码头前沿设计底高程为 -20 米;1 万吨级码头为开敞式墩式布置,码头长度 273 米,码头作业段为 1 个工作平台和 2 个靠船墩组成的联合墩结构,全长 72 米,宽 16 米,顶高程 7.0 米,码头前沿设计底高程为 -12.0 米。总投资 36901 万元,由企业自筹 35%,向银行借款 65%。

建设单位为大连福佳·大化石油化工有限公司;设计单位为中交天津港湾工程设计院公司;施工单位为中交一航局三公司;监理单位为广州海荣建设监理咨询有限公司。

2011 年 8 月梅花台风期间,已建护岸在波浪作用下部分损坏,对其护岸进行加固,提高设防等级,设防标准确定为双百标准,即在 100 年一遇极端高水位和 100 年一遇设计波浪要素条件下,护岸安全可靠不越浪。护岸总长 601.9 米。护岸顶部新筑 L 形防浪墙,外设反浪弧。防浪墙顶高程为 15.0 米,底高程为 5.9 米。总投资约 19652 万元。

(六)大孤山南港区

1. 港区综述

(1)港区建设和运营概况

大孤山南港区包括大型专业化矿石泊位和散货泊位各 1 个,以矿石中转为主。

大连港是中国东北地区承接进口矿石的主要港口。位于大孤山半岛的大连港矿石码头公司拥有国内卓越的 30 万吨级矿石专用卸船泊位,吃水 -23 米,可靠泊目前世界上所有适航的散矿运输船舶。其转水码头前沿水深 18.6 米,接卸船型卸船为 2 万吨级并具备 15 万吨级船舶清仓作业能力,装船为 1 万 ~7 万吨级。

大连港矿石码头公司 30 万吨矿石专用码头配备了 3 台抓斗负荷为 64 吨的桥式抓斗卸船机,单台平均卸船效率为 2500 吨/小时。二期转水码头配备 2 台额定能力为 1800 吨/小时的桥式抓斗卸船机(预留 1 台),配备 1 台轨道走行式装船机,能力为 4500 吨/小时。堆场配备的斗轮堆取料机,堆、取料效率分别为 5000 吨/小时和 4500 吨/小时;铁路单线装车能力可达 4500 吨/小时,装一节车皮的时间仅为 48 秒。

矿石码头堆场面积为 37.2 万平方米,一次性可堆存矿石 500 万吨。除二期堆场兼顾配矿功能外,两堆场之间还具备相互倒运的功能(预留三号堆场)。

(2)港区地理条件和集疏运概况

大孤山南港区位于大孤山半岛的最南部。大孤山南港区位于对外集疏运主要通过铁路,铁路专用线引自大窑湾港区第一铁路分区车场,经金窑线进入哈大铁路。

2.港区工程项目

（1）大连港矿石专用码头工程

项目于2002年7月开工，2015年8月试运行，2016年8月竣工。

项目建设依据：1998年，交通部《关于印发大连港矿石专用码头工程预可行性研究报告审查意见的通知》（交规划发〔1998〕564号）；2004年，交通部《关于对大连港矿石专用码头工程可行性研究报告意见的函》（交函规划〔2004〕132号）；2005年，国家发展和改革委员会《国家发展改革委关于大连港矿石专用码头工程项目核准的批复》（发改交运字〔2015〕2201号）；2006年1月，交通部《大连港矿石专用码头初步设计批复》（交水发〔2006〕9号）。2002年5月，国家环境保护总局《关于大连港矿石专用码头工程环境影响报告书审查意见的复函》（环审〔2002〕102号）；2011年，大连市环境保护局《关于大连港矿石专用码头结构加固改造工程环境影响报告表的批复》（大环建发〔2011〕75号）；2015年，大连市环境保护局《关于大连港40万吨矿石专用码头改扩建工程环保审批事宜的函》；2005年8月，国土资源部《关于大连港矿石专用码头项目建设用地预审意见的复函》（国土资预审字〔2005〕324号）；2006年，国家林业局《使用林地审核同意书》（林资许准〔2006〕078号）；2007年，大连保税区规划土地管理局《建设用地规划许可证》（编号20070003）；2004年，大连市海洋与渔业局《海域使用权证书》（国海证022103967号、022103904号）。

大连港矿石专用码头工程建设20万吨级（水工结构和水域为25万吨级兼顾30万吨）矿石专用泊位一个，及相应道路堆场、装卸、进港公路和铁路、环境保护等配套工程。码头泊位长度471.5米，泊位前沿底高程−23.0米，码头下部为开孔圆沉箱，上部为后张预应力混凝土梁等组成的梁板结构。码头采用桥式抓斗船机卸船，水平运输采用带式输送机，堆场采用斗轮堆取料机堆取料，装车采用装车楼。

大连港矿石专用码头结构加固改造工程：本次加固改造对大连港矿石专用泊位码头水工结构按靠泊35万吨散货船进行加固改造。码头前沿停泊水域底高程浚深至−24.5米。

大连港40万吨级矿石专用码头改扩建工程：本次改扩建后，该泊位可满足40万吨级散货船安全靠泊要求。

建设单位为大连港集团有限公司；设计单位为中交水运规划设计院、铁道第三勘察设计院、大连港埠机电有限公司；主要施工单位为中港一航局三公司、中铁十三局等；监理单位为大连港口建设监理咨询有限公司；质监单位为大连市水运工程质量监督站。

项目充分利用深水岸线资源和地质地貌特性，适应船舶大型化发展趋势，经过潮流观测、数值模拟计算、船舶模型系泊试验等工作，历经数次专家论证，确定码头轴线顺流布置在21米水深线处，且不增加投资。

施工中，在国内港口建设史上，首次使用了大型起重船进行自重1880吨卸船机的海上整体一次吊装上岸。

自 2004 年 6 月 7 日接卸第一条外轮矿船至 2005 年 11 月 30 日，共接卸船舶 74 艘次，吞吐量达到 1012.7 万吨，2004 年完成吞吐量 276.9 万吨，2005 年完成吞吐量 735.9 万吨。其中 CAPESIZE 船 56 艘次，927.6 万吨，占总转运量的 92%。大连港 40 万吨级矿石专用码头改扩建工程自 2015 年 8 月 13 日首次顺利接卸 40 万吨级散矿船，截至 2016 年 4 月 29 日，共靠泊 40 万吨级散矿船 5 艘次，完成矿粉接卸 123 万余吨。

（2）大连港老港区散货码头搬迁改造工程

项目于 2005 年 3 月开工，2006 年 9 月试运行，2009 年 11 月竣工。

项目建设依据：2006 年 5 月，大连市发展和改革委员会《关于大连港散货码头搬迁改造工程可行性研究报告的批复》（大发改交通字〔2006〕148 号）；2007 年 1 月，大连市城乡建设委员会《关于大连港老港区散货码头搬迁改造工程初步设计的批复》（大建勘设发〔2007〕16 号）。2006 年，大连市环境保护局《关于对大连港老港区散货码头搬迁改造工程环境影响报告书的批复》（大环建发〔2006〕20 号）；2007 年 2 月 14 日，大连保税区规划土地管理局《建设用地规划许可证》（编号 20070003）；2007 年，国家海洋局《海域使用权证书》（国海证 022103966 号）；2006 年，交通部《关于大连港老港区散货码头搬迁改造工程使用港口岸线的批复》（交规划发〔2006〕162 号）。

项目建设 1 个 7 万吨级散货码头泊位（码头水工建筑允许靠泊能力 15 万吨级），岸线总长 437.35 米。码头采用顺岸式布局，重力式结构。码头前沿水深 18.6 米。项目后方堆场面积 6.5 万平方米，堆存能力 30 万吨。主要装卸设备配置额定生产率 3000～6000 吨/小时的散货装船机 1 台、额定生产率 1000～2000 吨/小时的连续卸船机 2 台、额定生产率大于 3000 吨/小时的斗轮堆取料机 1 台、额定生产率 3000～6000 吨/小时的皮带输送机 11 台。项目总投资 59627.2 万元，全部由大连港集团有限公司承担，包括集团自筹和贷款，其中贷款约 3.87 亿元。项目用地面积 29.93 万平方米。

建设单位为大连港集团有限公司；设计单位为中交水运规划设计院；施工单位为中交一航局三公司、上海振华港机股份有限公司、大连重工起重集团等；监理单位为大连港口建设监理咨询有限公司；质监单位为大连市水运工程质量监督站。

大连港老港区散货码头搬迁改造工程自 2006 年 9 月试投入运营以来，截至 2009 年 7 月 31 日，转水码头装船 303 艘次，实现转水量 485.67 万吨。

（七）和尚岛东港区

1. 港区综述

（1）港区建设和运营概况

和尚岛东港区在现有码头基础上逐步向南、北两翼扩展，码头采取顺岸、突堤相间布置。港区中北部为汽车滚装作业区,南北两侧为杂货作业区并兼有部分散货运输功能。码头后方集中发展规模化的综合物流区、铁路专用货场和港区生产辅助区。

仅依存大连湾核心港区一隅之地从事散杂货生产经营,资源规模相较整合之初锐减。杂货港区面积1.76平方公里,港阔水深,不淤不冻,海港区位优势突出。生产泊位15个(含1个专业煤炭泊位)。其中1万吨级泊位1个、2万~3万吨级泊位9个、5万吨级泊位2个、7万吨级泊位2个、5000吨级以下泊位1个,泊位年吞吐能力1690万吨(专业化煤炭350万吨)。杂货港区现有库场总面积125万平方米,其中仓库24座,面积22万平方米,库场一次堆存货物可达150万吨,年库场通过能力1500万吨。公司拥有固定式、流动式装卸机械252余台,其中拥有45吨库内吊、42吨龙门吊、70吨轮胎吊、50吨门机等世界一流的港口装卸机械设备,可满足不同货种的装卸服务。杂货区内铁路四通八达,通过丹大线、哈大线、沈大线和长大线等,货物可直接进入堆场或码头装卸前沿,确保货物在港内实现高效运转、分拨,港口管理采用ERP信息系统,能够实现港内生产管理信息的交互,方便客户对船、货在港动态的掌握。

(2)港区地理条件和集疏运概况

和尚岛东港区位于大连湾北岸,以煤炭进口、粮食出口及特种物资、滚装运输为主。

进港铁路线直接引自金州编组站。两条疏港通道汇合后,经与振连路、振兴路立交,接入沈大高速。

2.港区工程项目

(1)大连港和尚岛煤炭、危险品码头

项目于1985年4月开工,1987年12月试运行,1988年12月竣工。

项目建设依据:1984年11月,交通部《关于大连港和尚岛码头开工报告的批复》(交基字〔1984〕2195号);1984年9月,交通部《关于大连港和尚岛码头工程初步设计的批复》(交基字〔1984〕1643号);1984年7月,大连市环境保护局《关于对"大连港和尚岛港区煤炭和危险品码头初步设计"的审查意见》(大环发〔1984〕第63号);1984年12月,大连市政府《关于和尚岛煤炭码头工程征用土地批复》(大政地字〔1984〕191号)。

项目建设1个3万吨级煤码头泊位和2个3万吨级通用件杂码头泊位,岸线总长735米。码头采用突堤式及顺岸式布局,重力式结构。码头前沿水深11.5米。项目后方堆场面积15万平方米。仓库面积0.77万平方米。主要装卸设备配置斗轮堆取料机1台、堆料机1台、皮带输送机17台、取料机2台。项目总投资2.47亿元,均为政府出资。项目用地面积98.58万平方米。

建设单位为大连港口管理局;设计单位为第二航务勘察设计院;施工单位为鞍钢眼前山土石方工程公司、交通部第一航务工程局第三工程处。

项目自试运行到1988年9月末,已装卸煤炭4船103847吨;特资11船40470吨;玉米、原木、盐等 27 船 248627 吨。

（2）大连港大连湾港区长生码头工程

项目于 1994 年 4 月开工，2006 年 12 月试运行并竣工。

项目建设依据：1994 年 2 月，大连市计划委员会《关于大连港长生码头工程可行性研究报告的批复》（大计能交发〔1994〕41 号）；1994 年 1 月，大连市计划委员会《关于大连港长生码头工程项目建议书的批复》（大计能交发〔1944〕33 号）。2008 年 10 月，《关于大连港大连湾长生码头工程岸线安全使用的意见》。1994 年 12 月，大连市城乡规划土地局《建设用地规划批复》（大连－94303 号）；1994 年 9 月，辽宁省海洋局《海域使用证》（辽海证〔1994〕003 号）。

项目建设 2 个 2 万吨级钢杂专用码头泊位，岸线总长 441 米。码头采用顺岸式布局，重力式结构。码头前沿水深 11 米。项目后方堆场面积 8.9 万平方米，仓库面积 2.2 万平方米。项目总投资 1.47 亿元，其中银行贷款 65%，企业自筹 35%。项目用地面积 13.63 万平方米。

原项目建设单位为大连长生码头有限公司，是中国大连港务局与日本长生株式会社共同组建的公司，其后由于种种原因停建。由大连港集团有限公司买收长生码头所有权后续建。原设计单位为交通部第二航务工程勘察设计院，后初步设计由中交水运规划设计院完成。

长生码头主要接卸钢材、煤炭等其他货源，该泊位的年吞吐量可达到 252 万吨，运营良好。

（3）大连港大连湾港区通用杂货泊位工程

项目于 2003 年 8 月开工，2007 年 3 月试运行，2009 年 11 月竣工。

项目建设依据：2003 年 6 月，大连市发展计划委员会《关于大连港大连湾港区 8#通用杂货泊位工程项目建议书的批复》（大计基础发〔2003〕166 号）；2003 年 9 月，大连市发展计划委员会《关于大连港大连湾港区 9#通用杂货泊位工程项目建议书的批复》（大计基础发〔2003〕287 号）；2004 年 3 月，大连市发展计划委员会《关于大连港大连湾港区 10#通用杂货泊位工程项目建议书的批复》（大计基础发〔2004〕60 号）；2004 年 4 月，大连市城乡建设委员会《关于大连港大连湾港区通用杂货泊位工程初步设计的批复》（大建勘设发〔2004〕63 号）；2006 年 8 月，大连市环境保护局《关于对大连港大连湾港区通用杂货泊位工程环境影响报告书的批复》（大环建发〔2006〕46 号）；2007 年 8 月，关于大连港集团有限公司甘井子区大连湾港口及配套设施项目国有土地使用权的批复（大政地城字〔2007〕6123 号）；2004 年 9 月，辽宁省海洋与渔业厅印制《海域使用权证书》（国海证 022103970 号）；2004 年 1 月，大连市港口与口岸局《关于大连湾通用杂货泊位工程港口岸线使用的批复》（大港管发〔2004〕7 号）。

项目建设 2 个 5 万吨级通用杂货码头泊位,1 个 7 万吨级通用杂货码头泊位,岸线总长 910.7 米。码头采用突堤式及顺岸式布局,重力式结构。码头前沿水深 14.6 米。项目后方堆场面积 25 万平方米。仓库面积 18.62 万平方米。主要装卸设备配置额定起重量 10～25 吨的港口门座式起重机 10 台、其他港口起重机械 18 台。项目总投资 12.17 亿元,其中企业投资 7.67 亿元,其余部分为银行贷款。项目用地面积 75.1 万平方米。

建设单位为大连港集团有限公司;设计单位为中交水运规划设计院有限公司;施工单位为广州航道局、长江航道局、中港第一航务工程局第三工程公司等;监理单位为大连港口建设监理有限公司;质监单位为大连市水运工程质量监督站。

8 号～10 号通用杂货泊位自 2007 年 3 月 30 日试投产以来至 2009 年 5 月 21 日,共装卸船舶 1567 艘次,最大靠泊 7 万吨满载散货船。累计完成吞吐量 815.1 万吨。

(4)大连港大连湾港区 11 号通用杂货泊位工程

项目于 2004 年 10 月开工,2007 年 3 月试运行,2009 年 11 月竣工。

项目建设依据:2007 年 4 月,大连市发展和改革委员会《关于大连港大连湾港区 11#泊位工程可行性研究报告的批复》(大发改交通字〔2007〕203 号);2009 年 11 月,大连市港口与口岸局《关于大连港大连湾港区通用杂货泊位工程 11#泊位初步设计的批复》(大港口发〔2009〕195 号);2006 年 8 月,大连市环境保护局《关于对大连港大连湾港区通用杂货泊位工程 11#泊位工程环境影响报告书的批复》(大环建发〔2006〕47 号);2007 年 8 月 14 日,大连市人民政府《关于大连港集团有限公司甘井子区大连湾港口及配套设施项目国有土地使用权的批复》(大政地城字〔2007〕6123 号)。2012 年 8 月,交通运输部《关于大连港大连湾港区 11#通用泊位工程使用港口岸线的批复》(交规划发〔2012〕391 号)。

项目建设 1 个 7 万吨级散杂货码头泊位,岸线总长 320.4 米。码头采用顺岸式布局,重力式结构。码头前沿水深 14.6 米。项目后方堆场面积 2.24 万平方米,堆存能力 1.4 万吨。主要装卸设备配置港口门座式起重机 4 台。项目总投资 1.21 亿元,其中由集团自筹 35%,银行贷款 65%。项目用地面积 75.1 万平方米。

建设单位为大连港集团有限公司;设计单位为中交水运规划设计院有限公司;施工单位为中港第一航务工程局第三工程公司、大连港港湾工程总公司、大连港电力公司等;监理单位为大连港口建设监理有限公司;质监单位为大连市水运工程质量监督站。

11 号通用杂货泊位自 2007 年 3 月 30 日试投产以来至 2009 年 9 月底,共装卸船舶 556 余艘次,最大靠泊 3 万吨满载散货船,累计完成吞吐量 218.2 万吨。

(5)大连港老港区搬迁改造大连湾杂货及滚装泊位扩建工程

项目于 2009 年 1 月开工,2011 年 11 月试运行,2015 年 3 月竣工。

项目建设依据:2008 年 12 月,大连市发展和改革委员会《关于同意大连港老港区搬迁改造大连湾杂货及滚装泊位扩建工程项目备案的函》（大发改交通函〔2008〕214 号）；2010 年，大连市发展和改革委员会《关于同意大连港老港区搬迁改造大连湾杂货及滚装泊位扩建工程和矿石码头 4# 堆场工程项目主体变更的函》（大发改交通函〔2010〕115 号）；2011 年 6 月，大连市港口与口岸局《关于大连港老港区搬迁改造大连湾杂货及滚装泊位扩建工程初步设计的批复》（大港口发〔2011〕101 号）。2013 年，大连市港口与口岸局《关于大连港老港区搬迁改造大连湾杂货及滚装泊位扩建工程初步设计调整的批复》（大港口发〔2013〕179 号）。2009 年 12 月，大连市环境保护局《关于对大连港老港区搬迁改造大连湾杂货及滚装泊位扩建工程环境影响报告书的批复》（大环建发〔2009〕17 号）；2009 年 3 月，大连市国土资源和房屋局甘井子分局《关于新建大连港老港区搬迁改造大连湾杂货及滚装泊位扩建工程建设项目用地预审意见的报告》；2011 年 7 月，国家海洋局《关于大连港老港区搬迁改造大连湾杂货及滚装泊位扩建工程项目用海的批复》（国海管字〔2011〕505 号）；2011 年，国家海洋局《关于同意变更大连港老港区搬迁改造大连湾杂货及滚装泊位扩建工程海域使用权人的批复》（国海管字〔2011〕817 号）；2014 年，国家海洋局《关于同意转让大连港老港区搬迁改造大连湾杂货及滚装泊位扩建工程项目用海部分海域使用权的函》（国海管字〔2014〕275 号）；2010 年，交通运输部《关于大连港老港区搬迁改造大连湾（和尚岛东港区）杂货及滚装泊位扩建工程使用港口岸线的批复》（交规划发〔2010〕127 号）。

项目建设 10 个码头泊位，其中通用杂货泊位 7 个，分别为 3 个 1 万吨级泊位、2 个 3 万吨级泊位，2 个 3 万吨级泊位（码头水工建筑允许靠泊能力 5 万吨级）；客货滚装泊位 3 个，其中 1 个 1 万总吨泊位、2 个 2 万总吨泊位。岸线总长 2087.9 米。码头采用顺岸式及突堤式布局，重力式结构（沉箱）。码头前沿水深 13.4 米。项目后方堆场面积 24 万平方米。仓库面积 3.24 万平方米。主要装卸设备配置额定起重量 10～25 吨的港口门座式起重机 13 台、额定起重量大于 25 吨的港口门座式起重机 1 台、其他港口流动机械 104 台、桥式抓斗起重机 12 台。项目总投资 25.67 亿元（扣除客运站概算），其中总投资的 65% 采用银行贷款，其余 35% 由企业自筹。项目用地面积 156.86 万平方米。

建设单位为大连港股份有限公司，12 号～16 号杂货泊位使用和经营单位为大连港股份有限公司分公司——大连港杂货码头公司，17 号～20 号滚装泊位使用和经营单位为大连港股份有限公司分公司——大连港客运总公司；设计单位为中交水运规划设计院有限公司；施工单位为中交一航局第三工程有限公司、大连港湾工程有限公司等；监理单位为大连港口建设监理咨询有限公司；质量监督单位为大连市水运工程质量监督站。

杂货泊位自 2011 年 11 月 25 日试投产以来至 2014 年 11 月 30 日，共停靠 1513 艘船舶，其主要货种为钢材、非金属矿石、机电设备，累计完成吞吐量 875.1 万吨。滚装泊位自 2012 年 1 月 16 日试投产以来至 2014 年 11 月 3 日，累计接送旅客 219.3 万人次，车辆

46.3万台次。

（八）和尚岛西港区

1.港区综述

（1）港区建设和运营概况

和尚岛西港区与和尚岛东港区隔山相背而立。港区总体呈环抱式布局,中部突堤将全区分隔为东、西两大功能区,其中港区东部集中发展汽车滚装泊位及其车辆待渡场和后方停车场,散杂货功能逐步退出,适当兼顾冷藏品装卸,以配合现有冷库及水产品加工和贸易功能;港区西部集中发展修船业,既有货运泊位逐步转变为修船泊位。

辽渔集团有限公司港务分公司(简称港务分公司)坐落于辽东半岛大连湾畔,共有杂货装卸和客(货)滚运输两个产业,共有3千吨级～1万吨级泊位9座(其中:客滚泊位4座,杂货泊位5座),货场及停车场面积30万平方米,铁路专用线3911延长米。港口杂货装卸年吞吐能力350余万吨;客(货)滚装运输共有7艘客/货滚船,每天进出14个航班,往返大连至烟台航线,每天可中转车辆3000余台次、旅客20000余人次,年中转车辆和旅客分别为60万辆次和200万人次,车辆和旅客的承运能力分别占大连口岸的60%和50%以上。30年来,港口吞吐能力由开港之初的30万吨,增加到现在的3600万吨。

（2）港区地理条件和集疏运概况

港区位于大连湾北侧、和尚岛与棉花岛之间的海湾内,西邻中远船坞基地,东侧为和尚岛,南距大连港大港区约10千米,东距原大连开发区约6千米,距沈海高速公路入口约8千米,距哈大铁路2.5千米。港口辐射40个国家和地区。

2.港区工程项目

（1）大连湾渔港扩建工程深水码头工程

项目于1987年8月开工建设,1989年11月竣工。

项目建设依据:1986年9月,国家计划委员会《关于大连海洋渔业公司技术改造项目可行性研究报告的批复》(计农〔1986〕2537号);1987年3月,辽宁省计划经济委员会《关于大连海洋渔业公司技术改造项目扩初设计批复》(辽计经发〔1987〕173号)。

项目建设1万吨级及3千吨级泊位各一个,即5号泊位为1万吨级泊位,全长180米,6号泊位为3千吨级泊位,长120米。结构为岸壁式沉箱结构,码头前沿底高程－9.4米,停泊水域宽度为50米,回旋水域直径320米,底高程－7.8米。作业区域面积10000平方米,设计堆场16250平方米。工程总投资为3822万元(后调整为4515万元)。

建设单位为辽宁省大连海洋渔业集团有限公司;设计单位为大连工学院土建勘察设计研究院;施工单位为交通部第一航务工程局第三工程公司、上海航道局东方海湾开发公司、沈阳军区工程局。

5 号、6 号泊位每年主要以装卸冻鱼为主,约装卸 30 万吨。

（2）扩建大连国际水产品交易中心万吨级码头

项目于 1999 年 4 月开工,2000 年 11 月竣工。

项目建设依据:1998 年 5 月,《关于对大连国际水产品扩建工程可行性研究报告的批复》(大计市场发〔1998〕113 号);1998 年 3 月,《关于同意扩建大连国际水产品交易中心的批复》(大计市场发〔1998〕40 号);2000 年 1 月,《关于大连国际水产品交易中心配套万吨级码头工程初步设计的批复》(大建勘设〔2000〕2 号)。

项目建设规模为 1 万吨级杂货泊位（9 号泊位）,码头采用重力式结构,由 14 个沉箱组成,泊位全长为 221.29 米,现泊位长度 210 米,码头顶面高程 +5.20 米,停泊水域底高程 −10.40 米。作业区域面积 8400 平方米,设计堆场 18600 平方米。

建设单位为辽渔集团有限公司;设计单位为大连理工大学土建勘察设计研究院;施工单位为中港第一航务工程局第三工程公司、大连辽渔建设集团有限公司;监理单位为大连港口建设监理公司;质监单位为大连市甘井子区建筑工程质量监督站。

9 号泊位主要以装卸钢材与其他杂货作业为主,每年装卸量为 190 万吨。

（3）港口改扩建工程

项目于 2008 年 8 月开工,2011 年 5 月竣工。

项目建设依据:2011 年 9 月,大连市港口与口岸局《关于辽宁省大连海洋渔业集团公司新建扩建客滚码头申请试运行的复函》(大港口函〔2011〕49 号);2009 年 4 月,《中华人民共和国海域使用证书》(国海证 092100013 号)。

新建扩建客货滚装突堤码头沿着原突堤向南延伸,新建 10000 总吨滚装泊位 2 个,西侧泊位长 196.2 米,东侧泊位长 218.1 米,停泊水域宽 52 米。停泊水域底高程 −7.10 米,突堤西侧 10000 总吨杂货泊位增加 111.0 米。突堤东侧扩建现有 2 个滚装泊位分别达到 5000 总吨、10000 总吨,扩建后泊位长度分别为 148.6 米、192 米。项目于 2009 年 4 月取得辽宁省交通厅开工备案手续,新建 10000 吨（规范船型）滚装泊位 2 个（三区和四区滚装泊位）,2011 年 5 月正式竣工,2014 年 10 月码头取得港口工程竣工验收证书。四区泊位,建设完成后可停靠 24000 吨客滚船（实船船型）。2012 年 5 月,为满足大型滚装船只的停靠要求,辽渔集团委托大连理工大学土木建筑设计研究院有限公司对滚装码头三区泊位靠泊大型客滚船的能力进行核算论证,论证结论为对三区停泊水域进行加宽、疏浚,停泊水域宽度为由原来 52 米加宽至 56 米,底高程由原来 −7.1 米疏浚至 −7.2 米。航道宽由原来的 110 米加宽至 115 米,港池底高程由原来 −7.1 米疏浚至 −7.5 米,护舷采用圆筒形护舷,规格为 $\phi 1000 \times \phi 500 \times L2500$ 标准反力型橡胶护舷,可满足停靠 35000 总吨级客滚船（实船船型）。2014 年 9 月对四区客滚泊位实施升级改造,改造后泊位全长

231.5 米,停泊水域底高程为 −7.1 米,停泊水域宽度 56 米,回旋水域设计直径 360 米,回旋水域底高程为 −7.5 米,可停靠 35000 吨客滚船(实船船型)。

建设单位为辽宁省大连海洋渔业集团公司;设计单位为大连理工大学土木建筑设计研究院有限公司;施工单位为大连辽渔建设集团有限公司;监理单位为中咨工程建设监理公司。

(九)长兴岛港区

1. 港区综述

(1)港区建设和运营概况

根据长兴岛经济区产业布局和港区发展定位情况,统筹考虑临港工业和公用运输发展需要,将长兴岛港区划分为长兴岛北岸、长兴岛南岸和西中岛三个作业区。其中长兴岛北岸作业区主要服务于临港石化产业发展,兼顾油品公共运输和仓储、贸易功能。长兴岛南岸作业区规划划分为西部和东部码头区域,其中西部(葫芦山咀以西)是长兴岛港区提供公共运输服务的核心区,承担干散货、杂货运输,兼顾集装箱运输;东部(葫芦山咀以东)以服务装备制造业为主,促进港口资源存量盘活和增量优化。西中岛作业区以服务石化产业基地发展为主,规划划分为北岸区域和南岸区域。

董家口湾(西中岛南岸及凤鸣岛北岸)是长兴岛港区远景预留发展区。

2006 年 10 月 18 日,大连港集团有限公司与大连长兴岛开发建设投资有限公司合资成立了大连长兴岛码头有限公司。2007 年 3 月 12 日,大连港集团、万邦港口物流控股有限公司、大连长兴岛开发建设投资有限公司共同签署了投资协议。2007 年 12 月 17 日,大连长兴岛港口有限公司正式注册成立。2007 年 12 月 19 日,第一艘货轮"万水"号靠港作业。2009 年 2 月 7 日,第一艘外籍货轮巴"玫瑰 1 号"满载货物靠泊长兴岛港。2010 年 10 月 28 日,长兴岛临港工业区疏港高速公路正式通车。同年 12 月 16 日,长兴岛铁路至五岛铁路通车,标志着长兴岛港集疏运体系建成完善。开港至今,大连长兴岛港口有限公司建设 4 个 5 万~7 万吨级通用泊位。已有 3 个通用泊位建成并投入使用,主要货种为水泥、熟料、煤炭等散杂货。货物吞吐量逐年递增,2018 年 11 月 30 日,长兴岛港吞吐量突破 1000 万吨,迈入千万吨级港口行列。

(2)港区地理条件和集疏运概况

长兴岛港区规划范围包括长兴岛、西中岛及凤鸣岛部分区域。整个港区以长兴岛与西中岛之间的葫芦山湾为中心,向北延伸至长兴岛北侧岸线、向南延伸至西中岛南侧岸线和凤鸣岛北侧岸线。

长兴岛北岸为马家咀子~高脑山段,规划为工业港口岸线。石化港区将以管道集疏运为主,铁路进线需依托炼化厂区实施,公路经工业区外围道路系统接入长兴岛集疏运公路干线。

葫芦山湾北岸主要公路、铁路通道沿作业区后方布置并与区域干线通道连接。葫芦山湾南岸沿港区外围布置快速集疏运通道。

2. 港区工程项目

（1）长兴岛公共港区1号～3号通用泊位工程（大连港长兴岛港区长兴岛南岸作业区201号～203号通用泊位工程）

项目于2006年2月开工，2007年11月试运行，2016年12月竣工。

项目建设依据：2005年，大连市发展和改革委员会《关于长兴岛临港工程区长兴岛港区通用泊位立项的批复》（大发改交通字〔2005〕546号）；2006年3月，大连市发展和改革委员会《关于大连港长兴岛公共港区通用泊位工程可行性研究报告的批复》（大发改交通字〔2006〕72号）；2006年7月，交通运输部《关于大连港长兴岛港区通用泊位工程使用港口岸线的批复》（交规划发〔2006〕369号）；2011年3月，大连市港口与口岸局《关于大连长兴岛公共港区1#－3#通用泊位工程初步设计的批复》（大港口发〔2011〕40号）；2013年9月，大连市港口与口岸局《关于长兴岛公共港区1#－3#通用泊位工程初步设计调整的批复》（大港口发〔2013〕203号）；2010年7月，大连市环境保护局《关于对大连港长兴岛公共港区1#－3#通用泊位工程环境影响报告书的批复》（大环建发〔2010〕38号）；2013年12月，大连市环境保护局《关于对大连港长兴岛公共港区1#－3#通用泊位工程堆场及附属设施变更项目补充环评的审查意见》（大环建函〔2013〕206号）；2009年3月，大连市国土资源和房屋局长兴岛国土资源分局《关于大连港长兴岛港区通用泊位工程项目用地意见的复函》（大长国土分局函发〔2009〕2号）；2015年11月，国家海洋局《关于大连港长兴岛港区通用泊位工程项目用海的批复》（国海管字〔2015〕572号）；2006年7月，交通部《关于大连港长兴岛港区通用泊位工程使用港口岸线的批复》（交规划发〔2006〕369号）。

项目建设1个5万吨级和2个7万吨级通用泊位。岸线总长度为785米。码头采用顺岸式布局，高桩结构。码头前沿水深14.9米。项目后方堆场面积55.8万平方米，堆存能力300万吨。仓库面积3.66万平方米，堆存能力20万吨。主要装卸设备配置额定起重量25吨的港口门座式起重机6台、额定起重量40吨的港口门座式起重机3台、其他港口起重设备28台。项目总投资150476.84万元，其中总投资65%为贷款，35%为企业自筹。项目用地面积120万平方米。

建设单位为大连长兴岛港口有限公司；设计单位为中交水运规划设计院有限公司、大连港口设计研究院有限公司；施工单位为中交一航局第三工程有限公司、大连港湾工程有限公司、长江南京航道工程局等；监理单位为大连港口建设监理咨询有限公司；质监单位为大连市水运工程质量监督站。

本工程于 2007 年 11 月 18 日首次顺利投用。2008 年完成吞吐量 62 万吨,2009 年完成吞吐量 123 万吨,2010 年完成吞吐量 247 万吨,2011 年完成吞吐量 373 万吨,2012 年完成吞吐量 260 万吨,2013 年完成吞吐量 513 万吨,2014 年完成吞吐量 517 万吨,2015 年完成吞吐量 393 万吨,2016 年完成吞吐量 530 万吨。2016 年靠泊货轮 436 艘次。

(2)大连港长兴岛 30 万吨级原油码头工程

项目于 2010 年 3 月开工,2013 年 11 月试运行,2017 年 3 月竣工。

项目建设依据:2009 年,大连市发展改革委员会《关于同意开展长兴岛原油泊位项目前期工作的函》(大发改交通函〔2009〕192 号);2016 年 8 月,大连市发展改革委员会《关于大连港长兴岛 30 万吨级原油码头工程项目核准的批复》(大发改核准字〔2016〕4 号);2016 年 10 月,大连长兴岛经济区港口与口岸局《关于大连港长兴岛 30 万吨级原油码头工程(大连港长兴岛港区长兴岛北岸作业区 301#30 万吨级原油泊位)初步设计的批复》(大长港口发〔2016〕31 号);2016 年 6 月,大连市环境保护局《关于大连港长兴岛 30 万吨级原油码头工程建设项目现状评估报告备案审查意见》(大环备字〔2016〕000002 号);2017 年 1 月,辽宁省海洋与渔业厅《海域使用权证书》(国海证 2017B21020000670 号);2014 年,交通运输部《交通运输部关于大连港长兴岛 30 万吨级原油码头工程项目的意见》(交规划函〔2014〕841 号)。

项目建设 1 个 30 万吨级原油码头泊位(向下兼顾至 10 万吨级油船),泊位长度 436 米。码头采用"蝶"形布置,前沿停泊水域宽 120 米,设计底高程 -25 米。项目后方原油罐区工程占地面积约 1.07 平方公里,总库容为 475 万立方米,共建设油罐 49 台,储存原油和燃料油。码头工作平台上配备 4 台 DN500 液压驱动输油臂。项目总投资 64441.33 万元。其中企业自筹资本金 19332.40 万元,银行贷款 45108.93 万元。

建设单位为大连长兴岛港口投资发展有限公司;设计单位为大连理工大学土木建筑设计研究院有限公司、中国石油工程建设公司大连设计分公司;施工单位为中交一航局第三工程有限公司等;监理单位为大连港口建设监理咨询有限公司;质监单位为辽宁省化工建设工程质量监督站、大连市水运工程质量监督站。

自 2013 年 11 月 21 日第一条 30 万吨级油船靠泊至 2019 年 9 月 5 日期间,共装卸 30 万吨级油轮 32 艘次,完成吞吐量约 711.6 万吨。

(3)长兴岛公共港区 0 号通用泊位工程

项目于 2011 年 4 月开工。

项目建设依据:2010 年 8 月,大连长兴岛临港工业区招商二局《关于长兴岛公共港区 0#通用泊位工程立项的批复》(大长管招发〔2010〕127 号);2013 年 12 月,长兴岛港口与口岸局《关于大连长兴岛南岸外湾作业区 0#泊位工程(原长兴岛公共港区 0#通用泊位工程)初步设计的批复》(大长港口发〔2013〕43 号)。2013 年 3 月,大连市环境保护总局《关于长兴岛公共港区 0#通用泊位工程建设项目环境影响报告书的批复》（大环建发〔2013〕25 号）；2011 年 12 月，辽宁省海洋与渔业厅《关于对〈长兴岛公共港区 0#泊位工程海洋环境影响报告书〉的核准意见》（辽海渔环字〔2011〕441 号）；2013 年 2 月，交通运输部《关于大连港长兴岛港区 0 号通用泊位工程使用港口岸线的批复》（交规划发〔2013〕102 号）。

项目建设 1 个 7 万吨级通用泊位，以及相应配套设施。码头岸线总长 351 米，北侧通过 49 米过渡段与已有陆域相接。码头前沿停泊水域宽度 65 米，设计底高程 -14.9 米；码头回旋水域借助公共港区 1 号 ~3 号通用泊位回旋水域，调头圆直径 460 米，设计底高程 -14.9 米。码头主体为高桩结构，桩基采用直径 1.2 米预应力混凝土 PHC 管桩，排架间距 8.0 米，每个结构段设 9 个排架，单个结构段长度约为 70 米。码头前沿装卸船采用门机作业，堆场作业采用轮胎起重机、叉车，堆场装卸火车机械采用龙门起重机。项目总投资 42801.97 万元，其中的 70% 考虑采用国内贷款，其余 30% 企业自筹。项目用海面积 13.30 公顷。

建设单位为大连长兴岛港口有限公司，大连港建设监理咨询有限公司进行代建；设计单位为中交水运规划设计院有限公司；施工单位为大连港湾工程有限公司；监理单位为大连港口建设监理咨询有限公司；质监单位为大连市水运工程质量监督站。

（4）长兴岛公共港区东区 1 号 ~6 号泊位工程

项目于 2011 年 6 月开工。

项目建设依据：2011 年 1 月，大连长兴岛临港工业区经济发展局《大连市企业投资项目备案确认书》（大长经备〔2011〕3 号）；2011 年 12 月，大连长兴岛经济区港口与口岸局《关于长兴岛公共港区东区 1#-6#泊位工程初步设计的批复》（大长港口发〔2011〕11 号）。2011 年 6 月，大连市环境保护局《长兴岛公共港区东区 1#-6#泊位工程环境影响报告书的批复》（大环建发〔2011〕27 号）；2011 年 1 月，大连市国土资源和房屋局长兴岛国土资源分局《关于长兴岛公共港区东区 1#-6#泊位工程的用地意见》；2012 年 11 月，辽宁省海洋与渔业厅《海域使用权证书》（国海证 2012B21020007348 号、2012B21020007359 号、2012B21020007331 号）；2013 年 8 月，交通运输部《关于大连港长兴岛港区 1 至 6 号通用泊位使用港口岸线的批复》（交规划发〔2013〕104 号）；2013 年 8 月，交通运输部《岸线使用证》（交港海岸〔2013〕第 26 号）。

项目建设 6 个 4 万 ~7 万吨级散杂货码头泊位（码头结构按照可以靠泊 7 万吨级散货船进行设计），码头岸线总长度 1700 米。码头前沿顶高程为 5.0 米，码头前沿停泊水域宽度 65 米，设计底高程为 -14.9 米。项目总投资 26.85 亿元，其中企业自筹资本金 8.05 亿元，银行贷款 18.79 亿元。陆域总面积约 136.3 万平方米，填海造陆面积 13.69 公顷。

建设单位为大连长兴岛港口投资发展有限公司；设计单位为中交水运规划设计院有限公司；施工单位为中交一航局第三工程有限公司；监理单位为大连港口建设监理咨询有

限公司。

长兴岛公共港区东区 1 号～6 号泊位工程于 2011 年项目启动,2011 年 1 月获长兴岛经发局项目备案批复。现已完成 1 号、2 号泊位水工工程,3 号、4 号泊位钢管沉桩工程。

(5)大连港长兴岛 10 万吨级原油码头工程

项目于 2013 年 3 月开工,2014 年 7 月竣工。

项目建设依据:2015 年 7 月,大连市发展改革委员会《关于大连港长兴岛港区(北岸作业区 305#泊位)10 万吨级原油码头工程项目核准决定》(大发改交通准字〔2015〕第 9 号);2016 年 2 月,大连长兴岛经济区港口与口岸局《关于大连港长兴岛 10 万吨级原油码头工程(大连港长兴岛港区长兴岛北岸作业区 305#原油泊位工程)初步设计的批复》(大长港口发〔2016〕4 号);2015 年,大连市环境保护局《关于大连港长兴岛 10 万吨级原油码头工程环境影响报告书的批复》(大环建发〔2015〕95 号);2016 年 12 月,辽宁省海洋与渔业厅《海域使用权证书》(国海证 2016B21020022365 号);2015 年 10 月,交通运输部《关于大连港长兴岛港区长长岛北岸作业区 305#原油泊位工程使用港口岸线的批复》(交规划函〔2015〕699 号)。

项目建设一个 10 万吨级原油泊位(结构预留 15 万吨级),以及相应配套设施。码头采用"蝶"形布置,码头长度为 334 米,共设 6 个系缆墩、2 个靠船墩及一个工作平台。码头设计底高程 –18.5 米,前沿停泊水域宽 100 米;船舶调头水域布置在码头南侧,船舶回旋圆直径为 548 米,掉头水域设计底高程 –17.0 米。配备 2 台 DN400 输油臂、2 台 DN300 输油臂、2 条 DN800 管道。项目总投资 28227.48 万元,其中企业自筹资本金 8468.24 万元,银行贷款 19759.24 万元。

建设单位为大连长兴岛港口投资发展有限公司;设计单位为大连理工大学土木建筑设计研究院有限公司;施工单位为大连港湾工程有限公司、中铁十三局集团第一工程有限公司等;监理单位为大连港口建设监理咨询有限公司;质监单位为大连市水运工程质量监督站、辽宁省化工建设工程质量监督站。

(十)旅顺新港港区

1. 港区综述

(1)港区建设和运营概况

旅顺新港港区规划划分了羊头洼和双岛湾两个作业区。羊头洼作业区以客货滚装运输为主,兼顾地方物资运输及临港产业发展需求。根据作业区空间布局划分为装备制造业发展区、烟大铁路轮渡区、临港工业配套码头区、滚装码头区、通用码头区、支持系统区。主要从事省际客滚运输和散杂货装卸业务。2009 年 11 月正式通过国家验收,2012 年 1

月 20 日,经国务院同意,旅顺新港为国家一类开放口岸。

1984 年,经大连市交通局批准,把羊头洼渔港 1 座 1000 吨级渔船泊位改为渔、货两用泊位,但由于泊位小,装卸能力差,年吞吐量不到 4 万吨。为扭转水上运输落后的被动局面,更好地开发利用海岸资源,促进地区对外开放和经济发展,并使大连港的压力得以缓解,大连市和旅顺口区政府决定在旅顺兴建一座商港。为避免外界将其与旅顺军港相混淆,所以命名为旅顺新港,外界也有人以港口所处地域地名相称为羊头洼港。

旅顺新港港区面积约 26 万平方米,现有生产泊位 5 个,其中:1 号泊位为旅游兼工作船泊位;2 号泊位为 5000 吨级客滚泊位,承接蓬莱航线的 2 条客滚船和龙口航线的 1 条客滚船;3 号泊位为 5000 吨级客滚泊位(兼顾 20000 总吨客滚船),承接龙口航线 1 条客滚船和东营航线 1 条客滚船;4 号、5 号泊位分别为 1 万吨级、5000 吨级杂货泊位,承接杂货装卸业务,是旅顺地区唯一对外开放泊位。

(2)港区地理条件和集疏运概况

旅顺新港港区位于旅顺羊头洼湾内,以滚装、杂货运输和修造船为主。旅顺新港距大连市区 55 千米,距旅顺城区 12 千米,距大连周水子国际机场 49 千米。集疏运体系十分完善。区域内覆盖 4 条高等级公路,联通客、货源腹地:旅顺中路及 G15 沈海高速公路(与沈海、鹤大高速公路连接),旅顺南路(201 国道,鹤大线)、旅顺北路(202 国道,黑大线)。202 轻轨延伸线后更名为地铁 12 号线,旅顺新港始发,在河口终点站与地铁 1 号线零距离对接,旅客到港方便快捷。南部跨海大通道和旅顺中部快速通道建成通车,旅顺港疏港公路通过马北线、姜水线与大连市西部区域的主干路网直接连通,极大地增加出入港车辆和旅客的通行效率。烟大火车轮渡铁路专用线直达港区。

2.港区工程项目

(1)旅顺新港万吨级泊位一期工程

项目于 1994 年 1 月开工,1995 年 12 月竣工。

项目建设依据:1992 年 11 月 23 日,大连市计划委员会《关于旅顺新港扩建万吨级码头泊位可行性研究报告的批复》(大计能交发〔1992〕560 号);1993 年 5 月 28 日,大连市城乡建设委员会《关于旅顺新港扩建万吨级泊位工程初步设计的批复》(大建工发〔1993〕144 号)。1996 年,大连市计划委员会《关于旅顺新港万吨级泊位扩建(升至万吨级)工程可行性研究报告的批复》(大计能交发〔1996〕312 号);2000 年,旅顺口区计划经济委员会《关于旅顺新港万吨级杂货码头升级改造立项的批复》(旅计发〔2000〕118 号);1992 年,大连市环境保护局开发监督处《旅顺新港扩建万吨级泊位项目环境影响评价大纲的批复》(大环开监便字〔1992〕26 号);1992 年 12 月 29 日,大连市环境保护局开发监督处《旅顺扩建万吨级泊位项目环境影响报告书的批复》(大环开监便字

〔1992〕79 号);1993 年,大连市旅顺口区人民政府《征(占)用土地批复》(旅政地字〔1993〕03 号)。

项目建设 1 个 1 万吨级件杂货码头泊位(四泊位),岸线总长 181.44 米。码头采用顺岸式布局,重力式结构。码头前沿水深 10 米。项目后方堆场面积 3.32 万平方米,一线堆场面积为 7987 平方米,二线堆场为 4987 平方米。主要装卸设备配置港口门座式起重机 2 台。项目总投资 8660 万元,一期工程固定资产投资已于 1995 年底完成;扩建升级工程投资中企业自有资金解决 1215 万元,其余 3844 万元通过建设银行贷款 1500 万元和旅顺经济开发区从财政中支持解决。

原建设单位旅顺港建港指挥部,现为大连港旅顺港务有限公司,建成后使用单位为大连港旅顺港务有限公司;设计单位为大连理工大学土木建筑设计研究院有限公司;施工单位为中交一航局第五工程公司;监理单位为大连港口建设监理公司;质监单位为大连市旅顺开发区工程质量监督站。

4 号泊位为 1 万吨级通用件杂货泊位,泊位通过能力为 52 万吨,为旅顺港务有限公司重要的外贸泊位,自 2010 年 1 月 20 日口岸开放。旅顺新港货物吞吐量 2014 年 59.8 万吨,2015 年 65.2 万吨,2016 年 71 万吨,2017 年 76.1 万吨,2018 年 76.8 万吨。

(2)旅顺新港铁路轮渡一期工程

项目于 2003 年 12 月开工建设,2007 年 4 月完工,2009 年 1 月竣工验收。

项目建设依据:1997 年 11 月 13 日,国家计划委员会批准《关于审批东北至长江三角洲地区陆海铁路通道项目建议书的请示》(计交能〔1997〕2215 号),其中包括大连至烟台铁路轮渡项目;2003 年,国家发展和改革委员会《关于审批烟台至大连铁路轮渡可行性研究报告的请示的通知》(发改交运〔2003〕957 号);2003 年,铁道部、山东省、辽宁省政府《关于烟大铁路轮渡工程初步设计的批复》(铁鉴函〔2003〕443 号);2004 年,国家发展和改革委员会《关于下达 2004 年第一批新开工固定资产投资大中型项目计划的通知》(发改投资〔2004〕75 号);2004 年,国家发展和改革委员会《关于印发 2004 年国家重点建设项目名单的通知》(发改投资〔2004〕950 号);2008 年,交通运输部《关于同意中铁渤海铁路轮渡有限责任公司扩大经营范围的批复》(交水批〔2008〕208 号);2005 年,国土资源部《关于烟台至大连铁路轮渡工程建设用地的批复》(国土资函〔2005〕51 号);2005 年,国家海洋局《关于烟大铁路轮渡南北港工程项目用海的批复》(国海管字〔2005〕624 号);2008 年,环境保护部《关于新建铁路烟台至大连铁路轮渡工程竣工环境保护验收意见的函》(环验〔2008〕74 号)。

烟大铁路轮渡项目港口工程分别为南港(烟台四突堤)、北港(旅顺羊头洼),其中北港港口工程初步设计批复建设规模为 200 米轮渡泊位 1 个、220 米检修泊位 1 个、护岸及相应生产、生活配套设施,占用岸线 672.33 米。总投资为 25909.6 万元。

①码头、水工工程

轮渡码头长201.94米,前沿顶高程+4.66米,前沿底高程-7.6米,沉箱重力式顺岸结构;检修码头长220米,码头设计顶高程+4.04米,底高程-10.9米,沉箱重力式顺岸结构;桥坑护岸长98.31米,顶高程+4.66米,采用直立式结构和半直立式结构;东护岸长120米,西护岸长160米,均采用直立式结构和斜坡式结构相结合。

②疏浚工程

航道宽130米,疏浚长度1300米,底高程-8.5米;港池调头圆直径350米,底高程-7.6米。港池疏浚工程量为243.20万立方米,航道疏浚工程量为14.80万立方米,合计疏浚工程量为258万立方米。

③导助航设施

本工程在羊头洼防波堤外侧增设1号、2号、4号灯浮标,调整原2号、3号、4号、5号、6号、J4号灯浮标,港池内增设8号、10号灯浮标,撤除J2号灯浮标。

④生产生活附属工程

生产生活附属工程主要包括候船综合楼、检修车间、道路停车场等。

候船综合楼建筑面积5590平方米,框架结构,钻孔桩基础,5层,高度27米。

汽车栈桥钢梁长32米,钢板梁结构,引桥为高架桥,4跨,每跨跨度为20米,采取钢筋混凝土现浇连续箱梁结构,引桥设计技术标准为公路Ⅰ级。

道路停车场总面积67317平方米,道路采用沥青混凝土面层结构,码头前沿作业地带、停车场、汽车待渡场等采用联锁块面层结构。

⑤港口设备安装工程

本工程配置汽车栈桥1座、旅客登船桥1座、汽车安检系统1套、旅客安检系统1套、渡船检修门座式起重机1座。

建设单位为中铁渤海铁路轮渡有限责任公司;设计单位为中交第四航务工程勘察设计院、铁道第三勘察设计院;监理单位为北京京华水运工程建设监理事务所、西南交大工程监理公司;施工单位为天津航道局(疏浚)、中港一航局第三工程公司(码头)、中铁七局集团公司(房建路场)、中铁十三局集团公司(汽车引桥、铁路栈桥下部)、中铁四局集团合肥钢结构公司(汽车栈桥、铁路栈桥);质监单位为大连市水运工程质量监督站。

初期货运量上行350万吨,下行300万吨;汽车滚装运量8万辆;旅客60.9万人次。近期货运量上行450万吨,下行380万吨;汽车滚装运量11万辆;旅客73.1万人次。远期货运量上行670万吨,下行570万吨;汽车滚装运量18万辆;旅客109.7万人次。

（十一）庄河港区

1.港区综述

（1）港区建设和运营概况

庄河港区（规划为将军石作业区和黑岛作业区）是大连港的重要组成部分；是石城列岛对外人员、物资交流的陆侧港点；是庄河市发展临港经济、扩大对外开放的重要依托；是大连市北黄海经济带开发的重要支撑。港口主要服务于临港产业、陆岛交通和地区生产、生活物资运输，以滚装、杂货和通用泊位建设为主，逐步发展成为规模化的地方综合性港口。规划码头岸线4.3千米，陆域面积7.2平方公里（含园区部分），可建设各类生产性泊位25个，规划最大泊位5万吨级。年通过能力达2500万吨左右。

（2）港区地理条件和集疏运概况

庄河港区位于大连港黄海一侧，辽东半岛东南部，地理坐标为东经122°58′，北纬39°37′，距庄河市区11千米，与石城岛隔海相望。港区西距大连港核心港区约100海里，东距丹东港约80海里，距韩国仁川港、日本长崎港分别为270海里、560海里，是大连黄海经济带上的重要港口。201国道、鹤大（丹大）高速公路、庄盖高速公路、辽宁滨海公路、丹大铁路紧邻港区后方，为港口发展提供了良好的交通条件。

2.港区工程项目

（1）101号~103号泊位

项目于2001年开工建设，2006年完工。

项目建设依据：2002年，大连市城乡建设委员会《大连黄海港工程初步设计的批复》（大建勘设发〔2002〕145号）。

工程建设1个1000吨级客滚泊位、1个5000吨级和1个1万吨级散杂货泊位（103泊位）。码头长313米。总投资40431万元。

建设单位为大连融强投资有限公司；设计单位为大连理工大学土木建筑设计研究院、大连港口设计研究院有限公司、大连新大地建筑设计院有限公司；监理单位为大连港口建设监理咨询有限公司；施工单位为中交一航局三公司、丹东航道工程局、庄河市新华建筑工程有限公司、大连实达建筑工程有限公司、大连亿鑫景观建筑安装工程有限公司、大连金圣达建设有限公司、庄河市城区建筑工程有限公司、大连云翔建设集团有限公司、大连开元钢结构有限公司。

（2）201号~204号泊位

项目于2013年3月开工，2016年7月完成202号~204号泊位的竣工验收。

项目建设依据：2014年，大连市港口与口岸局《关于大连港庄河港区将军石作业区

201#-204#泊位工程初步设计批复》(大港口发〔2014〕297号);2016年6月,辽宁省海洋与渔业厅颁发海域使用权证书(登记编号210000-20160033)。

大连港庄河港区将军石作业区201号~204号泊位工程建设1个1万吨级客滚泊位、2个1万吨级多用途泊位和1个1万吨级通用泊位(水工结构按2万吨级预留)。码头作业平台采用重力式沉箱结构。码头长675米,码头顶高程7.30米,设计底高程-9.6米。项目总投资11.41亿元,资金来源于政府投资。

建设单位为大连黄海港务有限公司;设计单位为中交水运规划设计院有限公司;施工单位为中交一航局三公司;监理单位为大连港口建设监理咨询有限公司。

(十二)大石化港区

1.港区综述

大石化港区现已投入使用的油码头5座,拥有5000~100000吨级泊位15个,可以装卸原油、丙烯、汽油、柴油、润滑油、液体石蜡、液化气等20多类50余种石化产品。码头采取开敞式布置,包括深水码头、新码头、顺岸码头、大码头、东岸码头。

2.港区工程项目

(1)大连石化港大码头

项目于1969年投用,1992年9月升级改造,1993年8月竣工。

项目建设1个1万吨级码头泊位(11号),码头前沿水深8.8米,长度151米。共设输油臂4架。施工单位为八一建筑工程总局。

(2)大连石化港顺岸码头

项目于1989年投用。项目建设1个3万吨级码头泊位(7号),前沿水深9.5米,长度232米。码头采用顺岸式布局。共设输油臂5架。设计单位为天津大学水利水电水运设计研究院。

(3)大连石化港深水码头

项目于1937年投用,1984年8月开始扩建,1990年末竣工,2002年改造验收。

项目建设依据:1991年11月,5万吨级原油及成品油码头通过国家验收委员会验收;2002年12月,通过改造竣工验收组验收。

扩建项目建设中2个1万吨级码头泊位(2号、5号),码头前沿水深9米,长度197米;2个5万吨级码头泊位(3号、4号),前沿水深13.5米。2002年5万吨级码头泊位(3号、4号)升级改造为10万吨级码头,前沿水深14.5米,长度343米。码头采用栈桥式布局,重力式沉箱结构,共设输油臂19架。项目总投资8043.5万元。

水工主体部分设计单位为交通部第一航务工程局第三工程公司,其余工艺管线、消防与环保设施由大连石化公司设计院设计。

（4）大连石化港新码头

项目于2005年7月开始建设,2007年9月完工,2007年11月20日开港试运行,2012年11月竣工。

项目建设依据:2009年2月18日,大连市卫生局《关于审查同意中国石油大连石油化工公司新码头项目职业病危害防护设施竣工验收的批复》(大卫职验字〔2009〕第006号);2010年11月26日,国家环境保护部《关于中国石油大连石油化工公司新码头工程竣工环境保护验收意见的函》(环验〔2010〕311号)。

项目建设1个1万吨级码头泊位(14号),码头前沿水深12.2米,长度251米;1个5万吨级码头泊位(15号),码头前沿水深14.6米,长度310米。码头采用引桥式布局,重力式沉箱结构。共设输油臂11架。项目总投资1.9亿元。

水工部分施工单位为东北金城,工艺管线部分施工单位为大连石化公司建筑有限公司。

四、营口港

（一）港口概况

1. 港口综述

营口港位于辽东半岛中部辽河入海口,襟海控河,是一个具有2000多年历史的古老河口港,它的生成源于辽河上游襄平(辽阳)、牛庄、田庄台等港址,因河道淤浅下迁,自清道光年间开始逐步成为东北兴盛一时的商贸港口。

营口港自1861年开埠至民国时期,一直在英、沙俄、日本等帝国主义列强的控制下,处于半殖民地半封建社会的历史时期,再加之缺乏现代化大工业的支撑,近代营口港走过了一段沧桑的兴衰变迁历程。

随着新中国全面建设的展开,营口港几经修复和改造,试图重振昔日的辉煌,但由于受河道淤浅和冬季封港等自然因素的影响,营口港吞吐量一直在30万吨上下徘徊。港口发展受到严重制约,直到1978年党的十一届三中全会后,古老的营口港才伴随着国家改革开放的步伐,重现生机。

1982年10月,国家批准建设鲅鱼圈港区。1984年6月20日,鲅鱼圈新港建设正式开工;1986年10月27日一期工程第一个泊位煤码头建成投产,标志着营口港从河港走向海港的历史转折。经过多年的建设发展,至2015年营口港已演变为依海而勃兴的港口,共划分为三个港区,其中鲅鱼圈港区为核心港区,是综合性港区;仙人岛港区为综合性港区,以服务后方工业园区和腹地大型石化产品为主,兼顾大宗货物中转运输;营口港区为一般港区,主要以服务城市发展,兼顾综合运输。

2. 港口水文气象

海域为不规则半日潮，平均海平面为 2 米，最高高潮位 2.08 米，最低低潮位 -1.06 米。海流具有明显往复流特性。涨潮流向 NNE，落潮流向 SSW，一般大潮流速大于小潮流速，涨潮流速大于落潮流速。常波向为 S 向，-10 米水深处 SW 向 50 年一遇波高素 H1/10≥3.1 米，平均周期 $T=6.3$ 秒。平均冰期 120 天，海上冰厚在 15~25 厘米。各港区地质类型按其分布及组合特征分为两大基本类型：第一类冲积平原——海滩——水下沙堤；第二类为低山——洪积扇——缓丘——海蚀崖。影响海域地形演变的泥沙主要是附近的大沙河、辽河、双台河和石河等附近河流，入海泥沙以砂砾质为主，且主要沉积在河口附近，输量较小，对港区影响较小。

营口港地处辽东半岛中部，面临渤海，暖温带大陆性季风气候，其主要气候特点是：四季分明，雨热同季，气候温和。年平均气温 10.6 摄氏度，多年平均降水量 441.6mm，主要风向为常风向 S 向，全年≥7 级风的频率为 2.11%；年平均雾日为 7.3 天。

3. 发展成就

20 世纪 70 年代中期，营口港开始筹建鲅鱼圈新港区。1981 年 12 月，国家计划委员会批准建设营口港鲅鱼圈港区；1984 年 6 月 20 日，鲅鱼圈港区建设正式开工；1984 年 9 月，国务院中央军委批准营口港区对外轮开放。1984 年 10 月 27 日，鲅鱼圈港区一期工程第一个 3 万吨级煤码头建成投产，标志着新港区正式开埠。时任国务院副总理李鹏亲自为煤码头剪彩，并撰写了《营口港鲅鱼圈港区开埠纪念》的碑文。从此，营口港从河港走向海港，结束了冬季不能通航，万吨级船舶不能靠泊的历史。

1986 年 12 月，营口老港区改扩建的 2 个 3000 吨级和 1 个 1000 吨级码头工程全面完成，属新中国成立以来首次，新增吞吐能力 63 万吨。同期鲅鱼圈港区一期工程散杂泊位亦开工建设。1988 年营口港年吞吐量实现 100 万吨。1995 年营口港年吞吐量实现 1000 万吨。

自 1997 年二期工程全部建成投产至 2007 年四期工程建设的 10 个 5 万吨级泊位陆续建成，营口港吞吐量迅速增长，2007 年营口港年吞吐量突破 1 亿吨。

营口港区位优势突出，整体地处新丝绸之路经济带和海上丝绸之路（以下简称"一带一路"）的交汇区及"京津冀协同发展"与"东北老工业基地振兴"两大战略的结合部，是国家"一带一路"倡议中既在"带"上又在"路"上的枢纽，是丝绸之路经济带东线在中国境内的最近出海口，是承接中欧物流运输重要的中转港，也是沈阳经济区、环渤海经济区的重要枢纽港。

经过多年的发展建设，截至 2015 年，营口港共建设生产性泊位 89 个，其中：万吨级以下 6 个，1 万~3 万吨级 22 个，5 万~8 万吨级 52 个，10 万~30 万吨级 9 个。2007 年 10 月营口港货物年吞吐量一举突破亿吨，至 2010 年仅用 3 年时间，货物年吞吐量就达到

2亿吨,至2015年突破3亿吨,达到3.38亿吨,跃居全国沿海港口第八位,跻身全国十大港口之列。

营口港港区分布图如图8-1-3所示。营口港基本情况见表8-1-4。

图8-1-3 营口港港区分布图

(二)鲅鱼圈港区

1.港区综述

(1)港区建设和运营概况

营口港鲅鱼圈港区是营口港由河港走向海洋的发端,20世纪70年代中期开始筹建。1982年10月,国家正式批准建设鲅鱼圈港区,整个港区呈南北向,码头岸线采用突堤式布置,形成5个港池,划分为南部、中部、北部三个作业区域,按时限排序,共分为四个建设时期。1984年6月20日,鲅鱼圈港区建设一期工程正式开工;1986年10月26日一期工程第一个泊位煤码头建成投产,标志着鲅鱼圈新港区开埠。

营口港基本情况表（沿海）

表8-1-4

序号	港区名称	港口岸线		2015年港口生产用泊位				其中:1978—2015年建成的生产用泊位				2015年港口货物和旅客吞吐量						
		港口规划岸线	其中:2015年前已建成岸线	生产用泊位数	其中:万吨级及以上	生产用泊位长度	其中:万吨级及以上	生产用泊位数	其中:万吨级及以上	生产用泊位长度	其中:万吨级及以上	货物吞吐量	其中:外贸货物吞吐量	集装箱	滚装车辆		旅客	其中:国际旅客
															数量	重量		
		千米	千米	个	个	米	米	个	个	米	米	万吨	万吨	万TEU	万辆	万吨	万人	万人
1	营口港区	3.6	1.6	19	—	2113	—	8	—	614	—	4411.8	72.06	—	—	—	—	—
2	鲅鱼圈港区	31.3	13.52	57	51	14160	13299	57	51	14160	13299	27705.4	6792.64	592.3	—	—	5.46	0.12
3	仙人岛港区	18.8	19.27	7	6	1959	1762	7	6	1959	1762	1732	1038.92	—	—	—	—	—
	合计	53.7	34.39	83	57	18232	15061	72	57	16733	15061	33849.2	7903.62	592.3	—	—	5.46	0.12

先期建设的鲅鱼圈港区一期工程分布在二、三、四港池,共建 11 个泊位,1991 年底全部投入使用。1994 年位于二港池的二期工程开始建设,至 1997 年二期工程 5 个万吨级泊位全部建成投产。此后随着北部作业区、一港池和 A 港池,南部作业区五港池的开发建设,相继完成了三期、四期工程建设。截至 2015 年,共建成泊位 54 个,其中 1.5 万~3 万吨级 20 个,5 万~8 万吨级 31 个,10 万~30 万吨级 3 个。上述泊位的陆续建成,极大地促进了营口港运输生产的发展,至 2015 年鲅鱼圈港区已开通航线 160 余条,其中内贸 50 条,外贸 110 条。

鲅鱼圈港区 2011—2015 年吞吐量分别为:2011 年 22713.6 万吨,2012 年 25873.2 万吨,2013 年 27477.3 万吨,2014 年 25380.3 万吨,2015 年 25300.5 万吨。

(2)港区地理条件和集疏运概况

营口港鲅鱼圈港区位于辽东湾中部台子山下,本区处于阴山东西向复杂构造带东段,北北向老爷岭—千山隆起带与松辽凹陷带交接部位,即东邻辽东隆起,西接渤海—下辽河凹陷,地貌类型有花岗岩和变质岩构成的低山、缓丘、洪积扇、冲积平原,海积阶地及海滩等。海岸主要由基岩海岸和砂质海岸组成,两者海湾相间,岸线曲折。

鲅鱼圈港区进出港航道为 25 万吨级,长 32 千米。其变化历程为,煤码头工程建设时期,配套的航道仅为 1.5 万吨级(底宽 110 米,底高程 -8.5 米)。随着港区工程建设的进展,在此基础上分别于 2000 年 5 月和 2003 年 3 月建设了 5 万吨级和 15 万吨级航道。为适应国际海运船舶大型化的需要,配合四期工程建设时期的 30 万吨级矿石码头等工程建设,于 2009 年 6 月实施了 25 万吨级航道工程建设。港区内集疏运主要通过水水中转及水陆中转,鲅鱼圈港区经多年建设,陆路交通网络比较完善。港区公路与沈大高速和 202 国道哈大公路相接;港外铁路直通哈大铁路,实现与东北地区、全国铁路网连接。鲅鱼圈北部的黄河路及新港大路为港区北侧主要对外疏港通道。蝴蝶泉路则为南部港区作业区域主要通道。此外还有辽河油田石化公司至鲅鱼圈末站输油管线长 123 千米,末站至港区油码头管线 5.5 千米,年输油能力 140 万吨。抚顺石化总公司至鲅鱼圈末站管道长 264 千米,末站至港区油码头管线长 4.5 千米,单输油能力为 200 万吨。

2.港区工程项目

(1)营口港鲅鱼圈港区一期煤码头工程

项目于 1984 年 6 月 20 日开工建设,1986 年 8 月 26 日进行单线(卸堆线)重载试车,1986 年 10 月 26 日完成竣工验收。

项目建设依据:1983 年 12 月 9 日,国家计划委员会批复《营口港鲅鱼圈港区一期煤码头工程初步设计》(计鉴〔1983〕1858 号)。1985 年 11 月 2 日,辽宁省环境保护局批复《营口港鲅鱼圈港区一期煤码头工程环境影响报告书》(辽环发〔1985〕114 号);1984 年 9 月 28 日,国务院《关于营口港鲅鱼圈港征用土地的批复》(〔84〕国函字 143 号)。

项目建设 2.6 万吨级自卸船煤炭专用泊位 1 个,码头平面布局为突堤式,重力式墩台结构,泊位岸线长 289 米,码头前沿水深 11 米。堆场总面积为 44220 平方米,其中刚性堆场 41760 平方米。主要装卸设备有斗轮机(DQL-3)4 台、装车机(SZ1500-14)2 台、皮带机(DTS-1500)17 条等。项目总投资 3.34 亿万元,其中基建预算拨款 6251 万元,远洋资金拨款 2067 万元,基建投资借款 1.98 亿元。征地拆迁费用为 1624.55 万元。

建设单位为营口港务局鲅鱼圈港区建设指挥部;设计单位为中交第二航务工程勘察设计院;施工单位为中交第一航务工程局一公司、中建二局四公司;监理单位为营口港工程监理咨询有限公司;质监单位为营口港工程质量监督站。

1984 年 10 月,交通部批准煤码头改为自卸船的修改设计,即由 2 个煤炭泊位改为 1 个 2.6 万吨级煤炭泊位。

1987 年 6 月 4 日,营口港鲅鱼圈港区煤码头及护岸工程被交通部评为 1986 年度优质工程。

营口港鲅鱼圈港区一期煤码头建成后,由于辽宁煤炭缺口情况发生变化,与其配套的营口华能电厂尚未投产,再加之码头为自卸船及输煤廊道的装卸方式,几乎没有堆场,该工程于 1986 年 10 月 26 日竣工验收后处于无煤可运的状态。为使码头产生经济效益,经交通部(交基字〔1987〕531 号)批准在不改变原有设计功能的前提下,将该煤炭专用码头改造成即可装卸煤炭又可装卸散杂货的多用途码头。煤码头改造工程由营口港务局自筹资金 157 万元,设计年吞吐量为 25 万吨。工程于 1987 年 6 月 30 日开工,1988 年 5 月 24 日竣工并投入使用,自 1988 年至 1997 年的 10 年间累计完成吞吐量 690.81 万吨,1998—2010 年累计完成吞吐量 2467.46 万吨;2011—2015 年累计完成吞吐量 874.35 万吨,该工程虽未达到原设计要求,作为鲅鱼圈港区开发的首个项目,为后续工程建设积累了经验,培养了人才。

(2)营口港鲅鱼圈港区一期散杂货泊位工程

项目于 1985 年 5 月 1 日开工;1989 年 12 月,1 号、2 号两个泊位完工并投入试运行;1990 年 12 月,3 号、6 号两个泊位完工并投入试运行;1991 年 1 月,7 号、8 号两个泊位完工,至此散杂泊位全部竣工。

项目建设依据:1984 年 12 月 4 日,交通部批复《营口港鲅鱼圈港区一期散杂泊位工程初步设计》(〔84〕交基字 2336 号);1985 年 11 月 2 日,辽宁省环境保护局批复《营口港鲅鱼圈港区一期散杂泊位工程环境影响报告书》(辽环发〔1985〕114 号);1984 年 9 月 28 日,国务院《关于营口港征用土地的批复》(〔84〕国函字 143 号)。

项目建设散杂货泊位 6 个,其中:3 万吨级 1 个,1.5 万吨级 5 个,码头岸线长 1162 米。码头平面布置为突堤式,方块重力式结构,码头前沿水深 11 米,码头设备为上海港机厂生产门座式(25 吨)起重机 4 台。堆场面积 10.5 万平方米,仓库面积 2360 平方米。工程总投资为 23397.54 万元,其中:交通部自筹拨款 1620 万元,拨改贷贷款 4131 万元,特种拨改贷贷款 1000 万元,建行贷款 3250 万元,经营基金 11066.54 万元,重点企业债券 2330 万元。

建设单位为营口港鲅鱼圈港区建设指挥部;设计单位为中交第二航务工程勘察设计院;施工单位为中交第一航务工程局一公司、天津航道局、辽宁省第三建筑工程公司;监理单位为营口港工程监理咨询有限公司;质监单位为营口港工程质监站。

1990 年 3 月,经交通部批复将 1 号泊位改造为散化肥灌包及袋装化肥专用泊位。水工部分由原地震烈度按 8 度设防改为按地震基本烈度 7 度修改设计,码头抗震措施由穿孔改为方块层间设置榫槽。两个突堤端结构形式由斜坡堤改为直立式。

营口港鲅鱼圈港区一期散杂泊位工程是营口港实现从河港走上河港的重要标志,在一期煤码头投产后,由于货源、费用等原因,暂未发挥能力之际,随着一期散杂泊位的陆续投产,货物吞吐量迅速增长,由 1989 年的 174.4 万吨增至 1993 年的 670 万吨。2011—2015 年累计完成吞吐量 6458.1 万吨,新增外贸航线 12 条,涉及 17 个国家和地区,发展势头强劲,奠定了营口港发展的基础。

(3)营口港鲅鱼圈港区 309 米深水岸线工程

项目于 1987 年 4 月开工,1989 年 9 月码头主体完工,投入试运行,1990 年 12 月完成竣工验收。

项目建设依据:1986 年 10 月 30 日,交通部批复《营口港鲅鱼圈港区 309 米深水岸线工程设计任务书》(〔86〕交计字 806 号);1987 年 2 月 9 日,交通部批复《营口港鲅鱼圈港区 309 米深水岸线工程初步设计》(〔87〕交基字 76 号)。1985 年 11 月 2 日,辽宁省环境保护局批复《营口港鲅鱼圈港区 309 米深水岸线工程环境影响报告书》(辽环发〔85〕114 号);1984 年 9 月 28 日,国务院《营口鲅鱼圈港征用土地的批复》(〔84〕国函字 143 号)。

项目充分利用岸线资源,在 3、4 突堤间的顺岸建设 2 个万吨级重力式中级泊位,码头岸线长 309 米,码头前沿水深 11 米,码头采用直立式布置,配备岸边 30.5 吨,集装箱装卸桥 1 台,堆场面积为 5.1 万平方米。项目总投资为 4125 万元,交通部自筹 700 万元,预算内拨款 1502 万元,经营基金借款 1173 万元,建行投资借款 750 万元。

建设单位为营口港务局;设计单位为中交第一航务工程勘察设计院;施工单位为交通部第一航务工程局一公司、天津航道局;监理单位为营口港工程监理咨询有限公司;质监单位为营口港工程质量监督站。

原设计多用途泊位改为集装箱泊位,岸边配备集装箱装卸桥。

营口港鲅鱼圈港区 309 深水岸线工程,位于一期 6 个散杂泊位所处三、四突堤相间的顺岸部位,为充分利用岸线资源,并兼顾营口港尚无集装箱专用泊位的情况,将原为斜坡式改为直立式布置,建设 2 个万吨级中级泊位。其中 1 个为集装箱泊位,1 个为散杂货泊位,该工程投产后不仅促进了鲅鱼圈港区吞吐量的持续增长,还开创了营口港集装箱运输的先河。有力地促进了腹地及营口经济技术开发区的建设和发展。

（4）营口港鲅鱼圈港区二期工程

项目于 1994 年 4 月 1 日开工,2000 年 9 月码头主体完工,投入试运行。2001 年 12 月完成竣工验收。

项目建设依据:1991 年,国家计划委员会批复《营口港鲅鱼圈港区二期工程项目建议书》(计工〔1991〕348 号);1992 年 12 月 13 日,国家计划委员会批复《营口港鲅鱼圈港区二期工程可行性研究报告》(计交通〔1992〕1788 号);1992 年 12 月 22 日,国家交通投资公司批复《营口港鲅鱼圈港区二期工程初步设计》(交投水〔1992〕202 号)。1991 年 9 月30 日,国家环保局批复《营口港鲅鱼圈港区二期工程环境影响报告书》(环监字〔1991〕377 号);1984 年 9 月 28 日,国务院《关于营口港鲅鱼圈港征用土地的批复》(〔84〕国函字143 号)。

项目建设 1.5 万吨级泊位 5 个,其中:顺岸 2 个,突堤 3 个(码头结构预留顺岸发展为3 万吨级,突堤发展为 5 万吨级)及相应配套设施,码头岸线长 1113 米,其中:顺岸长 424米,突堤长 581 米,突堤横头 108 米,占地约 304 亩,码头前沿水突堤泊位 - 12 米,顺岸泊位 - 11 米,码头采用直立式方块重力结构,配备岸边 16 吨—33 米门座式起重机 9 台,龙门式起重机 1 台。堆场面积为 15.7 万平方米,其中:混凝土大板结构 14 万平方米,混凝土连锁块结构 1.7 万平方米。项目总投资为 51058 万元,国家经营资金 14025 万元,建行贷款 11800 万元,国家开发银行贷款 8868 万元,交通部拨款 10299 万元,企业自筹6066 万元。

建设单位为营口港务局;设计单位为中交第一航务工程勘察设计院;施工单位为中港第一航务工程局一公司、天津航道局一公司、营口港建筑安装工程公司;监理单位为营口港工程监理咨询有限公司;质监单位为营口港口建设工程质量监督站。

1999 年 9 月 15 日,经交通部(水运基建字〔1999〕579 号文)批复同意,为适应营口港集装箱运量发展需要,将顺岸码头改造为临时集装箱泊位。根据货源变化情况将突堤原3 个 1.5 万吨级泊位改造为 2 个 5 万吨级金属矿石、散化肥、散铝粉泊位,新增吞吐能力160 万吨。

2003 年 3 月,在交通部 2002 年度水运工程质量奖评审会上,营口港鲅鱼圈港区二期工程获水运工程质量奖。

营口港鲅鱼圈港区二期工程投产后,进一步完善了港口功能,促进了吞吐量的增长,2002 年全港货物吞吐量一举突破 3000 万吨,集装箱完成 30 万 TEU。2011—2015 年二期工程 4 个泊位完成货物吞吐量均超过 1000 万吨。

(5)营口港鲅鱼圈港区商品汽车滚装码头工程

项目于 1992 年 11 月 27 日开工,1995 年 10 月投入试运行,1996 年 8 月完成竣工验收。

项目建设依据:1992 年 4 月 8 日,交通部批复《营口港鲅鱼圈港区商品汽车滚装码头工程可行性研究报告》(交计发〔1992〕237 号);1992 年 9 月 7 日,国家交通投资公司批复《营口港鲅鱼圈港区商品汽车滚装码头工程初步设计》(交投水〔1992〕125 号)。1991 年 9 月 30 日,辽宁省环保局批复《营口港鲅鱼圈港区商品汽车滚装码头工程环境影响报告书》(辽环管发〔1992〕9 号);1984 年 9 月 28 日,国务院《关于营口港鲅鱼圈港征用土地的批复》(〔84〕国函字 143 号)。

项目建设 1 个 1 万吨级商品汽车滚装泊位,设计年吞吐量为滚装汽车 19 万辆,码头岸线长 393.17 米,码头前沿水深 9 米,泊位采用方块重力式结构,平面布置为突堤式,存车场面积为 9.7 万平方米,配备轮胎式起重机 2 台,加油机 2 台,移动坡道 1 座。总投资为 1.18 亿元,经营资金 2700 万元,建行贷款 1100 万元,开发银行贷款 2976 万元,开行硬贷款 3904.34 万元,自筹资金 1167 万元。本工程征地 30 亩,拆迁 8 户居民及 1 座修船厂,征地拆迁费用为 776.76 万元。

建设单位为营口港务局;设计单位为交通部第一航务工程勘察设计院;施工单位为交通部第一航务工程局一公司、交通部天津航道局一公司、营口港建筑安装工程公司;监理单位为营口港工程监理咨询有限公司;质监单位为营口港口建设工程质量监督站。

营口港鲅鱼圈港区汽车滚装码头工程建设是营口港根据我国加速发展民族汽车工业,国家计划委员会在支持汽车工业基地开发建设的同时,解决商品汽车运输问题,实现商品汽车水陆联运体系设想的重要举措,在与长春第一汽车厂达成共识并经认真的可行性研究后,于 1992 年 4 月 8 日交通部批准建设,于 1995 年 10 月竣工并投入试运行。该工程投产后,首开商品汽车滚装业务,自 1995 年 10 月至 2010 年,累计完成商品汽车运输 23.2 万辆。2011 年后根据港区总体规划、功能布局的要求,该码头改造为粮食码头。

(6)营口港鲅鱼圈港区粮食中转设施码头工程

项目于 1995 年 3 月开工,1997 年 11 月投入试运行,2001 年 3 月 27 日完成竣工验收。

项目建设依据:1993 年 10 月 22 日,国内贸易部批复《营口港鲅鱼圈港区粮食中转设施码头工程可行性研究报告》(内贸世字〔1993〕第 264 号);1994 年 5 月 13 日,交通部国内贸易部批复《营口港鲅鱼圈港区粮食中转设施码头工程初步设计》(交基发〔1994〕447 号)。1993 年 9 月 24 日,营口市环保局批复《营口港鲅鱼圈港区粮食中转设施码头工程环境影响报告书》(环管字〔1993〕第 9301 号)。

项目建设 1 个 3 万吨级粮食泊位,平面布置为突堤式,方块重力式码头,水工结构允许靠泊能力为 7 万吨级。码头岸线长 301.5 米,前沿水深 11.5 米,堆场面积约为 4 万平方米(含皮带机廊道),2000 年 7 月营口港筹资为该码头配套建设了 9 座筒仓,4 座星仓总容量为 3 万吨。项目概算投资为 15700.32 万元，银行贷款 6600 万元，自筹 9100.32 万元。

建设单位为营口港务局；设计单位为中交第一航务工程勘察设计院；施工单位为中港第一航务工程局一公司；监理单位为营口港工程监理咨询有限公司；质监单位为营口港口建设工程质量监督站。

营口港鲅鱼圈港区粮食中转设施码头工程是将原汽车装卸码头工程改建为 1 个 5 万吨级专用粮食泊位，其滚装商品汽车功能移至 67 号钢杂（兼滚装）泊位。该工程的建设进一步优化了港口功能布局，使营口港成为东北粮食流通体系中最近的出海口，有效降低东北粮食运输成本，对保证国家粮食安全落实国家 4 亿斤粮食增产规划发挥了重要作用。该工程建成后，稳定了货源，中储粮、吉林、黑龙江等粮食物流单位纷纷落户鲅鱼圈，使得粮食这一营口港主要货种的吞吐量持续增长，促进了营口港强港目标的实现。

（7）营口港鲅鱼圈港区三期工程

项目于 2002 年 7 月开工，2005 年 6 月投入试运行，2010 年 1 月完成竣工验收。

项目建设依据：2001 年 8 月 20 日，交通部批复《营口港鲅鱼圈港区三期多用途泊位可行性研究报告》（交规划发〔2001〕第 449 号）；2001 年 12 月 30 日，交通部批复《营口港鲅鱼圈港区 52 号集装箱泊位可行性研究报告》（交规划发〔2001〕第 800 号）；2002 年 9 月 16 日，辽宁省发展计划委员会批复《营口港鲅鱼圈港区 53 号集装箱泊位可行性研究报告》（辽计发〔2002〕第 713 号）；2001 年 10 月 11 日，交通部批复《营口港鲅鱼圈港区三期多用途泊位工程初步设计》（交水发〔2001〕589 号）；2002 年 7 月 10 日，交通部批复《营口港鲅鱼圈港区 52 号集装箱泊位工程初步设计》（辽计发〔2003〕54 号）。2002 年 12 月 25 日，国家环境保护总局批复《营口港鲅鱼圈港区三期工程环境影响报告书》；2001 年 11 月 7 日，辽宁省海洋与渔业厅《关于同意营口港鲅鱼圈港区三期工程使用海域的通知》（辽海管字〔2001〕209 号）；2004 年 11 月 7 日，交通部《关于同意营口港鲅鱼圈港区 53 号集装箱泊位工程使用岸线的批复》。

本工程按一次设计、分期建设的原则，共建设了 3 个泊位，其中 51 号为多用途泊位，52 号和 53 号为集装箱泊位。

本工程建设 5 万吨级泊位 3 个，多用途泊位（51 号）1 个，集装箱泊位（52 号、53 号）2 个，相应建设防波堤、堆场道路、房建、通信等配套设施，设计年吞吐能力为 98 万吨，其中集装箱 30 万 TEU。码头岸线长 826.2 米，堆场面积为 34.6 万平方米，码头前沿水深 14 米，码头平面布置为顺岸式，方块重力式结构。码头配备主要装卸设备为：9 台集装箱岸桥，其中 41 吨—48 米岸桥 3 台，65 吨—55 米岸桥 3 台，配置 10 台 40.5 吨场桥，3 台 9 吨空箱堆高机，2 台 45 吨正面吊。总投资为 9.45 亿元，交通部港建费拨款 8860 万元，中国工商银行贷款 5.48 亿元，企业自筹 3.08 亿元。

建设单位为营口港务集团有限公司；设计单位为中交第一航务工程勘察设计院；施工

单位为中交第一航务工程局一公司、中交广州航道局有限公司、大连港埠机电有限公司、营口港建筑安装工程有限公司;监理单位为营口港工程监理咨询有限公司;质监单位为营口市交通局交通工程质量监督站。

营口港鲅鱼圈港区三期工程获交通部颁发的 2005 年度水运工程质量奖(交水发〔2006〕53 号);营口港鲅鱼圈港区三期工程获交通部水运工程咨询成果三等奖。

营口港鲅鱼圈港区三期工程投产前,营口港尚无集装箱专用码头,港口集装箱运输先是利用 309 米深水岸线 1 个泊位,后移至二期顺岸泊位,均属临时过渡。三期工程建成后,营口港具有了集装箱专用泊位,不仅使港区功能划分更加合理,还有力促进了集装箱运输的发展,集装箱的吞吐量由 2000 年的 15.7 万 TEU 增至 2005 年的 78.7 万 TEU。2015 年达到了 592.2 万 TEU,其中本工程完成 223 万 TEU。

(8)营口港鲅鱼圈港区成品油和液体化工品码头工程

项目于 2002 年 7 月开工,2005 年 6 月完工并投入试运行,2010 年 1 月完成竣工验收。

项目建设依据:2001 年 12 月 24 日,国家发展计划委员会批复《营口港鲅鱼圈港区成品油和液体化工品工程可行性研究报告》(计基础〔2001〕第 2744 号);2002 年 7 月 10 日,交通部批复《营口港鲅鱼圈港区成品油和液体化工品工程初步设计》(计基础〔2002〕第 291 号)。1998 年 8 月 6 日,国家环境保护总局批复《营口港鲅鱼圈港区成品油和液体化工品工程项目环境影响报告书》(环发〔1998〕第 215 号);2001 年 11 月 7 日,辽宁省海洋与渔业厅《营口港鲅鱼圈港区三期工程使用海域的通知》(辽海管字〔2001〕209 号)。

本工程建设成品油和液体化工品泊位 3 个,3 万吨级成品油(兼液体化工品)泊位 1 个(码头结构按照 8 万吨级预留),5000 吨级成品油泊位和 5000 吨级液体化工品泊位各 1 个(码头结构按照 3 万吨级预留),设计年吞吐能力为 410 万吨,码头平面布局为突堤式,钢管桩高桩梁板式结构。码头岸线总长 593 米,码头前沿水深 12.4 米,码头平台设 10 台 DN250 输油臂,8 台 DN300 输油臂,3 台登船梯。总投资为 71074.55 万元,国家安排港口建设费 5090 万元,银行贷款 46260.30 万元,营口港自筹 16932.29 万元。

建设单位为营口港务集团有限公司;设计单位为中交水运规划设计院有限公司;施工单位为中交第一航务工程局一公司、中交广州航道局有限公司、天津航道局有限公司、营口港建筑安装工程有限公司;监理单位为营口港工程监理咨询有限公司;质监单位为营口市交通局交通工程质量监督站。

2009 年 12 月 7 日,国家发展和改革委员会办公厅《关于辽宁营口港鲅鱼圈港区成品油和液体化工品码头工程项目变更的复函》(发改办基础〔2009〕2602 号),同意该工程由原 1 个 3 万吨级和 2 个 5000 吨级成品油和液体化工品泊位,按码头结构预留设计建设为 1 个 8 万吨级、2 个 3 万吨级成品油和液体化工品泊位。

营口港鲅鱼圈港区成品油和液体化工品工程投产后，结束了营口港没有万吨级油品专用码头的历史。优越的集疏运条件吸引了大批客户，如：辽河油田、抚顺石化、中石油等大型石化企业入驻营口港，该工程于 2005 年 6 月试运行，截至 2008 年 10 月，共接卸各类船舶 2706 艘次，完成吞吐量 1407 万吨。

（9）营口港鲅鱼圈港区 20 万吨级矿石码头工程

项目于 2003 年 4 月开工建设，2004 年 11 月水工主体完工并投入试运行，2010 年 1 月完成竣工验收。

项目建设依据：2006 年 11 月 11 日，国家发展和改革委员会《关于营口港鲅鱼圈港区 20 万吨级矿石码头工程项目核准的批复》（发改交运〔2006〕第 2890 号）；2007 年 6 月 12 日，交通部批复《营口港鲅鱼圈港区 20 万吨级矿石码头工程初步设计》（交水发〔2007〕第 282 号）。2005 年 3 月 7 日，国家环境保护总局批复《营口港鲅鱼圈港区 20 万吨级矿石码头工程环境影响报告书》（环审〔2005〕第 228 号）；2001 年 11 月 7 日，辽宁省海洋与渔业厅《营口港鲅鱼圈港区三期工程使用海域的通知》（辽海管字〔2001〕209 号）；2001 年，国家海洋局印发营口港鲅鱼圈港区 20 万吨级矿石码头工程《海域使用权证书》（国海证 990100020 号）。

项目建设 20 万吨级矿石泊位 1 个，泊位长 405 米，码头平面布置为突堤式，高桩梁板式结构。码头前沿水深 20 米，堆场占地 70 万平方米，有效使用面积 37.4 万平方米，堆场（含道路）造价为 10109.8 万元。码头平台设桥式抓斗卸船机 3 台，堆场设置 5 台斗轮堆取料机，每台能力为 3500～5000 吨/小时，矿石输送皮带机通廊 1161.4 米。总投资为 13.09 亿元，其中自筹资金 3.93 亿元、银行贷款 9.16 亿元。

建设单位为营口港务集团有限公司；设计单位为中交第一航务工程勘察设计院有限公司；施工单位为中交第一航务工程局一公司、营口港建筑工程有限公司、武汉钢铁设计研究院；监理单位为营口港工程监理咨询有限公司；质监单位为营口市交通局工程质量监督站。

营口港鲅鱼圈港区 20 万吨级矿石码头工程可行性研究报告获交通部优秀水运工程咨询成果二等奖。营口港鲅鱼圈港区 20 万吨级矿石码头工程地质勘查获天津市优秀规划设计（勘察类）三等奖。

营口港鲅鱼圈港区 20 万吨级矿石码头工程于 2004 年 11 月投产至 2008 年 10 月底，共接卸船舶 473 艘次，累计完成吞吐量 5135 万吨，2008 年 4 月 6 日接卸"繁荣轮"，20.6 万吨矿粉作业中，创造了平均船时量 6984 吨/小时，全船作业 23.3 小时的记录。该码头的建成投产适应了营口港主要货种铁矿石吞吐量持续增长的需要。

（10）营口港鲅鱼圈港区 15 万吨级航道工程

项目于 2003 年 3 月开工建设，2005 年底航道主体完工，2007 年 2 月投入试通航，

2010 年 1 月完成竣工验收。

项目建设依据:2005 年 11 月 11 日,国家发展和改革委员会批复《营口港鲅鱼圈港区 15 万吨级航道工程可行性研究报告》;2006 年 11 月 20 日,交通运输部批复《营口港鲅鱼圈港区 15 万吨级航道工程初步设计》。2005 年 3 月 29 日,辽宁省海洋与渔业厅《关于营口港鲅鱼圈港区 15 万吨级航道工程海域使用的预审意见》原则同意该工程使用海域约 6865 亩。2005 年 3 月 15 日,国家环境保护总局批复《营口港鲅鱼圈港区 15 万吨级航道工程环境影响报告书》。

本工程按 20 万吨级散货船单向航行航道设计,2003 年按 15 万吨级散货船单向航行航道建设,主航道长 19.4 千米,支航道长 1.3 千米,航道底宽 230 米,设计底高程 - 17.5 米,疏浚土方量约为 4174 万立方米,采用外抛式处理疏浚物。总投资为 5.12 亿元,基建基金 1.86 亿元、自筹资金 7837 万元,银行贷款 2.48 亿元。

建设单位为营口港务集团有限公司;设计单位为中交第一航务工程勘察设计院有限公司;施工单位为中交广州航道局有限公司、中交天津航道局有限公司、中港疏浚股份有限公司;监理单位为营口港工程监理咨询有限公司;质监单位为营口市交通局工程质量监督站。

营口港鲅鱼圈港区 15 万吨级航道工程获交通部优秀水运工程咨询成果三等奖。

营口港鲅鱼圈港区 15 万吨级航道工程是营口港发展史上的一个重要里程碑。营口港从河港走向海洋,开发建设鲅鱼圈港区之初,与一期煤码头配套的航道工程仅为 1.5 万吨级,随着散杂泊位和二期工程等诸多万吨级泊位的陆续建成,为满足 20 万吨级矿石、10 万吨级成品油和液体化工品码头工程相继投产,到港大型船舶日益增多,航道等级偏低问题已成为制约港口发展的瓶颈,为满足港口生产的需要,交通部批准建设 15 万吨级航道工程(交水发〔2006〕618 号)。

该工程于 2007 年 2 月试通航以来,满足了各类船舶进出港的需要,有力地促进了港口运输生产,货物吞吐量于通航当年即突破亿吨大关。2008 年吞吐量达到 1.51 亿吨,集装箱 203.6 万 TEU,至 2010 年货物吞吐量已突破 2 亿吨,集装箱 300 万 TEU。

(11)营口港鲅鱼圈港区四期工程

项目于 2004 年 3 月 20 日开工建设,2008 年 9 月完工并投入试运行,2010 年 12 月完成竣工验收。

项目建设依据:2005 年 9 月 8 日,国家发展和改革委员会《营口港鲅鱼圈港区四期工程项目核准的批复》(发改交运〔2005〕1701 号);2006 年 4 月 28 日,交通运输部批复《营口港鲅鱼圈港区四期工程初步设计》(交水发〔2006〕187 号)。2003 年 5 月 9 日,辽宁省海洋与渔业厅《关于鲅鱼圈港区扩建用海计划批复》(辽海字〔2003〕63 号);2003 年 11 月 28 日,辽宁省海洋与渔业厅《关于同意大连前盐滚装新港等项目使用海域的通知》,同意鲅鱼圈港区五港池海域填海造地为 219 万平方米（3285 亩），《海域使用权证书》分别为 022100009 号、022100010 号和 022100098 号；2005 年 4 月 5 日，国土资源部《关于营口港鲅鱼圈港区四期工程项目建设用地预审意见的复函》（国土资预审字〔2005〕54 号）；2005 年 3 月 5 日，国家环境保护总局批复《营口港鲅鱼圈港区四期工程环境影响报告书》（环审〔2005〕261 号）。

项目建设 5 万吨级（水工结构按 7 万吨级建设）泊位 10 个，码头岸线长 2800 米，其中：集装箱泊位 5 个，码头岸线长 1500 米；钢杂泊位 5 个，码头岸线长 1300 米。码头前沿水深均为 15.5 米，码头平面布局为顺岸式，重力方块式结构。工程总投资为 46.92 亿元，其中人民币 46.63 亿元，美元 367.5 万元。投资来源为项目资本金 16.42 亿元，银行贷款 30.50 亿元。

建设单位为营口港务集团有限公司；设计单位为中交第一航务工程勘察设计院有限公司；施工单位为中交一航局第一工程有限公司、中交广州航道局有限公司、中交天津航道局有限公司、营口港建筑工程有限公司；监理单位为营口港工程监理咨询有限公司；质监单位为营口市交通局工程质量监督站。

2005 年 1 月 29 日，交通部质监总站确定营口港四期工程为治理水运工程质量通病示范项目。2007 年 3 月 23 日，交通部办公厅印发了《推广营口港创造治理水运工程质量通病示范项目经验的实施方案》，在行业内产生了积极和广泛的影响。

营口港鲅鱼圈港区四期工程，获交通部水运工程咨询成果二等奖；中国交通优秀设计二等奖；2011 年度水运交通优质工程奖；水运交通优秀勘察三等奖；国家优质工程银质奖。

营口港鲅鱼圈港区四期工程自试运行以来，截至 2010 年 10 月 30 日，共靠泊各类船舶 4032 艘次，其中定线船舶 1566 艘次，完成集装箱 132 万 TEU，完成钢杂吞吐量 2471 万吨。

（12）营口港鲅鱼圈港区 64 号、65 号钢杂泊位工程

项目于 2009 年 5 月开工，分别于 2010 年 12 月和 2011 年 12 月投入试运行，2016 年 8 月完成竣工验收。

项目建设依据：2010 年 5 月 14 日，辽宁省发展和改革委员会《关于营口港鲅鱼圈港区 64 号、65 号钢杂泊位项目核准的批复》（辽发改交通〔2010〕458 号）；2011 年 3 月 21 日，辽宁省交通厅批复《营口港鲅鱼圈港区 64 号、65 号钢杂泊位工程初步设计》（辽交航发〔2011〕85 号）。2009 年 5 月 15 日，辽宁省环保厅批复《营口港鲅鱼圈港区 64 号钢杂泊位工程环境影响报告书》（辽环函〔2009〕170 号）；2009 年 7 月 7 日，辽宁省环保厅批复《营口港鲅鱼圈港区 65 号钢杂泊位工程环境影响报告书》（辽环函〔2009〕253 号）；2003 年 5 月 9 日，辽宁省海洋与渔业厅印发《关于国家鲅鱼圈港区扩建用海计划的批复》（辽

海字〔2003〕63 号）;2010 年 11 月 28 日,辽宁省人民政府颁发营口港鲅鱼圈港区 64 号、65 号钢杂泊位工程《海域使用权证书》(国海证 1021000065 号、1021000066 号);2010 年 1 月 6 日,交通部印发《关于营口港鲅鱼圈港区 64 号、65 号钢杂泊位工程使用港口岸线的批复》(交规划发〔2010〕2 号)。

本项目建设 2 个 7 万吨级钢铁杂货泊位(码头结构按 10 万吨级预留),码头长度分别为 210 米和 253 米,码头前沿线与已建 63 号泊位成 90°折角,向西连续布置,方块重力式结构,码头前沿水深 15.5 米。堆场面积分别为 7.03 万平方米和 6.2 万平方米。码头前沿配置 25 吨门式起重机 8 台。总投资为 5.73 亿元,项目资本金为 1.72 亿元,银行贷款 4.01 亿元。

建设单位为营口港务集团有限公司;设计单位为中交第一航务工程勘察设计院有限公司;施工单位为中交一航局第一工程有限公司、营口港务集团建筑安装工程有限公司;监理单位为营口港工程监理咨询有限公司;质监单位为营口市交通工程质量与安全监督站。

营口港鲅鱼圈港区 64 号、65 号钢杂泊位工程自试运行以来,进一步提升了营口港主要货种钢铁杂货的吞吐能力,缓解了相邻 57 号~63 号泊位堆场不足的矛盾,为营口港开发南部港区奠定了基础。

(13)营口港鲅鱼圈港区五港池 66 号钢杂泊位工程

项目于 2010 年 3 月开工,分别于 2011 年 10 月完工并投入试运行,2016 年 8 月完成竣工验收。

项目建设依据:2011 年 10 月 28 日,辽宁省发展和改革委员会《关于营口港鲅鱼圈港区五港池 66 号钢杂泊位项目核准的批复》(辽发改交通〔2010〕459 号);2012 年 12 月 26 日,辽宁省交通厅批复《营口港鲅鱼圈港区五港池 66 号钢杂泊位工程初步设计》(辽交航发〔2011〕1493 号)。2010 年 9 月 19 日,辽宁省环保厅批复《营口港鲅鱼圈港区五港池 66 号钢杂泊位工程环境影响报告书》(辽环函〔2010〕497 号);2011 年 9 月 13 日,交通运输部《关于营口港鲅鱼圈港区五港池 66 号钢杂泊位使用岸线的批复》(交规划发〔2011〕488 号);2014 年 12 月 4 日,辽宁省人民政府颁发营口港鲅鱼圈港区五港池 66 号钢杂泊位工程《海域使用权证书》(国海证 2014B21080421127 号)。

本项目建设 1 个 7 万吨级钢铁杂货泊位(水工结构按 10 万吨级预留),码头位于 65 号钢杂泊位西侧,码头平面布置为突堤式,码头岸线长 260.1 米,方块重力式结构,码头前沿水深 15.5 米,码头前方作业区 9234 平方米,码头岸边设置 25 吨门机 4 台,后方堆场面积 11.4 万平方米。项目总投资为 34983.35 万元,项目资本金为 12244.17 万元,银行贷款 22739.18 万元。

建设单位为营口港务集团有限公司;设计单位为中交第一航务工程勘察设计院有限

公司；施工单位为中交一航局第一工程有限公司、营口港务集团建筑安装工程有限公司；监理单位为营口港工程监理咨询有限公司；质监单位为营口市交通工程质量与安全监督站。

营口港鲅鱼圈港区 66 号钢杂泊位工程建成投产后，进一步优化了港区功能划分，缓解了营口港钢杂泊位能力不足的矛盾，提高了港口吞吐能力和装卸效率，适应了港口不断增长的钢材运输需求，促进了东北老工业基地和沈阳经济区的经济发展。

（14）营口港鲅鱼圈港区 67 号钢杂（兼滚装）泊位工程

项目于 2010 年 3 月开工，2011 年 10 月完工并投入试运行，2016 年 8 月完成竣工验收。

项目建设依据：2011 年 10 月 27 日，辽宁省发展和改革委员会《关于营口港鲅鱼圈港区 67 号钢杂（兼滚装）泊位工程项目核准的批复》（辽发改交通〔2011〕1497 号）；2012 年 12 月 26 日，辽宁省交通厅批复《营口港鲅鱼圈港区 67 号钢杂（兼滚装）泊位工程初步设计》（辽交航发〔2012〕414 号）。2010 年 10 月 19 日，辽宁省环保厅批复《营口港鲅鱼圈港区 67 号钢杂（兼滚装）泊位工程环境影响报告书》（辽环函〔2010〕536 号）；2011 年 9 月 8 日，交通运输部《关于营口港鲅鱼圈港区 67 号钢杂（兼滚装）泊位工程使用港口岸线的批复》（交规划发〔2011〕486 号）；2014 年 12 月 9 日，辽宁省人民政府颁发营口港鲅鱼圈港区 67 号钢杂（兼滚装）泊位工程《海域使用权证书》（国海证 2014B21080421083 号）。

本项目建设 1 个 7 万吨级钢铁杂货泊位（水工结构按 10 万吨级预留），码头岸线长 240.9 米，码头平面布置为突堤式，码头结构为方块重力式，码头前沿水深 15.5 米。堆场面积为 12.86 万平方米，码头岸边设置 25 吨门机 4 台，25 吨轮胎起重机 9 台。项目总投资为 3.42 亿元，项目资本金为 1.16 亿元，申请国家补助 2600 万元，银行贷款 2.00 亿元。

建设单位为营口港务集团；设计单位为中交第一航务工程勘察设计院有限公司；施工单位为中交一航局第一工程有限公司、营口港务集团建筑安装工程有限公司；监理单位为营口港工程监理咨询有限公司；质监单位为营口市交通工程质量与安全监督站。

本项目投产以来，缓解了鲅鱼圈港区钢杂泊位能力不足的矛盾，提高了港口的吞吐能力，满足了商品汽车滚装运输需求，进一步调整完善鲅鱼圈港区功能分区，更好地为地区经济快速发展和辽宁沿海经济带开发建设提供港口服务。

（15）营口港鲅鱼圈港区五港池 68 号~71 号钢材泊位工程

项目于 2011 年 5 月开工，2014 年 5 月主体完工，2015 年 1 月投入试运行，2017 年 6 月完成竣工验收。

项目建设依据：2013 年 5 月 2 日，辽宁省发展和改革委员会《关于营口港鲅鱼圈港区五港池 68 号－71 号钢材泊位工程项目核准的批复》（辽发改交通〔2013〕551 号）；2013 年

12月28日，辽宁省交通厅批复《营口港鲅鱼圈港区五港池68号–71号钢材泊位工程初步设计》（辽交航发〔2013〕467号）。2012年9月12日，辽宁省环保厅批复《营口港鲅鱼圈港区五港池68号–71号钢材泊位工程环境影响报告书》（辽环函〔2012〕382号）；2013年3月12日，交通运输部《关于营口港鲅鱼圈港区五港池68号–71号钢材泊位工程使用港口岸线的批复》（交规划发〔2013〕187号）；2013年10月30日，辽宁省海洋与渔业厅《关于同意营口港鲅鱼圈港区五港池68号–71号钢材泊位工程围填海施工的通知》（辽海渔域字〔2013〕536号）；2012年7月11日，辽宁省国土资源厅《关于营口港鲅鱼圈港区五港池68号–71号钢材泊位工程建设项目用地预审意见的复函》（辽国土资规审〔2012〕31号），同意该项目填海造地48.04公顷；2013年10月8日，辽宁省人民政府颁发《营口港鲅鱼圈港区五港池68号–71号钢材泊位工程海域使用权证书》（国海证2014B21080408187号）。

本项目位于67号泊位西侧，岸线呈N–S向布置，建设4个7万吨级钢材泊位（水工结构按10万吨级预留，68号泊位兼顾大件设备的装卸作业），码头岸线长1069米，码头平面布置为突堤式，码头结构为方块重力式，码头前沿水深15.5米。堆场面积为21.3万平方米，码头岸边设置25吨门机14台，600吨门座式起重机台。工程总投资为12.51亿元，项目资本金为3.75亿元，银行贷款8.75亿元。

建设单位为营口港务集团；设计单位为中交第一航务工程勘察设计院有限公司；施工单位为中交一航局第一工程有限公司、营口港务集团建筑安装工程有限公司；监理单位为营口港工程监理咨询有限公司；质监单位为营口市交通工程质量与安全监督站。

（16）营口港鲅鱼圈港区25万吨级航道工程

项目于2009年6月开工，2011年7月交工，2012年5月16日试通航，2016年8月完成竣工验收。

项目建设依据：2009年6月26日，辽宁省发展和改革委员会批复《营口港鲅鱼圈港区25万吨级航道工程可行性研究报告》（辽发改交通〔2009〕627号）。2009年10月26日，辽宁省交通厅批复《营口港鲅鱼圈港区25万吨级航道工程初步设计》（辽交建发〔2009〕377号）。2012年10月29日，辽宁省环保厅批复《营口港鲅鱼圈港区25万吨级航道工程环境影响报告书》（辽环函〔2012〕453号）。2010年6月12日，营口海事局批复《营口港鲅鱼圈港区25万吨级航道工程通航安全评估报告》（营海通航〔2010〕20号）。

该工程是营口港鲅鱼圈港区20万吨级、30万吨级矿石码头工程的配套项目，旨在适应船舶大型化发展需要和保证进出港船舶的安全。

本航道工程全长32千米，有效宽度280米，里程K18+900以内航道设计底高程为–22米，里程K18+900处外航道设计底高程为–22.5米，航道边坡为1∶5，满足25万吨级散货船舶及拟靠矿石船舶单向乘潮航行，满足7万吨级散货船舶双向航行。工程总投资为 18.27 亿元,其中港建费拨款 3.66 亿元,企业自筹 4.21 亿元,银行贷款 10.40 亿元。

建设单位为营口港务集团有限公司;设计单位为中交第一航务工程勘察设计院有限公司;施工单位为中交广州航道局有限公司、中交天津航道局有限公司;监理单位为营口港工程监理咨询有限公司;质监单位为营口市交通工程质量与安全监督站。

营口港鲅鱼圈港区 25 万吨级航道工程可行性研究报告于 2010 年 6 月荣获全国工程咨询成果三等奖,中国水运建设行业协会水运工程优秀咨询成果一等奖。

随着腹地经济的快速增长,营口港吞吐量持续快速增长,随着 30 万吨级矿石码头等工程的建成,现有 15 万吨级航道已不能满足生产运输需要,为适应船舶大型化发展趋势和充分发挥专业化深水泊位作用,辽宁省交通厅批准建设营口港鲅鱼圈港区 25 万吨级航道工程。该工程自 2011 年通航至 2015 年底,累计完成货物吞吐量 15.48 亿吨、进出港船舶 86224 艘次。其中 10 万吨级以下 84757 艘次,10 万吨级以上 1467 艘次。该航道的开通,避免了大型船舶必须乘高潮或减载进港的弊端,保证了进出港船舶的安全,进一步满足了港口运输生产需要,有力地支持东北老工业基地振兴和腹地经济发展。

（17）营口港鲅鱼圈港区粮食中转设施工程

项目于 2009 年 5 月开工,2010 年 11 月交工,2012 年 12 月试运行,2017 年 1 月完成竣工验收。

项目建设依据:2009 年 6 月 30 日,营口市发展和改革委员会《营口港鲅鱼圈港区粮食中转设施项目核准的批复》(营发改能交〔2009〕228 号);2011 年 1 月 20 日,营口市交通局批复《营口港鲅鱼圈港区粮食中转设施项目初步设计》(营交港政发〔2011〕13 号)。2009 年 8 月 20 日,营口市环保局批复《营口港鲅鱼圈港区粮食中转设施项目环境影响报告书》(营环批字〔2009〕49 号)。

本工程是将原汽车滚装码头工程（47 号泊位）改建为 1 个 5 万吨级粮食出口专用泊位,码头岸线总长 304 米,码头平面布局形式为顺岸式,重力式沉箱结构,码头前沿水深 13.7 米,堆场面积为 3.93 万平方米,筒仓容量为 40 万立方米。主要装卸设备为 150 吨/小时,散粮装船机 2 台,皮带输送机 33 条。工程总投资为 6.52 亿元,其中资本金为 2.28 亿元,银行贷款 4.24 亿元。

建设单位为营口港务集团有限公司;设计单位为中交第一航务工程勘察设计院有限公司（水工工程）、国家粮食储备局郑州科学研究院（筒仓设施）;施工单位为中交一航局第一工程有限公司、国合建设集团有限公司;监理单位为营口港工程监理咨询有限公司;质监单位为营口市交通工程质量与安全监督站。

本工程建成投产后按设计的主要货种为玉米、水稻。2014 年该工程被国家质检总局确定为进境粮食指定口岸,此处除了采用装船机进行作业外,另配置 4 台 25 吨门机可进行大豆、菜籽等散袋粮食装卸。自 2013 年至 2015 年共接卸各类船舶 335 艘次，完成吞吐量 937 万吨。

（18）营口港鲅鱼圈港区 A 港池通用（1 号）泊位工程

项目于 2005 年 9 月开工，2007 年 9 月交工，2007 年 11 月试运行 2016 年 8 月完成竣工验收。

项目建设依据：2005 年 12 月 28 日，辽宁省发展和改革委员会批复《营口港鲅鱼圈港区 A 港池通用泊位工程可行性研究报告》（辽发改交通〔2005〕1116 号）。2011 年 8 月 25 日，辽宁省交通厅批复《营口港鲅鱼圈港区 A 港池通用泊位工程初步设计》（辽交航发〔2011〕284 号）。2006 年 3 月 14 日，辽宁省环境保护局批复《营口港鲅鱼圈港区 A 港池通用泊位工程环境影响报告书》（辽环函〔2006〕62 号）。2006 年 8 月 17 日，交通运输部《关于营口港鲅鱼圈港区 A 港池通用泊位工程和一港池散货码头使用岸线的复函》。2005 年 6 月 2 日，辽宁省海洋与渔业厅印发营口港鲅鱼圈港区 A 港池通用泊位工程《海域使用权证书》（国海证 042101977）。

本工程建设 7 万吨级通用泊位 1 个，码头岸线 280 米，码头平面布局为顺岸式，码头结构为重力式沉箱结构。码头前沿水深为 18 米，堆场总面积为 16.3 万平方米。码头配备主要装卸设备为 25 吨—33 米门座式起重机 2 台（上海港机厂）。工程总投资为 2.72 亿元，企业自筹 9516.58 万元，银行贷款 1.77 亿元。

建设单位为营口港务集团有限公司；设计单位为中交第一航务工程勘察设计院有限公司；施工单位为中交一航局第一工程有限公司、营口港建筑工程有限公司；监理单位为营口港工程监理咨询有限公司；质监单位为营口市交通工程质量与安全监督处。

该工程投产后缓解了营口港通用、散、杂货泊位能力不足，适应了港口日益增长的散货运输需求，促进了东北老工业基地振兴战略的实施。

（19）营口港鲅鱼圈港区 A 港池 2 号至 4 号通用泊位工程

项目于 2006 年 5 月开工，2008 年 11 月交工，2016 年 8 月完成竣工验收。

项目建设依据：2010 年 3 月 1 日，辽宁省发展和改革委员会《营口港鲅鱼圈港区 A 港池 2 号至 4 号通用泊位核准的批复》（辽交发改交通〔2010〕272 号）。2010 年 3 月 24 日，辽宁省交通厅批复《营口港鲅鱼圈港区 A 港池 2 号至 4 号通用泊位工程初步设计》（辽交航发〔2011〕101 号）。2007 年 5 月 13 日，辽宁省环境保护局批复《营口港鲅鱼圈港区 4 号通用泊位工程环境影响报告书》（辽环函〔2007〕158 号）。2007 年 9 月 10 日，辽宁省环境保护局批复《营口港鲅鱼圈港区 A 港池 2 号通用泊位工程环境影响报告书》（辽环函〔2007〕258 号）。2007 年 12 月 28 日，辽宁省环境保护局批复《营口港鲅鱼圈港区 A 港池 3 号通用泊位工程环境影响报告书》（辽环函〔2007〕372 号）。2009 年 12 月 22 日，交通运输部《关于营口港鲅鱼圈港区 A 港池 2 号至 4 号通用泊位使用岸线的批复》（交规划发

〔2009〕775 号）。2008 年 9 月、2009 年 4 月、2009 年 5 月辽宁省海洋与渔业厅印发营口港鲅鱼圈港区 A 港池 2 号至 4 号通用泊位工程《海域使用权证书》（国海证 042101978 号）。

本工程建设 3 个 7 万吨级通用泊位工程及相应的配套设施，码头岸线总长度为 779.52 米，码头平面布局为顺岸式，码头结构为重力式沉箱结构。码头前沿水深为 18 米，堆场总面积为 46.05 万平方米。码头设置主要装卸设备为门座式起重机 8 台，其中 40 吨—35 米 2 台，25 吨—35 米 6 台。工程总投资为 89531 万元，企业自筹 31357.55 万元，银行贷款 58173.45 万元。

建设单位为营口港务集团有限公司；设计单位为中交第一航务工程勘察设计院有限公司；施工单位为中交一航局第一工程有限公司、营口港建筑工程有限公司；监理单位为营口港工程监理咨询有限公司；质监单位为营口市交通工程质量与安全监督处。

该工程投产后缓解了营口港通用、散、杂货泊位能力不足，与腹地不断增长的散货运输需求的矛盾，港口功能区布局得到调整。截至 2015 年，共接卸船舶 1414 艘次，累计完成吞吐量 7467.4 万吨。

（20）营口港鲅鱼圈港区 A 港池 5 号和 6 号通用泊位工程

项目于 2008 年 3 月开工，2009 年 7 月交工，2009 年 8 月投入试运行，2016 年 8 月完成竣工验收。

项目建设依据：2011 年 3 月 30 日，辽宁省发展和改革委员会《关于营口港鲅鱼圈港区 A 港池 5 号和 6 号通用泊位核准的批复》（辽发改交通〔2011〕245 号）。2012 年 6 月 6 日，辽宁省交通厅批复《营口港鲅鱼圈港区 A 港池 5 号和 6 号通用泊位工程初步设计》（辽交航发〔2012〕178 号）。2009 年 6 月 2 日，辽宁省环境保护厅批复《营口港鲅鱼圈港区 A 港池 5 号通用泊位工程环境影响报告书》（辽环函〔2009〕199 号）。2009 年 11 月 17 日，交通运输部《关于营口港鲅鱼圈港区 A 港池 5 号和 6 号通用泊位使用港口岸线的批复》（交规划发〔2010〕751 号）。2008 年 9 月 2 日，辽宁省海洋与渔业厅印发了营口港鲅鱼圈港区 A 港池 5 号和 6 号通用泊位工程《海域使用权证书》（国海证 082100566 号、082100167 号）。

本工程建设 2 个 7 万吨级通用散杂泊位及相应配套设施（码头结构均按靠泊 12 万吨散货船设计），码头岸线长 510 米，码头平面布局为顺岸式，结构形式为重力式沉箱结构，码头前沿水深 18 米，堆场面积为 47.3 万平方米。配置的主要装卸设备为门座式起重机 40 吨—35 米 2 台，25 吨—35 米 4 台（上海港机厂）。工程总投资为 6.03 亿元，自筹资金 2.11 亿元，银行贷款 3.92 亿元。

建设单位为营口港务集团有限公司；设计单位为中交第一航务工程勘察设计院有限公司；施工单位有中交一航局第一工程有限公司、营口港建筑安装工程有限公司；监理单位为营口港工程监理咨询有限公司；质监单位为营口市交通工程质量与安全监督处。

项目进一步提升了营口港综合通过能力、适应了腹地的经济发展对港口不断增长的散货运输需求。为全港 2010 年吞吐量实现 2 亿吨目标，提供了有力支撑。

（21）营口港鲅鱼圈港区一港池顺岸成品油和液体化工品码头工程

项目于 2006 年 7 月开工，2007 年 11 月交工并投入试运行，2014 年 1 月完成竣工验收。

项目建设依据：2007 年 12 月 13 日，辽宁省发展和改革委员会《关于营口港鲅鱼圈港区一港池顺岸成品油和液体化工品码头工程核准的批复》。2011 年 11 月 18 日，辽宁省交通厅批复《营口港鲅鱼圈港区一港池成品油和液体化工品码头工程初步设计》（辽交航发〔2011〕362 号）。2007 年 9 月 25 日，辽宁省环境保护局批复《营口港鲅鱼圈港区一港池成品油和液体化工品码头工程环境影响报告书》（辽环函〔2007〕288 号）。2007 年 10 月 23 日，营口市交通局《关于营口港鲅鱼圈港区一港池顺岸成品油和液体化工品码头工程使用港口岸线的批复》（营交港政发〔2007〕211 号）。2006 年 10 月 12 日，辽宁省人民政府颁发《海域使用权证书》（国海证 990100020 号）。2008 年 6 月 12 日，营口市人民政府颁发土地使用证（鲅鱼圈国用 2008 第 0070 号）。

本工程建设 3000 吨级和 5000 吨级成品油和液体化工品泊位各 1 个（水工结构按靠泊 3 万吨级成品油船设计），码头岸线长 303.95 米。码头平面布局为顺岸式，结构形式为高桩板梁式，码头前沿水深 13 米，码头主要装卸设备为 RC123/DN300 输油臂 4 台。工程总投资为 9596.12 万元，企业自筹 3358.64 万元，银行贷款 6237.48 万元。

建设单位为营口港务集团有限公司；设计单位为中交水运规划设计院有限公司；施工单位为中交一航局第一工程有限公司、大连建工机电安装工程有限公司；监理单位为营口港工程监理咨询有限公司；质监单位为营口市交通工程质量与安全监督处。

营口港鲅鱼圈港区一港池顺岸成品油和液体化工品码头工程投产后，缓解了通过能力不足的矛盾，适应了东北腹地石化企业成品油和液体化工品运输的需求，满足了抚顺石化公司和辽河油田石化总厂在鲅鱼圈港区建成输油管线和泵站，与码头形成配套集疏运的要求，进一步稳定了货源。

（22）营口港鲅鱼圈港区一港池顺岸通用散杂码头工程

项目于 2005 年 3 月开工，2007 年 5 月交工，2006 年 9 月投入试运行，2016 年 11 月 24 日完成竣工验收。

项目建设依据：2005 年 12 月 28 日，辽宁省发展和改革委员会批复《营口港鲅鱼圈港区一港池顺岸通用散杂码头工程可行性研究报告》（辽发改发〔2005〕1115 号）。2011 年 8 月 25 日，辽宁省交通厅批复《营口港鲅鱼圈港区一港池顺岸通用散杂码头工程初步设计》（辽交航发〔2011〕283 号）。2007 年 4 月 29 日，辽宁省环境保护局批复《营口港鲅鱼圈港区一港池散货码头工程环境影响报告书》（辽环函〔2007〕126 号）。2011 年 3 月 21

日,交通运输部《关于营口港鲅鱼圈港区一港池散货码头工程使用岸线的批复》(交规划发〔2011〕140号)。2006年10月12日,辽宁省人民政府颁发《海域使用权证书》(国海证990100020号)。

本工程建设5万吨级散货泊位1个(码头结构按靠泊10万吨级散货船设计),码头岸线长340米。码头平面布局为顺岸式,重力式方块结构。码头前沿水深为14.5米,堆场面积为4.4万平方米。码头配置的工艺设备为25吨—40米门座式起重机7台。工程总投资为2.69亿元,企业自筹9400.26万元,银行贷款1.75亿元。

建设单位为营口港务集团有限公司;设计单位为中交水运规划设计院有限公司;施工单位为中交一航局有限公司;监理单位为营口港工程监理咨询有限公司;质监单位为营口市交通局交通工程质量监督站。

本工程的建成投产缓解了营口港通用、杂货泊位能力不足的矛盾,适应了港口日益增长的散杂货运输的需求,为振兴东北老工业基地战略的实施和港口持续健康的发展提供了有力支撑,成为营口港吞吐量新的增长点。

(23)营口港鲅鱼圈港区30万吨级矿石码头工程

项目于2009年5月开工,2010年9月完工并投入试运行,2012年1月完成竣工验收。

项目建设依据:2010年7月23日,国家发展和改革委员会《关于营口港鲅鱼圈港区30万吨级矿石码头工程项目核准的批复》(发改基础〔2010〕1328号)。2011年1月25日,交通运输部批复《营口港鲅鱼圈港区30万吨级矿石码头工程初步设计》(交水发〔2011〕13号)。2009年9月6日,国家环境保护部批复《营口港鲅鱼圈港区环境影响报告书》(环审〔2009〕285号)。2009年11月5日,国家海洋局《关于营口港鲅鱼圈港区30万吨级矿石码头工程项目用海预审意见的函》(国海管字〔2009〕664号)。

本工程建设1个30万吨级矿石接卸泊位(水工结构兼顾40万吨散货船减载靠泊),码头岸线总长452米,码头平面布局为突堤式,高桩梁板结构,码头前沿水深为24.5米,堆场利用已建的20万吨级矿石码头堆场。码头前沿设置的装卸设备为3台额定能力为2500吨/小时,外伸距为49米的桥式抓斗卸船机水平运输采用皮带机系统,能力为5000吨/小时。工程总投资为7.39亿元,自筹资金2.59亿元,银行贷款4.80亿元。

建设单位为营口港务集团有限公司;设计单位为中交第一航务工程勘察设计院有限公司;施工单位有中交一航局第一工程有限公司、中交天津航道局有限公司、中交一航局第四工程有限公司;监理单位为营口港工程监理咨询有限公司;质监单位为营口市交通局交通工程质量监督站。

营口港鲅鱼圈港区30万吨级矿石码头工程荣获全国工程建设项目优秀设计成果三等奖,水运工程优秀咨询成果三等奖,2015年度水运交通优秀设计二等奖,2016—2017年度国家优秀工程奖。

营口港鲅鱼圈港区 30 万吨级矿石码头工程的建成,解决了吞吐量快速增长和通过能力不足的矛盾。不仅实现了矿石作业能力和效率的提升,还进一步完善了港口功能,适应了船舶大型化的需要、促进了腹地钢铁企业的发展和东北老工业基地的振兴。自 2010 年 9 月投入试运行至 2012 年 9 月,接卸各型船舶 228 艘次,其中:30 万吨级好望角船 38 艘次,20 万吨级好望角船 100 艘次、巴拿马船 37 艘次。本工程投产后,与已建 20 万吨级矿石码头共用同一堆场。为解决堆存能力不足,于 2012 年为其配套建设堆存面积为 57.4 万平方米的堆场。

(24)营口港鲅鱼圈港区 A 港池 1 号成品油和液体化工品码头工程

项目于 2007 年 5 月开工,2008 年 11 月交工,2008 年 12 月投入试运行,2015 年 11 月完成竣工验收。

项目建设依据:2007 年 3 月 9 日,辽宁省国际咨询中心《营口港鲅鱼圈港区 A 港池 1 号成品油和液体化工品码头工程可行性研究报告评估意见》(辽工咨[2007]17 号)。2012 年 3 月 28 日,辽宁省发展和改革委员会《关于营口港鲅鱼圈港区 A 港池 1 号成品油和液体化工品码头工程项目核准的批复》(辽发改交通[2012]229 号)。2013 年 8 月 23 日,辽宁省交通厅批复《营口港鲅鱼圈港区 A 港池 1 号成品油和液体化工品码头工程初步设计》(辽交航发[2013]290 号)。2007 年 12 月 28 日,辽宁省环境保护局批复《营口港鲅鱼圈港区 A 港池 1 号成品油和液体化工品码头工程环境影响报告书》(辽环函[2007]375 号)。2008 年 3 月,辽宁省海洋与渔业厅核准《营口港鲅鱼圈港区 A 港池 1 号成品油和液体化工品码头工程海洋环境影响报告书》(辽海渔环[2008]4 号)。2011 年 7 月 6 日,交通运输部《关于营口港鲅鱼圈港区 A 港池 1 号成品油及液体化工品码头工程使用岸线的批复》(交规划发[2011]331 号)。2003 年 11 月 17 日,辽宁省人民政府颁发《海域使用权证书》(国海证 082100165 号)。

本工程建设 2 万吨级成品油和液体化工品泊位 1 个(水工结构按靠泊 5 万吨级船舶设计),码头岸线长 235 米。码头平面布局为突堤式,结构形式为高桩梁板式,码头前沿水深 14.4 米,码头配置的装卸设备为 DNA50AM63H 输油臂 7 台,软管 7 台。工程总投资为 1.85 亿元,企业自筹 5548.57 万元,银行贷款 1.29 亿元。

建设单位为营口港务集团有限公司;设计单位为中交水运规划设计院有限公司;施工单位有中交一航局第一工程有限公司、营口港建筑安装工程有限公司、大连港埠机电工程有限公司;监理单位为营口港工程监理咨询有限公司;质监单位为营口市交通工程质量与安全监督处。

营口港鲅鱼圈港区 A 港池 1 号、2 号成品油和液体化工品码头工程的建成,适应了东北地区石化企业扩能及新石化基地建设的需要,缓解了营口港成品油和液体化工品通过能力不足的矛盾,满足了抚顺石化及辽河油田在鲅鱼圈管线运输的需求。自 2008 年底投入试运行至 2015 年,共接卸各型船舶 1543 艘次。

(25)营口港鲅鱼圈港区 A 港池 2 号成品油和液体化工品码头工程

项目于 2007 年 5 月开工,2008 年 11 月交工,2008 年 12 月投入试运行,2015 年 11 月完成竣工验收。

项目建设依据:2012 年 7 月 9 日,辽宁省发展和改革委员会《关于营口港鲅鱼圈港区 A 港池 2 号成品油和液体化工品码头工程项目核准的批复》(辽发改交通〔2012〕229 号)。2013 年 8 月 23 日,辽宁省交通厅批复《营口港鲅鱼圈港区 A 港池 2 号成品油和液体化工品码头工程初步设计》(辽交航发〔2013〕289 号)。2009 年 4 月 16 日,辽宁省环境保护局批复《营口港鲅鱼圈港区 A 港池 2 号成品油和液体化工品码头工程环境影响报告书》(辽环函〔2009〕104 号)。2008 年 3 月 3 日,辽宁省海洋与渔业厅《营口港鲅鱼圈港区 A 港池 2 号成品油和液体化工品码头工程海洋环境影响报告书》(辽海渔环〔2008〕3 号)。2012 年 4 月 12 号,交通运输部《关于营口港鲅鱼圈港区 A 港池 2 号成品油及液体化工品码头使用岸线的批复》(交规划发〔2012〕155 号)。

本工程建设 2 万吨级成品油和液体化工品泊位 1 个(水工结构按靠泊 5 万吨级船舶设计),码头岸线长 235 米。码头平面布局为突堤式,结构形式为高桩梁板式,码头前沿水深 14.4 米,码头配备的主要装卸设备为连云港振兴集团石化设备制造公司生产的 DN250AM63H 输油臂 10 台,连云港华泰石化工程有限公司生产的 DN250AM63H 软管 12 台。工程总投资为 1.94 亿元,企业自有资金 5806.10 万元,银行贷款 1.35 亿元。

建设单位为营口港务集团有限公司;设计单位为中交水运规划设计院有限公司;施工单位有中交一航局第一工程有限公司、营口港建筑安装工程有限公司、大连港埠机电工程有限公司;监理单位为营口港工程监理咨询有限公司;质监单位为营口市交通工程质量与安全监督处。

营口港鲅鱼圈港区 A 港池 1 号、2 号成品油和液体化工品码头工程的建成,适应了东北地区石化企业扩能及新石化基地建设的需要,缓解了营口港成品油和液体化工品通过能力不足的矛盾,满足了抚顺石化及辽河油田在鲅鱼圈管线运输的需求。

(三)仙人岛港区

1. 港口综述

(1)港区建设和运营概况

随着营口港吞吐量的迅速增长,营口港主体港区——鲅鱼圈港区港口设施总体规模已不适应发展需要,发展空间已基本饱和,功能拓展受限、港口能力不足、泊位等级偏低等矛盾日益显现。

为此,新辟仙人岛港区,以大型石化等临港工业布局为依托,相应发展各类专业码头及配套设施,兼顾大宗货物的中转运输,把仙人岛港区逐步建成大型综合性港区是营口港保持可持续快速发展的主要途径。早在2004年底营口港即完成了勘察设计等前期工作,2008年底先期建设了30万吨级原油码头工程。2008年4月,营口港仙人岛港区被辽宁省人民政府批准为能源化工区,列入辽宁省"五点一线"发展战略的重点支持地区。2009年6月营口港仙人岛港区总体规划获交通运输部和辽宁省人民政府的联合审批,至此拉开了营口港仙人岛港区开发建设的序幕,相继建成了仙人岛港区30万吨级航道工程、一港池1号~3号成品油码头工程等项目,至2015年共有生产性泊位10个。2011—2015年累计完成吞吐量7344万吨。2011—2015年营口港仙人岛港区石油天然气及制品吞吐量为1194.6、1499.3、1448.0、1470.6、1731.6万吨。

(2)港区地理条件和集疏运概况

营口港仙人岛港区位于辽东半岛西岸,北距鲅鱼圈约14千米,东距熊岳城约14千米,距沈阳230千米,水陆距秦皇岛约130海里。仙人岛港区属基岩海岸,为前震旦系的石英岩和花岗片麻岩,其西、北面海蚀崖陡峭,港区所在海域深水贴岸,水下地形稳定,波浪、泥沙、地质等方面均不对港口开发形成制约,且港区发展土地资源丰富,产业依托前景良好,又紧邻交通干线,港区发展条件优越。港口生产区总平面呈环抱式布置,围海造地面积34.3平方公里,港内水域面积12.3平方公里,可形成各类码头岸线18.7千米,主航道水深22.5米,港区内集疏运主要通过水水中转及水陆中转,陆路运输通过哈大铁路、沈大高速公路、国道202等交通干线运至广大腹地,具有优越的区位优势和交通条件。

2.港区工程项目

(1)营口港仙人岛港区30万吨级原油码头工程

项目于2006年9月开工,2008年11月完工,2008年12月投入试运行,2010年12月完成竣工验收。

项目建设依据:2008年7月28日,国家发展和改革委员会《关于营口港仙人岛港区30万吨级原油码头工程项目核准的批复》(发改交〔2008〕1916号)。2009年1月8日,交通运输部批复《营口港仙人岛港区30万吨级原油码头工程初步设计》(交水发〔2009〕9号)。2008年2月14日,国家环境保护总局批复《营口港仙人岛港区30万吨级原油码头工程环境影响报告书》(环审〔2008〕47号)。2008年4月29日,国土资源部《关于辽宁营口港仙人岛港区30万吨级原油码头工程建设用地预审意见的复函》(国土资源预审字〔2008〕121号)。2008年2月4日,国家海洋局《关于营口港仙人岛港区30万吨级原油码头工程项目用海预审意见的函》(国家海管字〔2008〕69号)。2009年4月9日,国家海洋局印发了《海域使用权证书》(国海证091100006号、091100007号)。

本工程建设1个30万吨级原油泊位(兼顾靠泊8万吨级船舶),码头岸线长502米。

码头平面布局为突堤式,重力式钢筋混凝土圆沉箱结构。码头前沿水深22.0米。码头配备的主要装卸装备为连云港远洋流体装卸设备有限公司生产的DN400输油臂6台。工程总投资为18.12亿元,企业自有资金6.34亿元,银行贷款11.78亿元。

建设单位为营口港务集团有限公司;设计单位为中交第一航务工程勘察设计院;施工单位有中交一航局一公司、广州航道局、营口港建筑工程有限公司;监理单位为营口港工程监理咨询有限公司;质监单位为营口市交通局交通工程质量监督站。

项目荣获国家优质工程银质奖,2012年度水运交通优质工程奖,交通部水运工程咨询成果二等奖,水运交通优秀设计二等奖。可行性研究报告获全国优秀工程咨询成果三等奖。

营口港仙人岛港区30万吨级原油码头工程是仙人岛港区的起步工程,它的建成投产填补了营口港原油运输大型泊位的空白,成为营口港持续快速发展的重要支撑,促进了仙人岛能源化工区的开发建设,不仅满足东北老工业基地振兴对能源、原材料等运输快速增长的需要,同时为东北地区扩大开放、承接产业转移,优化产业布局提供良好的平台。该工程于2009年1月试运行以来先后共开通内货航线35条,外货24条,至2010年共接卸各类原油船舶133艘次,完成吞吐量825.9吨。

(2)营口港仙人岛港区30万吨级航道工程

项目于2007年3月开工,2009年5月完工,2009年9月试通航,2017年8月完成竣工验收。

项目建设依据:2009年5月26日,辽宁省发展和改革委员会批复《营口港仙人岛港区30万吨级航道工程可行性研究报告》(辽发改交通〔2009〕532号)。2009年10月28日,辽宁省交通厅批复《营口港仙人岛港区30万吨级航道工程环境影响报告书》(辽环函〔2012〕454号)。

本工程建设一条按30万吨级油船乘潮单向通航标准设计限制最大吃水为21.8米的航道,全长27.85千米,设计有效宽度350米,设计底高程-22.5米,边坡1:5,疏浚量为7111万立方米。配套的导助航设施为前后中心导标各1座,建筑面积分别为351.52平方米和621.92平方米。工程总投资为22.39亿元,业主自有资金7.84亿元,银行贷款14.55亿元。

建设单位为营口港务集团有限公司;设计单位为中交第一航务工程勘察设计院有限公司;施工单位有中交广州航道局有限公司、中交一航局第一工程有限公司、营口港一疏浚有限公司;监理单位为营口港工程监理咨询有限公司;质监单位为营口市交通工程质量监督站。

原设计航道27.85千米,全程有效宽度350米,设计底高程-22.5米,变更为0~500米处有效宽度400米,500米~11.7千米处300米,设计底高程0~19.26千米处变更为-22米,概算由原250937.54万元调整为223858.21万元。

营口港仙人岛港区 30 万吨级航道自 2009 年 9 月试通航以来至 2015 年底,共安全通航各类船舶 1533 艘次,其中万吨级以上 15 万吨以下 680 艘次,30 万吨级大型 VLCC 油船 287 艘次,于 2016 年 12 月 14 日通过了营口海事局组织的安全评估。

(3)营口港仙人岛港区一港池 1 号成品油和液体化工品码头工程

项目于 2009 年 9 月开工,2011 年 11 月完工,2013 年 6 月投入试运行,2015 年 11 月完成竣工验收。

项目建设依据:2011 年 11 月 25 日,辽宁省发展和改革委员会《关于营口港仙人岛港区一港池 1 号成品油和液体化工品码头工程项目核准的批复》;2012 年 12 月 26 日,辽宁省交通厅批复《营口港仙人岛港区一港池 1 号成品油和液体化工品泊位工程初步设计》。2011 年 6 月 23 日,辽宁省环境保护厅批复《营口港仙人岛港区一港池 1 号成品油和液体化工品码头工程环境影响报告书》(辽环函〔2011〕246 号)。2010 年 6 月 20 日,营口市交通局《关于营口港仙人岛港区一港池 1 号成品油和液体化工品泊位使用岸线的批复》(营交港政发〔2010〕133 号)。2009 年 4 月 9 日,辽宁省海洋与渔业厅颁发《海域使用权证书》(国海证 091100006 号)。

本工程建设 1 个 5000 吨级成品油和液体化工品泊位(水工结构按靠泊 1 万吨设计),码头岸线全长 197 米。码头平面布局为顺岸式,重力式方块结构。码头前沿水深为 9.5 米(西侧 130.4 米)和 11 米(东侧 66.6 米),堆场面积为 8329 平方米,码头配备的主要装卸设备为连云港远洋流体装卸设备公司生产的 DN100 - 300 输油臂 6 台,软管(CW - 3 型)4 台。工程总投资为 1.08 亿元,企业自有资金 3226.03 万元,银行贷款 7527.41 万元。

建设单位为营口港务集团有限公司;设计单位为中交水运规划设计院有限公司;施工单位有中交一航局第一工程有限公司、大连港埠机电有限公司、营口港建筑安装有限公司;监理单位为营口港工程监理咨询有限公司;质监单位为营口市交通工程质量监督站。

营口港仙人岛港区一港池 1 号～3 号成品油和液体化工品码头工程建成投产,不仅促进了仙人岛能源化工品和临港工业的发展,适应了腹地石化企业生产原料和产品的海运需求,还进一步完善了仙人岛港区的功能,为推动区域经济发展奠定了基础。

(4)营口港仙人岛港区一港池 2 号成品油和液体化工品码头工程

项目于 2009 年 9 月开工,2011 年 11 月完工,2013 年 6 月投入试运行,2015 年 11 月完成竣工验收。

项目建设依据:2012 年 4 月 9 日,辽宁省发展和改革委员会《关于营口港仙人岛港区一港池 2 号成品油和液体化工品泊位项目核准的批复》(辽发改交通〔2012〕300 号)。2013 年 7 月 2 日,辽宁省交通厅批复《营口港仙人岛港区一港池 2 号成品油和液体化工品泊位工程初步设计》(辽交航发〔2013〕223 号)。2011 年 12 月 22 日,交通运输部《关于营口港仙人岛港区一港池 2 号成品油和液体化工品码头工程环境影响报告书》(辽环函

〔2011〕479 号）。2009 年 4 月 9 日，国家海洋局印发《海域使用权证书》（国海证091100006）。

本工程建设 1 个 2 万吨级成品油和液体化工品泊位（水工结构按靠泊 5 万吨级船舶设计），码头岸线全长 229 米。码头平面布局为顺岸式，重力式方块结构。码头前沿水深11 米。码头配备主要装卸设备为连云港远洋流体装卸设备公司生产的 DN300PN16 型输油臂 12 台、DN200PN25 型 1 台。陆域利用已建仙人岛港区 30 万吨级原油码头工程辅建区。工程总投资 1.60 亿元，企业自有资金 4800.80 万元、银行贷款 1.12 亿元。

建设单位为营口港务集团有限公司；设计单位为中交水运规划设计院有限公司；施工单位有中交一航局第一工程有限公司、大连港埠机电工程有限公司、营口港建筑安装工程有限公司；监理单位为营口港工程监理咨询有限公司；质监单位为营口市交通工程质量监督站。

营口港仙人岛港区一港池 1 号～3 号成品油和液体化工品码头工程建成投产，不仅促进了仙人岛能源化工品和临港工业的发展，适应了腹地石化企业生产原料和产品的海运需求，还进一步完善了仙人岛港区的功能，为推动区域经济发展奠定了基础。

（5）营口港仙人岛港区一港池 3 号成品油和液体化工品码头工程

项目于 2009 年 9 月开工，2012 年 8 月交工，2015 年 11 月投入试运行，2017 年 3 月 7日完成竣工验收。

项目建设依据：2013 年 7 月 25 日，辽宁省发展和改革委员会《关于营口港仙人岛港区一港池 3 号成品油和液体化工品泊位项目核准的批复》；2013 年 12 月 25 日，辽宁省交通厅批复《营口港仙人岛港区一港池 3 号成品油和液体化工品码头工程初步设计》（辽交航发〔2013〕466 号）。2013 年 1 月 7 日，辽宁省环境保护厅批复《营口港仙人岛港区一港池 3 号成品油和液体化工品码头工程环境影响报告书》（辽环函〔2013〕7 号）。2013 年 4月 12 日，交通运输部《关于营口港仙人岛港区一港池 3 号成品油和液体化工品泊位使用港口岸线的批复》（交规划发〔2013〕262 号）。2009 年 4 月 9 日，国家海洋局印发《海域使用权证书》（国海证 091100006 号）。2012 年 12 月 31 日，辽宁省海洋与渔业厅《关于确认营口港仙人岛港区一港池 3 号、4 号成品油泊位海域使用的函》。

本工程建设 2 万吨级成品油和液体化工品泊位 1 个（水工结构按靠泊 5 万吨级船舶设计），码头岸线长 199 米。码头平面布局为顺岸式，重力式带卸荷板方块结构。码头前沿水深 11 米（码头结构底高程 -15.5 米）。码头配备的主要装卸设备为连云港远洋流体装卸设备公司生产的 DN300PN16 输油臂 6 台，DN200PN25 软管 14 台。工程总投资为 1.48 亿元，企业自有资金 4434.14 万元，银行贷款为 1.03 亿元。

建设单位为营口港务集团有限公司；设计单位为中交水运规划设计院有限公司；施工单位有中交一航局第一工程有限公司、大连港埠机电有限公司、营口港建筑安装工程有限公司；监理单位为营口港工程监理咨询有限公司；质监单位为营口市交通工程质量监督站。

营口港仙人岛港区一港池1号～3号成品油和液体化工品码头工程建成投产,不仅促进了仙人岛能源化工品和临港工业的发展,适应了腹地石化企业生产原料和产品的海运需求,还进一步完善了仙人岛港区的功能,为推动区域经济发展奠定了基础。

(6)营口港仙人岛港区1号多用途泊位工程

项目于2012年9月开工,2014年9月交工并投入试运行。

项目建设依据:2005年11月17日,辽宁省发展和改革委员会批复《营口港仙人岛港区1号多用途泊位工程预可行性研究报告》(辽发改发〔2005〕965号)。2005年12月31日,辽宁省发展和改革委员会批复《营口港仙人岛港区1号多用途泊位工程可行性研究报告》(辽发改发〔2005〕1171号)。2015年1月4日,辽宁省交通厅批复《营口港仙人岛港区1号多用途泊位工程初步设计》(辽交航发〔2015〕3号)。2009年3月17日,辽宁省环境保护厅批复《营口港仙人岛港区1号多用途泊位工程环境影响报告书》(辽环函〔2009〕66号)。2013年2月8日,辽宁省海洋与渔业厅核准《营口港仙人岛港区1号多用途泊位(填海)工程环境影响报告书》(辽海渔〔2013〕61号)。2012年11月12日,辽宁省海洋与渔业厅《关于营口港仙人岛港区1号多用途泊位工程用海预审意见的函》(辽海渔〔2012〕243号)。2006年11月16日,交通部办公厅《关于营口港仙人岛港区多用途码头和通用码头使用岸线的批复》(厅函规划〔2006〕268号)。2014年9月5日,交通运输部《关于营口港仙人岛港区1号和2号多用途泊位工程使用岸线的批复》(交规划函〔2014〕729号)。2006年9月20日,辽宁省国土资源厅《关于营口港仙人岛港区1号多用途泊位工程建设项目用地预审意见的复函》(辽国土资规审〔2006〕41号)。2013年4月23日,辽宁省海洋与渔业厅《关于同意营口港仙人岛港区1号多用途泊位工程围填海施工的通知》。2013年4月12日,辽宁省海洋与渔业厅颁发《海域使用权证书》(国海证2013B21088117663号)。

本工程建设5万吨级多用途码头1座(水工结构按靠泊10万吨级船舶设计),泊位长248米,设计年通过能力钢铁60万吨,集装箱6万TEU。码头前沿水深为14米,码头平面布局为突堤式,重力式带卸荷板方块结构。堆场面积为24.22万平方米。码头设置的主要装卸设备为40吨—43米门座式起重机1台;25吨—35米门座式起重机1台;多用途装卸桥1台;电力轮胎式集装箱龙门起重机3台;25吨轮胎式起重机4台。工程总投资为3.05亿元,业主自有资金为1.07亿元,银行贷款1.98亿元。

建设单位为营口港务集团有限公司;设计单位为中交第一航务工程勘察设计院有限公司;施工单位为中交一航局第一工程有限公司;监理单位为营口港工程监理咨询有限公司;质监单位为营口市交通工程质量与安全监督处。

(7)营口港仙人岛港区2号多用途泊位工程

项目于2012年9月开工,2014年9月27日交工并投入试运行。

项目建设依据:2005年11月4日,辽宁省发展和改革委员会批复《营口港仙人岛港区2号多用途泊位工程预可行性研究报告》(辽发改发〔2005〕968号)。2005年12月30日,辽宁省发展和改革委员会批复《营口港仙人岛港区2号多用途泊位工程可行性研究报告》(辽发改发〔2005〕1172号)。2015年1月4日,辽宁省交通厅批复《营口港仙人岛港区2号多用途泊位工程初步设计》(辽交航发〔2015〕4号)。2010年1月28日,辽宁省环境保护厅批复《营口港仙人岛港区2号多用途泊位工程环境影响报告书》(辽环函〔2010〕23号)。2013年2月8日,辽宁省海洋与渔业厅《关于对营口港仙人岛港区2号多用途泊位(填海)工程海洋环境影响报告书的核准意见》(辽海渔环字〔2013〕60号)。2006年9月20日,辽宁省国土资源厅《关于营口港仙人岛港区2号多用途泊位工程建设项目预审意见的复函》(辽国土资规审〔2006〕42号)。2012年11月12日,辽宁省海洋与渔业厅《关于营口港仙人岛港区2号多用途泊位工程用海预审意见的函》(辽海渔函〔2012〕244号)。2014年9月5日,交通运输部《关于营口港仙人岛港区1号、2号多用途泊位工程使用港口岸线的批复》(交规划函〔2014〕729号)。

本工程建设5万吨级多用途泊位1座,码头岸线长248米(南侧118米岸线水工结构按靠泊10万吨级船舶设计,北侧130米岸线为满足相邻泊位靠泊需要按15万级船舶设计)。设计年通过能力60万吨,集装箱6万TEU。码头平面布局为突堤式,重力式沉箱结构。码头前沿水深,南侧118米岸线范围15.5米,北侧130米岸线范围18米。堆场面积为9.72万平方米。陆域面积为13.44万平方米,码头设置的主要装卸设备为40吨—43米门座式起重机1台,25吨—35米门座式起重机1台,多用途装卸桥1台,25吨轮胎式起重机4台,电力轮胎式集装箱龙门起重机3台。工程总投资为10.66亿元,其中业主自有资金3.73亿元,银行贷款6.93亿元。

建设单位为营口港务集团有限公司;设计单位为中交第一航务工程勘察设计院有限公司;施工单位为中交一航局第一工程有限公司、营口港建筑安装工程有限公司;监理单位为营口港工程监理咨询有限公司;质监单位为营口市交通工程质量与安全监督处。

(8)营口港仙人岛港区通用码头工程

项目于2012年9月开工,2013年11月交工验收并投入试运行。

项目建设依据:2005年6月3日,辽宁省发展和改革委员会《关于营口港仙人岛港区通用码头工程项目建设书的批复》(辽发改发〔2005〕376号)。2005年12月31日,辽宁省发展和改革委员会批复《营口港仙人岛港区通用码头工程可行性研究报告》(辽发改发〔2005〕1170号)。2015年1月4日,辽宁省交通厅批复《营口港仙人岛港区通用码头工程初步设计》(辽交航发〔2015〕6号)。2007年12月13日,辽宁省环境保护厅批复《营口港仙人岛港区通用码头工程海洋环境影响报告书》(辽环函〔2007〕357号)。2008年4月28日,辽宁省海洋与渔业厅核准《营口港仙人岛港区通用码头工程海洋环境影响报告书》

(辽海渔环〔2008〕12号)。2013年2月8日,辽宁省海洋与渔业厅《关于营口港仙人岛港区通用泊位(填海)工程海洋环境影响报告书的核准意见》(辽海渔环〔2008〕12号)。2006年9月20日,辽宁省国土资源厅《关于营口港仙人岛港区通用码头工程项目用地预审意见的复函》(辽国土规审〔2006〕40号)。2012年11月12日,辽宁省海洋与渔业厅《关于营口港仙人岛港区通用泊位工程用海预审意见的函》(辽海渔函〔2012〕242号)。2006年11月16日,交通部办公厅《关于营口港仙人岛港区多用途和通用码头使用岸线的批复》(厅函规划〔2006〕268号)。2014年7月23日,交通运输部《关于营口港仙人岛港区一突堤通用码头工程使用港口岸线的批复》(交规划函〔2014〕590号)。

本工程建设5万吨级通用码头1座(水工结构按靠泊10万吨级船舶设计),码头岸线长304米,设计年通过能力140万吨,码头平面布局为突堤式,重力式带卸荷板方块结构。堆场面积为11.21万平方米。码头主要工艺设备为40吨—35米门座起重机1台,25吨—35米门座起重机2台,40吨—38米门座起重机3台,25吨轮胎式起重机5台。工程总投资为3.04亿元,其中业主自有资金9129.50万元,银行贷款2.13亿元。

建设单位为营口港务集团有限公司;设计单位为中交第一航务工程勘察设计院有限公司;施工单位为中交一航局第一工程有限公司、营口港建筑安装工程有限公司;监理单位为营口港工程监理咨询有限公司;质监单位为营口市交通工程质量监督站。

(9)营口港仙人岛港区204号多用途及205号、206号通用泊位工程

项目于2014年9月开工,2015年9月完工并投入试运行。

项目建设依据:2015年4月3日,营口市发展和改革委员会颁发《营口市企业投资项目备案确认书》(营口市发备〔2015〕1号)。2015年9月24日,营口市交通局批复《营口港仙人岛港区204号多用途及205号、206号通用泊位工程初步设计》(营交港政发〔2015〕312号)。2014年9月24日,营口市环保局批复《营口港仙人岛港区204号多用途及205号、206号通用泊位工程环境影响报告书》(营环批字〔2014〕69号)。2013年4月2日,辽宁省海洋与渔业厅颁发《海域使用权证书》(国海证21088117678号)。

本工程建设7万吨级多用途码头1座(水工结构按靠泊15万吨级船舶设计和建设),7万吨级通用码头2座(水工结构按靠泊10万吨级散货船设计和建设)。三个泊位岸线总长892米,其中204号多用途泊位岸线长350米,205号、206号通用泊位长542米,设计年通过能力330万吨,集装箱15万TEU。码头前沿水深204号泊位18米,205号、206号通用泊位15.5米。码头平面布局为突堤式,重力式沉箱结构,堆场面积为14.9万平方米。码头配置主要装卸设备有41吨—47米多用途装卸桥1台;40吨—43米多用途门座起重机2台;40吨—43米门座起重机2台;25吨—38米门座起重机4台。工程总投资为10.66亿元,企业自有资金3.20亿元,银行贷款7.46亿元。

建设单位为营口港务集团有限公司;设计单位为中交水运规划设计院有限公司;施工

单位为中交一航局第一工程有限公司、营口港建筑安装工程有限公司;监理单位为营口港工程监理咨询有限公司;质监单位为营口市交通工程质量与安全监督处。

五、锦州港

（一）港口概况

1.港口综述

锦州港位于辽宁省西部、渤海西北部的锦州湾北岸,地处关内外交通要冲,辽西走廊的上咽,是距辽宁西部,吉林、黑龙江两省中西部,内蒙古东部,华北北部乃至蒙古国、俄罗斯西伯利亚地区最便捷的进出海口,是辽宁省重点发展的北方区域性港口,是国家辽宁沿海经济带建设战略中的重要节点之一。

锦州港现有锦州港（笔架山）港区和龙栖湾港区。锦州港港区地理坐标东经121°04′、北纬40°48′,港区北距锦州市35千米、西距葫芦岛市36千米、秦皇岛市120千米;水路距秦皇岛港98海里、大连港262海里。龙栖湾港区地理坐标东经121°14′、北纬40°53′,北依松岭山脉,南临渤海,西与滨海新区白沙湾行政生活区毗邻,东与锦州凌海市接壤,陆路距阜新105千米、朝阳118千米,水路距营口港56海里、大连港262海里。

锦州港港区于1986年10月开工建设,1990年10月正式通航,同年12月被国家批准为一类开放商港。截至2015年,已建有生产性泊位23个,其中万吨级以上（含万吨级）泊位21个,最大靠泊能力为25万吨级;通用散杂货泊位12个,最大靠泊能力为7万吨级;集装箱泊位4个,靠泊能力5万吨级。港区拥有完备的导助航设施以及仓库堆场、散粮筒仓、油化储罐、港区路网、输送管线等配套设施,拥有充足而高效的港口作业机械;现已具备内外贸集装箱运输和油品、化工品、大宗散杂货、件杂货的装卸、仓储、运输、服务及散货灌包等功能。油品、粮食、煤炭、矿粉、集装箱五大货种是锦州港的优势货源,锦州港成为中国最大的内贸散粮中转港和中国最大的褐煤中转港。锦州港港区已与亚洲、欧洲、大洋洲、美洲、非洲的100多个国家和地区建立通航关系。国内散货班轮开通广州、黄埔、上海、漳州、厦门等港口,集装箱班轮国内已构成贯通南北沿海主要港口,全面辐射珠江和长江水系,外贸内支线可通过大连港中转至世界各地。

龙栖湾港区是锦州港口可持续发展的新港区,2014—2015开展港区内基础设施建设项目的报审工作,未有码头投入运营使用。

按照"一带一路"倡议,现在,锦州港已成为辽蒙欧经济走廊的"桥头堡",从锦州港到内蒙古的锡林郭勒盟,蒙古国东三省,再到俄罗斯,锦州港作为蒙古国的出海通道已经确定,2016年5月,蒙古国海事局锦州代表处在锦州港成立。

2. 港口水文气象

锦州市多年平均气温9.4摄氏度,极端最高气温41.84摄氏度(1972年7月),极端最低气温－24.82摄氏度(2001年1月)。多年平均降水量573.9毫米,历年最大降水量918.3毫米,历年最小降水量348.5毫米。大雾(能见度小于1千米),平均每年出现10.7天。N向风出现频率最高,达16.40%;SW、SSW与S向次之,所占频率分别为14.42%、10.81%与9.35%。强风多出现在N向,超过10.8米/秒风速的出现频率为0.89%。平均风速为3.5米/秒,超过10.8米/秒风速的出现频率为1.56%；最大风速为20米/秒,发生在N向,次最大风速为19米/秒,发生在NNW向。

锦州港附近海区属不规则半日潮海区,最高高潮位4.22米,最低低潮位－1.12米,最大潮差4.06米,平均潮差2.05米。设计高水位3.60米,设计低水位－0.07米,极端高水位4.65米,极端低水位－1.67米。S向和SSW向波浪频率最高,分别为18.8%和18.5%,其次为N向,占17.5%。

本海区的总冰期平均每年为90天左右,1999—2010年的11年中,其中5年有固定冰出现,固定冰期平均每年约60多天,固定冰宽度平均1000～1400米,厚度一般为20厘米,最大为40厘米。流冰的冰量与密集度大于等于8级且有灰白冰、白冰出现,平均每年约10天。2009—2010年冬季,受持续低温及连续多次降雪影响,锦州地区近岸冰情较重。据相关部门监测,锦州近岸海冰坚硬起伏,冰层最厚约1米,且向海延伸达30海里以上。锦州港港池、航道区及锚地不同程度受冰层覆盖。锦州港4艘拖轮全力破冰引航,但仍觉拖轮数量不足。此次冰情的最主要特点是海冰外缘线范围大。据悉,锦州港拖轮救助范围曾至北纬40°23′附近,离岸约30海里。此次冰期与往年相比大致相同,锦州港12月中旬进入初冰期,1月中下旬开始进入盛冰期,终冰期为2月底。得益于持续北风影响,浮冰在此作用下南移,故而南北走向的航道及港池内冰情并不十分严重,盛冰期一般冰厚15～25厘米,最大冰厚30厘米。而处于航道南部的锚地冰情十分严重,一般冰厚30～50厘米,存在浮冰相互叠加而成的灰白冰,且流冰少而冰带多,在一、二号锚地曾出现船只随冰带漂移及船舶被冰卡住的现象。海冰给船舶靠港带来了极大困难,前往锦州港的船舶靠港作业时间普遍延长1～2小时。并且,在船舶靠港过程中,经常在码头前沿出现厚度约1米的堆积冰,造成船舶无法靠严码头的现象。根据锦州港开港二十余年的经验,虽然冰期较长,但冻而不封,港池航道等深水区从来没有出现因冰而影响码头作业的情况。

3. 发展成就

锦州港于1986年10月开工建设,1990年10月正式通航,同年12月被国家批准为一类开放商港。

锦州港的快速发展对扩大腹地对外开放、促进区域经济发展起着重要的作用。以石油、煤炭、粮食、原材料初级产品为主的运输结构是与腹地以重化工业为主的工业结构以及资源丰富、农业发达的经济特点密切相关的，港口不仅为腹地重化工业的发展及煤炭、粮食等优势资源的外运提供了运输保障，同时也为锦州、葫芦岛及其他腹地走向国际、国内两个市场提供了便捷通道，并促进了区域国土资源的开发及临港工业的发展。

随着地区经济的发展，锦州市依托港口创造条件，使辽宁西部、内蒙古东部等地区有了经济便捷的出海口岸。未来，锦州港将以"一港两区"发展思路，建设锦州港港区、龙栖湾港区，扩大锦州港规模，实现锦州港功能合理布局。锦州港是东北地区重要的出海口之一，锦州港的发展对东北地区综合运输体系的形成有着重要意义。

锦州港起步工程从1986年10月开始，到1991年结束。"一杂、一油"2个万吨级泊位建设、航道及港池疏浚和引堤建设是这一时期的主要工程。杂货泊位（103号泊位，2003年改造为油泊位）于1987年8月开工，1990年10月正式投产；油品泊位（102号泊位）于1987年8月开工，1991年9月正式投产；疏浚工程于1986年10月开工，1989年12月竣工；引堤工程于1986年10月开工，1991年12月竣工。引堤具有集公路、铁路、管道运输功能为一体的特点，堤长3131米。1986—1994年是锦州港起步发展阶段。依靠国外贷款和地方自有资金，相继建成3个深水泊位及进港航道、疏港公路、铁路等相应配套设施，形成通过能力280万吨。港口吞吐量由1990年的5.9万吨增长到1994年的150万吨，呈现超高速的增长趋势，但总体规模相对较小。作为地方性港口，其发展的起步阶段不可避免地遇到资金短缺、体制束缚等一系列问题。面对困境，锦州港于1993年初在全国港口中率先进行股份制改造，联合大庆石化总厂、锦州石化分公司成立了锦州港股份有限公司，在探索港口发展新途径、建立现代企业制度上迈出了第一步。

1996年6月，锦州港国际集装箱班轮正式开通，中远集团在环渤海内支线停靠锦州港，每周一个航班。为发展集装箱业务，201B通用杂货泊位在码头构造、承受能力等方面完善接卸集装箱功能。1999年，锦州港集装箱运输在原有3条航线的基础上又新开通2条航线，内贸有青岛航线、中海航线；外贸有青岛航线、大连航线、天津航线。

2000年12月，锦州港完成吞吐量1005.6万吨，吞吐量首次逾千万吨大关。

2005年12月，301B 25万吨级大型油泊位实现通油，该泊位开中国港口大型泊位当年施工当年竣工投产之先河，使锦州港一跃成为全国第5家拥有25万吨级以上油码头的港口。2014年12月锦州港与靖江港联袂挺进长江，开启了我国北粮南运的又一条"黄金水道"。自此，以锦州港为轴心，涉长江、珠江、闽江三大水系，跨越珠三角、长三角的"一点多射"粮食航线网络化布局悄然形成。

锦州港自开港以来吞吐量增长迅速，2000年完成货物吞吐量1006万吨，2015年完成货物吞吐量9192万吨，年均增长15.9%。

锦州港港区分布图如图 8-1-4 所示。锦州港基本情况见表 8-1-5。

图 8-1-4　锦州港港区分布图

(二)锦州港港区

1.港区综述

(1)港区建设和运营概况

锦州港港区始建于 1986 年,1990 年 10 月正式开港,同年 12 月经国务院批准为国家一类对外开放口岸。回顾锦州港的发展历程,大体可分为两个阶段,1986—1994 年是锦州港起步发展阶段。依靠国外贷款和地方自有资金,相继建成 3 个深水泊位及进港航道、疏港公路、铁路等相应配套设施,形成通过能力 280 万吨。港口吞吐量由 1990 年的 5.9 万吨增长到 1994 年的 150 万吨,呈现超高速的增长趋势,但总体规模相对较小。1995 年以来,锦州港进入快速发展阶段。至 2015 年锦州港港区已建有生产用泊位 23 个,其中万吨级以上(含万吨级)泊位 21 个。生产用泊位分别是油品化工泊位 7 个,最大靠泊能力 25 万吨级;通用散杂货泊位 12 个,最大靠泊能力 7 万吨级;集装箱泊位 4 个,靠泊能力 5 万吨级。锦州港已经成为我国北方沿海又一个重要港口。

表 8-1-5

锦州港基本情况表(沿海)

序号	港区名称	港口岸线		2015 年港口生产用泊位				其中:1978—2015 年建成的生产用泊位				2015 年港口货物和旅客吞吐量						
		港口规划岸线	其中:2015 年前已建成岸线	生产用泊位数	其中:万吨级及以上	生产用泊位长度	其中:万吨级及以上	生产用泊位数	其中:万吨级及以上	生产用泊位长度	其中:万吨级及以上	货物吞吐量	其中:外贸货物吞吐量	集装箱	滚装车辆		旅客	其中:国际旅客
															数量	重量		
		千米	千米	个	个	米	米	个	个	米	米	万吨	万吨	万 TEU	万辆	万吨	万人	万人
1	锦州港港区	14.02	6.12	23	21	6119	5849	23	21	6119	5849	9192.1	1001.3	81.9	—	—	—	—
2	龙栖湾港区	22.2	0	0	—	0	—	0	—	0	—	0	—	—	—	—	—	—
	合计	36.22	6.12	23	21	6119	5849	23	21	6119	5849	9192.1	1001.3	81.9	—	—	—	—

（2）港区地理条件和集疏运概况

锦州港港区地处辽东湾湾顶西部、关内外交通运输的咽喉地段，是辽宁西部、内蒙古东部及吉林、黑龙江两省西部地区便捷的出海口岸，是我国地区性重要港口和地区综合运输体系的重要枢纽。锦州港所依托的锦州市是东北地区重要的重工业城市和辽西地区的经济中心，关内外主要铁路、公路交通干线均从港口后方通过，战略地位重要。锦州港港区地理坐标为东经121°04′、北纬40°48′，港区北距锦州市35千米、西距葫芦岛市36千米、秦皇岛市120千米；水路距秦皇岛港98海里、大连港262海里。

经过多年建设，锦州港集疏运系统有较大发展，锦州港腹地内交通便利，有5条公路（102国道、锦州—大连、锦州—沈阳、锦州—阜新、锦州—朝阳—赤峰）、6条铁路（沟海线、沈山线、锦赤线、魏塔线、锦齐线、锦南线）。通过疏港公路和铁路与港口组成交通网络。

铁路、公路、管道等各种集疏运方式齐全。港口通过高（桥）天（桥）地方铁路沟通京哈铁路干线及锦（州）承（德）、锦（州）赤（峰）、大（虎山）郑（家屯）、沟（帮子）海（城）、新（民）义（县）、魏（杖子）塔（山）等铁路线，构成面向腹地、干支相连的铁路网。通过一级疏港公路连接由京沈、锦朝、锦阜高速公路、国道102和305线等组成的由港口向腹地辐射的公路运输网。

通过锦州港—通辽—霍林河—东乌珠—恩嘎达布其（全长1123千米），抵达恩嘎达布其口岸，为蒙古国提供出海服务。该通道由沈铁局管理，于2010年建成运营，锡林郭勒盟境内337千米。2014年开始电气化改造部分路段（通辽至霍林河至贺斯格乌拉）。

在建铁路有锦州至白音华铁路扩能工程：珠恩嘎达布其—巴彦乌拉—新邱—锦州港；珠恩嘎达布其—白音华—大板—赤峰—锦州港（巴彦郭勒至巴彦乌拉段）；珠恩嘎达布其—白音华—大板—赤峰—锦州港（赤峰至锦州段）。

锦州至白音华铁路扩能工程在2014年获得国家和发展改革委员会核准的批复。该项目由中电物流公司锦赤铁路公司投资建设，总投资256亿元。线路全长604千米，锡林郭勒盟境内54千米，投资17亿元；线路等级为国铁Ⅰ级，设计运力1.5亿吨。

珠恩嘎达布其—巴彦乌拉—新邱—锦州港（全长866千米）。该通道巴彦乌拉至新邱段由辽宁春城集团建设，全长487千米，2007年开工建设，大板至新邱段在2015年已经全线通车；巴彦乌拉至珠恩嘎达布其段由巴珠铁路公司建设，全长271千米，伊和吉林至东乌旗段（一、二期）于2014年具备通车条件。东乌旗至珠恩嘎达布其段于2014年沈铁局按嘎达布其物流专用线建成投运。巴珠二期工程与嘎达布其物流园区专用线联络线建设方案正在研究协调中；巴彦郭勒至巴彦乌拉段（巴珠四期），2015年未开工建设。

珠恩嘎达布其—白音华—大板—赤峰—锦州港（全长980千米）。该通道白音华至大板至赤峰段为既有线，东乌至白音华段建成投入运营，赤峰至锦州段于2015年建成。

2.港区工程项目

(1)锦州港第一港池101号油品泊位工程

项目于1994年9月开工,1997年10月竣工。

项目建设依据:1993年6月,国家计划委员会《关于锦州港新建油码头工程项目建议书的批复》(计交通〔1993〕1047号);1994年7月,国家计划委员会《关于锦州港新建油码头工程可行性研究报告的批复》(计交能〔1994〕990号);1994年11月,辽宁省计划委员会《关于锦州港新建油码头工程初步设计的批复》(辽计发〔1994〕519号)。1993年9月,辽宁省环保局《关于锦州港新建油码头工程环境影响报告书的批复》(辽环建发〔1993〕27号);2003年7月,锦州市人民政府颁发土地证(证号编码:2003字第000284)。

项目建设1个5万吨级油品码头泊位,并兼顾2万吨级油轮停靠,码头外侧兼作防波堤(码头水工建筑允许靠泊能力12万吨级),岸线总长356米。航道暂按通航3万吨级油轮标准建设。航道长度7.75千米(原有6千米),水深11.0米,宽度为130米。航道总挖泥量约510万立方米。港池调头圆直径为424米,水深11.0米。港池总挖泥量为200万立方米。码头采用顺岸式布局,重力式结构(沉箱)。码头前沿水深11米。主要装卸设备配置2台16英寸和12英寸输油臂6台以及相关液控和电控装置。项目总投资为2.65亿元,其中含外币177.07万美元。用地面积1.78万平方米。

建设单位为锦州港股份有限公司;设计单位为中交第一航务工程勘察设计院;施工单位为中交一航局五公司;监理单位为锦州港务(集团)股份有限公司工程建设监理公司;质监单位为锦州水运工程质量监督站。

2005年1月至2012年7月试运行期间,完成油品吞吐量3606.5万吨,其中原油2355万吨,成品油1251.5万吨,生产组织、设备运行良好,较好地完成了生产任务。

(2)锦州港第一港池102号油品泊位工程

项目于1987年8月开工,1991年9月正式投产。

项目建设1个1万吨级油品码头泊位,岸线总长241米。码头采用顺岸式布局,重力式结构。码头前沿水深10.4米。

(3)锦州港第一港池103号、104号泊位改造工程

项目于2003年1月开工,2005年1月试运行并竣工。

项目建设依据:2005年4月,锦州市发展和改革委员会《关于锦州港103B104B泊位改造工程的批复》(锦发改发〔2005〕119号);2003年4月,辽宁省发展计划委员会《关于委托审批锦州港一港池103B杂货泊位改为临时油泊位的通知》(辽计发〔2003〕285号);2003年3月,锦州市发展计划委员会《关于锦州港一港池103B杂货泊位改为临时油泊位的批复》(锦计发〔2003〕88号);2003年4月,锦州市环境保护局《关于锦州港103B(1#杂)泊位改为油品泊位工程环境影响报告书的批复》(锦环函〔2003〕16号);2005年5月,

锦州市环保局《锦州港股份有限公司 103B、104B 泊位改造工程环评报告表审批意见》;2014 年锦州市人民政府颁发土地证(证号编码:锦开国用 2014.00)。

项目建设 2 个 1 万吨级油品码头泊位(码头水工建筑允许靠泊能力 2 万吨级),岸线总长 407 米。码头采用顺岸式布局,重力式结构。码头前沿水深 11 米。主要装卸设备配置汽油管线 2 条,重油管线 2 条,输油臂及消防设施。项目总投资额为 510.47 万元,全部为企业自筹。用地面积 2.04 万平方米。

建设单位为锦州港股份有限公司;设计单位为锦州石油化工公司设计院;施工单位为大连建工机电安装工程有限公司;监理单位为自行监理;质监单位为锦州水运工程质量监督站。

试运行期间,共靠泊油品化工船 1628 艘次,完成油品吞吐量 715.8 万吨,其中成品油 517.6 万吨。生产组织、设备运行良好,较好地完成了试生产任务。

(4)锦州港杂货泊位(105B 号、106B 号)工程

项目于 1993 年 10 月开工,1995 年 12 月竣工。

项目建设依据:1991 年 4 月,辽宁省计划经济委员会《关于锦州港新建两个杂货泊位工程可行性研究报告(代计划任务书)的批复》(辽计经发〔1991〕215 号);1993 年 3 月,辽宁省计划委员会《关于锦州港新建两个杂货泊位工程初步设计的批复》(辽计发〔1993〕120 号)。2014 年 7 月,锦州市人民政府颁发土地证(证号编码:锦开国用 2014.00)。

项目建设 1 个万吨级杂货码头泊位、1 个 3 万吨级杂货码头泊位,岸线总长 382 米。码头采用顺岸式布局,重力式结构。码头前沿水深 12 米。项目后方堆场面积 4.2 万平方米,堆存能力 16.17 万吨。主要装卸设备配置 10~30 吨门机 2 台。项目总投资为 1.43 亿元。用地面积 6.11 万平方米。

建设单位为锦州港股份有限公司;设计单位为交通部第一航务工程勘察设计院;施工单位为交通部第一航务工程局第五工程公司。

2005 年 1 月至 2012 年 7 月期间,完成吞吐量 1918.1 万吨,生产组织、设备运行良好,较好完成了生产任务。

(5)锦州港 107 号泊位工程

项目于 2000 年 7 月开工,2007 年 12 月试运行,2012 年 9 月竣工。

项目建设依据:2000 年 4 月,锦州市计划经济委员会《关于锦州港工作船码头工程项目建议书的批复》(锦计发〔2000〕83 号);2000 年 5 月,锦州市计划经济委员会《关于锦州港工作船码头工程项目可行性研究报告的批复》(锦计发〔2000〕88 号);2000 年 4 月,锦州市计划经济委员会《关于锦州港工作船码头工程项目初步设计的批复》(锦计发〔2000〕167 号);2009 年 10 月,锦州市发展和改革委员会《关于锦州港原 107 工作船码头变更为杂货码头工程可行性研究报告的批复》(锦发改发〔2009〕147 号)。

项目建设 1 个 3000 吨级杂货码头泊位,岸线总长 130 米。码头采用顺岸式布局,桩式结构。码头前沿水深 7.5 米。项目后方堆场面积 0.3 万平方米,堆存能力 5 万吨。主要装卸设备配置 10～30 吨门机 2 台。用地面积 1 万平方米。项目总投资为 1865 万元,其中 30% 企业自筹,70% 银行贷款。

建设单位为锦州港股份有限公司;设计单位为大连理工大学土建勘察设计研究院;施工单位为大连水陆工程局一局;监理单位为锦州兴港工程监理有限公司;质监单位为锦州水运工程质量监督站。

(6)锦州港第二港池 5 号(201)、6 号(202)散杂货泊位工程

项目于 1998 年 3 月开工,1999 年 12 月竣工。

项目建设依据:1997 年 6 月,辽宁省计划委员会《关于锦州港 5# 散杂泊位工程可行性研究报告的批复》(辽计发〔1997〕332 号);1997 年 6 月,辽宁省计划委员会《关于锦州港 6# 散杂泊位工程可行性研究报告的批复》(辽计发〔1997〕345 号);1997 年 11 月,辽宁省计划委员会《关于锦州港第二港池 5# 散杂货泊位工程初步设计的批复》(辽计发〔1997〕604 号);1998 年 2 月,辽宁省计划委员会《关于锦州港第二港池 6# 散货(煤炭)泊位工程初步设计的批复》(辽计发〔1998〕158 号)。1997 年 4 月,辽宁省环境保护局《关于锦州港第二港池 5# 散杂泊位及 6# 散货(煤炭)泊位环境影响报告书的批复》(辽环函〔1997〕58 号);2014 年 7 月,锦州市人民政府颁发土地证(证号编码:锦开国用 2014.00)。

项目建设 1 个 3.5 万吨级散货码头泊位(码头水工建筑允许靠泊能力 5 万吨级),岸线总长 542 米。码头采用顺岸式布局,重力式结构(沉箱)。码头前沿水深 14 米。项目后方堆场面积 5 号(201)为 5.4 万平方米,6 号(202)为 6.1 万平方米,堆存能力 35 万吨。主要装卸设备配置 5 号(201)泊位安装 3 台门机,其中 16 吨—33 米、10 吨—33 米、40 吨—33 米各一台。配置 25 吨轮胎吊起重机 4 台,3 立方米单斗装载机 4 台,5 吨叉车 3 台,移动皮带机 6 台。6 号(202)泊位安装 16 吨—33 米门机 6 台。配置 3 立方米单斗装载机 7 台,移动皮带机 8 台,堆爬机 1 台。项目总投资 3.00 亿元。用地面积 14.21 万平方米。

建设单位为锦州港股份有限公司;设计单位为交通部第一航务工程勘察设计院;施工单位为交通部第一航务工程局第五工程公司;监理单位为北京京华水运工程建设监理所;质监单位为锦州港工程质量监督站。

试运行期间,201 号泊位共靠泊 2421 艘次,完成吞吐量 1998.6 万吨;202 号泊位共靠泊 1224 艘次,完成吞吐量 2297.1 万吨。两泊位运行期间生产组织、设备运行良好,较好完成了生产任务。

(7)锦州港第二港池 7 号散杂泊位工程

项目于 2003 年 5 月开工,2004 年 7 月试运行并竣工。

项目建设依据:2001年5月,辽宁省发展计划委员会《关于锦州港7#散杂泊位可行性研究报告的批复》(辽计发〔2001〕333号);2001年11月,辽宁省发展计划委员会《关于锦州港第二港池7#散杂泊位工程初步设计的批复》(辽计发〔2001〕889号)。2001年4月,辽宁省环境保护局《关于锦州港第二港池新建7#散杂泊位工程环境影响报告书的批复》(辽环函〔2001〕75号)。2001年8月,交通部《关于锦州港7#散杂货泊位工程使用岸线的批复》(交规划发〔2001〕419号);2007年12月,辽宁省人民政府颁发《海域使用权证书》(国海证052100091)。

项目建设1个3.5万吨级散货杂货码头泊位及其配套措施,岸线总长340米。码头采用顺岸式布局,重力式结构。码头前沿水深14.0米。项目后方堆场面积2.78万平方米,堆存能力10.71万吨。主要装卸设备前方采用16吨—33米门机,后方采用25吨轮胎吊进行卸火车作业。项目总投资1.67亿元,30%企业自筹,70%银行贷款。用地面积4.48万平方米。

建设单位为锦州港股份有限公司;设计单位为交通部第二航务工程勘察设计院;施工单位为交通部第一航务工程局第五工程公司;监理单位为锦州兴港工程监理有限公司;质监单位为锦州水运工程质量与安全监督处。

项目于2004年7月30日建成后即投入试运行,至2012年10月,共停靠船舶2476艘次,完成吞吐量3807.5万吨。生产组织、设备运行良好,较好完成了试生产任务。

(8)锦州港第二港池8号散杂泊位工程

项目于2004年1月开工,2004年11月竣工。

项目建设依据:2003年12月,辽宁省发展计划委员会《关于锦州港8号散杂泊位可行性研究报告(代项目建议书)的批复》(辽计发〔2003〕1000号)。2004年3月,辽宁省发展计划委员会《关于锦州港第二港池8号散杂泊位工程初步设计的批复》(辽计发〔2004〕141号)。2004年1月,辽宁省环境保护局《关于锦州港第二港池新建8#散杂泊位工程环境影响报告书的批复》(辽环函〔2004〕17号)。2007年12月,辽宁省人民政府颁发《海域使用权证书》(国海证052100091)。2005年6月,交通部《关于锦州港第二港池新建204B号散杂货泊位工程使用岸线的批复》(交规划发〔2005〕231号)。

项目建设1个5万吨级散货杂货码头泊位(码头水工建筑允许靠泊能力7万吨级),岸线总长242米。码头采用顺岸式布局,重力式结构。码头前沿水深15.4米。项目后方堆场面积2.83万平方米,堆存能力10.88万吨。主要装卸设备前方采用25吨—35米门机,后方采用流动机械设备,包括4台25吨—35米门座式起重机和1台40吨—25米转盘式门机,25吨轮胎式起重机2台,5吨叉车4台,推耙机2台,3米装载机33台。项目总投资1.13亿元,30%企业自筹,70%银行贷款。用地面积4.04万平方米。

建设单位为锦州港股份有限公司;设计单位为交通部第二航务工程勘察设计院;施工

单位为交通部第一航务工程局第五工程公司;监理单位为锦州兴港工程监理有限公司;质监单位为锦州水运工程质量与安全监督处。

自 2005 年 1 月至 2012 年 10 月期间,该泊位共靠泊 2041 艘次,完成吞吐量 3397.7 万吨,生产组织、设备运行良好,较好完成了生产任务。

（9）锦州港第二港池 205 号通用散货泊位工程

项目于 2005 年 8 月开工,2007 年 7 月竣工。

项目建设依据:2005 年 8 月,辽宁省发展和改革委员会《关于锦州港第二港池 205 通用散货泊位工程可行性研究报告的批复》(辽发改发〔2005〕674 号);2005 年 12 月,辽宁省发展和改革委员会《关于锦州港第二港池 205 通用散货泊位工程初步设计的批复》(辽发改发〔2005〕1167 号);2005 年 8 月,辽宁省环境保护局《关于锦州港第二港池 205B 通用散杂泊位工程环境影响报告书的批复》(辽环函〔2005〕219 号);2007 年 12 月,辽宁省人民政府颁发《海域使用权证书》(国海证 052100091 号);2009 年 5 月,交通运输部《关于锦州港第二港池 205 号和 206 号泊位工程使用港口岸线的批复》(交规划发〔2009〕247 号)。

项目建设 1 个 5 万吨级通用散货码头泊位(码头水工建筑允许靠泊能力 10 万吨级),岸线总长 311 米。码头采用顺岸式布局,重力式结构(沉箱)。码头前沿水深 16 米。项目后方堆场面积 14.2 万平方米,堆存能力 22.10 万吨。主要装卸设备配置 6 台 25 吨—35 米门座机、3 立方米单斗装载机、5 立方米单斗装载机等。项目总投资 2.24 元,30% 企业自筹,70% 银行贷款。用地面积 15.76 万平方米。

建设单位为锦州港股份有限公司;设计单位为中交第一航务工程勘察设计院;施工单位为中交一航局五公司;监理单位为锦州兴港工程监理有限公司;质监单位为锦州水运工程质量与安全监督处。

（10）锦州港第二港池 206 号通用散货泊位工程

项目于 2005 年 8 月开工,2007 年 8 月试运行,2008 年 7 月竣工。

项目建设依据:2005 年 10 月,辽宁省发展和改革委员会《关于锦州港第二港池 206 通用散杂货泊位工程可行性研究报告的批复》(辽发改发〔2005〕881 号)。2005 年 12 月,辽宁省发展和改革委员会《关于锦州港第二港池 206 通用散杂货泊位工程初步设计的批复》(辽发改发〔2005〕1166 号)。2005 年 8 月,辽宁省环境保护局《关于锦州港第二港池 206B 通用散杂泊位工程环境影响报告书的批复》(辽环函〔2005〕221 号)。2007 年 12 月,辽宁省人民政府颁发《海域使用权证书》(国海证 052100091)。2009 年 5 月,交通运输部《关于锦州港第二港池 205 号和 206 号泊位工程使用港口岸线的批复》(交规划发〔2009〕247 号)。

项目建设 1 个 5 万吨级通用散货码头泊位(码头水工建筑允许靠泊能力 10 万吨级),

岸线总长 365 米。码头采用顺岸式布局，重力式结构。码头前沿水深 16 米。项目后方堆场面积 14.2 万平方米，堆存能力 22.1 万吨。主要装卸设备配置 6 台 25 吨—35 米门座机、3 立方米单斗装载机、5 立方米单斗装载机等。项目总投资 2.41 亿元，30% 企业自筹，70% 银行贷款。用地面积 16.03 万平方米。

建设单位为锦州港股份有限公司；设计单位为中交第一航务工程勘察设计院；施工单位为中交一航局五公司；监理单位为锦州兴港工程监理有限公司；质监单位为锦州水运工程质量监督站。

（11）锦州港 207B 号、208B 号集装箱泊位工程

项目于 2004 年 4 月开工，2005 年 11 月试运行并竣工。

项目建设依据：2003 年 8 月，辽宁省发展计划委员会《关于锦州港 12 号集装箱泊位项目建议书的批复》（辽计发〔2003〕672 号）；2003 年 8 月，辽宁省发展计划委员会《关于锦州港 11 号集装箱泊位项目建议书的批复》（辽计发〔2003〕675 号）；2003 年 8 月，辽宁省发展计划委员会《关于锦州港 11 号集装箱泊位项目建议书的批复》（辽计发〔2003〕675 号）；2003 年 12 月，辽宁省发展计划委员会《关于锦州港 12 号集装箱泊位可行性研究报告的批复》（辽计发〔2003〕996 号）；2003 年 12 月，辽宁省发展计划委员会《关于锦州港 11 号集装箱泊位可行性研究报告的批复》（辽计发〔2003〕999 号）；2004 年 3 月，辽宁省发展计划委员会《关于锦州港第二港池 11 号集装箱泊位工程初步设计的批复》（辽计发〔2004〕142 号）；2004 年 3 月，辽宁省发展计划委员会《关于锦州港第二港池 12 号集装箱泊位工程初步设计的批复》（辽计发〔2004〕143 号）；2005 年 3 月，辽宁省交通厅《关于锦州港 207B、208B 集装箱码头使用岸线问题的复函》（厅规划发〔2005〕107 号）；2006 年 2 月，辽宁省交通厅《关于锦州港 207B、208B 泊位使用岸线的批复》（交规划发〔2006〕66 号）。

锦州新时代集装箱码头有限公司 207B 号、208B 号集装箱泊位工程，为 2 万吨级和 3 万吨级集装箱泊位各一个（水工结构均按靠泊 5 万吨级集装箱船舶设计施工），泊位长 533 米，宽 65 米，前沿水深 15.4 米，码头顶高程 +5.0 米，后方陆域纵深 550 米，顺岸式码头。沉箱重力式结构，码头面层及后方堆场为混凝土大板面层结构，主要设备有岸桥 4 台，场桥 9 台，集装箱牵引车 18 台，堆场面积 10.2 万平方米，堆存数量 26600TEU。项目总投资 6.80 亿元，其中 30% 企业自筹，70% 银行贷款。用地面积 12.87 万平方米。

建设单位为锦州港股份有限公司；设计单位为交通部第二航务工程勘察设计院；施工单位为交通部第一航务工程局第五工程公司；监理单位为锦州兴港工程监理有限公司；质监单位为锦州水运工程质量与安全监督处。

（12）锦州港第二港池集装箱码头二期工程

项目于 2009 年 4 月开工，2010 年 12 月试运行并竣工。

项目建设依据:2009 年 8 月,国家发展和改革委员会《国家发展改革委关于锦州港第二港池集装箱码头二期工程项目核准的批复》(发改基础〔2009〕2191 号);2010 年 8 月,交通运输部《关于锦州港第二港池集装箱码头二期工程初步设计的批复》(交水发〔2010〕379 号)。2007 年 8 月,国家环境保护总局《关于锦州港第二港池集装箱码头二期工程环境影响报告书的批复》(环审〔2007〕346 号)。2009 年 6 月,国土资源部《关于锦州港第二港池集装箱码头二期工程建设用地预审意见的函》(国土资预审字〔2009〕252 号)。2008 年 12 月,国家海洋局《关于锦州港第二港池集装箱码头二期工程用海预审意见的函》(国海管字〔2008〕708 号)。2009 年 10 月,辽宁海事局《关于锦州港第二港池集装箱码头二期工程岸线安全使用的批复》(辽海通航〔2009〕286 号)。

项目建设 2 个 5 万吨级集装箱码头泊位(码头水工建筑允许靠泊能力 10 万吨级),岸线总长 677 米。码头采用顺岸式布局,重力式结构。码头前沿水深 16 米。码头后方配套建设道路与堆场总面积为 42.4 万平方米。仓库面积 0.35 万平方米,堆存能力 26773TEU。主要装卸设备配置集装箱装卸桥 4 台(轨距 30 米,外伸距 55 米,吊具下起重 65 吨),轨道式集装箱龙门起重机 12 台(轨距 31.5 米,吊具下起重 41 吨),集装箱正面吊运车 2 台(吊具下起重 41 吨),空箱堆高机 4 台(吊具下起重量 7 吨),集装箱牵引车 20 台,集装箱半挂车 24 台。项目总投资 10.27 亿元,30% 企业自筹,70% 银行贷款。用地面积 45.79 万平方米。

建设单位为锦州港股份有限公司;设计单位为中交第一航务工程勘察设计院;施工单位为中交一航局五公司;监理单位为锦州兴港监理有限公司;质监单位为锦州水运工程质量与安全监督处。

至 2015 年 8 月,该泊位共靠泊船只 4884 艘次,完成吞吐量 176 万 TEU,生产组织、设备运行良好,较好完成了生产任务。

(13)锦州港第三港池 301B 原油泊位工程

项目于 2004 年 9 月开工,2005 年 12 月竣工。

项目建设依据:2007 年 11 月,国家发展和改革委员会《关于锦州港第三港池 301B 原油泊位工程项目核准的批复》(发改交运〔2007〕2946 号)。2008 年 11 月,交通运输部《关于锦州港第三港池 301B 原油泊位工程初步设计的批复》(交水发〔2008〕463 号)。2005 年 8 月,国家环境保护总局《关于锦州港第三港池 25 万吨级油品码头暨北围堰工程环境影响报告书的批复》(环审〔2005〕652 号)。2005 年 2 月,锦州市海洋与渔业局《关于同意锦州港 301B 码头工程使用用海的通知》(锦海渔发〔2005〕34 号)。

项目建设 1 个 25 万吨级原油码头泊位,岸线总长 480 米。码头采用顺岸式布局,高桩结构。码头前沿水深 18 米(原油泊位不涉及堆场)。主要装卸设备配置 6 台 DN400 液压式输油臂,水平运输采用 2 根 DN1000 油品管线。项目总投资 61000 万元,30% 企业自筹,70%银行贷款。用地面积2.4万平方米。

建设单位为锦州港股份有限公司;设计单位为交通部第一航务工程勘察设计院;施工单位为中交一航局一公司;监理单位为锦州兴港工程监理有限公司;质监单位为锦州水运工程质量监督站。

(14)锦州港第三港池东岸通用泊位工程

项目于2010年9月开工,2012年7月竣工。

项目建设依据:2011年10月,辽宁省发展和改革委员会《关于锦州港第三港池东岸通用泊位工程项目核准的批复》(辽发改交通〔2011〕1430号)。2010年12月,辽宁省环境保护厅《锦州港第三港池东岸通用泊位工程环境影响报告书》(辽环函〔2010〕614号)。2010年10月,辽宁省海洋与渔业厅《关于锦州港第三港池东岸通用泊位工程(一期)项目用海预审意见的函》(辽海渔函〔2010〕197号)。2011年8月,交通运输部《关于锦州港第三港池东岸通用泊位工程使用岸线的批复》(交规划发〔2011〕395号)。

项目建设1个3.5万吨级和2个5万吨级通用泊位,岸线总长744米。码头采用顺岸式布局,重力式结构。码头前沿水深16米。项目后方堆场面积21万平方米,堆存能力28万吨。道路及堆场面积35.8万平方米,建筑面积8505平方米。主要装卸设备配置门座起重机13台(40吨—43米)及配套的四索抓斗16台(40吨)、地磅4台(100吨)等。项目总投资11.69亿元,30%企业自筹,70%银行贷款。用地面积39.8万平方米。

建设单位为锦州港股份有限公司;设计单位为交通部第一航务工程勘察设计院;施工单位为中交一航局第五工程有限公司(水工)、中交广州航道局有限公司(疏浚)、上海振华重工(集团)股份有限公司(设备制造安装);监理单位为锦州兴港监理有限公司;环境监理单位为锦州环境工程技术公司;质监单位为锦州水运工程质量与安全监督处。

项目自2012年8月开始试运行,至2016年11月,共靠泊船只1386艘次,完成吞吐量2445万吨,生产组织、设备运行良好,较好完成了试生产任务。

(15)锦州港第五港池501号油品化工泊位工程

项目于2000年7月开工,2001年10月竣工。

项目建设依据:2001年5月,辽宁省发展计划委员会《关于报批锦州港第五港池3#油品化工泊位工程可行性研究报告的请示》(辽计发〔2001〕334号)。2001年11月,辽宁省发展计划委员会《关于报批锦州港第五港池3#油品化工泊位工程初步设计的请示》(锦计发〔2001〕890号)。2001年4月,辽宁省环境保护局《关于锦州港第五港池3#油品化工泊位工程环境影响报告书的批复》(辽环函发〔2001〕47号)。2003年7月,锦州市人民政府颁发土地证(证号编码:2003字第000287)。

项目建设1个5000吨级油品化工码头泊位,岸线总长156米。码头采用顺岸式布局,重力式结构。码头前沿水深8.22米。主要装卸设备配置安装离心式传输泵2台、卧式油罐 2 座、输油臂 2 座、消防炮 2 门、消防炮控制装置 1 台。项目总投资 7239 万元，30% 企业自筹，70% 银行贷款。用地面积 0.78 万平方米。

建设单位为锦州港股份有限公司；设计单位为交通部第二航务工程勘察设计院；施工单位为武汉华航港湾工程总承包公司；监理单位为锦州兴港监理有限公司；质监单位为锦州港工程质量监督站。

项目自 2001 年 11 月至 2012 年 10 月试运行期间，共停靠船舶 2154 艘，完成吞吐量 613.7 万吨。生产组织、设备运行良好，较好完成了生产任务。

（16）锦州港第五港池 502 号油品化工泊位工程

项目于 2005 年 4 月开工，2006 年 11 月竣工。

项目建设依据：2002 年 1 月，辽宁省计划委员会《锦州港第五港池油品化工泊位工程可行性研究报告的批复》（辽计发〔2002〕42 号）。2003 年 3 月，辽宁省计划委员会《关于锦州港第五港池油品化工泊位工程初步设计的批复》（辽计发〔2003〕175 号）。2002 年 12 月，辽宁省环保局《关于锦州港第五港池 3 万吨级油品化工码头、5 万吨级油码头工程环境影响报告书的批复》（辽环函〔2002〕289 号）。2007 年 12 月，辽宁省人民政府颁发《海域使用权证书》（国海证 022100046 号）；2005 年 9 月，交通部《关于锦州港第五港池 502 油品化工码头工程使用港口岸线的批复》（交规划发〔2005〕419 号）。

项目建设 1 个 3 万吨级油品化工码头泊位（码头水工建筑允许靠泊能力 5 万吨级），岸线总长 239 米。码头采用顺岸式布局，重力式结构。南北护岸采用斜坡式结构。码头前沿水深 13.5 米。主要装卸设备配置 6 台输油臂及配套设施。项目总投资 13200 万元，30% 企业自筹，70% 银行贷款。用地面积 1.70 万平方米。

建设单位为锦州港股份有限公司；设计单位为中交第二航务工程勘察设计院；施工单位为广州航道局航五公司；监理单位为锦州兴港工程监理有限公司；质监单位为锦州水运工程质量监督站。

（17）锦州港煤炭码头一期工程

项目于 2011 年 5 月开工。

项目建设依据：2009 年 1 月，国家海洋局《关于锦州港专业化码头工程海洋环境影响报告书审核意见的复函》（海办环字〔2009〕14 号）；2009 年 3 月，辽宁海事局《关于锦州港第四港池专业化煤炭码头工程项目通航水域岸线安全使用的批复》（辽海通航〔2009〕57 号）；2009 年 8 月，国土资源部《关于锦州港专业化煤炭码头工程建设用地预审意见的复函》（国土资预审〔2009〕335 号）；2011 年，国家环保部《关于锦州港专业化煤炭码头工程环境影响报告书的批复》（环审〔2011〕303 号）；2010 年 4 月，国家发展和改革委员会《国家发展改革委关于锦州港煤炭码头一期工程项目核准的批复》（发改基础〔2010〕775 号）；2009 年 9 月，交通运输部《关于锦州港四港池专业化煤炭码头工程和三港池专业化煤炭码头工程项目申请报告的意见》(交函规划〔2009〕257号);2011年5月,国家海洋局《关于缴纳锦州港煤炭码头一期工程项目海域使用金的通知》(海办管字〔2011〕306号);2011年7月,《关于锦州港煤炭码头一期工程项目用海的批复》(国海管字〔2011〕726号);2012年7月,国家海洋局办公室《关于锦州港专业化煤炭码头一期工程(变更)环境影响报告书审核意见的复函》(海办环字〔2013〕434号);2015年2月,交通运输部《关于锦州港煤炭码头一期工程初步设计的批复》(交水函〔2015〕139号);2016年4月,锦州市港口与口岸局《关于锦州港煤炭码头一期工程施工图设计的批复》(锦港局审〔2016〕5号)。

本工程一期建设7万吨级煤炭泊位3个;先期建设2条卸车线,1条煤炭堆场及1条装船线。码头采用顺岸式布置,重力式结构,码头高程为5.0米,设计底高程-15.7米,泊位长度820米。堆场位于码头西北侧后方,由新建的造陆围堰及已建的西防波堤围成,并利用港池、航道疏浚物吹填形成陆域。堆场煤炭堆存采用筒仓方案,筒仓为南北向布置,共布置有3列筒仓,每列布置10座堆存容量为3万吨的筒仓,在筒仓东侧布置一条应急堆场,堆场采用露天堆场+防风网方案,作为筒仓内煤炭发生温度过高或自燃时的应急临时倒仓堆场,堆场上设置1台堆取料机,并通过皮带机与整个输运系统连接,煤炭可以由应急堆场再进入筒仓或直接装船,码头有3台移动式装船机,3台C型转子双翻式翻车机。该项目总投资516918万元,企业自筹35%,向银行贷款65%。用地面积30万平方米。

该项目建设业主为中电投锦州港口有限责任公司,该公司由内蒙古锡林郭勒白音华煤电有限责任公司、锦州港股份有限公司、大唐国际发电股份有限公司和国电东北电力有限公司分别按53%、33%、10%、4%的股比合资组成。施工单位为中交一航局五公司,监理单位为锦州兴港工程监理有限公司。

(18)锦州港航道扩建工程项目

项目于2011年11月开工,2013年12月试运行并竣工。

项目建设依据:2013年3月,辽宁省交通厅《关于锦州港航道扩建工程初步设计的批复》(辽交航发〔2013〕53号);2012年10月,辽宁省发展和改革委员会《关于锦州港航道扩建工程项目核准的批复》(辽发改交通〔2012〕1171号);2013年5月,锦州市港口与口岸局《关于锦州港航道扩建工程施工图设计的批复》(锦港局发〔2013〕59号);2012年8月,辽宁省环境保护局《关于锦州港航道扩建工程环境影响报告书的批复》(辽环函〔2012〕316号)。

航道全长30.59千米,有效宽度320米,设计底高程-17.9米,其中主航道长29226米,301支航道长1375米。该项目总投资9.19亿元,银行贷款5.98亿元。该项目申请得到交通运输部资金补助2.46亿元。

建设单位为锦州港股份有限公司;设计单位为中交第一航务工程勘察设计院有限公司;施工单位为广州航道局有限公司;监理单位为锦州兴港监理有限公司;质监单位为锦州水运工程质量与安全监督处。

(三)龙栖湾港区

1. 港区综述

(1)港区建设和运营概况

《锦州港龙栖湾港区总体规划》于2012年得到辽宁省政府批复。龙栖湾港区是锦州港可持续发展的新港区;是辽宁沿海经济带开发建设的重要支撑,是锦州市建设辽西沿海经济中心城市、发展临港产业的重要依托。是近期以服务临港产业为主,中远期发展成为以油气化工品、散杂货、集装箱运输为主的综合性港区。龙栖湾港区总平面布置主要通过双堤环抱形成"4港池、3突堤、1顺岸"的总体格局,规划龙栖湾港区主要划分为生产作业区(近期分为通用作业区、散货作业区和油气化工品作业区)、临港工业区、仓储物流园区、预留发展区等功能区。规划港区可形成港区陆域面积约47.7平方公里,码头岸线约22.2千米,可建成各类生产性泊位88个,综合通过能力可达2亿吨以上。截至2015年,龙栖湾港区正在进行项目前期手续的报审工作,未有码头投入运营使用。

(2)港区地理条件和集疏运概况

锦州港龙栖湾港区位于辽东湾湾顶西部,锦州市西南海滨,地理坐标东经121°14′,北纬40°53′;港区所属龙栖湾新区辖境,北依松岭山脉,南临渤海,西与滨海新区白沙湾行政生活区毗邻,东与锦州凌海市接壤,陆路距阜新118千米、朝阳105千米,水路距营口港56海里、大连港262海里,地理位置优越,是辽西地区最便捷的出海口之一,是辽宁沿海经济带的重要组成部分。

锦州港龙栖湾港区对外交通便利,港区后方铁路、公路等各种集疏运方式较为齐备。铁路方面,龙栖湾港区后方已形成京哈铁路干线及锦承、锦赤、大郑、沟海、新义、魏塔等铁路干线,在建及规划有赤大白、巴大阜等铁路线,未来将构成面向腹地、干支相连的密集铁路网;公路方面,通过现有的滨海公路和209省道及在建的滨东大道,可连接由京沈高速公路、锦朝高速公路、锦阜高速公路、102国道和305国道等组成的由港口向腹地辐射的公路运输网。

2. 港区工程项目

(1)锦州港龙栖湾港区3万吨级航道工程项目

项目建设依据:2014年1月,辽宁省发展和改革委员会《关于锦州港龙栖湾港区3万吨级航道工程项目建议书的批复》(辽发改交通〔2014〕39号)。2015年4月,锦州海事局

《关于锦州港龙栖湾港区 3 万吨级航道工程通航安全影响论证报告的审查意见》(锦海事〔2015〕28 号)。2015 年 4 月,锦州环境保护局《关于锦州港龙栖湾港区 3 万吨级航道工程环境影响报告书的批复》(锦环函〔2014〕31 号)。

本工程按照 3 万吨级船舶乘潮单向通航的标准设计。本次航道的具体尺度也分为两段,航道里程 0 +000 ~ 0 +700 段,只通航散、杂货船舶,按通航 3 万吨级散、杂货船舶设计,航道有效宽度 120 米,设计底高程 – 11.0 米;航道里程 0 +700 ~ 24 +500 段,按通航 3 万吨级化学品船舶设计,航道有效宽度 140 米,设计底高程 – 11.7 米,航道总长度为 24.5 千米。航道边坡以 7 +000 为分界,北段 1∶4,南段 1∶6。航道超深取 0.4 米,超宽取 3 米。工程概算投资为 77210 万元,其中企业自筹 30%,银行贷款 70%。

项目建设单位为锦州龙栖湾港口发展有限公司。

(2)锦州港龙栖湾港区起步区填海工程

项目建设依据:2013 年 5 月,锦州发展改革委员会《关于锦州港龙栖湾港区起步区填海工程可行性研究报告的批复》(锦发改发〔2013〕97 号);2015 年 8 月,国家海洋局《关于锦州港龙栖湾港区起步区填海工程海洋环境影响报告书核准意见的批复》(国海环字〔2015〕367 号);2015 年 8 月,辽宁省海洋与渔业厅《关于锦州港龙栖湾港区起步区填海工程项目用海预审意见》;2015 年 7 月,国家海洋局海洋与综合管理司《关于锦州港龙栖湾港区起步区填海工程有关事宜的函》(国海环字〔2015〕152 号)。

本工程位于龙栖湾港区的西北角,拟建设的西防波堤是整个港区规划西防波堤的一段,西防波堤分为 AB、BC 两段,AB 段防波堤位于港区的最北端,南北向布置,长度为 1200 米,在 B 端点沿 SW 向建设 BC 段西防波堤,长度 928 米,轴线方位为 70° ~ 250°;CD 段为西围堰,围堰长 1783 米,与 BC 段西防波堤夹角 105°52′45″,轴线方位为 175°52′45″ ~ 355°52′45″;南围堰分为 DE、EF、FH 三段,长度分别为 744 米、809 米、2981 米,其中,EF 段与 AB 段西防波堤平行布置,DE、FG 段围堰与 EF 段围堰垂直,呈东西向布置;东围堰包括 HI、IJ、JL 三段,长度分别为 960 米、1903.5 米、2207.4 米,HI 和 JL 段南北向布置,IJ 段围堰东西向布置;GL 与 BE 段子埝均为南北向布置,长度分别为 960 米与 2096 米。工程概算投资为:326494 万元,其中企业自筹 30%,银行贷款 70%。

项目建设单位为锦州龙栖湾港口发展有限公司。

(3)锦州港龙栖湾港区通用(兼客货滚装)泊位工程

项目建设依据:2015 年 3 月,交通运输部《关于锦州港龙栖湾港区北港池通用泊位工程使用港口岸线的批复》(交规划函〔2015〕202 号);2014 年,锦州海事局《关于锦州港龙栖湾港区通用(兼客货滚装)泊位工程岸线使用征求意见的复函》(锦海事〔2014〕3 号)。

锦州港龙栖湾港区通用(兼客货滚装)泊位位于龙栖湾港区北港池的东岸线北端,码头为顺岸式布置,建设 2 个 1 万吨级通用杂货泊位,并考虑兼顾靠泊 1 万总吨滚装船功能,码头结构按 5 万吨级散货船舶预留。该工程设计年吞吐能力运送旅客 19.2 万人次,滚装车辆 9600 辆,滚装集装箱 1.44 万 TEU,散杂货 45 万吨,总能力 90 万吨。本工程码头长度为 360 米,码头方位角为 0°~180°,顺岸式布局,重力式沉箱结构,码头顶面高程为 5.3 米,码头前沿水深 9.4 米,主要设备为码头前方配备一台门座多功能起重机。工程概算投资为 22928 万元,其中企业自筹 30%,银行贷款 70%。用地面积 24 万平方米。

项目建设单位为锦州龙栖湾港口发展有限公司。

六、盘锦港

(一)港口概况

1. 港口综述

盘锦港位于辽宁省西南部、盘锦辽东湾新区,地处沈阳中部城市群、辽西北经济走廊和辽宁沿海经济带的中心,居于沈阳经济区与京津冀城市群经济带之间,正是东北亚经济圈与环渤海经济区的交汇所在。沈海高速公路、盘海营高速公路与疏港公路对接直通港区;京沈、京哈铁路与沈盘铁路相连直达码头前沿。

盘锦港规划利用 12.1 千米自然岸线,形成 39 千米码头岸线,陆域面积 44.7 平方公里,可布置 80~90 个万吨级泊位,通过能力超过 3 亿吨。

盘锦港包括河口港区和荣兴港区两个港区。河口港区拥有 5 个 2000~3000 吨级泊位,已于 2014 年起逐步将港口业务转移至荣兴港区。荣兴港区为核心港区,分为东、西两个作业区。东作业区为公用码头作业区,由营口港务集团全资子公司盘锦港集团投资建设,现已建成 17 个 3000~50000 吨级泊位,其中已投入运营 8 个;另有 8 个 5 万~10 万吨级泊位正在建设,东防波堤、管廊带、罐区、堆场、港区道路等辅建设施已同步建设完成。西作业区主要为港区后方大型石化产业配套服务,由辽东湾新区和临港企业投资建设,已建成 1 个 5 万吨级化学品泊位和 5 万吨级支航线,2015 年底投入运营。

港口航线已覆盖全国沿海主要港口,并已开通至上海、宁波、福州、泉州、京唐、乍浦、潍坊等多条集装箱直航航线。

2015 年,盘锦港货物吞吐量达到 3444 万吨,成为全国沿海港口吞吐量增速最快的港口之一。在发展增速的同时,功能不断完善。可为客户提供保税仓储、国际物流配送、简单加工、进出口和转口贸易服务的 50 万平方米的保税物流中心已投入运营;一次性仓储能力 200 万吨的粮食筒仓中转能力可达 2000 万吨;在建的 600 万立方米的油品储罐,中转能力将近 2000 万吨。

为延伸港口服务,降低客户物流成本,盘锦港正在加大内陆港的布局建设,现已建成绥化、齐齐哈尔、法库和辽中等多地陆港,其周边的客户可在陆港办理货运、仓储、订船订舱和报关报验等业务。

2. 港口水文气象

盘锦港地处渤海湾最北端,受暖温带大陆性季风气候,其主要气候特点是:四季分明,雨热同季,气候温和。年平均气温9.4摄氏度,多年平均降水量650.4毫米,主要风向为常风向 SSW、S 向,全年共出现大于6级以上风的频率为2.18%;年平均雾日为15.5天。

海域为规则半日潮,平均海平面为2米,最高高潮位5.20米,最低低潮位－0.30米。海流具有明显往复流特性。涨潮流向 NNE,落潮流向 SSW,一般大潮流速大于小潮流速,涨潮流速大于落潮流速。水域波浪分布特征为:偏南向浪(含 SW,SSW,S)频率占43.4%,偏西向浪(含 WNW,W,WSW)频率占33.2%,偏北向浪(含 N,NNE,NE)频率占10%。常浪向为 SSW 向,海域波浪实测点全年平均波高为0.55米,总体来看,本海区波浪不大。一般11月中旬左右见初冰,终冰在3月下旬左右,平均冰期130天,严重冰期为64天(主要集中在1~2月)。港区水下地形是辽河等河口三角洲的水下延伸部分,浅海区水深多小于10米,地势自岸向海缓倾,水深逐渐增大,其等深线与岸线基本平行,但河口附近海域水道交错,浅滩广布,地形复杂多变。该区地貌发育主要受控于基底构造和现代动力,其地貌特征明显地反映出在总体沉陷基础上,潮流、沿岸流、波浪挟沙落淤和河口动力作用下以堆积建造为主的堆积—侵蚀作用的地貌效应,即潮间浅滩和水下浅滩以其稳定堆积、平坦拓展、地表起伏小、形态单一为基本特征,而在河口区则发育成现代河口三角洲、拦门沙浅滩及相伴出现的海底冲刷槽等。

3. 发展成就

盘锦自1984年建市,至1997年仅有河口港区,是省内六个沿海城市中唯一没有海港的城市。2007年河口港区拥有5个2000~3000吨级泊位,港口吞吐量完成115.5万吨,较比1997年的6.9万吨增长了16倍,取得了长足发展。但是,与省内其他沿海城市的港口相比,在现有规模和发展速度上仍明显滞后。加之受大辽河口"拦门沙"水深较浅的影响,船舶乘潮只能进出3000吨级船舶,致使河口港区规模较小、码头吨位低,同时受冬季冰封3个多月的限制,发展空间有限,已经不适应资源型城市转型和沿海经济发展的需求。盘锦河口港迫切需要走出内河,向海发展。

作为国务院批准的资源型转型试点市,为加快盘锦资源型城市转型,在辽宁省委、省政府的支持下,2007年盘锦港与营口港在全省率先完成港口资源整合,全面启动海港的规划建设。2007年4月,双方共同组建了盘锦港有限公司。2007年11月成立盘锦港建设有限公司。2009年5月,盘锦港海港区(荣兴港区)开工建设,2010年9月起步工程投产运营,标志着盘锦港正式走入海港时代。

2013年10月,盘锦港集团有限公司正式挂牌成立。

2015年初,辽宁省将盘锦港纳入到"辽满欧""辽蒙欧""辽海欧"国际大通道建设之中,2015年10月盘锦港开通了经满洲里口岸—莫斯科—欧洲的"辽满欧"集装箱班列。

盘锦港原为国家二类开放口岸,外籍船舶不能直接进入港口,经过积极努力,2015年6月7日,盘锦港口岸对外开放获得国务院批复。同时,盘锦港已被国家列入重点建设项目和一类对外开放口岸;被辽宁省政府确定为沈阳经济区的出海口岸。凭借港口优势,盘锦港正积极发挥保税物流中心的作用,全力打造日韩商品贸易中转承接地和蒙古国新的海运大通道。正在加大做大存量、转型升级的力量,通过粮食、石化两个临港产业园的建设,联手中储粮等粮食物流企业打造北方粮食交易中心;扩大油罐区建设,打造东北石化产品交易中心。同时,利用港口土地、设施、功能等资源和建设运营的经验及物流、贸易、金融、保险等一条龙服务的优势,不断加强和扩大合资合作,培育和发展临港产业,转变发展模式,加速从重资产管理向轻资产经营的转变。

按照区域经济发展的需求和盘锦市"以港强市,向海发展"的规划,到2020年,盘锦港将冲刺亿吨大港目标,届时,集装箱吞吐量将达到100万TEU,油品吞吐量将达到5000万吨;国内航线覆盖沿海主要港口,并开通多条外贸直航航线和国际邮轮航线。

为实现这一目标,盘锦港正在主动融入国家"一带一路"倡议,着力打造4条海上之路,即全面开通"盘锦—韩国(日本)"海上之路、"盘锦—东南亚"海上之路、"盘锦—上海(宁波)"海上之路和"盘锦—海参崴"海上之路;打造国际海铁联运大通道,即"日韩—盘锦—满洲里—莫斯科"双向运输线、"日韩—盘锦—蒙古乔巴山—莫斯科"双向运输线,将"盘满俄"国际通道延伸至"盘满欧",将"盘蒙俄"国际通道延伸至"盘蒙欧",构建一个新的连接亚欧大陆的港口桥头堡。

盘锦港基本情况见表8-1-6。

(二)荣兴港区

1. 港区综述

(1)港区建设和运营概况

盘锦港共有两个港区,河口港区和海港区。河口港区位于盘锦市大洼县辽滨乡。在大辽河口永远角凹岸,距营口老港区下游约10千米处;因受陆域狭窄,冬季冰冻封港时间长及航道淤浅,不适应船舶大型化发展趋势等因素的制约,已没有进一步发展的可能,按照辽宁省委、省政府的要求,河口港区已于2014年上半年停运,码头装卸功能逐步迁移至海港区(荣兴港区)。

根据辽宁省政府关于港口资源整合的战略部署,鉴于盘锦港、营口港共同发展的需要,在辽宁省委、省政府的支持下,于2007年3月营口港务集团有限公司与盘锦市人民政府签署了共同开发建设盘锦港荣兴港区合资合作协议。2007年4月,营口港务集团组建

盘锦港基本情况表（沿海）

表 8-1-6

序号	港区名称	港口岸线			2015年港口生产用泊位				其中：1978—2015年建成的生产用泊位				2015年港口货物和旅客吞吐量[1]								
		港口规划岸线	其中：2015年前已建成岸线		生产用泊位数	其中：万吨级及以上	生产用泊位长度	其中：万吨级及以上	生产用泊位数	其中：万吨级及以上	生产用泊位长度	其中：万吨级及以上	货物吞吐量	其中：外贸货物吞吐量	集装箱	滚装车辆		旅客	其中：国际旅客
																数量	重量		
		千米	千米		个	个	米	米	个	个	米	米	万吨	万吨	万TEU	万辆	万吨	万人	万人
1	荣兴港区	39.0	7.42		13	2	1999	562	13	2	1999	562	3444	236	35	—	—	—	—
	合计	39.0	7.42		13	2	1999	562	13	2	1999	562	3444	236	35	—	—	—	—

注：1港口岸线、2015年港口生产用泊位，其中1978—2015年建成的生产用泊位、2015年港口货物和旅客吞吐量数据来源：盘锦港集团有限公司建设分公司；2015年港口货物和旅客吞吐量数据来源：盘锦港集团业务部。

了盘锦港有限公司。2007年11月成立盘锦新港建设公司,并开始进行工程勘察、设计、立项审批及三通一平等前期准备工作。荣兴港区于2009年3月正式开工建设,2013年10月成立了盘锦港集团有限公司。至2015年底先后完成了盘锦新港区多用途码头工程(3个泊位)、油品码头工程(3个泊位)、103号~107号、201号~206号通用泊位等工程,共建成生产性泊位17个,其中105号~107号泊位、201号~202号、203号~206号通用泊位三项工程,码头已完工,配套设施在建,尚未通过主管部门组织的竣工验收。

2011—2015年盘锦港荣兴港区吞吐量为2011年228.8万吨、2012年589.8万吨、2013年758.7万吨、2014年1755.4万吨、2015年3443.8万吨。

(2)港区地理条件和集疏运概况

盘锦港荣兴港区位于辽东湾东北部,在大辽河与辽河入海口之间,蛤蜊岗子浅滩东侧海域,北纬40°42′36″,东经121°57′35″。属华北台地东北部"燕山运动"开始形成的新生代沉积盆地,其水下地形是辽河等河口三角洲的水下延伸部分,浅海区水深多小于10米,地势自岸向海缓倾,水深逐渐增大,其等深线与岸线平行,地貌以潮间和水下浅滩稳定堆积平坦拓展、地表起伏小、形态单一为基本特征。该港区与鲅鱼圈港区水文气象条件无明显差别。荣兴港区集疏运主要通过水水中转和水陆中转,陆路交通十分便利,东距鞍山98千米,北距沈阳155千米。以京沈高速公路、盘(锦)海(城)高速公路和京哈铁路秦皇岛至沈阳客运专线、沟帮子海城铁路和贯穿港区的305国道,构成对外集疏运交通体系。

2.港区工程项目

(1)盘锦港海港区多用途码头工程

盘锦港海港区多用途码头工程为盘锦港海港区的起步工程,于2009年3月开工,2010年9月完工,2015年2月完成竣工验收。

项目建设依据:2010年5月12日,辽宁省发展和改革委员会《关于盘锦港海港区多用途泊位项目核准的批复》(辽发改交通〔2010〕472号)。2010年8月25日,辽宁省交通厅批复《盘锦海港区多用途码头工程初步设计》(辽交建发〔2010〕229号)。2010年2月22日,国家环境保护部批复《盘锦海港区起步工程环境影响报告书》(环审〔2010〕59号)。2008年6月28日,盘锦市港口与口岸局《关于盘锦港海港区多用途码头工程建设使用口岸的批复》(盘港字〔2008〕69号)。2012年4月28日,辽宁省海洋与渔业厅印发《海域使用权证书》(国海证2012B21112101670号、2012B21112101688号)。2013年4月8日,盘锦市人民政府颁发《国有土地使用证》(盘滨国用〔2013〕4007号)。

本工程设计建造1个5000吨级和2个3000吨级多用途泊位(水工结构均按5万吨级预留),码头岸线长401米,堆场面积为52.47万平方米。码头前沿水深14.5米。码头平面布局为顺岸式,重力式沉箱结构。陆域总面积44.52万平方米,其中堆场面积15.04万平方米,预留面积18.43万平方米。码头配置的主要装卸设备为41吨—48米岸边集装箱起重 3 台,65 吨—55 米岸边集装箱起重 1 台。工程总投资为 6.04 亿元,其中业主自有资金 1.81 亿元,银行贷款 4.23 亿元。

建设单位为盘锦港集团有限公司;设计单位为中交水运规划设计院有限公司;施工单位有中交一航局一公司、中交天津航道局有限公司、营口港一疏浚有限公司、营口港务集团建筑安装工程有限公司;监理单位为营口港工程监理咨询有限公司;质监单位为盘锦市交通工程质量与安全监督处。

经交通运输部批复,同意将原 2 个 3000 吨级和 1 个 5000 吨级多用途泊位改扩建为 2 个 5 万吨级多用途泊位。(交规划函〔2016〕22 号)岸线长 642 米。

2016 年 3 月,盘锦市港口与口岸局批复《关于盘锦港荣兴港区 101#、102#多用途码头改扩建工程初步设计》(盘港字〔2016〕22 号),改扩建后为 2 个 5 万吨级多用途泊位,设计年通过能力为 722 万吨,码头岸线长度增至 642 米,改扩建后陆域总面积增至 61.3 万平方米,其中堆场面积增至 52.4 万平方米,总投资调整为 8.53 亿元。其中业主自有资金 2.56 亿元,银行贷款 5.97 亿元。其他经济技术指标仍按原设计。

盘锦港荣兴港区多用途泊位工程是盘锦港实现从河港走向海洋的重要标志,是营口港跨区域发展的开端。它的建成投产为该港区构筑服务盘锦和沈阳经济区辐射京津,沟通南北的区域性物流中心奠定了基础,为港区全面开发建设创造了条件,同时也吸引了大量客户,成为营口港新的经济增长点。

(2)盘锦港荣兴港区 103 号、104 号通用泊位工程

项目于 2011 年 3 月开工,2014 年 11 月完工并投入试运行,2016 年 3 月完成竣工验收。

项目建设依据:2014 年 4 月 24 日,辽宁省发展和改革委员会《关于盘锦港荣兴港区 103#、104#通用泊位工程项目核准的批复》(辽发改交通〔2014〕419 号)。2014 年 8 月 19 日,辽宁省交通厅批复《盘锦港荣兴港区 103#、104#通用泊位工程初步设计》(辽交航发〔2014〕445 号)。2013 年 12 月 25 日,辽宁省环保厅批复《盘锦港荣兴港区 103#、104#通用泊位工程环境影响报告书》(辽环函〔2013〕498 号)。2013 年 10 月 25 日,交通运输部《关于盘锦港荣兴港区 103 号、104 号通用泊位工程使用港口岸线的批复》(交规划发〔2013〕633 号)。2015 年 6 月 4 日,辽宁省海洋与渔业厅印发盘锦港荣兴港区 103#、104#通用泊位工程《海域使用权证书》(国海证 2015B21112111449 号,2015B21112110282 号)。

本工程建设 2 个 5 万吨级通用泊位,码头岸线长 562 米。码头平面布局为突提式,重力式沉箱结构。码头前沿水深 14.5 米。工程陆域总面积 33.86 万平方米,其中堆场面积 24.55 万平方米。码头配置主要装卸设备为上海港机厂生产 25 吨—38 米门座式起重机 8 台。工程总投资 10.08 亿元,其中业主自有资金 3.02 亿元,银行贷款 7.06 亿元。

建设单位为盘锦港集团有限公司;设计单位为中交水运规划设计院有限公司;施工单

位有中交天航滨海环保浚航工程有限公司、中交一航局第一工程有限公司、营口港建筑安装工程有限公司；监理单位为营口港工程监理咨询有限公司；质监单位为盘锦市交通局交通质量与安全监督处。

盘锦港荣兴港区103号、104号通用泊位工程自试运行以来至2015年，共接卸各类货物累计吞吐量完成1693万吨。不仅促进了盘锦市及周边地区物流的发展，还吸引了船公司和货主入驻港区，为港区的发展奠定了基础。

（3）盘锦港荣兴港区105号、106号通用泊位工程

项目于2012年4月开工，2014年5月码头主体完工，2016年11月完工并于12月投入试运行，2017年12月完成竣工验收。

项目建设依据：2015年5月23日，盘锦辽东湾新区经济发展局《辽宁省盘锦市企业投资项目备案确认书》（辽东湾经发备〔2015〕26号）；2015年8月19日，盘锦市港口与口岸局批复《盘锦港荣兴港区105#、106#通用泊位工程初步设计》（盘港字〔2015〕80号）。2015年8月17日，盘锦环境保护局批复《盘锦港荣兴港区105#、106#通用泊位工程建设项目环境影响报告书》（盘环审〔2015〕35号）。2015年5月5日，交通运输部《关于荣兴港区105#和106#通用泊位工程使用港口岸线的批复》（交规划函〔2015〕326号）。

本工程建设2个5万吨级通用泊位，码头岸线长486米。码头平面布局为突堤式，重力式沉箱结构，在106号泊位末端结构过渡段采用方块结构。码头前沿水深14.5米。项目陆域占地面积39.3万平方米，其中堆场面积为30.7万平方米。码头配置主要装卸设备为25吨—38米门机起重机8台。工程总投资为9.87亿元，其中业主自有资金2.96亿元，银行贷款6.90亿元。

建设单位为盘锦港集团有限公司；设计单位为中交水运规划设计院有限公司；施工单位有中交一航局第一工程有限公司、营口港建筑安装工程有限公司、营口港原基础工程有限公司；监理单位为营口港工程监理咨询有限公司；质监单位为盘锦市交通工程质量与安全监督处。

（4）盘锦港荣兴港区107号~109号通用泊位工程

项目于2013年8月开工，2014年11月码头主体完工。

项目建设依据：2015年6月25日，盘锦辽东湾新区经济发展局《辽宁省盘锦市企业投资项目备案确认书》（辽东湾经发备〔2015〕42号）。2015年12月17日，盘锦市港口与口岸局批复《盘锦港荣兴港区107#—109#通用泊位工程初步设计》（盘港字〔2015〕125号）。2015年10月14日，盘锦环境保护局批复《盘锦港荣兴港区107#—109#通用泊位工程环境影响报告书的批复》（盘环审〔2015〕61号）。2015年11月19日，交通运输部《关于盘锦港荣兴港区东作业区107号至109号通用泊位工程使用港口岸线的批复》（交规划函〔2015〕821号）。

本工程建设 2 个 5 万吨级和 1 个 10 万吨级通用泊位，码头岸线总长 781 米。其中：107 号、108 号泊位为 5 万吨级泊位，岸线长 471 米，码头前沿水深 14.5 米。109 号泊位为 10 万吨级泊位，岸线长 310 米，码头前沿水深 16.2 米。码头平面布局为突堤式，重力式方块结构。批复陆域总面积 39.7 万平方米，其中堆场面积 29 万平方米。主要装卸设备有 25 吨—38 米起重机 7 台，40 吨—45 米起重机 5 台。工程总投资 12.84 亿元，其中业主自有资金 3.85 亿元，银行贷款 8.99 亿元。

建设单位为盘锦集团有限公司；设计单位为中交水运规划设计院有限公司、施工单位有中交一航局第一工程有限公司、营口港建筑工程公司；监理单位为营口港工程监理咨询有限公司；质监单位为盘锦市交通工程质量监督站。

（5）盘锦港海港区油品码头工程

项目于 2009 年 8 月开工，2010 年 11 月码头主体完工，2015 年 2 月完成竣工验收。

项目建设依据：2010 年 5 月 13 日，辽宁省发展和改革委员会《关于盘锦港海港区油品泊位项目核准的批复》（辽发改交通〔2010〕471 号）。2010 年 8 月 25 日，辽宁省交通厅批复《盘锦港海港区油品码头工程初步设计》（辽交建发〔2010〕228 号）。2010 年 2 月 7 日，交通运输部《关于盘锦港海港区起步工程环境影响报告书预审意见的函》（交环函〔2010〕6 号）。2010 年 2 月 22 日，国家环境保护部批复《盘锦港海港区起步工程环境影响报告书》（环审〔2010〕59 号）。2008 年 9 月 25 日，辽宁省国土资源厅《关于盘锦港新港区油码头工程用地预审意见的函》。2009 年 2 月 2 日，辽宁省海洋与渔业厅《关于盘锦港海港区油品码头工程海域使用预审意见的函》（辽海渔管〔2009〕2 号）。2009 年 10 月 14 日，辽宁省海洋与渔业厅颁发《海域使用权证书》（国海证 102100058 号、102100059 号）。2013 年 4 月 8 日，盘锦市人民政府颁发盘锦港海港区油品码头工程《国有土地使用证》（盘滨国用〔2013〕4008 号）。

本工程建设 3 个 5000 吨级油品泊位（水工结构按 5 万吨级预留），码头岸线长 596 米，码头前沿水深 14.5 米。码头平面布局为顺岸式，高桩梁板式结构。码头主要装卸设备为 DN250 输油臂 1 台（码头布置 3 个装卸区，配置 DN250 输油臂 12 台，每个装卸区各配备 2 台汽油及 2 台柴油。）、2 吨软管吊 1 台、DN200 输油软管与船侧对接。工程总投资 4.60 亿元，其中业主自有资金 1.83 亿元，银行贷款 4.28 亿元。

建设单位为盘锦港务集团；设计单位为中交水运规划设计院有限公司；施工单位有中交一航局第一工程有限公司、营口港建筑安装工程公司；监理单位为营口港工程监理咨询有限公司；质监单位为盘锦市交通工程质量监督站。

2015 年 12 月 24 日，经辽宁省发展和改革委员会核准批复，将原 3 个 5000 吨级油品泊位（水工结构为 5 万吨级）改扩建为 2 个 5 万吨级油品及液体化工品泊位，码头岸线长度增至 666 米，项目总投资为 6.10 亿元。

盘锦港荣兴港区油品通用泊位工程自试运行以来至2015年,共接卸各类货物累计吞吐量完成437.3万吨。不仅促进了盘锦市及周边地区物流的发展,还吸引了船公司和货主入驻港区,为港区的发展奠定了基础。

（6）盘锦港荣兴港区201号、202号通用泊位工程

项目于2012年3月开工,2014年6月码头工程建设完成,2016年1月项目完工。

项目建设依据:2015年5月23日,盘锦辽东湾新区经济发展局《盘锦市企业投资项目备案确认书》(辽东湾纪发备〔2015〕27号)。2015年9月25日,盘锦市港口与口岸局批复《盘锦港荣兴港区201#、202#通用泊位工程初步设计》(盘港字〔2015〕100号)。2015年8月17日,盘锦市环境保护局批复《盘锦港荣兴港区201#、202#通用泊位工程建设项目环境影响报告书》(盘环审〔2015〕36号)。2015年7月23日,交通运输部《关于盘锦港荣兴港区东作业区201号和202号通用泊位工程使用港口岸线的批复》(交规划函〔2015〕526号)。

本工程建设2个5万吨级通用泊位。码头岸线长552米,码头前沿水深14.5米。码头平面布局为突堤式,重力式方块结构。码头配置的主要设备为25吨—38米门座式起重机10台。堆场面积为24.9万平方米。工程总投资8.95亿元,其中业主自有资金2.68亿元,银行贷款6.26亿元。

建设单位为盘锦港集团有限公司;设计单位为中交第一航务工程勘察设计院有限公司;施工单位有中交一航局第一工程有限公司、营口港建筑安装工程公司;监理单位为营口港工程监理咨询有限公司;质监单位为盘锦市交通工程质量与安全监督站。

（7）盘锦港荣兴港区203号~206号通用泊位工程

盘锦港荣兴港区203号~206号通用泊位工程采用一次设计,分两个合同段施工,其中203号、204号通用泊位工程于2012年4月开工,2014年11月码头工程完工,205号、206号通用泊位工程于2013年8月开工,2015年11月码头工程完工。

项目建设依据:2015年5月23日,盘锦辽东湾新区经济发展局《盘锦市企业投资项目备案确认书》(辽东湾经发备〔2015〕28号);2015年11月5日,盘锦港口与口岸局批复《盘锦港荣兴港区203#—206#通用泊位工程初步设计》(盘港字〔2015〕107号)。2015年8月17日,盘锦环境保护局批复《盘锦港荣兴港区203#—206#通用泊位工程建设项目环境影响报告书》(盘环审〔2015〕37号)。2015年10月21日,交通运输部《关于盘锦港荣兴港区东作业区203号至206号通用泊位工程使用港口岸线的批复》(交规划函〔2015〕701号)。

本工程建设4个5万吨级通用泊位,码头岸线总长992米,码头前沿水深14.5米。码头平面布局为突堤式,重力式方块结构。总占地面积35.31万平方米,其中堆场面积为24万平方米,码头配置主要装卸设备为门座式起重机12台,其中40吨—35米起重机6

台,25 吨—25 米起重机 6 台。工程投资 13.05 亿元,其中企业自有资金 2.93 亿元,银行贷款 9.19 亿元。

建设单位为盘锦港集团有限公司;设计单位为中交一航局第一工程有限公司;施工单位为营口港建筑安装工程有限公司;监理单位为营口港工程监理咨询有限公司;质监单位为盘锦市交通工程质量与安全监督处。

(8)盘锦港荣兴港区西作业区 302 号液体化工泊位工程

项目于 2012 年 4 月 6 日开工建设,2015 年 11 月 30 日建成。

项目建设依据:2015 年 5 月 20 日,盘锦辽东湾新区经济发展局《盘锦市企业投资项目备案确认书》(辽东湾经发备〔2015〕25 号);2015 年 8 月 17 日,盘锦港口与口岸局批复《盘锦港荣兴港区西作业区 302#液体化工泊位工程初步设计》(盘港字〔2015〕72 号)。2015 年 8 月 16 日,盘锦环境保护局批复《盘锦港荣兴港区西作业区 302#液体化工泊位项目竣工环境保护验收意见的函》(盘环函〔2015〕108 号)。2015 年 5 月 6 日,交通运输部《盘锦港荣兴港区西作业区 302#液体化工泊位工程使用港口岸线的批复》(交规划发〔2013〕300 号)。

工程建设一个 5 万吨级化工品泊位及配套工程,码头采用引桥连片式承台的布置形式,码头泊位总长度即连片式承台长度 298 米,码头承台宽度为 25 米,通过泊位后方中央长 57.3 米,宽 17 米的引桥与陆域连接,码头前沿设计底高程 – 14.6 米,码头前沿停泊水域宽度 65 米,码头前方布置回旋水域,回旋水域直径 370 米,设计底高程 – 12.9 米。项目总投资 6.04 亿元。

建设单位为辽宁海航实业有限公司;设计单位为中交天津港航勘察设计研究院有限公司;施工单位为中海工程建设总局;监理单位为江苏科兴工程建设监理有限公司;质监单位为盘锦市交通工程质量监督处。

七、葫芦岛港

(一)港口概况

1. 港口综述

葫芦岛港是辽西走廊沿线地区重要的对外门户,是山海关外中国东北西大门的第一个沿海港口,在辽西区域经济社会发展、对外开放和产业布局引导中占据十分重要的地位,对于壮大渤海翼,推动区域资源整合,促进蒙东、辽西、京津冀三大区域联动,实现国家区域经济协调发展也具有重要作用。

葫芦岛港是"一港四区",即柳条沟、绥中、北港和兴城四个港区。柳条沟港区是葫芦岛港的重点发展港区,以件杂货、通用散货和油品及化工品运输为主,逐步发展集装箱运输的综合性港区。依托已建一期、二期工程,通过延长港区西侧现有防波堤,并在港区东侧即老港区防波堤外侧新建防波堤,形成"大环抱式"的总体格局。掩护区内通过港池开挖与吹填造陆相结合的方式进行港口水陆域布置,形成港池、突堤相间的港口布局,功能区主要包括油品及液体化工品作业区、杂货作业区、通用散货作业区、多用途及集装箱作业区、港口物流区。绥中港区是葫芦岛港近期重点开发的港区,是地方经济和临港工业的重要支撑,是蒙东地区煤炭外运装船港址之一,将发展煤炭、原油等大宗散货、通用散货和杂货运输。已建有七星船厂、绥中电厂码头和中海油 36 – 1 码头等企业专用码头,向东的大片岸段基本属于新开发港区。规划七星船厂基本维持现状,绥中电厂和中海油油气分离厂可根据企业发展需要,通过向南延伸现有码头引堤来建设新码头。港区在石河口西侧通过新建防波堤和外伸突堤构成"环抱式"格局,位于石河口东侧的散货码头则采用宽突堤结合挖入式港池和外伸栈桥的布置形式,港区陆域主要通过围海造陆形成。功能区主要包括:杂货作业区、通用作业区、散货作业区、港口物流区及生产辅助区、预留发展区。

北港港区使北港工业园区的配套港区,以临港工业所需的原料、产成品运输为主,并为船舶修造业服务。主要功能区包括通用作业区、修造船作业区。

兴城港区是以陆岛交通和旅游客运为主,并为临港经济发展留有建设码头和布局临港产业的空间。

截至 2015 年,全港共有各类码头泊位 35 个(含船厂舾装码头、陆岛码头),其中生产性泊位 21 个,货物通过能力 2855 万吨。柳条沟港区通用泊位 5 个、油品泊位 2 个,通过能力 725 万吨,在建通用泊位 4 个;绥中港区通用泊位 5 个、煤炭泊位 2 个、油品泊位 4 个、物资泊位 2 个,通过能力 2130 万吨;北港港区舾装泊位 8 个,其中 3 个泊位兼顾散杂货运输。此外,在兴城海滨建有 7 个 500 吨级陆岛交通码头,用于往返兴城—觉花岛旅游区的客船停靠。

葫芦岛港有着悠久的历史,早在 1908 年(光绪 34 年),清政府着手筹建葫芦岛港。新中国成立后,葫芦岛港经过数次扩建,规模不断扩大,到 2008 年,葫芦岛港已拥有了百年历史。

由于葫芦岛地处军事战略要地,葫芦岛港一直未能对外开放,主要服务于造船工业和国防建设。1984 年,经中央军委和国务院批准,葫芦岛港开始军民合用,联合开发,至此,葫芦岛港才进入商港行列。1999 年 1 月 21 日,国务院批准葫芦岛港对外开放,同意港口使用中国籍船舶开展外贸运输业务,为国家一类开放口岸,至此,结束了葫芦岛港国轮内运的历史,开始了国轮外运。

2002 年,为保证国家重点项目建设需要,经省发改委批准,葫芦岛港一期工程移址柳条沟港区建设,移址后称葫芦岛新港。2007 年,经国务院批准,对外国籍船舶开放,2010 年 11 月 23 日,葫芦岛港经国家级验收正式成为一类对外开放口岸。2010 年 12 月 31 日,交通部批准葫芦岛港对外轮开放,使葫芦岛港成为辽西地区继锦州港之后第二个全面对外开放的口岸。2014年2月14日,辽宁省人民政府批准实施《辽宁省沿海港口布局规划》,葫芦岛港由一般港口上升为地区性重要港口。意味着不仅中国的船舶可以从葫芦岛港驶向世界,世界各国的船舶也可以停靠葫芦岛港,这标志着葫芦岛港的建设与发展将要随着全面对外开放而大踏步前行,港口的发展壮大面临着新的契机,从此葫芦岛港将成为葫芦岛市、辽宁省乃至东北、内蒙古的重要对外开放港口,也是我国对外开放的重要窗口之一,将对扩大开放程度、带动地区经济发展起到不可估量的作用。

2. 港口水文气象

葫芦岛市气温变化较大。据1964—2005年气象资料统计,全市年平均气温为9.0摄氏度,东部偏高,西部偏低。年极端最高气温41.5摄氏度(连山区,1972年6月10日),年极端最低气温零下26.3摄氏度(绥中县)。最冷月在1月份,平均气温为零下7.6~9.5摄氏度,最热月在7月份,平均气温为23.3~24.4摄氏度。全市年温差各地较为相近,平均约32.7摄氏度,其中春季气温变化最大,夏季气温变化小。

葫芦岛全市年平均降水量在563~642毫米之间,其中东部沿海偏多,西部山区偏少;四季降水量分布不均,降水主要集中在夏季。葫芦岛全市处于季风的控制之下,冬季盛行偏北风,其频率约占67%;夏季南风占优势,频率占70%。春季风速较大,6级以上大风出现日数占全年的55%;夏季6级以上大风出现日数占全年的10%;秋、冬季节分别占15%和20%。风速受地形影响较大,沿海风力大于内陆。

葫芦岛海域的潮波经东海进入辽东湾海区形成不同潮波系统,在传播过程中因受地转偏向力和海底地形及曲折岸线的影响,使潮汐类型、潮差等潮汐特征呈现明显差异。本海区的潮汐属不正规半日潮,潮汐强度中等。绥中海域潮汐性质属正规全日潮,但每月内会出现1~2天的半日潮现象,属弱潮型海区。最高高潮位4.56米,平均高潮位2.85米,最低低潮位-1.19米,平均低潮位0.81米,平均潮位1.84米,最大潮差4.06米,最小潮差0.12米,平均潮差2.05米。

3. 发展成就

在辽宁省委、省政府提出打造的"五点一线"沿海经济带战略构想指导下("五点"即辽宁沿海岸线上的大连长兴岛临港工业区、辽宁(营口)沿海产业基地、辽西锦州湾沿海经济区(包括锦州西海工业区和葫芦岛北港工业区)、丹东临港产业园区、大连花园口工业园区等五个重点区域;"一线"即辽宁将建设1443千米的滨海路。通过打造沿海公路网,连接沿黄海和渤海的"五点"。),《葫芦岛港总体规划》(以下简称《规划》)于2010年经葫芦岛市人民政府批复。《规划》明确了葫芦岛港的性质定位和总体发展格局,为葫芦岛港健康持续发展提供了有效指导。

2014 年《辽宁省沿海港口布局规划》获批，葫芦岛港上升为地区性重要港口，葫芦岛港的发展环境发生了较大变化。随着全方位对外开放、军民融合等国家战略的深入实施，葫芦岛港口也迎来了海陆双向辐射、产业深度融合的广阔空间，葫芦岛港迎来了新的历史发展机遇。

葫芦岛港基本情况见表 8-1-7。

（二）柳条沟港区

1. 港区综述

（1）港区建设和运营概况

葫芦岛港柳条沟港区共完成陆域回填面积约 250 万平方米（3753 亩），其中已形成堆场面积为 110 万平方米，未形成堆场面积约为 122 万平方米。现有运营泊位 6 个，最大泊位为 7 万吨级通用泊位。泊位装卸设备为门机 20 台。

葫芦岛港柳条沟港区建有联锁块堆场约 100 万平方米（含外贸监管场所 10 万平方米），各类通用库房 16 万平方米（包含 7 座 1.1 万平方米的散粮平房仓，2 座 2 万平方米的气膜仓），仓容为 5000 吨的散粮钢板仓 6 座、罐容为 5000 立方米的成品油储罐 4 座。可为客户提供 200 万吨露天、50 万吨库房、2 万立方米成品油的中转仓储服务。

柳条沟港主要货类为金属矿、煤炭、钢材、铁制品、非金属矿石、粮食、集装箱、油品、化工品等。

（2）港区地理条件和集疏运概况

葫芦岛港柳条沟港区位于辽东湾西北岸，地处辽西走廊西南端，连接东北、华北两大行政区和经济圈，东距省会沈阳 315 千米，西距首都北京 480 千米。港区水上距锦州港 50 千米，距营口港 110 千米，距秦皇岛港 165 千米，距大连港 273 千米。

葫芦岛港历史上被誉为天然良港。一是柳条沟岸线的水深条件较好，－4.5 米等深线距岸 450 米左右，覆盖层具有可挖性，－10 米等深线距岸 5 千米，属深水近岸，水域宽阔，适于建设深水泊位，且建港成本较低。二是潮流流速小、含沙量低，海岸处于动力平衡状态，波浪作用下的沿岸少量输沙在自然岬角和防波堤的防护下，很难进入本港区。因此，港池航道淤积轻微，易于维护，且维护成本较低。三是交通网络完备，区位优势明显。葫芦岛市地处辽西走廊，是连接东北、华北的交通要道，东西有京哈铁路、京沈快速铁路、京沈高速公路、102 国道、连接辽宁沿海五点一线的滨海公路五条交通大动脉从此经过。向北有锦承铁路、巴新铁路、锦朝高速公路、锦阜高速公路及若干条省道向辽北和蒙东辐射。这些交通要道均通过疏港公路和疏港铁路专用线与葫芦岛港相连，集疏运条件优越。

表 8-1-7

葫芦岛港基本情况表(沿海)

序号	港区名称	港口岸线		2015年港口生产用泊位				其中:1978—2015年建成的生产用泊位				货物吞吐量	2015年港口货物和旅客吞吐量						
		港口规划岸线	其中:2015年前已建成岸线	生产用泊位数	其中:万吨级及以上	生产用泊位长度	其中:万吨级及以上	生产用泊位数	其中:万吨级及以上	生产用泊位长度	其中:万吨级及以上		其中:外贸货物吞吐量	集装箱	滚装车辆 数量	滚装车辆 重量	旅客	其中:国际旅客
		千米	米	个	个	米	米	个	个	米	米	万吨	万吨	万TEU	万辆	万吨	万人	万人
1	柳条沟港区	—	1576	7	6	1756	1175	7	6	1756	1175	485	3.95	1	—	—	—	—
2	兴城港区	—	134	7	0	134	0	7	0	134	0	0	0	0	0	0	56	0
3	绥中港区	—	2199	13	2	2199	1211	13	2	2199	1211	1221	0	0	—	—	—	—
合计		—	3909	27	8	4089	2967	27	8	4089	2967	1706	3.95	1	—	—	56	—

2. 港区工程项目

（1）葫芦岛港柳条沟港区一期迁建项目

项目于 2005 年 3 月开工，2007 年 9 月完工并投入试运行，2008 年 11 月完成竣工验收。

项目建设依据：2004 年 2 月，辽宁省发展和改革委员会批复《葫芦岛港柳条沟港区一期迁建项目可行性研究报告》（辽计发〔2004〕84 号）；2004 年 9 月，辽宁省发展和改革委员会批复《葫芦岛港柳条沟港区一期迁建项目初步设计》（辽发改发〔2004〕392 号）；2004 年 4 月，辽宁省环境保护厅批复《葫芦岛港柳条沟港区一期迁建项目环境影响报告》（辽环函〔2004〕81 号）；2004 年 2 月，葫芦岛市海洋与渔业局批复葫芦岛港柳条沟港区一期迁建项目海域使用（葫海发〔2004〕5 号）；2007 年 2 月，交通运输部《关于葫芦岛港柳条沟港区一期迁建项目岸线使用的批复》（交规划发〔2007〕74 号）。

本项目建设 2 万吨级和 3.5 万吨级散杂泊位各 1 个及其相应配套设施，项目概算总投资 2.85 亿元，资金来源为企业自筹。

设计单位为中交第二航务工程勘察设计院；施工单位为中交一航局第五工程有限公司、广州航道局、葫芦岛宏运建设工程有限公司；监理单位为达华集团北京中达联监理公司；质监单位为葫芦岛市交通工程质量与安全监督处。

（2）葫芦岛港柳条沟港区新港石化码头工程

项目于 2005 年 7 月开工，2007 年 11 月完工，2019 年 4 月完成 5000 吨级液体化工泊位竣工验收。

项目建设依据：2005 年 11 月，辽宁省发展和改革委员会批复《葫芦岛港柳条沟港区新港石化码头工程可行性研究报告》（辽发改发〔2005〕880 号）；2005 年 12 月，辽宁省发展和改革委员会批复《葫芦岛港柳条沟港区新港石化码头工程初步设计》（辽发改发〔2005〕1183 号）；2006 年 6 月，辽宁省环境保护厅批复《葫芦岛港柳条沟港区新港石化码头工程黄静影响报告书》（辽环函〔2006〕196 号）；2004 年 2 月，葫芦岛市海洋与渔业局批复使用海域（葫海发〔2004〕5 号）；2006 年 12 月，葫芦岛海事局《关于葫芦岛新港石化码头使用岸线的函》。

本项目建设 3 万吨级成品油泊位（码头结构按可停靠 5 万吨级原油船预留）和 5000 吨级液体化工泊位（码头结构按可停靠 1 万吨级化工船预留）各 1 个及其相应配套设施，项目概算总投资 2.32 亿元，资金来源为企业自筹。

设计单位为中交第一航务工程勘察设计院；施工单位为中交一航局第五工程有限公司；监理单位为达华集团北京中达联监理公司；质监单位为葫芦岛市交通工程质量与安全监督处。

（3）葫芦岛港柳条沟港区西防波堤加长工程

项目于 2011 年 4 月开工，2013 年 11 月完工。

项目建设依据:2013年4月,辽宁省发展和改革委员会批复《葫芦岛港柳条沟港区西防波堤加长工程可行性报告》(辽发改交通〔2013〕442号);2013年2月,葫芦岛市港口与口岸局批复葫芦岛港柳条沟港区西防波堤加长工程初步设计(葫港发〔2013〕5号);2012年4月,辽宁省环境保护厅批复《葫芦岛港柳条沟港区西防波堤加长工程环境影响报告书》(辽环函〔2012〕122号);2011年3月,辽宁省海洋与渔业厅批复海域使用(辽海渔函〔2011〕54号)。

本工程为西防波堤加长工程,加长长度675米,堤宽与已建防波堤宽度一致为11米,防波堤堤面高程为+5.0米,采用抛石斜坡堤结构。项目概算总投资1.65亿元。

设计单位为中交第一航务工程勘察设计院;施工单位为中交一航局第五工程有限公司;监理单位为武汉中澳工程项目管理有限责任公司;质监单位为葫芦岛市交通工程质量与安全监督处。

(4)葫芦岛港柳条沟港区3号~5号通用泊位工程

项目于2009年5月开工,2013年7月完工。

项目建设依据:2011年4月,辽宁省发展和改革委员会对项目进行了核准批复(辽发改交通〔2011〕269号);2011年11月,辽宁省交通厅对项目进行了初设批复(辽交航发〔2011〕363号);2011年3月,辽宁省环境保护厅对项目进行了环评批复(辽环函〔2011〕85号);2009年7月,辽宁省海洋与渔业厅对项目进行了海域使用批复(辽海渔管〔2009〕57号);2010年4月,交通运输部对项目进行了岸线使用批复(交规划发〔2010〕199号)。

本项目建设1个2万吨级、2个3.5万吨级通用泊位(水工结构均按7万吨级预留)及相应的生产、辅助生产等配套设施,设计年通过能力450万吨。项目概算总投资8.01亿元。

设计单位为中交第一航务工程勘察设计院;施工单位为中交一航局第五工程有限公司、宏运建设集团有限公司、中交广州航道局有限公司、葫芦岛市建筑安装工程有限公司、葫芦岛市宏达基础工程有限公司;监理单位为武汉中澳工程项目管理有限责任公司、葫芦岛市市政工程监理有限责任公司;质监单位为葫芦岛市交通工程质量与安全监督处。

(5)葫芦岛港柳条沟港区6号、7号、8号、9号通用泊位工程

项目于2012年6月开工,2018年7月完成泊位水工主体建设。

项目建设依据:2013年4月,辽宁省发展和改革委员会对项目进行了核准(辽发改交通〔2013〕442号);2013年10月,辽宁省发展和改革委员会对项目初设进行了批复(辽交航发〔2013〕343号);2012年9月,辽宁省环境保护厅对项目进行了环评批复(辽环函〔2012〕341号);2010年10月,辽宁省海洋与渔业厅对项目海域使用进行了批复(辽海渔函〔2010〕192号);2013年3月,交通运输部对项目进行了岸线使用批复(交规划发〔2013〕199号)。

本项目建设4个5万吨级通用泊位(水工结构按靠泊10万吨级船舶设计)及其相应配套设施,泊位长度1073米。项目概算总投资12.71亿元。

设计单位为中交第一航务工程勘察设计院;施工单位为中交一航局第五工程有限公司;监理单位为武汉中澳工程项目管理有限责任公司;质监单位为葫芦岛市交通工程质量与安全监督处。

(6)葫芦岛港柳条沟港区7万吨级航道工程

项目于2009年3月开工,2012年10月完工。

项目建设依据:2013年5月,辽宁省发展和改革委员会对项目进行了核准(辽发改交通〔2013〕675号);2013年10月,辽宁省交通厅对项目初步设计进行了批复(辽交航发〔2013〕370号);2013年2月,辽宁省环境保护厅对项目环评进行了批复(辽环函〔2013〕59号);2009年9月,葫芦岛市海洋与渔业局对项目进行了海域使用批复(葫海发〔2009〕122号)。

本工程按照7万吨级单向航道标准进行建设,航道全长14.6千米,其中改扩建原有航道5.12千米,新建航道9.48千米,航道有效宽度170米,设计底高程－14.5米。项目概算总投资4.23亿元。

设计单位为中交第一航务工程勘察设计院;施工单位为中交广州航道局有限公司;监理单位为武汉中澳工程项目管理有限责任公司;质监单位为葫芦岛市交通工程质量与安全监督处。

(三)绥中港区

1.港区综述

(1)港区建设和运营概况

绥中港区位于绥中县,属葫芦岛港的港区之一,是辽宁的西大门,也是连接东北和华北两个城市群的必经之路。港区岸线资源丰富,海阔水深。夏避风浪、冬微结薄冰,堪称良港。特别是国家已将绥中县列为承接北京产业转移地之一,和辽宁省出台的扩权强县政策,为绥中县实现跨越式发展创造了难得的发展机会。

由于历史原因,绥中港区与其他港区相比,尚未得到有效开发利用,为此辽宁省委、省政府对港区的发展给予了高度重视,为落实国家振兴东北老工业基地和辽宁沿海经济带发展战略,辽宁省委、省政府决定重点开发绥中港区,并把投资建设的任务交给营口港务集团。2012年9月营口港务集团与绥中县签订了合作协议并举行了开工奠基仪式。2013年10月正式成立了绥中港务集团有限公司。至此,拉开了绥中港区开发建设的序幕,至2015年先后建设了通用散杂泊位工程,5万吨级航道工程,形成5万吨级生产性泊位3个,至2005年累计完成吞吐量56.7万吨。

（2）港区地理条件和集疏运概况

葫芦岛港绥中港区地处渤海湾内辽东湾西北岸，东邻锦州市，西与山海关毗邻，南临渤海湾，北与朝阳市接壤，地理坐标为东经120°38′，北纬40°56′。绥中海岸东起六股河口，西至万家镇红石礁，岸线全长86千米，岸线沉积物以中粗砂为主，岸线河口沙咀及潟湖广泛发育，海底坡度平缓，为典型的砂质海岸，水下浅滩较稳定，5米等深线距岸约1.3千米，10米等深线距岸约10千米。港区处于弱潮海域，海床多年冲淤变化甚小，长期处于稳定状态。本区平均每三年受台风影响一次，一般出现在7—9月，有影响风力为8级。港区的抗震设防裂度为6度。其他水文气象条件与营口港鲅鱼圈港区差别甚微。

港区所在绥中县素有"关外第一县"之称，是连接东北、华北，沟通华东、华南的必经之路，更因其位于京、津、冀一体化发展边缘，紧靠沈阳经济区，亦是距内蒙古最近的出海通道之一。具有明显的区位优势，港区集疏运主要通过水水中转和水陆中转，陆路交通十分便利，东西方向形成了以京哈、秦沈铁路和京沈高速、102国道为主的沿海通道和101国道为依托的辽西北部通道，南北方向有305、306国道沟通内蒙古东部腹地与辽西沿海港口，锦朝高速、锦阜高速和锦承铁路共同构成了辽西区域联系通道。

2. 港区工程项目

（1）葫芦岛港绥中港区通用码头工程

项目于2013年3月开工，2014年9月码头主体完工并投入试运行，2015年10月全部完工，2017年1月完成竣工验收。

项目建设依据：2012年2月14日，辽宁省发展和改革委员会对先期建设的3个泊位（以下简称一期）印发了《关于葫芦岛港绥中港区通用码头项目核准的批复》（辽发改交通〔2012〕84号）。2014年5月25日，辽宁省发展和改革委员会对后续建设的2个泊位（以下简称二期）印发了《关于葫芦岛港绥中港区码头项目核准的批复》（辽交改交通〔2014〕166号）。2014年3月31日，辽宁省交通厅批复《葫芦岛港绥中港区通用码头工程（一、二期）初步设计》（辽交航发〔2014〕166号）（辽交航发〔2014〕446号）。2012年2月19日，国家环境保护部批复《葫芦岛港绥中港区通用码头工程环境影响报告书》（环函〔2012〕30号）。2012年3月14日，辽宁省海洋与渔业厅批复《葫芦岛港绥中港区通用码头工程海洋环境影响报告书》（辽海渔环字〔2012〕69号）。2011年7月18日，绥中县港航管理局《关于葫芦岛港绥中港区通用码头工程使用岸线的批复》（绥港发〔2011〕11号）。2013年2月21日，辽宁省海洋与渔业厅《关于葫芦岛港绥中港区通用码头填海施工的通知》（辽渔域字〔2013〕69号），并颁发了该工程《海域使用权证书》（国海证：21142101340号、21142010331号、21142101353号、21142101362号）。

本工程原设计建设5000吨级通用泊位5个（水工结构按靠泊5万吨级船舶设计），实际建设规模为 5 万吨级通用泊位 3 个。码头岸线长 800 米。码头平面布局为顺岸式，重力式方块结构。码头配置主要装卸设备为上海港机厂生产的门座式起重机 12 台，其中：25 吨—33 米门机 10 台，40 吨—35 米门机 2 台。堆场面积为 31.4 万平方米，堆存容量为 36.07 万吨。工程总投资为 12.72 亿元，其中企业自有资金 3.82 亿元，银行贷款 8.90 亿元。

建设单位为绥中港务集团有限公司；设计单位为中交第一航务工程勘察设计院有限公司；施工单位有中交一航局第一工程有限公司、营口港建筑安装工程有限公司；监理单位为营口港工程监理咨询有限公司；质监单位为葫芦岛市交通工程质量与安全监督处。

2014 年底，该工程由原拟建 5 个 5000 吨级通用泊位，变更为建设 3 个 5 万吨级通用泊位。

（2）葫芦岛港绥中港区 5 万吨级航道工程

项目于 2013 年 9 月开工，2015 年 12 月完工并投入试运行，2017 年 9 月完成竣工验收。

项目建设依据：2013 年 7 月 3 日，辽宁省发展和改革委员会《关于葫芦岛港绥中港区航道工程项目建议书的批复》（辽发改交通〔2013〕903 号）。2014 年 12 月 22 日，辽宁省发展和改革委员会批复《葫芦岛港绥中港区航道工程可行性研究报告》（辽发改交通〔2014〕1239 号）。2015 年 5 月 8 日，辽宁省交通厅批复《葫芦岛港绥中港区航道工程初步设计》（辽交港航发〔2014〕186 号）。2014 年 1 月 26 日，辽宁省环境保护厅批复《葫芦岛港绥中港区环境影响报告书》（辽环函〔2014〕40 号）。

葫芦岛港绥中港区航道工程为 5 万吨级，航道全长 4.63 千米。有效宽度为 150 米，设计底高程 −14.5 米。边坡比例为 1∶5，总疏浚量为 188 万立方米，疏浚土方吹填至通用码头后方的纳泥区内造陆。纳泥区面积约为 121.3 万平方米，纳泥量约为 1300 万立方米。本工程设置前后中心导标各 1 座，结构形式为钢筋混凝土结构，在航道两侧配备浮标助航，共 6 座，此外还设灯浮 6 座，灯桩 1 座。工程总投资为 1.03 亿元，其中企业自有资金 3080.8 万元，银行贷款 7188.81 万元。

建设单位为绥中港集团有限公司；设计单位为中交第一航务工程勘察设计院；施工单位有中交一航局第一工程有限公司、营口友一港航有限公司；监理单位为营口港工程监理咨询有限公司；质监单位为葫芦岛市交通工程质量与安全监督处。

（3）绥中 36−1 原油外输码头

项目于 1998 年 10 月 25 日开工，2000 年 11 月 28 日基建完工。

本项目建设 3 万吨级原油外输泊位 1 个，5000 吨级原油接卸及外输泊位 1 个，防波堤兼三用工程船舶泊位，护岸兼环保工作船泊位，接岸引堤和连接引堤，3 万吨级油轮航道；

生产辅助建筑。设计年吞吐能力710万吨。航宽150米,航道底高程-12.4米,航道长度4450米。工程总投资4.46亿元。

建设单位为中海石油(中国)有限公司;设计单位为中国港湾第二航务工程勘察设计院;主要施工单位为中港第一航务工程局、中海石油基地集团油田建设工程公司;主要监理单位为大连港口建设监理公司。

(4)绥中电厂接卸发电原煤码头

1992年7月,绥中港开始建设。1997年5月,绥中港正式开港运营,结束绥中有海无港的历史。2000年,绥中港进行改制,将产权一次性转让给绥中发电厂。

工程分为两个阶段实施,第一阶段满足绥中发电厂接卸国外大型设备需要,形成光板码头;第二阶段对光板码头进行配套,形成生产运营能力。绥中港由杂货码头成为电厂接卸发电原煤的业主专用码头。2015年底,绥中电厂有3000吨级和1万吨级煤炭专用泊位,主要货种为煤炭,配套1万吨级航道,全长0.6千米,设计底高程-8.5米,设计底宽100米。工程总投资8878万元,其中光板码头工程投资4718万元,配套工程投资4160万元。

第二节　河　北　省

一、综述

(一)基本省情

河北省地处华北平原,界于北纬36°05′~42°40′,东经113°27′~119°50′之间,环抱首都北京,东与天津毗连并紧傍渤海,东南部、南部衔山东、河南两省,西倚太行山与山西为邻,西北部、北部与内蒙古交界,东北部与辽宁接壤,总面积18.88万平方公里。

河北省省会为石家庄。2015年底,全省常住人口7383.75万人,其中城镇常住人口约4300万人,占总人口比重(常住人口城镇化率)为57.62%,主体民族为汉族,其他民族有满、回、蒙、壮、朝鲜、苗、土家等55个。河北省辖11个地级市、42个市辖区、20个县级市、102个县、6个自治县(合计170个县级行政区划单位),293个街道、1067个镇、840个乡、50个民族乡(合计2250个乡级行政单位,另有1个区公所)、3930个居委会、48658个村委会。

河北省背山面海,地域广阔,自然资源丰富,区位优势突出,地理位置优越,地势西北高、东南低,由西北向东南倾斜。地貌复杂多样,高原、山地、丘陵、盆地、平原类型齐全,有坝上高原、燕山和太行山山地、河北平原三大地貌单元。坝上高原属蒙古高原一部分,地形南高北低,平均海拔 1200~1500 米,面积 15954 平方公里,占河北省总面积的 8.5%。

河北省河流众多,长度在 18 千米以上 1000 千米以下者就达 300 多条。境内河流大都发源或流经燕山、冀北山地和太行山山区,其下游有的合流入海,有的单独入海,还有因地形流入湖泊不外流者。主要河流从南到北依次有漳卫南运河、子牙河、大清河、永定河、潮白河、蓟运河、滦河等,分属海河、滦河、内陆河、辽河 4 个水系,其中海河水系最大,滦河水系次之。

河北省是全国重要的产粮区和商品粮、棉、油及农副产品供应基地,又是林、牧、渔业资源大省。全省矿产资源具有优势,除能源矿藏较为丰富,有铁、钛、黄金、石灰岩、建筑石材、玻璃石英砂岩等百余个矿种。

"十二五"期间,河北省生产总值由 2010 年的 2 万亿元增加到 2015 年的 3 万亿元、年均增长 8.5%,人均生产总值由 2.9 万元增加到 4 万元、年均增长 7.6%,全部财政收入由 2409 亿元增加到 4047.7 亿元、年均增长 10.9%,一般公共预算收入由 1332 亿元增加到 2648.5 亿元、年均增长 14.7%,一般公共预算支出由 2820 亿元增加到 5675.3 亿元、年均增长 15%。规模以上工业增加值达到 1.1 万亿元、年均增长 9.7%,固定资产投资 2.88 万亿元、年均增长 19.6%,社会消费品零售总额 1.29 万亿元、年均增长 13.6%。经济发展调速不减势、量增质更优的局面正在形成。

（二）综合运输

铁路:截至 2015 年,全省铁路营业里程达到 7166 千米,建成京沪、石太、秦沈、京石、石武、津秦客专、保津铁路、唐山客车线等 8 条快速客运铁路 1020 千米（铁路具体名称）;地方铁路营运里程 1199.7 千米。运输量 25000.71 万吨,周转量 2203858.82 万吨公里。

公路:截至 2015 年,全省公路通车里程达到 18.5 万公里,居全国第 10 位,其中,高速公路里程达到 6333 千米,跃居全国第 2 位,普通干线公路二级及以上比例达到 86.9%。公路等级客运站 493 个,其中一级站 27 个,二级站 106 个,三级站及以下 360 个;公路等级货运站 65 个,其中一级站 3 个,二级站 5 个,三级站 7 个,四级站 50 个。客运量 43563 万人,周转量 2684350 万人公里。货运量 175637 万吨,68214764 万吨公里。

水运:秦皇岛港现代化大型煤炭输出码头一、二、三期工程相继投产,吞吐能力成倍增长,成为全国最大的能源输出港。1986 年河北省第一个地方港口——黄骅地方港建成。1990 年全省港口泊位达到 26 个,年吞吐能力 9310 万吨。20 世纪 90 年代河北省的交通建设进入快速发展时期,地方港口建设从国民经济社会发展第七个五年计划（简称"七五"）末开始起步,京唐港、秦皇岛新港等地方中小港口得到相应发展。到"九五"末,全省沿海港口共拥有生产泊位 47 个,吞吐能力 13591 万吨和 20 万 TEU。进入 21 世纪,河北省抓住机遇,加快发展,现代综合立体交通网络初步形成,港口吞吐量大幅增长,比 2010

年翻一番。2015年客运量5万人,周转量3416万人公里;货运量4544万吨,周转量15527926万吨公里。

民航机场:河北已开通运营5个民用运输机场(石家庄正定国际机场、秦皇岛山海关机场、邯郸机场、唐山三女河机场、张家口宁远机场),5个通用机场(石家庄栾城通用机场、沧州黄骅通用机场、保定江城通用机场、承德平泉通用机场、唐山五重安通用机场),全省民航运输服务保障能力稳步提升。

管道:秦皇岛港的大庆至秦皇岛输油管线于1973年建成投产,总管年输油能力2000万吨。原油码头输油管线直接与总管相连接,管道总长9342米,港内管线年输油能力1500万吨。港口还设有地方输氨管线以及与后方化工企业相连的液体化工品管线。黄骅港沿国华电厂西侧围堰已经建有油品管廊,管架分三层,连接煤炭港区液化码头和华鑫洺源、海丰罐区,进而进入中捷石化厂区。

(三)港口概况

河北省地处中纬度欧亚大陆东岸,位于我国东部沿海,属于温带湿润半干旱大陆性季风气候。本省大部分地区四季分明,寒暑悬殊,雨量集中,干湿期明显,具有春季冷暖多变,干旱多风;夏季炎热潮湿,雨量集中;秋季风和日丽,凉爽少雨;冬季寒冷干旱,雨雪稀少的特点。总体气候条件较好,温度适宜,日照充沛,热量丰富,雨热同季。年日照时数2303.1小时,年无霜期81～204天;年均降水量484.5毫米,降水量分布特点为东南多西北少;1月平均气温在3摄氏度以下,7月平均气温18～27摄氏度,四季分明。

河北省港口的历史发展过程,历经古代碣石港、近代自开港、现代枢纽港、区域港口群4个阶段。

1. 古代碣石港

秦皇岛沿海一带古称碣石,在1万年前的全新世时期,沿海地貌概势已经形成,自然形成许多优良港湾。夏商时代,常有舟楫出没。春秋战国以来,一直是历代王朝的通海门户。秦始皇嬴政、汉武帝刘彻、魏武帝曹操、唐太宗李世民等曾途径或巡临碣石。隋唐时期在卢龙修筑平州港,是接卸漕粮的海河港码头。明初在山海关潮河口修建码头庄港,接卸、储存、转输海运的大量筑城物资和粮秣。

2. 近代自开港

1895年,中日甲午战争后,中国沿海港口主权丧失殆尽,清政府准备在秦皇岛自开通商口岸。1898年(清光绪二十四年)3月26日,清政府总理衙门向光绪皇帝补奏《添开秦皇岛口岸折》,正在筹划维新变法的光绪皇帝朱批"依议钦此"。清政府主动开辟的近代秦皇岛主权通商口岸,翻开港口历史新的一页,拉开了秦皇岛港建设的帷幕。1900年,八国联军入侵中国,英国趁机攫取开平煤矿和秦皇岛港。从开港到 1949 年的 50 年间,港口生产发展缓慢,1948 年秦皇岛港只有 2 座码头,年吞吐量仅为 86.3 万吨。

3. 现代枢纽港

20 世纪 90 年代前交通部直属管理秦皇岛港,把秦皇岛港的建设视为重点。1948 年11 月 27 日,人民政府对秦皇岛港实行军管。1951—1959 年间主要是改造原有码头。1959—1969 年重点是在原址扩建煤码头。1973 年,中央提出"三年改变港口面貌"的号召,河北省进入港口发展的较快时期。1974 年,秦皇岛港吞吐量首次突破 1000 万吨大关,达 1192.2 万吨,跃居全国沿海港口第三位。1978 年,"交通部秦皇岛港务局"改名为"交通部秦皇岛港务管理局"。1988 年,由"交通部秦皇岛港务管理局"改名为"交通部秦皇岛港务局"。1999 年,由"交通部秦皇岛港务局"更名为"秦皇岛港务局"。2002 年,按照国务院港口管理体制改革统一部署,秦皇岛港务局由原中央直管企业下放到河北省管理,而后改制为秦皇岛港务集团有限公司。

20 世纪 80 年代,港口运输行业深化改革,扩大开放,港口工程建设进入了一个新的发展阶段,在"三年大建港"的基础上,秦皇岛港的装卸运输生产和基本建设,又出现新的高潮。1978 年全国"五届人大"批准的发展国民经济十年规划纲要中,将秦皇岛港列为五大重点建设港口之一,纳入了国家建设的大型项目之内。1980 年港口建设计划投资比1975 年增加 35.4%,占交通系统沿海港口建设总投资的 1/6,是全国重点建设港口。

1983 年 7 月,与京秦铁路相配套的秦皇岛港煤码头一期工程建成投产,形成了晋煤外运、北煤南运的一条水上大通道。1985 年,建成了年吞吐量为 2000 万吨的煤二期码头。1989 年,又建成了年吞吐量为 3000 万吨的煤三期码头,使秦港一举成为世界最大的煤炭中转码头。属于重点建设项目的原油码头二期工程、乙码头 8 号泊位技术改造工程等竣工投产,以及京秦复线电气化铁路相继投入营运;属于国家"重中之重"建设项目的大(同)秦铁路工程以及丙、丁杂货码头工程等也都取得了重要成果。从而奠定了我国能源输出大港的地位,有利地促进了我国对外贸易和国民经济的发展。"六五"期间(1981—1985 年),秦皇岛港以"煤炭是重点,原油是侧翼,仓储疏运是当前的短线,杂货是同沿海港口竞争的中心",开始形成了以能源输出为主,煤炭、石油、杂货全面发展的多功能综合性的国际贸易重要口岸。

20 世纪 90 年代,年吞吐量 3000 万吨的煤四期码头建成投产。其是当时国内规模最大、效率最高、堆场最大的煤炭码头,奠定了秦皇岛港国家能源运输主枢纽港的地位。与此同时,国家先后投资 60 多亿元,建成了秦皇岛至"煤都"大同的运煤铁路专线。这样,就形成了以秦皇岛港为枢纽和龙头的、我国北煤南运系统工程。"七五"期间(1986—1990 年),秦皇岛港成为世界能源输出第一大港,中国重要的外贸综合性港口,在确保能源输出为主的前提下,向多功能、综合性、国际化方向纵深发展。

20世纪末至21世纪,船舶不断大型化。1998年3月开工的秦皇岛港十万吨级航道是煤三期、煤四期工程的重要配套设施,河北省重点建设项目。在煤三期、煤四期码头港池,建设深16.5米,宽200米,长16.8千米的深水航道一条,1999年12月交付使用,同时配备工程建设海监VTS系统及引航监控中心系统一套,研制开发DGPS助航系统移动台5套,从而激活了煤三期按10万吨级设计的泊位和煤四期10万吨级泊位功能。荣获河北省十大发明和技术进步奖和交通部部优工程。同时利用疏浚物吹填造陆1317亩,为秦皇岛港的发展建设预留了广阔空间。"八五"期间(1991—1995年)和"九五"期间(1996—2000年),秦皇岛港发展定位:保持煤炭核心业务优势,树立世界港口干散货业务的领先地位;集装箱业务跨越式增长,跟上环渤海领先港口的发展步伐;建成区域性油品集散中心。延伸物流服务体系,开拓优势临港产业,跨地域经营港口。全面提升港口功能,将秦皇岛港打造成为现代化、国际型深水强港。

2001年底,为适应船舶大型化发展趋势,减轻矿石装卸对城市环境污染,提升港口功能和结构调整,将西港区的矿石货物迁至东港区作业,在煤三期301号煤炭泊位背侧建设304号矿石泊位,建近期10万吨级、远期20万吨级矿石泊位2个(水工结构按20万吨级建设),并配套完成矿石堆场9.5万平方米,堆存量42万吨及装车线、铁路车场、供电通信等建设项目。设计年通过能力近期400万吨,远期800万吨。该工程于2003年3月简易投产,2005年全部建成。2002年6月30日,戊己码头工程竣工,2003年,提前达产并超过设计年通过能力。随着国民经济的快速发展,为改变秦皇岛港杂货运输的被动局面,使秦皇岛港由重要的能源输出港向多功能、全方位、现代化的综合性大港迈进,国家批准秦皇岛港戊己码头工程开工,为国家重点建设项目。2003年9月开工的集装箱泊位改造工程,以解决秦皇岛港现有集装箱泊位岸线长度不足、设备老化等问题,培育集装箱业务市场,实现集装箱运输跨越式发展,增置五、六代集装箱装卸桥及其他设施。2004年8月17日首靠中海集团公司"向津"号集装箱轮,实现简易投产。2003年11月30日,"C80"铁路新型煤炭列车在秦皇岛港翻卸成功,这是我国首次对"C80"车型进行重载运行及翻卸试验。2004年8月1日开工的煤四期扩容工程,是与大秦铁路扩能改造相配套,并充分发挥煤四期工程整体效率,提高煤炭运输能力,设计年装船能力1500万吨,以及相应的生产辅助、安全、环保等配套设施。2005年10月22日,秦皇岛港煤码头四期扩容工程建成投产,建成3.5万吨级和5万吨级泊位各1个,设计年通过能力1500万吨,有效缓解了"三西"(山西、陕西、内蒙古西部)煤炭外运通道港口装船能力不足的局面。"十五"期间(2001—2005年),2001年港口货物吞吐量超亿吨,圆了几代人的夙愿,实现了历史的大跨越,因此,秦皇岛港成为中国沿海主枢纽港,世界级煤炭输出大港,中国北方散货集散中心,欧亚大陆桥北线桥头堡。2003年,秦皇岛港确立了环渤海地区散货中心港地位。2005年,秦皇岛港是世界最大的煤炭输出港,综合性国际贸易港口,已成为中国以能源输出为主的、对外贸易综合性口岸和世界最大的煤炭输出港。

4. 区域港口群

2004年，河北省委、省政府作出秦皇岛港管理体制调整和产权结构重组的重大决策。秦皇岛港务集团有限公司由原省属国有独资公司，改制为国有有限责任公司，港口向着建立现代企业制度迈出极其重要的一步。2009年7月，河北省政府批准组建河北港口集团有限公司。2013年11月16日，河北港口集团有限公司总部正式从河北省石家庄市搬迁到唐山曹妃甸新区。在秦皇岛港迅速发展的同时，秦港集团将发展的目光放在跨地域发展上，着眼于河北省487千米海岸线，开发河北港口资源，与唐山港和沧州（黄骅）港等周边港口在合作竞争中实现双赢。在建设沿海经济隆起带的宏观背景下，先后投资参股建设了曹妃甸矿石码头工程和山海关港区工程，迈出了跨地域发展的重要步伐，形成秦港集团发展与跨地域发展的互动格局。力争把秦港打造成为公司制度完善，竞争优势强劲，经济效益领先的码头运营商和综合物流服务提供商。秦皇岛港抓住国民经济持续发展的机遇和挑战，加快建立现代企业制度的进程，按照港口的发展战略目标做好港口结构调整，全面提升港口功能，向第三代港口迈进，成为振兴环渤海经济的支撑点，成为全国最大的大宗散货港口群，环渤海地区重要的钢铁、石油化工、液化天然气、大型装备接卸、转运基地，全国重要的煤炭、铁矿石和钢材交易中心。

河北省沿海港口腹地横跨全国东、中、西三大经济带，腹地范围主要包括京津冀、晋陕蒙、新甘宁青以及鲁北、豫北等广大华北和西北地区，腹地自然资源条件优越，拥有丰富的煤炭、矿石、原油等矿产资源。截至2015年，集装箱班轮航线达到66条，覆盖环渤海、华东、华南和日韩等地区，航线总数创历史最好水平。

京津冀地区是河北省沿海港口最直接的依托腹地，该地区人口密集、资源丰富，是我国城市、工业和港口最密集地带之一。地区产业以钢铁、石化等重化工业为主，产业基础雄厚、工业门类齐全，在全国经济社会发展中占有重要的战略地位。

晋陕蒙和新甘宁青等中西部地区是河北省沿海港口的间接腹地，拥有丰富的土地和矿产资源，是我国重要的能源、原材料生产基地。晋陕蒙地区矿产资源丰富，煤炭、天然气、石油、铁矿石和铝土矿等年产量位居全国前列，其中，煤炭储量占全国总量的70%以上，是我国"北煤南运、西煤东运"的主要煤源地；新疆、甘肃、宁夏、青海四省（区），拥有丰富的土地和矿产资源，是我国重要的能源、原材料供应基地，建立起以能源、矿石采选、有色金属冶炼加工等为支柱的资源型工业体系。

根据《河北省沿海港口布局规划（修编）（2013—2030年）》，河北省海域位于渤海西部，大陆岸线长487千米。海岸线分为南北两段，北段北起与辽宁省交界的秦皇岛市山海关区崔台子，南至唐山市丰南区涧河口西刘合庄；南段北起与天津交界的沧州市南排河镇歧口，南至与山东省交界的海兴县大口河口。

河北省自北向南依次布局着秦皇岛港、唐山港、黄骅港三大规模以上港口。根据《全国沿海港口布局规划》,秦皇岛港为主要港口,唐山港和黄骅港为地区性重要港口。

《秦皇岛港总体规划(报批稿)》(2014年)中,根据秦皇岛港发展格局,秦皇岛港划分为东港区、西港区、山海关港区等3个港区和若干港点的总体格局,其中原新开河港区并入西港区。东港区是秦皇岛港的核心港区,承担煤炭、铁矿石、油品、集装箱、散杂货等重要物资运输;西港区结合城市发展需要逐步调整为邮轮、游艇等旅游客运功能;山海关港区主要服务临港产业发展;秦西港点主要服务当地生活、生产物资运输。

根据《唐山港总体规划》(2015年),规划唐山港将形成一港三区,分工合作、协调互动、共同发展的总体发展格局。曹妃甸港区将发展为服务我国北方大宗物资转运和环渤海新型工业化基地的大型综合性港区,利用深水岸线资源优势,发展油气、铁矿石等大宗能源、原材料转运、储备、贸易功能,承担"北煤南运"的重要任务,为临港冶金、石化、装备制造等大型重化工业服务;京唐港区将发展为华北、西北部分地区,北京市、河北省及唐山市等各类物资中转运输服务的综合性港区,成为重要的区域综合运输枢纽;将在唐山港煤炭、铁矿石运输中发挥重要作用,承担集装箱运输功能并为临港工业发展服务;丰南港区是唐山港的重要组成部分,将为后方临港工业服务;未来将发展成为为区域综合运输服务的港区。

《黄骅港总体规划》(2008年)中,根据港口性质、功能和未来发展方向,规划黄骅港将形成以煤炭港区、散货港区、综合港区为主,河口港区为补充,北翼保留远景发展空间的总体格局。煤炭港区:现代化、专业化的大型煤炭装船港区,是"北煤南运"第二大通道的主要入海口;散货港区:以铁矿石、原油等大宗散货物资运输为主,根据发展需要可适当兼顾煤炭、液体化工等其他散货运输功能,满足临港工业和腹地大宗散货运输需求,并承担相应的专项物流服务功能,重点建设10万~20万吨级的大型专业化干散货、液体散货码头,形成规模的专业化散货港区;综合港区:以一般散杂货、集装箱和成品油、液体化工品运输为主,承担临港工业服务、腹地物资中转运输和综合物流服务等功能,重点建设10万吨级以下的各类专业化和非专业化码头,形成大型综合港区;河口港区:利用现有设施为本地生产、生活物资运输服务,并适当开展仓储、物流、商贸等业务。

秦皇岛港是我国沿海主要港口,是我国能源运输系统中的重要节点和重要的煤炭下水港之一,是秦皇岛市及周边地区经济发展和临港产业发展的重要依托,是华北、东北及铁路沿线地区对外交往的重要窗口之一,是辐射我国华北和东北地区的综合运输枢纽和物流服务基地。

唐山港是我国"北煤南运"的重要运输节点和能源、原材料等大宗物资专业化运输系统的重要组成部分,是京津冀等华北及西北地区经济发展和对外开放的重要依托,是辐射我国华北和东北地区的综合运输枢纽和物流服务基地,是实施《河北沿海地区发展规划》、促进唐山市经济社会发展、实现唐山沿海地区跨越式发展的重要战略资源。

黄骅港是我国北方主要的煤炭装船港之一，是"三西"煤炭外运第二通道的重要出海口，是冀中南地区、神黄铁路沿线等中西部地区及豫北、鲁西北地区经济发展和对外开放的重要依托，是沧州市融入环渤海、京津冀经济圈，发挥沿海优势，促进临港产业开发，打造河北南部地区经济增长极的重要战略资源。

（四）港口发展成就

1978 年，河北省沿海港口仅有隶属交通部管理的秦皇岛港，拥有生产性泊位仅 11 个，完成货物吞吐量 2218.6 万吨，其中外贸 273.6 万吨。从分货类看，煤炭完成 1047 万吨，原油 996 万吨，杂货 176 万吨。1978 年 9 月和 10 月连续突破月吞吐量百万吨水平，是年创历史最高纪录。全港共有生产用仓库 3.67 万平方米，杂货堆场 13.8 万平方米，煤堆场 55.6 万平方米。1984 年 12 月，秦皇岛至香港航班试开，首次成功在"丰宁"轮船上运载 60TEU 到香港。

河北省沿海港口主要货类以煤炭、矿石为主，占总吞吐量 80% 以上。2013 年 11 月，全省沿海港口货物吞吐量突破 8 亿吨。2014 年 12 月，全省沿海港口货物吞吐量突破 9 亿吨。至 2015 年底，全省共有生产性泊位 191 个，其中秦皇岛港 58 个、唐山港 97 个、黄骅港 36 个。全省港口通过能力首次突破 10 亿吨大关，达到 10.1 亿吨，居全国第二位。拥有煤炭泊位 72 个（专业化 63 个），通过能力 65445 万吨；原油泊位 5 个，通过能力 3540 万吨；矿石泊位 14 个（专业化 12 个），通过能力 17100 万吨；集装箱泊位 7 个，LNG 泊位 1 个。全省沿海港口完成货物吞吐量 9.1 亿吨（外贸货物吞吐量完成 30752 万吨），其中煤炭及制品 50109 万吨，金属矿石 25663 万吨，石油、天然气及制品 2667 万吨。唐山港完成货物吞吐量 4.9 亿吨，在 2015 年全球十大港口货物吞吐量统计排名第 7 位。2015 年全省港口集装箱首次突破 200 万 TEU，达到 252.5 万 TEU，班轮航线达到 66 条。

秦皇岛港与大秦铁路无缝对接，是全国能源运输的主枢纽港，发挥着国家"煤炭价格稳定器"和"北煤南运蓄水池"作用。截至 2015 年，秦皇岛港共有生产性泊位 58 个，通过能力 23091 万吨，其中煤炭泊位 23 个（专业化 20 个）原油泊位 4 个、矿石泊位 1 个、集装箱泊位 3 个。

唐山港腹地覆盖中国重要的钢铁、石化及煤炭基地，是全国北方重要的矿石中转港。截至 2015 年，唐山港共有生产性泊位 97 个，通过能力 53968 万吨。其中煤炭泊位 29 个（专业化 26 个）、矿石泊位 11 个（专业化 9 个）、原油泊位 1 个、集装箱泊位 4 个。

黄骅港作为南部沿海地区重要的新兴港口，成为晋冀鲁豫及大西北最经济、最便捷的出海口，被誉为"亚欧大陆桥新通道"。截至 2015 年，共有生产性泊位 36 个，通过能力 23520 万吨，其中煤炭泊位 20 个（专业化 17 个）、矿石泊位 2 个。

河北省沿海港口基本情况见表 8-2-1。

表 8-2-1

河北省沿海港口基本情况表

序号	港口名称	港口岸线		2015年港口生产用泊位				其中:1978—2015年建成的生产用泊位				2015年港口货物和旅客吞吐量						
		港口规划岸线	其中:2015年前已建成岸线	生产用泊位数	其中:万吨级及以上	生产用泊位长度	其中:万吨级及以上	生产用泊位数	其中:万吨级及以上	生产用泊位长度	其中:万吨级及以上	货物吞吐量	其中:外贸货物吞吐量	集装箱	滚装车辆		旅客	其中:国际旅客
															数量	重量		
		千米	米	个	个	米	米	个	个	米	米	万吨	万吨	万TEU	万辆	万吨	万人	万人
1	秦皇岛港	24.2	15928	72	44	15928	11408	53	34	12486	9359	25309	1569	50.1	—	—	4.54	4.54
2	唐山港	65.5	26121	97	94	26121	25615	97	94	26121	25615	49285	27484	152.2	—	—	—	—
3	黄骅港	18.7	8761	36	30	8761	8097	36	30	8761	8097	16658	1700	50.2	—	—	—	—
	合计	108.4	50810	205	168	50810	45120	186	158	47368	43071	91251	30753	252.5	—	—	4.54	4.54

二、秦皇岛港

（一）港口概况

1. 港口综述

秦皇岛港位于渤海湾中部、河北省东北端，是我国规模最大的煤炭装船港，也是我国沿海主要港口之一。秦皇岛港地处我国东北、华北两大经济区域结合部，关内外各种运输方式汇集的交通枢纽和咽喉地带。特殊的地理位置，使秦皇岛港具有辐射东北、华北、西北等地区的区位优势。境内铁路运输网络四通八达，京山、京秦、大秦、沈山等四条铁路干线汇集，通过各联络线与港区站相通，辐射东北、华北、西北等广大地区。秦皇岛地区公路运输路网比较发达，通过京沈高速公路、秦津高速公路、205 国道、102 国道等高等级公路与腹地沟通。海运至上海 688 海里，至香港 1364 海里，与世界上 100 多个国家和地区的港口保持频繁的贸易往来。

秦皇岛港口历史悠久，早在春秋战国时代就出现了著名的碣石海港。20 世纪初期，英国利用秦皇岛港口掠夺我国煤炭资源，并扩建了老港区的大、小码头。随后的近 30 年中秦皇岛港在战火中遭到极大破坏，新中国成立后，秦皇岛港才逐步恢复经营，港口通过能力和吞吐量逐步提高。但随后的十余年，港口生产受到严重影响，吞吐量徘徊在 500 万吨，但在此期间仍然兴建了乙码头。1973 年在周恩来总理提出"三年改变港口面貌"的号召下，秦皇岛港口发展进入新阶段。当年，大庆至秦皇岛港输油管线和配套的秦皇岛港东港区原油码头建成投产，使秦皇岛港成为我国重要的原油输出港之一，同时新建了甲码头，初步形成了东、西港区发展的格局。改革开放以后，我国经济快速发展，对能源和各类物资运输需求旺盛，国家选择秦皇岛港作为"西煤东运、北煤南运"的主要装船港，对乙码头 8 号、9 号泊位进行煤炭专业化改造，以缓解港口煤炭吞吐能力不足的矛盾。在此之后，煤一期～煤四期专业化煤炭装船码头在东港区原油码头两侧先后建成投产，秦皇岛港作为国家重点建设的能源港，成为煤炭、原油重要装船港，秦皇岛港散杂货和集装箱运量也不断增长。1984 年后在西港区相继建设了丙、丁码头。进入 21 世纪，港口基础设施建设进一步加快，建设了戊、己杂货深水泊位和集装箱泊位，在东港区新建了矿石专业化泊位，并对煤一期和煤四期工程进行了改扩建，新建了煤五期工程。形成了东港区以能源和大宗散货运输为主，西港区散杂货、集装箱和煤炭等散货运输共存的局面。此外，随着地方经济的发展，也相继建设了新开河（新港）、秦山化工、山海关等一些地方物资码头和货主码头，基本形成以能源物资运输为主，其他货类运输为补充，以东、西港区为主体，新开河、秦山化工、山海关等其他港点为补充的总体发展格局。

秦皇岛港码头泊位主要集中在汤河口至沙河口之间，分布有东港区、西港区，以及新开河和秦山化工等码头。此外，在秦皇岛西部的大蒲河口、新开口、洋河口等渔港中分布有少量的地方物资码头，在东部山海关地区建有哈动力、山海关船厂等货主码头。

秦皇岛港共有 8 条主要航道。进入西港区的航道：一条是经主航道接西航道进入西港区，通航等级为 5 万吨级单向航道；另一条是经老航道进入西港区，通航等级为 1 万吨级单向航道。进入东港区的航道：经主航道接东航道，服务于煤一、二期及油区码头，以及接煤三期航道，通航等级为 5 万吨级单向航道；10 万吨级单向航道服务于东港区东部的煤四期、矿石等码头；新开河港区航道为 5000 吨级单向航道；秦山化工航道为 5000 吨级单向航道，主要服务于秦山化工和腈纶厂码头。此外，山海关船厂航道主要服务于修造船。

秦皇岛港现有锚地 5 个，包括西锚地、油轮锚地、东锚地、10 万吨级船舶重载锚地和山海关船厂锚地，锚地面积 221.7 平方公里。

2. 港口水文气象

秦皇岛港的水文、气象资料采用秦皇岛海洋站、秦皇岛气象站和芷锚湾海洋站的长期实测资料统计分析。秦皇岛海洋站位于秦皇岛市南山灯塔处"海滨"，视野开阔，无地形地物影响，观测值的代表性良好。秦皇岛气象站位于秦皇岛市文建里。芷锚湾海洋站位于辽宁省绥中县万家镇，在山海关港区东侧约 12 千米处。

秦皇岛多年平均气温（1970—2000 年）11.02 摄氏度。本地区降水有显著的季节变化，降水多集中在 6、7、8 三个月，其三个月的降水量占全年降水的 70% 以上，而 12 月至翌年的 2 月降水量最少，仅占全年的 2%。多年平均降水量 631.4 毫米。秦皇岛多年平均雾日数（能见度小于 1 千米）11 天，最多年雾日数 21 天，最少年雾日数 5 天。芷锚湾海洋站多年平均雾日数 9.3 天。多年平均相对湿度 64%。秦皇岛海区的常风向 W—WSW 向，芷锚湾海区的常风向 SSW—SW 向；总体上芷锚湾站的风速略大于秦皇岛站。通常情况下是 NE—NNE 向风速较大，台风期间则是 SSE—SE 向风速最大。根据秦皇岛气象站资料统计，多年平均雷暴日数 30 天，最多 51 天，最少 17 天。本海区台风影响较少，平均每两年影响一次。近 5 年中只有两次受北上台风外围影响，本地区出现暴雨和大风天气。

秦皇岛市沿海属于我国弱潮海区，潮汐性质为正规日潮型。1960—1993 年，秦皇岛海洋站和芷锚湾海洋站历年最高潮位分别为 2.55 米（1960 年 7 月 28 日）和 2.32 米；历年最低潮位分别为 −1.43 米（1973 年 12 月 24 日）和 −0.55 米；平均高潮位分别为 1.24 米和 1.47 米；平均低潮位分别为 0.51 和 0.69 米；平均潮位分别为 0.89（多年平均海面）和 1.05 米；最大潮差分别为 2.63 米和 2.56 米；平均潮差分别为 0.73 米和 0.78 米。

根据秦皇岛海洋站九年（1978—1980 年、1987—1989 年、1991—1993 年）波浪实测资料统计，本海域常浪向 S 向，频率 18.69%；次常浪向 SSW 向，频率 11.87%。强浪向为 ENE 向，该方向 $H_{1/10} \geqslant 1.5$ 米出现频率为 0.27%；次强浪向为 S 向，该方向 $H_{1/10} \geqslant 1.5$ 米

出现频率为 0.16%。全年各方向 $H_{1/10} \geqslant 1.2$ 米出现频率为 4.10%、$H_{1/10} \geqslant 1.5$ 米出现频率为 1.06%、$H_{1/10} \geqslant 2.0$ 米出现频率为 0.13%。实测最大波高 3.3 米，波向 SE，出现在 1972 年 7 月 27 日台风过境期间。本海域波浪多为风浪以及风浪为主的混合浪。出现频率为 75%，涌浪及涌浪为主的混合浪的出现频率约为 22%。这种波浪多为风转向后或风速减小后残存的风浪，周期略短，波峰面较为圆滑。根据芷锚湾海洋站多年实测资料统计分析：山海关海域的波浪也为风浪及风浪为主的混合浪，风浪频率约占 70%，常浪向 SSW 向，频率 27.2%；次常浪 SW 向，频率 12.4%。强浪向为 SE 向，实测最大波高 3.6 米。

秦皇岛海区每年冬季均有不同程度的海冰出现，由于海冰出现的严重程度取决于当时的水文、气象诸要素，故年与年之间的差异较大。多年海冰观测资料统计分析表明，该海区初冰日一般为 11 月下旬，终冰日为翌年 3 月上旬，总冰期约为 100 天。浮冰（冰厚约 5 厘米）一般出现在 12 月下旬，沿岸固定冰初冰日为 1 月下旬，终冰日为 2 月中旬，固定冰冰期平均每年约为 20 天。严重冰期平均每年约为 20 天。正常年份，海冰对船舶航行及港口营运无多大影响。在特殊年份如：1969 年 2—3 月曾出现一次严重的冰情，整个渤海湾几乎被冰所覆盖，大部分船只被封在港内，造成一定海损。2009 年冬天，渤海经历了自 1969 年以来最严重的一次冰封过程。根据海洋站观测数据显示，2009 年，秦皇岛海洋站的初冰日为 2009 年 12 月 31 日，终冰日为 2010 年 2 月 26 日，总冰期为 58 天，盛冰期为 4 天，有冰日数为 55 天，固定冰有冰日数为 0 天，浮冰密集度大于等于 8 成的日数为 41 天。浮冰密集度达到 8 成及以上出现的次数占到 82.7%；浮冰冰型出现最多的是初生冰（N），其次是尼罗冰（Ni），最少的为灰白冰（Gw），没有出现白冰（W）；浮冰冰状出现最多的是碎冰（Bi），其次是冰块（Ic），没有出现巨冰盘（Gf）和大冰盘（Bf）；浮冰的冰表面特征出现最多的是平整冰（L），没有出现冰丘（H）和覆雪冰（S）。浮冰漂流方向以 NE – SW 方向为轴分布；最大漂流速度为 0.4 米/秒。

3. 发展成就

秦皇岛港自 1898 年开港以来已有 117 年历史。新中国成立之初，只有两座突堤框架码头。一突堤为 1 号、2 号泊位，二突堤 3 号、4 号泊位为工作船等辅助泊位，5 号、6 号、7 号为生产泊位。乙码头 2 个深水泊位的建设是我国"二五"期间的重点项目，也是秦皇岛港建国以后首次扩建的大型工程。1959 年 3 月开工，到 1962 年 12 月简易投产时，码头岸壁无配套设备，直至 1965 年才逐步形成简易投产能力，1969 年 10 月，港口自创自制的 9 号泊位 5 套皮带机装煤机正式建成运行，历年 11 年。这是新中国成立后港口建设的第一座煤炭码头。1983 年，与京秦铁路相配套的秦皇岛港煤码头一期工程建成投产，形成了晋煤外运、北煤南运的一条水上大通道。1985—2006 年，秦皇岛港先后建成煤二期码头、煤三期码头、煤四期码头、煤五期码头等四期专业化煤炭泊位，秦皇岛港专业化煤炭泊位达到 20 个，通过能力 1.8 亿吨。同期国家投资 60 多亿元建成秦皇岛至大同的运煤铁路专线—大秦铁路,形成了以秦皇岛港为枢纽和龙头的我国北煤南运系统工程,秦皇岛港发展成我国能源运输系统中的重要节点和最重要的煤炭下水港之一。

截至2015年,秦皇岛港共有生产性泊位58个,其中煤炭泊位23个(专业化20个)、原油泊位4个、矿石泊位1个、集装箱泊位3个。港口吞吐量2.53亿吨,其中煤炭2.22亿吨,矿石554万吨,原油及制品740万吨,集装箱50.09万TEU(619万吨)。

秦皇岛港未来将形成"重心东港、调整西港、预留沙河、侧翼山海、兼顾西部"的发展格局。在合理控制煤炭运输能力的基础上,加快转型升级,实施西港搬迁改造工程。西港区重点发展海上旅游客运和邮轮母港;东港区积极拓展集装箱和杂货业务,保持北方国际能源大港地位,向多功能现代化大港转变。

大秦铁路简称大秦线。大秦铁路是中国华北地区一条连接山西省大同市与河北省秦皇岛市的国铁Ⅰ级货运专线铁路,也是中国境内首条重载铁路兼煤运通道干线铁路。大秦铁路是与秦皇岛港煤炭码头三期、四期工程相配套的项目,是晋煤外运的又一条铁路大动脉。也是中国第一条重载"长大列车线",是国家"六五"和"七五"计划重点建设项目,被国务院称为"重中之重"。大秦铁路是中国第一条开行重载单元列车(重载万吨,单元为百节车厢,循环运输不解体);是中国第一条复线、电气化一次建成的铁路;也是中国第一条全线采用光纤通信系统的铁路,还是中国第一条全线采用微机调试集中系统的铁路。大秦铁路分两期建设。

1985年1月,大秦铁路第一期工程(即西段)正式开工,由北同蒲铁路的韩家岭出岔至北京以东的大石庄,正线全长410.8千米。1988年12月28日开通,在北京茶坞车站举行通车典礼。1990年12月21日正式通过国家验收。1988年6月,大秦铁路一期至秦港煤三期工程开工,在京秦铁路抚宁县关庄车站出岔,修建24千米的电气化铁路。1989年4月28日,建成通车投入运营。

1991年3月,大秦铁路二期工程接轨铺道,1992年12月21日,大秦铁路二期工程开通运行。大秦铁路二期工程西起蓟县大石庄,东至秦皇岛,全长243.2千米,双线电气化铁路一次建成。大秦铁路二期的开通,山西运煤列车将不再绕道京秦铁路,可直抵与之配套的秦皇岛港煤三期码头。1993年12月初,大秦线重载单元双线电气化铁路建设工程全线开通。12月11日,大秦铁路工程正式通过国家验收,全面开通运营。大秦铁路途经河北省、天津市的三河、蓟县、玉田、遵化、迁西、迁安、卢龙、抚宁等县市后,抵达秦皇岛三期煤码头,运煤列车不再绕道京秦铁路,直接经大秦本线至秦皇岛港。大秦铁路是晋煤到秦港的主要通道,晋煤货运列车分别到达秦皇岛南站、东站和秦皇岛站后,再经港口自备铁路与秦皇岛港东港区煤三期、煤四期、煤五期码头翻车机房连接。大秦铁路的建成通车,使秦皇岛港成为国铁"四线通一港"(京山铁路、沈山铁路、京秦铁路、大秦铁路四条铁路干线直达秦港)的格局形成。

为了适应国民经济持续发展和有限缓解"三西"（山西、陕西、内蒙古西部）煤炭外运通道能力的不足，解决国家宏观调控煤、电、油运瓶颈制约，2003年9月1日起，大秦线万吨重载列车常态化开行。2004年，国家率先对大秦铁路进行扩能改造。2005年，经电气化改造后，年通过能力超过2亿吨。2006年，大秦铁路的运能再次提升，实现2.5亿吨目标。2007年底，大秦铁路4亿吨货量扩能计划进入施工阶段，开始了大秦铁路第二步扩能改造工程。截到2008年，年增运量5000万吨。2010年5月6日，大秦铁路全线完成4亿吨扩能改造。截至2018年12月28日，大秦铁路累计运送煤炭60亿吨。

"大秦重载线"价值意义重大，主要表现在科技地位、能源运输、环保效益、社会评价等方面。一是科技地位：大秦铁路的建设运营，使中国铁路形成一整套具有自主知识产权的重载运输技术体系，让中国成为世界上少数几个掌握3万吨重载技术的国家之一。二是能源运输：大秦铁路以中国铁路1%的营业里程完成全国铁路20%、全国13%的煤炭运量；中国五大发电集团、349家主要电厂、10大钢铁公司、26个省（市、自治区）6000多家大中型企业和上亿居民的生产生活都依赖大秦铁路。大秦铁路的建成，对开发山西煤炭，增加内蒙古、宁夏的煤炭调出量，增加东北、华东、华南等地区煤炭的供应和出口有重要意义；为平朔、晋北、内蒙古西部、宁夏等地区煤炭外调的重要通道；同时对沿线工农业的发展，经济的交流与外贸出口和唐、秦地区北部铁、金、铅、锌等矿产资源的开发都有很大的促进作用。三是环保效益：按照大秦铁路年运量4亿吨计算，年耗电量为34.3亿千瓦时，折合费用22.6亿元，碳排放量105万吨。在同等运量下，换做公路运输，将消耗柴油1645万吨，折合费用1046亿元，碳排放量5974万吨，其能耗成本是大秦铁路的46倍，碳排放量是大秦铁路的57倍。四是社会评价：30年来，大秦铁路连续保持并不断刷新着列车开行密度最高、运行速度最快、运输效率最优以及单条铁路运量最大等多项重载铁路纪录，为中国"西煤东运"的战略动脉，如一条从西向东的煤河以每秒6.3吨流速绵延不断地将"三西"煤炭输送到渤海之滨。为中国经济持续发展提供着源源不断动能的大秦铁路，成为改革开放40年来中国铁路标志性成就。上述这4种价值意义均是通过秦皇岛港而显现和形成的。同时，也成就和巩固了秦皇岛港作为世界上最大的能源输出大港地位。秦皇岛港曾被李鹏同志称为"国民经济的一颗重要棋子"，也被温家宝总理称为"国家经济的晴雨表"。

港口科学技术的进步，集中表现在装卸工艺水平上。秦皇岛开埠后港口装卸工艺水平的变化过程大致可分四个阶段：

一是人力操作阶段（1898—1954年）：秦皇岛开埠后，码头和库场均沿用人力抬筐走跳板装船装车的作业方式。新中国成立后，全部改为用人力扒车、网兜船机入舱，但库场装卸基本上仍由人力操作。1954年，机械化操作比重仅为2.7%，吞吐量为191万吨。

二是半机械化阶段（1955—1975年）：1955年始，陆续调入（或自制）流动装卸机械（如皮带机、T107型铲车、戽斗车和各种起重机械等），主要用于煤、货场装卸车作业，但因机械不配套,有些装卸环节仍需人力完成。1960 年和 1969 年,分别完成了 7 号泊位和 9 号泊位前沿技术改造,基本上解决了煤炭装船的机械化问题。进口散粮的卸船、装车也普遍使用抓斗和门式漏斗。1975 年,港口装卸机械化比重已上升到 62.98%,完成吞吐量 1557 万吨。

三是机械化阶段(1976—1983 年):1976 年,杂货甲码头建成投产,该码头建有前方仓库与货场,配有一线门式起重机和多种流动装卸机械,杂货作业基本上实现了机械化。1978 年 2 月,9 号泊位后沿经过两次技术改造,已成为港口第一座具有煤炭卸车—堆存—装船全功能的机械化泊位。1982 年 7 月,又完成了 8 号泊位机械化煤炭专业泊位的技术改造。与此同时,后方煤场装卸车也实现了机械化(起重机带抓斗和大型戽斗车等)。1983 年港口机械化操作比重已达 86.3%,吞吐量增加到 3057 万吨。

四是机械化、自动化阶段(1984—2015 年):1984 年起,过去的主力泊位 7 号、8 号、9 号泊位已降到辅助地位。新建的现代化丙、丁杂货码头,除 1 个散粮机械化泊位正在安装调试外,其余 5 个泊位已于 1990 年以前投产。秦皇岛港的装卸工艺和设备技术达到 20 世纪 80 年代国际先进水平。

从 1978 年起至 1997 年,新建的大型机械化、自动化煤炭专用码头一、二、三、四期工程相继投产,装卸工艺从卸车—堆存—取料—装船全部实现了机械化和自动化,单条作业线的装船能力达到 6000 吨/时。

煤一期三条装卸作业工艺线:一是堆存作业系统,即铁路来车→翻车机→皮带输送机→堆料机堆垛;二是取料→装船作业系统,即堆场取料机→皮带输送机→装船机→船舱;三是车船直取作业系统,即铁路来车→翻车机→皮带输送机→装船机→船舱。

煤二期四条装卸作业工艺线:即卸车堆存系统,是由两台翻车机卸重车后经过皮带输送机和 3 台堆料机分别向 4 个堆场进行堆料作业;取料→装船系统,是由 4 台取料机取料,通过两条取料皮带输送机和两条装船机进行装船作业;卸车→装船系统,是由翻车机翻卸重车,通过皮带输送机系统直接进行装船作业;另外还有辅助卸车系统,分两个方面,一是将翻车剩余煤炭通过清车线清扫后通过皮带输送机送至堆场,二是对直达列车中不宜使用翻车机的异型车辆,编组后由螺旋卸车机卸车,复经皮带输送机送入煤一期堆场。

煤二期在总结了煤一期装卸工艺的基础上,改进装卸作业工艺流程,提高了装卸效率。1984 年煤一期正式投产,1985 年煤二期非正式和正式投产以来累计完成煤炭出口量 1305.5 万吨,在解决能源运输紧张的矛盾中发挥了积极作用。

煤三期装卸作业工艺线,则是根据码头设计年运量、泊位数、铁路单元列车车型、煤炭种类、内外贸出口比例(国内 80%,国外 20%)以及船型比例(1.6 万吨级 10%,2.5 万吨级 20%,3.5 万吨级 50%,5~10 万吨级 20%)等进行安排,工艺流程,对卸车方式采用三串联转子翻车机卸车系统(与煤二期不同);煤炭堆场的堆取料设备布置,采用"二堆三取"堆取分开的布置形式,设两台堆料机,三台取料机;装船系统,码头上布置三条装船作业线,用三台装船机为 3 个泊位服务。

煤三期竣工投产,对于加速晋煤外运,缓解南方各省煤炭供应的紧张状况,打造煤炭出口和秦皇岛市的对外开放,以及对涉外合同的执行管理,对 1989 年春夏之交动乱后维护社会稳定,都发挥了极其重要的作用。亦加强了秦皇岛港成为我国最大的能源输出港的地位。

煤四期工程是继煤一、二、三期工程之后,由国家自行组织设计、施工的又一座现代化煤炭输出码头。为了顺应国家深化改革、扩大开放和国民经济的迅猛发展,与大秦铁路二期工程相配套,充分发挥北煤南运海上战略大通道的主枢纽港作用。煤四期码头建成后,交通部领导说:"以后再看世界先进煤炭码头,不必出国了,请你到秦皇岛港煤四期,那里就是世界一流的煤炭码头了。"至此,秦皇岛港设计年吞吐能力达到 1.27 亿吨,跻身世界亿吨大港的行列,为 2001 年港口超亿吨奠定基础。

为适应国民经济持续发展和有效缓解"三西"煤炭外运通道港口装船能力不足,与大秦铁路扩能改造相配套,并充分发挥煤四期工程整体效率,提高煤炭运输能力,建设煤四期扩容工程。2004 年 8 月 1 日正式开工,2005 年 10 月 22 日建成投产,设计年装船能力 1500 万吨。秦皇岛港煤四期扩容工程是国家发展和改革委员会核准的河北省重点建设项目。截至 2008 年,其吞吐量连续三年超过煤四期扩容设计能力。

为持续解决"三西"煤炭外运通道装船能力不足,提高煤炭运输能力,国家核准建设秦皇岛港煤码头五期工程,列为港口码头类 2005 年唯一的国家重点工程。2004 年 10 月全面开工建设,2006 年 4 月 26 日建成投产。煤五期工程是国家重点建设项目,其装卸工艺、通过能力、装船机额定能力、堆存能力、翻车机额定能力和大运力皮带输送机长度等 8 项指标领先世界、4 项创新领跑中国的港口建设纪录。这两项工程从开工到投产仅用一年半时间,创造了国内港口工程建设的新速度。煤五期当年投产,当年达产,是港口超 2 亿吨的主力码头。

秦皇岛港作为世界最大的煤炭输出港和我国"北煤南运""西煤东运"大通道的主枢纽港,将承担 130 万吨储备量,在各大承储企业和储备点中占据最大份额。1990 年,秦皇岛港拥有世界最先进的煤炭装卸设备、工艺及配套设施,可接卸 2 万吨超长列车,单机最高卸车能力 7200 吨/小时,最高装船能力 9250 吨/小时,效率属当前世界一流水平;拥有世界最大的港口煤炭专用堆场,最大堆存量为 1042.5 万吨。作为世界最大的煤炭输出港和我国"北煤南运"大通道的主枢纽港,担负着东南沿海电煤运输以及国家外贸煤炭出口的主要任务,年输出煤炭占全国沿海港口下水煤炭总量的近 50%。根据国家能源政策、产业政策和能源运输布局,秦皇岛港被确定为国家级煤炭主枢纽港,是"三西"煤炭基地的重要出海口岸。年煤炭吞吐量占全国沿海港口下水煤炭总量的 46%。2001 年,煤炭吞吐量首次突破 1 亿吨,跨入了亿吨大港行列。2006 年,秦皇岛港在提前 43 天完成了

1.75 亿吨的年度生产计划后，到年末全港吞吐量顺利突破了 2 亿吨大关，实际完成 20186.7 万吨，比 2005 年净增 3286 万吨。这是继 2001 年港口闯过 1 亿吨以后，港口生产的又一次飞跃，实现了历史性的跨越。秦皇岛港成为我国第一个煤炭吞吐量超过 2 亿吨的港口。

秦皇岛港拥有中国第一座管道运输油码头，现有油品生产泊位 4 个，其中 2 万吨级泊位 2 个，5 万吨级泊位 1 个，3000 吨级成品油泊位 1 个；拥有油罐 27 座，容量 28.1 万立方米，设计年通过能力 1540 万吨，除原油运输外，还可承担柴油、磷酸、航空煤油、石脑油、奥里油、汽油、甲醇等 20 余种成品油和液体化工原料的接转业务。秦港股份公司按照"开发大宗货源、稳定既有货源、拓展化工品运输"的思路，投资兴建了 64 车位铁路车台 1 座、6 车位汽车台 1 座，大大提高了陆域集疏港能力，成为中国石化公司进口原油中转港。

秦皇岛港现有集装箱泊位 3 个，可装卸第五代集装箱船舶。堆场面积 36 万平方米，集装箱专用拆装箱场地 4 万平方米、专用铁路仓库（丙二类仓库标准，可存放棉麻）和公路仓库（丁类仓库标准）1.3 万平方米，仓储条件符合国家出口食品检验检疫要求，港区环境达到国家一级标准。仓库边有港口铁路专用线与国家铁路网相连接，具备接卸专列条件；装箱点与码头相邻，无需二次倒运，成本低廉。具备危险品作业资质，可承运烧碱等特种货物。新港湾公司发挥合资企业优势，业务辐射范围覆盖至新疆、内蒙古、辽宁等地，与多家船公司进行合作，已开通 9 条集装箱班轮航线，成为内贸运输航线上的干线港。2015 年，秦皇岛港突破 50 万 TEU。

秦皇岛港港区分布图如图 8-2-1 所示。秦皇岛港基本情况见表 8-2-2。

（二）西港区

1. 港区综述

（1）港区建设和运营概况

西港区从大、小码头起步，先后建设了甲码头、乙码头，改革开放以后又相继建设了丙码头、丁码头和戊己码头。运营的装卸货类主要为粮食、矿石、煤炭和集装箱，港区占用自然岸线约 4.55 千米，形成码头岸线 4.75 千米，港区陆域面积 5.48 平方公里。现有生产性泊位 22 个，综合通过能力 3045 万吨。其中煤炭泊位 3 个，通过能力 1365 万吨；集装箱泊位 3 个，通过能力 75 万 TEU；散化肥、散粮和散水泥专业化泊位各 1 个，通过能力分别为 100 万吨、170 万吨和 200 万吨，通用杂货泊位 13 个，通过能力 690 万吨。年吞吐量平均在 2000 万吨左右。

（2）地理条件和集疏运概况

西港区位于汤河至新开河之间，北邻市区，是以散杂货、集装箱以及煤炭、矿石等散货运输为主的综合性港区。西港区铁路集疏运京山线从北京经天津、唐山至秦皇岛，全长

433 千米,设计年通过能力 4500 万吨,经秦皇岛南站与西港区相联。货物公路集疏运通道主要有 3 条:第一条通过 1 号门立交桥到东山大街,再经东港路接 102 国道和京沈高速公路;第二条通过 1 号门立交桥到开滦路,经文化路或民族路接 102 国道和京沈高速公路;第三条通过 4 号门立交桥至友谊路,通过海阳路或迎宾路接 102 国道和京沈高速公路。由于港区公路集疏运道路与城市交通干扰较大,2003 年对东港路进行了改造,扩建为双向 4 车道,作为西港区主要疏港路,而原第二和第三条直接通过市区的联络线,只承担较少集疏运量。2004 年戊己码头建成后,其需横穿西港区经新春路再由东港路进行公路集疏运。

图 8-2-1　秦皇岛港港区分布图

表 8-2-2

秦皇岛港基本情况表（沿海）

序号	港区名称	港口岸线		2015年港口生产用泊位				其中:1978—2015年建成的生产用泊位				2015年港口货物和旅客吞吐量						
		港口规划岸线	其中:2015年前已建成岸线	生产用泊位数	其中:万吨级及以上	生产用泊位长度	其中:万吨级及以上	生产用泊位数	其中:万吨级及以上	生产用泊位长度	其中:万吨级及以上	货物吞吐量	其中:外贸货物吞吐量	集装箱	滚装车辆 数量	滚装车辆 重量	旅客	其中:国际旅客
		千米	米	个	个	米	米	个	个	米	米	万吨	万吨	万TEU	万辆	万吨	万人	万人
1	山海关港区	—	2199	11	0	2199	0	6	0	1056	0	4	—	—	—	—	—	—
2	东港区	—	8325	34	24	8325	6885	31	22	7660	6327	23265	194	—	—	—	—	—
3	新开河港区	—	651	5	0	651	0	5	0	651	0	127	25	—	—	—	—	—
4	西港区	—	4753	22	20	4753	4523	12	12	3032	3032	1922	1349	50	—	—	—	—
	合计	—	15928	72	44	15928	11408	54	34	12345	9359	25318	1568	50	—	—	—	—

2.港区工程项目

(1)秦皇岛港丙丁杂货码头

项目于 1984 年 9 月开工建设,1987 年 12 月试运行,1993 年 8 月竣工。

项目建设依据:1981 年,国家计划委员会《关于秦皇岛港丙丁码头设计计划任务书的批复》(计委计字〔1981〕865 号);1984 年 8 月,国家计划委员会《关于秦皇岛港丙丁码头初步设计及概算的批复》(国家计委计二〔1984〕1554 号)。

项目建设 6 个深水泊位,丙码头为 2 个 2.5 万吨级木材泊位,丁东南及丁西码头为 3 个 1.5 万吨级杂货泊位,丁东北码头为 1 个 3.5 万吨级散粮接卸专用泊位(其中丙码头、丁东码头于 1999 年 3 月完成技术改造,升级为 5 万吨级泊位,水工建筑允许靠泊能力 5 万吨级),岸线总长 1381.37 米。码头采用突堤式、顺岸式布局,重力式结构。码头前沿水深 14 米。项目后方堆场面积 10.53 万平方米,堆存能力 6.49 万吨。仓库面积 2.54 万平方米,堆存能力 1.81 万吨。主要装卸设备配置散粮筒仓 48 个,工作楼 1 座,门机 15 台、卸船机 1 台、散水泥装船机 1 台。项目总投资 14.34 亿元,其中政府投资 1.46 亿元。用地面积 117.81 亩。

建设单位为交通部秦皇岛建港指挥部;设计单位为交通部第一航务工程勘察设计院、交通部第一公路工程总公司设计科研所;施工单位为交通部第一航务工程局第五工程公司、交通部天津航道局第三工程处、交通部公路一局第三工程公司。

1991 年 8 月 3 日,散粮装卸设备进入重载试车和性能考核阶段,接卸小麦 6 万余吨。8 月 29 日 101 号仓发现裂缝,截至 9 月 16 日,共有 27 个外仓裂开。经查,事故原因为设计者对水平压力计算公式错误理解,外仓壁抵抗不了实际荷载造成。1991 年 12 月 10—11 日,国家交通投资公司主持召开筒仓修复工程初步设计方案,并于 1992 年 9 月 25 日完成了土建加固,于 1993 年 5 月 16 日完成了气密性修补。加固后仓容减少 3658 吨,实际仓容 59842 吨。

(2)秦皇岛港戊己杂货码头

项目于 1997 年 8 月开工建设,2002 年 6 月试运行并竣工。

项目建设依据:1991 年 10 月,国家计划委员会批复工程可行性报告(计交〔1986〕708 号);1992 年 9 月,原国家交通投资公司批复初步设计方案(交投水〔1992〕134 号)。

项目建设杂货泊位 7 个,其中戊码头建设 3.5 万吨级泊位 2 个,为顺岸式,岸线长度为 514 米,前沿水深 12.5 米;己码头为突堤式,分为己东和己南两部分。己东码头建设 2 万吨级泊位 2 个和 1 万吨级泊位 1 个(兼顾 2 个 5 万吨级泊位),岸线长度为601.86 米,码头前沿水深 14 米;己南码头建设 3.5 万吨级泊位 2 个,岸线长度为 626 米,前沿水深 12.5 米(码头水工建筑允许靠泊能力 5 万吨级),岸线总长 1741.86 米。码头采用重力式结构。项目后方堆场面积 45.2 万平方米,堆存能力 69.31 万吨。仓库面积 1.31 万平方米,堆存能力 0.82 万吨。主要装卸设备配置门机 14 台、龙门吊 2 台。项目总投资 10.88 亿元,其中政府投资 1.27 亿元。

建设单位为秦皇岛建港指挥部;设计单位为中交第一航务工程勘察设计院;施工单位为上海航道局、秦皇岛港航建设工程有限公司、中港第一航务工程局第五工程公司等;监理单位为秦皇岛方圆港湾工程监理公司;质监单位为秦皇岛港口建设工程质量监督站。

为提升工程设计效果,经主管部门批准进行了三次局部设计变更。

①1996 年依据社会物价、定额、利息、税收等政策调整,对初步设计概算重新审定,建设规模不变,合并房建单体,取消部分服务用房,据实核增、核减部分费用。1996 年 3 月 21 日,交通部以交基发〔1996〕256 号文批复工程调整概算。

②1999 年秦皇岛市防洪标准由 50 年一遇改为 100 年一遇,原港口规划中与戊己码头衔接的庚辛码头已不可能实施,呈请交通部组织己码头设计变更审查,批准己突堤设计宽度由 260 米调增为 626 米,初步设计中己西泊位移至己南,己南码头港池水域宽度增加到 250 米,港池相应疏浚。1999 年 6 月 22 日,交通部以交水发〔1999〕307 号文批复戊己码头工程设计变更。

③2000 年 7 月,根据港口结构调整和秦皇岛城市规划需要,进行了码头陆域平面设计变更及概算调整审查,增加了汤河岸线整治项目,增建五号门集疏港立交桥,调整局部工艺、设施。2000 年 8 月 12 日,交通部以交水发〔2000〕442 号文批复戊己码头工程陆域设计变更及调整概算。

(3)秦皇岛港集装箱己码头

项目于 2003 年 8 月开工建设,2005 年 9 月试运行,2009 年 2 月竣工。

项目建设依据:2003 年 8 月,秦皇岛港务集团有限公司《关于秦皇岛港集装箱泊位改造工程可行性研究报告的批复》(秦港企字〔2003〕265 号);2004 年 6 月,秦皇岛港务集团有限公司《关于集装箱泊位改造工程初步设计的批复》(秦港企字〔2004〕145 号)。2009 年 2 月,国家环境保护部《关于秦皇岛港集装箱改造工程竣工环境保护验收意见函》(环验〔2009〕39 号);2003 年,国家海洋局下发海域使用权证书(国海证 0213120003 号);2003 年,秦皇岛市水务局《关于秦皇岛港集装箱泊位改造工程的批复》(秦水审〔2003〕9 号)。

项目建设 2 个 2.5 万吨级集装箱泊位(码头水工建筑允许靠泊能力 7 万吨级),岸线总长 537.2 米。码头采用顺岸式布局,重力式结构。码头前沿水深 15.8 米。项目后方堆场面积 36 万平方米,堆存能力 2.3 万吨。仓库面积 1.39 万平方米。主要装卸设备配置 4 台集装箱装卸桥、12 台轮胎式集装箱龙门起重机。项目总投资 9.79 亿元,为秦皇岛港务集团有限公司自筹。陆域用地面积 7.2 万平方米,填海造地 36 万平方米。

建设单位为秦皇岛港务集团有限公司;设计单位为中交第一航务工程勘察设计院;施

工单位为中交一航局五公司、中交天津航道局有限公司、秦皇岛港务集团港口建设工程有限公司等；监理单位为秦皇岛方圆港湾工程监理有限公司；质监单位为河北省水运工程质量监督站。

集装箱泊位改造工程验收后，运行良好，码头设备设施运转正常，每月靠泊集装箱船舶 50 余艘次，集装箱公司也开辟了多条班轮航线，包括秦皇岛至韩国仁川和日本关东两条外贸直航航线，经大连、天津中转世界各地的两条内外贸同船航线，至上海、泉州、黄埔的三条内贸直航航线。客运方面，开通了秦皇岛至仁川的国际客运航线，有力地促进了双边经贸往来和发展。集装箱码头的建成投产，为秦皇岛地区的经济繁荣和发展起到巨大的推动作用，为巩固秦皇岛综合大港的地位，推动本地区现代高效率物流业的发展起到了关键作用。

2002 年秦皇岛港集装箱吞吐量仅 4.4 万 TEU，建设己码头集装箱泊位，集装箱年吞吐量可达 50 万 TEU，提高了秦皇岛港在环渤海港口集装箱运输中的地位，为西港区今后大力开展集装箱运输，积极开辟近洋航线创造了良好的条件，改善了西港区的货物运输结构，扩大了业务范围，大大加强了秦皇岛港在集装箱运输方面的市场竞争力。在秦皇岛港大量进出集装箱，可以直接为腹地内经济发展服务，为冀东地区发展加工制造业，秦皇岛市招商引资，产业结构调整，作出较好的贡献。该项目财务效益指标符合国家要求，税后财务内部收益率达到 9.33%，大于 8% 的港口企业财务基准收益率，具有较好的盈利能力和一定的抗风险能力，企业资产负债比例很小，实施该项目在财务效益方面表现良好。建设该项目符合西港区规划布局和功能调整，逐步形成东港区以能源运输为主，西港区以集装箱、粮食、化肥运输为主的格局。提升了秦皇岛港在渤海湾港群中的地位，实施该项目符合秦皇岛城市规划的要求，可以为秦皇岛市经济发展和建成现代化的港口城市做出积极贡献。自试运行以来，随着装卸能力的增加，2005 年完成 10 万 TEU，2006 年 20 万 TEU，2007 年 30 万 TEU，2008 年 40 万 TEU，吞吐量达到了码头设计能力的 62%，实现了集装箱业务的跨越式发展。在遇到全球金融危机的不利条件下，2009 年完成了 33 万 TEU，2010 年完成了 34 万 TEU，2011 年完成了 43 万 TEU。呈逐年递增的趋势。

（4）西港区防波堤工程

秦皇岛港西港区现有防波堤 2 座。

乙码头突堤式防波堤。为改善 8 号和 9 号泊位的泊稳条件，新建 1 座临时性的防波堤，长 377 米，抛石堤心，片石顶高程 2.0 米，外覆 4 吨四角锥体。1975 年将此堤延长加高改建为甲码头工程背后的护岸。

西港区岛式防波堤。该堤总长 1936.92 米，方位角 85°23′00″~205°23′03″，轴线距丁码头堵头前沿线约 770 米，重力式沉箱结构，分两段建设。东段长 1325.77 米，由 92 个沉箱(其中东堤头有两个为双排)组成,沉箱底高程 −7.0 米,宽 8.1 米(有宽 1 米后趾),上部成品字形安放预制方块 3 个(外侧削角),顶高程 4.5 米,1983 年 2 月开工。1984 年 8 月 10 日台风将刚安放好尚未填箱的 74 号沉箱位移倾覆,后扶正重安;11 月 26 日 6 时 2 分,上海海运局"长阳"号运煤船进港将 82 号沉箱撞坏,后拆除重新预制安放。东段于 1986 年 6 月完工。西段长 611.15 米,结构同东段比,略有修改,沉箱底高程改为 −6.0 米,宽度为 8.1 米,无后趾,由 42 个沉箱组成。1987 年 7 月开工,1990 年 5 月完成。

(5)西港区航道工程

秦皇岛港分东、西港区两大水域(东港区包括煤炭一、二、三、四、五期码头和原油一、二期码头及燃料油码头等;西港区包括老码头和甲、乙、丙、丁、戊、己和集装箱码头等),航道共有 6 条,其中西港区有 3 条,全部由国家投资建设。

西港区早期的航道称"老航道",全长 3145 米。1921 年航道水深达到 7.32 米,1949 年为 8.6 米。1961 年,从老航道北端向西北方向开挖 1 条进出乙码头的航道。1975 年新建甲码头时将其拓宽加深,称为"新航道"。1978 年建成主航道,在其北端分岔,往西北至老港区开挖成西航道;西航道,全长 4843 米,底宽 120 米,水深 13.5 米。

西港区主航道全长 6700 米,底宽 120 米,水深 −13.5 米,1980 年开工,1981 年竣工,主航道是进入东西港区的出入口;东、西两条航道在水深 11.0 米外汇合后,共用 1 条主航道,另外西航道又分为 2 条,其中 1 条向东为老码头航道,向西北进入西港区还有 1 条辅助航道。西港区航道底质一般为泥沙。

(三)东港区

1.港区综述

(1)港区建设和运营概况

东港区建设从油一期和油二期起步,改革开放以来,先后建设了煤一期、煤二期、煤三期、煤四期及扩容、煤五期等项目,形成了专业化煤炭运输能力,承担了秦皇岛港主要煤炭和油品等能源运输任务。港区占用自然岸线约 5.56 千米,形成码头岸线 8.1 千米,已建生产性泊位 34 个,综合通过能力 20264 万吨,港区陆域面积 7.61 平方公里。其中煤炭专业化泊位 20 个,通过能力 17900 万吨;原油泊位 3 个,通过能力 1500 万吨;矿石泊位 1 个,通过能力 400 万吨。年平均吞吐量在 2.4 亿吨左右。

(2)港区地理条件和集疏运概况

东港区位于新开河以东,东临热电厂储灰厂,该段岸线基本为沙质海岸,岸线顺直,海底平缓,是理想的建港岸线。依托大秦、京秦铁路干线及大庆至秦皇岛输油管线形成以煤炭、原油、矿石等大宗物资运输为主的专业化港区。

京秦复线电气化铁路从北京经丰润至秦皇岛，全长 299 千米，经秦皇岛东站与煤一、二期及油区相联。大秦重载单元双线电气化铁路从大同经延庆、迁西至秦皇岛，全长 653 千米，经过全线万吨重载单元列车运输工艺改造，通过能力可达 4 亿吨以上，经柳村南站与煤三、四期及煤五期相连，也可经秦皇岛东站与煤一、二期相连；沈山线从秦皇岛经锦州至沈阳，全长 426 千米，双线内燃牵引，经山海关站与港口相连。秦皇岛南站、东站、柳村南站和山海关站之间通过联络线可以互通。此外，秦皇岛港还拥有自备铁路总长约 200 千米，东港区东港站与煤一、二期和油港配套。公路通过连接线与境内京沈高速公路、102 国道、205 国道等高等级公路相连，基本通过东港路、龙港路连接 102 国道。

2. 港区工程项目

（1）秦皇岛港原油码头二期工程

项目于 1974 年 3 月开工建设，1984 年 12 月试运行并竣工。

项目建设依据：1975 年，交通部批复初步设计文件（交水基字〔75〕361 号）。

项目建设 1 个 5 万吨级原油码头泊位，岸线总长 506 米。码头采用顺岸式布局，重力式结构。码头前沿水深 14 米。主要装卸设备配置输油臂 4 台。项目总投资 7737 万元，全部由政府出资。用地面积 1.4 万平方米。

建设单位为交通部秦皇岛港务管理局；设计单位为交通部第一航务工程局设计研究院；施工单位为交通部第一航务工程局第五工程处、天津航道局、秦皇岛市建筑安装公司等。

秦皇岛港原油码头二期工程，为国家"八三"工程延伸项目，自施工投产以来，秦皇岛港原油码头二期响应国家"北油南运"战略，主要承担着大庆原油运输中转任务。2015 年底随着大庆原油改变运输方式，结束了大庆原油自秦皇岛港原油码头二期 103 泊位下水中转的历史。2011—2015 年秦港一公司原油二期 103 泊位共完成船舶作业达 198 艘次，吞吐量总计 860.9 万吨。其中完成大庆原油 751.9 万吨，其他油品 89.4 万吨，化工品 19.5 万吨，有力支撑了国家"北油南运"战略，为腹地内中石油燃料沥青有限责任公司、中海油能源发展股份有限公司销售分公司、中国船舶燃料河北有限公司、中国—阿拉伯化肥有限公司、秦皇岛市永晖石油有限公司等多家油品及化工品企业提供优质高效的港口中转储运服务，有效地促进了港口腹地周边经济的快速发展。

（2）秦皇岛港煤码头一期工程

项目于 1978 年 3 月开工建设，1983 年 7 月试运行并竣工。

项目建设 2 万吨级和 5 万吨级煤炭泊位各一个，岸线总长 507.4 米。码头采用顺岸式布局，重力式结构。码头前沿水深 12 米。项目后方堆场面积 13.2 万平方米，堆存能力 50 万吨。项目总投资 1.11 亿元，其中政府投资 7403 万元。其是中国第一个现代化煤炭输出码头、中国第一个利用日元贷款的港口工程。

建设单位为秦皇岛建港指挥部;设计单位为交通部一航院;施工单位为交通部一航局五处、天津航道局、铁道工程队等。

秦皇岛港煤码头一期工程 202 号泊位原为 1 个 5 万吨级煤炭泊位,2015 年 6 月经对 313 米范围内码头结构(202 号泊位整体及 201 号泊位部分结构段)加固改造,202 号泊位可减载靠泊 7 万吨级散货船舶(限制吃水 12.7 米)作业。

(3)秦皇岛港煤码头二期工程

项目于 1980 年 4 月开工建设,1985 年 3 月试运行,1985 年 7 月竣工。

项目建设依据:1981 年,国家建设管理委员会《关于秦皇岛港煤码头工程初步设计(第Ⅲ阶段)的批复》(建发字〔81〕555 号)。

项目建设 2 个 5 万吨级煤炭泊位,岸线总长 615.41 米。码头采用突堤式布局,重力式结构。码头前沿水深 14 米。项目后方堆场面积 19.8 万平方米,堆存能力 100 万吨。项目总投资 5.60 亿元,其中政府投资 2.30 亿元,其余向日本海外经济协力基金(OECF)贷款。203 号、204 号泊位原为 2 个 5 万吨级煤炭泊位,2015 年 11 月经码头结构加固改造,两个泊位码头均可减载靠泊 10 万吨级散货船舶(限制吃水 12.7 米)作业。

建设单位为秦皇岛港建指挥部;设计单位为交通部第一航务工程勘察设计院、铁道部北京通信信号公司、煤炭部兖州设计院等;施工单位为交通部第一航务工程局第四、五工程公司、交通部天津航道局、交通部第二航务工程局武汉船厂等。

(4)秦皇岛港煤码头三期工程

项目于 1984 年 4 月开工建设,1989 年 12 月竣工。

项目建设依据:1983 年 9 月,交通部《关于秦皇岛港煤码头三期工程选址可行性研究报告的审查意见》(交计字〔83〕1916 号)。

项目建设 301 号泊位为 5 万吨级煤炭码头,302 号和 303 号为 3.5 万吨级,岸线总长 840 米。码头采用突堤式布局,重力式结构。码头前沿水深 13.5 米。项目后方堆场面积 20.6 万平方米,堆存能力 150 万吨。主要装卸设备配置三翻式翻车机 2 台,悬臂式堆料机 2 台,悬臂式取料机 3 台,移动装船机 3 台,皮带机 17 台。项目总投资 5.60 亿元,全部由国家投资建设。

建设单位为交通部秦皇岛建港指挥部;施工单位为交通部第一航务工程局第四、第五工程公司、交通部上海航道局、交通部天津航道局等。

煤三期码头工程位于秦皇岛东港区沙河口以西,距煤码头一、二期工程约 2.5 千米处,是我国"七五"规划期间的重点建设项目,是当时全国交通"十大水运工程"之一。煤三期是大秦铁路配套的煤炭码头,1989 年正式通过国家验收并投入使用。煤三期翻堆线设计能力为 4860 吨/小时,取装线设计能力为 6000 吨/小时。该工程在我国首次采用两台整体单平台之翻"O"型转子式翻车机,采取 C63 型车整列不解体连续翻卸作业新工艺,全部装卸作业均采取 PLC 微机联网控制,具有 20 世纪 80 年代中期国际先进水平。煤三期工程装卸设备中的翻车机由美德拉芙(DRAVO)公司生产,堆料机、装船机由德国 PHB 公司生产,取料机、皮带机由德国 MAN 公司生产,并与国内有关厂家合作。

1997 年,为了解决装船机工作不平衡问题,对装船工艺流程进行了改造。在 T5、T6 塔间增加 T6 – 1 塔,将 BJ2 – 2 在 T6 – 1 处断开(后部编号 BJ2 – 3)并抬高,BJ3 向后延长 11.45 米到 T6 – 1 塔,BJ2 – 3 通过分叉漏斗到 BJ2 – 2 和 BJ3 去 BM2、BM3,同时取消了原翻车—装船直取流程。

1997 年,为了解决煤三期堆存能力不足的问题,利用堆场东侧场地进行了堆场扩容技术改造,工程于 1998 年 10 月竣工验收并投入使用,新增堆存能力 20 万吨,配置悬臂式堆取料机 1 台(大重设计制造),皮带机 3 台(秦港机修厂制造)。工艺流程为堆料利用原煤三期翻堆系统,从 1 号堆料机通过漏斗直接给扩容堆场 BC1 皮带机供料,BC1 经过 BC2 给堆取料机堆垛,取料时由堆取料机取料后经 BC2 皮带机到 BC3 皮带机再到原三期的 BQ3 皮带机进入三期装船系统。

1997 年,针对翻车机转子端环等部位钢结构频繁开裂的问题,对两台翻车机钢结构进行了更新改造,2007 年针对翻车机转子端环开裂、轨道变形、侧梁桁架杆件断裂,以及定位基础、钢结构破坏、不能满足 2 万吨大列车牵引要求等问题,对翻车机系统进行了全面更新改造。此外,为了适应配煤作业需要,2003 年在取 2 线上增加取料机 1 台。2013 年在取 3 线上增加取料机 1 台。2014 年完成了泊位吨级提升改造工作,原 10 万吨级泊位可以停靠作业 12 万载重吨散货船,原 3.5 万吨级泊位可以停靠作业 7 万载重吨 散货船。2015 年完成了 2 台堆料机的更新。

2011 年煤炭吞吐量达到最高 5128 万吨,创历史最好成绩。至 2013 年,累计完成吞吐量 7.5 亿吨;截至 2018 年,累计 9.41 亿吨。

(5)秦皇岛港煤码头四期工程

项目于 1993 年 4 月开工,1997 年 7 月试运行,1997 年 10 月竣工。

项目建设依据:1992 年 6 月,国家计划委员会《关于秦皇岛港煤码头四期工程及铁路配合工程可行性研究报告的批复》(计交通〔1992〕810 号);1992 年 11 月,国家交通投资公司《关于秦皇岛煤四期工程初步设计的批复》(交投水〔1992〕161 号)。1993 年,国家计划委员会《关于秦皇岛港煤码头四期工程开工建设的批复》(计投资〔1993〕696 号);1993 年,国家交通投资公司《关于秦皇岛煤四期工程翻车机房第三条皮带机廊道初步设计的批复》(水字〔1993〕047 号);1994 年,交通部《关于秦皇岛港煤码头四期工程 110kV 变电站扩容工程初步设计的批复》(交基发〔1994〕1092 号);1996 年交通部《关于秦皇岛港煤码头四期工程调整概算的批复》(交基发〔1996〕275 号)。

项目建设 2 个 3.5 万吨级煤炭泊位,1 个 10 万吨级煤炭泊位,岸线总长 771 米。码头采用突堤式布局,重力式结构。码头前沿水深 17 米。项目后方堆场面积 29.23 万平方米,堆存能力 193 万吨。主要装卸设备配置装船机 3 台,其中旋转式走行装船机 2 台,移动式堆料机 3 台,轨道移动式悬臂式取料机 2 台,走行式门式取料机 2 台,转子式"O"型三车翻车机 2 台。项目总投资 15.49 亿元,其中政府投资 2.24 亿元,其余资金由秦皇岛港务局向国家开发银行、中国建设银行贷款。

建设单位为交通部秦皇岛港务局;设计单位为交通部第一航务工程勘察设计院;施工单位为交通部第一航务工程局第五工程公司、交通部第一航务工程局第四工程公司、交通部第一公路工程总公司第三工程公司等;监理单位为秦皇岛港口建设工程质量监督站;质监单位为河北省水运工程质量监督站。

(6)秦皇岛港煤码头一期扩容工程

项目于 2003 年 4 月开工建设,2004 年 6 月竣工。

2003 年,为满足秦皇岛城市环保要求,加快港口功能和结构调整,港口重点实施新"五大技改工程",即煤一期扩容工程、煤四期预留工程、304 号矿石泊位改造工程、油码头卸车系统和储油罐工程、戊己码头集装箱泊位改造工程。为保证港口煤炭运量稳定,秦港实施西煤东迁改造工程。投资 5.8 亿元在煤一期堆场东侧实施煤一期扩容工程。

新建 273.6 米顺岸 5 万吨级煤炭专用泊位 1 个。通过优化配煤工艺,提高配煤装船效率,建设煤炭堆场 13 万平方米、堆存能力 60 万吨及配套建设铁路车场、供电通信设施等;新增 5000 吨/小时装船机、取料机各 1 台,3500 吨/小时取料机、堆料机各 2 台以及皮带机、卸车装船等成套工艺设备,新增设计年通过能力 800 万吨,2004 年 12 月 15 日首靠"祥宁"号万吨煤轮。

建设单位为秦皇岛港建港指挥部;设计单位为中交第一航务工程勘察设计院;施工单位为中港第一航务工程局第五工程公司。

(7)秦皇岛港煤四期扩容工程

项目于 2004 年 8 月开工建设,2005 年 9 月试投产,2007 年 3 月通过国家竣工验收并交付使用。

项目建设依据:2004 年 12 月,交通部《关于对秦皇岛港煤四期扩容工程可行性研究报告意见的函》(交函规划〔2004〕379 号);2005 年 1 月,国家发展和改革委员会《关于秦皇岛港煤四期扩容工程项目核准的批复》(发改交运〔2005〕150 号);2006 年 4 月,交通部《关于秦皇岛港煤四期扩容工程初步设计的批复》(交水发〔2006〕186 号)。2004 年 7 月,《河北省海洋局关于秦皇岛港煤四期扩容工程海洋环境影响评价报告书的批复》(冀海函〔2004〕21 号);2004 年 12 月,国家环境保护总局《关于秦皇岛港煤四期扩容工程环境影响报告书审查意见的批复》(环审〔2004〕531 号);2004 年 12 月,国土资源部《关于确认秦皇岛港务集团公司煤五期工程及煤四期扩容工程建设用地预审意见的函》(国土资源函〔2004〕761 号);2005 年 4 月,国家海洋局《中华人民共和国海域使用权证书》(国海证051300002 号)。

项目建设 5 万吨级和 3.5 万吨级煤炭装船泊位各 1 个(水工建筑允许靠泊能力 5 万吨级),岸线总长 495 米。码头采用突堤式布局,重力式结构。码头前沿水深 14.9 米。项目后方堆场面积 31.2 万平方米。主要装卸设备配置 2 台堆料机,2 条取料线。项目总投资 9.70 亿元,来源为秦皇岛港务集团有限公司自有资金和政策性银行贷款。

建设单位为秦皇岛建港指挥部;设计单位为交通部水运科学研究所;施工单位为中港第一航务工程局第五工程公司等;监理单位为秦皇岛方圆港湾工程监理有限公司;质监单位为河北省水运工程质量监督站。

(8)秦皇岛港煤码头五期工程

项目于 2004 年 10 月开工建设,2006 年 4 月试投产,2007 年 3 月通过国家竣工验收并交付使用。

项目建设依据:2004 年 9 月,交通部《关于对秦皇岛港煤码头五期工程项目建议书意见的批复》(交函规划〔2004〕253 号);2005 年 1 月,国家发展和改革委员会《关于秦皇岛港煤码头五期工程项目核准的批复》(发改交运〔2005〕149 号);2006 年 4 月,交通部《关于秦皇岛港煤五期工程初步设计的批复》(交水发〔2006〕185 号)。2004 年,国家环境保护总局《关于对秦皇岛港煤五期工程环境影响报告书预审意见的函》(交环函〔2004〕42号);国土资源部《关于确认秦皇岛港务集团公司煤五期工程及煤四期扩容建设用地预审意见的函》(国土资厅函〔2004〕761 号);国家海洋局下发《中华人民共和国海域使用权证书》(国海证 061100037 号、061100038 号)。

项目建设 2 个 7 万吨级泊位、1 个 10 万吨级泊位、3 个 15 万吨级泊位,岸线总长 1187米。码头采用突堤式布局,重力式结构。码头前沿水深 17 米。项目后方堆场面积 77 万平方米,堆存能力 400 万吨。主要装卸设备配置 3 台翻车机、6 台堆料机、8 台取料机、4 台装船机,配套流动机械及港作拖轮。项目总投资 42.52 亿元,由秦皇岛港务集团有限公司自有资金和银行贷款现部分组成。用地面积 144.6 万平方米。

建设单位为秦皇岛建港指挥部;设计单位为中交第一航务工程勘察设计院;施工单位为中港第一航务工程局第五工程公司、天津航道局、秦皇岛港航建设工程有限责任公司等;监理单位为秦皇岛方圆港湾工程监理有限公司、洛阳正方圆重矿机械检验技术中心;质监单位为河北省水运工程质量监督站。

煤五期工程在设计、施工、管理中不断创新,保证了工程建设优质快速。2007 年 11月,中国企业联合会、中国企业家协会联合发布中国企业创新纪录:"秦皇岛港务集团有限公司 2004 年 10 月开工、2006 年 4 月投产的通过能力 5000 万吨的煤五期工程工期 18 个月,创国内同类港口建设工期最短、规模最大新纪录;有三台"O"型转子式三车翻车机,每台翻车机30循环/小时、7200吨/小时的卸车能力,定位车最大牵引力170吨,行走距离157米,设计能力牵引2万吨大列,均创国内同行业新纪录;堆料机2006年每小时堆料能力为7200吨,创国内同行业新纪录"。2012年2月,煤五期工程获中国土木工程学会、北京詹天佑土木工程科学技术发展基金第十届中国土木工程詹天佑奖。

煤五期工程当年投产当年达产,成为秦皇岛港煤炭运输主力军。截至2015年,累计靠泊船舶9462艘次,完成吞吐量37422万吨,取得良好的经济效益和社会效益,为巩固秦皇岛港北煤南运主枢纽港地位发挥了重要作用。

三、唐山港

（一）港口概况

1.港口综述

唐山港地处渤海中部、渤海湾东北端沿海,背依京津冀地区。依据2015年5月河北省人民政府经征求交通运输部意见后批复的《唐山港总体规划(修订)》,包括京唐港区、曹妃甸港区及拟建的丰南港区。其中,京唐港区位于唐山市东南80千米处的唐山海港经济开发区境内,湖林河口与湖林新河口之间,地理坐标东经119°01′、北纬39°13′,东北距秦皇岛港约64海里;曹妃甸港区位于唐山市南部曹妃甸区境内,青龙河口与双龙河口之间,地理坐标东经118°30′、北纬38°55′,西据天津港约38海里;拟建丰南港区,位于唐山市丰南区辖境,黑沿子河口(沙河口)至涧河口(陡河口)之间。

唐山港起步于京唐港区的建设。1984年5月1日在全国人大会上,唐山代表提出王滩建港建议(0632号),9月19日国家交通部做出书面答复,表示支持和积极协助。1984年10月1日,中共唐山市委、市政府正式决定在王滩建设港口,组建了建港筹备小组,正式开展前期筹备工作,并以其所在位置命名为王滩港。1988年11月15日改称唐山港。1993年7月17日,唐山港和北京签订联合建港协议,改称京唐港。2005年9月10日,恢复使用唐山港港名,原京唐港改为唐山港京唐港区。

唐山港是我国沿海的地区重要港口;是我国能源、原材料等大宗物资专业化运输系统的重要组成部分;是华北及京津冀地区重要综合运输枢纽;是京津冀地区协同发展和区域产业结构调整的重要平台;是河北省及唐山市参与东北亚地区经济合作的重要窗口;是实施《河北沿海地区发展规划》、促进河北省及唐山市经济转型升级的重要支撑;是河北省及唐山市沿海地区开发建设的重要基础设施和主要依托。曹妃甸港区将发展为服务我国北方大宗物资转运和环渤海新型工业化基地的大型综合性港区,利用深水岸线资源优势,发展油气、铁矿石等大宗能源、原材料转运、储备、贸易功能,承担"北煤南运"的重要任务;为临港冶金、石化、装备制造等大型重化工业服务。京唐港区将发展为华北、西北部分地区,北京市、河北省及唐山市等各类物资中转运输服务的综合性港区,成为重要的区域综合运输枢纽;将在唐山港煤炭、铁矿石运输中发挥重要作用,承担集装箱运输功能并为临港工业发展服务。丰南港区是唐山港的重要组成部分,将为后方临港工业服务;未来将发展成为为区域综合运输服务的港区。

唐山市自然海岸线长 229.7 千米,规划唐山港利用自然岸线长 65.5 千米,可形成规划码头岸线 190.3 千米,建设泊位 575～602 个。截至 2015 年,在建和建成生产性泊位 126 个。

唐山港共建成航道长 67999 米,其中曹妃甸港区一港池 10 万吨级航道长 8920 米;曹妃甸港区二港池 5 万吨级航道长 8142 米;曹妃甸港区三港池 3 万吨级航道长 26499 米;京唐港区 20 万吨级航道长 16700 米,京唐港区四港池 20 万吨级航道长 7738 米。

曹妃甸港区规划锚地六块,分别为西侧锚地、东侧锚地、西侧预留锚地、东侧预留锚地、东侧新增锚地、西侧新增锚地。现实有锚地两块,东侧港外锚地与西侧港外锚地(实际批复面积包含西侧锚地、东侧锚地、西侧预留锚地、东侧预留锚地四块)。曹妃甸港区共有防波堤 4159.7 米。其中一港池航道及防波堤,东防波堤长 1219 米,西防波堤长 1761 米,共 2980 米;二港池航道及防波堤,东防波堤长 486.4 米,西防波堤长 693.3 米,共 1179.7 米。

京唐港区规划锚地六块,实有锚地六块,分别为 1 号散杂货船舶锚地、2 号化工危险品船舶锚地、3 号大型散货船舶锚地、4 号超大型散货船舶锚地、5 号大型危险品船舶锚地、6 号散货船舶锚地。京唐港区西挡沙堤,出水堤 5012 米,潜堤 1800 米;东挡沙堤,出水堤 1.12 万米,潜堤 2400 米。

2. 港口水文气象

唐山地区属大陆性季风气候,具有明显的暖温带半湿润季风气候特征,四季分明,气候宜人。受海洋调节影响,与同纬度内陆相比具有雨水丰富、空气湿润、气候温和等特点。唐山地区降水量主要集中在 6—9 月,该 4 个月的降水量约占全年的 75%。降雪期为 12 月至翌年 3 月,冬季降水较少,仅占全年降水量的 8% 左右。本海区受季风影响较大,冬季盛行偏西北风,春、夏季盛行偏南和东南向风。多年常风向 S 向,频率 12.5%,次常风向 SW 向,频率 8.2%;强风向 NE 向,实测最大风速 22 米/秒。甸头测站全年 6 级(风速 10.8 米/秒)以上大风出现频率 6.2%;7 级(风速 13.8 米/秒)以上大风出现频率 1.2%。秋冬季大风日数稍多。

本海区的潮汐性质属不正规半日潮,潮汐强度中等。本海区以风浪为主,风浪频率为 80% 以上。常浪向 S 向,频率 11.1%;次常浪向 SW 向,频率 7.5%;强浪向 ENE 向,实测最大波高 4.9 米,出现在 1996 年 10 月,该方向波高 ≥1.6 米以上波高出现频率 1.7%;次强浪向 NE 向,实测最大波高 4.1 米。夏季波高略小,冬、春季波高较大。

唐山海域地处纬度较高,每年冬季都有结冰现象。初冰日一般为 12 月中、下旬,终冰日一般为次年的 2 月中旬至下旬。多年平均冰期 85 天,实际有冰日 65 天左右,无冰日 20 天。严重冰期出现于 1 月中旬至 2 月中旬,为 20 天左右。一般年份曹妃甸和南堡沿岸的固定冰宽度 500~1500 米,最大可达 5000 米;固定冰厚度 15~30 厘米,最大可达 45 厘米左右。重冰年份严重冰期 40~60 天,最多 75 天,结冰范围是常年的 2~3 倍,甚至会延伸至渤海中部海面。流冰厚度一般为 10~20 厘米,重叠冰厚度 30~40 厘米,漂流速度 0.3~0.5 米/秒,最大可达 1.2 米/秒,流向与涨落潮流向一致。京唐港区主要系人工开挖的内港池,冰期港池内亦有结冰现象,受较频繁的船舶航行影响,一般难以形成面积和厚度较大的固定冰。

3. 发展成就

唐山港于 1989 年 8 月开工建设,1992 年 7 月开港,是改革开放以后我国沿海的新兴港口。经过近 20 年的发展,唐山港从无到有、从小到大,现已成为津冀沿海港口群和国家"北煤南运"运输系统、矿石和原油进口运输系统的重要组成部分,对促进唐山市和其他腹地的经济、产业发展发挥了重要作用。

唐山港的发展大体经历了以下几个阶段:

(1)1992—2001 年,唐山港从无到有,初步形成规模。1992 年 7 月唐山港京唐港区开港,1993 年完成货物吞吐量 45 万吨;到 2001 年突破 1000 万吨大关,步入沿海中等港口行列,仅用了 9 年时间,此时港口码头的最大靠泊等级为 3.5 万吨级的集装箱专用泊位。

(2)2002—2007 年,唐山港快速发展,港口地位迅速提升。随着 2001 年底我国加入 WTO 以及逐步进入工业化中期,京津冀地区经济、特别是重化产业的发展步伐显著加快,对外开放的程度也日趋深化。唐山市是我国钢铁产业最重要的聚集区,铁矿石、钢铁等物资运输需求激增,唐山港进入了快速发展的新阶段;同时,随着我国南方沿海地区煤炭消费需求的快速增长,唐山港京唐港区下水煤炭服务的范围逐步扩大,越来越多地参与"三西"煤炭外运,2002 年煤炭下水量突破 1000 万吨,逐步成为我国沿海"北煤南运"系统的重要装船港。2005 年底,唐山港曹妃甸港区正式开港,25 万吨级大型专业化矿石码头投入使用,使唐山港的发展迈上了崭新的台阶,唐山港成为我国外贸进口铁矿石的重要接卸港口,同时为本地钢铁产业的发展和引导相关产业向沿海集聚发挥了重要的作用。2007 年唐山港完成吞吐量 6748 万吨,2002—2007 年间年均增速为 35.7%,占津冀港口群的比重由 4.6% 上升到 9.5%。

(3)2008 年是唐山港历史性突破的一年,也是港口跨越式发展的新阶段。2007 年,与大秦线扩能配套的迁曹铁路、连接京唐港区的唐港支线扩能改造工程相继竣工,年末京唐港区32号～34号煤炭专业化泊位完工投产，使得唐山港成为2008年国家"北煤南运"的主增长点。2008年唐山港共完成煤炭下水量3744万吨。此外，随着2009年曹妃甸港区5000万吨级煤码头项目投产，唐山港在全国沿海煤炭运输中发挥了更加重要的作用。2008年唐山市大力推动沿海开发，产业迅速向沿海地区集聚，后方产业区的大规模开发为唐山港带来巨大的发展空间，尽管全国沿海港口的生产形势受到了国际金融危机的普遍冲击，但是在煤炭和矿石两大货类吞吐量激增的推动下，2008年唐山港吞吐量达到1.1亿吨，实现了历史性的突破。2009—2012年唐山港延续了快速发展的势头，两年货物吞吐量增速均超过了27%，居全国前列；2012年完成3.65亿吨。占津冀港口群的比重快速上升到29.4%。

（4）2013—2015年生产保持高位运行。2013年唐山港全港完成货物吞吐量44620万吨，同比增长22.23%。2014年唐山港全港完成货物吞吐量50075万吨，同比增长12.23%。2015年唐山港全港完成货物吞吐量49285万吨，同比减少1.58%。

唐山港港区分布图如图8-2-2所示。唐山港基本情况见表8-2-3。

图8-2-2　唐山港港区分布图

表 8-2-3

唐山港基本情况表（沿海）

序号	港区名称	港口岸线		2015年港口生产用泊位				其中:1978—2015年建成的生产用泊位				2015年港口货物和旅客吞吐量								
		港口规划岸线	其中:2015年前已建成岸线	生产用泊位数	其中:万吨级及以上	生产用泊位长度	其中:万吨级及以上	生产用泊位数	其中:万吨级及以上	生产用泊位长度	其中:万吨级及以上	货物吞吐量	其中:外贸货物吞吐量	集装箱	滚装车辆		旅客	其中:国际旅客
															数量	重量		
		千米	米	个	个	米	米	个	个	米	米	万吨	万吨	万TEU	万辆	万吨	万人	万人
1	京唐港区	—	9455	38	35	9455	8949	38	35	9455	8949	23298	10877	111.7	—	—	—	—
2	曹妃甸港区	—	16666	59	59	16666	16666	59	59	16666	16666	25987	16607	40.5	—	—	—	—
	合计	—	26121	97	94	26121	25615	97	94	26121	25615	49285	27484	152.2	—	—	—	—

(二)京唐港区

1. 港区综述

(1)港区建设和运营概况

京唐港区的功能定位是发展为华北、西北部分地区,北京市、河北省及唐山市等各类物资中转运输服务的综合性港区,成为重要的区域综合运输枢纽;将在唐山港煤炭、铁矿石运输中发挥重要作用,承担集装箱运输功能并为临港工业发展服务。京唐港区自20世纪80年代末起步建设,历经近20年的率先发展已初具规模,成为唐山港发展的重要支点。港区货类构成中主要以铁矿石和煤炭、钢铁、矿建材料为主。截至2015年,京唐港区建成、在建泊位40个,其中1.5万~15万吨级煤炭泊位11个;建成5万~10万吨级金属矿石接卸泊位5个;建成5000吨级~4万吨级成品油、液化石油气泊位3个;建成集装箱专用泊位4个;建成其他散货、杂货、多用途等泊位17个。2011年,京唐港区完成货物吞吐量13757万吨;2012年,京唐港区完成货物吞吐量17002万吨;2013年,京唐港区完成货物吞吐量20102万吨;2014年,京唐港区完成货物吞吐量21503万吨;2015年,京唐港区完成货物吞吐量23298万吨。

(2)港区地理条件和集疏运概况

京唐港区位于唐山市东南80千米处的唐山海港经济开发区境内,湖林河口与湖林新河口之间,地理坐标东经119°01′、北纬39°13′,东北距秦皇岛港约64海里。京唐港区建成两条航道,其中20万吨级进港航道长16700米,京唐港区第四港池20万吨级航道长7738米,两条航道正在进行25万吨级航道等级提升工作。京唐港区主要集疏港公路有唐港高速公路、沿海高速公路,唐港公路、平青乐公路、滨海公路、滨海大道等;京唐港区铁路线经由迁曹线、滦港线通过迁安北站和滦县站分别与国铁京山线、大秦线接轨。京唐港区后方承担铁路集疏运服务主要为唐港铁路。港区内各企业的专用线和港区铁路,除西侧电厂专线和东环铁路外,大部分引自唐港铁路终点站京唐港站。

2. 港区工程项目

(1)王滩港起步工程(7号、8号泊位)

项目于1989年8月开工建设,1991年8月试运行并竣工。

项目建设依据:1986年3月,河北省计划委员会批准立项(冀经工〔1986〕122号);1988年9月,河北省建设委员会《王滩港起步工程初步设计》(冀建设〔1988〕275号)。1987年9月,唐山市环境保护局《关于唐山市王滩港工程环境影响评价报告的批复》(唐环发〔1987〕50号);1988年12月,唐山市人民政府发布《关于唐山港口建设占用土地采用无偿划拨办法的通知》。

项目建设2个5000吨级散杂货通用泊位,岸线总长316米。码头采用挖入式布局,板桩式结构。码头前沿水深10米。项目后方堆场面积4.5万平方米,堆存能力20万吨。主要装卸设备配置16吨门机6台、25吨门机2台。项目总投资1.21亿元,由唐山港口建设指挥部出资。用地面积7.3万平方米。

建设单位为唐山港口建设指挥部;设计单位为交通部第一航务工程勘察设计院;施工单位为天津基础公司、天津航道局、唐山市交通局等;质监单位为唐山市建设工程质量监督站。

1991年,建设过程中由2个5000吨级泊位改建为可以停靠1.5万吨级和5000吨级的两个散杂货通用泊位,码头前沿水深疏浚至10米,泊位长度加大到316米;航道深度加深到9.8米,宽度加到94米,长度延伸到4.4千米,港池加深至9.8米,扩建堆场面积6000平方米,扩建改造工程总投资2100.96万元,增加年吞吐量32万吨。

唐山港的通航,实现了唐山市"八五"期间"新三角"开发战略在海港开发区的新突破,唐山港通过坨港铁路,与通坨铁路相连,形成一条海陆联运的新通道,对进一步大规模开发冀东资源,减轻京山、津浦铁路运输压力,促进渤海湾开放区经济发展和技术交流发挥重要作用,同时,也为唐山市各市县区的对外开放,海港开发区的建设,实施生产力布局向沿海推进创造了良好的依托条件。

(2)唐山港扩建1号散杂泊位工程

项目于1992年4月开工建设,1994年9月试运行并竣工。

项目建设依据:1990年10月,河北省计划经济委员会《关于唐山港扩建1号泊位工程项目建议书的批复》(冀计经工〔1990〕865号);1991年9月,河北省建设委员会《关于唐山港扩建1号泊位工程项目初设批复》(冀建基〔1991〕384号)。1987年4月,唐山市环境保护局《关于唐山市王滩港工程环境影响评价报告的批复》(唐环发〔1987〕50号);1998年9月,以划拨方式取得用地74.03亩(土地证号:冀唐国用〔1998〕字第1775号)。

项目建设2万吨级散杂泊位1个(并兼顾3.5万吨级散货船停靠的可能性,码头水工建筑允许靠泊能力4万吨级),岸线总长235米。码头采用挖入式布局,重力式结构。码头前沿水深12米。项目后方堆场面积2.7万平方米,堆存能力3.6万吨。主要装卸设备配置1000吨/小时装船机1台。项目总投资1.31亿元,全部为唐山港口建设指挥部投资。用地面积4.9万平方米。

建设单位为唐山港口建设指挥部;设计单位为交通部第一航务工程勘察设计院;施工单位为交通部第一航务工程局第五工程公司、天津基础工程公司、乐亭县第四建建筑公司;质监单位为唐山市建设工程质量监督站。

1996年12月12日,京唐港1号泊位工程荣获1996年度国家交通部水运工程质量奖。

该项目的兴建,增加了京唐港的功能,推动了唐山乃至冀东地区水泥散装化的进程和外贸出口率的提高,从而为唐山水泥工业以及全市经济的发展创造了有利条件,同时也填补了河北省散装水泥码头的空白,为唐山水泥走向世界提供了一条黄金水道。

(3)唐山港3号码头

项目于1993年6月开工建设,1996年4月竣工。

项目建设依据:1993年3月,唐山市计划委员会《关于唐山港口扩建3号泊位立项的批复》(市计工字〔1993〕第24号);1993年10月,河北省建设委员会《关于唐山港三号码头初设的批复》(冀建基项〔1993〕第108号)。1996年4月,河北省环境保护局《关于京唐港3#泊位煤炭专用业主码头环境影响报告书的批复》(冀环管函〔1996〕39号);1998年1月,3号泊位取得建设用地规划许可证(编号:海地规〔98〕002号);1998年1月,3号泊位扩建堆场取得建设用地规划许可证(编号:海地规〔98〕003号)。

项目建设一个1.5万吨级通用散货码头泊位,岸线总长185米。码头采用挖入式布局,板桩式结构。码头前沿水深10米。项目后方堆场面积7.6万平方米,堆存能力20万吨。主要装卸设备配置1800吨/小时装船机1台。项目总投资1.2亿元,全部为唐山市港口建设指挥部投资。陆域用地面积4.1万平方米,填海造地面积3.5万平方米。

建设单位为唐山市港口建设指挥部;设计单位为交通部一航院、煤炭部太原设计研究院;施工单位为天津基础工程公司承担码头施工、铁十六局第五工程处一公司、乐亭宏达四建;监理单位为山西煤炭建设监理咨询公司;质监单位为唐山市建设工程质量监督站。

码头运营以来,在"北煤南运"中发挥了积极作用,成为唐山港区煤炭下水作业码头的组成部分。

(4)唐山港2号泊位工程

项目于1994年4月开工建设,1994年12月竣工。

项目建设依据:1993年3月,河北省建设委员会《关于唐山港2号泊位工程初步设计的批复》(冀建设〔1993〕28号)。1993年2月,取得建设工程规划许可证(编号:海建规003号)。

项目建设一个1.5万吨级通用散货码头泊位,岸线总长180米。码头采用挖入式布局,板桩式结构。码头前沿水深10米。项目后方堆场面积3.78万平方米,堆存能力10万吨。主要装卸设备配置3000吨/小时装船机1台。项目总投资7150万元,全部为唐山港口建设指挥部投资。用地面积4.5万平方米。

建设单位为唐山港口建设指挥部;设计单位为交通部第一航务工程勘察设计院;施工单位为天津基础工程公司;质监单位为唐山市建设工程质量监督站。

开滦码头位于京唐港第一港池二号泊位,是煤炭专用码头,1995年7月投产使用;码头原设计年通过能力为100万吨,装船能力为1000吨/小时。通过多年的运营实践,现码头装运能力已远远不能满足市场的需要,2001年煤炭过港量已达246万吨,且到港船只呈逐渐增大趋势,当时装船系统已不能满足装大船的需要。2005年9月码头正式停产改造。2006年7月22日凌晨1点,改造后的第一条轮船金泰壹号靠泊作业,开滦京唐港2号码头技术改造工程历时4年顺利完成。改造后由给料机、皮带机、装船机、给配电设备组成的装船系统全部实现了自动化控制,配煤加工实现了机械化与自动化的有效结合,装船速度由改造前的1000吨/小时提高到3000吨/小时,年装船能力由改造前设计90万吨提高到500万吨,特别是储配加工煤炭的能力大为提高,极大地提升了开滦码头在同行业的市场竞争能力。

(5)唐山港4号泊位工程

项目于1994年4月开工建设,1995年11月竣工。

项目建设依据:1993年3月,河北省建设委员会《关于唐山港4号泊位工程初设的批复》(冀建基项〔1993〕109号)。1987年4月,唐山市环境保护局《关于唐山港4号泊位工程环境影响报告书的批复》(唐环发〔1987〕50号);1998年10月,唐山市国土局划拨4号泊位用地75.23亩(土地证号:冀唐国用〔1998〕字第1759号)。

项目建设一个1.5万吨级杂货码头泊位,岸线总长202米。码头采用挖入式布局,板桩式结构。码头前沿水深10米。项目后方堆场面积7.1万平方米,堆存能力0.93万吨。主要装卸设备配置10万吨级的港口门座起重机2台。项目总投资9913万元,其中政府投资为5600万元。用地面积5万平方米。

建设单位为唐山港口建设指挥部;设计单位为交通部第一航务工程勘察设计院;施工单位为天津基础工程公司;质监单位为唐山市建设工程质量监督站。

(6)唐山港5号泊位工程

项目于1994年4月开工建设,1995年11月竣工。

项目建设依据:1993年10月,河北省建设委员会《关于唐山港5号泊位工程初步设计的批复》(冀建基项〔1993〕110号)。1987年3月,唐山市环境保护局《关于唐山港5号泊位工程环境影响报告书的批复》(唐环发〔1987〕50号);1998年9月,唐山市国土局划拨5号泊位用地65.2亩(土地证号:冀唐国用〔1998〕字第1778号)。

项目建设一个1.5万吨级杂货码头泊位,岸线总长202米。码头采用挖入式布局,板桩式结构。码头前沿水深10米。项目后方堆场面积2.26万平方米,堆存能力2.37万吨。主要装卸设备配置16吨级的港口门座起重机4台。项目总投资9554万元,由建设单位唐山港口建设指挥部出资。用地面积4.3万平方米。

建设单位为唐山港口建设指挥部;设计单位为交通部第一航务工程勘察设计院;施工单位为中交一航局五公司;质监单位为唐山市建设工程质量监督站。

（7）唐山港 6 号泊位工程

项目于 1994 年 4 月开工建设,1995 年 11 月竣工。

项目建设依据:1993 年 10 月,河北省建设委员会《关于唐山港 6 号泊位工程初步设计的批复》(冀建基项〔1993〕111 号)。1987 年 4 月,唐山市环境保护局《关于唐山港 6 号泊位工程环境影响报告书的批复》(唐环发〔1987〕50 号);1998 年 10 月,唐山国土局划拨 6 号泊位用地 58.5 亩(土地证号:冀唐国用〔1998〕字第 1751 号)。

项目建设一个 1.5 万吨级杂货码头泊位,岸线总长 195 米。码头采用挖入式布局,板桩式结构。码头前沿水深 10 米。项目后方堆场面积1.9 万平方米,堆存能力 3.58 万吨。主要装卸设备配置 10 吨级的港口门座起重机 2 台。项目总投资 9733 万元,全部为唐山港口建设指挥部投资。用地面积 3.9 万平方米。

建设单位为唐山港口建设指挥部;设计单位为交通部第一航务工程勘察设计院;施工单位为中交一航局五公司;质监单位为唐山市建设工程质量监督站。

（8）京唐港第二港池工程

项目于 1996 年 6 月开工建设,2003 年 1 月试运行并竣工。

项目建设依据:2001 年 5 月,国家发展计划委员会《关于京唐港二港池工程项目的批复》(计基础〔2001〕755 号);1996 年,唐山计划委员会《关于同意京唐港务局第二港池项目初步设计工作的批复》(唐计工字〔1996〕28 号)。1996 年,《关于京唐港第二港池工程环境影响评价大纲审查意见的复函》(环建监〔1996〕046 号);2002 年 9 月,取得土地证(冀唐国用〔2002〕字第 10880 号);2008 年 9 月,取得唐山市人民政府下发的《海域使用权证》(国海证 0813200004 号),全部为港池用海,用海面积 48.45 万平方米。

项目建设泊位数量 8 个,其中 1.5 万吨级盐杂泊位 1 个;1.5 万吨级集装箱泊位 1 个;1.5 万吨级件杂货泊位 1 个;0.5 万吨级件杂货泊位 1 个;1.0 万吨级件杂货泊位 4 个;千吨级驳船泊位 3 个。岸线总长 1704 米。码头采用挖入式布局,板桩式结构。码头前沿水深 9.8 米。项目后方堆场面积 37.31 万平方米,堆存能力 10.59 万吨。主要装卸设备配置 10～25 吨级的港口门座起重机 10 台。项目总投资 11.40 亿元,其中政府投资 2.67 亿元。

建设单位为京唐港务局;设计单位为中交第一航务工程勘察设计院;施工单位为天津深基公司、中交一航局五公司、河北地质勘探工程建设集团五公司;监理单位为唐山海港港兴水运工程监理所;质监单位为河北省水运工程质量监督站。

2002 年 5 月,《京唐港第二港池 14#、15#泊位设计方案调整报告》评价意见中变更码头前沿水深,由 11.0 米加深至 13.5 米。2002 年 11 月,唐山市发展计划委员会《关于京唐港第二港池堆场扩建工程项目建议书的批复》(唐计交信〔2002〕第 9 号),扩建正式堆场总面积 17.6 平方米,扩建投资 2937 万元,全部为企业自筹。

第二港池的建设,提升了京唐港的地位和等级,为港口进一步加快发展步伐、进行招商引资和完善港口功能提供了至关重要的条件和新的发展机遇。

（9）京唐港 31 号泊位工程

项目于 2004 年 9 月开工建设，2005 年 11 月试运行，2008 年 9 月竣工。

项目建设依据：2004 年 12 月，唐山市发展和改革委员会《关于京唐港 31#泊位工程可行性研究报告的批复》（唐发改基础〔2004〕628 号）；2008 年 4 月，唐山市港航管理局《关于京唐港 31#泊位工程初步设计的批复》（唐港航港字〔2008〕21 号）。2004 年 6 月，河北省环境保护局《关于京唐港 7 万吨级通用散货泊位工程环境影响报告书的批复》（冀环评〔2004〕135 号）；2008 年 5 月，项目以出让方式取得土地使用权证（土地证号：冀唐国用〔2008〕第 4115 号）；2008 年 8 月，项目取得《海域使用权证》（国海证 081320008 号）；2005 年 8 月，交通部《关于唐山港京唐港 31#泊位工程岸线批复》（交规划发〔2005〕361 号）。

项目建设 1 个 7 万吨级通用散货码头泊位（码头水工建筑允许靠泊能力 10 万吨级），岸线总长 310 米。码头采用挖入式布局，板桩式结构。码头前沿水深 15.5 米。项目后方堆场面积 24.2 万平方米，堆存能力 55 万吨。主要装卸设备配置门座式起重机 6 台。项目总投资 4.01 亿元，其中建设单位唐山港口投资有限公司自筹 1.58 亿元。陆域用地面积 2.3 万平方米，填海造地面积 7.88 万平方米。

建设单位为唐山港口投资有限公司；设计单位为中交第一航务工程勘察设计院；施工单位为天津深基工程有限公司、天津航道局第二疏浚公司、中交一航局五公司等；监理单位为唐山海港港兴监理咨询有限公司；质监单位为河北省水运工程质量监督站。

项目采用的 10 万吨级地下连续墙深水板桩结构为世界首创。

唐山港京唐港区 31 号泊位的建设，适应了国内外航运市场船舶大型化、深水化的发展趋势，满足唐山海港开发区乃至唐山市范围内大型焦化企业进口焦煤、出口焦炭需要，更好地适应和带动腹地经济发展，加快临港工业区的建设和形成。同时，有效缓解了京唐港区运量增长与现有泊位运力不足的矛盾。

（10）唐山港京唐港区 16 号～19 号泊位工程

项目于 2006 年 5 月开工建设，2007 年 6 月试投产，2008 年 9 月竣工。

项目建设依据：2006 年 1 月 6 日，唐山市发展和改革委员会《关于唐山港京唐港区 16#～19#泊位工程可行性研究报告的批复》（唐发改基础〔2006〕8 号）；2007 年 1 月 24 日，唐山市发展和改革委员会《关于唐山港京唐港区 16#～19#泊位工程初步设计的批复》（唐发改投资〔2007〕40 号）；2008 年 8 月 19 日，唐山市发展和改革委员会《关于唐山港京唐港区 16#～19#泊位工程项目概算调整的批复》（唐发改投资〔2008〕468 号）。2006 年 2 月，河北省环境保护局《关于唐山港京唐港区 16#－19#泊位工程环境影响报告书的批复》（冀环管〔2006〕45 号）；2008 年 7 月，项目取得土地使用证（冀唐国用 2008 第 5021 号）；2008 年 9 月，项目取得《海域使用权证》（海域证号：0813200006 号）；2007 年 9 月，交通部

《关于唐山港京唐港区 16# ~ 19#泊位工程岸线使用的批复》（交规划发〔2007〕539 号）。

项目建设 2 个 4 万吨级杂货码头泊位（码头水工建筑允许靠泊能力 7 万吨级），2 个工作船泊位（码头结构按照可停靠 3 万载重吨汽车滚装船设计），岸线总长 861 米。码头采用挖入式布局，板桩式结构。码头前沿水深 15.5 米。项目后方堆场面积 20.2 万平方米，堆存能力 31 万吨。主要装卸设备配置 10 ~ 25 吨级的港口门座起重机 2 台。项目总投资 4.98 亿元，由建设单位唐山港口投资有限公司出资。陆域用地面积 2.2 万平方米，填海造地面积 2.2 万平方米。

建设单位为唐山港口投资有限公司；设计单位为中交第一航务工程勘察设计院有限公司；施工单位为天津深基工程有限公司、天津航道局、唐山住宅建设工程总公司第一市政分公司等；监理单位为唐山海港港兴监理咨询有限公司；质监单位为河北省水运工程质量安全监督局。

项目成功采用了新型"卸荷式"地下连续墙结构，"卸荷式"地下连续墙板桩结构形式的成功研究和应用，使京唐港地下连续墙码头形成稳定的系列产品，实现了港口建设技术的重大突破，是京唐港区泊位建设的一个突出特点和知名品牌。

项目的建设使京唐港区抓住了国际贸易蓬勃发展，促使集装箱航运成为海运中最活跃运营方式的发展机遇，迅速建设大型集装箱泊位，这对于完善京唐港区港口功能，优化货物运输结构，扩大业务范围将发挥重要作用。同时，16 号 ~ 19 号泊位的建设，也标志着第三港池建设开发的序幕正式拉开，这对京唐港区的长远发展具有重要而深远的意义。

（11）唐山港京唐港区 30 号泊位工程

项目于 2006 年 9 月开工建设，2008 年 9 月试运行并竣工。

项目建设依据：2006 年 7 月 12 日，唐山市发展和改革委员会《关于唐山港京唐港区 30#泊位工程可行性研究报告（代项目建议书）的批复》（唐发改基础〔2006〕326 号）；2007 年 6 月，唐山市发展和改革委员会《关于唐山港京唐港区 30#泊位工程初步设计的批复》（唐发改投资〔2007〕230 号）。2006 年 7 月，河北省环境保护厅《关于唐山港京唐港区 30#泊位工程环境影响报告书的批复》（冀环管〔2006〕310 号）；2008 年 10 月，项目取得土地使用权（证号：冀唐国用〔2008〕第 4115 号）；2008 年 6 月，换发海域证；2007 年 11 月，交通部《关于唐山港京唐港区 30#泊位工程使用港口岸线的批复》（交规划发〔2007〕658 号）。

项目建设 1 个 5 万吨级通用散货码头泊位，岸线总长 371.3 米。码头采用挖入式布局，北段为重力式结构，南段为板桩式结构。码头前沿水深 14 米。项目后方堆场面积 6.3 万平方米，堆存能力 17 万吨。主要装卸设备配置 10 ~ 25 吨级的港口门座起重机 6 台。项目总投资 2.20 亿元，由唐山港口投资有限公司自筹和银行贷款。用地面积 7.5 万平方米。

建设单位为唐山港口投资有限公司；设计单位为中交第一航务工程勘察设计院有限

公司;施工单位为中交一航局五公司、河北冀东建设工程有限公司、唐山远大交通工程有限公司等;监理单位为唐山海港港兴监理咨询有限公司;质监单位为河北省水运工程质量安全监督局。

唐山港京唐港区30号泊位的建设,有利于合理利用岸线资源,提高港口竞争力,充分发挥京唐港区现有1号泊位码头和配套的散装水泥筒仓能力,更好地满足冀东水泥集团散装水泥出口;同时,实现了港区块煤集中作业,保证出口块煤的质量,降低了港区内块煤倒运成本。

(12)京唐港3000万吨煤炭泊位(32号～34号)工程

项目于2006年12月开工建设,2008年5月试运行,2010年4月竣工。

项目建设依据:2006年7月25日,国家发展和改革委员会《国家发展改革委关于唐山港京唐港区3000万吨煤炭泊位(32# - 34#)工程项目核准的批复》(发改交运〔2006〕1467号);2006年12月,交通部《关于唐山港京唐港区3000万吨煤炭泊位(32# - 34#)初步设计的批复》(交水发〔2006〕725号)。2005年12月,国家环境保护总局《关于京唐港3000万吨煤炭泊位(32# - 34#)工程环境影响报告书的批复》(环审〔2005〕949号);2006年6月,国土资源部《关于京唐港3000万吨煤炭泊位(32# - 34#)工程建设用地预审意见的复函》(国土资源审〔2006〕142号);2008年4月,项目取得国土资源部颁发的《土地证书》(冀唐国用〔2008〕第3018、3019、3020、3022、3024号);2007年8月,国家海洋局颁发《海域使用权证》(国海证071100049号)。

项目建设10万吨级、5万吨级和3.5万吨级煤炭装船泊位各1个(码头水工建筑允许靠泊能力10万吨级),岸线总长770米。码头采用顺岸式布局,板桩式结构。码头前沿水深16米。项目后方堆场面积54万平方米,堆存能力231万吨。主要装卸设备配置"O"型转子三翻翻车机2台、装船机3台、取料机2台、斗轮堆取料机4台。项目总投资29.19亿元,由建设单位国投中煤同煤京唐港口有限公司自筹和银行贷款。用地面积94.34万平方米。

建设单位为国投中煤同煤京唐港口有限公司;设计单位为中交第一航务工程勘察设计院有限公司;施工单位为秦皇岛港城电力工程有限公司、中交一航局有限公司、中交一航局第四工程有限公司等;监理单位为天津港工程监理咨询有限公司、唐山海港港兴工程监理有限公司;质监单位为河北省水运工程质量安全监督局。

地基处理应用了高真空击密施工专利技术。码头结构首次采用深水遮帘式地连墙板桩结构新工艺,开辟了深水板桩码头建设新途径。堆场采用堆取合一方案,充分利用了有限地形、实现堆存量最大化。5条堆场排水改变以往双向排水设计旧模式,创新采用单向排水边沟,既节约投资又操作便捷,扩大了堆场利用率,为国内首创。在国内首次引进由日本三菱公司设计的堆取料机。在翻车机卸车系统,2台"O"型三翻三大梁结构的翻车机在国内外首次应用。卸车系统增设固定臂装置，在国内属首次使用。2 台"O"型三翻翻车机与 1 台"C"型双翻双定位车翻车机布置在同一卸车坑内，在国内外属首次应用。翻车机重载调试仅用了 20 天，创造了百年来翻车机重载调试的世界纪录。3 台装船机整体上岸安装就位，缩短了安装周期。筛分系统在装卸系统中串联引进德国 JOST 公司先进的煤炭筛分系统，实现煤炭实时在线筛分，系统能力 8000 吨/小时，在国内属首次应用，国际领先。从美国引进采制样设备保证煤质。普遍应用可再生能源地源热泵空调系统，建设防风网和大面积绿化林带，实现了低碳、环保、节能。

2011 年 9 月，获得交通运输部颁发的"优质工程奖"；2012 年 9 月，获得国家工程建设质量奖审定委员会颁发的"2011—2012 年度国家优质工程奖"。

（13）唐山港京唐港区 20 号～22 号通用杂货泊位工程

项目于 2008 年 9 月开工建设，2010 年 2 月试投产，2012 年 5 月竣工。

项目建设依据：2008 年 5 月 19 日，河北省发展和改革委员会《唐山港京唐港区 20# – 22#通用杂货泊位工程核准证》（冀发改交通核字〔2008〕60 号）；2008 年 7 月，河北省交通厅《河北省交通厅关于唐山港京唐港区 20# – 22#通用杂货泊位工程初步设计的批复》（冀交基〔2008〕322 号）。2007 年 10 月，河北省环境保护局《关于唐山港京唐港区 20# – 22#通用杂货泊位工程环境影响报告书的批复》（冀环评〔2007〕391 号）；2007 年 11 月，河北省国土资源厅《河北省国土资源厅关于唐山港京唐港区 20 号～22 号通用杂货泊位工程用地的预审意见》（冀国土资函〔2007〕763 号）；2007 年 9 月 19 日，河北省建设厅《关于唐山港京唐港区 20# – 22#通用杂货泊位工程项目建设选址审批结果的公告》（冀建字〔2007〕425 号）；2008 年 5 月，交通运输部《关于唐山港京唐港区 20 – 22 号泊位工程使用港口岸线的批复》（交规划发〔2008〕59 号）。

项目建设 4 万吨级散杂泊位 3 个（码头水工建筑允许靠泊能力 10 万吨级），岸线总长 645 米。码头采用挖入式布局，板桩式结构。码头前沿水深 16 米。项目后方堆场面积 80.8 万平方米，堆存能力 300 万吨。主要装卸设备配置 10～25 吨级的港口门座起重机 6 台。项目总投资 11.99 亿元，由建设单位唐山港集团股份有限公司上市募投筹集资金。用地面积 146.67 万平方米。

建设单位为唐山港集团股份有限公司；设计单位为中交第一航务工程勘察设计院有限公司；施工单位为天津深基工程有限公司、中交一航局五公司、中交一航局第四工程有限公司等；监理单位为唐山海港港兴监理咨询有限公司；质监单位为河北省水运工程质量安全监督局。

（14）京唐港首钢码头有限公司一期工程

项目于 2009 年 12 月开工建设，2012 年 5 月试运行，2016 年 6 月竣工。

项目建设依据：2010 年 10 月 25 日，国家发展和改革委员会《关于京唐港首钢码头有限公司一期工程项目核准的批复》(发改基础〔2010〕2528 号);2012 年 3 月 9 日,国家发展和改革委员会办公厅《关于调整京唐港首钢码头有限公司一期工程建设规模等有关事项的批复》(发改办基础〔2012〕623 号);2011 年 3 月 28 日,交通运输部《关于京唐港首钢码头有限公司一期工程初步设计的批复》(交水发〔2011〕134 号);2012 年 11 月 2 日,交通运输部办公厅《关于京唐港首钢码头有限公司一期工程设计变更及概算调整的批复》(厅水字〔2012〕257 号)。2008 年 11 月 10 日,国家环境保护部《关于京唐港首钢码头有限公司矿石、原辅料及成品泊位工程环境影响报告书的批复》(环审〔2008〕419 号);2008 年 6 月,河北省建设厅《建设项目选址意见书》(选字第 130000200800016 号);2009 年 7 月,国家海洋局《关于京唐港首钢码头有限公司矿石、原辅料及成品泊位工程项目用海的批复》(国海管字〔2011〕190 号)。

项目建设 1 个 10 万吨级和 2 个 5 万吨级铁矿石接卸泊位及配套设备和设施,岸线总长 855 米,码头水工结构西侧 740 米按靠泊 25 万吨级散货船设计,其余 115 米仍按靠泊 20 万吨级散货船设计,近期设计年通过能力 2500 万吨,远期达 3500 万吨。码头采用顺岸式布局,重力式结构。码头前沿水深 21.5 米。项目后方堆场面积 110 万平方米,堆存能力 677.2 万吨。主要装卸设备配置 6 台桥式卸船机,6 台堆取料机。工程总投资 42.87 亿元,由建设单位京唐港首钢码头有限公司自筹、银行贷款。陆域用地面积 114.29 万平方米,填海造地面积 137.61 万平方米。

建设单位为京唐港首钢码头有限公司;设计单位为中交第一航务工程勘察设计院有限公司;施工单位为中交一航局第五工程有限公司、中交天津航道局有限公司;监理单位为唐山海港港兴监理咨询有限公司;质监单位为河北省水运工程质量安全监督局。

2017 年 12 月,荣获中国水运建设行业协会水运交通工程优质奖;2018 年 8 月,荣获中国施工企业管理协会工程建设项目优秀设计成果二等奖。

(15)唐山港京唐港区 20 万吨级航道工程

项目于 2010 年 8 月开工建设,2011 年 10 月试投产,2013 年 4 月竣工。

项目建设依据:2010 年 6 月 8 日,河北省发展和改革委员会《关于唐山港京唐港区 20 万吨级航道工程可行性研究报告的批复》(冀发改基础〔2010〕633 号);2010 年 8 月 16 日,河北省发展和改革委员会《关于唐山港京唐港区 20 万吨级航道工程初步设计的批复》(冀发改投资〔2010〕957 号)。2011 年 6 月 21 日,河北省发展和改革委员会《关于唐山港京唐港区 20 万吨级航道工程初步设计变更的批复》(冀发改投资〔2011〕1093 号)。2010 年 6 月 1 日,河北省环境保护厅《关于唐山港京唐港区 20 万吨级航道工程环境影响报告书的批复》(冀环评〔2010〕182 号);2011 年 3 月 15 日,河北省海洋局《关于唐山港京唐港区 20 万吨级航道工程用海的批复》(冀海函〔2011〕74 号);2011 年 3 月,取得项目海域使用权证书(国海证 111300003 号)。

唐山港京唐港区 20 万吨级航道是在原 10 万吨级航道的基础上进行加深、拓宽、延长,航道设计长度为 16.7 千米,设计底宽 290 米,设计底高程 -20 米,疏浚方量 2447 万立方米;将原 10 万吨级航道配套防波堤三期东平行 500 米潜堤加高为出水堤,堤头按 3% 的坡度高程由 +3.0 米渐变过渡至 -5.0 米,同时将原 10 万吨级航道配套东西潜堤各向前延伸 1000 米,新建潜堤顶高程由 -5.0 米渐变至 -6.0 米;将原 10 万吨级航道中心标及边标拆除并根据 20 万吨级航道导助航设施布置方案要求新建导标 6 座。该项目概算投资 8.75 亿元,其中政府投资为 2.29 亿元,其余部分为建设单位唐山港口实业集团有限公司出资及银行贷款。

建设单位为唐山港口实业集团有限公司;设计单位为中交第一航务工程勘察设计院有限公司;施工单位为中交天津航道局有限公司、中交一航局五公司、河北建设集团有限公司;监理单位为唐山海港港兴监理咨询有限公司;质监单位为河北省水运工程质量安全监督局。

京唐港区 20 万吨级航道工程经历了 1.5 万吨级、2 万吨级、3.5 万吨级、7 万吨级、10 万吨级的不断扩建而形成。1.5 万吨级航道于 1990 年 5 月开工建设,1992 年 6 月建成并投入使用,全长 4545 米,设计底宽 94 米,设计底高程 -9.8 米,设计坡比 1:5。配套挡沙堤于 1989 年 8 月开工建设,1992 年 11 月建成,其中西挡沙堤形成出水堤 600 米,堤顶高程 +3.5 米,堤头水深 -3 米;东堤出水堤全长 1300 米,堤顶高程 +3.5 米;东堤潜堤 540 米,位于水下 3 米,堤头水深 -5.0 米。1.5 万吨级航道及防波堤工程总投资约 9325.83 万元。2 万吨级航道于 1996 年 7 月开工建设,1998 年 12 月建成并投入使用,全长 5000 米,设计底宽 110 米,设计底高程 -10.5 米,设计坡比 1:5;配套挡沙堤在 1.5 万吨级航道挡沙堤基础上西挡沙堤新建出水堤 500 米,形成总长 1100 米的出水堤,堤顶高程 +3.5 米。在出水堤堤头延伸 800 米潜堤,堤头水深 -5 米;东堤新建出水堤 1080 米,堤顶高程 +3.5 米;新建东环抱潜堤 790 米及二次挑流潜堤 300 米,位于海床以上 3 米,堤头水深 -7 米。2 万吨级航道及防波堤工程总投资约 7338.1 万元。3.5 万吨级航道于 2001 年 10 月开工建设,2003 年 9 月建成,全长 6820 米,设计底宽 160 米,设计底高程 -12 米,设计坡比 1:5;配套挡沙堤在 2 万吨级航道挡沙堤基础上将东二次挑流堤出水 210 米,堤顶高程 +3.5 米,其余维持不变。3.5 万吨级航道及配套防波堤总投资 8153.13 万元。7 万吨级航道于 2004 年 6 月 20 日正式开工,至 2006 年 8 月 29 日全面竣工,并于当月投入使用。7 万吨级航道设计长度 9350 米,设计宽度 180 米,设计水深 -15.0 米(其中备淤段 3+000～5+800 设计水深为 -15.5 米),设计坡比 1:5,总疏浚量 920 万立方米。挡沙堤二期改造工程分东、西两个施工区域,工程于 2005 年 8 月 1 日开工,2006 年 5 月 26 日竣工,其中东堤全长 647.8 米,堤顶为 +3.5 米和 +3.9 米两种高程(分界点为 0+60 米),堤头水深 -9.5 米;西堤全长为 410 米,堤顶高程 +3.5 米,堤头水深 -5.5 米。挡沙堤三堤工程自 2006 年 1 月 6 日正式开工,2006 年 12 月 15 日竣工,该工程长度总计 5713 米,共包括第五港池西外堤 1175.1 米、南外堤 2944.9 米,折角堤 292.6 米,航道西平行堤 600 米,东平行堤 700 米、航道东平行潜堤 500 米。其中航道东平行堤堤顶高程 +3 米,东平行潜堤顶高程 -4 米,堤头水深 -9 米;航道西平行堤堤顶高程 +3 米,堤头水深 -9 米。7 万吨级航道于 2006 年 9 月投入使用,至 2008 年 9 月为期两年的运营期总回淤量 99 万立方米,主要淤积区位于航道 4+500~6+500 段,最大淤厚 1.3 米,平均淤厚 0.37 米。7 万吨级航道及配套防波堤工程总投资 4.32 亿元。10 万吨级航道于 2009 年 4 月开工建设,2010 年 5 月竣工。10 万吨级航道全长 10000 米,设计底宽 280 米,设计底高程 -15.5 米,设计坡比 1:5,总疏浚量 670 万立方米。配套挡沙堤在 7 万吨级航道挡沙堤基础上西挡沙堤新建潜堤 800 米,堤顶高程 -5 米,堤头水深 -10.5 米;东堤新建潜堤 900 米,堤顶高程 -5 米,堤头水深 -10.8 米。10 万吨级航道及挡沙堤工程总投资约 1.63 亿元。

京唐港海岸为典型的细砂粉砂质海岸,被以往业界称为"筑港禁区"。之所以这样说,就是因为细砂粉砂在波浪潮流作用下易于启动,且业界对细砂粉砂质泥沙运动规律的研究不多,对航道骤淤机理不清楚,鲜有在此类海岸建港的先例。唐山港口实业集团有限公司会同一航院、南科院将深水航道建设作为一项长期课题,历经 20 余年的研究,独创性地了解了波浪潮流共同作用下细砂粉砂质海岸泥沙起动和输移规律,提出了在复合沿岸输沙条件下的航道防淤减淤措施和挡沙堤布置原则,成功建成 20 万吨级航道,正在实施 25 万吨级航道,平常年航道年回淤量不足 100 万立方米。在整个研究过程中形成了京唐港深水航道建设关键技术。《唐山港京唐港区深水航道建设关键技术研究》获 2015 年中国港口协会科学技术奖(证书编号:zgkj15-01-05-07)和 2016 年河北省科学技术进步奖。

唐山港京唐港区 20 万吨级航道是国内外细砂粉砂质海岸首条 20 万吨级深水航道,从近年的运行情况来看,20 万吨级航道及配套挡沙堤工程实施后,起到了良好的防淤减淤效果,并成功抵御了 2012 年 8 月台风"达维"对 20 万吨级深水航道骤淤的袭击,保证了 20 万吨级及以上船舶的正常通航,工程防淤减淤效果显著。京唐港区 20 万吨级深水航道的成功建设,加速了港口深水化发展,也促成了投资 40 亿元的京唐港首钢 25 万吨级矿石及投资 50 亿元的 20 万吨级专业煤炭码头的建设,港区规模得到显著扩大,15 万吨级以上到港船舶由 2011 年的 68 艘次增长至 2015 年的 543 艘次,港区吞吐量也由 2011 年的 1.37 亿吨提升至 2015 年的 2.33 亿吨,经济效益显著。

(16)唐山港京唐港区第四港池 20 万吨级内航道工程

项目于 2011 年 1 月开工建设,2011 年 10 月试运行,2016 年 6 月竣工。

项目建设依据:2011 年 7 月 11 日,河北省发展和改革委员会《关于唐山港京唐港区第四港池 20 万吨级内航道工程可行性研究报告的批复》(冀发改基础〔2011〕1233 号);2011 年 9 月 19 日,河北省交通运输厅《关于唐山港京唐港区第四港池 20 万吨级内航道工程初步设计的批复》（冀交函基〔2011〕736 号）。2011 年 3 月，河北省环境保护厅《关于唐山港京唐港区第四港池 20 万吨级内航道工程环境影响报告书的批复》（冀环评〔2011〕70 号）；2011 年 6 月，河北省海洋局《关于唐山港京唐港区第四港池 20 万吨级内航道工程项目用海的预审意见》（冀海函〔2011〕189 号）。

本工程在唐山港京唐港区第四港池 10 万吨级内航道基础上扩建为 20 万吨级内航道，航道轴线方位与 10 万吨级内航道保持一致，为 55°00′00″～235°00′00″。航道总长度7738 米，其中转弯段 2918 米、直线段 3846 米、连接段 974 米，转弯半径 1700 米。航道有效宽度 195 米，底高程已达到 −20.3 米，边坡坡度 1：5。回旋水域直径已达到 700 米，底高程已达到 −20.3 米。航道两侧设灯浮标 15 套。灯浮标配备情况：直径 2.4 米灯浮标22 个，其中备用标 7 个；配套直径 2.1 米冰期灯浮标 21 个，其中冰期备用标 7 个。工程实际总投资 7.27 亿元，为建设单位京唐港首钢码头有限公司自筹、银行贷款。

建设单位为京唐港首钢码头有限公司；设计单位为中交第一航务工程勘察设计院有限公司；施工单位为中交天津航道局有限公司、中交天津航道局滨海环保浚航有限公司；监理单位为唐山海港港兴监理咨询有限公司；质监单位为河北省水运工程质量安全监督局。

2017 年 12 月，荣获中国水运建设行业协会水运交通工程优质奖。

京唐港区第四港池 20 万吨级内航道的建成投产有力支持了港口的运营生产。2012年通过船舶 254 艘次，2013 年通过船舶 291 艘次，2014 年通过船舶 410 艘次，2015 年通过船舶 745 艘次，2016 年通过船舶 1330 艘次，2017 年通过船舶 1515 艘次。运营期以来，通过本航道的船舶未发生安全事故。

（17）唐山港京唐港区 26 号和 27 号集装箱泊位工程

项目于 2013 年 6 月开工建设，2015 年 10 月试运行，2017 年 1 月完成竣工验收。

项目建设依据：2011 年 12 月 31 日，国家发展和改革委员会《关于唐山港京唐港区 26号和 27 号集装箱泊位工程项目核准的批复》（发改基础〔2011〕3245 号）；2012 年 10 月 26日，交通运输部《关于唐山港京唐港区 26#-27#集装箱泊位工程初步设计的批复》（交水发〔2012〕548 号）；2010 年 3 月，国家环境保护部《关于唐山港京唐港区 26#-27#专业化集装箱泊位工程环境影响报告书的批复》（环审〔2010〕69 号）；2010 年 2 月，国土资源部《关于河北唐山港京唐港区 26#-27#专业化集装箱泊位工程建设用地预审意见的复函》（国土资预审字〔2010〕19 号）；2013 年，唐山市海洋局《中华人民共和国海域使用权证书》（国海证 2013C13020000034 号）。

项目建设 7 万吨级集装箱泊位 2 个（码头水工建筑允许靠泊能力 10 万吨级），岸线总长 690 米。码头采用挖入式布局，板桩式结构，前沿水深 15.5 米。项目后方堆场面积42.25 万平方米，堆存能力 120.0 万 TEU。主要装卸设备配置 6 台集装箱装卸桥，堆场区共布置 14 台轨道式集装箱龙门起重机。本项目概算总投资 13.58 亿元，其中建设单位唐山港口实业集团有限公司资本金占比 30%，其余部分为银行贷款。用地面积 144.6 万平方米。

建设单位为唐山港口实业集团有限公司；设计单位为中交第一航务工程勘察设计院有限公司；施工单位为天津深基工程有限公司、中交一航局第五工程有限公司、河北冀东建设工程有限公司等；监理单位为唐山海港港兴监理咨询有限公司、南京公正工程监理有限公司、中国船级社实业公司等；质监单位为河北省水运工程质量安全监督局。

本项目为河北省交通运输厅确定的科技示范工程，在码头结构、节能环保、信息化及装卸工艺等方面开展科技示范。工程所利用的深水板桩码头新结构成套技术开发研究获得 2011 年中国水运建设行业协会特等奖（证书编号：SG11-00-01-12）。

唐山港京唐港区 26 号、27 号集装箱泊位工程由唐山港口实业集团有限公司投资建设，项目建成后，交由唐山港国际集装箱码头有限公司运营和管理。在试运行期间，运营单位高度重视科学调度，充分发挥设备能力，提高了单船作业效率，减少了船舶在港停留时间，其中 2015 年 26 号泊位占用率达到 78.84%，27 号泊位占用率达到 76.70%；2016 年 1—10 月份 26 号泊位占用率达到 83.58%，27 号泊位占用率达到 79.47%。2015 年 26 号、27 号集装箱泊位完成装卸船 1407 艘、836849 标箱，每昼夜平均靠离泊 85 艘次；2016 年 1—10 月份 26 号、27 号集装箱泊位完成装卸船 1100 艘、957701.5 标箱，每昼夜平均靠离泊 62 艘次。

（18）唐山港京唐港区 36 号～40 号煤炭泊位工程

项目于 2013 年 6 月开工建设，2015 年 10 月试投产。

项目建设依据：2012 年 12 月 31 日，国家发展和改革委员会《关于河北唐山港京唐港区 36 号至 40 号煤炭泊位工程核准的批复》（发改基础〔2012〕4126 号）；2013 年 5 月，交通运输部《关于河北唐山港京唐港区 36 号至 40 号煤炭泊位工程初步设计的批复》（交水发〔2013〕322 号）。2011 年 12 月，国家环境保护部《关于唐山港京唐港区 36# - 40# 煤炭泊位工程环境影响报告书的批复》（环审〔2011〕364 号）；2013 年 11 月，国家海洋局《关于同意河北省唐山港京唐港区 36 号至 40 号煤炭泊位工程项目用海的批复》（国海管字〔2013〕728 号）。

项目建设 2 个 15 万吨级煤炭卸船泊位（码头水工建筑允许靠泊能力 20 万吨级）、3 个 10 万吨级煤炭装船泊位，岸线总长 1712 米。码头采用挖入式布局，卸船码头采用重力式结构，前沿水深 20 米，装船码头采用板桩式结构，前沿水深 16 米。项目后方堆场面积 114 万平方米，堆存能力 490 万吨。主要装卸设备配置"O"型转子四翻翻车机 2 台、散货装船机 3 台、桥式卸船机 6 台、斗轮堆取料机 9 台。项目概算投资 59.95 万元，其中 30% 为建设单位唐山港集团股份有限公司自筹，70% 为银行贷款。用地面积 132.82 万平方米。

建设单位为唐山港集团股份有限公司；设计单位为中交第一航务工程勘察设计院有限公司；施工单位为中交一航局第五工程有限公司、中交天航滨海环保浚航工程有限公司、华电重工股份有限公司等；监理单位为唐山海港港兴监理咨询有限公司；质监单位为河北省水运工程质量安全监督局。

该项目建成后，大大提高京唐港区煤炭接卸、转接下水能力，缓解港区货物吞吐量快速增长和现有码头通过能力不足的矛盾。《唐山港总体规划》提出"干散货作业区置于四港池北岸"，依据此原则，36 号～40 号煤炭泊位被规划为高效、环保、节能的专业煤炭泊位，该项目投入使用后，可在较大程度上实现港区煤炭作业的集约化、规模化，使港区煤炭作业的重心集中在第四港池，通过对港区功能的调整，减少港区交叉作业和交叉污染的问题，提高现有泊位的作业效率和作业质量。

（19）唐山港京唐港区第四港池通用散杂货泊位工程

项目于 2014 年 1 月开工建设，2014 年 8 月试运行，2018 年 8 月完成竣工验收。

项目建设依据：2014 年 6 月 5 日，河北省发展和改革委员会《核准证》（冀发改基础核字〔2014〕73 号）；2014 年 8 月，河北省交通运输厅《关于唐山港京唐港区第四港池通用散杂货泊位工程工程初步设计的批复》（冀交函基〔2014〕930 号）。2014 年 4 月，河北省环境保护厅《关于唐山港京唐港区第四港池通用散杂货泊位工程环境影响报告书的批复》（冀环评〔2014〕99 号）；2013 年 7 月，河北省住建厅规划选址意见书（选字第130000201300062 号）；2014 年 3 月，河北省海洋局《关于唐山港京唐港区第四港池通用散杂货泊位工程项目用海预审意见》（冀海函〔2014〕58 号）；2014 年 2 月，交通运输部《关于唐山港京唐港区第四港池 20 万吨级散货泊位工程使用港口岸线的批复》（交函规划〔2014〕83 号）。

项目建设 1 个 20 万吨级通用散货码头泊位，岸线总长 342 米。码头采用挖入式布局，重力式结构，前沿水深 20 米。项目后方堆场面积 1 万平方米，堆存能力 1 万吨。主要装卸设备配置大于 25 吨级港口门座起重机 9 台。项目概算投资 4.04 亿元，其中 30% 为建设单位唐山港集团股份有限公司自筹，70% 为银行贷款。用地面积 24.6 万平方米。

建设单位为唐山港集团股份有限公司；设计单位为中交第一航务工程勘察设计院有限公司；施工单位为中交一航局第五工程有限公司、中交天航滨海环保浚航工程有限公司；监理单位为上海振华重工（集团）股份有限公司；质监单位为河北省水运工程质量安全监督局。

截至 2018 年 6 月，唐山港京唐港区第四港池通用散杂货泊位已累计卸船 451 艘次，累计作业量 5828 万吨，最高年作业量 1677 万吨。试运行期间，设备维护保养管理工作到位，运转情况良好，能够达到设备的设计能力，提高了设备完好率。集团公司统一调度，使本工程装卸一艘设计船型所需时间大幅度缩短,提高了单船作业效率,缩短了船舶在港停留时间。通过加强与海事、海关、商检等职能部门的沟通、配合,加强恶劣天气的预警及防范,使船舶的装卸辅助时间、技术作业时间及船舶靠离泊时间之和控制到最短。

(三)曹妃甸港区

1.港区综述

(1)港区建设和运营概况

曹妃甸港区是为我国北方大宗物资转运和环渤海新型工业化基地服务的大型综合性港区,利用深水岸线资源优势,发展油气、铁矿石等大宗能源、原材料转运、储备、贸易功能,承担"北煤南运"的重要任务;为临港冶金、石化、装备制造等大型重化工业服务。曹妃甸港区自 2005 年矿石码头建成以来,港口吞吐量增长迅猛,货类构成中主要以铁矿石和煤炭、钢铁、矿建材料、原油、LNG 为主。截至 2015 年,曹妃甸港区建成、在建泊位86 个,其中 5 ~ 15 万吨级煤炭装船泊位 15 个;建成 25 ~ 30 万吨级金属矿石接卸泊位 6个;建成 5 ~ 30 万吨级原油、液化天然气泊位 4 个;建成其他散货、杂货、多用途等泊位61 个。

曹妃甸港区,2011 年完成货物吞吐量 17506 万吨,2012 年完成货物吞吐量 19456 万吨,2013 年完成货物吞吐量 24518 万吨,2014 年完成货物吞吐量 28572 万吨,2015 年完成货物吞吐量 25987 万吨。

(2)港区地理条件和集疏运概况

曹妃甸港区位于唐山市南部曹妃甸区境内,青龙河口与双龙河口之间,地理坐标东经118°30′、北纬 38°55′,西据天津港约 38 海里。曹妃甸港区建有 3 条航道,其中曹妃甸港区中区一港池 10 万吨级航道长 8920 米,中区二港池 5 万吨级航道长 8142 米,东区 3 万吨级航道长 26499 米。曹妃甸港区主要集疏港公路有唐曹高速公路、沿海高速公路,滨海公路、滨海大道、唐曹公路、迁曹公路等;曹妃甸港区对外铁路运输主要由张唐铁路和迁曹铁路承担。两条铁路均接至林雀堡曹妃甸北站,自编组站分为两路进入工业区,其中西通道直接进入港岛区域,主要承担煤炭下水运输;东通道沿青林公路延伸至甸头区域,沿途在纳潮河区域设置曹妃甸站,用于承担通用码头区及钢厂、电厂等产业运输需求,在甸头区域设置曹妃甸南站,承担铁矿石疏运及钢厂运输需求。

2.港区工程项目

(1)唐山港曹妃甸港区矿石码头一期工程

项目于 2003 年 12 月开工建设,2005 年 2 月试运行。

项目建设依据:2005 年 3 月,国家发展和改革委员会《关于京唐港曹妃甸港区矿石专用码头工程项目核准的批复》(发改交运〔2005〕526号);2017年10月,河北省发展和改革委员会《关于唐山港曹妃甸港区矿石码头一期工程2号泊位工程项目核准的批复》(冀发改基础〔2017〕1350号);2018年10月,河北省发展和改革委员会《关于调整唐山港曹妃甸港区矿石码头一期工程1号泊位工程建设规模、标准及部分建设内容的复函》(冀发改函〔2018〕511号);2019年6月,河北省交通运输厅《关于唐山港曹妃甸港区矿石码头一期工程1号泊位工程和2号泊位工程初步设计的批复》。2005年1月,国家环境保护总局《关于曹妃甸20万吨级进口矿石专用码头和新建地方铁路滦南至港口段工程环境影响报告书审查意见的复函》(环审〔2005〕34号);2012年8月,国土资源部印制《土地使用权证书》(冀唐曹国用〔2012〕第0036号);2014年12月,国家海洋局《国家海洋局关于河北省曹妃甸矿石码头一期工程(1#泊位、2#泊位)项目审查意见的函》(国海管字〔2014〕714号)。

项目建设2个25万吨级矿石码头接卸泊位,岸线总长808米。码头采用栈桥式布局,高桩式结构。码头前沿水深25米。项目后方堆场面积58万平方米,堆存能力817万吨。主要装卸设备配置6台额定能力为2500吨/小时的桥式抓斗卸船机、3台堆料机和2台堆取料机。工程总投资27.63亿元,其中建设单位唐山曹妃甸实业港务有限公司投入9.67亿元,银行贷款17.96亿元。用地面积160万平方米。

建设单位为唐山曹妃甸实业港务有限公司;设计单位为中交水运工程规划设计研究院有限公司、中交第一航务工程勘察设计院有限公司、秦皇岛港务集团建设工程有限公司;施工单位为中港第一航务工程局第一工程公司、中国港湾建设(集团)总公司、天津航道局;监理单位为中北港湾工程建设监理事务所、秦皇岛方圆港湾工程监理有限公司;质监单位为河北省水运工程质量安全监督局。

项目自2005年重载试车投产以来,缓解了津冀沿海港口群大型铁矿石接卸泊位能力不足现状,促进了曹妃甸港区规模化、集约化运营,取得了良好的经济效益和社会效益。

(2)唐山港曹妃甸港区通用散杂货1号、2号泊位工程

项目于2005年3月开工建设,2007年8月试运行,2013年9月竣工。

项目建设依据:2008年1月4日,河北省发展和改革委员会《唐山曹妃甸港区通用散杂货1#泊位工程核准证》《唐山曹妃甸港区通用散杂货2#泊位工程核准证》(冀发改交通核字〔2008〕4、5号);2008年4月20日,河北省交通厅《关于唐山港曹妃甸港区通用散杂货1#、2#泊位工程初步设计的批复》(冀交基〔2008〕183号)。2007年10月23日,河北省环境保护局《关于曹妃甸通用散杂货2#泊位工程环境影响报告书的批复》《关于曹妃甸通用散杂货1#泊位工程环境影响报告书的批复》(冀环评〔2007〕390、392号);2012年8月,国土资源部印制《土地使用权证书》(冀唐曹国用〔2012〕第0037号);2005年11月,国家海洋局印制《海域使用权证书》(国海证051300005号);2009年11月17日,交通运输部

《关于唐山港曹妃甸港区通用散杂货 1#、2#泊位工程使用港口岸线的批复》(交规划发〔2009〕687 号)。

项目建设 2 个 5 万吨级(码头结构预留 10 万吨级)通用散杂货泊位(码头水工建筑允许靠泊能力 10 万吨级),岸线总长 525 米。码头采用顺岸式布局,板桩式结构。码头前沿水深 14 米。项目后方堆场面积 30 万平方米,堆存能力 50 万吨。主要装卸设备配置 25吨级港口门座起重机 6 台。工程总投资 8.22 亿元,其中建设单位唐山曹妃甸实业港务有限公司投入 2.88 亿元,银行贷款 5.34 亿元。用地面积 30 万平方米。

建设单位为唐山曹妃甸实业港务有限公司;设计单位为中交第一航务工程勘察设计院有限公司;施工单位为天津深基工程有限公司、中交一航局第四工程有限公司、中交一航局第五工程有限公司等;监理单位为厦门港湾监理咨询有限公司、秦皇岛方圆港湾工程监理有限公司、中国船级社实业公司南京分公司;质监单位为河北省水运工程质量安全监督局。

唐山港曹妃甸港区通用散杂货 1 号、2 号泊位工程为曹妃甸起步工程,适应唐山港腹地经济发展对港口散杂货不断增长的运输需求,取得了良好的经济效益和社会效益。

(3)唐山港曹妃甸港区煤炭码头工程

项目于 2005 年 10 月开工建设,2010 年 8 月试运行,2012 年 11 月竣工。

项目建设依据:2006 年 7 月 26 日,国家发展和改革委员会《国家发展改革委关于唐山港曹妃甸港区煤炭码头工程项目核准的批复》(发改交运〔2006〕1524 号);2007 年 3 月7 日,交通部《关于唐山港曹妃甸港区煤炭码头工程初步设计的批复》(交水发〔2007〕107号);2011 年 9 月 1 日,交通运输部《关于唐山港曹妃甸港区煤炭码头工程初步设计变更的批复》(厅水字〔2011〕194 号)。2005 年 12 月 2 日,国家环境保护总局《关于曹妃甸煤码头工程环境影响报告书的批复》(环审〔2005〕952 号);2006 年 6 月 9 日,国家海洋局《关于曹妃甸煤码头工程海洋环境影响报告书核准意见的复函》(国海环字〔2006〕279号);2006 年 6 月,国土资源部《关于曹妃甸煤码头工程建设用地预审意见的复函》(国土资预审字〔2006〕135 号);2007 年 9 月,国家海洋局《关于曹妃甸煤码头工程项目用海的批复》(国海管字〔2007〕525 号)。

项目建设 2 个 10 万吨级、2 个 7 万吨级和 1 个 5 万吨级煤炭码头泊位,岸线总长 1564米。码头采用顺岸式布局,板桩式结构。码头前沿水深 15.5 米。项目后方堆场面积72.95 万平方米,堆存能力 398.2 万吨。主要装卸设备配置单机能力为 8640 吨/小时四翻式翻车机 2 台、单机能力为 7780 吨/小时堆料机 5 台、单机能力为 6000 吨/小时移动伸缩式装船机 4 台、单机能力为 6000 吨/小时取料机 8 台。工程总投资 50.8 亿元,全部为建设单位国投曹妃甸港口有限公司自筹。用地面积 138 万平方米。

建设单位为国投曹妃甸港口有限公司;设计单位为中交第一航务工程勘察设计院有

限公司;施工单位为中国交通建设股份有限公司、中交第一航务工程局有限公司、中交一航局第五工程有限公司等;监理单位为中交水规院京华工程监理有限公司(已更名为:北京水规院京华工程管理有限公司);质监单位为河北省水运工程质量安全监督局。

本工程于 2009 年 12 月开始进入生产经营期,2011 年完成下水煤炭 5193 万吨,实现利润 4.6 亿元并顺利达产。这对于构建我国煤炭运输"西煤东运""北煤南运"新通道,完善我国煤炭运输系统布局,缓解煤炭运输紧张状况,保证国家能源战略的实施起到了重要的作用。

唐山港曹妃甸港区煤炭码头工程荣获 2013 年度水运交通优秀设计一等奖;荣获 2008 年度交通运输部优秀水运工程咨询成果一等奖;荣获中国建筑业协会 2014—2015 年度中国建设工程鲁班奖(国家优质奖);荣获中国土木工程协会第十三届中国土木工程詹天佑奖;荣获中国施工企业管理协会 2014—2015 年度国家优质工程金奖;翻车机房地下结构施工工法获 2014 年国家级工法、2012 年水运工程工法;2006 年,提高板桩墙承受能力的全遮帘式板桩结构获实用新型专利;2010 年,散货堆场偏沟排水分级沉淀排水系统获发明专利。

(4)唐山港曹妃甸港区进口原油码头及配套工程

项目于 2006 年 11 月开工建设,2008 年 8 月试运行,2011 年 6 月竣工。

项目建设依据:2006 年 11 月,国家发展和改革委员会《国家发展改革委关于唐山港曹妃甸港区进口原油码头及配套工程项目核准的批复》(发改交运〔2006〕2632 号);2008 年 8 月,交通运输部《关于唐山港曹妃甸港区进口原油码头工程初步设计的批复》(交水发〔2008〕276 号)。2006 年 3 月,国家环境保护总局《关于曹妃甸原油码头及配套设施工程环境影响报告书的批复》(环审〔2006〕146 号);2006 年 3 月,唐山市曹妃甸工业区规划发展局批复项目选址(唐曹管发展函〔2006〕17 号);2008 年 9 月,国家海洋局批复项目用海(国海管字〔2008〕481 号);2006 年 6 月,河北省国土资源厅《关于曹妃甸进口原油码头及配套工程(河北省部分)项目建设用地预审的初审意见》(冀国土资呈字〔2006〕229 号);2006 年 9 月,国土资源部《关于中国石化集团曹妃甸进口原油码头及配套工程建设用地预审意见的复函》(国土资预审字〔2006〕236 号)。

项目建设 1 个 30 万吨级原油泊位及相应配套设施(码头水工建筑允许靠泊能力 45 万吨级),岸线总长 520 米。码头采用引桥式布局,高桩式结构。码头前沿水深 24 米。项目总投资 6.5 亿元,其中建设单位中国石化集团管道储运公司自有资金 6.5 亿元。用地面积 117.2 万平方米。

建设单位为中国石化集团管道储运公司华北管网项目部;设计单位为中交水运规划设计院、华东管道设计研究院、中国石化工程建设公司;施工单位为中交一航局一公司、中交一航局四公司、中国石化四公司等;监理单位为中交水规院京华工程监理有限公司(已更名为:北京水规院京华工程管理有限公司)、新乡方圆建设监理有限公司、茂名国信石化工程建设监理有限公司、胜利油田胜利工程设计咨询有限公司等;质监单位为河北省水运质量安全监督局。

码头接卸原油主要供应天津、沧州、石家庄和燕山等四家炼厂。曹妃甸原油码头的投产运营,极大程度上缓解了华北地区能源供应不足的局面,为华北地区的发展起到积极的推动作用。

(5)首钢京唐钢铁项目配套码头工程(一期)

项目于2007年3月开工建设,2012年1月试运行。

项目建设依据:2007年3月1日,国家发展和改革委员会《印发国家发展改革委关于审批首钢京唐钢铁项目可行性研究报告的请示的通知》(发改工业〔2007〕449号);2010年9月25日,交通运输部《关于首钢京唐钢铁项目配套码头工程(一期)初步设计的批复》(交水发〔2010〕543号)。2006年4月,国家环境保护总局《关于首钢京唐钢铁联合责任有限公司建设项目环境影响报告书的批复》(环审〔2006〕181号);2011年5月,唐山市曹妃甸新区规划建设局《首钢京唐公司二期用地规划意见》(唐曹新管规划建设函〔2011〕76号)。

项目建设5个5万吨级通用散货码头泊位,岸线总长1240米。码头采用顺岸式布局,板桩式结构。码头前沿水深14米。项目后方堆场面积13.3万平方米,堆存能力20万吨。仓库面积38万平方米,堆存能力72万吨。主要装卸设备4台门座起重机和6台桥式卸船机。门机规格为40吨—33米,轨距为10.5米,桥式卸船机规格为42吨—1500吨/小时。项目总投资12.43亿元,全部由首钢京唐钢铁联合有限责任公司投资。用地面积23.5万平方米。

建设单位为首钢京唐钢铁联合有限责任公司;设计单位为中交第一航务工程勘察设计院有限公司;施工单位为上海港务工程公司;监理单位为厦门港湾咨询监理有限公司;质监单位为河北省水运工程质量安全监督局。

(6)唐山首钢京唐曹妃甸港务有限公司通用码头工程

项目于2007年3月开工建设,2017年5月试运行,2019年1月18日竣工验收。

项目建设依据:2013年9月24日,河北省发展和改革委员会《核准证》(冀发改基础核字〔2013〕83号);2016年8月,河北省交通运输厅《关于唐山首钢京唐曹妃甸港务有限公司通用码头工程初步设计的批复》(冀交函基〔2016〕1095号)。2006年4月,国家环境保护总局《关于首钢京唐钢铁联合有限责任公司建设项目环境影响报告书的批复》(环审〔2006〕181号);2012年3月,河北省住房和城乡建设厅《唐山首钢京唐曹妃甸港务有限公司通用码头工程选址意见书》(选字第130000201200017号);2014年4月,河北省海洋局印制唐山首钢京唐曹妃甸港务有限公司通用码头工程海域使用权证书,国海证

2014B13023000164 号（港池），国海证 2014B13023000170 号（陆域）；2012 年 6 月，交通运输部《关于唐山首钢京唐曹妃甸港务有限公司通用码头工程使用港口岸线的批复》（交规划发〔2012〕301 号）。

项目建设 8 个 1～5 万吨级通用杂货码头泊位（码头水工建筑允许靠泊能力 5 万吨级），岸线总长 1600 米。码头采用顺岸式布局，板桩式结构。码头前沿水深 14 米。项目后方堆场面积 19.73 万平方米，堆存能力 50 万吨。仓库面积 5.1 万平方米，堆存能力 9.89 万吨。主要装卸设备配置 25 吨级港口门座起重机 16 台。项目总投资 15.63 亿元，其中 50% 由各股东单位投入资本金，50% 通过金融机构进行融资。本工程新增填海造陆面积约为 49.92 万平方米，港池总面积约为 70.85 万平方米。

建设单位为唐山首钢京唐曹妃甸港务有限公司；设计单位为中交第一航务工程勘察设计院有限公司；施工单位为中交一航局第五工程公司；监理单位为中交一航局第五工程公司、厦门港湾咨询监理有限公司；质监单位为河北省水运工程质量安全监督局。

（7）唐山港曹妃甸港区一港池航道及防波堤工程

项目于 2007 年 9 月开工建设，2011 年 5 月试运行。

项目建设依据：2008 年 6 月，河北省发展和改革委员会《关于唐山港曹妃甸港区一港池航道及防波堤工程可行性研究报告的批复》（冀发改交通〔2008〕685 号）；2008 年 6 月，河北省发展和改革委员会《关于唐山港曹妃甸港区一港池航道及防波堤工程初设批复》（冀发改投资〔2008〕790 号）。2008 年 4 月，河北省环境保护局《唐山港曹妃甸港区一港池航道及防波堤工程环境报告表的批复》（冀环表〔2008〕241 号）；2009 年 4 月，河北省海洋局《关于唐山港曹妃甸港区一港池航道及防波堤工程项目用海批复》（冀海函〔2009〕54 号）。

航道工程按满足 10 万吨级散货船单向通航并兼顾 5 万吨级散货船双向通航设计，航道水深预留 15 万吨级散货船通航条件，航道设计底高程 −15 米，宽度 210 米，边坡 1∶5，总长度 8920 米，疏浚工程量 527.5 万立方米；防波堤工程在一港池口门处建设东、西两座防波堤，西侧防波堤堤根处预留工作船泊位，防波堤总长度 2980 米，其中东防波堤长 1219 米，西防波堤长 1761 米，堤顶高程 5.5 米，堤顶宽 5 米，边坡坡度 1∶1.5。项目总投资 5.31 亿元，其中政府投资 5.08 亿元。

建设单位为曹妃甸港集团股份有限公司；设计单位为中交第一航务工程勘察设计院有限公司；施工单位为中交一航局第一工程有限公司、中交一航局第五工程有限公司、中交上海航道局有限公司等；监理单位为唐山海港港兴监理咨询有限公司、广州南华工程管理有限公司；质监单位为河北省水运工程质量安全监督局。

2014 年通过本航道船舶总计 5815 艘次，2015 年通过本航道船舶总计 4442 艘次。

（8）唐山港曹妃甸港区通用码头起步工程

项目于 2008 年 5 月开工建设，2009 年 6 月试运行，2014 年 4 月完成竣工验收。

项目建设依据:2008年1月4日,河北省发展和改革委员会《通用码头起步工程项目核准证》(冀发改交通核字〔2008〕6号);2009年11月23日,河北省发展和改革委员会《关于变更唐山港曹妃甸港区通用码头起步工程核准内容的批复》(冀发改交通〔2009〕1535号);2008年3月,河北省交通运输厅《河北省交通厅关于唐山港曹妃甸港区通用码头起步工程初步设计的批复》(冀交基〔2008〕120号);2010年1月14日,河北省交通运输厅《河北省交通厅关于唐山港曹妃甸港区通用码头起步工程初步设计变更的批复》(冀交基〔2010〕18号)。2007年12月,河北省环境保护局《关于唐山港曹妃甸港区通用码头起步工程环境影响报告书的批复》(冀环评〔2007〕551号);2008年7月,唐山市曹妃甸工业区规划建设局批复唐山港曹妃甸港区通用码头起步工程建设用地规划许可证(cfd-yd-2008-009);2008年4月,河北省海洋局《关于唐山港曹妃甸港区通用码头起步工程项目用海的批复》(冀海字〔2008〕6号);2008年12月,交通运输部批复《关于唐山港曹妃甸港区通用码头起步工程和二期工程使用港口岸线的批复》(交规划发〔2008〕541号)。

项目建设3个4万吨级多用途泊位以及相应配套设施(码头水工建筑允许靠泊能力10万吨级),岸线总长680米。码头采用顺岸式布局,重力式结构。码头前沿水深14米。项目后方堆场面积12.1万平方米,堆存能力100万吨。仓库面积1.13万平方米,堆存能力2万吨。主要装卸设备配置门座式起重机8台,桥式起重机1台,其中40吨门座式起重机4台,25吨门座式起重机4台,65吨桥式起重机1台。项目总投资11.35亿元。用地面积43.3万平方米。

建设单位为曹妃甸港集团股份有限公司;设计单位为中交水运规划设计院有限公司;施工单位为中交一航局第五工程有限公司;监理单位为中交水规院京华工程监理有限公司、天津中北港湾工程建设监理有限公司;质监单位为河北省水运工程质量安全监督局。

(9)唐山港曹妃甸港区通用码头二期工程

项目于2008年5月开工建设,2009年9月试运行,2014年4月竣工验收。

项目建设依据:2008年1月4日,河北省发展和改革委员会项目核准(冀发改交通核字〔2008〕7号);2009年11月23日,河北省发展和改革委员会《关于变更唐山港曹妃甸港区通用码头二期工程核准内容的批复》(冀发改交通〔2009〕1536号);2008年3月27日,河北省交通运输厅《关于唐山港曹妃甸港区通用码头二期工程初步设计的批复》(冀交基〔2008〕121号);2010年1月8日,河北省交通运输厅《关于唐山港曹妃甸港区通用码头二期工程初步设计变更的批复》(冀交基〔2010〕11号)。2007年12月,河北省环境保护局《关于唐山港曹妃甸港区通用码头二期工程环境影响报告书的批复》(冀环评〔2007〕552号);2007年11月,河北省建设厅《唐山港曹妃甸港区通用码头二期工程建设项目选址意见书》(冀建规选字第071129号);2008年4月,河北省海洋局《关于唐山港曹妃甸港区通用码头二期工程项目用海的批复》(冀海字〔2008〕7 号);2008 年 12 月,交通运输部《关于唐山港曹妃甸港区通用码头起步工程和二期工程使用港口岸线的批复》(交规划发〔2008〕541 号)。

项目建设 3 个 4 万吨级杂货泊位及相应配套设施(码头水工建筑允许靠泊能力 10 万吨级),岸线总长 660 米。码头采用顺岸式布局,重力式结构。码头前沿水深 13 米。项目后方堆场面积 12.2 万平方米,堆存能力 120 万吨。仓库面积 1.1 万平方米,堆存能力 10 万吨。主要装卸设备配置大于 25 吨级港口门座起重机 9 台。项目总投资 8.42 亿元,其中建设单位曹妃甸港集团股份有限公司自有资金 2.12 亿元,银行贷款 6.3 亿元。用地面积 40.3 万平方米。

建设单位为曹妃甸港集团股份有限公司;设计单位为中交水运规划设计院有限公司;施工单位为中交一航局第五工程有限公司;监理单位为中交水规院京华工程监理有限公司、天津中北港湾工程建设监理有限公司;质监单位为河北省水运工程质量安全监督局。

(10)唐山港曹妃甸港区矿石码头二期工程

项目于 2009 年 9 月开工建设,2009 年 10 月试运行,2015 年 1 月竣工。

项目建设依据:2010 年 4 月 14 日,国家发展和改革委员会《关于河北唐山港曹妃甸港区矿石码头二期工程项目核准的批复》(发改基础〔2010〕773 号);2010 年 11 月 5 日,交通运输部《关于唐山港曹妃甸港区矿石码头二期工程初步设计的批复》(交水发 2010〔637〕号)。2009 年 9 月 8 日,国家环境保护部《关于唐山港曹妃甸港区矿石码头二期位工程环境影响报告书的批复》(环审〔2009〕407 号);2013 年 5 月,国家海洋局印制唐山港曹妃甸港区矿石码头二期工程《海域使用权证书》(国海证 2013A13020000564 号)。

项目建设 2 个 25 万吨级矿石码头接卸泊位(码头水工建筑允许靠泊能力 30 万吨级),岸线总长 790 米。码头采用栈桥式布局,高桩式结构。码头前沿水深 25 米。项目后方堆场面积 75.7 万平方米,堆存能力 1029 万吨。主要装卸设备配置 4 台额定为 3200 吨/小时的桥式抓斗卸船机和 2 台 3800 吨/小时链斗卸船机、3 台堆料机和 1 台堆取料机。项目总投资 31.02 亿元,其中企业投入 10.86 亿元,银行贷款 20.16 亿元。用地面积 80 万平方米。

建设单位为唐山曹妃甸实业港务有限公司;设计单位为中交第一航务工程勘察设计院有限公司;施工单位为中交一航局第一工程有限公司、中交一航局第四工程有限公司、中交一航局第五工程有限公司等;监理单位为中交水规院京华工程监理有限公司、秦皇岛方圆港湾工程监理有限公司、中国船级社实业有限公司;质监单位为河北省水运工程质量安全监督局。

项目自 2010 年重载试车投产以来,缓解了津冀沿海港口群大型铁矿石接卸泊位能力不足现状,促进了曹妃甸港区规模化、集约化运营,取得了良好的经济效益和社会效益。

(11)唐山港曹妃甸港区煤码头续建工程项目

项目于2009年12月开工建设,2013年12月试运行。

项目建设依据:2009年12月11日,国家发展和改革委员会《国家发展改革委关于唐山港曹妃甸港区煤炭码头续建工程项目核准的批复》(发改交运〔2009〕3160号);2010年11月23日,交通运输部《关于唐山港曹妃甸港区煤码头续建工程初步设计的批复》(交水发〔2010〕697号);2009年9月8日,国家环境保护部《关于唐山港曹妃甸港区煤码头续建工程环境影响报告书的批复》(环审〔2009〕406号);2009年5月,国土资源部《关于确认唐山港曹妃甸煤码头工程建设用地预审意见有效性的函》(国土资预审字〔2009〕213号)。

项目建设2个15万吨级、1个10万吨级、1个7万吨级、1个5万吨级(码头水工建筑允许靠泊能力10万吨级)总计5个煤炭装船泊位,岸线总长1175米。码头采用突堤式布局,重力式结构。码头前沿水深15.5米。项目后方堆场面积86.9万平方米,堆存能力434万吨。主要装卸设备配置四翻式翻车机2台、取料机6台、堆料机4台、堆取料机1台。项目总投资为44.40亿元,由国投曹妃甸港口有限公司自筹解决。用地面积92.3万平方米。

建设单位为国投曹妃甸港口有限公司;设计单位为中交第一航务工程勘察设计院有限公司;施工单位为中国交通建设股份有限公司;监理单位为中交水规院京华工程监理有限公司;质监单位为河北省水运工程质量安全监督局。

本工程于2012年10月开始进入生产经营期,这对于构建我国煤炭运输"西煤东运"、"北煤南运"新通道,完善我国煤炭运输系统布局,缓解煤炭运输紧张状况,保证国家能源战略的实施起到了重要的作用。

(12)唐山港曹妃甸港区矿石码头三期工程

项目于2010年4月开工建设,2012年2月试运行。

项目建设依据:2012年4月24日,国家发展和改革委员会《关于唐山港曹妃甸港区矿石码头三期工程核准的批复》(发改基础〔2012〕1026号);2013年10月,交通运输部《交通运输部关于唐山港曹妃甸港区矿石码头三期工程初步设计的批复》(交水发〔2013〕614号);2011年9月,国家环境保护部《关于唐山港曹妃甸港区矿石码头三期工程环境影响报告书的批复》(环审〔2011〕246号);2011年11月,国土资源部《关于唐山港曹妃甸港区矿石码头三期工程建设用地预审意见的复函》(国土资预审字〔2011〕295号);2011年9月,国家海洋局《关于唐山港曹妃甸港区矿石码头三期工程项目用海预审意见的函》(国海管字〔2011〕590号)。

项目建设2个25万吨级矿石卸船泊位(码头水工建筑允许靠泊能力40万吨级),岸线总长790米。码头采用栈桥式布局,高桩式结构。码头前沿水深25米。项目后方堆场面积 85 万平方米,堆存能力 882 万吨。主要装卸设备配置桥式抓斗卸船机 6 台、取料机 2 台、堆料机 2 台、斗轮堆取料机 2 台。项目总投资 39.59 亿万元,建设单位曹妃甸港矿石码头股份有限公司自有资金 9.5 亿元,银行贷款 24.76 亿元。用地面积 113 万平方米。

建设单位为曹妃甸港矿石码头股份有限公司(原为唐山曹妃甸矿石码头有限公司);设计单位为中交第一航务工程勘察设计院有限公司;施工单位为中交第一航务工程勘察设计院有限公司、中交一航局第一工程有限公司、河北省第三建筑工程有限公司等;监理单位为北京水规院京华工程管理有限公司、中国船级社实业公司;质监单位为河北省水运工程质量安全监督局。

自试运行至 2015 年底,已累计接卸船舶 694 艘次,完成货物吞吐量 11815.33 万吨。其中 20 万吨级以下船舶 365 艘次,20 ~ 25 万吨级船舶 187 艘次,25 万吨级以上船舶 141 艘次(40 万吨级以上船舶 1 艘次,2015 年 11 月 15 日首次接卸 40 万吨船舶"宏远"轮)。从接卸船舶及吞吐量情况看,该项目安全接卸了 20 万吨级、25 万吨级以及 25 万吨级以上船舶(含 40 万吨),码头设施、装卸设备、港池及航道水深均能满足到港船舶通航要求。

(13)唐山港曹妃甸港区通用码头三期工程

项目于 2010 年 4 月开工建设,2013 年 7 月试运行,2016 年 3 月竣工验收。

项目建设依据:2008 年 5 月 28 日,河北省发展和改革委员会《核准证》(冀发改交通核字〔2008〕78 号);2008 年 4 月,河北省交通运输厅《关于唐山港曹妃甸港区通用码头三期工程工程可行性研究报告的审查意见》(冀交函规〔2008〕86 号);2010 年 7 月 2 日,河北省交通运输厅《关于唐山港曹妃甸港区通用码头三期工程初步设计的批复》(冀交函基〔2010〕393 号),2015 年 12 月 17 日,河北省交通运输厅《河北省交通运输厅关于唐山港曹妃甸港区通用码头三期工程初步设计变更的批复》(冀交函基〔2015〕1066 号)。2008 年 3 月,河北省环境保护局《关于唐山港曹妃甸港区通用码头三期工程环境影响报告书的批复》(冀环评〔2008〕151 号);2009 年 10 月,唐山市人民政府、唐山市国土资源局颁发国有土地使用证(通用码头三期工程)(冀唐国用〔2009〕第 6127 号);2008 年 7 月,河北省海洋局颁发海域使用权证书(国海证 081300010 号);2010 年 5 月,交通运输部《关于唐山港曹妃甸港区通用码头三期工程使用港口岸线的批复》(交规划发〔2010〕226 号)。

项目建设 1 个 5 万吨级和 1 个 7 万吨级通用杂货泊位(码头水工建筑允许靠泊能力 10 万吨级),岸线总长 506 米。码头采用顺岸式布局,重力式结构。码头前沿水深 15.2 米。项目后方堆场面积 22.4 万平方米,堆存能力 61.5 万吨。主要装卸设备配置 25 吨级港口门座起重机 12 台。项目总投资 6.65 亿元,其中建设单位曹妃甸港集团股份有限公司自有资金 2.56 亿元,银行贷款 4.09 亿元。用地面积 28.2 万平方米。

建设单位为曹妃甸港集团股份有限公司(原唐山曹妃甸港口有限公司);设计单位为中交水运规划设计院有限公司;施工单位为中交一航局第五工程有限公司;监理单位为唐

山海港港兴监理咨询有限公司、天津中北港湾工程建设监理有限公司;质监单位为河北省水运工程质量安全监督局。

该项目自 2013 年 7 月试运行,截至 2015 年,累计装卸船舶 1323 艘次,完成货物吞吐量 1586 万吨。到港船型为件杂货船舶,载重吨多为 5 万吨级以下。

(14)唐山港曹妃甸港区通用散货泊位工程

项目于 2010 年 4 月开工建设,2014 年 1 月试运行,2016 年 3 月竣工。

项目建设依据:2010 年 9 月 10 日,河北省发展和改革委员会《核准证》(冀发改基础核字[2010]53 号);2010 年 8 月 23 日,河北省交通运输厅《关于唐山港曹妃甸港区通用散货泊位工程工程可行性研究报告的审查意见》(冀交函规[2010]546 号);2010 年 10 月,河北省交通运输厅《关于唐山港曹妃甸港区通用散货泊位工程初步设计的批复》(冀交函基[2010]648 号)。2010 年 5 月,河北省环境保护厅《关于唐山港曹妃甸港区通用散货泊位工程环境影响报告书的批复》(冀环评[2010]157 号);2011 年 12 月,唐山市曹妃甸区人民政府、唐山市曹妃甸区国土资源局、国土资源部颁发国有土地使用证(冀唐曹国用[2011]第 0059 号);2011 年 1 月,河北省海洋局《关于唐山港曹妃甸港区通用散货泊位工程用海的批复》(冀海函[2011]8 号);2010 年 9 月,交通运输部《关于唐山港曹妃甸港区通用散货泊位工程使用港口岸线的批复》(交规划发[2010]459 号)。

项目建设 2 个 10 万吨级通用散货泊位(码头水工建筑允许靠泊能力 15 万吨级),岸线总长 605 米。码头采用顺岸式布局,重力式结构。码头前沿水深 19 米。项目后方堆场面积 39.4 万平方米,堆存能力 300 万吨。主要装卸设备配置 25 吨级港口门座起重机 8 台。项目总投资 9.10 亿元,其中建设单位曹妃甸港集团股份有限公司自有资金 2.80 亿元,银行贷款 6.3 亿元。用地面积 38.9 万平方米。

建设单位为曹妃甸港集团股份有限公司;设计单位为中交第一航务工程勘察设计院有限公司;施工单位为中交一航局第五工程有限公司、中国水利水电第十二工程局有限公司;监理单位为唐山海港港兴监理咨询有限公司;质监单位为河北省水运工程质量安全监督局。

2014 年 11 月试运行至 2015 年,唐山港曹妃甸港区通用散货泊位工程累计装卸船舶 215 艘次,完成货物吞吐量 2129.68 万吨。

(15)唐山港曹妃甸港区煤码头二期工程

项目于 2010 年 7 月开工建设,2018 年 2 月试运行。

项目建设依据:2009 年 12 月 11 日,国家发展和改革委员会《关于唐山港曹妃甸港区煤码头二期工程核准的批复》(发改基础[2009]3155 号);2010 年 3 月 7 日,交通运输部《关于唐山港曹妃甸港区码头二期工程初步设计的批复》(交水发[2010]143 号)。2009 年 9 月 8 日,国家环境保护部《关于曹妃甸煤码头(二期)工程环境影响报告书的批复》

（环审〔2009〕408 号）；2009 年 6 月，唐山市城乡规划局《唐山市城乡规划局关于煤二期工程的规划意见》（市规〔2009〕110 号）；2011 年 5 月 19 日，国家海洋局《关于唐山港曹妃甸港区煤码头二期工程项目用海的批复》（国海管字〔2011〕323 号）。

项目建设 10 万吨级泊位 2 个、7 万吨级泊位 2 个、5 万吨级泊位 1 个，共 5 个煤炭码头泊位，岸线总长 1435 米。码头采用顺岸式布局，板桩式结构。码头前沿水深 15.5 米。项目后方堆场面积 80 万平方米，堆存能力 373.5 万吨。主要装卸设备配置"O"型转子三翻翻车机 3 台、散货装船机 4 台、取料机 7 台、堆料机 5 台。项目总投资 54.29 亿元，全部为建设单位唐山曹妃甸煤炭港务有限公司自筹。用地面积 223.16 万平方米。

建设单位为唐山曹妃甸煤炭港务有限公司；设计单位为中交第一航务工程勘察设计院有限公司；施工单位为中国交通建设股份有限公司、中交一航局第五工程有限公司；监理单位为秦皇岛方圆港湾工程监理有限公司；质监单位为河北省水运工程质量安全监督局。

（16）唐山港曹妃甸港区二港池航道及防波堤工程

项目于 2010 年 10 月开工建设，2011 年 11 月试运行。

项目建设依据：2008 年 6 月，河北省发展和改革委员会《关于唐山港曹妃甸港区二港池航道及防波堤工程可行性研究报告的批复》（冀发改交通〔2008〕686 号）；2008 年 6 月，河北省发展和改革委员会《关于唐山港曹妃甸港区二港池航道及防波堤工程初步设计的批复》（冀发改投资〔2008〕791 号）。2008 年 4 月，河北省环境保护局《关于唐山港曹妃甸港区二港池航道及防波堤工程环境影响报告表（附生态环境专项评价）的批复》（冀环表〔2008〕242 号）；2010 年 1 月，河北省海洋局《关于唐山港曹妃甸港区二港池防波堤工程项目用海的批复》（冀海函〔2010〕19 号）。

项目建设一个航道工程和一个防波堤工程。航道工程：按乘潮单向通航 5 万吨级液体化工品船舶设计。航道底高程 −13.8 米，外航道标准段宽度 180 米，口门区航道宽度 280 米，内航道标准段宽度 160 米，边坡 1∶5，人工开挖长度 8142 米，疏浚工程量 1569.27 万立方米。防波堤工程：在二港池口门处建设东、西两座防波堤，防波堤总长度 1179.7 米，其中东防波堤长 486.4 米，西防波堤长 693.3 米。防波堤采用抛石斜坡堤结构，堤顶高程 5.5 米。导助航设施：本工程采用助航浮标进行导航，在东、西防波堤堤头各设置 1 座堤头灯。在内航道右侧布置 3 座浮标。在外航道（人工开挖段）左侧布置 3 座浮标、右侧布置 4 座浮标，端部两侧各设置 1 座活节灯桩，右侧桩安装雷达指向标。项目总投资 6.37 亿元，建设单位曹妃甸港集团股份有限公司自有资金 2.23 亿元，银行贷款 4.14 亿元。

建设单位为曹妃甸港集团股份有限公司；设计单位为中交水运规划设计院有限公司；施工单位为中交上海航道局有限公司；监理单位为中交水规院京华工程监理有限公司；质

监单位为河北省水运工程质量安全监督局。

（17）唐山港曹妃甸港区多用途泊位工程

项目于2011年3月开工建设，2015年10月试运行。

项目建设依据：2012年3月30日，河北省发展和改革委员会《核准证》（冀发改基础核字〔2012〕21号）；2011年5月，河北省交通运输厅《关于唐山港曹妃甸港区多用途泊位工程工程可行性研究报告的审查意见》（冀交函规〔2011〕394号）；2012年8月，河北省交通运输厅港航管理局《河北省交通运输厅港航管理局关于唐山港曹妃甸港区多用途泊位工程初步设计的批复》（冀港航函港〔2012〕21号）。2012年1月12日，国家环境保护部《关于唐山港曹妃甸港区多用途泊位工程环境影响报告书的批复》（环审〔2012〕13号文）；2016年1月4日，河北省环境保护厅《关于唐山港曹妃甸港区多用途泊位工程环境影响补充报告意见的函》（冀环评函〔2015〕5号）；2013年1月15日，河北省海洋局《河北省海洋局关于唐山港曹妃甸区多用途泊位工程项目用海的批复》（冀海函〔2013〕12号）；2013年5月20日，唐山市曹妃甸工业区规划建设管理局核发建设用地规划许可证（编号：CFD－YD－2013－008）；2012年4月1日，交通运输部《关于唐山港曹妃甸港区多用途泊位工程使用港口岸线的批复》（交规划发〔2012〕140号）。

项目建设2个4万吨级多用途泊位（码头水工建筑允许靠泊能力10万吨级），岸线总长440米。码头采用顺岸式布局，重力式结构。码头前沿水深15.5米。项目后方堆场面积20.6万平方米，堆存能力150万吨。主要装卸设备2台65吨—35米岸边集装箱装卸桥，5台40.5吨—23.47米轮胎式集装箱门式起重机。项目总投资9.69亿元，全部为建设单位曹妃甸港集团股份有限公司自筹。用地面积223.16万平方米。

建设单位为曹妃甸港集团股份有限公司；设计单位为中交水运规划设计院有限公司；施工单位为中交一航局第五工程有限公司、中交上海航道局有限公司；监理单位为北京水规院京华工程管理有限公司；质监单位为河北省水运工程质量安全监督局。

（18）唐山港曹妃甸港区液体化工码头工程（起步工程）

项目于2011年3月开工建设，2016年2月试运行，2017年2月竣工。

项目建设依据：2012年7月3日，河北省发展和改革委员会《核准证》（冀发改基础核字〔2012〕40号）；2015年10月，河北省发展和改革委员会《关于变更唐山港曹妃甸港区液体化工码头工程部分核准内容的复函》（冀发改函〔2015〕353号）；2015年12月，河北省交通运输厅《关于唐山港曹妃甸港区液体化工码头工程（起步工程）初步设计的批复》（冀交函基〔2015〕1083号）；2015年5月，唐山市曹妃甸区人民政府、唐山市曹妃甸区国土资源局、国土资源部颁发国有土地使用证（唐曹国用〔2015〕第0000000044号）；2015年9月，河北省人民政府、河北省海洋局颁发海域使用权证书（国海证2015B13020905077号）；2012年2月，交通运输部《关于唐山港曹妃甸港区液体化工码头工程使用港口岸线的批复》(交规划发〔2012〕69号)。

项目建设2个5万吨级成品油及液体化工品泊位(码头水工建筑允许靠泊能力8万吨级),岸线总长624米。码头采用栈桥式布局,高桩式结构。码头前沿水深13.5米。主要装卸设备配置输油臂6台。项目总投资8.57亿元,全部为建设单位曹妃甸港集团股份有限公司自筹。用地面积47.33万平方米。

建设单位为曹妃甸港集团股份有限公司;设计单位为中交水运规划设计院有限公司;施工单位为中交一航局第一工程有限公司、中国化学第十三公司、丰润建筑安装股份有限公司等;监理单位为唐山海港港兴监理咨询有限公司、天津辰达工程监理有限公司、石家庄中天工程建设监理有限公司;质监单位为河北省水运工程质量安全监督局。

原液体化工码头工程共建设2个5万吨级成品油及液体化工品泊位,配套建设罐区、道路、防火堤、办公楼等生产生活辅助设施,估算总投资13.52亿元。原液体化工码头于2012年7月取得河北省发展和改革委员会项目核准证书。在开展原液体化工码头工程安全条件审查期间,交通运输部于2012年12月颁布了《港口危险货物安全管理规定》,规定交通运输部门负责全国港口危险货物安全管理工作,该项目安全条件审查职能由安监部门调整至交通主管部门,致使未能如期完成前期审批手续。在此期间,因《石油库设计规范》等项目设计依据发生调整,致使部分已建设施需依据新规范进行改造,导致液体化工码头前期审批手续跑办周期延长。2014年,为满足中国石化北京燕山分公司曹妃甸千万吨级炼化项目产成品PX下水外运需求,以及按照省委、省政府提出的依托曹妃甸集团股份有限公司原液体化工码头工程为华北炼化运输冀东油田所产原油的要求,对原液体化工码头承运货种进行了调整,增加了原油、PX货种,并于2015年2月,取得了河北省发展和改革委员会的核准变更。依据2015年9月河北省发展和改革委员会《通知》中"分步审批"的要求,将原液体化工码头工程拆分为起步工程和续建工程。起步工程建设内容主要包含码头主体结构、原油装卸配套设施及为原油装卸投产配套的消防、供电、环保、安全等生产生活辅助设施,原油年吞吐量130万吨,起步工程已于2015年10月取得河北省发展和改革委员会核准。

(19)华电曹妃甸重工装备制造基地一期码头工程

项目于2011年4月开工建设,2015年3月试运行。

项目建设依据:2009年5月9日,唐山曹妃甸工业区发展改革局《备案证》(唐曹管发改备字〔2009〕3号);2011年6月28日,唐山市港航管理局《关于中国华电工程(集团)有限公司临港重工装备制造基地建设项目码头工程初步设计的批复》(唐港航字〔2011〕27号)。2010年5月14日,河北省环境保护厅《关于华电曹妃甸重工装备制造基地一期项目环境影响报告书的批复》(冀环评〔2010〕153号);2009年5月,唐山市曹妃甸工业区规划建设管理局颁发建设项目选址意见书(唐曹管规划字第09009号);2010年7月,河北省海洋局印制《海域使用权》证书(国海证 101300030 号);2011 年 2 月,交通运输部《关于唐山港曹妃甸港区中国华电工程(集团)有限公司临港重工装备制造基地建设项目码头工程使用港口岸线的批复》(交规划发〔2011〕43 号)。

项目建设 1 个 3 万吨级大型机械设备专用泊位,岸线总长 330 米。码头采用顺岸式布局,板桩式结构。码头前沿水深 12 米。主要装卸设备配置滑道一座。项目总投资 7681.88 万元,其中建设单位华电曹妃甸重工装备有限公司自筹 2688.66 万元,银行贷款 4993.22 万元。用地面积 40.3 万平方米。

建设单位为华电曹妃甸重工装备有限公司;设计单位为中交第一航务工程勘察设计院有限公司;施工单位为中交第二航务工程局有限公司;监理单位为厦门港湾咨询监理有限公司;质监单位为天津港湾工程质量检测中心有限公司。

应建设单位的要求,对码头的锚碇结构形式进行了改变。由原来的锚碇板结构,改变为现在的锚碇墙结构,避免了施工过程中的大开挖。从 2015 年 3 月试运行,试运行期间整机发运 4 艘次,项目钢结构件发运 2 艘次,共计发运卸船机 7 台,装船机 1 台,其他钢结构件 665 吨,所进行的临港重工装备制造基地建设项目码头工程,为提高华电工程对国家急需的港口机械等大型物料运输装备的批量供应能力,进一步扩大企业的竞争优势,加快实现港口机械、海洋工程、海上风电工程等大型装备的自主化、批量化、国产化制造提供了有力支持。

(20)唐山港曹妃甸港区通用散货泊位二期工程

项目于 2011 年 11 开工建设,2015 年 10 月试运行。

项目建设依据:2012 年 3 月,河北省发展和改革委员会《河北省固定资产投资项目核准证》(冀发改基础核字〔2012〕20 号);2011 年 9 月,河北省交通运输厅《关于唐山港曹妃甸港区通用散货泊位二期工程可行性研究报告的审查意见》(冀交函规〔2011〕709 号);2013 年 2 月 5 日,河北省交通运输厅《关于唐山港曹妃甸港区通用散货泊位二期工程初步设计的批复》(冀交函港〔2013〕80 号)。2011 年 12 月,国家环境保护部《关于唐山港曹妃甸港区通用散货泊位二期工程环境影响报告书的批复》(环审〔2011〕388 号);2016 年 3 月,唐山市曹妃甸区国土资源局《通用散货泊位二期工程不动产权登记证》(冀〔2016〕唐山市曹妃甸区不动产权第 0000108 号);2012 年 12 月,河北省海洋局《关于唐山港曹妃甸港区通用散货泊位二期工程项目用海的批复》(冀海函〔2012〕304 号);2012 年 10 月,交通运输部《唐山港曹妃甸港区通用散货泊位二期工程使用港口岸线的批复》(交规划发〔2012〕564 号)。

项目建设 1 个 7 万吨级、1 个 5 万吨级及 1 个 3.5 万吨级通用散货码头泊位(码头水工建筑允许靠泊能力 15 万吨级),岸线总长 711 米。码头采用顺岸式布局,重力式结构。码头前沿水深 19 米。项目后方堆场面积 34.3 万平方米,堆存能力 200 万吨。主要装卸设备配置 40 吨门座式起重机 9 台。项目总投资 13.73 亿元,其中建设单位曹妃甸港集团股份有限公司自有资金 4.12 亿元,银行贷款 9.61 亿元。用地面积 49.72 万平方米。

建设单位为曹妃甸港集团股份有限公司;设计单位为中交第一航务勘察设计院有限公司;施工单位为中交一航局第五工程有限公司、河北建设集团有限公司;监理单位为北京水规院京华工程管理有限公司;质监单位为河北省水运工程质量安全监督局。

(21)唐山液化天然气项目 LNG 码头

项目于 2011 年 12 月开工建设,2013 年 11 月试运行,2015 年 12 月竣工验收。

项目建设依据:2010 年 10 月 27 日,国家发展和改革委员会《关于唐山液化天然气项目核准的批复》(发改能源〔2010〕2555 号);2011 年 5 月 26 日,交通运输部《关于唐山液化天然气项目码头工程初步设计的批复》(交水发〔2011〕250 号)。2006 年,国家环境保护总局《关于唐山 LNG 项目环境影响报告书的批复》(环审〔2006〕162 号);2007 年 11 月 20 日,河北省建设厅《选址意见书》(HEBJST 许可〔2007〕第 501 号);2008 年,国家海洋局《关于唐山 LNG 项目用海预审意见的函》(国海管字〔2008〕146 号)。

项目建设 1 个 15 万吨级 LNG 卸船泊位,岸线总长 410 米。码头采用引桥式布局,高桩式结构。码头前沿水深 15.7 米。主要装卸设备配置输油臂 4 台。项目总投资 6.62 亿元,全部为企业自筹。填海造地 54.54 万平方米。

建设单位为中石油京唐液化天然气有限公司;设计单位为中交水运规划设计院有限公司;施工单位为中交一航局第一工程有限公司;监理单位为厦门港湾监理有限责任公司;质监单位为河北省水运质量安全监督局。

截至 2013 年试运行至 2018 年 9 月共接船 161 船,接卸 LNG 货物 1286 万吨,外输天然气 170 多亿立方米。唐山 LNG 码头主要特点是外输量调节幅度大(55 万 ~ 4200 万立方米/日),调节速度快,调峰能力强,冬季保供作用突出。唐山 LNG 码头在 2013—2017 年连续四年冬季保供期中,接收站冬季供气总量分别占北京市冬季用气总量的 25%、15%、16%、28%,日最大供气量分别占北京市日最大用气量的 35%、33%、40%、47%,在北京市和华北地区天然气度冬保供中发挥了不可替代的作用。

(22)唐山港曹妃甸港区文丰通用杂货泊位工程

项目于 2012 年 4 月开工建设,2014 年 1 月试运行,2016 年 11 月竣工验收。

项目建设依据:2013 年 2 月 22 日,河北省发展和改革委员会《核准证》(冀发改基础核字〔2013〕14 号);2013 年 8 月 13 日,河北省交通运输厅《关于唐山港曹妃甸港区文丰通用杂货泊位工程初步设计的批复》(冀交函基〔2013〕677 号)。2012 年 9 月,河北省环境保护厅《关于唐山港曹妃甸港区文丰通用杂货泊位工程环境影响报告书的批复》(冀环评〔2012〕222 号);2012 年 2 月,河北省住房和城乡建设厅项目选址意见书(选字第 130000201200005 号)公告 HEBJST 许可〔2012〕第 154 号;2014 年 3 月,河北省海洋局《关于唐山港曹妃甸港区文丰通用杂货泊位工程用海的批复》(冀海函〔2012〕44号);2013年1月,交通运输部《关于唐山港曹妃甸港区文丰通用杂货泊位工程使用港口岸线的批复》(交规划发〔2013〕85号)。

项目建设2个5万吨级和2个3万吨级通用杂货泊位(码头水工建筑允许靠泊能力5万吨级),岸线总长1000米。码头采用顺岸式布局,板桩式结构。码头前沿水深13.5米。项目后方堆场面积13.9万平方米,堆存能力23.85万吨。主要装卸设备配置10~25吨港口门座起重机12台。项目总投资10亿元,其中建设单位唐山曹妃甸文丰码头有限公司自有资金3亿元,农行贷款7亿元。用地面积28万平方米。

建设单位为唐山曹妃甸文丰码头有限公司;设计单位为中交水运规划设计院有限公司;施工单位为天津深基工程有限公司、中交一航局第五工程有限公司;监理单位为唐山海港港兴监理咨询有限公司;质监单位为河北省水运工程质量安全监督局。

本项目自2014年1月试运行至2015年底,累计完成作业量3163.3万吨,作业艘次3193次,其中内贸作业3038艘次,外贸作业155艘次。作为曹妃甸木材产业园区的龙头企业项目,本项目的运行标志着曹妃甸以进口木材全产业链加工为示范项目实施的起步。曹妃甸木材产业园区总投资超过274亿元,增加当地国内生产总值超过540亿元。本项目的运行对曹妃甸木材产业园区的开发建设具有重大意义。

(23)华能唐山港曹妃甸港区煤码头工程

项目于2012年7月开工建设,2018年11月试运行。

项目建设依据:2011年11月,国家发展和改革委员会《关于华能唐山港曹妃甸港区煤码头工程项目核准的批复》(发改基础〔2011〕2464号);2013年1月,交通运输部《关于华能唐山港曹妃甸港区煤码头工程初步设计的批复》(交水发〔2013〕92号)。2011年5月,国家环境保护部《华能唐山港曹妃甸港区煤码头工程环境影响报告书环评批复》(环审〔2011〕111号);2011年5月,国土资源部《关于唐山港曹妃甸港区5000万吨煤码头工程建设用地批复》(预审字〔2011〕138号);2012年12月,国家海洋局《华能唐山港曹妃甸港区煤码头工程项目用海批复》(国海管字〔2012〕831号)。

项目建设2个10万吨级(码头水工建筑允许靠泊能力15万吨级)、2个7万吨级、1个5万吨级专业化煤炭装船泊位(码头水工建筑允许靠泊能力10万吨级),岸线总长1428米。码头采用引桥式布局,高桩式结构。码头前沿水深16米。项目后方堆场面积86万平方米,堆存能力353万吨。主要装卸设备配置"O"型转子四翻翻车机2台、散货装船机4台、取料机6台、堆料机2台、斗轮堆取料机4台。项目总投资58.80亿元,全部为企业自筹。用地面积120万平方米。

建设单位为华能曹妃甸港口有限公司;设计单位为中交第一航务勘察设计院有限公司;施工单位为中交第一航务工程局有限公司、中交天津航道局有限公司、中交第一航务工程局第五工程有限公司等；监理单位为北京水规院京华工程管理有限公司；质监单位为河北省水运工程质量安全监督局。

（24）唐山曹妃甸钢铁物流有限公司通用码头一期工程

项目于 2012 年 7 月开工建设，2014 年 12 月试运行，2016 年 7 月竣工验收。

项目建设依据：2013 年 7 月 23 日，河北省发展和改革委员会《河北省固定资产投资项目核准证》（冀发改基础核字〔2013〕63 号）；2013 年 7 月 2 日，河北省交通运输厅《河北省交通运输厅关于唐山曹妃甸钢铁物流有限公司通用码头一期工程可行性研究报告的审查意见》（冀交函规〔2013〕544 号）；2013 年 10 月 14 日，河北省交通运输厅《关于唐山曹妃甸钢铁物流有限公司通用码头一期工程初步设计的批复》（冀交函基〔2013〕836 号）。2013 年 2 月 8 日，河北省环境保护厅《关于唐山曹妃甸钢铁物流有限公司通用码头一期工程环境影响报告书的批复》（冀环评〔2013〕58 号）；2014 年 5 月 7 日，唐山曹妃甸工业区规划建设局《建设用地规划许可证》（地字第 CFD-YD-2014-008 号）；2013 年 11 月 21 日，河北省海洋局《关于唐山曹妃甸钢铁物流有限公司通用码头一期工程用海的批复》（冀海函〔2013〕383 号）；2013 年 4 月 27 日，交通运输部《关于唐山曹妃甸钢铁物流有限公司通用码头一期工程使用港口岸线的批复》（交规划发〔2013〕280 号）。

项目建设 2 个 5 万吨级和 2 个 2 万吨级通用散杂货码头泊位，岸线总长 893 米。码头采用顺岸式布局，板桩式结构。码头前沿水深 13.5 米。项目后方堆场面积 24.1 万平方米，堆存能力 47.3 万吨。仓库面积 2.45 万平方米，堆存能力 5.6 万吨。主要装卸设备配置 25 吨级港口门座起重机 12 台、轨道式龙门起重机 8 台。项目总投资 15.15 亿元，其中建设单位唐山曹妃甸钢铁物流有限公司自有资金 5.30 亿元，贷款 9.84 亿元。用地面积 45 万平方米。

建设单位为唐山曹妃甸钢铁物流有限公司；设计单位为中交第四航务工程勘察设计院有限公司；施工单位为中交一航局第四工程有限公司、中国水电建设集团港航建设有限公司、天津深基工程有限公司等；监理单位为厦门港湾咨询监理有限公司；质监单位为河北省水运工程质量安全监督局。

自 2014 年 6 月至 2015 年 12 月，项目共计作业船舶 561 艘次，吞吐量 883.04 万吨。唐山曹妃甸钢铁物流有限公司通用码头一期工程的建设，是河钢集团为优化物流结构，降低物流成本，提高企业综合竞争力，积极应对日趋严峻的市场形式而采取的重要举措。项目的建成投产，对于进一步促进唐山港周边地区的经济发展和唐山市的对外开放，以及发展对外贸易和交通运输，发挥了积极的作用。

（25）唐山港曹妃甸港区综合保税区通用泊位工程

项目于 2013 年 3 月开工建设，2017 年 7 月试运行，2018 年 3 月竣工验收。

项目建设依据：2014 年 12 月 10 日，河北省发展和改革委员会《唐山港曹妃甸港区综合保税区通用泊位固定资产投资项目核准证》（冀发改基础核字〔2014〕138 号）；2014 年 12 月 25 日，河北省交通运输厅《关于唐山港曹妃甸港区综合保税区通用泊位工程可行性研究报告的审查意见》（冀交函规〔2014〕1415 号）；2015 年 7 月 8 日，河北省交通运输厅《河北省交通运输厅关于唐山港曹妃甸港区综合保税区通用泊位工程初步设计的批复》（冀交函基〔2015〕556 号）。2014 年 11 月 6 日，河北省环境保护厅《关于唐山港曹妃甸港区综合保税区通用泊位工程环境影响报告书的批复》（冀环评〔2014〕342 号）；2015 年 9 月，唐山市曹妃甸工业区规划建设管理局核发建设用地规划许可证（编号：地字第 1302302015000119 号）；2015 年 8 月，河北省海洋局颁发海域使用权证书（"国海证 2015B13020905443 号"和"国海证 2015B13020905458 号"）；2014 年 8 月，交通运输部《关于唐山港曹妃甸港区综合保税区通用泊位工程使用港口岸线的批复》（交规划函〔2014〕662 号）。

项目建设 2 个 4 万吨级通用泊位（码头水工建筑允许靠泊能力 7 万吨级），岸线总长 520 米。码头采用顺岸式布局，板桩式结构。码头前沿水深 12.8 米。项目后方堆场面积 22.4 万平方米，堆存能力 11 万吨。主要装卸设备配置 25 吨级港口门座起重机 4 台。项目总投资为 8.14 亿元，其中建设单位唐山曹妃甸综合保税区港务有限公司自有资金 2.44 亿元，银行贷款 5.70 亿元。用地面积 31.6 万平方米。

建设单位为唐山曹妃甸综合保税区港务有限公司；设计单位为中交第四航务工程勘察设计院有限公司；施工单位为河北港口集团港口工程有限公司；监理单位为北京水规院京华工程管理有限公司、厦门港湾咨询监理有限公司；质监单位为河北省水运工程质量安全监督局。

（26）唐山港曹妃甸港区三港池航道工程

项目于 2013 年 4 月开工建设，2013 年 10 月试运行。

项目建设依据：2010 年 7 月，河北省发展和改革委员会《关于唐山港曹妃甸港区三港池航道工程可行性研究报告的批复》（冀发改基础〔2010〕807 号）；2010 年 9 月，河北省交通运输厅《关于唐山港曹妃甸港区三港池航道工程初步设计的批复》（冀交函基〔2010〕568 号）；2016 年 10 月 9 日，河北省交通运输厅《关于唐山港曹妃甸港区三港池航道工程初步设计变更的批复》（冀交函基〔2016〕1264 号）。2010 年 6 月，河北省环境保护厅《关于唐山港曹妃甸港区三港池航道工程环境影响报告书的批复》（冀环评〔2010〕214 号）；2011 年 7 月，河北省海洋局《关于唐山港曹妃甸港区三港池航道工程项目用海的批复》（冀海函〔2011〕207 号）。

项目新建 3 万吨级杂货船乘潮单向通航航道，有效宽度 150 米，总长度 24699 米，设计底高程 -12.0 米，边坡坡度 1：5，口门 1000 米范围内航道有效宽度逐步加宽至 250 米；由于航道转向较多，为方便船舶航行，转角处均采用切角法，除靠近外海的 2 次转角的转弯半径为 2800 米,其他转弯半径均为 2000 米。航道两侧设浮标 41 座,另备用浮标 21 座,并辅以 DGPS 导航,新建雷达站一座。项目总投资 4.01 亿元,其中政府投资:中央 1.79 亿元,地方 2.15 亿元,建设单位曹妃甸港集团股份有限公司自有资金 737.29 万元。

建设单位为曹妃甸港集团股份有限公司;设计单位为中交第一航务工程勘察设计院有限公司;施工单位为中交上海航道局有限公司;监理单位为唐山海港港兴监理咨询有限公司;质监单位为河北省水运工程质量安全监督局。

四、黄骅港

（一）港口概况

1. 港口综述

黄骅港地处渤海湾,毗邻京津,背靠大西北,是我国主要煤炭输出港之一、河北省南部沿海的地区性重要港口,在环渤海地区、京津冀都市圈和河北省沿海地区经济社会发展中占有重要位置。黄骅港位于河北省与山东省交界处、沧州市区以东约 90 千米的渤海之滨,其地理坐标为东经 117°52′、北纬 38°19′,陆上距黄骅市区约 45 千米, 水上北距天津 60 海里,东距龙口 149 海里。汇集漳卫新河与宣惠河的大口河在此入海。

黄骅港是应我国神华煤炭基地开发,"北煤南运"运输大通道建设而发展起来的。根据国务院领导的指示,自 1985 年开始选址论证、1997 年开工建设以来,经过多年科学研究和工程实践,探索了在淤泥质粉砂海岸建设深水大港的丰富经验,经煤一期、二期工程建设,具备 7 个万吨级以上专业化的煤炭装船码头,形成煤炭装船能力 6500 万吨。在保障国家煤炭调运的同时,为地方经济发展服务的作用也在逐步增强。

黄骅港规划以煤炭港区、散货港区、综合港区为主,河口港区为补充,北翼保留远景发展空间的总体布局。煤炭港区以煤炭外运为主的现代化、专业化的大型煤炭装船港区,是"北煤南运"第二大通道的主要入海口。散货港区以铁矿石、原油等大宗散货物资运输为主,根据发展需要可适当兼顾煤炭、液体化工品等其他散货运输功能,满足临港工业和腹地大宗散货运输需求,并承担相应的专项物流服务功能,重点建设 10 万~20 万吨级的大型专业化干散货、液体散货码头,形成成规模的专业化散货港区。综合港区以一般散杂货、集装箱和成品油、液体化工品运输为主,承担临港工业服务、腹地物资中转运输和综合物流服务等功能,重点建设 10 万吨级以下的各类专业化和非专业化码头,形成大型综合性港区。河口港区利用现有设施为本地生产、生活物资运输服务,并适当开展仓储、物流、商贸等业务。

煤炭港区内航道长 3.48 千米,外航道长 43 千米,航道底高程 - 15 .0 米,散货港区、综合港区航道以 5 万吨级单向航道起步,宽 170 米,底高程 - 12.0 米,外航道总长 32 千米。根据大宗散货泊位建设需要逐步提高航道等级,最终达到 20 万吨级船舶通航的标准。外航道拓宽至 350 米、底高程 – 18.6 米,总长延伸至 67 千米。河口港区航道长 8 千米,规划航道底高程 – 5.5 米。

黄骅港规划 6 处锚地,锚地面积 148.38 平方公里,锚地底高程 – 9 ~ – 17 米。

2. 港口水文气象

多年平均气温为 12.2 摄氏度;历年极端最高气温为 37.7 摄氏度;历年极端最低气温为 – 19.5 摄氏度;年日平均气温低于 – 5 摄氏度、– 10 摄氏度的天数分别为 71 天、23.8 天。年平均降水量为 501 毫米;历年最大年降水量为 719.4 毫米;历年最小年降水量为 336.8 毫米。该区常风向为 E 向,次常风向为 SW 向,出现频率分别为 10.5% 和 9.8%;强风向为 E 向和 ENE 向,≥6 级风的频率均为 1.2%。

黄骅港海域潮汐属不规则半日潮型。最高高潮位为 5.71 米;最低低潮位为 0.26 米。设计高水位为 4.05 米;设计低水位为 0.62 米。乘潮历时 3 小时和 4 小时、保证率90% 的水位分别为 2.72 米和 2.47 米。本海区的波浪以风浪为主、涌浪为辅;常浪向为 E 向,次常浪向为 ESE 向,出现频率分别为 8.6% 和 7.7%;强浪向为 ENE 向,次强浪向为 NE 向。多年实测波浪的 $H_{1/10}$ 为 3.8 米。对应最大波高 4.0 米,周期 5.7 秒,波向 NE,波型 F;大口河处 5 个月的实测波高 $H_{1/10}$ 为 3.78 米。对应最大波高 4.5 米、周期 7.4 秒。本区地处华北平原,冬季常受寒潮侵袭,产生海冰。本区初冰日在 12 月上旬,盛冰日 1 月,总冰期约 90 天,其中盛冰期约 2 个月。固定冰最大宽度为 7 千米,最大冰厚为 35 厘米;流冰厚度最大 0.2 米,速度一般为 0.3 ~ 0.4 米/秒,流冰方向主要集中在偏西两个主方向。

3. 发展成就

1986 年 9 月,黄骅港开港,河口港区两个千吨级煤炭、散货泊位建成投产。煤炭港区一、二期码头投产后,全港煤炭通过能力达 6575 万吨,对增加神府东胜煤田的煤炭外运量,保障华东、华南沿海地区能源供应,确保国家煤炭运输发挥了十分重要的作用。

2001 年以后,随着神东煤田煤炭外运配套项目——煤炭港区一、二期工程的建设,黄骅港吞吐量持续快速增长,2007 年已达 8333 万吨,较 1998 年年均递增 74.7%,港口发展势头十分强劲。煤炭港区一、二期工程相继投产后,煤炭在港口吞吐量中的地位十分突出,98% 的货物是神东煤田的煤炭,其余为河口港区进口的山东矿建材料。

泥沙淤积问题长期制约黄骅港的发展,神华黄骅港务公司积极组织全国的泥沙问题专家开展专题研究和咨询,并及时实施疏浚与整治相结合的外航道整治工程,工程完工后,发生十年一遇重现期骤淤时 3 万吨级船舶可满载乘潮出港,建港重大技术问题取得突破,为港口未来发展奠定了基础。

2010 年 8 月 18 日,黄骅港综合港区正式开航。2011 年 12 月 29 日,黄骅港吞吐量突破 1 亿吨。黄骅港区作为南部沿海地区重要的新兴港口,成为晋冀鲁豫及大西北最经济、最便捷的出海口,被誉为"亚欧大陆桥新通道"。截至 2015 年,共有生产性泊位 36 个,通过能力 23520 万吨,其中煤炭泊位 20 个(专业化 17 个)、矿石泊位 2 个。

黄骅港港区分布图如图 8-2-3 所示。黄骅港基本情况见表 8-2-4。

图 8-2-3　黄骅港港区分布图

(二)煤炭港区

1.港区综述

(1)港区建设和运营概况

港区建设单位为神华黄骅港务有限责任公司,1998 年 3 月由原国家能源集团有限责任公司和河北省建设投资公司为建设黄骅港(一期工程)共同出资组建。

国家能源集团黄骅港务公司通过煤炭一期工程、一期完善工程、一期扩容工程、二期工程、二期扩容完善工程、三期工程、四期工程、工作船多用途码头工程、液体化学品泊位工程等的相继建设,已形成专业化煤炭装船专用泊位 17 个,1.5 万吨级工作船多用途码头 2 个,5 万吨级液体化工品泊位 1 个,以及相应的配套陆域设施工程。

表 8-2-4

黄骅港基本情况表(沿海)

序号	港区名称	港口岸线		2015年港口生产用泊位				其中:1978—2015年建成的生产用泊位				2015年港口货物和旅客吞吐量							
		港口规划岸线	其中:2015年前已建成岸线	生产用泊位数	其中:万吨级及以上	生产用泊位长度	其中:万吨级及以上	生产用泊位数	其中:万吨级及以上	生产用泊位长度	其中:万吨级及以上	货物吞吐量	其中:外贸货物吞吐量	集装箱	滚装车辆		旅客	其中:国际旅客
															数量	重量		
		千米	米	个	个	米	米	个	个	米	米	万吨	万吨	万TEU	万辆	万吨	万人	万人
1	综合港区	—	2808	10	10	2808	2808	10	10	2808	2808	4102	1670	50.18	0	0	0	0
2	煤炭港区	—	5289	20	20	5289	5289	20	20	5289	5289	12430	0	0	0	0	0	0
3	河口港区	—	664	6	0	664	0	6	0	664	0	125	0	0	0	0	0	0
	合计	—	8761	36	30	8761	8097	36	30	8761	8097	16657	1670	50.18	0	0	0	0

黄骅港是国家能源集团煤炭水铁联运的重要枢纽，是我国"西煤东运"第二通道的主要出海口。为落实国家能源集团"五年再造一个神华"的目标，满足吞吐量不断发展的需求，黄骅港正在实施煤炭码头三期工程建设，同时也在进行后续相关工程的规划工作。

受泥沙淤积影响，黄骅地区长期缺少商港，仅有停靠渔船的小码头。改革开放后，为促进地区经济发展，1982 年开始筹建黄骅港。经过多年的生产实践，国家能源投资集团有限责任公司摸索出一整套行之有效的管理模式，充分调动一切积极因素，对港区资源进行了全面科学优化配置的分析研究，在极其困难的条件下仍保持了很高的生产效率。

（2）港区地理条件和集疏运概况

黄骅港地处环渤海弓顶处、渤海湾的最西端，位于河北省与山东省两省交界处的漳卫新河与宣惠河交汇的大口河以北的海域、沧州市区以东约 90 千米的渤海之滨，是天津至莱州湾沿海一带唯一的较大型港口；其地理坐标为东经 117°52′、北纬 38°19′；陆上与黄骅市、沧州市、保定市和石家庄市距离分别为 45 千米、90 千米、230 千米和 323 千米，水上距天津港 60 海里，距山东龙口港 49 海里。

煤炭港区主要通过朔黄铁路进行煤炭集港下水，到港煤炭全部为铁路集港；神华液化码头通过海丰公司管道与后方罐区连接，年周转原油约 500 万吨。

2. 港区工程项目

（1）一期工程

项目于 1997 年 11 月 25 日开工建设，除航道为收尾工程外，其他工程至 2001 年 11 月全部完工。

项目建设依据：1996 年，国家发展计划委员会《关于审批黄骅港一期工程和朔县至黄骅铁路可行性研究报告的再次请示的通知》（计交能〔1996〕1710 号文）；1997 年，国家发展计划委员会《关于黄骅港一期工程初步设计及总概算的批复》（计建设〔1997〕190 号文）；1997 年，国家发展计划委员会《关于下达 1997 年第三批基本建设新开工大中型项目计划的通知》（计投资〔1997〕1691 号文）；2003 年，国家发展计划委员会《关于同意黄骅港一期工程建设规模等内容的批复》（计基础〔2003〕154 号文）；1998 年，国家环境保护总局《关于黄骅港码头工程（一期）环境影响报告书审批意见的复函》（环监〔1998〕445 号文）。

新建 4 个泊位（2 个 5 万吨级泊位、1 个 3.5 万吨级泊位和 1 个 1 万吨级泊位），码头长 880 米，防波堤 9213 米，隔堤 2000 米，港内护岸 6963 米，引堤 3704 米，吹填围埝 6467 米；港内铁路 23.6 千米；航道总长度 34.83km，其中内航道 3.48km，外航道 31.35km；堆场 38 万平方米，堆煤能力 237 万吨；地基处理 132 万平方米；大型装卸机械设备 13 台及皮带机 13.37 千米。装卸系统配有卸车能力 4000 吨/小时的翻车机 3 台；4000 吨/小时的堆料机 2 台；4400 吨/小时的堆料机 1 台；6000 吨/小时的取料机 2 台；3000 吨/小时的取料机 2 台；1200 吨/小时的取料机 1 台；4000/6000 吨/小时堆取料机 1 台；6000 吨/小时的装船机 3 台;3000 吨/小时的装船机 1 台。生产、辅助生产建筑 7.3 万平方米;以及供水、供电、环保等配套设施建设。

建设单位为神华黄骅港务有限责任公司;设计单位为中交第一航务工程勘察设计院、中交水运规划设计院;施工单位为中国港湾建设(集团)总公司(承担堆场陆域形成、疏浚及软基处理、设备安装)、中港一航局一公司(承担煤码头工程)、中港一航局三公司(承担南防波堤工程)、中港一航局四公司(承担翻车机房工程)、中港一航局五公司(承担堆场北东护岸工程)、中港二局三公司(承担北防波堤工程)、中铁十四工程局(港内铁路工程)、黄骅水利港建公司(承担隔堤工程)、中煤集团公司、沧州二建(承担房建工程);监理单位为中北监理事务所、京华监理事务所;质监单位为河北省水运工程质量监督站。

(2)二期工程

项目于 2002 年 9 月开工,2004 年 8 月完工并开始重载试车。

项目建设依据:2004 年,国家发展和改革委员会《关于黄骅港二期工程项目核准的批复》(发改交运〔2004〕3068 号);2003 年,国家环境保护部《关于黄骅港二期工程环境影响报告书审查意见的复函》(环审〔2003〕350 号);2004 年,河北省安全生产监督管理局《关于〈神华黄骅港务有限公司黄骅港二期工程安全预评价报告〉的批复》(冀安全宣教〔2004〕45 号);2005 年,沧州市港航管理局《关于同意黄骅港第一作业区二期工程投入试运行的批复》(沧港航港字〔2005〕26 号)。

新建 3 个泊位(2 个 5 万吨级泊位和 1 个 10 万吨级泊位),码头长 840 米,栈桥长 115 米,宽 23 米(与一期码头净距 89.2 米);航道延长至 35 千米,浚深至 -12.3 米;堆场 33.3 万平方米,堆存能力 212 万吨;港内铁路 23.23 千米;配有 3 台"C"型两翻转子式翻车机,单机卸车能力 4000 吨/小时;堆取料采用 3 堆 3 取形式,堆料线设 3 台 4000 吨/小时的堆料机,取装线设 3 台 6000 吨/小时的取料机和 2 台 3000 吨/小时的取料机;码头设 3 台 6000 吨/小时的移动式装船机。

建设单位为神华黄骅港务有限责任公司;设计单位为中交第一航务工程勘察设计院、中交水运规划设计院;施工单位为中国港湾建设(集团)总公司(承担堆场陆域形成、疏浚及软基处理、设备安装等工程)、中交一航局一公司(承担煤码头等工程)、中交一航局四公司(承担翻车机房等工程)、中交疏浚股份有限公司(承担航道疏浚工程)、黄骅水利港建公司(承担引堤南侧道路等工程)、沧州二建(承担房建等工程);监理单位为天津中北港湾工程建设监理事务所、北京京华工程建设监理事务所;质监单位为河北省水运工程质量监督站。

(3)黄骅港扩容完善工程

项目于 2009 年 9 月开工建设,2010 年 12 月全部完工。

项目建设依据:2009 年 7 月 3 日,国家发展和改革委员会《关于黄骅港扩容完善工程项目核准的批复》（发改基础〔2009〕1767号）；2009年4月16日，交通运输部《关于黄骅港扩容完善工程项目申请报告的意见》（交函规划〔2009〕103号）；2010年1月4日，交通运输部《关于黄骅港扩容完善工程初步设计的批复》（交水发〔2010〕6号）；2010年8月24日，沧州市港航管理局《关于黄骅港扩容完善工程施工图设计的批复》（沧港航港字〔2010〕64号）；2012年12月24日，河北省海洋局《关于黄骅港扩容完善工程用海的批复》（冀海函〔2012〕303号）；2008年11月13日，河北省建设厅《关于黄骅港扩容完善工程的选址意见书》（选字第13000020080040号）；2008年12月29日，国家环境保护部《关于黄骅港扩容完善工程环境影响报告书的批复》（环审〔2008〕609号）；2009年3月27日，河北海事局《关于黄骅港扩容完善工程通航安全评估报告备案的函》（冀海便函〔2009〕19号）；2008年8月22日，河北省安全生产监督管理局《关于黄骅港扩容完善工程安全预评价报告评审备案表》；2010年11月26日，交通运输部《关于黄骅港扩容完善工程开工备案表》。

项目建设1个5万吨级煤炭装船泊位、道路堆场及辅助建筑物等配套设施。码头长度310米，宽25米；引桥总长101米（东护岸外墙边线至引桥与码头后沿相交处轴线长度），宽10米；码头和引桥顶面设计高程均为6.3米，码头前沿停泊水域设计底高程-13.7米。装卸设备包括翻车机、堆料机、堆取料机、装船机等。道路堆场面积7.86万平方米，高强连锁块结构，基层采用水泥稳定碎石，并建设配套照明、排水、通信等设施。生产及生产辅助建筑物包括14号变电站、CD9翻车机电气控制室、转接机房，配套建设供电照明、给排水、消防系统以及采暖管网等设施。

建设单位为神华黄骅港务有限责任公司；设计单位为中交第一航务工程勘察设计院、中交水运规划设计院；施工单位为中交第一航务工程局有限公司、中交一航局第一工程有限公司、天津海加利工程有限公司、中铁十六局第二工程有限公司；监理单位为中交水规院京华工程监理有限公司、天津天科工程监理咨询事务所；质监单位为河北省水运工程质量安全监督局。

（4）黄骅港三期工程

项目于2010年7月开工建设，2013年6月全部完工。

项目建设依据：2010年9月3日，国家发展和改革委员会《关于黄骅港三期工程项目核准的批复》（发改基础〔2010〕2016号）；2011年1月20日，交通运输部《关于黄骅港三期工程初步设计的批复》（交水发〔2011〕14号）；2011年8月16日，沧州市港航管理局《关于黄骅港三期工程施工图设计的批复》（沧港航港字〔2011〕62号）；2008年11月13日，河北省建设厅《关于黄骅港三期工程的选址意见》（选字第13000020080039号）；2008年11月28日，河北省安全生产监督管理局《关于黄骅港三期工程安全预评价报告评审备案表》；2008年12月2日，国家环境保护部《关于黄骅港三期工程环境影响报告书的批复》(环审〔2008〕487号);2009年3月10日,国家海洋局《关于黄骅港三期工程项目用海预审意见的函》(国海管字〔2009〕122号);2009年3月27日,河北省海事局《关于黄骅港三期工程通航安全评估报告备案的函》(冀海便函〔2009〕19号);2009年12月25日,交通运输部《关于黄骅港三期工程项目申请报告的意见》(交函规划〔2009〕406号);2010年6月21日,河北省卫生厅《关于黄骅港三期工程职业卫生审查认可书》(冀卫法监建审字〔2010〕14号);2011年6月17日,国家海洋局《关于黄骅港三期工程用海的批复》(冀海函〔2011〕397号);2011年9月13日,交通运输部水运局《黄骅港三期工程开工备案表》。

本项目建设4个5万吨级煤炭装船泊位(码头水工结构均按靠泊10万吨级散货船设计)。码头采用突堤式布置,通过栈桥与陆域相连,其中码头长1072.5米,栈桥长127.5米,结构总长1200米,码头面顶高程为6.3米。码头上布置4台移动式装船机,4条码头皮带机布置在装船机跨下。新建2条卸车线,每条卸车线布置1台四翻翻车机,位于港区西北侧。新建直径40米圆形储煤筒仓24个,单个仓容3万吨,分成4组,每组6个筒仓构成一条堆取料作业线。

建设单位为神华黄骅港务有限责任公司;设计单位为中交第一航务工程勘察设计院、中交水运规划设计院;施工单位为中交第一航务工程局有限公司、中铁十六局集团第二工程有限公司、天津港保税区海加利工程有限公司、河北天昕建设集团、河北大元建设集团有限公司、广东金东海集团有限公司;监理单位为中交水规院京华工程监理有限公司、天津中北港湾工程建设监理有限公司、中国船级社实业公司;质监单位为河北省水运工程质量安全监督局。

(5)黄骅港(煤炭港区)四期工程

项目于2012年6月开工建设,2014年12月全部完工。

项目建设依据:2014年2月24日,国家发展和改革委员会《关于河北省黄骅港(煤炭港区)四期工程项目核准的批复》(发改基础〔2014〕335号);2014年12月8日,交通运输部《关于黄骅港(煤炭港区)四期工程初步设计的批复》(交水函〔2014〕1033号);2015年1月13日,沧州市港航管理局《关于黄骅港煤炭港区四期工程施工图设计的批复》(沧港航字〔2015〕2号)。

在已建三期工程突堤北侧建设1个10万吨级、2个7万吨级和1个3.5万吨级煤炭装船泊位(13号~16号),泊位长度1072.5米,水工结构均按靠泊10万吨级散货船舶设计;新建1个5万吨级煤炭装船泊位(17号);以及相关配套设施。

13号~16号泊位利用三期工程已建码头北侧岸线进行靠泊,采用突堤式布置,水工主体工程在三期工程中已建设完成,本工程仅增设靠船设施;17号泊位采用高桩梁板式结构。

13 号 ~ 16 号泊位长 1072.5 米，码头宽 32 米，码头面高程 6.3 米（以当地理论最低潮面为基面，以下同）；码头前沿停泊水域宽 86 米，设计底高程 – 15.3 米。17 号泊位长 310 米，码头宽 23 米，码头面高程 6.3 米；码头前沿停泊水域宽 65 米，设计底高程 – 14.0 米。泊位前方设置圆形回旋水域，回旋水域直径 460 米，设计底高程 – 14.0 米。

堆场布置在码头后方，由筒仓堆和露天堆场组成。筒仓堆场布置在三期工程筒仓西侧，占地面积 15.7 万平方米，建设 24 座筒仓，筒仓采用现浇钢筋混凝土结构，单座筒仓储煤量 3 万吨。露天堆场布置在铁路空车场北侧，占地面积 56.4 万平方米，采用堆取分开布置方案，布置 3 条料场，4 条作业线。

生产及辅助建筑总面积 24809.57 平方米，已建成 16582.57 平方米（主要包括 4 座变电所、2 座干雾间、2 座电气控制室、1 座空压站、1 座含煤污水处理站），尾留消防站工程 3150 平方米、维修点工程 5077 平方米，尾留工程于 2018 年完工。

港外生活配套建筑，2 座公寓楼总建筑面积 17452.43 平方米；1 座配套楼建筑面积 2848.7 平方米；配套建设供电、照明、控制及计算机管理、信息与通信、给排水、暖通、供热、机修、消防等设施。

建设单位为神华黄骅港务有限责任公司；设计单位为中交水运规划设计院；施工单位为中交第一航务工程局有限公司、宁夏煤炭基本建设有限公司；监理单位为天津中北港湾工程建设监理有限公司、天津港工程监理咨询有限公司；质监单位为河北省水运工程质量安全监督局。

（6）黄骅港化工码头改造工程

项目于 2008 年 4 月开工建设，2009 年 12 月全部完工。

项目建设依据：2003 年 3 月，河北省发展计划委员会《关于黄骅港液体化学品码头工程可行性研究报告的批复》（冀计基础〔2003〕243 号）；2002 年 4 月，交通运输部《关于黄骅港液体化学品码头使用岸线的批复》（交规划发〔2002〕140 号文）；2009 年 4 月，沧州市渤海新区城市规划建设局《关于黄骅港化工码头改造工程的选址意见》（沧渤建字〔2009〕36 号）；2008 年 6 月，河北省安全生产监督管理局《关于黄骅港化工码头改造工程安全预评价报告评审意见备案表》；2011 年 10 月，河北省安全生产监督管理局《关于黄骅港化工码头改造工程的职业病危害预评价许可意见书》（冀职健项目审字〔2011〕0018 字）；2010 年 8 月，河北省环境保护厅《关于黄骅港化工码头改造工程环境影响报告书的批复》（冀环评〔2010〕294 号）；2010 年 4 月，河北省海事局《关于黄骅港化工码头改造工程溢油风险评估及应急设备配备报告的批复》（冀海便函〔2010〕24 号）；2011 年 9 月，河北省发展和改革委员会关于黄骅港化工码头改造工程河北省固定资产投资项目核准证（冀发改基础核字〔2011〕35 号）；2012 年 1 月，河北省交通运输厅《关于黄骅港化工码头改造工程初步设计的批复》（冀交函基〔2012〕11 号）；2012 年 3 月，沧州市港航管理局《关于黄骅港化工码头改造工程施工图设计的批复》（沧港航字〔2012〕18 号）；2012 年 3 月，河北省交通运输厅港航管理局《关于黄骅港化工码头改造工程开工备案》；2003 年，河北省发展计划委员会《关于黄骅港液体化学品码头工程可行性研究报告的批复》（冀计基础〔2003〕243 号）。

码头前沿浚深至 14.2 米，调头区及港池、连接水域已经全线疏浚到 14.0 米（口门附近为 15.0 米），挖泥量为 287.32 万立方米。码头平台上设置 2 台 DN300 液压装卸臂、装卸臂氮气吹扫设施、泄空泵、装卸臂控制室、登船梯和 2 根 DN500 工艺管线。吹填造陆 3.26 平方公里，采用排水板真空预压施工工艺。港内道路施工 1.9 万平方米，采用高强连锁块结构。生产及生产辅助设施包括综合楼、业务楼、制氮站、变电所、消防泵房、装卸臂控制室等，配套建设供电照明、给排水、消防系统以及采暖管网等设施。

建设单位为神华黄骅港务有限责任公司；设计单位为中交第一航务工程勘察设计院；施工单位为武汉航道局、中交第一航务工程局有限公司、中交一航局第四工程有限公司、中铁十六局二公司、河北天昕建设集团公司、河北大元建业集团公司；监理单位为天津中北港湾工程建设监理有限公司、中交水规院京华工程监理有限公司；质监单位为河北省水运工程质量安全监督局。

（7）黄骅港工作船、多用途码头工程

项目于 2000 年 7 月开工建设，2005 年 11 月全部完工。

项目建设依据：2000 年 2 月 6 日，河北省发展计划委员会《关于黄骅港工作船、多用途码头工程可行性研究报告的批复》（冀计能交〔2000〕187 号）；2000 年 6 月 14 日，河北省发展计划委员会《关于黄骅港工作船码头、多用途码头工程初步设计的批复》（冀计投〔2000〕578 号）；1997 年 2 月 12 日，国家计划委员会《关于黄骅港一期工程初步设计及总概算的批复》（计建设〔1997〕190 号）；2012 年 2 月 29 日，沧州市渤海新区城市规划建设局《关于黄骅港工作船码头、多用途码头工程的预选址意见》。

建设 1 个 1.5 万吨级工作船（兼做杂货）泊位和 1 个 1.5 万吨级多用途泊位，道路堆场及辅助建筑物等配套设施。码头采用高桩梁板结构，长 378 米，码头前沿作业平台宽 35 米，设 3 座引桥与后方陆域相连；桩基采用 600 毫米×600 毫米预应力混凝土方桩；码头和引桥顶面设计高程均为 6.0 米，码头前沿停泊水域设计底高程 −12.0 米。装卸设备包括门座式起重机和流动机械。道路堆场面积 9.05 万平方米，采用高强混凝土连锁块结构。生产及生产辅助建筑物，2 号变电站，744.68 平方米。配套建设供电、照明、控制、给排水、消防、通信、采暖等设施。

建设单位为神华黄骅港务有限责任公司；设计单位为中交第一航务工程勘察设计院、中交水运规划设计院；施工单位为中交一航局第一工程有限公司、中交一航局第四工程有限公司、中交一航局第五工程有限公司、沧州第一建筑工程有限公司；监理单位为中交水规院京华工程监理有限公司；质监单位为河北省水运工程质量安全监督局。

（三）综合港区

1.港口综述

（1）港区建设和运营概况

2008 年 7 月 28 日，河北省委、省政府召开党政联席会作出了开辟第二航道，加快黄骅港综合港区开发建设的重大战略决策。2009 年 3 月 19 日，综合港区起步工程开工奠基，2010 年 8 月 18 日，起步工程 4 个 5 万吨级通用散杂货泊位（水工结构按 10 万吨级预留）建成并实现通航运营；2011 年 12 月 29 日，综合港区 4 个 5 万吨级多用途码头（集装箱）泊位建成并实现通航，结束了黄骅港无综合码头、无集装箱码头的历史，真正实现了黄骅港从单一的煤炭输出港向多功能、现代化综合大港的新跨越。综合港区 10 万吨级航道有效宽度 210 米，口门处宽度为 230 米，设计底高程 − 14.5 米，航道总长 44 千米。

综合港区共有生产性泊位 13 个。

（2）港区地理条件和集疏运概况

综合港区仅有邯黄铁路一条集疏港铁路，服务于综合港区渤海港务、钢铁物流等码头业主单位；集疏运公路规划"三横一纵"港内公路网，三横为南疏港路、中疏港路、北疏港路，分别与外部公路网相连。一纵为东疏港路，连接南、中、北疏港公路。外部公路主要依托"三横两纵"公路网，三横为石黄高速、邯黄高速、保港高速，两纵为沿海高速、津汕高速。

2.港区工程项目

（1）黄骅港综合港区多用途码头工程

项目于 2010 年 6 月 23 日开工建设，2013 年 7 月 18 日试运行，2014 年 1 月 9 日竣工。

项目建设依据：2010 年 5 月 7 日，河北省发展和改革委员会《黄骅港综合港区多用途码头工程核准证》（冀发改交通核字〔2010〕24 号）；2010 年 7 月 2 日，河北省交通运输厅《河北省交通厅关于黄骅港综合港区多用途码头工程初步设计的批复》（冀交函基〔2010〕390 号）；2009 年 12 月 9 日，河北省环境保护厅《河北省环境保护厅关于黄骅港综合港区多用途码头工程环境影响报告书的批复》（冀环评〔2009〕500 号）；2009 年 12 月 18 日，河北省海洋局《河北省海洋局关于黄骅港综合港区多用途码头工程用海的预审意见》（冀海函〔2009〕110 号）；2009 年 11 月 24 日，河北省住房和城乡建设厅《关于黄骅港综合港区多用途码头工程建设项目选址意见书》（〔2009〕第 854 号）；2010 年 4 月 28 日，交通运输部《关于黄骅港综合港区多用途码头工程使用港口岸线的批复》（交规划发〔2010〕212 号）。

项目建设 5 万吨级多用途泊位 4 个（码头主体结构按 10 万吨级设计建造），以及相应配套设施,岸线总长 1057 米,设计年吞吐能力 1000 万吨,其中杂货通过能力 600 万吨,集装箱通过能力 40 万 TEU(合 400 万吨)。码头采用高桩梁板式结构。码头前沿水深 15.3 米,项目后方堆场面积 11.36 万平方米,堆存容量:件杂货 27.08 万吨,集装箱 24029 TEU,辅助建筑物 44798.58 平方米。主要装卸设备配置门式起重机 8 台,多用途装卸桥 6 台,集装箱牵引车、集装箱半挂车各 24 台。工程总投资为 33.54 亿元,由秦皇岛港股份有限公司(持股 95.93%)、河北渤海投资集团有限公司(持股 4.07%)共同出资。用海面积 102.01 公顷。

建设单位为沧州渤海港务有限公司;设计单位为中交第一航务工程勘察设计院有限公司;施工总承包单位为中国交通建设股份有限公司;监理单位为天津中北港湾工程建设监理有限公司、秦皇岛方圆港湾工程监理有限公司;质监单位为河北省水运工程质量安全监督局。

(2)黄骅港综合港区散货码头起步工程

项目于 2009 年 2 月开工建设,2013 年 7 月 18 日开始试运行,2014 年 1 月 9 日竣工。

项目建设依据:2008 年 12 月 23 日,河北省发展和改革委员会《黄骅港综合港区散货码头起步工程核准证》(冀发改交通核字〔2008〕186 号);2010 年 5 月 12 日,河北省交通运输厅《关于黄骅港综合港区通用散货码头起步工程初步设计的批复》(冀交函基〔2010〕268 号);2008 年 9 月 22 日,河北省环境保护局《河北省环境保护厅关于黄骅港综合港区散货码头起步工程环境影响报告书的批复》(冀环评〔2008〕553 号);2009 年 4 月 3 日,河北省海洋局《河北省海洋局关于黄骅港综合港区散货码头起步工程项目用海的批复》(冀海函〔2009〕29 号);2008 年 9 月 12 日,河北省住房和城乡建设厅《关于黄骅港综合港区散货码头起步工程建设项目选址意见书》(选字第 130000200800029 号);2009 年 3 月 16 日,交通运输部《关于黄骅港综合港区通用散货码头起步工程使用港口深水岸线的批复》(交规划发〔2009〕122 号)。

项目建设 5 万吨级通用散货泊位 2 个(码头结构均按靠泊 10 万吨级船舶设计建造),以及相应的配套设施,岸线总长 508.5 米。码头采用高桩梁板式结构。码头前沿水深 15.3 米,项目后方堆场面积 46.77 万平方米,堆存容量 48 万吨。主要装卸设备配置门座起重机 6 台,单斗装载机 28 辆,自卸汽车 24 辆。工程总投资为 15.66 亿元,由秦皇岛港股份有限公司(持股 95.93%)、河北渤海投资集团有限公司(持股 4.07%)共同出资。用海面积 145.91 公顷。

建设单位为沧州渤海港务有限公司;设计单位为中交第一航务工程勘察设计院有限公司;施工总承包单位为中国交通建设股份有限公司;监理单位为天津中北港湾工程建设监理有限公司、秦皇岛方圆港湾工程监理有限公司;质监单位为河北省水运工程质量安全监督局。

（3）黄骅港综合港区散杂货码头工程

项目于 2009 年 3 月开工建设,2013 年 7 月 18 日开始试运行, 2014 年 1 月 9 日竣工。

项目建设依据:2009 年 3 月 17 日,河北省发展和改革委员会《黄骅港综合港区通用散杂货码头工程核准证》(冀发改交通核字〔2009〕76 号);2010 年 5 月 12 日,河北省交通运输厅《关于黄骅港综合港区通用散杂货码头工程初步设计的批复》(冀交函基〔2010〕269 号);2008 年 12 月 30 日,河北省环境保护局《关于黄骅港综合港区散杂货码头工程环境影响报告书的批复》(冀环评〔2008〕768 号);2010 年 7 月 16 日,河北省海洋局《河北省海洋局关于黄骅港综合港区通用散杂货码头工程项目用海的批复》(冀海涵〔2010〕184 号);2008 年 12 月 12 日,河北省建设厅《关于黄骅港综合港区通用散杂货码头工程建设项目选址意见书》(选字第 130000200800049 号);2009 年 3 月 16 日,交通运输部《关于黄骅港综合港区通用散杂货码头工程使用港口深水岸线的批复》(交规划发〔2009〕121 号)。

项目建设 5 万吨级通用散杂货泊位 2 个(码头结构均按靠泊 10 万吨级船舶设计建造),以及相应的配套设施,岸线总长 508.5 米。码头采用高桩梁板式结构。码头前沿水深 15.3 米,项目后方堆场面积 34.49 万平方米,堆存容量 21 万吨。主要装卸设备配置门座起重机 6 台、单斗装载机、自卸汽车。工程总投资为 12.52 亿元,由秦皇岛港股份有限公司(持股 95.93%)、河北渤海投资集团有限公司(持股 4.07%)共同出资。用海面积 53.83 公顷。

建设单位为沧州渤海港务有限公司;设计单位为中交第一航务工程勘察设计院有限公司;施工总承包单位为中国交通建设股份有限公司;监理单位为天津中北港湾工程建设监理有限公司、秦皇岛方圆港湾工程监理有限公司;质监单位为河北省水运工程质量安全监督局。

（4）黄骅港综合港区沧州黄骅港钢铁物流有限公司通用散杂货码头工程

项目于 2013 年 7 月开工建设,2017 年 11 月试运行,2018 年 9 月竣工。

项目建设依据:2013 年 9 月 16 日,河北省发展和改革委员会《黄骅港综合港区沧州黄骅港钢铁物流有限公司通用散杂货码头工程核准证》(冀发改基础核字〔2013〕75 号);2013 年 12 月 27 日,河北省交通运输厅《关于黄骅港综合港区沧州黄骅港钢铁物流有限公司通用散杂货码头工程初步设计的批复》(冀交函基〔2013〕1145 号);2016 年 6 月 1 日,沧州市港航管理局《关于黄骅港综合港区沧州黄骅港钢铁物流有限公司通用散杂货码头工程施工图设计的批复》(沧港航字〔2016〕35 号);2015 年 1 月 9 日,河北省海事局《关于黄骅港综合港区沧州黄骅港钢铁物流有限公司通用散杂货码头工程通航安全核查的核准意见》(冀海事〔2015〕4 号);2016 年 9 月 30 日,河北省海事局《关于黄骅港综合港区沧州黄骅港钢铁物流有限公司通用散杂货码头工程(靠泊 10 万吨级船舶)通航安全核查的核准意见》(冀海通航[2016]12 号);2013 年 7 月 27 日,河北省环境保护厅《关于黄骅港综合港区沧州黄骅港钢铁物流有限公司通用散杂货码头工程环境影响报告书批复》(冀环评[2013]244 号);2013 年 3 月 15 日,河北省海洋局《关于黄骅港综合港区沧州黄骅港钢铁物流有限公司通用散杂货码头工程项目用海预审意见》(冀海函[2013]63 号);2012 年 9 月 26 日,河北省住房和城乡建设厅《建设项目选址意见书》(选字第 130000201200078 号);2013 年 3 月 22 日,交通运输部《关于黄骅港综合港区一港池沧州黄骅港钢铁物流有限公司通用码头工程使用港口岸线的批复》(交规发[2013]208 号)。

项目建设 2 个 5 万吨级通用散杂货泊位(水工结构按靠泊 10 万吨级散货船设计和建设)及堆场、道路等配套设施,码头岸线长度 527 米,码头水工结构采用预应力混凝土空心方桩结构方案,码头面高程 6.0 米;陆域纵深 800 米,陆域面积 42.2 万平方米,高程 6.0 米;码头前沿停泊水域宽度 86 米,底高程 - 15.3 米,回旋圆直径 500 米,底高程 - 14.5 米。主要装卸设备包括 8 台港口门座起重机。工程实际总投资金额为 90915.39 万元。

建设单位为沧州黄骅港钢铁物流有限公司;设计单位为中交第四航务工程勘察设计院有限公司;施工单位为中交一航局第一工程有限公司、中国水电建设集团港航建设有限公司、河北建设勘察研究院有限公司、河北建工集团有限责任公司、河北宏远建筑安装有限公司、河北方泽建筑工程集团有限公司、中交一航局第四工程有限公司、河北第四建筑工程有限公司、天津海盛石化建筑安装工程有限公司、邯郸建工集团;监理单位为厦门港湾咨询监理有限公司;质监单位为河北省水运工程质量安全监督局。

(5)黄骅港综合港区沧州黄骅港钢铁物流有限公司通用散货码头工程

项目于 2017 年 1 月开工建设,2019 年 3 月试运行,2019 年 12 月竣工。

项目建设依据:2015 年 9 月 11 日,河北省发展和改革委员会《黄骅港综合港区通用散货码头工程核准证》(冀发改基础核字[2015]57 号);2016 年 11 月 17 日,河北省交通运输厅《关于黄骅港综合港区通用散货码头工程初步设计的批复》(冀交函基[2016]1462 号);2017 年 1 月 11 日,沧州市港航管理局《关于黄骅港综合港区通用散货码头工程施工图设计的批复》(沧港航字[2017]5 号);2013 年 7 月 27 日,河北省环境保护厅《关于黄骅港综合港区沧州黄骅港钢铁物流有限公司通用散货码头工程环境影响报告书批复》(冀环评[2013]243 号);2016 年 1 月 6 日,河北省海洋局《关于黄骅港综合港区通用散货码头工程项目用海批复》(冀海函[2016]6 号);2012 年 9 月 26 日,河北省住房和城乡建设厅《建设项目选址意见书》(选字第 130000201200079 号);2013 年 3 月 22 日,交通运输部《关于黄骅港综合港区一港池沧州黄骅港钢铁物流有限公司通用码头工程使用港口岸线的批复》(交规发[2013]208 号)。

项目建设 2 个 5 万吨级通用散货泊位(水工结构按靠泊 10 万吨级散货船设计和建

设）及后方堆场、铁路站场和配套公路设施。码头利用岸线长度 521 米,码头水工结构采用高桩梁板结构方案,码头面高程 6.0 米。码头前承台宽 21.5 米,前承台安装 8 台 MQ40 吨—45 米的门座起重机,后承台宽 38.5 米,码头通过 2 座引桥与陆域连接,其中 1 号引桥宽 24 米,2 号引桥宽 15 米,引桥长度均为 40 米。码头前沿停泊水域已疏浚至宽度 90 米,底高程 -15.3 米,回旋水域已疏浚至直径 600 米,底高程 -14.5 米。已满足通航 10 万吨级散货船舶条件。后方陆域纵深 800 米,陆域面积 41.7 万平方米,高程 6.0 米。主要布置堆场、装卸区和配套生产辅建区,其中堆场区域包括 12 万平方米的海关监管区,已通过海关监管部门的验收和开通。主要生产辅助建筑物包括 1 号变电所、生产污水处理站和门卫等,总建筑面积为 3435.25 平方米。工程实际总投资金额为 8.46 亿元。

建设单位为沧州黄骅港钢铁物流有限公司;设计单位为中交第四航务工程勘察设计院有限公司;施工单位为中交一航局第一工程有限公司、大元建业集团股份有限公司、中国电建集团港航建设有限公司、江苏大汉建设集团有限责任公司、河北建工集团有限责任公司、河北方泽建筑工程集团有限公司、河北建设集团天辰建筑工程有限公司;监理单位为厦门港湾咨询监理有限公司;质监单位为河北省水运工程质量安全监督局。

（6）黄骅港综合港区冀海散杂货码头工程

项目于 2014 年 11 月开工建设,2016 年 1 月工程建成完工。

项目建设依据:2014 年 3 月 27 日,河北省发展和改革委员会《关于核准黄骅港综合港区冀海散杂货码头工程项目申请报告的通知》（冀发改外资〔2014〕570 号）;2014 年 3 月 5 日,河北省交通运输厅《关于黄骅港综合港区冀海散杂货码头工程工程可研性研究报告的审查意见》（冀交函规〔2014〕186 号）;2015 年 1 月 24 日,河北省交通运输厅《关于黄骅港综合港区冀海散杂货码头工程初步设计的批复》（冀交函基〔2015〕59 号）;2015 年 10 月 14 日,沧州市港航管理局《关于黄骅港综合港区冀海散杂货码头工程施工图设计的批复》（沧港航字〔2015〕60 号）;2011 年 11 月 30 日,交通运输部《关于黄骅港综合港区冀海散杂货码头工程使用港口岸线的批复》（交规划发〔2011〕705 号）;2014 年 1 月 23 日,交通运输部《关于黄骅港综合港区冀海散杂货码头工程使用港口岸线延期的批复》（交函规划〔2014〕45 号）同意有效期延长至 2014 年 11 月 30 日;2014 年 5 月 28 日,交通运输部颁发《港口岸线使用证》（交港海岸 2014 第 24 号）;2014 年 6 月 18 日,河北省海洋局《关于黄骅港综合港区冀海散杂货码头工程项目用海的批复》（冀海函〔2014〕160 号）;2014 年 9 月 29 日,河北省人民政府和河北省海洋局联合颁发《海域使用权证书》（国海证 2014B13098303297 号、国海证 2014B13090003287 号）;2013 年 10 月 29 日,河北省环境保护厅《关于冀海港务有限公司年吞吐量 350 万吨公共码头项目环境影响报告书的批复》（冀环评〔2013〕383 号）;2014 年 4 月 28 日,河北省海洋局《关于黄骅港综合港区冀海散杂货码头工程海洋环境影响报告书的核准意见》（冀海函〔2014〕126 号）;2013 年 10 月 28

日,河北省海事局《关于河北冀海港务有限公司年吞吐量350万吨公共码头项目通航安全影响论证报告核准意见的函》(冀海便函〔2013〕148号);2014年6月13日,河北省安全生产监督管理局《建设项目安全评价报告评审备案表》;2014年11月10日,河北省交通运输厅港航管理局《港口工程建设项目开工备案表》。

项目建设有1个10万吨级通用散杂货泊位及仓储物流等配套设施,泊位年吞吐量235万吨,码头长度为298米,宽度为30米,顶面高程6.0米,前沿底高程为-15.3米。共布置2座引桥,宽度均为10米,长度为70米,配备4台600吨/小时门式起重机及相应的输送设备。陆域建(构)筑物为1座占地面积11959平方米的谷物平房仓,仓内划分为4个独立廒间,每个廒间储存环境一致,根据货种堆存情况进行调配储存。同时有3座直径36米檐口高度50米的大豆筒仓,每座筒仓容量3.33万吨。码头前沿有护栏、护轮坎、指示信号灯、防撞柱等安全设施,平房仓采用防爆电气设备,所有区域都配备灭火器和消火栓等消费设施。

建设单位为河北冀海港务有限公司;主要设计单位有中交第一航务工程勘察设计院有限公司、天津市化工设计院、国粮武汉科学研究设计院有限公司;主要施工和设备制造单位有中国交通建设股份有限公司、中交一航局第一工程有限公司、山西省工业设备安装有限公司、南京港机重工制造有限公司、捷赛机械(苏州)有限公司、徐州中良设备工程有限公司、河南金谷实业发展有限公司、江苏宝华环保科技有限公司、梅特勒-托利多(常州)称重设备系统有限公司;监理单位为厦门港湾咨询监理有限公司;质监单位为河北省水运工程质量安全监督局。

(四)散货港区

1. 港区综述

(1)港区建设和运营概况

散货港区有港口经营单位1家——沧州黄骅港矿石港务公司。运营20万吨级矿石专用泊位2个。

(2)港区地理条件和集疏运概况

散货港区位于综合港区东侧,与综合港区共用铁路、公路集疏港。

2. 港区工程项目

黄骅港散货港区矿石码头一期工程

项目于2012年6月开工建设,2015年6月竣工。

项目建设依据:2013年7月22日,国家发展和改革委员会《黄骅港散货港区矿石码头一期工程核准证》(发改基础〔2013〕1396号);2013年12月3日,交通运输部《关于黄骅港散货港区矿石码头一期工程初步设计的批复》（交字〔2013〕700号）；2013年6月3日，国家环境保护部《关于黄骅港散货港区矿石码头一期工程环境影响报告书的批复》（环审〔2013〕136号）；2013年5月11日，国土资源部《黄骅港散货港区矿石码头一期工程建设用地预审意见》（国土资预审字〔2013〕132号）；2012年7月19日，河北省住房和城乡建设厅《黄骅港散货港区矿石码头一期工程建设项目选址意见书》（冀发改基础〔2012〕626号）；2014年5月7日，交通运输部《关于黄骅港综合港区矿石码头一期工程使用港口岸线的批复》（交函规划〔2013〕102号）。

项目建设2个20万吨级铁矿石卸船泊位（码头结构按25万吨级设计建造），以及相应的配套设施，岸线总长736米。码头采用高桩梁板式结构。码头前沿水深20米，项目后方堆场有效堆存面积约为29.69万平方米，辅助建筑物总建筑面积约38398平方米。主要装卸设备配置桥式卸船机6台、堆料机3台、取料机3台。工程总概算为57.91亿元，由秦皇岛港股份有限公司（持股98.47%）、河北钢铁集团国际物流有限公司（持股1.53%）共同出资。用海面积127.23公顷。

建设单位为沧州渤海港务有限公司；设计单位为中交第一航务工程勘察设计院有限公司；施工总承包单位为中国交通建设股份有限公司；监理单位为天津中北港湾工程建设监理有限公司、秦皇岛方圆港湾工程监理有限公司、中国船级社实业公司；质监单位为河北省水运工程质量安全监督局。

第三节　天　津　市

天津港

（一）港口概况

1. 港口综述

（1）基本市情

天津，简称"津"，别称津沽、津门，是中华人民共和国省级行政区，直辖市、国家中心城市、超大城市，国务院批复确定的环渤海地区的经济中心。截至2018年，全市下辖16个区，总面积11916.85平方公里，建成区面积1007.91平方公里，常住人口1559.60万人，城镇人口1296.81万人，城镇化率83.15%。

天津地处中国华北地区、东临渤海、华北平原东北部、海河流域下游，是海河五大支流南运河、子牙河、大清河、永定河、北运河的汇合处和入海口，素有"九河下梢""河海要冲"

之称。天津是中蒙俄经济走廊主要节点、海上丝绸之路的战略支点、"一带一路"交汇点、亚欧大陆桥东部起点之一,也是中国北方最大的港口城市,首批沿海开放城市。

2015 年全市生产总值 16538 亿元,人均生产总值超过 1.7 万美元。一般公共预算收入 2667 亿元,年均增长 20.1%。全社会固定资产投资累计超过 5.1 万亿元,年均增长 15.5%。服务业增加值占全市生产总值的比重 52%,"三二一"产业格局基本形成。自主创新能力不断提高,国家自主创新示范区和"双创特区"加快建设,全社会研发经费支出占全市生产总值比重 3%。

（2）综合运输

公路:天津公路网是以国道和部分市级干线为骨架,以放射状公路为主的网络系统,以外环线沟通各条放射公路的联系。通过天津的国道主干线 4 条,国道 5 条。截至 2016 年,天津公路通车里程为 4243 千米,其中,高速公路 143.85 千米,二级以上高等级公路 1273.8 千米。

铁路:天津不仅处于京沪铁路、津山铁路两大传统铁路干线的交汇处,还是京沪高速铁路、京津城际铁路、津秦客运专线、津保客运专线等高速铁路的交汇处,是北京通往东北和上海方向的重要铁路枢纽。

航运:天津港是中国最大的人工深水港,也是世界最大的人工深水港之一,是 2015 年港口货物吞吐量位列第四的综合性港口,位于滨海新区。服务和辐射京津冀及中西部地区的 14 个省市自治区,总面积近 500 万平方公里,占全国面积的 52%,是蒙古国等内陆国家的主要出海口,航线通达世界 180 多个国家和地区的 500 多个港口。

航空:天津有天津滨海国际机场、天津塘沽机场（农化作业）、天津滨海东方直升机场等。

管道:天津管道运输包括市政给排水、供热、燃气、油品等领域。大港油区油气长输管道途经天津、河北,其中天津界内管道总长度达 200 余公里,途经 21 个村镇,管道周边企事业单位 120 余个,跨越大小河流 17 条。

2015 年,天津港到港货物 5.13 亿吨,其中水运方式到港 2.56 亿吨,占比 50%;铁路方式 0.56 亿吨,占比 11%;公路方式 1.97 亿吨,占比 38%;管道方式 0.04 亿吨,占比 1%。2015 年,天津港离港货物 5.35 亿吨,其中水运方式离港 2.85 亿吨,占比 53%;铁路方式 0.28 亿吨,占比 5%;公路方式 1.96 亿吨,占比 37%;管道方式 0.26 亿吨,占比 5%。

（3）港口概况

天津港地处渤海湾西端,坐落于天津滨海新区,海河下游及其入海口处,地理坐标为东经 117°42′05″、北纬 38°59′08″,是环渤海中与华北、西北等内陆地区距离最短的港口,背靠国家新设立的雄安新区,辐射东北、华北、西北等内陆腹地,连接东北亚与中西亚,是京津冀的海上门户,是中蒙俄经济走廊东部起点、新亚欧大陆桥重要节点、21 世纪海上丝绸之路战略支点。

天津港的历史最早可以上溯到汉代，自唐代以来形成海港。1860 年正式对外开埠，是我国最早对外通商的港口之一。天津新港始建于 1939 年，新中国成立后经过 3 年恢复性建设，于 1952 年 10 月 17 日重新开港通航。至 2015 年，用了六十余年时间，历经几次较大规模的建设，基本建成世界一流大港。

天津港是中国北方最大的综合性港口，也是中国沿海港口功能最齐全的港口。拥有集装箱、矿石、煤炭、焦炭、原油及制品、钢材、大型设备、滚装汽车、液化天然气、散粮、国际邮轮等各类泊位。航道共 4 条：天津港主航道总长 47.5 千米，由 30 万吨级主航道和两侧万吨级航道组成；大沽沙航道为 10 万吨级单向航道，航道全长 36.5 千米，底高程 -15.0 米，通航宽度 295 米；大港港区航道可满足 10 万吨级船舶单向、5 万吨级船舶双向通航，并满足 26.6 万立方米 LNG 船舶通航要求，航道全长 44.2 千米，底高程 -14.6 ~ -15.0 米，通航宽度 300 ~ 332 米；高沙岭港区航道规划 10 万吨级，航道等级 2000 吨级。现有锚地包括 1 号锚地（即大沽口北锚地）、2 号锚地（即大沽口南锚地和大沽口散化锚地）、3 号锚地、4 号锚地、大型船舶 1 号临时锚地、LNG 临时应急锚地、6 号临时锚地、7 号临时锚地和 8 号临时锚地，平均水深最大为 24.7 ~ 26.2 米。

天津港规划为北塘港区、东疆港区、北疆港区、南疆港区、海河港区、大沽口港区、高沙岭港区、大港港区等八大港区。北疆港区以集装箱、滚装汽车为重点，发展大规模集装箱物流园、汽车物流园，同时加快老港区提升改造；东疆港区以集装箱运输、邮轮产业、高端服务业为重点，发展国际中转、国际采购、国际配送、国际转口贸易和出口加工等业务，发展京津冀产业园、电子商务产业园、汽车贸易产业园等园区。南疆港区、大沽港区和大港港区以大宗散货运输、临港加工等产业为重点，发展大型专业化散货物流、散货贸易和装备制造等临港产业园。截至 2015 年，高沙岭港区、海河港区、北塘港区尚未建成万吨级码头泊位。

天津港对外联系广泛，同世界上 180 多个国家和地区的 500 多个港口有贸易往来，集装箱班轮航线达到 120 条，每月航班 550 余班，直达世界各地港口。天津港对内辐射力强，腹地面积近 500 万平方公里，占全国总面积的 52%。全港 70% 左右的货物吞吐量和 50% 以上的口岸进出口货值来自天津以外的各省、直辖市、自治区。

2. 港口水文气象

天津港属大陆性季风气候，为暖温带半湿润季风气候特征。年平均气温 12 摄氏度，极端最高气温 39.9 摄氏度（1955 年 7 月 24 日），极端最低气温 -18.3 摄氏度（1953 年 1 月 17 日）。多年平均降水量 602.9 毫米，多年最小降水量 278.4 毫米（1968 年），多年最大降水量 1083.5 毫米（1964 年），日最大降水量 191.5 毫米（1975 年 7 月 30 日），降水主要集中在 7—8 月份。天津港所处塘沽地区雾较轻，能见度小于 1 千米的雾日数年平均

14.2 天,多在冬季出现。冬季多西北向风,夏季多东南向风,春秋季多西南向风。造成本地区大风天气的因素主要是冬、春季的寒潮。台风出现频率较小。

天津港塘沽海区潮汐类型为不规则半日潮。最高高潮位5.93米(以新港理论深度基准面起算,下同),最低低潮位－1.08米,平均海平面2.56米,最大潮差4.37米,平均潮差2.47米。天津港海区波浪以风浪为主、涌浪为辅。常浪向为S向,频率为9.27%;次常浪向为S向、ES向,频率分别为8.91%和8.30%。强浪向为西北向,最大实测$H_{1/10}$波高2.1米,波周期为4.8秒。天津港渤海湾潮流多为不正规半日潮流,塘沽沿海一带涨潮主流向为西至西北向,落潮主流向为东至东南向;实测最大流速发生在大潮表层涨潮时,流速109厘米/秒、流向292;防波堤以内潮流流向与航道走向大致平行,涨潮最大流速76厘米/秒、流向300,落潮最大流速31厘米/秒、流向130(1995年7月中潮实测)。渤海湾常年冰期3个月,1月中旬至2月中旬为盛冰期。沿岸固定冰宽度一般在500米以内,冰厚10~25厘米,最厚达40厘米,不影响货轮在航道及港口航行。流冰外缘线大致在10~15米等深线之间,范围20~30千米,冰厚10~20厘米;流冰方向多为东南至西北向,流速一般30厘米/秒,最大100厘米/秒。

3. 发展成就

新中国成立后,经过三年恢复建设,天津新港于1952年10月17日重新开港通航。此后,国家先后两次对天津港进行大规模扩建,从此奠定了中国北方枢纽港地位。改革开放后,天津港率先实施港口管理体制改革,历经40年发展,实现了从"河埠小港"到"国际大港"的跨越发展。

1978年泊位共27个,其中万吨级以上泊位12个,5000~10000吨级8个,1000~5000吨级5个,1000吨级以下2个,码头总长度4423米。1978年完成货物吞吐量1131万吨。天津港锚地在大沽口外,距船闸约10海里。新港航道是人工开挖的单向航道,从大沽灯塔至新港第一码头,全长17.7千米,航道底宽60米,水深8米。平均高潮2.77米,吃水10米左右的船舶可乘潮进出港口,吃水在7.5米以下的船舶可随时进出港口。在正常水位情况下,新港至塘沽航道可通航吃水6米以下的船舶,塘沽至天津可通航吃水4米以下的船舶。天津港进口物资通过铁路、公路等形式疏运。铁路是疏运的主要手段。塘沽、新港共有铁路专用线90千米,属港务局产权有32.8千米。天津、塘沽两个作业区与市区交通干线连接,无专用公路。新港有专用公路两条,一号公路从四号码头至区十一库,路长4400米,宽9米;二号公路从塘沽化工厂前至新港三分区车场,路长7700米,宽15米。截至1978年,全局共有机械684台,其中装卸用机械410台。码头前沿机械主要是门机。除国产外,另有从意大利、匈牙利、苏联等国进口门机,最大负荷20吨。

截至2015年,天津港拥有各类泊位总数173个,其中万吨级以上泊位119个,货物吞吐量突破5.4亿吨,跻身世界港口第四位;集装箱吞吐量超过1411万TEU,世界排名第十位。天津港服务功能完善、区域辐射带动能力强,是我国唯一拥有三条亚欧大陆桥过境通道的港口;已经建成的天津国际贸易与航运服务中心是全国最大的"一站式"航运服务中心之一;成功实施一次申报、一次查验、一次放行的"三个一"通关模式,口岸通关环境不断优化;积极布局海侧物流节点,打造海上物流绿色通道,环渤海内支线年中转运量突破80万TEU,进一步巩固了环渤海地区枢纽港地位;内陆腹地设立的5个区域营销中心和25个"无水港",进一步完善了覆盖内陆腹地的物流网络体系。

天津港港区分布图如图8-3-1所示。天津港基本情况见表8-3-1。

图8-3-1　天津港港区分布图

表 8-3-1

天津港基本情况表（沿海）

序号	港区名称	港口规划岸线(千米)	其中：2015年已建成岸线(千米)	2015年港口生产用泊位数(个)	其中：万吨级及以上(个)	生产用泊位长度(米)	其中：万吨级及以上(米)	1978—2015年建成生产用泊位数(个)	其中：万吨级及以上(个)	生产用泊位长度(米)	其中：万吨级及以上(米)	货物吞吐量(万吨)	其中：外贸货物吞吐量(万吨)	集装箱(万TEU)	滚装车辆数量(万辆)	滚装车辆重量(万吨)	旅客(万人)	其中：国际旅客(万人)
1	北疆港区	18	12.2	45	45	12237	12237	39	39	10805	10805	21323	12532	1107.7	54.31	1629	0	0
2	南疆港区	24.8	7.8	24	24	7849	7849	24	24	7849	7849	24238	11463	0	0	0	0	0
3	东疆港区	19.87	4.7	15	15	4654	4654	15	15	4654	4654	4583	4333	303.5	10.85	325	52	8.5
4	大沽口港区	25.5	8.89	27	27	6263	6263	27	27	6263	6263	2610	—	—	—	—	—	—
5	大港港区	32.1	0.97	6	6	970	970	6	6	970	970	443.2	0	0	0	0	0	0
6	高沙岭港区	30.3	0	0	0	0	0	0	0	0	0	0	—	0	0	0	0	0
7	海河港区	16	0.33	6	0	326	0	0	0	326	0	—	—	—	—	—	—	—
8	北塘港区	5.24	0	0	0	0	0	0	0	0	0	0	0	0	0	0	0	0
	合计	171.81	34.89	123	117	32299	31973	117	111	30867	30541	53197.2	28328	1411.2	65.16	1954	52	8.5

(二)南疆港区

1. 港区综述

(1)港区建设和运营概况

经过 20 多年的发展,南疆港区已具备工作船靠泊、船舶修理、石油化工中转加工及大宗散货的中转运输功能,已成为渤海海洋石油基地和工作船码头基地,初步形成了石油化工中转加工和大宗散货装卸区,按照天津港总体布局规划的要求,下一步将大力发展大宗散货和液体散货的运输。南疆港区已拥有中石油、中石化、津国油、北方石油、汇洋石油、孚宝等石油公司,共计约 232 万立方米的油库。

港口年吞吐量分别为 2011 年 1.90 亿吨,2012 年 1.83 亿吨,2013 年 1.81 亿吨,2014 年 2.17 亿吨,2015 年 2.43 亿吨。

(2)港区地理条件和集疏运概况

南疆港区是组成天津港的主要港区之一,位于海河口大沽沙水道北侧,天津港主航道南侧。天津港东西向公路集疏港通道主要有 6 条:京津高速、杨北公路—港城大道—京津辅道、京津塘高速—泰达大街、第九大街、津沽公路—津沽一线、津晋高速;南北向公路集疏港通道主要有 3 条:海滨高速、滨海新区绕城高速和唐津高速。南疆港区主要通过南疆进港一线、进港二线和进港三线与东大沽站衔接,进而接入天津铁路枢纽。

东北铁路通道:通过津山(天津南仓站 ~ 河北山海关站)—沈山通道(河北山海关站 ~ 辽宁沈阳北站)至东北地区。北部铁路通道:通过津蓟线(天津南仓站 ~ 天津蓟县西站)—大秦通道(蓟县西站 ~ 山西大同)至大同以远。西北铁路通道:通过京沪(天津南仓站 ~ 北京枢纽丰台站)—丰沙(北京枢纽丰台站 ~ 河北张家口沙城站)—张集(河北省张家口沙城站 ~ 内蒙古集宁南站)通道至集宁以远。西南铁路通道:通过津霸(天津南仓站 ~ 河北霸州)—京九(河北霸州 ~ 河北衡水)—石德(河北衡水 ~ 河北石家庄)—石太(河北石家庄 ~ 山西太原)通道至太原以远及京九京广沿线。南部铁路通道:通过京沪通道(天津南仓站 ~ 山东德州)至德州以远。神华铁路通道:通过黄万(天津万家码头 ~ 河北黄骅站)—朔黄(河北黄骅 ~ 山西朔州、神池)—神朔(山西朔州、神池 ~ 陕西神木)通路至山西、陕西地区。

2. 港区工程项目

(1)天津港南疆港区 26 号铁矿石码头工程

项目于 2012 年 10 月开工建设,2013 年 12 月试运行,2015 年 12 月竣工。

项目建设依据:2011 年 11 月,国家发展和改革委员会《关于天津港南疆港区 26 号铁矿石码头工程项目核准的批复》(发改基础〔2011〕2611 号);2012 年 7 月,国家交通运输部《关于天津港南疆港区 26 号铁矿石码头工程初步设计的批复》（交水发〔2012〕356）。2009 年 6 月，国家环境保护部《关于天津港南疆专业化矿石码头工程环境影响评价报告书的批复》（环审〔2009〕293 号）；2013 年 12 月，获得天津市滨海新区规划和国土资源管理局颁发的土地证（107051300172、107051300173）；2012 年 12 月，获得国家海洋局颁发的海域使用证（国海证 2012A12010701225 号）。

项目建设一个 30 万吨级专业化矿石码头泊位（码头水工建筑允许靠泊能力 40 万吨级），岸线长 400 米，宽 37 米，码头面层高程 7.5 米，港池水深 22 米。码头为顺岸连片引桥式布置，前沿水深 24.8 米，堆场区域面积 48.03 万平方米，设计最大堆存荷载 25 吨，最大堆存量 450 万吨，年堆存总量 2450 万吨（计划实际堆存荷载 15 吨，最大堆存量 270 万吨，年堆存总量 1700 万吨）。总占地面积约 78 万平方米。码头装卸系统配置 4 台桥式抓斗卸船机，堆场设有 5 条作业线，配备 2 台堆取料机、1 台堆料机和 2 台取料机，可同时进行四条线堆取料作业，单机作业能力 5000 吨/小时。总投资 31.66 亿元，企业自筹 35%，银行贷款 65%。

建设单位为天津港远航国际矿石码头有限公司；设计单位为中交第一航务工程勘察设计院有限公司；监理单位为天津港工程监理咨询有限公司；施工单位为中交一航局第一工程有限公司、天津港航工程有限公司、中铁十六局集团第二工程有限公司等；质监单位为天津市北洋岩土工程有限公司、天津市大地海陆岩土工程技术开发有限公司、天津港湾工程质量检测中心有限公司。

2014 年 3 月，获得国家交通运输部及国家安全生产监督管理总局颁发的 2013 年度公路水运建设"平安工程"奖项。

（2）天津港南疆石化码头工程

项目于 1990 年 10 月开工建设，1991 年 11 月竣工。

项目建设依据：1988 年 10 月，天津市计划委员会《关于天津港南疆靠船墩改造成石油码头工程项目的批复》（津计城〔1988〕790 号）；1990 年 6 月，天津市城乡建设委员会《关于天津港南疆港区石化码头工程（靠船墩改造部分）初步设计的批复》（建规设〔1990〕306 号）。1990 年 4 月，天津市环境保护局《关于天津港南疆石化码头环境影响报告书的批复》（津环保管〔1990〕52 号）。

码头南 3 泊位岸线长 219.5 米，为 1.5 万吨级油码头（码头水工建筑允许靠泊能力 1.5 万吨级）。码头布局为顺岸式，高桩墩台结构，码头前沿水深 10.5 米，配置 5 台 DN250 输油臂。码头南 4 泊位长 308 米，为 5 万吨级油码头，高桩墩台结构，码头前沿水深 13.5 米，配置 2 台 DN250 输油臂，2 台 DN300 输油臂，1 台 DN350 输油臂。总投资 3168.17 万元，全部为企业投资。

建设单位为天津港建设公司；设计单位为交通部第一航务工程勘察设计院；施工单位

为交通部第一航务工程局第一工程公司。

工程投入运行后,作业情况顺利,设备运行正常,工程各方面的功能全部符合设计要求。2013年南3、南4泊位分别升级为3万吨级和8万吨级泊位。

(3)天津港南疆二号靠船墩改造工程

项目于1996年10月开工建设,1998年1月试运行,1998年7月竣工。

项目建设依据:1995年5月,天津港务局《关于"天津港二号靠船墩改造工程可行性研究报告审查会"会议纪要(代工可批复)》(天津港务局办公室会议纪要(第十四期))。1996年12月,天津市环境保护局批复《建设项目环境影响报告表》。

南2泊位长212米,为3万吨级油码头,高桩墩台结构,利用自然岸线顺岸布置,码头前沿水深12.4米,配置6台DN250输油臂。总投资2995万元,全部为企业投资(业主自有资金)。

建设单位为天津港南疆开发公司;设计单位为交通部第一航务工程勘察设计院;施工单位为交通部第一航务工程局第一工程公司;监理单位为天津港工程监理咨询有限公司;质监单位为天津港港务工程质量监督站。

工程投入运行后,作业情况顺利,设备运行正常,工程各方面的功能全部符合设计要求。2014年南2泊位升级为5万吨级泊位。

(4)天津港南疆1号靠船墩改建工程

项目于2001年9月开工建设,2002年10月试运行,2002年10月竣工。

项目建设依据:2001年4月,天津市发展计划委员会《关于天津港南疆1#靠船墩改建工程项目建议书(代可行性研究报告)的批复》(津计城交〔2001〕220号)。2001年,天津市城乡建设委员会《关于天津港南疆1#靠船墩改建工程初步设计的批复》(建设〔2001〕721号)。2001年9月,天津市环境保护局《关于对天津港南疆1#靠船墩改造工程环境影响报告书的批复》(津环保管〔2001〕366号)。

新建10万吨级(兼顾15万)、1万吨级原油码头泊位各一个,岸线总长480米,利用自然岸线顺岸布置,高桩墩台结构,码头前沿水深18.8米,配置8台输油臂。总投资1.82亿元,全部为企业投资(业主自有资金)。

建设单位为天津港建设公司;设计单位为交通部第一航务工程勘察设计院;施工单位为中港一航局一公司、中港一航局安装公司、天津航道局第一疏浚公司;监理单位为天津港工程监理咨询有限公司;质监单位为天津港质监站。

工程投入运行后,作业情况顺利,设备运行正常,工程各方面的功能全部符合设计要求。2009年南1泊位升级为30万吨级减载泊位。

(5)天津港石油化工码头有限公司南2泊位码头结构加固改造工程

项目于2013年4月开工建设,2014年4月试运行。

项目建设依据:2012 年 12 月,天津港股份有限公司《对〈关于报送《天津港石油化工码头有限公司南 2 泊位码头结构加固改造工程项目建议书》的请示〉的批复》(津港股财〔2012〕146 号)。2012 年 9 月,天津市交通运输和港口管理局《关于天津港石油化工码头有限公司南二南四泊位码头结构加固改造工程方案核准的批复》(津交港〔2012〕135 号)。2012 年 12 月,天津市滨海新区环境保护和市容管理局《关于天津港石油化工码头有限公司南 2 泊位码头结构加固改造工程环境影响报告表的批复》(津滨环容环保许可表〔2013〕196 号)。

南 2 泊位原设计能力为 3 万吨级油码头,改造完成后提升为 5 万吨级油码头。工程内容主要包括南 2 泊位码头前沿停泊水域及港池底高程由 12.4 米浚深到 13.5 米、将原有两台 DN250 原油装卸臂更换成两台 DN300 装卸臂、消防炮加高 2.5 米,并改造系船柱、护舷及相关配套措施。工程总投资 1841 万元,全部为企业投资(业主自有资金)。南 2 泊位长 212 米,顺岸式布局,高桩墩台结构,码头前沿水深 13.5 米。

建设单位为天津港石油化工码头有限公司;设计单位为中交第一航务工程勘察设计院有限公司;施工单位为中交一航局一公司;监理单位为天津港工程监理咨询有限公司;质监单位为天津港建设工程质量安全监督站。

(6)天津港石油化工码头有限公司南 3 泊位码头结构加固改造工程

项目于 2011 年 5 月开工建设,2011 年 8 月试运行,2013 年 12 月竣工。

项目建设依据:2010 年 10 月,天津港股份有限公司批复《天津港石油化工码头有限公司南 3 泊位码头结构加固改造工程项目建议书》(津港股财〔2010〕75 号)。2010 年 6 月,天津市交通运输和港口管理局批复《天津港石油化工码头有限公司南 3 泊位码头结构加固改造工程方案》(津交港〔2010〕133 号)。2012 年 12 月,天津市滨海新区环境保护和市容管理局《关于天津港石油化工码头有限公司南 3 泊位码头结构加固改造工程环境影响报告表的批复》(津滨环容环保许可表〔2012〕100 号)。

南 3 泊位原设计能力为 1.5 万吨级油码头,改造完成后提升为 3 万吨级油码头。将码头前沿停泊水域浚深至 12.4 米,更换橡胶护舷 4 组,更换快速脱缆钩 8 组,更换输油臂 4 台,在码头前沿增加消防水幕。总投资 1106 万元,全部为企业投资。岸线长 219.5 米,高桩墩台结构,顺岸式布置,无后方堆场。

建设单位为天津港石油化工码头有限公司;设计单位为中交第一航务工程勘察设计院有限公司;施工单位为中交一航局一公司;监理单位为天津港工程监理咨询有限公司;质监单位为天津港建设工程质量安全监督站。

(7)天津港石油化工码头有限公司南 4 泊位码头结构加固改造工程

项目于 2012 年 7 月开工建设,2013 年 3 月试运行,2013 年 12 月竣工。

项目建设依据:2012 年 1 月,天津港股份有限公司《对〈关于报送《天津港石油化工码头有限公司南 4 泊位码头结构加固改造工程项目建议书》的请示〉的批复》(津港股财〔2012〕4 号)。2012 年 9 月,天津市交通运输和港口管理局《关于天津港石油化工码头有限公司南二南四泊位码头结构加固改造工程方案核准的批复》(津交港〔2012〕135 号)。2012 年 12 月,天津市滨海新区环境保护和市容管理局《关于天津港石油化工码头有限公司南 4 泊位码头结构加固改造工程环境影响报告表的批复》(津滨环容环保许可表〔2012〕101 号)。

南 4 泊位原设计能力为 1 个 5 万吨级油码头泊位,改造完成后提升为 1 个 8 万吨级油码头泊位。南 4 泊位港池疏浚至 14.8 米,码头前沿疏浚至 15 米;更换 2 台输油臂,拆除并移位 1 台旧输油臂系统设备;消防炮加高 6.4 米,码头前沿增加消防水幕;新配一套登船梯。总投资 3570 万元,全部为企业投资(业主自由资金)。装卸配置更换 2 台输油臂,拆除并移位 1 台旧输油臂系统设备。

建设单位为天津港石油化工码头有限公司;设计单位为中交第一航务工程勘察设计院有限公司;施工单位为中交一航局一公司;监理单位为天津港工程监理咨询有限公司;质监单位为天津港建设工程质量安全监督站。

(8)天津港南一泊位 30 万吨油轮减载靠泊改造工程

项目于 2007 年 3 月开工建设,2007 年 9 月试运行,2009 年 7 月竣工。

项目建设依据:2006 年 12 月,天津港集团有限公司《对天津港南一泊位 30 万吨油轮减载靠泊改造工程项目建议书及可行性研究报告的请示的批复》(津港计财〔2006〕325 号)。2007 年 4 月,天津市交通委员会《关于对天津港南一泊位 30 万吨油轮减载靠泊改造工程初步设计的批复》(津交委规〔2007〕110 号)。2007 年 3 月,天津市环境保护局《关于对天津港南一泊位 30 万吨油轮减载靠泊改造工程环境影响报告书的批复》(津环保滨许可函〔2007〕003 号)。

本工程主要是对南 1 泊位进行改造,满足 30 万吨原油船减载靠泊的使用需要。将码头前沿停泊水域由 335 米×100 米扩大至 394 米×120 米,对 6 个墩台进行加固,每个墩台分别增加 7 根 φ1500 灌注桩,增加 2 台 DN400 原油输油臂,将 2 台消防炮塔增高 4 米,增加 DN300 泡沫混合液管道一根,改造后南 1 泊位设计通过能力 946.8 万吨。总投资 3991.15 万元,全部为企业投资(业主自有资金)。岸线长 394 米、高桩墩台结构、顺岸式布置,码头前沿水深 18.8 米。

建设单位为天津港石油化工码头有限公司;设计单位为中交第一航务工程勘察设计院有限公司;施工单位为中交一航局一公司、天津一航安装工程有限公司;监理单位为天津港工程监理咨询有限公司;质监单位为天津港建设工程质量安全监督站。

(9)天津港南疆非金属矿石泊位及焦炭泊位工程

项目于 1996 年 12 月开工建设,1999 年 12 月试运行,1999 年 12 月竣工。

项目建设依据:1996 年,天津港集团公司规建部批复工程可行性研究报告(〔96〕规建46 号);1990 年 4 月,天津市城乡建设委员会《关于天津港南疆港区散货泊位和港区内配套初步设计的批复》(建规设〔1990〕155 号)。1987 年 11 月,天津市环境保护局批复环境影响报告书(津环保管字〔1997〕190 号);2009 年 7 月 6 日,取得土地证(津字第107050900757 号);2005 年 8 月,天津市海洋局批复海域使用权(登记编号为122003000c)。

项目建设一个 3.5 万吨级煤炭泊位和一个 5 万吨级煤炭泊位,岸线总长 589.35 米。码头为顺岸式高桩梁板式结构。码头前沿水深 13.8 米、码头设计靠泊能力非矿 3 万吨、焦炭 5 万吨;码头水工结构容许靠泊能力 10.0 万吨。堆场区域面积 10 万平方米,最大堆存量 16.8 万吨。堆存能力 25 万吨。配备 7 台门座起重机,2 台散货装船机,3 台斗轮堆取料机,12 台皮带传送机。总投资 8.28 亿元,天津港储运股份有限责任公司通过配股和自有资金筹措 5.28 亿元,作为项目资本金,其余 3 亿元通过向中国建设银行贷款解决。

建设单位为天津港建设公司;设计单位为交通部第一航务工程勘察设计院;施工单位为中港第一航务工程局;监理单位为天津港工程监理咨询有限公司;质监单位为天津港港务工程质量监督站。

(10)天津港南疆煤码头工程

项目于 1997 年 8 月开工建设,2001 年 10 月竣工,2001 年 11 月投产。

项目建设依据:1995 年 2 月,国家计划委员会《关于天津港南疆煤码头工程项目建议书的批复》(计交能〔1995〕169 号);1997 年 11 月,天津市城乡建设管理委员会《关于天津港南疆煤码头工程初步设计的批复》(建设〔1997〕980 号);1997 年 12 月,国家计划委员会《关于天津港南疆煤码头可行性研究报告的批复》(计交能〔1997〕2532 号)。

本工程建设 2 个 5 万吨级散货泊位,可以在限制条件下靠泊 7 万吨级散货船舶,码头岸线长 615 米,码头前沿水深 13.8 米,港池水深 12.0 米,码头结构采用高桩承台梁板结构,栈桥式布置。码头设移动式装船机 2 台,单机额定能力为 6000 吨/小时,堆场面积约 19 万平方米,堆存容量 130 万吨,堆料机 2 台,单机额定能力为 3840 吨/小时;取料机 2 台,额定能力为 6000 吨/小时;堆取料机 1 台,额定堆料能力为 3840 吨/小时。额定取料能力为 6000 吨/小时。总投资 13.55 亿元,9.33 亿元由天津港利用港口利润、养港资金及港口建设费留成等自有资金解决;外汇 60.02 亿日元(折合人民币 4.22 亿元),借用国际商业贷款解决,贷款的本息全部由天津港务局综合效益偿还,建设期外汇利息由企业自行解决。

建设单位为天津港务局(建设公司);设计单位为中交第一航务工程勘察设计院有限公司;监理单位为天津港工程监理咨询有限公司;施工单位为阿尔斯通公司、中国港湾建设(集团)总公司、中港一航局(一公司、四公司);质监单位为天津港质监站等。

（11）天津港南疆港区 11 号铁矿石码头工程

项目于 2003 年 2 月开工建设,2004 年 3 月竣工。

项目建设依据:2003 年 1 月,天津市发展计划委员会《关于天津港南疆 11 号通用散货泊位码头工程项目建议书(代可行性研究报告)的批复》(津计基础〔2003〕1007 号);2003 年 3 月,天津市建设管理委员会《关于天津港南疆 11 号通用散货泊位码头、后方堆场及配套工程初步设计的批复》(建设〔2003〕121 号)。2003 年 7 月,天津市环境保护局《关于天津港南疆9#、10#泊位扩能及 11 号通用散货泊位工程环境影响报告书的批复》。2007 年 8 月,获得国土资源部颁发的土地证;2006 年 4 月,获得国家海洋局颁发的海域使用证。

项目建设南疆 11 号 20 万吨级通用散货泊位工程包括矿石卸船(码头水工建筑允许靠泊能力 25 万吨级),煤炭装船两条线,设计靠泊能力为 20 万吨级散货船,年通过能力达到 1400 万吨,其中,年接卸矿石 1000 万吨,年出口煤炭 400 万吨。天津市批复码头岸线长 372 米,为提高码头岸线的利用率,在一定条件下,两条船同时停靠作业,港务局立项批复南疆 11 号通用散货泊位延长段工程,码头岸线向东延长 73 米,宽 445 米;堆场面积 24 万平方米,进港公路 1000 米,铁路(堆场、车场)新铺铁轨工 19.32 千米。总投资 2.35 亿元,企业自筹 8511 万元,银行贷款 1.5 亿元。码头前沿水深 20.8 米,高桩码头结构,顺岸式布置,装卸设备有门座式起重机 8 台、堆场堆存能力 134 万吨、用地面积 24 万平方米。

建设单位为天津港远航矿石码头有限公司,成立于 2003 年,是由天津港股份有限公司与远航集团有限公司共同投资的中外合资企业;设计单位为交通部第一航务工程勘察设计院;监理单位为天津港监理咨询有限公司;施工单位为中港第一航务工程局第一工程公司、中港第一航务工程局第四工程公司、路桥集团第一公路工程局天津工程处等;质监单位为天津港建设工程质量安全监督站。

（12）天津港南疆港区 12 号铁矿石码头工程

项目于 2005 年 6 月开工建设,2006 年 8 月竣工。

项目建设依据:2003 年 12 月 31 日,天津市发展计划委员会《关于天津港南疆 12#大型散货泊位码头工程项目建议书(代可行性研究报告)的批复》(津计基础〔2003〕1020 号);2005 年 1 月,天津港集团公司规建部《关于天津港南疆 12#大型散货泊位码头工程初步设计审查会的会议纪要》;2007 年 6 月,天津市环境保护局《关于天津港南疆 12#大型散货码头工程的批复》(津环保许可函〔2005〕20 号)。2013 年 8 月,项目获得国土资源部颁发的土地证。

本工程建设 20 万吨级通用散货泊位 1 个(码头水工建筑允许靠泊能力 30 万吨级),码头结构按 25 万吨级散货船舶设计,岸线长度 375 米。码头后方堆场面积 11.4 万平方米,堆场堆存能力 83.0 万吨。设 4 条铁路装车线。工程的配套设施包括变电所、供电照明、给排水、通信、控制、消防、环保等工程。码头配置 9 台 40 吨—45 米门座起重机和 26 辆单斗装载机进行装卸作业。总投资 1.93 亿元,企业自筹 6762 万元,银行贷款 1.26 亿元。用地面积 12.5 万平方米。

建设单位为天津港远航散货码头有限公司,成立于 2005 年,是由天津港股份有限公司与远航集团有限公司共同投资的中外合资企业;设计单位为交通部第一航务工程勘察设计院;监理单位为天津港监理公司,负责项目各标段的监理工作;主要施工单位为中港第一航务工程局第一工程公司、中铁十六局集团第二工程有限公司;质监单位为天津港建设工程质量安全监督站。

（13）天津港南疆中国航油石化码头工程

项目于 2011 年 6 月 29 日开始建设,2013 年 9 月 18 日完成交工验收;2018 年 11 月 14 日获取《港口经营许可证》(试运行有效期至 2019 年 5 月 13 日);2018 年 11 月 19 日公司接卸了首艘船舶;2019 年 5 月 21 日完成了项目的竣工验收。

项目建设依据:2010 年 5 月,天津市发展和改革委员会《关于准予天津港中航油码头有限公司南疆中国航油石化码头工程项目核准的决定》(津发改许可〔2010〕154 号)。2012 年 7 月,天津市交通运输和港口管理局《关于天津港南疆中国航油石化码头工程(1#、2#泊位)初步设计的批复》(津交规发〔2012〕118 号)。2010 年 3 月,天津市环境保护局《关于天津港南疆中国航油石化码头工程环境影响报告书的批复》(津环保滨许可函〔2010〕13 号)。2012 年 2 月,天津市滨海新区规划和国土资源管理局批复项目用地(土地证号 120301201200008)。2011 年 5 月,天津市海洋局批复项目用海(海域使用证号 1220110017)。2011 年 10 月,交通运输部《关于天津港南疆中国航油石化码头 1 号泊位工程使用港口岸线的批复》(交规划发〔2011〕600 号)。2012 年 4 月,交通运输部《关于天津港南疆中国航油石化码头 2 号泊位工程使用港口岸线的批复》(交规划发〔2012〕154 号)。

项目建设 2 个 5 万吨级专业化石油化工泊位(码头水工建筑允许靠泊能力 5 万吨级)。码头岸线总长为 560 米。码头总宽 50 米,码头结构为连片引桥式,其中前方承台宽 25 米,长 448 米,在前方承台东西两侧各设置 2 个 10 米×10 米的系缆墩,系缆墩通过人行刚桥与前方承台相连。在 2 个泊位中心处各设置一座长 25 米、宽 15 米(其中管廊带宽度 8 米、行车通道 5 米、人行检修通道 2 米)的引桥与后方陆域连接。在前方桩台北侧、码头岸线中部设 1 座 25 米×35 米辅建平台,用于建设码头前方作业楼。码头前沿设计底高程为 -14 米,码头结构均按 5 万吨级油船进行设计。主要装卸设备 DN300 装卸臂 4 台、DN250 装卸臂 2 台。项目总投资 3.49 亿元人民币,其中 1.49 亿元来自企业自有资金,2 亿元来自银行贷款。总用地面积为 19301.5 平方米,性质为港口用地,宗海面积为

7.23 公顷,海域等级二等。

建设单位为天津港中航油码头有限公司;质监单位为天津港建设工程质量安全监督站;监理单位为天津港工程监理咨询有限公司;设计单位为中交第一航务工程勘察设计院有限公司;勘察单位为中交第一航务工程勘察设计院有限公司;施工单位为天津港航工程有限公司、中交一航局第一工程有限公司、中交第一航务工程局有限公司。

中国航空油料集团公司环渤海储运基地仓储工程的配套设施,一期仓储工程建设规模为 310000 立方米罐容,主要油品为航空煤油、汽柴油等。投入运营后主要为天津机场、首都机场及新机场(计划 2019 年投产)提供上岸航空煤油、汽柴油等成品油及化工原料。塘沽首站到天津机场再到北京机场已实现管道全线贯通,安全性高,可靠性强,二管线正在建设,计划与首都新机场同步投入使用;天津石化炼厂生产的航空煤油计划经储运基地再经码头装船出口,储运基地与大港石化也正在接洽储存及离岸相关事宜,处于可研阶段。未来油料的装卸数量将大幅上涨。

(14)天津港中化石化码头工程

项目于 2010 年 4 月开工建设,2010 年 12 月竣工。

项目建设依据:2010 年 2 月,天津市交通运输和港口管理局《关于天津港中化石化码头工程初步设计的批复》(津交规发〔2010〕37 号)。2009 年 7 月,天津市环境保护局《关于天津港中化石化码头工程环境影响报告书的批复》(津环保滨许可函〔2009〕047 号);2011 年 4 月,天津市滨海新区规划和国土资源管理局《建设用地批准书》(滨海地让批准〔2011〕18 号);2008 年 12 月,天津市海洋局《关于天津港中化石化码头工程海域使用选址的批复》(津海发管字〔2008〕443 号)。2009 年 7 月,交通运输部《关于天津港中化石化码头工程使用港口岸线的批复》(交规划发〔2009〕359 号)。

新建 1 万吨级和 5 万吨级液体散货泊位各一个。码头岸线总长为 509 米,码头区总宽 50 米,码头结构为连片引桥式,其中前方承台宽 25 米,前方承台通过 2 座长 25 米、宽 15 米的引桥与后方陆域相连,2 座引桥分别布置在 1 万吨级和 5 万吨级船舶停靠位置的中心以利于接卸管道的布置,在前方承台后方、东引桥的东侧设 1 座 25 米×35 米辅建平台用于建设码头前方作业楼。5 万吨级泊位码头前沿设计底高程为 -14.5 米,1 万吨级泊位码头前沿设计底高程考虑远期预留按 3 万吨级设计确定为 -13.5 米。主要装卸设备有 DN300 装卸臂 4 台、DN250 装卸臂 3 台、DN200 装卸臂 5 台。总投资 3.38 亿元人民币,其中 1.78 亿元来自企业自有资金,1.60 亿元来自银行贷款。总用地面积为 2.65 万平方米,性质为港口用地。用海面积为 6.70 公顷,海域等级二等。公司后方建有海关监管、海关保税资质的石化库区,共有储罐 62 座,合计 96.03 万立方米罐容。

建设单位为天津港中化石化码头有限公司;质监单位为天津港建设工程质量安全监督站;代建单位为天津港建设公司;监理单位为天津港工程监理咨询有限公司;设计单位

为中交第一航务工程勘察设计院有限公司；勘察单位为中交港湾工程研究院有限公司；施工单位为中交一航局第一工程有限公司、中交一航局安装工程有限公司。

该项目于 2011 年 1 月开始投入运营，由于受周边配套项目特别是后方仓储区配套铁路项目建设未能如期实现，加之市场变化，影响了码头公司的实际运营效果。

（15）天津港圣瀚石化码头工程（在建）

项目于 2014 年 5 月开工建设。

项目建设依据：2012 年 12 月，天津市发展和改革委员会颁发工程许可证（津发改许可〔2012〕175 号）；2013 年 7 月，天津市交通委批复工程初步设计（津交规发〔2013〕125号）。2012 年 8 月，天津市海洋局《工程海洋环境影响报告书的批复》（津海审〔2012〕177号）；2014 年 1 月，天津市滨海新区规划和国土资源管理局颁发《天津市房地产权证》（01268353）；2015 年 1 月，天津市海洋局颁发《海域使用权证书》；2013 年 11 月，交通运输部颁发《港口岸线使用证》（交港海岸〔2013〕17 号）。

本工程建设 2 个 5 万吨级液体散货泊位，结构均预留至 10 万吨级。东侧泊位采用连片式布置形式，西侧泊位采用蝶形布置形式。岸线总长680 米。码头前沿水深16.0 米，码头设计靠泊能力 5 万吨、码头水工结构容许靠泊能力10 万吨。后方堆场面积28 万平方米，堆存能力 100 万立方米。主要装卸设备有装卸臂、装卸软管、工艺管道、阀门、泄空泵等。总投资 5.77 亿元（尚未决算）。

建设单位为天津港圣瀚石化码头有限公司；设计单位为中交第一航务工程勘察设计院有限公司；施工单位为中交一航局第一工程有限公司（完成水工标段的施工工作）、天津市南洋建筑工程公司（完成辅建区标段的施工工作）、中交第一航务工程局有限公司（完成设备采购与安装标段的施工工作）；监理单位为天津港工程监理咨询有限公司；代建单位为天津港建设公司（完成前中后期建设手续咨询和办理工作）；质监单位为天津港质量安全监督站。

由于后方罐区施工进度较慢，本工程设备采购与安装标段尚未进行验收，故本建设项目尚未投产。

（16）天津港实华原油码头有限公司

项目于 2006 年 8 月开工建设，2008 年 8 月试运行，2008 年 8 月竣工。

项目建设依据：2005 年 11 月，国家发展和改革委员会《天津港 30 万吨级原油码头工程工可批复》（发改交运〔2005〕2394 号）；2008 年 4 月，天津市交通委员会《天津港 30 万吨级原油码头工程初设批复》（津交委规〔2008〕101 号）。2005 年 3 月，国家环境保护总局《天津港 30 万吨级原油码头工程环境影响报告书的批复》（环审〔2005〕254 号）；2006年 6 月，天津市海洋局《天津港 30 万吨级原油码头工程用海批复》（津海发管〔2006〕115 号）。

项目建设 30 万吨级原油码头一座，岸线总长 468 米，泊位数 1 个。泊位类型为高桩墩台方案，码头平面布局为蝶形布置，共有 9 个墩台。码头前沿水深 22.5 米。主要配备 4 台 DN40、RCMA 型输油臂。项目总投资 11.43 亿元，全部为企业自筹。

建设单位为天津港三十万吨原油码头建设筹备组；设计单位为中交第一航务工程勘查设计院有限公司；监理单位为天津港工程监理咨询有限公司；质监单位为天津港建设工程质量安全监督站；施工单位为中交一航局第一工程公司（码头水工、陆域引桥）、长江航道局（疏浚）、中国交通建设股份有限公司（设备采购及安装）。

项目投产后，解决了天津大乙烯及周边炼厂原油输送的需求，码头的开通将天津港的装卸能力等级提升至 30 万吨级水平，社会效益、经济效益明显。截至 2012 年，公司共接卸原油 434.5 万吨。

（17）天津北方港航石化码头改造项目

项目于 2009 年 5 月开工建设，2009 年 11 月竣工。

项目建设依据：2007 年，天津市交通委员会《关于天津北方港航石化码头改造项目建设的批复》（津交委港〔2007〕375 号）；2008 年，天津市环境保护局《关于天津北方港航石化码头改造项目环境影响报告书的批复》（津环保滨许可函〔2008〕072 号）；2009 年，天津市海洋局（津海发管字〔2009〕89 号）；2009 年，交通运输部《关于天津北方港航石化码头改造工程使用港口岸线的批复》（交规划发〔2009〕20 号）。

项目对原天津航道局南疆基地进行改造，建设一个 5 万吨级石化码头，并兼顾同时停靠 2 个 5000 吨级船舶泊位。由于受进出港航道的限制，码头靠泊船型按 3 万吨级考虑。设计年通过能力 190 万吨，岸线总长 300 米。泊位类型为高桩方案，利用自然岸线顺岸布置。码头前沿水深 12.5 米。后方陆域建设总库容为 24.55 万立方米的原油、成品油、液体化工品储运罐区及配套设施。总投资约 6.7 亿元人民币，全部由企业投资。海域使用面积 15.65 万平方米，陆地使用面积约 13.98 万平方米。

建设单位为天津北方港航石化码头有限公司；勘察单位为中交天津港航勘察设计研究院有限公司；设计单位为中交第四航务工程勘察设计院有限公司、中交天津港航勘察设计研究院有限公司；施工单位为中交天航港湾建设工程有限公司；监理单位为天津港工程监理咨询有限公司；质监单位为天津港建设工程质量安全监督站；桩基检测单位为天津市大地海陆岩土工程技术开发有限公司；岸坡稳定检测单位为天津港湾工程质量监测中心有限公司。

（18）天津浮式 LNG 接收终端项目配套码头工程

项目于 2012 年 2 月开工建设，2014 年 10 月试运行，2016 年 5 月竣工。

项目建设依据：2012 年 2 月，国家能源局《关于同意天津浮式 LNG 接收终端项目开展前期工作的复函》（国能油气〔2012〕26 号）。2013 年 5 月，交通运输部《关于天津港南疆港区浮式液化天然气接收终端项目配套码头工程的意见》（交函规划〔2013〕158号）。2013年7月，国家发展和改革委员会《关于天津浮式液化天然气（LNG）接收终端项目核准的批复》（发改能源〔2013〕1462号）。2014年2月，交通运输部《关于天津浮式液化天然气（LNG）接收终端项目配套码头工程初步设计的批复》（交函水〔2014〕73号）。2013年1月，国家环境保护部《关于中海石油气电集团有限责任公司天津浮式LNG接收终端项目环境影响报告书的批复》（环审〔2013〕7号）;2014年5月，天津市滨海新区规划和国土资源管理局下发建设用地规划许可证（2014滨海地证0021号）。

"天津浮式LNG接收终端项目"的FSRU（浮式接收储存气化装置）及LNG泊位布置在天津港南疆南侧岸线东端，为满足海河行洪治导线的要求，码头前沿线距现有防波堤轴线70米。工作平台顶面高程8.5米，靠船墩及系缆墩顶面高程为7.5米，码头前沿底高程–14.5米。为兼顾不同船型靠泊，每个泊位设1个工作平台、4个靠船墩和6个系缆墩，根据总体设计要求，LNG泊位工作平台尺寸为55米×30米，FSRU泊位工作平台尺寸为46米×30米。靠船墩及系缆墩以码头工作平台为中心对称布置。工作船泊位位于FSRU码头西侧，码头面顶高程6.0米，码头前沿底高程–7.0米，岸线长度140米，码头前沿线距现有防波堤轴线距离为70米，引桥宽15米。工作船泊位与FSRU泊位间距120米，两泊位同时靠船时的船舶间距大于150米，满足规范要求。本项目LNG的年接卸能力不少于220万吨，最大靠泊船型为舱容26.6万立方米的LNG船，需满足LNG运输船和FSRU同时靠泊的要求，确定本次设计应建设1座LNG泊位和1座FSRU泊位，虽然FSRU船型尺度已经确定，但FSRU泊位考虑远期作为LNG接卸泊位使用，FSRU泊位等级取与LNG泊位一致。每个泊位码头岸线总长取为400米。为满足生产辅助船舶停靠并便于陆域接收站大件运输，本项目配套建设工作船兼大件码头（以下简称工作船码头）1座，设计船型为3000载重吨杂货船，码头岸线长度暂定为140米。中海油天津浮式LNG接收终端项目港口码头工程主要工程内容:1个LNG泊位、1个FSRU泊位、1个工作船码头及取排水口、引桥、港池疏浚、消防设施、靠泊控制系统、码头登船设施及码头配套工程。项目总投资4.61亿元，项目资本金3亿元，基建借款1.09亿元，应付款5193.15万元。缺后方堆场面积及其堆存能力。

建设单位为中海油天津液化天然气有限责任公司;设计单位为中交第一航务工程勘察设计院有限公司;施工单位为中交第一航务工程局有限公司;监理单位为天津港工程监理咨询有限公司;质监单位为天津港建设工程质量安全监督站。

（19）天津港南疆港区神华煤炭码头工程

项目于2004年6月开工建设,2006年9月竣工。

项目建设依据:2005年,国家发展和改革委员会《关于天津港南疆港区神华煤炭码头工程项目核准的批复》（发改交运〔2005〕138号）;2005年6月,神华集团公司《关于天津港南疆港区神华煤炭码头工程初步设计的批复》(中国神华工〔2005〕234 号)。2004 年 10 月,国家环境保护总局《关于神华天津南疆煤炭码头工程环境影响报告书审核意见的复函》(环审〔2004〕404 号);2006 年 12 月,天津市国土资源和房屋管理局《关于批准神华天津煤炭码头有限责任公司建设神华煤炭码头工程项目用地的函》(津国土房资准〔2006〕239 号)。

本工程新建年装船能力 3500 万吨煤码头一座,码头为顺岸式形式,采用栈桥式布置方式。拥有 15 万吨级泊位 1 个,7 万吨级泊位 2 个。主要建设内容包括码头 890 米,堆场面积约 42.3 万平方米,临时围埝长度 4317.8 米,2 座翻车机房,3 台翻车机,堆场设 4 条堆料线、6 条堆场。码头前沿 15 万吨级泊位水深疏浚至 19.6 米,7 万吨级泊位疏浚至 16.3 米,港池分别疏浚至 17.4 米和 13.7 米。后方堆场面积为 42.3 公顷,堆场煤炭堆垛高度 18 米,堆存容量为 144 万吨。仓库面积为 42.3 万平方米(全部为露天堆场,无仓库),堆存能力 144 万吨。总投资 36.11 亿元,资金来源按合资双方自有资金总投资的 35%,其余投资使用国内银行贷款。用地面积 84.04 万平方米,天津港南疆港区东侧挖泥造陆工程位于天津港南疆港区五期围埝与天津港主航道之间的水域,水域面积 33.5 公顷。挖泥区域南侧 100 米范围内浚深至 19.6 米,其余部分浚深至 17.4 米、13.7 米及 9.0 米水深,工程总挖方量为 647 万立方米,其中码头岸坡挖泥 63.65 万立方米,施工期回淤为 90 万立方米。工程总投资 7642.53 万元,工期约 12 个月。

建设单位为神华集团公司和天津港务局合资筹备小组,李国信为神华集团公司方筹备组组长,周久扬为天津港务局方筹备组组长,合资公司的筹备工作由李国信牵头,双方合署办公;设计单位为中交第一航务工程勘察设计院;施工单位为中港一航局一公司、中港一航局四公司、天津航道局等;监理单位为天津港工程监理咨询有限公司;质监单位为天津港建设工程质量安全监督站。

码头项目引桥处增加挖泥量 7922.00 立方米,增加回填矿石量 1289.00 立方米。

本工程项目建设创造了"工期提前 9 个月、节省投资 5.3 亿元、工程质量全优、安全无事故"的港口建设佳绩,先后获得交通运输部 2008 年度水运工程质量奖、2009 年度国家优质工程银质奖。取得一项发明专利(一种堆场布置方法)。

(三)大港港区

1. 港区综述

(1)港区建设和运营概况

天津港大港港区是天津港规划八大港区之一,是天津港的重要组成部分,距离天津港已有主体港区(北疆、东疆、南疆)约 30 千米。作为新兴港区,大港港区基础设施建设正在稳步推进。南港工业区规划整体陆域面积 162 平方公里,已成陆面积约 125 平方公里;大港港区规划面积 19.2 平方公里,已成陆面积 17.4 平方公里。截至 2015 年,已建成生产性泊位 13 个,设计通过能力 1517 万吨。

　　工作船泊位、1 号~6 号通用泊位、10 号~12 号液体化工码头（泊位）工程、泰奥一期已建设完工。截至 2015 年,已建成生产性泊位 13 个。7 号~8 号通用泊位、中石化 LNG 正在建设中,中俄东方石化 1600 万吨/年炼化项目（以下简称"中俄石化"）、东港池通用散货、北岸线通用泊位、泰奥二期等项目正在开展前期研究工作。

　　截至 2015 年 4 月,南港工业区累计签约项目 54 个,总投资约 1463 亿元,用地需求约 1578 万平方米。已开工项目 26 个,总投资约 511 亿元,用地需求约 495 万平方米;在谈项目 32 个,总投资约 1412 亿元,用地需求约 696 万平方米;投产项目 10 个。共有 285 家企业完成工商注册,其中外资 49 家,注册资本 26.13 亿美元;内资 236 家,注册资本 453.6 亿元。项目涉及精细化工、仓储物流、热电、海水淡化、化工码头运行、工业废物处理等领域。随着一批临港项目、工业企业的进驻,港区开发已进入大规模实质性实施阶段。

　　大港港区于 2011 年 8 月 31 日投入试运行。试运行期间,水域、码头、堆场及其他配套设施各方面反映情况良好。2011 年大港港区完成吞吐量 40 万吨;2012 年完成吞吐量 179 万吨;2013 年完成吞吐量 213 万吨;受航道的限制 2014 年大港港区完成货物吞吐量 136.9 万吨;2015 年大港港区完成货物吞吐量 443.7 万吨,主要货类为煤炭、矿建材料、钢材、水泥、粮食等。

　　（2）港区地理条件和集疏运概况

　　天津港大港港区地处天津市东南,东临渤海湾,东北与塘沽区（现滨海新区）相连,西与静海县（现静海区）接壤,北与津南区毗邻,南与河北省黄骅市交界,是天津市滨海新区的重要发展区域。陆上距北京 165 千米,距天津市中心区 45 千米,距滨海国际机场 40 千米,独流减河在此入海。交通便捷,区位优势明显。

　　大港港区正式通航航道等级为 5000 吨级,航道起点里程 19+000,通航宽度 100 米,设计底高程 -6.5 米。港区 5 万吨级航道的疏浚已经实施完成,航道设计起点里程 38+000,通航宽度 180 米,设计底高程 -12.5 米。港区 10 万吨级航道已立项,起点里程 46+000,通航宽度 300 米,设计底高程 -15.0 米,除受渤西管线影响局部范围尚未实施外,疏浚挖泥也基本完成。大港港区锚地使用主要有天津港总体规划中确定的规划 7 号、8 号锚地,其中 7 号锚地水深 -8.9~-12.9 米,面积 60 平方公里,可满足万吨级以下船舶锚泊。8 号锚地水深 -14.5~-17.4 米,面积 44 平方公里,为 5 万~10 万吨级船舶锚地。7 号、8 号锚地作为临时锚地已公告使用。

　　公路集疏运条件方面,南港工业区主要形成"两横一纵"的对外集疏运公路格局。"两横"指东西方向的北部津石高速和南部南港高速,实现高速路直接进港。"一纵"指南北向的海滨大道高速公路。这两条高速公路可以与国家高速公路主干网相联系,实现对"三北"及东北亚大区域的辐射带动。其中,疏港公路南北方向通过对接沿海高速公路、长深高速公路和京沪高速公路等国家高速公路干线,实现北部对东北和东北亚地区的辐射,南部对华东及环渤海地区的辐射;西部方向通过对接荣乌高速公路、津石高速公路和黄石高速公路等干线,实现对西部地区的辐射带动;北京方向通过对接津晋高速公路、京津塘高速公路、京津高速公路实现对北京地区的辐射。

铁路集疏运条件方面,南港工业区内规划两条集疏运铁路线路。规划北部南港一线对接李港铁路,从万码站引线进入南港工业区,在海滨大道东侧设有编组站,作为大港港区主要集疏港铁路。规划南部南港二线和南部南港高速并线进入工业区,南港二线对接黄万线和津浦线方向,作为远期集疏港铁路线。两条铁路线之间设有连接线。

铁路集疏运通道南港一线和南港二线均为复线,年输送能力能满足大港港区铁路集疏的货运需求。根据大港港区泊位、堆场的平面规划,在西港池西岸线为中俄石化项目规划布置了铁路装卸线,并在西港池东侧布置铁路分区车场;在西港池和东港池泊位后方,布置有铁路装卸线。南港二线沿南港工业区南边界引入,远期在东港池东侧与南港一线相通,使得南港一线和南港二线在港内形成环路。根据后方堆场对铁路集疏运的要求,可由南港一线、二线向后方堆场引出数条铁路装卸线。

2. 港区工程项目

(1)中国石化天津液化天然气(LNG)项目码头及陆域形成工程

项目于 2015 年 12 月开工建设,2018 年 2 月试运行,2018 年 12 月竣工。

项目建设依据:2014 年 7 月,国家发展和改革委员会能源局《国家能源局关于天津液化天然气(LNG)接收站项目核准的批复》(国能油气〔2014〕320 号)。2015 年 1 月,交通运输部《交通运输部关于中国石化天津液化天然气(LNG)项目码头及陆域形成工程初步设计的批复》(交水函〔2015〕65 号)。2014 年 4 月,国家环境保护部《关于天津液化天然气(LNG)项目环境影响报告书的批复》(环审〔2014〕81 号)。2017 年 1 月,天津市国土资源和房屋管理局颁发中石化天津液化天然气有限责任公司《不动产权证书》(津〔2017〕开发区不动产权第 1000430 号)。2013 年 7 月,国家海洋局《国家海洋局关于天津液化天然气(LNG)项目用海预审意见的函》(国海管〔2013〕528 号);2013 年 7 月,交通运输部《交通运输部关于中国石化天津液化天然气项目配套码头工程的意见》(交函规划〔2013〕209 号);2015 年 3 月,交通运输部核发《中华人民共和国港口岸线使用证》(交港海岸〔2015〕第 28 号)。

中国石化天津液化天然气(LNG)码头岸线长度 592 米,3 个泊位,1 个液化天然气泊位和 2 个工作船泊位及相应的配套设施。液化天然气(LNG)泊位可停靠 3~26.6 万立方米 LNG 船码头,全长 402 米,码头面高程 9.2 米(当地理论最低潮面,下同),码头设计低水位为 0.48 米,码头前沿设计底高程 -14.9 米。码头采用顺岸式布置,高桩墩式结构。码头前沿停泊水域长度 450 米,宽度 110 米;回旋水域直径 862.5 米。一个工作船码头,含 2 个工作船泊位,泊位长度 115 米,顶面高程为 6.5 米,前沿水域长度为 115 米,宽度为 52 米,设计底高程 –6.1 米,回旋水域直径 150 米。护岸总长度为 680 米,外侧设防浪墙,顶高程为 8.5 ~ 9.5 米。取水口布置于接收站北侧,自工作船港池内取水,排水口布置于接收站东侧,穿过东侧预留地及防波堤进行排水。总投资 18.66 亿元,企业投资 7.31 亿元,银行贷款 11.20 亿元。后方建设 4 座 16 万立方米 LNG 储罐及相应的气化外输装置。

建设单位为中石化天津液化天然气有限责任公司;EPC 总承包单位为中交第二航务工程勘察设计院有限公司;监理单位为大连港口建设监理咨询有限公司;质监单位为天津港质监站。

为缓解华北地区天然气紧张形势,本项目在时间紧、任务重的关键时刻,全面积极开展投产准备工作,并于 2018 年 2 月 6 日 "CESI BEIHAI" 轮首船靠泊,2 月 12 日完成卸货作业,2 月 13 日离泊;2 月 14 日首车外运。仅 9 天时间,完成全场接卸、预冷、调试,实现液化天然气槽车外运,有效缓解华北地区冬季供暖紧张情况,保障居民生活和采暖用气。2018 年 2 月 26 日,"CESI QINGDAO" 轮首船商业气到港,2 月 28 日离泊,开始商业运营。接收站全面启动后续工艺区调试。2018 年 3 月 12 日,实现高压管道气外输,通过管道为下游用户输送天然气。截至 2018 年 5 月,共接卸 LNG 船舶 5 艘次,合 314348 吨;累计管道气外输 18806 万立方米;槽车外运累计 3960 车,合计 79828 吨。

本项目的投产运营,体现了中国石化对优化能源结构、环境保护所做的贡献,利用进口资源,为人民群众提供安全、环保、价格适宜的天然气资源,提高人民群众的生活水平、改善人民群众的生活质量。

(2)天津南港工业区 1 号 ~ 4 号通用泊位项目

项目于 2011 年 4 月开工建设,2014 年 1 月试运行,2014 年 12 月竣工。

项目建设依据:2012 年 3 月,天津市发展和改革委员会《关于准予天津市南港工业区开发有限公司天津南港工业区 1 – 4 号通用泊位项目核准的决定》(津发改许可〔2012〕39 号);2012 年 6 月,天津市交通运输和港口管理局《关于天津南港工业区 1# – 4# 通用泊位工程初步设计的批复》(津交规发〔2012〕109 号)。2012 年 9 月,天津市滨海新区环境保护和市容管理局《关于天津南港工业区 1# – 4# 通用泊位工程环境影响报告书的批复》(津滨环容环保许可函〔2012〕52 号);2012 年 12 月,天津市海洋局批复《天津南港工业区 1 – 4 号通用泊位工程海域使用论证报告书》(国海证 2012B12010900347 号/国海证 2012B12010900330 号);2011 年,交通运输部《关于天津南港工业区 1 号至 4 号通用泊位工程使用港口岸线的批复》(交规划发〔2011〕90 号)。

本项目岸线总长为 670 米。4 个通用泊位,结构均按 2 万吨级泊位设计,可同时停靠 2 艘 5000 吨级及 2 艘 2 万吨级杂货船。码头布置形式为连片引桥式,采用高桩梁板结构,码头前沿底高程为 –11.5 米,码头面高程为 6.0 米。堆场面积共 27 万平方米,堆存容量矿建材料 11.6 万吨、钢材 9.3 万吨、其他杂货 6.4 万吨。1 号仓库面积为 9496 平方米,2 号仓库面积为 6223 平方米,堆存容量 0.6 万吨。主要装卸设备为门座式起重机 10 台。总投资 9.87 亿元,企业自筹 35%,向银行贷款 65%。本项目用地全部为填海造陆形成,面积 34.65 公顷。

建设单位为天津市南港工业区开发有限公司;设计单位为中交第一航务工程勘察设计院有限公司;监理单位为天津滨海国际工程监理咨询有限公司(堆场)、天津北信工程监理咨询有限公司(码头);施工单位为浙江第一水电建设集团股份有限公司(堆场)、中交一航局第一工程有限公司(码头);质监单位为天津港建设工程质量安全监督站。

本项目投产运营后提高了南港工业区港区通过能力、南港工业区港区竞争能力,带动港口业及相关产业发展,同时吸引更多投资落户该地区,增加当地政府财政收入。

(3)天津南港工业区建材码头项目

项目于 2010 年 7 月开工建设,2012 年 5 月试运行,2013 年 12 月竣工。

项目建设依据:2011 年 5 月,天津市发展和改革委员会《关于准予天津南港工业区开发有限公司天津南港工业区建材码头工程项目核准的决定》(津发改许可〔2011〕94 号);2011 年 8 月,天津市交通运输和港口管理局《关于天津南港工业区建材码头工程初步设计的批复》(津交规发〔2011〕197 号)。2012 年 7 月,天津市滨海新区环境保护和市容管理局《关于天津南港工业区建材码头工程环境影响报告书的批复》(津滨环容环保许可函〔2012〕33 号);2017 年 7 月,天津市国土资源和房屋管理局(津〔2017〕开发区不动产权第 1007756 号/津〔2017〕开发区不动产权第 1007757 号)。2012 年 10 月,天津市海洋局(国海证 2012B12010900243 号/国海证 2012B12010900251 号);2010 年,交通运输部《关于天津南港工业区建材码头工程使用港口岸线的批复》(津交规〔2010〕148 号)。

本项目岸线总长为 300 米。2 个通用泊位,结构均按 2 万吨级泊位设计,最大可停靠 2 万吨级船舶(码头水工建筑允许靠泊能力 5 万吨级)。码头布置形式为连片引桥式,采用高桩梁板结构,码头前沿底高程为 -11.5 米,码头面高程为 6.0 米。堆场面积共 10.5 万平方米,堆存容量 18.7 万吨。主要装卸设备为门座式起重机 4 台。仓库面积 978.2 平方米,堆存能力 15.1 万吨。项目总投资 4.26 亿元,企业自筹 35%,向银行贷款 65%。本项目用地全部为填海造陆形成,面积 13.57 公顷。

建设单位为天津市南港工业区开发有限公司;设计单位为中交第一航务工程勘察设计院有限公司;监理单位为天津滨海国际工程监理咨询有限公司;施工单位为中交一航局第一工程有限公司;质监单位为天津港建设工程质量安全监督站,根据相关法律法规进行安全质量监督工作。

(4)天津港大港港区(南港)泰奥石化仓储物流项目码头 3 号~6 号泊位

项目于 2014 年 2 月开工建设,2015 年 4 月试运行,2017 年 8 月竣工。

项目建设依据:2012 年 10 月,天津市交通运输和港口管理局《关于天津港大港港区(南港)泰奥石化仓储物流项目码头一期工程初步设计的批复》(津交规发〔2012〕149号)。2012 年 11 月,天津市滨海新区环境保护和市容管理局《关于南港泰奥石化仓储物流项目码头一期工程环境影响报告书的批复》(津滨环容环保许可函〔2012〕61 号);2013年 1 月,天津市海洋局批复《海域使用证》(国海证 2013B12010900011);2012 年,交通运输部《天津港南港泰奥石化仓储物流项目码头一期工程使用港口岸线的批复》(交规发〔2012〕396 号)。

项目建设 4 个 1 万吨级油品和液体化工泊位(5 号、6 号泊位结构按 2 万吨级设计),码头占用岸线长度 868 米(5 号、6 号泊位预留 2 万吨级,岸线长度增加 70 米)。其中西侧顺岸部分 389 米岸线布置 3 号、4 号两个泊位,北侧突堤 239.5 米岸线布置 5 号、6 号两个泊位,双侧靠船(码头水工建筑允许靠泊能力 1 万吨级,结构按 2 万吨级设计,待批复后可升级为 2 万吨级码头)。西侧顺岸码头采用靠船平台与系缆墩结合方案,包括 2 个 1 万吨级靠船平台和 7 个系缆墩,其中靠船平台长 64 米,宽 22 米。码头可同时停靠 2 艘万吨级液体化工品船舶。北侧突堤式码头采用靠船平台与系缆墩结合方案。其中万吨级泊位共包括 1 个靠船平台和 4 个系缆墩。靠船平台长 64 米,宽 39 米,两侧可同时各停靠 1 艘万吨级液体化工品船舶。码头结构采用高桩梁板式结构。项目投资 5.15 亿元,34% 为企业自筹资金,66% 为银行贷款。码头前沿水深 9.5 米。项目后方罐区面积 2.7 万平方米,罐容 10 万立方米。用地面积 6.8 万平方米。

建设单位为天津泰奥石化物流有限公司;设计单位为中交第一航务工程勘察设计院有限公司;施工单位为中交一航局第一工程有限公司(水工结构)、中国化学工程第十三建设有限公司(码头作业楼)、中国交通建设股份有限公司(设备安装)等;监理单位为天津中北港湾工程建设监理有限公司;质监单位为天津港建设工程质量安全监督站。

(5)天津港大港港区 10 号~12 号化工码头(泊位)工程项目

项目于 2012 年 6 月 15 日开工建设,2016 年 7 月 29 日竣工验收完成,2016 年 9 月 14日正式取得港口经营许可证。

项目建设依据:2012 年 8 月,天津市交通运输和港口管理局《市交通港口局关于天津港大港港区10 – 12 号化工码头工程初步设计的批复》(津交规发〔2012〕132 号)。2012 年9 月,滨海新区环境保护和市容管理局《关于天津港大港港区 10 – 12 号化工码头工程环境影响报告书的批复》(津滨环容环保许可函〔2012〕53 号);2012 年 4 月,天津市海洋局《关于天津南港奥德费尔 10 – 12 号化工码头(泊位)工程海域使用选址的用地批复》(津海管〔2012〕57 号);2012 年 6 月,交通运输部《关于天津港大港港区奥德费尔化工码头一期工程使用港口岸线的批复》(交规划发〔2012〕280 号)。

本工程建设 2 个 2 万吨级和 1 个 5000 吨级液体化工品泊位(码头水工建筑允许靠泊

能力 5 万吨级），码头占用岸线长度 660 米，年吞吐量 450 万吨（其中油品 107 万吨、液体化工品 343 万吨）。码头采用连片引桥式布置。3 个泊位各设置一座宽 15 米的引桥与后方陆域连接。码头前沿顶高程为 6 米（以理论最低潮面为基准面，下同）、前沿设计底高程 -14.0 米，港池设计底高程 -12.5 米，码头前沿停泊水域宽度 100 米，船舶回旋水域直径为 46 米。采用 6 台装卸臂和 36 台装卸软管相结合的装卸船作业方案。油品由储罐经库区装船泵加压，通过工艺管道、装卸软管装船。油品使用装卸臂卸船，化工品使用装卸软管卸船。码头承台采用高桩墩台结构和高桩梁板相结合的结构方案，排架间距为 6 米和 7 米。基桩采用 650 毫米 × 650 毫米的预应力混凝土空心方桩。引桥宽度为 15 米，引桥下部基桩在打桩船能施工的范围内采用 650 毫米 × 650 毫米预应力混凝土空心方桩，其余部分采用 ϕ800 毫米的灌注桩。后方库区面积 18.45 万平方米，储存能力 13.78 万立方米。现有罐组面积 2.97 万平方米，储存能力 13.78 万立方米。用地面积 18.45 万平方米。截至 2017 年 11 月，实际到位资金 10.75 亿元，其中天津南港工业区港务有限公司注入资金 1.74 亿元，奥德费尔储罐码头亚洲有限公司注入资金 1.68 亿元，天津南港工业区港务有限公司借款 2805 万元，奥德费尔储罐码头亚洲有限公司借款 2735.10 万元，银行贷款 6.78 亿元。

建设单位为天津南港奥德费尔码头仓储有限公司；设计单位为中交第一航务工程勘察设计院有限公司；勘察单位为中交第一航务工程勘察设计院有限公司；监理单位为天津天科工程监理咨询事务所、天津市特种设备工程建设监理公司；施工单位为天津港航工程有限公司、中交第一航务工程局有限公司、中交一航局第一工程有限公司；质监单位为天津港建设工程质量安全监督站。

项目投产后带动了南港区内企业的发展，如壳牌润滑油、壳牌成品油公司，同时真正意义上实现了大港港区停靠化学品船舶及外贸船舶，同时对天津、河北、山东、东北化工企业提供了转运服务。

（6）天津港大港港区新建通用泊位工程

项目于 2015 年 6 月开工建设，2017 年 8 月试投产。

项目建设依据：2014 年 7 月，交通运输部《交通运输部关于天津港大港港区西港池通用码头工程使用港口岸线的批复》（交规划函〔2014〕602 号）；2014 年 10 月，天津市发展和改革委员会《市发展改革委关于同意天津市南港工业区开发有限公司天津港大港港区新建通用泊位工程项目核准的通知》（津发改许可〔2014〕133 号）。2015 年 2 月，天津市交通运输委员会《天津市交通运输委员会关于天津港大港港区新建通用泊位工程初步设计的批复》（津交规发〔2015〕48 号）。2014 年 12 月，天津市滨海新区行政审批局《关于天津港大港港区新建通用泊位工程环境影响报告书的批复》（津滨审批投准〔2014〕1181 号）；2014 年 12 月，天津市海洋局批复海域使用（国海证 2014B12010901020 号/国海证

2014B12010901038 号）。

本项目岸线总长为 320 米。2 个通用泊位,结构均按 7 万吨级泊位设计,最大可停靠 7 万吨级船舶,可同时停靠 2 艘 1 万吨级船舶(码头水工建筑允许靠泊能力 7 万吨级)。码头布置形式为连片满堂式,采用高桩梁板结构,码头前沿底高程为 −15.0 米,码头面高程为 6.0 米。堆场面积共 5.37 万平方米,堆存容量 8.4 万吨。主要装卸设备为门座式起重机 5 台。总投资 5.72 亿元,企业自筹 35%,向银行贷款 65%。本项目用地全部为填海造陆形成,面积 6.42 公顷。

建设单位为天津市南港工业区开发有限公司;设计单位为中交第一航务工程勘察设计院有限公司;监理单位为天津港工程监理咨询有限公司;施工单位为中交一航局第一工程有限公司、中交天津航道局有限公司;质监单位为天津港建设工程质量安全监督站。

本项目投产运营后提高了南港工业区港区通过能力,提高了南港工业区港区竞争能力,带动港口业及相关产业发展,同时吸引更多投资落户该地区,增加当地政府财政收入。

(四)大沽口港区

1. 港区综述

(1)港区建设和运营概况

天津港大沽口港区自 2004 年开发建设,是由原天津临港工业区通过围海造陆在海河口以南形成的新兴港区,截至 2015 年,已形成 25.5 千米岸线,已建成投产运营万吨级以上泊位 34 个,以钢材、建材、重大件、粮油、液体化工、装备制造运输为主,主要服务于临港开发建设,同时兼顾腹地部分物资转运及现代物流业的发展。港区共分为通用泊位作业区 3 个、石化码头作业区 1 个、装备制造区 3 个、粮油及通用泊位作业区 1 个。

2011 年,大沽口港区进出港船舶总计 2243 艘次,完成货物吞吐量 1507 万吨;2012 年,大沽口港区进出港船舶总计 2529 艘次,完成货物吞吐量 1805 万吨;2013 年,大沽口港区进出港船舶总计 3834 艘次,完成货物吞吐量 2210 万吨;2014 年,大沽口港区进出港船舶总计 3326 艘次,完成货物吞吐量 3036 万吨;2015 年,大沽口港区进出港船舶总计 2546 艘次,完成货物吞吐量 2610 万吨。

(2)港区地理条件和集疏运概况

天津港大沽口港区位于海河口以南,与南疆港区南部岸线隔大沽沙航道相望,是由围海造陆形成的岸线,地质结构主要由淤泥质粉质黏土、淤泥质黏土及粉砂构成,航道口门处建有东防波堤、北防波堤,对航道及港池形成了良好的掩护条件。港区船舶通过大沽沙航道进出港,2005 年 7 月,5000 吨级大沽沙航道正式疏浚,2010—2013 年,大沽沙航道先后进行了 2 万吨级、5 万吨级、10 万吨级建设,并于 2014 年 1 月 1 日发布了 10 万吨级大沽沙航道通航标准（试行）。港池内水深 12.0～18.0 米之间，航道水深 15.0 米以上，可满足 10 万吨级散货船及 26.6 万立方米 LNG 船舶单向航行。

大沽口港区集疏运主要由公路运输实现，区外通过津滨大道、津晋高速、京津高速连通国家高速路网，区内可通过长江道、黄河道、渤海 10 路等进出港。

2. 港区工程项目

（1）天津港大沽口港区 12 号～14 号通用泊位工程

项目于 2013 年 10 月开工建设，2015 年 11 月试运行，2016 年 7 月竣工。

项目建设依据：2014 年 9 月，天津市发展和改革委员会《市发展改革委关于同意天津临港港务集团有限公司天津港大沽口港区 12－14 号通用泊位工程项目核准的通知》（津发改许可〔2014〕119 号）；2014 年 12 月，天津市交通运输委员会《天津市交通运输委员会关于天津港大沽口港区 12－14 号通用泊位工程初步设计的批复》（津交规发〔2014〕418 号）。2013 年 12 月，天津市滨海新区环境保护和市容管理局《关于天津港大沽口港区 12－14 号通用泊位工程环境影响报告书的批复》（津滨环容环保许可函〔2013〕71 号）；2016 年 8 月，天津市国土资源和房屋管理局《不动产权证书》；2015 年 1 月，天津市海洋局下发了天津港大沽口港区 12－14 号通用泊位《海域使用权证书》（国海证 2015B12010700038 号）；2014 年 7 月，交通运输部《交通运输部关于天津港大沽口港区 10 号至 14 号通用码头工程使用港口岸线的批复》（交规划函〔2014〕603 号）。

本项目建设 3 个 5 万吨级通用泊位（码头水工建筑允许靠泊能力 7 万吨级），码头岸线总长 744 米。码头采用顺岸连片满堂平面布置形式，高桩梁板结构。前沿设计水深 13.8 米，码头设计靠泊为 5 万吨级通用船舶，后方堆场面积约 13 万平方米，堆存能力 5.3 万吨。主要装卸设备为 9 台 40 吨—37 米、40 吨—43 米门座式起重机。本项目立项总投资为 10.94 亿元，其中 65% 为国内银行贷款，35% 为自筹及其他资金。本项目用海面积总计 10.87 公顷，其中码头透水构筑物 3.42 公顷，港池 7.45 公顷。

建设单位为天津临港港务集团有限公司；设计单位为中交第一航务工程勘察设计院有限公司；施工单位为中交一航局第一工程有限公司；监理单位为天津天科工程监理咨询事务所；质监单位为天津港建设工程质量安全监督站。

本项目于 2015 年 11 月建成并投入试运行，本项目与 10 号、11 号通用泊位形成了 5 个 5 万吨级以上连片泊位，增加了船舶的不同船型靠泊方式，有效提高了港区泊位利用效率。

（2）天津港大沽口港区 18 号通用泊位工程

项目于 2013 年 7 月开工建设，2015 年 4 月试运行，2015 年 11 月竣工。

项目建设依据：2013 年 1 月，天津市发展和改革委员会《关于准予天津临港港务集团有限公司天津港大沽口港区 18 号通用泊位工程项目核准的决定》（津发改许可〔2013〕14

号);2013 年 5 月,天津市交通运输和港口管理局《天津市交通运输和港口管理局关于天津港大沽口港区 18 号通用泊位工程初步设计的批复》(津交规发〔2013〕75 号)。2012 年 8 月,天津市滨海新区环境保护和市容管理局《关于天津港临港工业港区(大沽口港区)18 号通用泊位工程环境影响报告书的批复》(津滨环容环保许可函〔2012〕39 号);2013 年 10 月,天津市海洋局下发了天津港大沽口港区 18 号通用泊位《海域使用权证书》(国海证 2013B12010700417 号);2012 年 9 月,交通运输部《交通运输部关于天津港大沽口港区 18 号通用泊位工程使用港口岸线的批复》(交规划〔2012〕459 号)。

本项目建设 1 个 2 万吨级通用泊位(码头水工建筑允许靠泊能力 5 万吨级),码头岸线总长 260.5 米。码头采用顺岸引桥平面布置形式,高桩梁板和高桩墩台结构,前沿设计水深 13.8 米,码头设计靠泊为 2 万吨级通用船舶,后方堆场面积约 9 万平方米,堆存能力 1.9 万吨。主要装卸设备为 4 台 40 吨—40 米门座式起重机及 1 台 600 吨固定式桅杆吊。总投资为 5.15 亿元,其中 65% 为国内银行贷款,35% 为自筹及其他资金。本项目用海面积总计 4.90 公顷,其中码头透水构筑物 1.43 公顷,港池 3.47 公顷。

建设单位为天津临港港务集团有限公司;设计单位为中交第一航务工程勘察设计院有限公司;施工单位为中交一航局第一工程有限公司;监理单位为天津天科工程监理咨询事务所;质监单位为天津港建设工程质量安全监督站。

本项目于 2015 年 4 月建成并投入试运行,为华北地区特色重大件泊位,多次完成港区重特大件的装卸任务,本项目 2015 年完成吞吐量 81.4 万吨。

(3)天津临港佳悦粮油码头工程

项目于 2009 年 12 月开工建设,2011 年 11 月试运行,2012 年 8 月竣工。

项目建设依据:2009 年 5 月,天津市发展和改革委员会《关于准予佳悦国际有限公司天津临港佳悦粮油码头工程项目核准的决定》(津发改许可〔2009〕134 号);2009 年 9 月,天津市交通运输和港口管理局《关于天津临港佳悦粮油码头工程初步设计的批复》(津交规〔2009〕73 号)。2009 年,天津市环境保护局《关于天津临港中粮佳悦码头工程环境影响报告书的批复》(津环保滨许可函〔2009〕037 号);2010 年,天津市海洋局下发了天津临港中粮佳悦码头《海域使用权证书》(国海证 101200046 号);2009 年 8 月,交通运输部《关于天津港临港工业港区佳悦粮油码头工程使用港口岸线的批复》(交规划发〔2009〕426 号)。

本项目建设 1 个 7 万吨级散粮泊位(码头水工建筑允许靠泊能力 10 吨级),码头岸线总长 310 米。码头采用顺岸引桥平面布置形式,高桩梁板结构。前沿设计水深 16.0 米。装卸设备包括 1 台连续式卸船机、2 台带斗门座式起重机及 1 台输油臂。总投资为 2.33 亿元,全部为企业自筹。

建设单位为天津临港佳悦粮油码头有限公司;设计单位为中交第一航务工程勘察设

计院有限公司；施工单位为中交一航局第一工程有限公司；监理单位为天津北信工程监理咨询公司；质监单位为天津港建设工程质量安全监督站。

天津临港佳悦粮油码头工程自2011年项目试运行至今，共完成内外贸作业量958万吨，靠泊船舶257条。项目建成后作为中粮粮油基地项目的一部分，主要为中粮佳悦公司接卸散粮，对提高北方地区的粮食加工和植物蛋白饲料加工技术水平，丰富市场供应是十分必要的，而且对繁荣地方经济将起着积极的推动作用。

（4）天津港临港工业港区5号液体化工泊位工程

项目于2005年7月开工建设，2006年4月试运行，2007年12月竣工。

项目建设依据：2006年9月，天津市发展和改革委员会《关于准予天津临港工业港务有限公司天津港临港工业港区5后液体化工泊位项目核准的决定》（津发改许可〔2006〕236号）；2006年10月，天津市交通委员会《关于对天津港临港工业港区5号液体化工泊位工程初步设计的批复》（津交委规〔2006〕217号）。2006年8月，天津市环境保护局《关于对天津港临港工业港区5号液体化工泊位工程环境影响报告书的批复》（津环保许可函〔2006〕059号）；2007年12月，天津市海洋局下发了天津港临港工业港区5号液体化工泊位《海域使用权证书》，国海证071200062号、071200063号；2006年12月，交通部下发《关于天津港临港工业港区5号液体化工泊位使用港口岸线的批复》（交规划发〔2006〕710号）。

本项目建设1个1万吨级液体化工泊位（码头水工建筑允许靠泊能力1万吨级），码头岸线总长160米，连同其扩能工程岸线总长306米。码头采用顺岸引桥平面布置形式，高桩梁板结构。前沿设计水深9.5米，码头设计靠泊为1万吨级液体化工船舶。主要装卸设备为软管吊2台，输油臂为后方企业自行采购，码头通过工艺管廊连接后区内企业。总投资为4998万元，均为企业自筹及其他资金。本项目用海面积总计0.81公顷，其中码头透水构筑物0.39公顷，港池0.42公顷。

建设单位为天津临港港务集团有限公司（原天津临港工业港务有限公司）；设计单位为中交第一航务工程勘察设计院有限公司；施工单位为中交一航局第一工程有限公司；监理单位为天津北信工程监理咨询有限公司；质监单位为天津港建设工程质量安全监督站。

本项目于2006年4月建成并投入试运行，为大沽口港区首座泊位，同年8月，随着"中原轮"在本项目的试航成功，标志着大沽口港区正式开港通航，项目建成后主要服务于原临港工业区后方企业，为相关企业生产、运营提供便利的原材料装卸、运输服务。

（5）天津港临港工业港区（大沽口港区）10号、11号通用泊位工程

项目于2011年2月开工建设，2013年4月试运行，2015年11月竣工。

项目建设依据：2011年8月，天津市发展和改革委员会《关于准予天津临港港务集团有限公司天津港临港工业港区10-11号通用泊位工程项目核准的决定》（津发改许可

〔2011〕182 号);2012 年 2 月,天津市交通运输和港口管理局《关于天津港临港工业港区(大沽口港区)10 - 11 号通用泊位工程初步设计的批复》(津交规发〔2012〕29 号)。2011年 7 月,天津市滨海新区环境保护和市容管理局《关于天津临港工业港区 10 - 11 号通用泊位工程环境影响报告书的批复》(津环保滨许可函〔2011〕38 号);2016 年 6 月,天津市国土资源和房屋管理局下发了《不动产权证书》;2012 年 12 月,天津市海洋局下发了天津港临港工业港区 10 - 11 号通用泊位《海域使用权证书》,国海证 2012B12010700310 号;2011 年 10 月,交通运输部《关于天津港临港工业港区 10 号、11 号通用泊位工程使用港口岸线的批复》(交规划发〔2011〕592 号)。

本项目建设 2 个 5 万吨级通用泊位(码头水工建筑允许靠泊能力 7 万吨级),水工结构按 7 万吨级设计,码头岸线总长 521 米。码头采用顺岸连片满堂平面布置形式,高桩梁板结构。前沿设计水深 13.8 米,码头设计靠泊为 5 万吨级通用船舶,后方堆场面积约 18万平方米,堆存能力 10.1 万吨。仓库面积 0.55 万平方米,堆存能力 0.5 万吨。主要装卸设备为 8 台 40 吨—37 米、40 吨—43 米门座式起重机。总投资为 8.30 亿元,其中 65% 为国内银行贷款,35% 为自筹及其他资金。本项目用海面积总计 7.58 公顷,其中码头透水构筑物 2.37 公顷,港池 5.21 公顷。

建设单位为天津临港港务集团有限公司;设计单位为中交第一航务工程勘察设计院有限公司;施工单位为中交一航局第一工程有限公司、天津市弘野建筑工程有限公司;监理单位为天津天科工程监理咨询事务所;质监单位为天津港建设工程质量安全监督站。

本项目于 2013 年 4 月建成并投入试运行,有效满足了大沽口港区船舶数量增长及船舶大型化的需要。本项目 2013 年完成吞吐量 180.1 万吨,2014 年完成吞吐量 283.1万吨。

(6)天津博迈科海洋工程有限公司临港海洋重工建造基地码头工程

项目于 2010 年 4 月开工建设,2016 年 1 月试运行,2018 年 3 月竣工。

项目建设依据:2010 年 6 月,《关于天津博迈科海洋工程有限公司临港海洋重工建造基地码头工程项目核准的批复》(津发改许可〔2010〕174 号);2011 年 8 月,天津市交通运输和港口管理局《关于天津博迈科海洋工程有限公司临港海洋重工建造基地码头工程初步设计的批复》(津交规〔2011〕196 号)。2010 年,天津市环境保护局《关于天津博迈科海洋工程有限公司临港海洋重工建造基地码头工程项目环境影响报告书的批复》(津环保滨许可函〔2010〕29 号);2013 年,天津市海洋局下发了临港海洋重工建造基地码头工程《海域使用权证书》(国海证 111200002 号);2011 年 4 月,交通运输部《关于天津博迈科海洋工程有限公司临港海洋重工建造基地码头工程使用港口岸线的批复》(交规划发〔2011〕207 号)。

本项目建设 2 个 5 万吨级驳轮泊位(码头水工建筑允许靠泊能力 5 万吨级),码头设计年通过能力 3000 吨组块 28 个、6000 吨组块 2 个、20000 吨组块 2 个。码头岸线总长 400 米。码头采用顺岸引桥平面布置形式,高桩梁板和高桩墩台结构。前沿设计水深 11.5 米。总投资为 1.30 亿元,全部为企业自筹及其他资金。本项目用海面积总计 4.90 公顷,其中码头透水构筑物 2.21 公顷,港池 10.0 公顷。

建设单位为天津博迈科海洋工程有限公司;设计单位为中交天津港湾工程设计院有限公司;施工单位为中交一航局第一工程有限公司;监理单位为天津天科工程监理咨询事务所;质监单位为天津港建设工程质量安全监督站。

本项目投产后,主要用于大型海工平台建造、出运。

(7)天津港大沽口港区太重滨海公司重装基地码头工程

项目于 2013 年 8 月开工建设,2015 年 4 月试运行,2016 年 7 月竣工。

项目建设依据:2014 年 3 月,天津市发展和改革委员会《市发展改革委关于同意太重(天津)滨海重型机械有限公司天津港大沽口港区太重滨海公司重装基地码头工程项目核准的通知》(津发改许可〔2014〕22 号);2014 年 9 月,天津市交通运输委员会《天津市交通运输委员会关于天津港大沽口港区太重滨海公司重装基地码头工程初步设计的批复》(津交规发〔2014〕253 号)。2013 年 4 月,天津市滨海新区环境保护和市容管理局《关于天津港大沽口港区太重滨海公司重装基地码头工程环境影响报告书的批复》(津滨环容环保滨许可函〔2013〕20 号);2014 年 5 月,天津市海洋局下发了天津港大沽口港区太重滨海公司重装基地码头工程《海域使用权证书》(国海证 2014B12010700349 号);2014 年 1 月,交通运输部《交通运输部关于天津港大沽口港区太重滨海公司重装基地配套码头工程使用港口岸线的批复》(交函规划〔2014〕46 号)。

本项目建设 5 个 5 万吨级泊位,码头岸线总长 918 米。码头采用顺岸引桥平面布置形式,高桩梁板和高桩墩台结构。前沿设计水深 13.5 米。码头主要设备包括 2 台门座式起重机及 1 台桥式起重机。总投资为 8.78 亿元,其中 65% 为国内银行贷款,35% 为自筹及其他资金。本项目用海面积总计 20.65 公顷,其中码头透水构筑物 2.82 公顷,港池 17.83 公顷。

建设单位为太重(天津)滨海重型机械有限公司;设计单位为中交天津港湾工程设计院有限公司;施工单位为中交一航局第一工程有限公司;监理单位为天津北信工程监理咨询公司;质监单位为天津港建设工程质量安全监督站。

本码头项目建成后,主要为太原重工生产的重装机械进行出海运输。

(8)天津港临港工业港区 2 号、3 号通用泊位工程

项目于 2007 年 10 月开工建设,2008 年 6 月试运行。

项目建设依据:2007 年 8 月,天津市发展和改革委员会《关于准予天津临港工业港务有限公司天津港临港工业区 2、3 号通用散杂货泊位项目核准的决定》(津发改许可

〔2007〕221 号);2007 年 9 月,天津市交通委员会《关于天津港临港工业港区 2、3 号通用泊位工程初步设计的批复》(津交委规〔2007〕271 号)。2007 年 5 月,天津市环境保护局《关于对天津港临港工业港区 2、3 号通用泊位工程环境影响报告书的批复》(津环保滨许可函〔2007〕010 号);2008 年 10 月,天津市海洋局下发了天津临港工业港区 2、3 号通用泊位工程《海域使用权证书》(国海证 1220080018 号);2007 年 6 月,交通部《关于天津港临港工业港区 2 号和 3 号通用泊位使用港口岸线的批复》(交规划发〔2007〕335 号)。

本项目建设 2 个 5 万吨级通用泊位,包括 2 号、3 号泊位,码头岸线总长 479 米。码头采用顺岸连片满堂平面布置形式,高桩梁板结构。前沿设计水深 13.8 米,码头设计靠泊为 5 万吨级散货船。堆场面积约 12.4 万平方米,堆存能力 13.2 万吨。主要装卸设备为 2 台 40 吨—37 米、3 台 25 吨—33 米门座式起重机。项目总投资为 5.53 亿元,均为企业自筹及其他资金。本项目用海面积总计 0.9 公顷,其中码头透水构筑物 0.69 公顷,港池 0.21 公顷。

建设单位为天津临港港务集团有限公司(原天津临港工业港务有限公司);设计单位为中交第一航务工程勘察设计院有限公司;施工单位为中交一航局第一工程有限公司、中交一航局第四工程有限公司;监理单位为天津北信工程监理咨询有限公司;质监单位为天津港建设工程质量安全监督站。

本项目于 2008 年 6 月建成并投入试运行,进一步增强了原天津临港工业区招商优势,提高了天津港通用泊位吞吐能力。

(9)天津港临港工业港区 1 号通用码头工程

项目于 2008 年 3 月开工建设,2010 年 2 月试运行,2016 年 7 月竣工。

项目建设依据:2007 年 10 月,天津市发展和改革委员会《关于准予天津临港工业港务有限公司天津港临港工业港区 1 号通用码头工程项目核准的决定》(津发改许可〔2007〕331 号);2007 年 11 月,天津市交通委员会《关于天津港临港工业港区 1 号通用码头工程初步设计的批复》(津交委规〔2007〕332 号)。2007 年 8 月,天津市环境保护局《关于对天津港临港工业港区 1 号通用泊位工程环境影响报告书的批复》(津环保滨许可函〔2007〕033 号);2013 年 5 月,天津市国土资源和房屋管理局下发《天津市房地产权证》(房地证津字第 150051300032 号);2005 年 3 月,国家海洋局印制了天津临港工业区滩涂开发一期《海域使用权证书》(国海证 051100003 号),本工程位于天津临港工业区滩涂开发一期范围之内;2007 年 9 月,交通部《关于天津港临港工业港区 1 号通用码头工程使用岸线的批复》(交规划发〔2007〕544 号)。

本项目建设 3 个 2 万吨级通用泊位(码头水工建筑允许靠泊能力 2 万吨级),包括 1A、1B、1C 泊位,码头岸线总长 570 米。码头采用顺岸连片满堂平面布置形式,高桩梁板结构。前沿设计水深 11.0 米,码头设计靠泊为 2 万吨级散货船。堆场面积约 19 万平方米,堆存能力6.37万吨。主要装卸设备为2台25吨—33米、5台16吨—33米门座式起重机。总投资为5.42亿元,均为企业自筹及其他资金。本项目用海面积总计5公顷。

建设单位为天津临港港务集团有限公司(原天津临港工业港务有限公司);设计单位为中交第一航务工程勘察设计院有限公司;施工单位为中交一航局第一工程有限公司、天津五建建筑工程有限公司;监理单位为天津北信工程监理咨询有限公司;质监单位为天津港建设工程质量安全监督站。

本项目于2010年2月建成并投入试运行,其中1A泊位由天津临港港务集团有限公司运营管理,1B、1C泊位由天津临港滨海港务有限公司运营管理,1A泊位主要以钢材、水泥、设备等件杂货经营为主,1B、1C主要以散货、件杂货经营为主,项目运营后进一步增强了原天津临港工业区招商优势,提高了天津港通用泊位的吞吐能力。

(10)天津港临港工业港区6号液体化工泊位工程

项目于2008年5月开工建设,2009年4月试运行,2012年5月竣工。

项目建设依据:2008年5月,天津市发展和改革委员会《关于准予天津临港思多而特码头有限公司天津港临港工业港区6号液体化工码头工程项目核准的决定》(津发改许可〔2008〕189号);2008年7月,天津市交通委员会《关于天津港临港工业港区6号液体化工泊位工程初步设计的批复》(津交委规〔2008〕212号)。2008年5月,天津市环境保护局《关于对天津港临港工业港区6号液体化工码头工程环境影响报告书的批复》(津环保滨许可函〔2008〕030号);2009年1月,天津市海洋局下发了天津港临港工业港区6号液体化工泊位《海域使用权证书》(国海证091200002号);2008年5月,交通部《关于天津港临港工业港区6号液体化工品码头使用港口岸线的批复》(交规划发〔2008〕66号)。

本项目建设1个5万吨级液体化工泊位,码头岸线总长365米。码头采用顺岸引桥平面布置形式,高桩梁板结构。前沿设计水深14.0米。码头设计靠泊为5万吨级液体化工船舶。主要装卸设备为软管吊3台,输油臂6台,码头通过工艺管廊连接后方区内企业。总投资为2.59亿元,其中65%为国内银行贷款,35%为其他资金。本项目用海面积总计3.12公顷,其中码头透水构筑物1.27公顷,港池1.84公顷。

建设单位为天津临港思多而特码头有限公司;设计单位为中交第一航务工程勘察设计院有限公司;施工单位为中交一航局第一工程有限公司;监理单位为天津北信工程监理咨询有限公司;质监单位为天津港建设工程质量安全监督站。

项目建成后主要服务于原临港工业区后方企业,为相关企业生产、运营提供便利的原材料装卸、运输服务。

(11)天津港临港工业港区7号、8号液体化工码头工程

项目于2010年7月开工建设,2011年7月试运行,2013年11月竣工。

项目建设依据:2010年6月,天津市发展和改革委员会《关于准予天津临港孚宝码头

有限公司天津港临港工业港区 7 号、8 号液体化工码头项目核准的决定》（津发改许可〔2010〕167 号）；2010 年 11 月，天津市交通运输和港口管理局《关于天津港临港工业港区 7、8 号液体化工码头工程初步设计的批复》（津交规〔2010〕241 号）。2015 年 6 月，天津市海洋局下发了天津临港孚宝渤化码头有限公司天津港临港工业港区 7、8 号液体化工码头《海域使用权证书》（国海证 2015B12010700407 号）；2010 年 8 月，交通运输部下发《关于天津港临港工业港区 7 号和 8 号液体化工品码头工程使用港口岸线的批复》（交规划发〔2010〕422 号）。

本项目建设 2 个 5 万吨级液体化工泊位，码头岸线总长 604 米。码头采用顺岸引桥式布置，高桩梁板和高桩墩台结构。前沿设计水深 14.0 米。码头设计靠泊为 5 万吨级液体化工船舶。主要装卸设备为单臂吊机 6 台，输油臂 4 台，码头通过工艺管廊连接后方区内企业。总投资为 2.55 亿元，其中 65% 为国内银行贷款，35% 为其他资金。本项目用海面积总计 5.20 公顷，其中码头透水构筑物 4.25 公顷，港池 0.95 公顷。

建设单位为天津临港孚宝渤化码头有限公司；设计单位为中交第一航务工程勘察设计院有限公司；施工单位为中交一航局第一工程有限公司；监理单位为天津北信工程监理咨询有限公司；质监单位为天津港建设工程质量安全监督站。

本项目于 2011 年 7 月建成并投入试运行，主要为原临港工业区相关企业生产、运营提供便利的原材料装卸、运输服务。

（12）天津港临港工业港区 4 号通用散杂货泊位工程

项目于 2005 年 7 月开工建设，2006 年 10 月试运行，2007 年 2 月竣工。

项目建设依据：2006 年 9 月，天津市发展和改革委员会《关于准予天津临港工业港务有限公司天津港临港工业港区 4 号通用散杂货泊位项目核准的决定》（津发改许可〔2006〕235 号）；2006 年 10 月，天津市交通委员会《关于对天津港临港工业港区 4 号通用散杂货泊位工程初步设计的批复》（津交委规〔2006〕216 号）。2006 年 8 月，天津市环境保护局《关于对天津港临港工业港区 4 号通用散杂货泊位工程环境影响报告书的批复》（津环保许可函〔2006〕060 号）；2007 年 8 月，天津市海洋局下发了天津临港工业港务有限公司天津港临港工业港区 4 号通用散杂货泊位《海域使用权证书》（国海证 071200026 号）；2006 年 12 月，交通部《关于天津港临港工业港区 4 号通用泊位使用港口岸线的批复》（交规划发〔2006〕709 号）。

本项目建设 1 个 2 万吨级散杂货泊位，码头岸线总长 185 米。码头采用顺岸连片满堂平面布置形式，高桩梁板结构。前沿设计水深 11.0 米。码头设计靠泊为 2 万吨级散货船。堆场面积约 8 万平方米，主要装卸设备配置 40 吨—40 米的门座式起重机 1 台及 25 吨—30 米门座式起重机 2 台。总投资为 1.71 亿元，均为企业自筹及其他资金。本项目用海面积总计 2.8 公顷，其中码头透水构筑物 0.95 公顷，港池 1.85 公顷。

建设单位为天津临港港务集团有限公司(原天津临港工业港务有限公司);设计单位为中交第一航务工程勘察设计院有限公司;施工单位为中交一航局第一工程有限公司;监理单位为天津北信工程监理咨询有限公司;质监单位为天津港建设工程质量安全监督站。

本项目于2006年10月建成并投入试运行,为大沽口港区首座万吨级以上通用散杂货泊位,项目建成后增强了原天津临港工业区招商优势,提高了天津港通用泊位吞吐能力。

(13)天津港临港工业港区2号、3号粮油码头工程

项目于2011年4月开工建设,2014年7月试运行,2016年7月竣工。

项目建设依据:2011年4月,天津市发展和改革委员会《关于准予天津临港工业港务有限公司临港工业港区2、3号粮油码头工程项目核准的决定》(津发改许可〔2011〕81号);2011年8月,天津市交通运输和港口管理局《关于天津港临港工业港区2、3号粮油码头工程初步设计的批复》(津交规〔2011〕204号)。2011年12月,天津市环境保护局《关于天津临港工业港区2、3号粮油码头工程环境影响报告书的批复》(津环保滨许可函〔2010〕56号);2012年5月,天津市海洋局下发了天津临港工业港区2、3号粮油码头《海域使用权证书》(国海证2012B12010700220号);2011年4月,交通运输部《关于天津港临港工业港区2号、3号粮油码头工程使用港口岸线的批复》(交规划发〔2011〕200号)。

本项目建设2个7万吨级散粮泊位(码头水工建筑允许靠泊能力10万吨级),码头岸线总长542米。码头采用顺岸引桥平面布置形式,高桩梁板结构。前沿设计水深16.0米。码头主要设备包括2台机械式连续卸粮机(1000吨/小时)、4台16吨—37米带斗门机(500吨/小时)及1台DN250移动式装卸臂。总投资为5.93亿元,其中65%为国内银行贷款,35%为自筹及其他资金。本项目用海面积总计7.74公顷,其中码头透水构筑物2.32公顷,港池5.42公顷。

建设单位为天津临港港务集团有限公司;设计单位为中交第一航务工程勘察设计院有限公司;施工单位为中交一航局第一工程有限公司;监理单位为天津北信工程监理咨询公司;质监单位为天津港建设工程质量安全监督站。

本项目投产后主要服务于临港区域内京粮、中储粮、春金、金光等粮油企业,同时,也为京津冀周边粮油企业提供大豆接卸、存储业务。码头后方同步建设了仓储能力达19万吨的粮食筒仓,最大程度满足了仓储需求。

(14)天津港大沽口港区9号液体化工码头工程

项目于2014年4月开工建设,2015年4月试运行,2016年7月竣工。

项目建设依据:2013年7月,天津市发展和改革委员会《关于同意天津临港津能石化

码头有限责任公司天津港大沽口港区9号液体化工码头工程投资调整项目核准的通知》(津发改许可[2013]141号);2013年10月,天津市交通运输和港口管理局《天津市交通运输和港口管理局关于天津港大沽口港区9号液体化工码头工程初步设计的批复》(津交规发[2013]188号)。2011年5月,天津市滨海新区环境保护和市容管理局《关于天津港临港工业港区9号液体化工码头工程环境影响报告书的批复》(津滨环容环保许可函[2012]23号);2013年10月,天津市海洋局下发了天津港临港工业港区(大沽口港区)9号液体化工码头工程《海域使用权证书》(国海证2013B12010700422号);2010年8月,交通运输部《关于天津港临港工业港区9号液体化工品码头使用港口岸线的批复》(交规划发[2006]66号)。

本项目建设1个5万吨级液体化工泊位(码头水工建筑允许靠泊能力10万吨级),水工结构按10万吨级设计,码头岸线总长298米。码头采用顺岸引桥平面布置形式,高桩梁板和高桩墩台结构。前沿设计水深14.0米,码头设计靠泊为5万吨级液体化工船舶。采用4台装卸臂装卸作业,码头通过工艺管廊连接后方区内企业。总投资为2.01亿元,其中65%为国内银行贷款,35%为其他资金。本项目用海面积总计6.95公顷,其中码头透水构筑物2.14公顷,港池4.81公顷。

建设单位为天津临港津能石化码头有限责任公司;设计单位为中交天津港湾工程设计院有限公司;施工单位为中交一航局第一工程有限公司;监理单位为天津北信工程监理咨询有限公司;质监单位为天津港建设工程质量安全监督站。

本项目于2015年4月建成并投入试运行,主要服务于原临港经济区后方企业,为相关企业生产、运营提供便利的原材料装卸、运输服务。

（五）北疆港区

1.港区综述

（1）港区建设和运营概况

北疆港区是天津港八大港区之一,根据总体布局规划中所确定的规划原则,北疆港区为多功能、综合性港区,以集装箱运输为主,兼顾钢铁粮食、商品汽车等货类运输的大型综合性港区。依托天津港保税区、北疆集装箱物流中心,发展现代物流、保税仓储、金融商贸、航运服务等功能。北疆港区现有生产性码头泊位50个,设计年通过能力12225万吨;其中集装箱泊位17个,设计年通过能力725万TEU。通用杂货泊位33个,设计年通过能力3600万吨。分别由港埠一、二、四公司、集装箱公司、东方海陆公司、五洲国际公司、联盟国际公司、环球滚装码头公司、客运公司、赛挪码头公司等14家公司经营。

2011年吞吐量为20309万吨,2012年吞吐量为21660万吨,2013年吞吐量为23198万吨,2014年吞吐量为23654万吨,2015年吞吐量为21323万吨。

（2）港区地理条件和集疏运概况

北疆港区与南疆港区区位相近,公路集疏港通道与外部铁路通道情况,与南疆港区相同,港区铁路与天津铁路枢纽连接主要依托新港站,通过进港二线铁路(进港一线已停用)与塘沽站衔接,进而接入天津铁路枢纽。

2. 港区工程项目

（1）天津港北港池集装箱码头1号~4号泊位项目

项目于2005年6月开工建设,2007年1月试运行,2008年6月竣工。

项目建设依据:2005年3月,《国家发展改革委关于天津港北港池集装箱码头一期工程核准的批复》(天津发改基础〔2005〕625号);2006年4月,天津港集团有限公司《关于天津港北港池集装箱码头一期工程(A段)初步设计的批复》(津港规〔2006〕346号)。2004年2月,国家环境保护总局《关于天津港北港池集装箱码头一期工程环境影响报告书审查意见的复函》(环审〔2004〕67号);2009年12月,天津市国土资源和房屋管理局颁发《天津市房地产权证》(107010925003号);2006年12月,国家海洋局颁发《海域使用证》(港池:1220060004、码头:1220060003);2006年1月,天津市发展和改革委员会《关于转发〈国家发展改革委关于中外合资建设经营天津港北港池集装箱码头1号至4号泊位项目核准的批复〉的通知》(津发改基础2006〕24号);2005年12月,国家发展和改革委员会《天津港北港池集装箱码头1号至4号泊位项目核准的批复》(发改交运〔2005〕2789号)。

天津港北港池集装箱码头一期工程(A段)建设4个2万~5万吨级泊位,可兼顾停靠3个7万~10万吨集装箱船,岸线总长1100米,泊位数3~4个。码头前沿水深16米,设计靠泊能力10万吨级,码头水工结构容许靠泊能力20万吨级(有限定条件)。堆场面积约42万平方米,容量69192TEU。主要装卸设备有集装箱装卸桥(岸桥)11台;轮胎式集装箱龙门起重机(场桥)33台;流机有正面吊2台、空箱堆高机4台、叉车8台等。总投资26.46亿元,企业自筹12.36亿元,银行贷款13.70亿元。用地面积630177平方米。

建设单位为天津港联盟国际集装箱码头有限公司;设计单位为中交第一航务工程勘察设计院;监理单位为天津港工程监理咨询有限公司;施工单位为中交一航局第一工程公司、中交一航局第四工程公司、中铁十八局第五工程公司;质监单位为天津港建设工程质量安全监督站。

本项目水工工程荣获国家建设部2010年国家优质工程银质奖。

（2）北疆港区30号~33号码头改造项目

项目于2012年12月开工建设,2013年12月竣工。

项目建设依据:2012年12月,天津市交通运输委员会《天津市交通运输和港口管理局关于天津港北疆港区30#-33#码头结构加固改造方案的批复》(津交港发〔2012〕181

号)。2014年1月,天津市滨海新区环境保护和市容管理局《关于天津港北疆港区30# – 33#泊位结构加固改造工程竣工环境保护验收的批复》(津滨环容环保许可验〔2014〕12号);2012年,天津海事局《关于对〈天津港北疆港区30# – 33#泊位结构加固改造工程通航安全评估报告〉的批复》(津海通航〔2012〕249号)。

天津港北疆港区30号~33号泊位码头结构加固改造工程对码头主体结构进行局部改造,改造完成后形成3个泊位,通过灵活使用漂浮型护舷,全线可满足3万吨级集装箱船靠泊要求,中间泊位可满足7万吨级集装箱船靠泊要求。本工程涉及的主要内容为码头前沿水深与港池、航道水深的疏浚,码头结构的局部改造,更换现有部分橡胶护舷。本工程疏浚水域:天津港30号~33号泊位,将东边界距离东端点203米,西边界距离西端点319米的428米范围内中间泊位码头前沿水域按满足7万吨级集装箱船靠泊浚深至14.5米,东西两侧泊位距前沿线40米以内码头前沿水域按满足3万吨级集装箱船靠泊浚深至12.5米,其余码头前沿及港池浚深至14.5米。对于3万吨级泊位,不需进行结构改造,仅增加ϕ2000X3500L飘浮型橡胶护舷,每个泊位共布置4组;对于7万吨级泊位,需要进行局部结构改造,在现有的码头前沿方向的双直桩两侧,补4根ϕ800的灌注桩,顶部与原有结构现浇成墩台,外侧布置ϕ3300X6500L飘浮型橡胶护舷,新增飘浮型橡胶护舷与码头之间设置4组SC1000低反力护舷支撑的垫板,7万吨级泊位一共布置4组。原有岸桥轨道梁上钢轨拆除1900米,重新安装钢轨1900米。总投资4508.14万元,企业自筹1577.85万元,银行贷款2930.29万元。后方堆场面积32万平方米,堆存能力2.4万TEU。主要装卸设备配置集装箱装卸桥10台,轮胎式龙门吊25台。用地面积47万平方米。

建设单位为天津东方海陆集装箱码头有限公司;设计单位为中交第一航务勘察设计院;施工单位为中交一航局第一工程有限公司;勘察单位为天津市北洋水利勘察设计研究院有限公司;监理单位为天津港工程监理咨询有限公司;监测单位为南京水利科学研究实验中心;扫海检测单位为天津会泽航海保障工程有限公司;质监单位为天津港建设工程质量安全监督站。

(3)天津港北港池新建滚装码头工程

项目于2007年8月开工建设,2008年8月竣工。

项目建设依据:2007年,天津市发展和改革委员会《关于准予天津港(集团)有限公司天津港北港池新建滚装码头工程项目核准的决定》(津发改许可〔2007〕207号);2007年,天津市交通委员会《关于天津港北港池新建滚装码头工程初步设计的批复》(津交委规〔2007〕305号)。2008年4月,天津市环境保护局《关于对天津港北港池新建滚装码头工程环境影响报告书的批复》(津环保滨许可证〔2008〕025号);2008年8月,天津市规划局滨海新区分局批复项目选址意见书(2007滨海选证0012)。2007年,天津市规划局滨海新区分局颁发建设用地规划许可证(2007 滨海地证 0017);2007 年 5 月,天津市海洋局《关于申请出具天津港北疆港区新建滚装码头工程海域使用预审意见的复函》(津海发管字〔2007〕96 号);2007 年 9 月,交通部《关于天津港北港池滚装码头二期工程使用港口岸线的批复》(交规划发〔2007〕540 号)。

码头岸线长度为 580 米,布置 2 个泊位,均可装卸商品汽车,工程建成后码头结构可满足 7 万吨级滚装船舶装卸作业需要,近期按 5 万吨级滚装船舶靠泊建设水域设施。码头为顺岸式布局,高桩梁板接岸结构。码头前沿设计水深 11.5 米,远期疏浚深至 14.0 米。码头前沿水域为船舶调头区,港池宽度 450 米,回旋水域直径按两倍船长设计为 400 米,设计水深为 10.0 米。天津港北港池新建滚装码头工程位于天津港北港池六号路北侧,总面积 26.9 万平方米。综合办公楼、流机库及车库、进出港大门、门卫房、堆场道路、滚装泊位等。总投资 9942 万美元(人民币与美元转换率 7.60)。天津港股份有限公司出资 1774.70 万美元,出资比例为 51%。日本油船株式会社出资 1183.00 万美元,出资比例为 34%。华轮维尔森码头北方有限公司出资 522.00 万美元,出资比例为 15%。项目所需剩余资金 6462.30 万美元,由国内银行贷款解决。港池面积 4.13 万平方米。后方堆场面积 25.45 万平方米,主要装卸设备配置牵引车 2 台,叉车 4 台。

建设单位为天津港环球滚装码头有限公司;设计单位为中交第一航务工程勘察设计院有限公司、天津港建设公司;施工单位为中交一航局第一工程有限公司(水工)、中交一公局第六工程有限公司(堆场)、中交天津航道局有限公司(软基加固);监理单位为天津港工程监理咨询有限公司;质监单位为天津港建设工程质量安全监督站。

(4)东方海陆 34 段码头改造项目

项目于 2005 年 12 月开工建设,2005 年 12 月交工。

项目建设依据:2006 年,天津港股份计财部《对〈关于报送天津港东方海陆 34 段重力式码头及堆场改造工程项目建议书(代工程可行性研究)报告的请示〉的批复》(津港股财〔2006〕28 号);2006 年 6 月,天津港规建部《对天津港东方海陆 34 段重力式码头及堆场改造工程初步设计的批复》(津港规〔2006〕173 号)。2010 年 2 月,天津市环境保护局《天津东方海 34 段重力式码头及堆场改造工程环境保护验收意见》(津环保滨许可验〔2010〕5 号)。

本工程主要包括 186.3 米岸线前沿加深,将原 34 号泊位改造为 3 万吨级集装箱泊位(调剂相邻泊位 102 米构成一个 3 万吨级泊位);新建后轨道梁、橡胶护舷等相应水工改造;与主体工程相关的配套工程主要是给排水、消防、供电照明等。总投资 1975 万元,企业自筹 35%,银行贷款 65%。码头采用重力式结构。码头前沿水深 12 米。后方堆场面积 32 万平方米,堆存能力 2.4 万 TEU。主要装卸设备配置集装箱装卸桥 10 台,轮胎式龙门吊 25 台。用地面积 47 万平方米。

建设单位为天津东方海陆集装箱码头有限公司;设计单位为中交第一航务勘察设计院;施工单位为中交一航局第一工程有限公司;勘察单位为天津市北洋水利勘察设计研究院有限公司;监理单位为天津港工程监理咨询有限公司;监测单位为南京水利科学研究实验中心;扫海检测单位为天津会泽航海保障工程有限公司;质监单位为天津港建设工程质量安全监督站。

(5)天津五洲国际集装箱码头(天津港东突堤北侧改扩建集装箱码头)工程项目

项目于 2002 年 6 月开工建设,2003 年 12 月竣工。

项目建设依据:2002 年 9 月,国家发展计划委员会《印发国家计委关于审批天津港东突堤北侧改扩建集装箱码头工程可行性研究报告的请示的通知》(计基础〔2002〕1553号);2002 年 10 月,天津市建设管理委员会《关于天津港东突堤北侧改扩建集装箱码头工程初步设计的批复》(建设〔2002〕849 号)。2007 年 9 月,国家环境保护总局《天津港集装箱公司技术改造和东突堤北侧改扩建集装箱码头工程环境保护验收申请报告》(编号2007 - 223)。

工程将东突堤北侧现有的 6 个 2 万吨级杂货泊位和 1 个工作船泊位,共 1202 米岸线,改造成 4 个专用集装箱泊位。其中 3 个泊位可停靠第四、五代集装箱船舶,1 个泊位可停靠第二代集装箱船舶,基桩采用钢管桩和钢筋混凝土桩,码头前沿设计水深 15.2 米,在码头结构上预留发展至 17.0 米水深的条件。主要设备有 12 台岸边集装箱装卸桥,25台轨距 33 米的轨道式龙门起重机。码头堆场面积 35 万平方米,堆存能力 3.4 万吨。同时还配套建设了包括堆场、综合楼、供电、给排水、通信、道路、计算机管理及控制、环保等与码头生产相关的辅助设施。总投资 18.55 亿元(其中外币 1236.9 万美元,折合人民币1.03 亿元)。资本金 7.35 亿元,占总投资 39.6%,由天津港务局自有资金安排 6.35 亿元,交通部资本金补助 1 亿元;其余 11.2 亿元由建设银行贷款解决。用地面积 44.7 万平方米。

建设单位为天津港务局;设计单位为交通部第一航务工程勘察设计院;监理单位为天津港监理咨询有限公司;主要施工单位为中港第一航务工程局第一工程公司、中港第一航务工程局第四工程公司、路桥集团第一公路工程局等;质监单位为天津港港务工程质量监督站。

(6)天津港北港池滚装码头工程

项目于 2004 年 4 月开工建设,2005 年 5 月试运行,2005 年 9 月竣工。

项目建设依据:2003 年 12 月,天津市发展改革委员会《关于天津港北港池滚装码头工程项目建议书(代可行性研究报告)的批复》(津计基础〔2003〕918 号);2004 年,天津市建设管理委员会《关于天津港北港池滚装码头工程初步设计的批复》(建设〔2004〕81

号)。2005年1月,天津市环境保护局《关于对天津港北港池滚装码头工程环境影响报告书的批复》(津环保许可函〔2005〕029号);2007年5月,交通部《关于天津港北港池滚装码头使用港口岸线批复》。

天津港滚装码头位于天津港东突堤东侧,岸线总长度为471.7米,分为两个5万吨级滚装船泊位和食用油船泊位(码头水工建筑允许靠泊能力5万吨级),码头前沿停泊水域设计水深为14.1米(新港理论基准面)。码头采用顺岸式布局,高桩梁板接岸结构。码头最大设计停靠船舶为5万吨级滚装船和油船,码头设计年通过能力为10万辆商品汽车及150万吨成品油。项目后方堆场面积8.16万平方米,主要装卸设备配置牵引车1台。占地面积13.5万平方米,建筑面积1550平方米,主要建筑为办公楼、变电所、阀室、空压机房、消防泵房等。项目总投资4700万美元,天津港对外经济技术合作公司以等值于1410万美元人民币现金出资,出资比例为60%,日本油船株式会社以940万美元现汇出资,出资比例为40%。项目所需注册资本以外资金2350万美元,由项目单位向境内金融部门贷款解决。围海工程形成港池面积9.43万平方米,形成泊位长度472米。

建设单位为天津港滚装码头有限公司;设计单位为交通部第一航务工程勘查设计院;施工单位为中港一航局第一工程公司(码头水工)、中铁十八局第五工程有限公司(堆场);监理单位为天津港工程监理咨询有限公司;质监单位为天津港质量监督站。

(7)天津港集装箱码头有限公司21段码头结构加固改造工程

项目于2012年7月开工建设,2012年11月竣工。

项目建设依据:2010年6月天津市交通委员会《关于天津港集团第二批码头结构加固改造方案的批复》(津交港〔2010〕133号)。2012年6月,天津市滨海新区环境保护和市容管理《关于天津港集装箱码头有限公司21段码头结构加固改造工程环境影响报告表的批复》(津滨环容环保许可表〔2012〕40号);2014年1月26日,天津市滨海新区环境保护和市容管理《关于天津港集装箱码头有限公司21段码头结构加固改造工程竣工环境保护验收的批复》(津滨环容环保许可验〔2014〕10号)。

将原有的1个1万吨级集装箱泊位改造为1个3万吨级集装箱泊位(兼顾3万吨级杂货船或3.5万吨级散货船)(码头水工建筑允许靠泊能力3万吨级集装箱、3万吨级杂货船、3.5万吨级散货船;2014年核准可靠泊登记(限定条件)4万吨级杂货船或7万吨级散货船)。码头采用顺岸式布局,宽承台满堂式、高桩梁板式结构。改造后岸线长度378.53米。拆除现有部分码头结构,在码头前沿新建靠船构件,将18个550千牛系船柱更换为750千牛系船柱;岸坡削坡1.75万立方米,并建设其他相关配套设施;21段码头面层高程为5.1米,前沿水深12.3米,码头前沿停泊水域宽度为100米。港池及回旋水域底

高程为 -12 米。船舶调头圆直径为 482 米。2014 年进行了泊位等级及限定条件的论证审核,21 段码头泊位核准等级可靠泊 4 万吨级杂货船或 7 万吨级散货船。堆场面积 14.98 万平方米;堆存容量 5292 TEU,仓库面积 5969 平方米。主要装卸设备岸桥 4 台,轮胎场桥 8 台,牵引车 4 辆,叉车 2 辆,集装箱岸桥、轮胎场桥、集装箱牵引车、叉车。总投资 1624 万元,全部为业主自有资金。三港池占地面积 179290.2 平方米,码头占地面积 14157 平方米。

建设单位为天津港建设公司;设计单位为中交第一航务工程勘察设计有限公司;施工单位为中交一航局第一工程有限公司;监理单位为天津港工程监理咨询有限公司;质监单位为天津港建设工程质量安全监督站。

21 号泊位建设始于 1974 年、1975 年,交通部水运基建局审核第三港池和第四港池集装箱码头扩建初步设计方案。三港池为码头建设的第二部分,又称为码头二期工程,包括第二突堤东侧 19 号、20 号两个钢铁泊位,长 358 米,水深 10.0 米;二港池顺岸 21 号集装箱泊位,长 398 米,水深 11.0 米,第三突堤西侧 22 号、23 号、24 号杂货泊位,长 530 米,水深 10.0 米,突堤横端头宽 158 米。三港池工程共挖泥 623 万立方米,另配套建设集装箱交接仓库 2 座,杂货仓库 3 座,钢铁及杂货堆场近 27 万平方米,新建房屋 10 万平方米。1980 年 12 月,天津港 21 号集装箱专用泊位建成投产,该泊位全长 398 米,水深为 10 米,码头占地 18 万平方米,泊位岸线长 398 米,可停靠 1300 箱级集装箱船一艘,集装箱堆场 13 万平方米,设计年吞吐量为 10 万标准箱。码头堆场使用面积 92200 平方米,公路、铁路交接库各一座,铁路专用线 3 股,配有装卸桥 2 台,轮胎式龙门吊 1 台,跨运车 2 台,大铲车 10 部,小铲车 21 部,拖车 8 部,玛菲拖车 11 部。

(8)天津港集装箱公司 27 号泊位改造工程;28 号、29 号泊位改造工程;27 号、28 号、29 号泊位疏浚工程;四港池 21 号、27 号、28 号、29 号泊位靠泊核准能力论证

项目于 1999 年 12 月开工建设,2009 年 5 月试运行并竣工。该项目分四阶段实施。

一是天津港集装箱公司 27 号泊位改造工程。

项目建设依据:1999 年 10 月,天津市发展计划委员会《关于天津港务局集装箱公司 27 号泊位改造项目建议书(代可行性研究报告)的批复》(津计城交〔1999〕781 号);1999 年 12 月,天津市建设委员会《关于天津港集装箱公司 27 号泊位改造工程初步设计的批复》(建设〔1999〕1134 号)。1999 年 11 月,天津市环境保护局《关于对天津港集装箱公司技术改造工程环境影响报告书的预审意见》(津环保管〔1999〕410 号);2002 年,国家环境保护局《关于天津港东突堤北侧改扩建集装箱码头工程环境影响报告书审查意见的复函》(环审〔2002〕130 号)。

天津港集装箱公司 27 号泊位原为 2.5 万吨级的泊位,改造后成为一个可接卸第五代

集装箱船（7万吨级）的泊位，码头设计靠泊能力12万吨级，2014年核准靠泊等级（限定条件）15万吨级集装箱船或20万吨级集装箱船，使原泊位设计通过能力从10万TEU提高到30万TEU。顺岸式布局，以钢管桩为桩基高桩板梁结构。码头岸线长450.5米，码头前沿水深为15.2米，港池水深13.9米。码头堆场面积27.2万平方米，堆存能力205万吨。主要装卸设备为27号、28号、29号码头共用设备，包括集装箱岸桥10台；轮胎场桥21台；集装箱牵引车53辆；集装箱正面吊5辆；重箱堆高机4辆；空箱堆高机6辆；叉车总41辆。27号泊位改造项目总投资1.95亿元（包括码头及其他），其中企业自有资金1亿元，商银贷款9500万元。四港池前方堆场占地面积27.2万平方米，27号～29号码头占地面积75945平方米。

建设单位为天津港集装箱码头有限公司；设计单位为交通部第一航务工程勘察设计院；监理单位为天津港监理咨询有限公司；主要施工单位为中交第一航务工程局第一工程公司、天津航道局第一疏浚公司；质监单位为天津港建设工程质量安全监督站。

四港池自1985年建成运行以来，四港池泊位经历了两次改造、一次浚深及2013年9月靠泊能力提升和2014年8月靠泊等级及限定条件核准论证。建设单位均为天津港集装箱码头有限公司。

二是天津港集装箱公司28号、29号泊位改造工程。

项目建设依据：2000年8月，天津市发展计划委员会《关于天津港集装箱公司28、29号泊位改建工程项目建议书（代可行性研究报告）的批复》（津计城交〔2000〕787号）。2000年11月，天津市城乡建设管理委员会《关于天津港集装箱公司28、29号泊位改造工程初步设计的批复》（建设〔2000〕1022号）。2005年9月，天津市塘沽区环境保护检查站《天津港集装箱公司技术改造工程（28、29#泊位）建设项目竣工环境保护验收监测报告》（塘环监（项目验收）字〔2005〕第12号）。

天津港集装箱公司28号、29号泊位改造工程是对27号泊位改造工程的延续，建设规模为5万吨级泊位码头，码头设计靠泊能力12万吨级，2014年核准靠泊等级（限定条件）15万吨级集装箱船或20万吨级集装箱船（第五代集装箱船舶兼顾第六代集装箱船舶）。项目改建后，岸线长375.1米，码头承台宽40.5米，码头前沿设计水深15.2米，码头面高程5.3米。码头为高桩梁板结构，顺岸式布局。码头堆场面积27.2万平方米，堆存能力205万吨。主要装卸设备为27号、28号、29号码头共用设备。该项目对部分堆场、生产辅助设施等配套设施，根据需要进行了相应的改造。装卸工艺采用与27号泊位相同的装卸工艺，改造后新增综合能力30万TEU，集装箱公司综合吞吐能力可达到120万TEU。28号、29号改造项目总投资2.00亿元（包括码头及其他），其中企业自有资金6993.7万元，银行贷款1.30亿元。四港池前方堆场占地面积27.2万平方米，27号～29号码头占地面积75945平方米。

建设单位为天津港建设公司;设计单位为增加第一航务工程勘察设计院;施工单位为中交一航局一公司;监理单位为天津港工程监理咨询有限公司;质监单位为天津港建设工程质量安全监督站。

三是天津港北疆港区 27 号、28 号、29 号泊位疏浚工程。

项目建设依据:2007 年 12 月,天津市发展和改革委员会《关于准予天津港(集团)有限公司天津港北疆港区 27 – 29 号泊位疏浚工程项目备案的决定》(津发改许可〔2007〕438 号);2008 年 7 月,天津市环境保护局《关于天津港北疆港区 27 – 29#泊位浚深工程环境影响报告表的批复》(津环保滨许可表〔2008〕027 号)。

27 号、28 号、29 号泊位位于天津港北疆港区第四港池,顺岸布置,码头岸线总长度为 825.5 米。本工程实施后,码头前沿停泊水域宽度为 100 米,水深 16.0 米;回旋水域直径为 735 米,水深 15.5 米。为保证疏浚过程中码头岸坡的稳定,对码头岸坡进行削坡。本工程建成后,27 号、28 号、29 号泊位可满足 12 万吨级集装箱船舶靠离泊及装卸作业。27 号、28 号、29 号泊位浚深总投资 3368 万元(包括码头及其他)。

堆场面积 369529 平方米,堆存能力 26637TEU,堆存容量 205 万吨。主要装卸设备有集装箱岸桥 10 台,轮胎场桥 21 台,装箱牵引车 52 台,集装箱正面吊 6 台,重箱堆高机 3 台,空箱堆高机 7 台,叉车 37 台。

建设单位为天津港务设施管理中心;施工单位为中交天津航道局有限公司;监理单位为天津港工程监理咨询有限公司;设计单位为中交第一航务工程勘察设计院有限公司;质监单位为天津港建设工程质量安全监督站。

四港池 27 号～29 号泊位靠泊能力论证报告。

项目建设依据:2013 年 5 月,天津市交通运输和港口管理局批复《关于报送天津港北疆港区四港池 27 – 29#泊位靠泊能力论证报告的请示》(津交港发〔2013〕65 号)(四港池)。2013 年 9 月,天津海事局批复《关于报批〈天津港北疆港区四港池 27 – 29#泊位限制条件下靠泊能力提升通航安全评估报告〉的请示》(津海通航〔2013〕340 号)(四港池)。2014 年 8 月,天津市交通运输委员会批复天津港北疆港区部分码头靠泊等级及限定条件(津交港发〔2014〕119 号)(三、四港池)。

1999—2001 年间,天津港集装箱公司先后启动对 27 号、28 号、29 号泊位深水化改造,先后进行了天津港集装箱公司 27 号泊位改造工程,天津港集装箱公司 28 号、29 号泊位改造工程项目,天津港北疆港区 27 号～29 号泊位疏浚工程项目,天津港北疆港区四港池 21 号、27 号、28 号、29 号泊位靠泊等级及限定条件论证。各项目投产后发挥了重要作用。

(9)天津港北港池集装箱码头 5 号～7 号泊位工程

项目于 2007 年 2 月开工建设,2009 年 6 月竣工。

项目建设依据:2007 年 1 月 10 日,交通部《关于天津港北港池集装箱码头一期工程可行性研究意见报告的函》（交函规划〔2003〕270 号）；2008 年 6 月，交通运输部《关于天津港北港池集装箱码头 5# - 7#泊位工程初设批复》（交水发〔2008〕119 号）。2006 年 12月，环境保护总局《关于统计天津港北港池集装箱码头一期二期工程调整备案的函》（环评函〔2006〕148 号）；2009 年 12 月，天津市国土资源和房屋管理局颁发《天津市房地产权证》（107010925003 号）；2006 年 12 月，国家海洋局颁发《海域使用证》（港池：1220060004、码头：1220060003）；2005 年 12 月，国家发展和改革委员会《天津港北港池集装箱码头 5 号至 7 号泊位项目核准的批复》（发改交运〔2005〕2789 号）。

北港池二期工程（B 段）设计通过能力 170 万 TEU，岸线总长 1100 米，3 个 10 万吨级码头泊位（码头水工建筑允许靠泊能力 20 万吨级）。码头前沿水深 16 米，设计靠泊能力10 万吨级，码头水工结构容许靠泊能力 20 万吨级（有限定条件）。堆场面积约 53 万平方米，堆存能力 59103TEU。主要装卸设备有集装箱装卸桥（岸桥）11 台；轮胎式集装箱龙门起重机（场桥）33 台；流机有正面吊、空箱堆高机、叉车等。总投资 35.98 亿元；天津港发展国际有限公司出资相当于人民币 5.04 亿元的港币；马士基码头天津有限公司出资相当于人民币 3.78 亿元的美元；中远码头出资相当于人民币 3.78 亿元的美元或港币，其余资金来自银行贷款。用地面积 68.8 万平方米。

建设单位为天津港欧亚国际集装箱码头有限公司；设计单位为中交第一航务工程勘察设计院；监理单位为天津港工程监理咨询有限公司；施工单位为中交一航局第一工程公司、中交天津航道局、中交一航局第四工程公司等；质监单位为天津港建设工程质量监督站。

(10)16 号～18 号泊位码头结构加固改造工程

项目于 2014 年 7 月开工建设，2015 年 9 月试运行并竣工。

项目建设依据：2013 年，天津市交通运输和港口管理局《天津市交通运输和港口管理局关于天津港第四港埠有限公司 16 - 18#泊位码头结构加固改造工程施工图设计文件的批复》（津交港发〔2013〕141 号）。2016 年 7 月，天津市滨海新区行政审批局《关于天津港第四港埠有限公司 16 - 18#泊位码头结构加固改造工程竣工环境保护验收的批复》（津滨审批环准〔2016〕284 号）；2013 年 7 月，天津市滨海新区环境保护和市容管理局《关于天津港第四港埠有限公司 16 - 18#泊位码头结构加固改造工程环境影响报告表的批复》（津滨环容环保许可表〔2013〕69 号）。

16 号～18 号泊位位于天津港北疆港区二突堤，码头岸线位于二突堤的西侧。拥有 2个 5 万吨级散杂货泊位，最大可靠泊 7 万吨级货船。拆除原有码头结构靠海侧约 4 米宽度范围内的面层及面板，桩帽及靠船构件，沿现有码头前沿线纵向每隔 16.5～27 米布置11（或 12）根直径为 φ1000 毫米钢管桩，钢管桩上部现浇 L 形墩台（靠船墩），为使原有码头结构不受改造后的船舶荷载作用，墩台处原有桩基需穿过墩台上预留孔，墩台与原有桩基之间留有缝隙,各墩台之间打设 650 毫米×650 毫米预应力混凝土方桩,方桩上部现浇桩帽,安装面板。然后在原有双直桩上部现浇桩帽,安装轨道梁,现浇面板,安装轨道及扣件,并在靠船墩上布设 750 千牛系船柱及 SC1000H 两鼓一板低反力橡胶护舷,上述结构施工完成后,码头前沿线在现有基础上向海侧凸出 2.2 米。岸线总长 551.24 米。码头采用突堤式布局,高桩结构。码头前沿水深 11.5 米。公司后方堆场面积 17.3 万平方米,堆存能力 115 万吨。仓库面积 2.7 万平方米,堆存能力 10 万吨(16 号~20 号泊位共同使用)。主要装卸设备配置门机 13 台。项目总投资为 1.65 亿元,其中工程费 1.39 亿元。建设资金由四公司自筹解决,其中资本金 5779.2 万元,占总投资的 35%;银行贷款 1.07 亿元,占总投资的 65%。

建设单位为天津港第四港埠有限公司;代建单位为天津港建设公司;施工单位为中交一航局第一工程有限公司;设计单位为中交第一航务工程勘察设计院有限公司;勘察单位为中交第一航务工程勘察设计院有限公司;监理单位为天津港工程监理咨询有限公司;监测单位为南京水利科学研究院;检测单位为天津港湾工程质量检测中心有限公司、天津水运工程勘察设计院、天津市滨海新区塘沽滨海建筑工程质量检测中心有限公司;质监单位为天津港建设工程质量安全监督站。

码头始于 1958 年国家开展的"二五"期间重点工程项目——新港二期建港工程,采用突堤式码头布置,原拟在"凵"形港池中建 8 个深水泊位,工程进展中,因国家遇到经济困难,只建成 5 个泊位。新建的 5 个泊位位于煤码头以东 500 米远的深水处,包括顺岸 2 个,突堤 3 个,形成了"L"形码头,又称"新港第三码头",即现在的新港第 14 号~18 号泊位。

(11)19 号、20 号泊位码头结构加固改造工程

项目于 2011 年 9 月开工建设,2012 年 7 月试运行,2012 年 8 月竣工。

项目建设依据:2011 年,天津市交通运输和港口管理局《关于天津港 7-8#泊位、19-20#泊位、南疆 3#泊位结构加固改造工程施工图设计文件的批复》(津交港发〔2011〕186 号);2012 年 9 月,天津市滨海新区环境保护和市容管理局《关于天津港第四港埠有限公司 19、20#泊位码头结构加固改造工程环境影响报告表的批复》(津滨环容环保许可表〔2012〕70 号);2014 年 1 月,天津市滨海新区环境保护和市容管理局《关于天津港第四港埠有限公司 19#-20#泊位码头结构加固改造工程竣工环境保护验收的批复》(津滨环容环保许可验〔2014〕9 号)。

19 号、20 号泊位于 2011 年进行改造,改造加固由原有的 2 个万吨级泊位,提升为一个 5 万吨级泊位(码头水工建筑允许靠泊能力 10 万吨级)。此次工程将桩基在内的所有码头承台结构全部拆除,同时拆除后承台横梁悬臂部分,总拆除长度为 370 米,宽 15.3 米。拆除后重新修建前后承台。对现有后方桩台靠近海侧第一根简支横梁的悬臂部分视

情况进行部分凿除或拆除,并在现有后方桩台前部打设一个 650 毫米×650 毫米预应力混凝土空心桩,然后新增一根简支横梁及相应的简支面板和面层。后方桩台保持不变,改造后码头前沿线向海侧平移 7 米。改造后码头承台总宽 71.65 米,前方桩台 16 米,后方桩台 41.3 米,二线门机段宽 14.35 米,码头共分六个结构段,前方桩台第一个排架和第二个排架间距为 3.5 米,其他排架间距均为 7 米。除第一个排架部分区域由于不能打设预制桩而布置了 2 根灌注桩外,其他基桩均采用 650 毫米×650 毫米预应力混凝土空心桩,上部结构为预制安装预应力横梁、轨道梁、连系梁、面板和钢筋混凝土靠船构件,各构件安装好后均采用现浇接头将其连接成整体,以增加码头的整体性。后方桩台排架间距为 3.5 米,未改造的后方桩台采用 550 毫米×550 毫米预应力混凝土空心桩,改造后为 650 毫米×650 毫米预应力混凝土空心桩及灌注桩,上部结构为预制安装预应力横梁、空心板结构形式。岸线总长 366.52 米。码头采用突堤式布局,高桩结构。码头前沿水深 15 米。后方堆场面积 17.3 万平方米,堆存能力 115 万吨。仓库面积 2.7 万平方米,堆存能力 10 万吨(16 号~20 号泊位共同使用)。主要装卸设备配置门机 7 台。总投资 1.45 亿元,该项目资金来源 35% 为自有资金,65% 利用贷款。

建设单位为天津港第四港埠有限公司;代建单位为天津港建设公司;施工单位为中交一航局第一工程有限公司;设计单位为中交第一航务工程勘察设计院有限公司;勘察单位为中交第一航务工程勘察设计院有限公司;监理单位为天津港工程监理咨询有限公司;监测单位为天津市北洋水运水利勘察设计院有限公司;检测单位为天津港湾工程质量检测中心有限公司、中交一航局第四工程有限公司;质监单位为天津港建设工程质量安全监督站。

19 号、20 号泊位建设始于 1974 年、1975 年,交通部水运基建局审核第三港池和第四港池集装箱码头扩建初步设计方案。三港池为码头建设的第二部分,又称为码头二期工程,包括第二突堤东侧 19 号、20 号两个钢铁泊位,长 358 米,水深 10.0 米;二港池顺岸 21 号集装箱泊位,长 398 米,水深 11.0 米,第三突堤西侧 22 号、23 号、24 号杂货泊位,长 530 米,水深 10.0 米,突堤横端头宽 158 米。三港池工程共挖泥 623 万立方米,另配套建设集装箱交接仓库 2 座,杂货仓库 3 座,钢铁及杂货堆场近 27 万平方米,新建房屋 10 万平方米。

(12)22 号~24 号泊位码头结构加固改造工程

项目于 2013 年 2 月开工建设,2013 年 9 月试运行并竣工。

项目建设依据:2012 年 11 月,天津市交通运输和港口管理局编制的《天津市交通运输和港口管理局关于天津港北疆港区 22#-24#码头结构加固改造工程施工图设计文件的批复》(津交港发〔2012〕172 号);2012 年 12 月,天津市滨海新区环境保护和市容管理局《关于天津港北疆港区 22#-24#码头结构加固改造工程环境影响报告表的批复》(津滨环容环保许可表〔2012〕91 号)。

22 号~24 号泊位码头加固改造工程将原 1 万吨级通用散杂货泊位改装成 7 万吨级通用散杂货泊位。采用高桩梁板式码头结构形式,突堤式布局。码头岸线长 534.44 米,码头设计顶面高程 5.3 米,码头前沿泥面高程 -15.0 米,港池水深为 13.5 米。码头呈宽承台满堂式布置,码头承台总宽度 56.3 米,分为前后承台。前方承台宽 15.5 米,采用连续梁板式高桩承台结构。后承台宽 40.80 米,采用简支梁板式高桩承台结构。后方堆场面积 21.8 万平方米,堆存能力 95 万吨。仓库面积 3.3 万平方米,堆存能力 6 万吨(22 号~26 号泊位共同使用)。码头上设有 10 吨门机 8 台,23 吨门机 2 台,25 吨门机 2 台。最大能够停靠 12 万吨级船舶。在原码头外侧新建 15.5 米宽承台,前承台两侧不规则结构段采用桩基墩台式,其余结构段均采用桩基梁板结构,主要分为港池挖泥。总投资 1.30 亿元,其中自有资金 4544.8 万元,银行贷款 8440.2 万元。

建设单位为天津港第五港埠有限公司;代建单位为天津港建设公司;设计单位为中交第一航务工程勘察设计院有限公司;勘察单位为中交第一航务工程勘察设计院有限公司;监理单位为天津港工程监理咨询有限公司;施工单位为中交一航局第一工程有限公司;监测单位为天津市北洋岩土工程有限公司;检测单位为天津港湾工程质量检测中心有限公司、天津水运工程勘察设计院、天津市滨海新区塘沽滨海建筑工程质量检测中心有限公司;质监单位为天津港建设工程质量安全监督站。

(13)25 号、26 号泊位码头结构加固改造工程

项目于 1999 年 10 月开工建设,2000 年 9 月竣工。

25 号、26 号码头建设时为 2 个 1 万吨级泊位,于 2000 年完成了码头改造工程。设计年吞吐量为 600 万吨。采用高桩梁板式码头结构形式,顺岸式布局。码头岸线长 403 米,码头设计顶面高程 5.3 米,码头前沿泥面高程 -16.5 米。码头呈宽承台满堂式布置,码头承台总宽度 76.8 米,分为前、后和扩建承台。前方承台宽 13.8 米,采用连续梁板式高桩承台结构。后承台宽 27.0 米,采用简支梁板式高桩承台结构。扩建承台宽 36.0 米,采用简支梁板式高桩承台结构。2007 年对码头前沿水域浚深至 19 米。后方堆场面积 21.8 万平方米,堆存能力 95 万吨。仓库面积 3.3 万平方米,堆存能力 6 万吨(22 号~26 号泊位共同使用)。码头上设有 40 吨门机 8 台。最大能够停靠 20 万吨级的超大型船舶。项目总投资 19236 万元。

建设单位为天津港第五港埠有限公司;管理单位为天津港建设公司;设计单位为中交第一航务工程勘察设计院有限公司;施工单位为中交第一航务工程局第一工程公司;监理单位为天津港工程监理咨询有限公司;质监单位为天津港建设工程质量安全监督站。

25 号、26 号码头建设始于 1974 年、1975 年,交通部水运基建局审核第三港池和第四

港池集装箱码头扩建初步设计方案。四港池工程于1976年6月开工，包括第三突堤东侧25号、26号两个杂货泊位，长466米，水深10.0米和顺岸27号、28号、29号三个集装箱泊位，岸线长895米，水深12米。建有集装箱堆场、冲洗场、冷藏箱场，以及集装箱交接仓库、码头铁路、港区公路等。5个泊位共配备各类大中型机械210台。

（14）天津港客运站工程项目

项目于1976年6月开工建设，1979年8月试运行，1986年6月竣工。

项目建设依据：1981年2月，交通部《关于天津新港海轮客运站可行性研究问题的批复》（交计字〔81〕369号）；1983年3月，交通部《天津港客运站工程初设批复》（交基字〔83〕462号）。

码头设计以"长征轮"为设计船型，共计2个万吨级泊位，岸线长311米。码头前沿40米范围内设计水深为9.10米，港池内航道水深设计为7.5米，码头结构为高桩式与板桩式，顺岸布局。码头载荷不超过3吨/平方米。客运站及附属房屋总建筑面积为1.54万平方米。站房建筑面积为1.06万平方米。总投资1811.26万元，全部为业主自有资金。

建设单位为天津港务局；设计单位为交通部一航院、天津市建筑设计院；施工单位为航务一处、天津电声厂、中建六局三公司等；验收单位为国家计委、天津市建委、交通部、天津市重点工程指挥部、天津市计委、国家统计局、天津市交委、天津市总工会、天津口岸办公室、天津市建行、天津市统计局、塘沽区政府、天津港务局、天津建筑设计院、一航院、天津海港指挥部。

1976年9月，航道一处、航务一处开始码头施工，1979年8月竣工，1979年8月16日验收，并先期投产使用。由于受唐山地震影响及国内国际旅客候船候检设施意见不统一，直至1981年7月，交通部批复天津港务局关于天津新港邮轮客运站建筑规模。1983年3年12日，交通部批复天津港务局关于天津港客运站初步设计。天津港客运站工程由中建六局三公司承建，1983年10月31日正式开工打桩。2014年吞吐量97万吨，2015年后停用。

（15）天津港第一港埠有限公司5段、6段、增6段码头结构加固改造工程

项目于2013年3月开工建设，2014年5月试运行并竣工。

项目建设依据：2012年，天津市交通运输和港口管理局《关于天津港北疆港区5段、6段、增6段码头结构加固改造方案核准的批复》（津交港发〔2012〕168号）；2014年，天津市滨海新区环境保护和市容管理局《关于天津港北疆港区5段、6段、增6段码头结构加固改造工程竣工环境保护验收的批复》（津滨环容环保许可验〔2014〕6号）。

本工程将5段泊位改造成1个3万吨级通用泊位，6段和增6段改造成1个5万吨级通用泊位。5号、6号、增6号泊位码头年吞吐能力由135万吨提升到400万吨。本工程

主要建设内容包括码头前沿竣深至 11.5 米;将原码头 450 千牛系船柱更换吨级较大的新系船柱,将原码头 DA－A600H－L1000 型橡胶护舷更换为 SC1150H 一鼓一板低反力型橡胶护舷以及对码头结构进行适当改造。总投资 3313 万元,全部来自企业投资。码头采用新建固定式靠船墩结构,靠船墩之间通过面板连接的布局,高桩梁板结构。码头前沿水深 10.5 米。项目后方堆场面积 34.9 万平方米,仓库面积 2.6 万平方米。主要装卸设备配置 25～40 吨港口门座起重机 7 台。

建设单位为天津港第一港埠有限公司;设计单位为中交第一航务工程勘察设计院;施工单位为中港第一航务工程局第一工程公司;监理单位为天津港工程监理咨询有限公司;质监单位为天津港建设工程质量安全监督站。

(16)天津港第二港埠有限公司 7 号、8 号泊位码头结构加固改造工程

项目于 2013 年 7 月开工建设,2013 年 10 月试运行并竣工。

项目建设依据:2010 年,天津市交通运输和港口管理局《关于天津港集团第三批码头结构加固改造方案核准的批复》(津交港〔2010〕228 号);2010 年,天津港(集团)有限公司《关于天津港第二港埠有限公司 7、8#泊位码头结构加固改造工程》项目立项(核准)(津港计财〔2010〕3216 号)。2013 年 6 月 8 日,天津市滨海新区环境保护和市容管理局《关于天津港第二港埠有限公司 7、8#泊位码头结构加固改造工程环境影响报告表的批复》(津滨环容环保许可表〔2013〕61 号)。

项目岸线总长 367 米,泊位数 2 个;泊位类型为通用泊位、设计吨级为 7 万吨级。本次改造工程码头前沿设计水深按 7 万吨级散货船满载靠泊设计,底高程－15.0 米,码头前沿停泊水域宽度为 100 米,船舶调头圆直径取 2 倍 7 万吨级船船长,为 456 米,船舶掉头区需占用部分主航道水域,港池、航道设计底高程为－13.0 米。改造岸线总长度为 367 米,其中竣深至 15 米岸线长度 278 米。堆场面积 47.49 万平方米、堆存容量 118.3 万吨。仓库面积 4.19 万平方米,堆存能力 118.3 万吨。总投资 1.18 亿元,企业投资 4135.6 万元,银行贷款 7680.4 万元。

建设单位为天津港第二港埠有限公司;设计单位为中交第一航务工程勘察设计院;施工单位为中港第一航务工程局第一工程公司;监理单位为天津港工程监理咨询有限公司;质监单位为天津港建设工程质量安全监督站。

(17)天津港第二港埠有限公司 9 号～11 号泊位码头结构加固改造工程

项目于 2013 年 3 月开工建设,2013 年 6 月试运行并竣工。

项目建设依据:2010 年,天津市交通运输和港口管理局《关于天津港集团第三批码头结构加固改造方案核准的批复》(津交港〔2010〕228 号);2012 年,天津市交通运输和港口管理局《天津市交通运输和港口管理局关于同意调整天津港 9－11 号泊位结构加固改造项目投资额的批复》(津交港发〔2012〕153 号)。2011 年,天津港集团有限公司《关于天津

港第二港埠有限公司 9~11#泊位码头结构加固改造工程立项申请的批复》（津港计财〔2011〕18 号）；2014 年，天津市滨海新区环境保护和市容管理局《关于天津港第二港埠有限公司 9#-11#泊位码头结构加固改造工程竣工环境保护验收的批复》（津滨环容环保许可验〔2014〕8 号）。

本工程位于天津港北疆港区第一港池东岸，一突堤西侧，北端与 8 号泊位相接，南至一突堤堤头。原设计码头呈宽承台满堂式布置，码头承台总宽度 40.63 米，分为前后方承台。前方承台宽 13.5 米，采用连续梁板式高桩承台结构，排架间距 7.0 米，基桩采用 550 毫米×500 毫米预应力混凝土空心方桩。上部结构由预应力混凝土横梁、门机梁、火车板、钢筋混凝土靠船构件和面层等构成。后方承台宽 27.1 米，采用简支梁板式高桩承台结构，排架间距 7.0 米，基桩采用 500 毫米×500 毫米预应力混凝土空心方桩，上部结构由预应力混凝土简支横梁、空心简支板和面层等构成。结构加固改造按照 3 万吨级杂货码头设计（码头水工建筑允许靠泊能力 3 吨级）。改造岸线长度为 508.7 米，沿码头现状前沿新建 34 组靠船墩，每组靠船墩下打设 3 根650 毫米×650 毫米预应力混凝土空心方桩，包括两根直桩一根斜桩。项目后方堆场面积 47.49 万平方米，堆存能力 118.3 万吨。仓库面积 4.19 万平方米，堆存能力 118.3 万吨。主要装卸设备配置 10~25 吨港口门座起重机的 12 台。码头前沿水深浚深至 11.5 米，码头顶高程维持现状不变。总投资 2322 万元，企业投资 812.7 万元，银行贷款 1509.3 万元。

建设单位为天津港第二港埠有限公司；设计单位为中交第一航务工程勘察设计院；施工单位为中港第一航务工程局第一工程公司；监理单位为天津港工程监理咨询有限公司；质监单位为天津港建设工程质量安全监督站。

（18）天津港 30 万吨级航道二期工程

项目于 2012 年 12 月开工建设，2014 年 1 月试运行并竣工。

项目建设依据：2012 年 9 月，天津市发展和改革委员会《关于天津港 30 万吨级航道二期工程可行性研究报告的批复》（津发改城市〔2012〕993 号）；2012 年 11 月，天津市交通运输和港口管理局《天津市交通运输和港口管理局关于天津港 30 万吨级航道二期工程初步设计的批复》（津交规发〔2012〕163 号）。2012 年 3 月，天津市滨海新区环境保护和市容管理局《关于天津港 30 万吨级航道二期工程环境影响报告书的批复》（津滨环容环保许可函〔2012〕10 号）；2012 年 5 月，天津市海洋局《关于天津港 30 万吨级航道二期工程用海审查意见的函》（津海管〔2012〕99 号）。

本工程是在天津港 30 万吨级航道一期工程的基础上将航道进一步浚深。工程实施的航道长度为 35.3 千米，里程为 12+200~47+500。航道里程 12+200~36+000 段，在 30 万吨级航道一期工程（有效宽度 407 米，设计底高程 -21.0 米）基础上保持航道轴线不变，沿已有边坡继续浚深至设计底高程 -22.0 米，通航底高程 -21.4 米，航道有效宽度

397 米。航道转向后，航道里程 36 + 000 以外段，在 30 万吨级航道一期工程（有效宽度 330 米，设计底高程 – 21.0 米）基础上继续浚深，浚深后航道有效宽度 320 米，设计底高程 – 22.0 米，通航底高程 – 21.4 米。航道起点里程由 45 + 500 延长至 47 + 500。总投资 8.68 亿元。其中中央投资 3.21 亿元，银行贷款 5.47 亿元。

建设单位为天津港（集团）有限公司；设计单位为中交第一航务工程勘察设计院有限公司；施工单位为中交天津航道局有限公司；监理单位为天津港工程监理咨询有限公司；质监单位为天津汇泽航海保障工程有限公司。

2015 年 12 月，天津港 25 万吨级航道工程荣获 2014 年度水运交通优质工程奖。

项目投产后，为天津港成为北方国际航运中心，建设世界一流大港提供了保障；满足天津港航道船舶通航密度尤其是大型船舶通航密度提高和船舶大型化发展及大型泊位建设的需要，为进一步减少船舶在港时间，降低船、货、港三方费用。

（六）东疆港区

1. 港区综述

（1）港区建设和运营概况

天津港东疆港区位于天津港东北部，为浅海滩涂人工围海造陆形成的三面环海半岛式港区，总面积约 30 平方公里，是集码头装卸仓储、港口物流加工、商务办公、生活居住、休闲旅游等功能于一体的综合性区域。具备集装箱码头装卸、集装箱物流加工、商务贸易、生活居住、休闲旅游"五大功能"。为推动天津滨海新区进一步扩大开放，2006 年 8 月，国务院批复设立了天津东疆保税港区。天津东疆保税港区面积 10 平方公里，由 5.6 平方公里的码头作业区和 4.4 平方公里的物流加工区组成。自 2007 年底首期 4 平方公里实现封关运作以来，包括 2300 米岸线的 6 个集装箱泊位、58 座仓库和 60 余万平方米堆场的物流加工区，海关监管及口岸办公设施已投入使用，完成集装箱吞吐量已突破 800 万 TEU，进驻中外企业达 700 余家。2012 年，东疆保税港区 10 平方公里已实现整体封关运作。2011 年 5 月，国务院批复了《天津北方国际航运中心核心功能区建设方案》，明确东疆保税港区作为北方国际航运中心的核心功能区和综合配套改革的创新平台，"推进船舶登记制度、国际航运税收、离岸金融业务、租赁业务试点，积极开展建设中国特色自由贸易港区的改革探索，用 5 ~ 10 年，基本完善国际中转、国际配送、国际采购、国际贸易、航运融资、航运交易、航运租赁、离岸金融服务等功能，建设成为各类航运要素聚集、服务辐射效应显著、参与全球资源配置的北方国际航运中心和国际物流中心核心功能区，综合功能完善的国际航运融资中心"。

2015 年 4 月 21 日，中国（天津）自由贸易试验区正式挂牌，作为天津自贸区三个片区之一。东疆港区 30 平方公里已经全部成陆，配套基础设施基本完善，亚洲设计规模最大的国际邮轮母港、国内最大的人工沙滩景区、中国北方最大的国际商品展销中心、一洋国际游艇会、安佳酒店、东疆金融贸易服务中心、联检服务中心、东疆港区东部配套区商务中心工程已经投入使用。

港区年吞吐量，2011年2606万吨，2012年2868万吨，2013年3647万吨，2014年3794万吨，2015年3483万吨。

（2）港区地理条件和集疏运概况

东疆港区位于天津港东北部，东至渤海湾海域，南至天津港新港主航道，西至集装箱物流中心陆域及规划反"F"港池，北临永定新河口南治导线，为浅海滩涂人工造陆形成的三面环海半岛式港区。港区南北长约10千米，东西宽3千米，总面积约30平方公里。东疆港区主要依托铁路新港北站，通过进港三线（新港北集装箱中心站至北塘西）、蓟港线（北塘西至山岭子站）、北环线（山岭子站至南仓站）至枢纽南仓编组站。

2. 港区工程项目

（1）天津港东疆港区南部建材码头工程

项目于2005年12月开工建设，2006年5月竣工。

项目建设依据：2005年8月，《关于天津港东疆港区南部建材码头立项（代工可）审查会纪要》（计财发〔2005〕78号）；2005年11月，天津港集团规建部《关于天津港东疆港区南部建材码头工程初步设计请示的批复》（规发〔2005〕65号）；2005年10月，《关于对天津港东疆港区南部建材码头工程环境影响报告表的批复》（津环保许可表〔2005〕386号）。

项目建设1个1万吨级散货码头泊位，设计船型为2000吨级~1万吨级船舶，同时考虑2万吨级船舶乘潮卸船的能力。码头长度210米，宽45米，码头的顶高程为6.2米，码头水工结构按1万吨级散货船设计，最大兼顾2万吨级散货船，码头前沿设计水深10.0米。码头采用高桩结构，并采用2座10米宽的引桥与陆域连接。码头分为前后承台，前方承台15.5米，后方承台29.5米，前方承台预留布置10.5米轨距的门机轨道梁。码头后方设置堆场面积约2.5万平方米，堆存能力5.65万吨。无仓库。主要装卸设备配置25吨轮胎式起重机4台。总投资7685.0万元，企业投资2689.75万元，4995.25万元。码头后方地基处理面积约为3.6万平方米，其中堆场及道路约2.4万平方米。

建设单位为天津港东疆建设开发有限公司；设计单位为中交第一航务工程勘察设计院；施工单位为中交第一航务工程局第一工程公司；监理单位为天津港监理咨询有限公司；监测及检测单位为天津港湾工程研究所、天津水运工程勘察设计院；质监单位为天津港港务工程质量监督站。

项目竣工后交由天津港第三港埠公司经营管理，现停用。

（2）天津港北港池集装箱码头三期工程

项目于2006年3月开工建设，2007年10月试运行，2008年6月竣工。

项目建设依据:2006年9月,国家发展和改革委员会《国家发展和改革委关于中外合资建设经营天津港北港池集装箱码头三期工程项目核准的的批复》(发改交运〔2006〕2033号);2007年4月,交通部《关于天津港北港池集装箱码头三期工程初步设计的批复》(交水发〔2007〕153号)。2006年1月,国家环境保护总局《关于天津港北港池集装箱码头三期工程环境影响报告书的批复》(环审〔2006〕14号);2007年12月,天津市国土资源和房屋管理局批复天津港太平洋国际集装箱码头有限公司建设用地申请(天津市〔2007〕地准字第358号);2006年6月,天津市海洋局批复天津港(集团)有限公司海域使用申请海域使用权证书(海上人工构造物(码头))20.7公顷(国海证061200012号、海域使用权证书(海上交通(港池))48.3公顷(国海证061200013号)。

项目建设6个泊位,全部是10万吨级集装箱专用泊位(码头水工建筑允许靠泊能力15万吨级),泊位总长度约2300米,可兼顾停靠15万吨集装箱船,岸线长度约2300米。码头采用引桥式布局形式,采用高桩式结构形式。码头前沿水深16米。项目后方堆场面积148万平方米,主要装卸设备配置岸边集装箱起重机23台、轮胎式集装箱门式起重机58台。2013年在部分预留用地开建22万平方米重箱堆场,2013年交工,堆存能力1.6万吨。总投资56亿元,天津港股份有限公司投资12.50亿元,PSA天津有限公司投资12.01亿元,银行贷款31.49亿元。填海造陆161.4万平方米。

建设单位为天津港太平洋国际集装箱码头有限公司;勘察设计单位为中交第一航务工程勘察设计院有限公司;施工单位为中交第一航务工程局有限公司;监理单位为天津港工程监理咨询有限公司;质监单位为天津港建设工程质量安全监督站。

项目获水运交通优质工程奖、国家优质工程奖(银质)。

项目投产后有力支撑了天津港的集装箱吞吐量增长,作为天津自贸区内唯一一家集装箱码头,助力天津自贸区(天津港片区)的申报和发展。

(3)天津港国际邮轮码头工程

项目于2008年3月开工建设,2010年6月试运行,2016年6月竣工。

项目建设依据:2008年4月30日,天津市发改委进行项目核准;2009年3月,天津市交通委员会《关于天津港国际邮轮码头工程初步设计的批复》(津交委规〔2009〕63号);2008年3月,天津市环保局《关于天津港国际邮轮码头工程环境影响报告书的批复》(津环保滨许可函〔2008〕019号);2016年6月,天津市国土资源和房屋管理局颁发不动产权证书(津〔2016〕天津东疆保税港区不动产权第1001066号);2008年,国家海洋局颁发《中华人民共和国海域使用权证书》(国海证081200026号);2008年12月19日,交通运输部《关于天津港国际邮轮码头工程使用港口岸线的批复》(交规划发〔2008〕537号)。

本工程建设2个邮轮泊位(码头水工建筑允许靠泊能力22.35万吨级),码头岸线长625米,可同时停靠两艘邮轮,最大可停靠22.35万吨邮轮。包括桩基、上部结构、附属设施、基槽挖泥、港池挖泥、纳泥子埝和施工所需场地陆域地基处理等。码头水工采用高桩梁板结构,满堂布局,前沿设计顶高程6.0米(新港理论深度最低潮面,下同),前沿设计底高程-11.5米。码头前沿停泊水域宽150米。港池设计底高程-10.0米,港池宽880米,船舶回旋水域直径710米。本工程码头岸线长625米,码头设计顶高程6.0米,前沿设计水深11.5米,港池设计水深10.0米。码头宽65.05米,分为前承台、中承台和后承台,前承台宽31.5米,中承台宽10米,后承台宽23.55米。项目后方堆场面积3.6万平方米。主要装卸设备配置登船桥一台。项目总投用地面积15.88万平方米,水工部分总投资3.35亿元,全部企业投资。

建设单位为天津国际邮轮母港有限公司;代建单位为天津港建设公司;勘察单位为中交第一航务工程勘察设计院有限公司;设计单位为中交第一航务工程勘察设计院有限公司;监理单位为天津港工程监理咨询有限公司;施工单位为中交一航局第一工程有限公司、深圳中集天达空港设备有限公司;质监单位为天津港建设工程质量安全监督站。

(4)天津港国际邮轮码头二期工程

项目于2012年9月开工建设,2014年6月试运行,2016年12月竣工。

项目建设依据:2013年5月9日,天津市发改委进行项目核准;2013年9月,天津市交通委员会《关于天津港国际邮轮码头二期工程初步设计的批复》(津交委规〔2013〕163号)。2012年12月,天津市滨海新区环境保护和市容局《关于天津港国际邮轮码头二期工程环境影响报告书的批复》(津滨环容环保许可函(2012)64号);2013年6月,天津东疆保税港区管理委员会颁发《建设用地规划许可证》(2013东疆地证0002);2013年10月,天津市海洋局颁发《中华人民共和国海域使用权证书》(国海证2013B12010700527号);2013年7月,交通运输部《关于天津港国际邮轮码头二期工程使用港口岸线的批复》(交规发(2013)446号)。

项目建设2个客运泊位,码头结构按最大可停靠22.35万吨客轮设计,同时兼顾滚装业务;码头岸线长度442米,码头采用满堂布局,高桩梁板结构。码头前沿顶高程+4.5~+6.0米,码头前沿设计底高程-11.5米;后方陆域部分占地面积3.56万平方米,其中1.58万平方米为辅建区,主要建设机械库、滚装车辆及摆渡巴士停车场;1.23万平方米为主要建设机检设施场地及通道;0.75万平方米主要建设码头结构部分。项目主要建设内容包括水工构筑物、房建、给排水、电力、通信,并建设其他相关配套设施。项目建成后,将直接为"天仁"号、"海洋岛"号等国际、国内客货班轮提供专门泊位进行全天候滚装作业,并可利用邮轮、客货班轮作业间隙开展汽车滚装业务,新增国际旅客年吞吐能力12万人次,国内旅客年吞吐能力30万人次和滚装汽车年吞吐能力不低于10万辆,转移一期工程集装箱年通过能力6万TEU。项目总投资3.2亿元,全部为企业自筹。用地面积3.56万平方米。

建设单位为天津国际邮轮母港有限公司;代建单位为天津港建设公司;设计单位为中交第一航务工程勘察设计院有限公司;勘察单位为天津市北洋水运水利勘察设计研究院有限公司;检测单位为天津港湾工程质量检测中心有限公司;监测单位为天津市北洋水运水利勘察设计研究院有限公司;监理单位为天津港工程监理咨询有限公司;施工单位为中交一航局第一工程有限公司、天津港湾电力工程有限公司、天津振港通信工程有限公司等;房屋质量安全鉴定单位为天津市房屋安全鉴定检测中心;质监单位为天津港建设工程质量安全监督站。

(5)天津港北港池杂货码头工程

项目于2008年12月开工建设,2010年12月竣工。

项目建设依据:2009年5月,天津市交通委员会《关于天津港北港池杂货码头工程初步设计的批复》(津交委规〔2009〕104号)。2008年7月,天津市环境保护局《关于天津港北港池杂货码头工程环境影响报告书的批复》(津环保滨许可函〔2008〕047号);2009年2月,天津东疆保税区管委会建设发展局下发《天津港北港池杂货码头工程建设用地规划许可证》(2009东疆线证0002号);2009年3月,天津市海洋局下发《天津港北港池杂货码头工程海域使用权证书》(国海证091200023);2009年6月,交通运输部《关于天津港北港池杂货码头工程使用港口岸线的批复》(交规划发〔2009〕278号)。

项目建设2个10万吨级(经过靠泊论证允许靠泊15万吨)泊位和2个4万吨级(经过靠泊论证允许靠泊10万吨)散杂货泊位。码头采用顺岸式布置。岸线长度1075米,码头顶高程为6.0米。本工程西侧2个泊位码头前沿设计水深按4万吨级杂货船满载靠泊设计,码头前沿底高程为-14.0米;东侧2个泊位码头前沿设计水深按10万吨级散货船满载靠泊设计,码头前沿底高程为-15.7米。码头桩台总宽73米,其中前桩台宽17.0米,后桩台宽56.0米。其中4万吨级泊位的前方桩台桩基形式为650毫米×650毫米预应力混凝土空心方桩,桩台排架间距为7.0米,每个排架共设有2根650毫米×650毫米预应力混凝土空心方桩,4根3∶1的650毫米×650毫米预应力混凝土空心方桩;10万吨级泊位的前方桩台桩基形式为钢管桩和PHC组合桩,桩台排架间距为8.0米,每个排架共设有2根ϕ1000毫米的直桩,4根4∶1的ϕ1000毫米斜桩;上部结构为预制预应力横梁、轨道梁、连系梁、面板和钢筋混凝土靠船构件,各构件安装好后均采用现浇钢筋混凝土接头将其连接成整体,以增加上部结构的整体性。后方桩台排架由650毫米×650毫米预应力混凝土空心方桩及直径ϕ900毫米的灌注桩(打桩船不能施工部分)组成;上部结构为预制预应力混凝土简支梁、空心板结构,码头后方桩台与接岸结构之间通过预应力混凝土渡板相连。接岸结构是在处理好的地基上开挖岸坡，施工抛石棱体和抛石基床，现浇混凝土挡土墙。1 号仓库建筑面积 1.18 万平方米，堆存能力 5 万吨；2 号仓库建筑面积 1.20 万平方米，堆存能力 5 万吨；堆场面积 26.32 万平方米，堆存能力 70 万吨。码头前方装卸船设备主要采用通用性较强的门座起重机进行装卸船作业；钢铁、件杂货堆场堆垛和装卸车作业采用双动力轮胎起重机或叉车完成。钢铁、件杂货水平运输拟采用叉车或牵引平板车完成。项目总投资 19.12 亿元，业主天津港（集团）有限公司自有资金 6.09 亿元；康因投资控股有限公司 1.05 亿元；邮政储蓄银行 6.7 亿元；中国建设银行 1.5 亿元；天津港财务公司 1 亿元。陆域项目用地为 35.15 万平方米。

建设单位为天津港北港池杂货码头筹备组；设计单位为中交第一航务工程勘查设计院；代建单位为天津港建设公司；施工单位为中交一航局第一工程有限公司、中交一航局第四工程公司、天津五建建筑工程有限公司；监理单位为天津港工程监理咨询有限公司；质监单位为天津港建设工程质量安全监督站。

2013 年开发对外服务系统，对外服务系统的建设，是以客户为中心的战略思想、经营理念，是一种信息管理手段，减少了客户与公司往来的路途时间，减少频繁电话预约等情况。

2015 年开发与应用港口件杂货码头智能化信息管理平台，其包含的生产系统以件杂货码头生产装卸作业流程为系统模型，实现了对商务计费、商务手续、进出闸口车辆放行等模块，可实时传输现场装卸作业和每钩吊装情况的视频画面，方便业务指挥部门指导作业。能够与单船绩效统计分析系统和对外服务系统实现资源共享的功能，有助于公司各部门内部精细化、标准化管理，同时加强了部室间的信息交流与协作。

2016 年开发与应用单船绩效统计分析系统，通过对单船绩效统计分析系统查询，可以直观地看到每种货类的实际收入，以及在装船、卸船过程中产生的直接成本、间接成本，非常清晰地了解到每种货类给公司带来的收益情况以及各家货代、货主单位为公司创造的利润值，可以让我们有的放矢地选择性维系与服务，这就为公司货源开发工作起到了指导作用。

项目的落成，对内，充分发挥了天津港的岸线资源，增加了港口通过能力，改善了港口码头布局，缓解了船舶压港情况，促进了船、货周转效率，实现了企业经济效益的持续增长，推动了天津港保税区以及自贸区的建设，实现了天津港"质"的增长；对外，极大优化了港口周边集疏运物流网络的布局，降低了经济腹地，以及内外贸船公司的物流成本，促进了区域内的产业结构发展，带动了仓储、物流、船舶代理、货物代理、第三方物流、海运保险等相关产业以及港航服务业的集群和发展，吸引了大批外资的涌入。同时，也直接为社会提供了就业岗位，吸引了大批的高技能人才和外来务工人员。

第四节 山 东 省

一、综述

（一）基本省情

山东省,简称鲁,位于黄河下游,太行山以东,黄海、渤海之滨,介于 $34°22.9'$ ~ $38°24.01'$N, $114°47.5'$ ~ $122°42.3'$E 之间,自北而南与河北、河南、安徽、江苏 4 省接壤,山东省总面积 15.71 万平方公里。截至 2015 年,全省常住人口 9847.16 万人,全省实现生产总值(GDP)63002.3 亿元。产业结构调整优化,产业比例为 7.9:46.8:45.3。人均生产总值 64168 元。山东省辖 17 个地级市,51 个市辖区、28 个县级市、58 个县(合计 137 个县级行政区划单位)。

山东省境内地形以平原丘为主,中部山地突起,西南、西北低洼平坦,东部缓丘起伏,形成以山地丘陵为骨架、平原盆地交错环列其间的地形。大势可分鲁西北平原、鲁中南山地丘陵、胶东低山丘陵、胶莱平原四部分。

山东的气候属暖温带季风气候类型。降水集中,雨热同季,春秋短暂,冬夏较长。气温适宜,地区差异东西大于南北。山东省分属于黄、淮、海三大流域,境内主要河流除黄河横贯东西、大运河纵穿南北外,其余中小河流密布境内,主要湖泊有南四湖、东平湖等。水资源主要来源于大气降水,多年平均降水量为 676.5 毫米,多年平均天然径流量为 222.9 亿立方米。黄河多年平均入境水量为 385.8 亿立方米,可用水量 70 亿立方米。降水季节分布很不均衡,全年降水量有 60% ~ 70% 集中于夏季,易形成涝灾,冬、春及晚秋易发生旱象。

山东大陆海岸线全长 3121 千米,占全国大陆海岸线的六分之一,居全国第二。沿海滩涂和 15 米等深线以内水域面积约 16300 平方公里,为全省陆地面积的 10.6%,可开发利用海洋资源丰富。近海海域中,散布着 299 个岛屿,总面积 147 平方公里。其中庙岛群岛屹立在渤海海峡,黄海与渤海分界处,扼海峡咽喉,是拱卫首都北京的重要海防门户。山东省"山水林田湖"自然禀赋得天独厚,矿产资源储量较丰富,工农业发达。

（二）综合交通运输体系情况

改革开放以来,经过 40 多年的建设,山东省交通基础设施实现跨越式发展。

改革开放之初,全省铁路营业里程 1385 千米,到 2015 年底,全省铁路营业里程达到 5500 千米,其中高速铁路营运里程 720 千米;货运量 1.6 亿吨,周转量 1088 亿吨公里。

1978 年,公路通车里程 3.4 万千米,其中沥青、水泥路面 2.5 万千米,大部分县与县之间是靠土路连接,乡村之间公路几乎为零。2015 年公路通车里程达到 26.3 万千米,其中高速公路通车里程 5348 千米,98% 的县(市、区)通达高速公路,100% 的行政村通达公路,99.93% 的行政村通沥青(水泥)路;货运量 24.2 亿吨,周转量 5738.6 亿吨公里。

1978 年,全省沿海港口 15 个,生产性泊位 88 个,万吨级深水泊位 12 个;内河航道通航里程 793 千米。2015 年,全省沿海港口 7 个,生产性泊位 556 个,深水泊位 265 个,港口岸线总长 101731 米;内河航道通航里程 1150 千米;货运量 1.5 亿吨,周转量 1403.1 亿吨公里。

1978 年,全省民用机场 2 座;2015 年,建成运营机场 9 个,是华东地区数量最多省份;山东 9 个机场的货邮吞吐量 36.13 万吨。

1978 年,油气运输管道 1000 千米。2015 年,油气管道总里程超过 1 万千米,约占全国油气管道总里程的 8%,全省 17 地市均实现天然气主干管线覆盖,运输量 80 亿立方米。

水路运输是各主要运输方式中兴起最早、历史最长的运输方式,具有单位运输工具载重量大、成本较低、能源消耗资源占用少、环境影响小、港口综合运输枢纽功能强,但灵活性小、运输环节多连续性差等经济技术特征。较适于担负大宗、低值货物的中长距离运输,特别是海运,在对外进出口贸易中运输中占有绝对的优势。山东海岸线长,内河航道较发达,水路运输在山东省综合交通运输体系中的地位和作用十分明显,沿海港口是我国华北、中西部地区对外联系的桥梁,是山东省综合交通运输的重要节点和运输枢纽。京杭运河是长三角地区煤炭运输的大通道,是山东省中西部地区与长江中下游地区联系沟通的黄金水道。

（三）沿海港口概况

山东省沿海港口发展历史悠久。港口发展在不同阶段所呈现出不同特点,改革开放以来,大致走过了开放发展期、变革发展期、跨越发展期及转型发展期四个不同的发展阶段。

1. 开放发展期（1978 年 1 月—1997 年 12 月）

随着改革开放和对外贸易的迅速扩大,山东沿海港口迎来了发展的大好机遇,全省掀起了建港高潮,港口基础设施不断改善,港口生产能力逐年提高,山东港口逐渐步入稳步发展的轨道,为促进山东经济的快速增长提供了坚实的基础。

1984 年 8 月,根据山东省人民政府《关于对我省海运管理体制改革方案的批复》(鲁政电函 279 号)要求,"山东省航运局"更名为"山东省航运管理局",由山东省交通厅领导。山东省航运管理局负责管理山东省沿海、内河地方港口、航运企业以及所属的船舶修造企业,并兼有港航监督、船舶检验等航政管理职能。港口建设管理得到进一步加强。

1985年,撤销山东省交通厅青岛海运局,并实行港航分设,成立山东省青岛海运公司和山东省烟台海运公司,归口山东省航运管理局领导。山东省沿海18处地方港口根据业务范围和吞吐量大小,除龙口港、威海港、岚山港和青岛、烟台地方港外,成立港务管理局,其他港均成立港务办事处,列事业编制,行政业务由山东省航运管理局领导。山东沿海地方港口从此走上了独立经营的道路。

1986年后,中央所属的青岛、烟台、石臼等港口,除业务由中央和山东省双重领导外,其行政部门也先后下放到所在市管理,充分调动了地方建设港口的积极性。

1987年,按照国务院《关于港口管理体制改革的会议纪要》(1986年12月8日)改革港口管理体制的要求,青岛、烟台等全国五个港口实行以所在城市管理为主,交通部管理为辅的管理体制。同年,烟台港和青岛港管理体制改革交接工作完成。威海港在沿海地方港口的改革经营过程中以招聘制取代任命制,坚持定期考察和职代会评议制度,以加强中层干部的责任心,调动其积极性,推动生产发展;并且在按劳取酬的原则下,实行多种形式的收益分配制度,一业为主,开展多种经营,广开门路增加收入,调动了广大职工的工作积极性。推行现代化管理方法,制定一整套管理制度,并通过举办一系列活动加强作业现场安全管理,极大地推动了生产发展。在威海港的带领下,其他港口也逐步改完善其管理模式,经营管理取得良好的效果。

在我国实行对外开放政策后,山东省对外贸易不断扩大,为了满足山东省对外贸易快速增长的需要,全省沿海港口掀起了继新中国成立以来的又一轮建设高潮。青岛和烟台港在改建老港区的同时分别进行了前湾港区和芝罘湾港区池集装箱作业区的开发建设;为适应"北煤南运"的需要,日照港大型专业化煤炭装船码头开始建设,相应扩建和新建了烟台港的龙口、蓬莱港区和威海、潍坊、东营等港口。

1982年,位于日照县石臼所镇的大型深水煤炭专用码头——石臼港码头主体工程开工建设,一期工程建设10万吨级和2.5万吨级泊位各1个,设计年煤炭装船能力1500万吨。1983年,日照港岚山港区南作业区(岚山头新港)建成的2万吨级码头泊位,系当时山东省地方港口靠泊能力最大的泊位。1984年,国家批准扩建烟台港,新建6个万吨级以上的深水泊位,码头全长1236米,总投资3亿元,该项目使烟台港(芝罘湾港区)通过能力增加1倍以上。1985年,山东省第一座20万吨级原油输出码头——青岛港黄岛油区二期工程开工。同年,胜利油田黄河海港举行2个万吨级油轮泊位和1个3000吨级的杂货码头开工奠基典礼。1986年,"六五"期间国家重点技术攻关项目大跨距集装箱装卸桥吊在青岛港通过国家鉴定并投入使用。同年,日照港正式开港营运,并经国务院口岸领导小组批准正式对外一类开放。1988年,烟台港专用邮运码头建成投入使用。黄岛原油码头二期工程开工建设。黄河入海口疏浚试验工程完成,实现了中小型海船进入黄河。1990年,烟台地方港(位于芝罘湾港区)西港池一期工程竣工,新增6个深水泊位,同时正式对外开放。黄岛油港二期的 20 万吨级泊位竣工。1991 年,山东省提出了建设"海上山东"的宏伟战略,山东海洋资源开发及其所形成的海洋产业得以迅速发展,山东港口建设随之进一步加快。1992 年,交通部同意将石臼港更名为日照港。羊口港进港铁路(益羊铁路)竣工,实现了海、河、铁、公四联网,成为全省唯一的四联网港口。国家"七五"重点建设项目——青岛前湾港一期工程 4 个泊位和黄岛油区二期工程,通过国家验收。至此,青岛港吞吐能力突破 5000 万吨,原油年输运能力增加到 3000 万吨,成为国内最大的原油输运港口。1995 年,青岛港起重能力 40 多吨的国内最大集装箱装卸桥等一系列设备投入作业,标志着青岛港正式跨入国际集装箱中转港口的行列。烟台港国际客运站建成竣工,总面积为 19162 平方米,投资 4673 万元。日照港被国家三部委联合批复为新亚欧大陆桥东方桥头堡。蓬莱新港的 2000 吨级、5000 吨级、10000 吨级 3 个泊位竣工投入使用。1996 年,东营港被国务院批准为一级开放口岸,蓬莱新港、莱州港被列为国家一类开放口岸,潍坊港被山东省政府批准为国家二类开放口岸。1997 年,烟台港芝罘湾港区的 6 个万吨级以上深水泊位通过竣工验收,新增货物吞吐能力 340 万吨。青岛港集装箱吞吐量突破一百万 TEU,成为国内沿海第二大集装箱运输港。至此,青岛港拥有 6 个集装箱专用深水泊位。11 台大型集装箱装卸桥吊,居全国沿海港口之首。

2. 变革发展期(1998 年 1 月—2004 年 12 月)

1998—2004 年,是山东省港口事业改革发展的重要时期。随着改革开放的不断深入,全省港口管理体制改革深入推进,港监体制改革完成,港口全面下放地方,港口管理体制进一步理顺,山东港口建设全面提速。

1998 年,山东省政府将山东省交通厅(含山东省航运局)所属的港航企业及相关企业整体组建为山东航运集团有限公司,从事水上运输、港口装卸、船舶制造维修、港口工程设计及相关生产经营业务。原山东省航运管理局更名为"山东省交通厅航运管理局",同时挂"山东省港航监督局""山东省船舶检验局"牌子。2000 年,山东省交通厅航运管理局更名为"山东省交通厅港航局",同时挂"山东省地方海事局""山东省交通厅船舶检验局"牌子,负责山东省地方管理水域内的海事管理。

1998 年,亚洲金融危机加剧,给我国经济带来了严重的挑战。中共中央、国务院提出扩大内需,实施积极财政政策的战略,加快基础设施建设的重要决策。山东港口紧紧抓住大好机遇,全面加快港口建设速度。

港口基础设施建设规模不断扩大。到 2004 年底,全省共有沿海港口 25 个,其中二类以上开放港口 17 个;拥有生产性泊位 314 个,其中深水泊位 106 个,港口吞吐能力 2.11 亿吨。初步形成了以青岛、日照、烟台为三大主枢纽港,龙口、威海为地区性重要港口,潍坊、蓬莱、莱州等中小港口为补充的港口群体,奠定了在我国北方沿海港口中的重要地位。

1999 年,青岛港前湾二期工程通过国家验收,3 号泊位是全国最大的集装箱专用深水泊位,是国内唯一可接卸第五代、第六代大型集装箱船舶的港口;亚洲第一、世界第二的青岛港20万吨级矿石码头重载试车成功,标志着青岛港稳步跨入世界矿石大港行列。2000年,原青岛港务局与英国铁行集团属下澳大利亚港口公司正式签订青岛港前湾二期集装箱码头合资合同,总投资17676亿美元,其中外资占49%股份,这是当时全省基础建设领域外商直接投资规模最大的项目。2001年,青岛港20万吨级矿石码头通过国家验收;烟台港三期工程(第一阶段)通过国家正式验收。同年,青岛港成为多功能综合性国际亿吨大港,集装箱吞吐量突破260万TEU,跨入世界集装箱港20强。2002年,全身沿海港口认真落实国务院统一部署,顺利完成港口企业的交接。同年,全省沿海港口完成投资18.4亿元,新增深水泊位3个。烟台港三期(第一阶段)水工工程和疏浚工程两个项目获得2002年度交通部水运工程质量奖。青岛港航道扩建、集装箱堆场改造以及1号、2号码头扩建工程基本完工,烟台港西港池码头扩建完成主体和道路、堆场及其他配套工程,蓬莱港3.5万吨木材码头完成防波堤及码头主体工程,蓬莱西港改造完成客运站和部分地面工程,龙口港3.5万吨级通用泊位、岚山港3.5万吨级散杂泊位建成投入使用。青岛港提前一个月实现吞吐量过亿吨,集装箱吞吐量居全国第3位、世界第15位。青岛港第一条直达非洲的集装箱航线——西南非航线在新港区码头举行首航仪式,标志着青岛港与全球有经济往来的各大洲航线全面开通。日照港、烟台港吞吐量分别首次突破3000万吨、2000万吨。2003年1月,青岛港(集团)有限公司组建,世界岸线最长、水深最深、桥吊技术参数最大、装卸效率最高、陆域纵深最宽的集装箱码头——青岛港前湾三期工程的2个10万吨级、2个5万吨级集装箱船舶的专用泊位,通过国家验收,新增集装箱吞吐能力140万TEU,码头岸线总长1480米,水深16~17.5米,纵深1500米。同年,日照市完成了港口的资产重组,组建日照港(集团)有限公司。2003年,全省沿海全年新增万吨级泊位9个,新增吞吐能力1656万吨。2003年7月21日,青岛港与英国铁行集团、丹麦马士基集团、中远集团在人民大会堂签订合资协议,三国四方共同出资8.87亿美元建设国内最大的集装箱码头。12月18日,烟台港与美国环球货柜公司合作的环球国际集装箱码头项目正式投入运营。2004年,青岛港5万吨级液体化工泊位、日照港中港区2万吨级原油泊位等3项工程通过竣工验收。日照港东港区三期工程一阶段25万吨级通用泊位和岚山港区5万吨级通用泊位、龙口港东港区5万吨级粮食专用泊位等12个工程项目简易投产。烟台港三期一阶段4个泊位获詹天佑奖。日照港与中石化集团等大型企业合资建设的10万吨级、30万吨级原油泊位,龙口港与国投交通公司、南山集团合资建设的10万吨级通用泊位、20万吨级原油泊位,青岛港与世界500强瑞典ABB公司合作建设的物流中心等一批项目取得实质性进展。当年沿海港口新增生产性泊位11个,其中万吨级以上泊位8个,新增生产能力1261万吨,滚装通过能力24万吨、67万人次。

3.跨越发展期（2005年1月—2010年12月）

2005—2010年,五年间全省港航建设累计完成投资384亿元,是新中国成立到"十五"末总投资的1.3倍。青岛港香港招商局国际集装箱码头、日照港石臼港区矿石码头二期工程、烟台港西港区10万吨级油码头等一批沿海港口重点工程建成投产,青岛港、日照港、烟台港西港区、龙口港区等深水航道相继建成。沿海港口新增生产性泊位179个,泊位总数达到473个,其中万吨级以上泊位197个,年吞吐能力达到4.56亿吨,增长2.07亿吨,具有现代化特征的沿海港口群初步形成。

2005年7月,山东省第50次省政府常务会议,通过了《关于加快沿海港口发展的意见》。一是明确了全省沿海港口发展的指导思想和目标任务,着力构建东北亚国际航运中心,整合港口资源,增强港口综合竞争能力,完善四大运输系统,打造3个亿吨大港,到"十一五"末,实现港口吞吐量比2004年翻一番,初步建成结构合理、层次分明、功能完备、信息畅通、优质安全、便捷高效、文明环保的山东沿海港口群,确保全省沿海港口在长江以北地区的领先地位。二是统筹考虑、科学编制沿海港口布局规划和港口总体规划,维护港口规划的权威性与严肃性,避免重复建设和无序竞争,确保港口资源的合理利用和科学布局。三是有效整合港口资源,进一步增强全省港口综合竞争实力。以市场为导向,综合运用市场和行政手段,坚持双赢、多赢原则,实施多种形式的资源整合,形成重点突出、层次分明、布局合理、优势互补、协同发展的现代化沿海港口集群,实现港口生产要素的最优配置,提升整体竞争力。四是加快区港联动建设,为打造自由贸易港区奠定基础。结合青岛保税区与港区开展区港联动试点工作,加快港口配套建设,优化完善区港之间的功能和资源的重新配置,进一步拓展国际中转、国际配送、国际采购和国际转口贸易四大功能,促进港航、仓储和物流产业的联动发展。五是加快沿海港口集疏运大通道建设,为增强港口辐射能力提供必要支撑。加快公路、铁路集疏运通道建设,到2010年,沿海主要港口之间全面实现高速公路贯通,并加快建设省际高速公路出口,形成与京津唐都市圈、长三角经济区、中原经济区和西北地区之间的便捷通道,有效解决港口集疏运瓶颈问题。六是加快港口改革开放步伐,进一步实现投资主体多元化。鼓励港口企业通过兼并、重组、参股、控股、转让、租赁等途径优化资源配置,提高资本运营水平。加大招商引资力度,吸引外商、货主投资建设全省港口基础设施。允许并鼓励民间资本投资建设港口基础设施。加快港口资本市场化步伐,支持港口企业上市融资。七是加快临港产业发展,构筑港口物流平台。以港口为依托,努力做大做强船舶修造业,积极发展原料进口、产品出口的化工、钢铁、造纸、木材加工、来料加工等临港加工工业和装配工业,形成优势明显的临港重化工业基地。规划建设一批物流基地,逐步形成以港口为中心的货物集散网络。青岛港建设成为以外贸进出口和国际集装箱中转为主的综合物流基地,日照、烟台港建设成为内外贸并举的重要散杂货物流基地,龙口、威海港建设成为区域性物流基地。八是加大政策扶持力度,为港口发展创造条件。山东省政府每年从交通规费中拿出 2 亿元资金,用于航道等公用基础设施建设。研究出台沿海港口航道养护费政策。各级政府也要加大投入,重点用于公用基础设施建设。在海域使用方面,对于非经营性的航道、锚地等交通基础设用海免缴海域使用金;对于国家和山东省重点港口建设项目用海,可依法申请减缴或者免缴海域使用金。在港口用地方面,利用新一轮土地规划修编契机,将沿海港口建设用地纳入土地利用总体规划,优先保证全省港口重点工程建设用地。在税收、收费方面,对中外合资经营的港口企业,经营期在 15 年以上的,从开始获利的年度起,第 1 ~ 5 年免征企业所得税,第 6 ~ 10 年减半征收企业所得税;对于港口开山填海整治的土地和改造的废弃土地,从使用之日起免缴土地使用税 5 ~ 10 年;普通公路收费站对进出青岛、日照、烟台等港口的集疏港国际标准集装箱运输车辆免征通行费。九是优化口岸环境,提高通关效率,优化通关环境。改革口岸管理体制,加强口岸综合管理,优化和完善口岸大通关模式,简化口岸手续,提高工作效率,逐步实现全天候通关和一站式通关。十是强化政府宏观管理职能,加强港口行政管理和行业管理。继续深化港口管理体制改革,建立上下顺畅、管理规范的港口行政管理体制和政企分开、竞争有序的港口运营机制。切实强化政府港口管理职能,加快港口管理地方性法规建设。山东省省直有关部门、沿海各市要认真贯彻落实省委省政府关于港口发展的部署,将港口发展上升到全省、全市经济发展的战略高度,列为省市重要发展目标,明确职责,科学决策,落实责任,互相配合,形成合力,保障沿海港口快速、健康发展。

2006 年,全省沿海港口完成货物吞吐量 4.7 亿吨,同比增长 22.4%。其中,集装箱吞吐量完成 950 万 TEU,外贸吞吐量完成 2.87 亿吨,同比分别增长 26.4% 和 23.6%,三项指标均超过全国平均增幅。青岛港吞吐量突破 2 亿吨,日照港吞吐量突破 1 亿吨,烟台市港口完成吞吐量 1 亿吨,使山东省成为长江以北唯一拥有两个亿吨大港的省份。烟台港、威海港、莱州港、潍坊港等港口生产均创历史最好水平。内河港口增势迅猛,完成货物吞吐量 3763 万吨,同比增长 64.7%,已连续两年保持了 50% 以上的增幅。

2006 年 1 月,经威海市委市政府批准,由威海市港务管理局和山东威海港股份有限公司合并成立的威海港集团有限公司正式组建、挂牌成立。该集团下辖八个成员企业,拥有完善的客货装卸运输体系,业务涉及集装箱、散杂货、油品、国际快件、旅客车辆、仓储、船舶货运代理、引航、商业、旅游开发、建筑等。青岛港集团与威海港集团合资成立集装箱有限公司,共同经营威海港集装箱码头业务,威海当地的集装箱可以直接从威海出港,到青岛港再转运国际航线,免除了陆路运输环节。

2007 年,山东省委省政府对实施"一体两翼"发展战略组织开展重大调研,把港口发展作为重要内容列入其中。针对沿海港口密度为全国最高、经济腹地也多有重合问题,山东省决定加强港口资源整合,建设以青岛港为龙头,以日照港、烟台港为两翼,以半岛港口群为基础,建设东北亚国际航运中心。同年底,全省沿海港口吞吐量达到 5.6 亿吨,集装箱 1100 多万 TEU,分别居全国第四位、第三位。中国 10 个亿吨大港之中,山东占 3 个。青岛港吞吐量完成 2.6 亿吨,日照港吞吐量完成 1.3 亿吨,烟台港吞吐量突破 1 亿吨。山东港口已拥有生产性泊位 328 个,其中万吨级以上深水泊位 146 个。

2007 年 5 月 10 日,青岛港集团和日照港集团签署合约共同出资成立集装箱码头有限公司。5 月 20 日,日青集装箱公司正式挂牌运营。

2007 年 10 月 10 日,烟台港总体规划获国家批复,烟台市原来 10 个港口实现整合,统一组成烟台港。按照规划,烟台港由芝罘湾港区、烟台港西港区、龙口港区、蓬莱东港区、蓬莱西港区、栾家口港区、莱州港区、海阳港区、长岛港区、牟平港区 10 个港区组成。芝罘湾港区、烟台港西港区、龙口港区为规模化、专业化的综合性港口,为区域经济发展服务;其他 7 个港区主要以服务于地方经济发展、陆岛交通运输和旅游为主。各港区后方共规划 100 平方公里临港产业区,其中包括综合物流园区、港口商贸区和修造船工业区等,港西港区、莱州港区、龙口港区后方规划液体化工业园区。

2008 年,山东省沿海港口吞吐量突破 6 亿吨,达到 6.58 亿吨,同比增长 14.3%,其中外贸吞吐量完成 3.7 亿吨,集装箱吞吐量完成 1321 万 TEU,同比分别增长 9.6% 和 13.4%。内河港口吞吐量完成 5058 万吨。全省完成基建项目投资 76 亿元,同比增长 24.5%,沿海重点抓了青岛港前湾港区南岸集装箱泊位、日照港石臼港区西三期工程、烟台港芝罘湾港区三突堤集装箱泊位等 52 项港口项目以及重要的深水航道、防波堤等公用基础设施建设有力推进,新增生产性泊位 18 个,新增港口通过能力 4500 万吨。合同利用外资 44 亿元。潍坊港集团与羊口港务公司合作洽谈取得实质性进展,东营港与中海油炼化公司合作码头项目正式启动,日照港集团与马来西亚森达美集团合资建设棕榈油项目完成签约。

2009 年,全省沿海港口吞吐量突破 7 亿吨,达到 7.3 亿吨,同比增长 11.1%,提前实现"十一五"规划目标,其中集装箱吞吐量完成 1312 万 TEU,外贸完成 4.2 亿吨,同比增长 12.6%。《山东省沿海港口布局规划》正式批准实施。全年港口累计完成投资近 86 亿元,一大批重大项目相继开工建设和投入使用。日照港矿石码头二期工程、龙口港 5 万吨级液化码头等 11 个项目建成投产,沿海港口新增万吨级以上泊位 13 个,综合通过能力达到 4.17 亿吨。烟台港西港区 5 万吨级成品油码头、日照港岚山港区南作业区防波堤等 17 个港航项目开工建设,在建港航项目达到 90 个。

2010 年,全省港口货物吞吐量突破 9 亿吨,完成 9.2 亿吨,沿海港口完成 8.6 亿吨,同比增长 18%;集装箱吞吐量完成 1500 万 TEU,外贸吞吐量完成 4.8 亿吨,同比分别增长 14% 和 15%。全省初步建成了以青岛港为龙头,以日照、烟台港为两翼,以半岛港口群为基础的东北亚国际航运中心。并结合国际港口的发展形势,决定以规模化、深水泊位化、管理信息化和港口功能多样化为目标，形成布局优化、功能完善、配套先进的港口体系。提出的建设重点是：建设大型集装箱、矿石、煤炭和原油四大运输系统。在青岛、日照、烟台三港建设 23 个 3 万 ~ 10 万吨级集装箱泊位，形成以青岛港为干线港，烟台、日照港为支线港，龙口、威海等港为喂给港的集装箱运输系统，新增吞吐能力 1100 万 TEU；在日照、青岛、烟台建设 3 个 15 万 ~ 30 万吨级的矿石泊位，形成由青岛、日照、烟台港组成的深水、专业化进口铁矿石中转运输系统，新增年吞吐能力 6800 万吨；在青岛、日照建设 2 个 30 万吨级原油泊位，形成以青岛、日照等港组成的进口原油中转运输系统，新增年吞吐能力 6500 万吨；结合国家"西煤东运""北煤南运"大通道的实施，扩建和改造青岛、日照煤炭泊位，在日照、龙口等港新建 6 个 5 万 ~ 10 万吨级煤炭泊位，形成由青岛、日照、龙口等港组成的煤炭装船运输系统，新增年吞吐能力 8700 万吨。

2010 年 10 月，为进一步发挥全省港航业优势和潜力，促进经济社会发展，山东省人民政府以鲁政发〔2010〕106 号文件印发了《关于加快港航业发展壮大港口经济的意见》，提出利用 5 ~ 10 年的时间，将山东沿海港口建成全国最大的矿石接卸基地，重要的原油储运和煤炭转运基地，东北亚主要的集装箱运输枢纽、区域物流中心，创建国内资源节约型、环境友好型示范港口。大力发展航运业，积极培育山东航运骨干力量，打造全国综合实力最强的省际、国际客滚运输品牌，努力实现航运业与港口业的协调发展。加快沿海港口基础设施建设，加大青岛港董家口港区、日照港岚山港区、烟台港西港区 3 个新港区开发建设力度，重点加快大型矿石、油品泊位建设；做好青岛港、烟台港、威海港等老港区的技术改造；加速推进黄河三角洲地区港口开发建设。大力发展港口现代物流，加快推进港口物流多式联运，鼓励港口企业与国内外大型专业物流公司合资合作，做大做强港口现代物流业；加快港口物流科学化、网络化、智能化建设，努力实现港口经济效益最大化。完善港口集疏运体系。充分发挥水运的比较优势，着力提高各种运输方式的组合效率，形成优势互补、协调发展的现代交通综合运输体系；进一步完善沿海集装箱、矿石、原油、煤炭、旅客五大运输系统，加快临港综合运输枢纽场站和港口集疏运体系建设，实现高等级公路、铁路与港口的无缝衔接。扎实推进港口资源整合。继续坚持政府引导、规划调控、市场化运作模式，以企业为主体、资产为纽带、项目为切入点，大力推进港口资源整合，最大限度地提高港口综合实力；深入推进港口战略联盟，将沿海主要港口战略联盟扩大至全省区域性重要港口，积极开展与日韩重点港口的战略合作，努力实现互利共赢；突出发挥港口大进大出的枢纽作用大力发展临港循环经济型重化工业、装备制造业和滨海旅游业，引导船舶、钢铁、石化、海化等大型企业集团向港口、沿海园区和产业带集聚，以港口集群促进临港产业集群发展。大力推进绿色港航建设。积极推进港航节能减排、科技创新，加大科研成果推广力度，提高船舶运营、港口装卸效率，降低能耗和污染排放。加大政策扶持力度，省财政每年投入 4 亿元，各市县政府也要投入相应资金，用于航道、防波堤、锚地等港口公用基础设施建设;港航重点建设项目,积极报国家有关部委立项,争取享受使用国家建设用地指标,航道、防波堤、锚地、船闸等港航公用基础设施建设用地,由政府划拨使用;重点港口建设项目用海应缴纳的海域使用金,依法享受最高幅度的减免政策。

4.转型发展期(2011年1月—2016年12月)

2011—2016年,为适应经济发展新常态,山东港口坚持"稳增长、促改革、调结构",努力创新发展方式,破解发展难题,港口发展不再简单地追求泊位数量的增加,而更注重大型化、专业化泊位建设,注重拓展现代物流功能,全面提升港口服务水平。"十二五"期间全省沿海港口基本建设累计投资516亿元,比"十一五"增长38.6%,青岛港董家口港区、日照港岚山港区和石臼港区南作业区、烟台港西港区、黄河三角洲港区等新港区迅速发展,40万吨级矿石、30万吨级原油、26.7万立方米液化天然气、20万吨级集装箱等一批大型专业化深水码头投入使用,青岛港邮轮母港正式开港运营,威海港、东营港客运站投入使用。青岛港、日照港、烟台港《绿色循环低碳港口主体性项目》相继申报成功,山东省成为全国唯一有三个规模以上港口获得国家节能减排专项资金支持的省份。

2011年,全省沿海港口总能力达到4.8亿吨,全省沿海港口完成基本建设投资80.5亿元,同比分别增长0.2%。完成港口货物吞吐量9.62亿吨,同比增长11.3%,其中外贸5.3亿吨,同比增长8.9%,居全国第一;集装箱1691万TEU,同比增长10.5%,居全国第三。坚持规划先导,编制完成了《山东省港航"十二五"发展规划》。强力推进工程项目建设,年度新增泊位15个,其中万吨级以上深水泊位10个,新增年通过能力2810万吨,港口综合通过能力达到4.8亿吨。青岛港董家口港区20万吨级矿石码头、日照港岚山中港区30万吨级原油码头等一批深水泊位和后方仓储设施的建成投产,为港口生产增添了新能力;潍坊、莱州等黄河三角洲地区港区万吨级泊位相继投产试运行,为山东省港口吞吐量增长起到了有力补充。

2012年,全省沿海港口货物吞吐量突破10亿吨,达到10.6亿吨,同比增长11%,总量居全国第二,增量居全国第一。其中,外贸5.89亿吨、金属矿石2.97亿吨、危险货物(含石油及天然气制品)1.7亿吨,均居全国第一;集装箱1899万TEU,居全国第三。全年沿海港口基本建设完成超百亿元,创历年之最。在建项目快速推进,青岛港董家口港区、日照港岚山港区、烟台港西港区、黄河三角洲港区等沿海新港区的开发建设明显提速,新增深水泊位14个,新增吞吐能力4600万吨,港口服务能力大幅提升。

2013年,全省沿海港口吞吐量达到11.8亿吨,同比增长10.8%,总量居全国第二,增量居全国第一,其中外贸6.6亿吨、金属矿石3.3亿吨、危险货物2.2亿吨,均居全国第一;集装箱完成2076万TEU,居全国第三。黄河三角洲港口群较快发展,潍坊港开通了至京唐、大连的集装箱运输通道,完成6.17万TEU;东营港开通至旅顺的客滚运输通道,两艘客滚船运营良好;滨州港开港运营,2个3万吨级深水泊位投入使用。新港区开发进展顺利,大项目建设快速推进,一批专业化深水泊位相继建成。青岛港董家口港区30万吨级矿石码头、前湾港区3个10万吨级集装箱码头、老港区邮轮码头等项目投入运营,董家口港区10万吨级LNG码头完工;烟台港西港区30万吨级矿石码头具备生产条件;日照港岚山港区第二个30万吨级原油码头主体工程基本完工。年度新增泊位24个,其中深水泊位18个,新增通过能力4210万吨。

2014年,全省沿海港口货物吞吐量完成12.86亿吨,同比增长8.8%,总量居全国第二,其中外贸6.6亿吨、金属矿石3.3亿吨,均居全国第一;集装箱2256万TEU,居全国第三。青岛港董家口港区30万吨级原油码头、日照港岚山港区第2个30万吨级原油码头工程等新港区大项目完工并试运行,黄河三角洲港口开发步伐加快。沿海港口年度新增泊位21个,其中深水泊位10个,新增通过能力5800万吨,总通过能力达到6.3亿吨,码头结构进一步优化,沿海深水泊位比重达到46.4%,集装箱、矿石、煤炭、液化品四类专业化泊位通过能力占总能力的70%以上。

截至2015年,全省沿海港口生产性泊位达到556个,其中万吨级以上泊位270个,总通过能力达到6.7亿吨。沿海港口年吞吐量达到13.4亿吨,居全国第二位,拥有青岛、日照、烟台3个超3亿吨大港。"十二五"期,全省沿海港口货物吞吐量年均增长8.23%。

按照国家提出的"东部沿海地区率先实现现代化"的发展要求,"十五"期间,为切实落实山东省委省政府提出的"建设山东半岛城市群和打造胶东半岛制造业基地"的发展战略,依据《中华人民共和国港口法》的有关规定,2004年山东省交通运输厅启动了《山东省沿海港口布局规划》的编制工作,以规划为引领,进一步优化港口布局,调整港口结构和完善港口功能,以适应腹地社会经济发展的需要。

本次规划确立了山东沿海港口以青岛港、烟台港、日照港为主要港口,威海港为地区性重要港口,滨州港、东营港和潍坊港为一般港口分层次总体发展格局。共规划港口海岸线76段,计448.7千米,港口深水岸线为270.1千米。确定了七个港口的性质、功能定位、港区划分,形成了山东沿海港口"七港三十三区"的总体布局,并在三个主要港口中对煤炭、矿石、原油和集装箱四大运输系统进行了总体布置。分别提出了到2010年、2020年两阶段发展目标,以及规划期内重点任务。

在《山东省沿海港口布局规划》编制期间,沿海七市启动了各港总体规划编制工作。到2009年底,《山东省沿海港口布局规划》和青岛港、烟台港、日照港、威海港、潍坊港、东营港和滨州港的七港总体规划相继得到批复。至此,山东沿海港口规划体系完全建立起来。为适应全省"黄蓝"两区发展的需要,"十二五"期间,经征得交通运输部同意,山东省政府将滨州、东营、潍坊三港由一般性港口提升为地区性重要港口,同时对各港总体规划进行了修订。2011年三港总体规划修订完成批复。

在规划的指导和引领下,经过多年的建设,山东省沿海港口已形成了以青岛港、烟台港、日照港为主要港口,威海、潍坊、东营、滨州港为地区性重要港口分层次格局。青岛港、烟台港和日照港三个主要港口在泊位个数、深水泊位数量和通过能力等方面在全省沿海港口中占绝对主体地位,四大运输系统基本建成。威海港平稳发展,功能逐步完善。潍坊港、东营港和滨州港目前尚处全面建设阶段,港口设施和规模快速增加,通过能力不断提高。

(四)沿海港口发展成就

改革开放以来,山东沿海港口坚持解放思想、抢抓机遇、攻坚克难,全力推进港口基础设施建设,不断提升管理服务水平,港口通过能力和吞吐量逐年提高,各项法规制度不断完善,在全省初步建成布局合理、层次分明、功能齐全、河海兼顾、内外开放的港口体系。山东港口无论是在规模上,还是在专业程度和管理水平上都迈上新的台阶,在全省乃至全国树立起了品牌。

1. 港口基础设施规模不断扩大

改革开放初期,沿海港口只有生产性泊位 88 个,万吨级以上泊位 12 个,吞吐能力不足 3000 万吨,设施设备简陋、靠泊能力差、货物过驳倒载、装卸肩挑人抬。经过 30 多年的建设与发展,沿海一大批深水、专业化、大型化泊位建设完成,铁矿石、煤炭、原油、集装箱等四大货种专业化码头迅速发展起来,港口总体规模不断扩大。至 2015 年底,全省沿海港口总泊位数达到 556 个,其中万吨级以上泊位 265 个,码头岸线总长 10731 米,设计货物总通过能力达到 6.6 亿吨,港口设施配套设施齐全、功能完善,集疏运系统基本完整协调。青岛港董家口港区、日照港岚山港区和石臼港区南作业区、烟台港西港区、黄河三角洲港区等新港区迅速发展,40 万吨级矿石、30 万吨级原油、26.7 万立方米 LNG、20 万吨级集装箱等一批大型专业化深水码头投入使用,青岛港邮轮母港正式开港运营,威海港、东营港客运站投入使用。出海航道水深不断加深,主要港口核心港区、主要港区基本能够满足当前全球最大船舶进出港需要,黄河三角洲地区沿线各港航道标准也达到了 3 万吨级以上。煤炭、矿石、原油、集装箱和客滚运输五大运输体系基本建成。

青岛港已形成青岛大港区、黄岛油港区、前湾港区和董家口港区四大港区,其中,青岛大港区拥有可停靠 22.7 万吨级邮轮的专用码头和邮轮客运中心,嘉年华、皇家加勒比、地中海等邮轮公司巨头相继入驻;黄岛油港区码头功能齐全,配套设施完善,是国内沿海最大的油品运输、中转、储存基地;前湾港区拥有可停靠当前世界最大 2 万标准集装箱船舶的集装箱码头,两个世界最先进的集装箱全自动化泊位即将投入运营;董家口港区拥有 40 万吨级矿石码头、45 万吨级原油码头,40 万吨大矿船靠泊占进入国内大船总数的 70%;集装箱装卸效率、铁矿石卸船效率保持世界第一。烟台港已经形成了芝罘湾港区、西港区、龙口港区、蓬莱港区等业务分工明确、功能配置合理的码头集群。日照港的石臼、岚山两大港区,总体规划了 274 个泊位、7.5 亿吨能力,已建成 58 个生产泊位,年通过能力超过 3 亿吨。威海港有威海湾、石岛、龙眼湾、蜊江、靖海湾、乳山口 6 大港区,万吨级以上泊位 45 个,5000 吨级以上泊位 17 个,拥有国家一类开放口岸 3 个。潍坊、东营、滨州港等黄河三角洲港口也进入大规模开发建设时期,东营港东营港区北防波堤工程和潍坊港中港区 3.5 万吨级航道工程等重大公用基础设施项目有序推进,东营港广利港区航道及防波堤工程、潍坊港 5 万吨级通用泊位、滨州港 2 个 3 万吨级液体化工品泊位开工建设。

2. 港口运输生产能力迅速提高

从 1978 年算起,经过改革开放 17 年的努力,1995 年全省沿海港口吞吐量突破亿吨大关。进入 21 世纪,沿海港口吞吐量以平均每年超过 5000 万吨的速度增长。2006 年突破 4 亿吨,2007 年完成 5.7 亿吨,2008 年完成 6.5 亿吨,2012 年,全省沿海港口吞吐量突破 10 亿吨,达到 10.6 亿吨,同比增长 11%,总量居全国第二,增量居全国第一,一个月完成的吞吐量就相当于 1978 年全年的 30 多倍。集装箱、铁矿石、滚装车辆运输,从无到有,2007 年完成 1100 万 TEU,2008 年完成 1250 万 TEU,2015 年完成 2400 万 TEU,翻了近一番;2015 年,完成外贸 6.78 亿吨、金属矿石 3.19 亿吨、危险货物 2.33 亿吨,均居全国第一位。山东省从新中国成立到沿海港口吞吐量突破 1 亿吨用了 46 年,随后,从 1 亿吨到突破 2 亿吨用了 7 年时间,到 2002 年达到 2.2 亿吨。从 2 亿吨到突破 3 亿吨仅用了 2 年时间,从 3 亿吨到 4.7 亿吨用了 22 个月,到 2007 年实现突破 5 亿吨仅用了 12 个月的时间。由此,山东实现了港口发展史上一次又一次新的跨越,山东港口行驶上了“高速路”。至 2015 年,沿海港口年吞吐量达到 13.4 亿吨,居全国第二位,拥有青岛、日照、烟台 3 个超 3 亿吨大港。内河港口吞吐量自 2002 年突破 1000 万吨后,也先后突破了 2000 万吨、4000 万吨大关,2007 年完成 5400 万吨,2015 年吞吐量达到 7920 万吨。沿海新建港区迅速壮大,与全省及腹地经济社会发展、产业布局、能源资源需求相适应的现代化沿海港口群初步建成,煤、油、矿、箱、客滚五大运输系统得到完善,承担了全省 90% 以上的外贸进出口货物运输和约占全国四分之一的铁矿石、原油及全省全部进口煤炭的装卸任务,港口在综合运输体系中的地位逐步提升,为促进沿海沿河产业合理布局和区域经济社会发展提供了基础条件。

3. 港口管理体制不断健全

按照“统一规划、分期实施”的原则,山东省不断深化港航管理体制改革,沿海港口先后历经了企业上收、集中管理、抓大放小、厂长(经理)负责制、企业下放到市、政企事业分开、管理体制改革等过程,基本建立了符合山东实际和市场经济要求的企业运行机制和省市县三级管理体制。港口管理体制的每一次改革,都极大地推动了山东港口的快速发展。与此同时,管理方式持续改进,行业治理能力大幅提升。2011 年底起,原由安监部门负责的港区内危险货物安全监管事项,交由港口行政管理部门负责。通过几年的努力,各级港口管理部门不断加强危险货物监管机构和队伍建设,切实履行危险货物监管职责,扎实开展各项安全监管工作,港口危险货物安全监管力度不断加大。2015 年初,山东省交运输通厅与山东省安监局、山东省公安厅联合制定了强化港区危险化学品储存场所本质安全措施,从源头强化管控,提高设防等级,提升了安全管理水平。

4. 港口对外开放、合资合作不断深化

改革开放以来,港口投资体制几经改革,由政府财政拨款、"拨改贷",到"以港养港"、港口企业统贷统还、实行资本金制度,逐步发展到港口建设多种投资主体并存,融资渠道多元化的模式。利用外资先后建立了一大批外资、独资、控股、合资合作港口企业,建成大型、专用泊位、航道及内河港口等基础设施项目 110 多个,合同利用外资达 340 多亿元,不仅补齐了国内建设资金不足的短板,而且引进了先进的设备和管理技术,进一步加强了与世界发达国家的技术交流与合作。

山东港口建设日趋完善,促进了海上航线四通八达。改革开放以来,青岛港与韩国的釜山、仁川、平泽和日本的东京、横滨、名古屋以及中东、澳洲的诸多港口开通了航线,并且先后与日本清水港、日本和歌山下津港、德国威廉港、美国西雅图港、美国长滩港、日本高知港、斯里兰卡科伦坡港、西班牙巴塞罗那港、冰岛等签订了友好港口协议,贸易联系进一步密切。烟台港现已与 70 多个国家和地区的 100 多个港口直接通航,已开通至日本、韩国等国家和地区的 20 余条集装箱航线,并开通了烟台—大连、烟台—天津新港两条国内客运航线和烟台—韩国釜山、烟台—韩国群山两条国际客货班轮航线。同时,烟台港还是远东旅游船途经港。日照港与世界 100 多个国家和地区通航,并且开通了多条集装箱外贸航线和国际客箱班轮航线。2015 年,山东沿海港口已通达五大洲,并与四大洋开通了航线,与世界绝大多数国家和地区的港口建立了联系,国内航线则可与沿海港口及长江中下游通航,因此山东港口也被冠以"全球通"的美名。

5. 港口资源整合有序推进

港口资源整合取得重大进展,沿海七市实行"一市一港",将原有的 24 个港口统一整合为 7 个港口。港口合资合作再创新局面,大港口、大企业与中小港口优势互补、错位发展,山东省已形成了以青岛港、日照港和烟台港为主枢纽港,龙口港、威海港、潍坊港、东营港、滨州港为地区性重要港口,其他中小港口为补充的现代化港口群。

2006 年,青岛港与威海港建立了青威合资集装箱码头,2016 年该码头全年完成吞吐量已超过 40 万 TEU,实现了优势互补、合作共赢,有力地促进了区域经济的发展;2015 年,青岛港与滨州港建立了合资多用途码头,采用一体化管理、集约化运行,助推青岛港对接京津冀、扩大辐射圈。2005 年 7 月,烟台港开始通过资产收购、无偿划转等方式,先后整合了烟台市地方港、烟台渤海轮渡客运站、蓬莱东港；2006年4月，烟台港与龙口港进行了整合重组，2011年出资成立寿光港有限公司（龙口港持股70%）；在进行区域内港口资源整合的同时，采取投资建设、合资合作、租赁经营等多种方式进行港口建设与运营，进一步整合渤海湾南岸山东省北部岸线港口资源。2007年5月，日照港集团与青岛港合资成立了日青公司，实现了两港集装箱业务的整合；日照港先后与中石化、中石油、新加坡裕廊港、亚太森博、山东钢铁等70多家中外大型企业合作，形成了融合分享的商业模式。目前，围绕威海湾港区和靖海湾港区的港口规划正在调整，着重将威海湾港区打造成为绿色生态港区，发挥对东北亚客滚运输优势，重点突出集装箱、客货滚装以及其他清洁货种运输功能，大力发展甩挂运输，规划建设好集疏运通道，减少与城市的相互干扰；先进制造业隆起带的运输需求将更多地由靖海湾港区承接。潍坊港、东营港、滨州港在资源整合方面也进行了一系列探索并付诸实施。

在交通运输部关怀指导下，在山东省委省政府的正确领导下，山东沿海一直注重通过规划引导优化港口功能配置。经过几轮全省沿海港口布局规划及各港口总体规划的调整和功能优化，全省港口的港区设置、功能定位以及煤矿油箱等重大运输系统的布局，均得到了完善，总体上，沿海港口布局及规模和泊位结构等基本上与区域经济发展相适应。一是港口岸线资源得到了有效利用。三个主要港口以加快开发建设大型、深水、专业化泊位为主，优化码头吨级；四个地区性重要港口结合岸线的自然条件，以建设中、小型泊位为主，适应临港产业发展需求。"十二五"末较"十五"末，全省沿海港口码头岸线每延米的综合效率提高了近45%。二是各港港区之间功能分工得到进一步的优化。新开发的青岛港董家口港区，主要承接老港区大宗散货和黄岛港区原油及危险货物的运输功能，前湾港区强化集装箱运输功能，老港区重点发展新兴的邮轮运输等客运功能。烟台港正在大规模建设的西港区和龙口港区，主要承接芝罘湾老港区大宗干散货运输功能的转移，新开发原油运输系统；将来芝罘湾港区仅保留邮轮、客滚、客运等与城市发展结合紧密的服务功能。日照港正加快岚山港区开发建设，同时将老港区煤炭等大宗干散货运输调整到南作业区，将东作业区已形成部分港口岸线调整为城市岸线。威海港作为青岛、烟台两港的重要补充，今后以建设精品中小港为发展目标。黄河三角洲港区结合腹地临港产业发展需要，以二程转运为主，承担临港产业原材料、产成品以及城市发展的物资运输。三是港口之间的功能既有联系又各有侧重。按照国家港口布局规划，山东省沿海港口群是国家能源、原材料运输的重要口岸，三个主要港口主要承担大宗原材料和能源的一程运输，其他港口以二程转水运输为主。外贸进口矿石、原油等大宗货物主要由青岛、日照和烟台三个主要港口承担，外贸集装箱运输主要由青岛港承担，烟台港和日照港作为补充；烟台港侧重于非金属矿石的运输和滚装运输，其他港口主要承担直接腹地的临港产业和城市发展物资运输功能。四是港口之间通过合资、合作、托管等方式，使港口功能得到进一步优化。青岛港集团与威海港集团合资成立专门码头公司，专业从事港口集装箱运输的喂给业务；与滨州港合资经营散杂货业务。烟台港集团投资潍坊港液化危险品业务、与滨州港合资经营铝矾土全程物流业务、与东营港合作经营过驳业务。山东省港口企业之间积极主动探索，既为合作方带来了良好的经济效益，又为全省港口协同发展提供了样板。

6. 港口转型升级成效显著

现代航运服务业发展迈出关键步伐。2014 年以来，日照大宗商品交易中心、青岛国际航运服务中心、青岛航运交易所相继成立。日照大宗商品交易中心为全省首家金融改革先试先行的大宗商品交易中心，交易中心功能不断完善，交易品种包括铁矿石、酒精、大豆、化工类产品等。青岛国际航运服务中心成立以来，先后发布了中韩、中日、东北亚航运指数和"一带一路"青岛航运指数，成为反映青岛国际航运市场及国际贸易的晴雨表和风向标。

节能减排成效明显。沿海港口污染防治能力显著提升，青岛港、日照港、烟台港国家绿色循环低碳港口主体性项目进展顺利，一批"油改电""油改气"、LED 节能照明、防尘抑尘、污水处理等节能减排和环境保护项目相继完成投入使用。大力推广应用靠港船舶使用岸电、清洁能源利用、散货作业环保抑尘等节能环保新措施、新技术。

港口生产和管理能力大大提高，一大批技术指标超过世界先进水平，不断适应着现代管理的发展要求，港口大省的地位初步形成。积极推动港口现代化、信息化建设，将计算机技术广泛应用于港口管理、数据交换、生产调度、监督监控、装卸操纵等方面，同时广泛开展学科学、钻技术、用科技活动，紧密结合基础设施建设、港口生产关键技术问题，进行软科学研究、重大装备研发、行业联合攻关、引进先进技术，一大批有利于港口安全生产、提高效率、节能降耗的新技术、新成果应运而生，极大地促进了生产能力的快速增长。据不完全统计，仅"十五"以来，全省港航系统就取得技术革新成果 600 余项，有 40 多项技术革新成果获省部级科技进步成果奖和国家专利。青岛港"振超效率"连续四次刷新世界集装箱作业记录，"孙波效率"连续九次刷新纸浆作业记录，创造了生产效率"秒"的时代；日照港也以每小时 7359 吨的矿石卸船效率创造了世界新纪录。

7. 行业文明建设工作成绩突出

先后涌现出全国青年技术能手邵泽山，农民工杰出代表徐万年、皮进军，部级青年技术能手郑林和二十多名"富民兴鲁"劳动奖章获得者，一大批优秀青年技术能手被破格晋升为技师、高级技师。青岛港创造出"振超效率""孙波效率"等世界知名品牌和一大批身怀绝技的技术能手，多次刷新港口作业世界纪录。青岛港一线职工中技术工人的比例达到 50% 以上，远远超过世界发达国家 35% 的比例。连续举办了九届全系统劳动技能竞赛，举办三十多个项目技术比武、技能竞赛，竞赛涉及港航管理、海事监管、船舶检验、船舶运输、港口生产、危险货物装卸管理、机电维修、客运服务等近三十个管理和生产岗位，一线职工表现出了极高的热情，展现了港航职工爱岗敬业、争创一流的风采，参赛职工达两万多人次，推出了一大批"品牌"和人才。2004年以来，京杭运河山东段持续保持了全国文明样板航道荣誉称号；2005年被交通部授予全国交通文明行业荣誉称号，2006年被交通部授予文明执法"示范窗口"称号，全系统文明群体覆盖面达到95%以上。

山东港口在实践中勇于探索，在探索中不断前进，自改革开放以来积累了许多宝贵经验。归纳起来，主要做到了"七个坚持"。

一是坚持解放思想，更新观念，是推进港口事业发展的重要前提。山东港口事业的发展始终伴随着每一次思想的大解放、观念的大更新。20世纪90年代初，在全行业深入开展姓"社"姓"资"的讨论，形成了改革发展、加快发展、创新发展、科学发展的主基调，极大地推动了企业改革和生产发展。2000年以后，改革开放步伐加快，引进大量外资参与港口基础设施建设和经营。"十一五"以来，针对行业发展中存在的突出问题，提出加强观念创新，加快"三个结构"调整，推动发展方式的转变，以优化结构、合理配置港口资源，走内涵式发展路子的要求，极大地推动了港口基础设施、运力及支持保障体系的发展。"十二五"以来，面对世界经济复苏乏力，国内经济处于"三期叠加"阶段，经济发展进入"新常态"，全省港航系统以科学发展为主题，及时转变思想，坚持"稳增长、促改革、调结构"，努力创新发展方式，破解发展难题，坚持稳中求进。

二是坚持改革开放，不断提供新的动力，是推进港口快速发展的决定因素。改革开放以来，坚持从实际出发，把解放和发展生产力，作为解决港口经济"瓶颈"制约作用的出发点，努力发展多种所有制经济，形成多形式、多层次、多成分的港口经济新格局。大力推进港口管理体制改革，实行政企分开，简政放权，明确事权划分，理顺关系，明确职责，不同时期均取得积极进展，有效调动了企业的积极性。积极探索筹资多元化路子，大力引进国外的资金、先进的管理经验和技术工艺，形成了利用两个市场、两种资源发展自己的格局。青岛港集团的"四国五方"合作，筹资70亿元，计划建设10个大型集装箱泊位，新增能力500万~600万TEU，形成了世界最大、能力最强、现代化程度最高的集装箱港区。加快港口企业转方式调结构，青岛老港区邮轮母港正式开港运营；日照港石臼港区规划调整获得部省联合批复，逐步实现北集南散，促进港口升级；威海港南海新港区规划编制完成；滨州港3万吨级码头正式开航运营。青岛港董家口港区矿石码头成功靠泊40万吨"远卓海"轮，成为国内首个具备40万吨散货船直靠能力的码头；青岛港前湾港区迪拜环球码头工程初步设计获得交通运输部批复，并将建成亚洲首个集装箱全自动化码头。实践证明，坚持改革开放，积极推进投资主体多元化改革，大力开展合资合作和利用外资，是推进港口快速发展的不竭动力。

山东省沿海港口基本情况表见表8-4-1。

山东省沿海港口基本情况表

表 8-4-1

序号	港口名称	港口岸线		2015年港口生产用泊位				其中:1978—2015年建成的生产用泊位				货物吞吐量	2015年港口货物和旅客吞吐量						
		港口规划岸线	其中:2015年前已建成岸线	生产用泊位数	其中:万吨级及以上	生产用泊位总长	其中:万吨级及以上	生产用泊位数	其中:万吨级及以上	生产用泊位总长	其中:万吨级及以上		其中:外贸货物吞吐量	集装箱	滚装车辆		旅客	其中:国际旅客
															数量	质量		
		千米	千米	个	个	米	米	个	个	米	米	万吨	万吨	万TEU	万辆	万吨	万人	万人
1	青岛港	59.82	26.76	100	83	26643	26949	81	78	22907	21751	49598	29191.74	1880	0	0	10.93	6.85
2	烟台港	78.5	47.9	166	92	31763	22714	144	87	30123	22174	33027.36	9118.75	245.22	180.17	11514.48	1159.16	40.94
3	日照港	88.38	16.14	62	52	16135	14591	69	59	15785.7	14591	36082.0	22969.0	281.3	0	0	7.9	2.0
4	威海港	73.1	21.26	76	32	12398	6759	71	32	12178	6759	7323.8	3056.1	106.1	12.6	1246	188.1	69
5	潍坊港	49.4	7.8	45	18	7796	3920	45	18	47796	3920	3017.6	82.2	26.09	0	0	0	0
6	东营港	56.9	5.90	43	8	5897	2119	43	8	5897	2119	3366	68.3	0	0	0	11.8	0
7	滨州港	99.12	4.76	10	2	1126	422	10	2	1126	422	1652	0	0	0	0	0	0
	合计	505.22	130.52	502	287	101758	77474	463	284	135812.7	71736	134066.76	64486.09	2538.71	192.77	12760.48	1377.89	118.79

三是坚持抢抓机遇,加快港口发展步伐,是不断开创港口事业新局面的重要条件。"抓住机遇、发展自己"是科学发展的第一要务,也是改革开放以来山东省港口发展的一条重要经验。20 世纪 80 年代,全省港航由分散到集中统一管理,一批地方港口和水运企业建立起来;90 年代,面对东南亚经济危机和特大海难的影响,抢抓机遇,锐意进取,迎难而进,保持了行业健康发展。进入 21 世纪以来,全球一体化加快推进,国家消费拉动战略实施,外贸经济迅速发展,港口发展再遇良机。特别是进入"十一五"以来,山东省政府连续三年四次召开沿海港口建设发展会议,出台了《山东省人民政府关于加快沿海港口发展的意见》(鲁政发〔2005〕96 号)、《山东省人民政府关于加快港航业发展壮大港口经济的意见》(鲁政发〔2010〕106 号)等一系列加快港口发展的文件,掀起全省港口建设发展的新高潮。

四是坚持突出重点,集中力量办大事,是推进港口事业发展的重要工作方法。改革开放以来,我国综合实力不断增强,集中力量办大事的优势得到了充分发挥。青岛港成功进行了老港区改造和新港区建设,拥有了世界级的集装箱、铁矿石、原油、煤炭和散粮码头。烟台港是一个历史老港,现已跨入全国沿海亿吨大港的行列,港口功能日趋完善,具备了客货运输、储存加工、中转代理、工业生产、工程建筑、旅游服务等多种功能,形成了散杂货、客运、集装箱装卸的三大架构。日照港是在改革开放中诞生和发展起来的港口,经过短短 20 多年建设,特别是"十一五"以来的快速发展,已成为以煤炭、铁矿石、集装箱、粮食、液体化工等 10 大主导货物装卸为主的现代化综合大港。山东省实施京杭运河集中整治,千年古运河焕发了青春。实践证明,集中力量加快发展港口事业,为全面实现山东经济文化强省目标奠定了较好的物质基础,缩短了山东与发达国家港口的差距。

五是坚持科技创新,走科技兴港之路,是港口事业永葆生机的动力源泉。山东省港航系统始终把紧紧依靠科技进步、实施自主创新作为提高港口生产力的基础工程来抓,使港口的整体技术水平和生产能力发生了显著变化。同时,加快港口专门人才的培养,为港口发展培养了一大批合格适用人才。由此可见,科技创新是加快港口建设与发展的不竭动力,是港口事业永葆生机的源泉。港口建设与发展必须站在时代发展的前沿,不断树立新观念,不断加大创新力度,不断开辟新的增长点,才能为港口建设的整体跃升注入新的生机与活力。

六是坚持以人为本,着力提高队伍整体素质,是推动港口事业快速发展的必由之路。人才资源是第一资源。山东省各级港口管理部门始终把人才队伍建设作为根本任务紧抓不放,制定人才培养规划,实施学历升级教育,先后联合武汉理工大学和大连海事大学组织了港航管理本科班和 MPA 硕士班学习;采取外引内联的方法,积极拓宽人才培养渠道,举行各类培训班,开展了强化在岗培训、更新知识培训、特殊岗位人员培训,为港口建设与发展提供了强大的人才和智力支撑。港口危化品安全监管由安监部门移交至港航行政管理部门以来,面对全新的危化品安全监管重任,全省港航部门与中国石油大学合作,在国内首次举办了港口危化品安全管理高级培训班,为港口危化品安全管理提供了有力的人才和技术支撑,为港航安全生产形势持续稳定奠定了坚实基础。2007 年以来,连续九年举办港航劳动技能大赛,以赛代练,以赛代训,极大激发了港航职工的自我提高的动力和热情,山东港航一线工人的岗位操作技能和队伍素质有了显著提升。总之,积极拓宽港口人才生成渠道,把学历教育与继续教育结合起来,把引进人才与岗位成才结合起来,把调整优化与竞争激励结合起来,着力改善港口人才队伍的学历结构、知识结构、能力结构和配置结构,形成门类齐全、素质过硬、优势互补、结构合理的港口人才群体,是推动港口快速发展的好路子。

七是坚持两手抓两手硬,大力加强行业文明建设,是推动港口事业发展的重要保证。山东省港航系统连续十余年保持了全国交通文明行业、全国交通系统文明执法示范窗口称号,京杭运河山东段继续保持全国文明样板航道称号,树立了山东港口的良好行业形象。通过连续成功举办九届港航劳动技能竞赛,推选出 26 名"富民兴鲁"劳动奖章获得者,充分展示了港航职工爱岗敬业、甘于奉献的精神风貌。2011 年,港航系统 12 个单位荣记集体二等功。"两手抓、两手都要硬"是社会主义建设的重要指导方针。改革开放以来,山东港口管理部门始终坚持以加强党委班子建设、廉政建设为基础,以具有行业特点的精神文明建设为重点,精心打造港口品牌,大力宣传青岛港"振超精神"等,全体职工始终保持发展向上、拼搏进取、敢为人先、争创一流的精神风貌,涌现出一批全国、全省先进文明单位、集体和个人,一批产业工人走向领导岗位,为推动全省港口科学快速发展提供了强大动力和重要保证。

二、烟台港

(一)港口概况

1.港口综述

烟台港地处山东半岛中部,北濒渤海、黄海,和辽东半岛对峙,与日本、韩国和朝鲜隔海相望。烟台港是我国综合运输体系的重要枢纽、全国 26 个沿海主要港口之一、国家"一带一路"重点建设的 15 个港口之一和交通运输部公布的全国 12 个邮轮始发港之一。居于东北亚的中心位置,有着十分突出的地缘优势。烟台港凭借良好地理条件,与周边港口形成了便捷的航运网络,与 100 多个国家和地区建立了贸易往来。2017 年经交通运输部和山东省人民政府联合批复了《烟台港总体规划(2016—2030 年)》,明确了烟台港的性质功能,确定了烟台港"一港十区"的总体发展格局。主要集中于北部沿岸,自东向西分别是牟平港区、芝罘湾港区、西港区、蓬莱东港区、蓬莱西港区、长岛港区、栾家口港区、龙口港区和莱州港区,海阳港区则是烟台南部沿岸唯一港口。其中,西港区、芝罘湾港区、龙口港区、莱州港区是提升全港专业化现代化水平和保障可持续发展的重点港区,主要服务腹地运输,兼顾发展临港工业;栾家口港区、蓬莱东港区、长岛港区、蓬莱西港区、海阳港区、牟平港区主要服务地方经济发展,兼顾临港工业和陆岛运输。烟台港是我国沿海主要港口和国家综合运输体系的重要枢纽,是山东半岛蓝色经济区和黄河三角洲高效生态经济区等区域战略实施的重要保障,是山东半岛及内陆腹地能源物资运输的重要口岸,是铁路轮渡和客货滚装运输的重要节点枢纽。烟台港规划航道约21条,其中,能通航30万吨级航道2条,20万吨级航道3条,15万吨级航道3条,10万吨级航道7条,5万吨级及以下航道6条。其中主要航道包括芝罘湾港区航道、西港区航道、龙口港区航道及其余各港区航道。与之配套规划了引航、联检、候潮、待泊、避风、应急等锚地31处。其中,芝罘湾港区规划5处锚地,西港区规划6处锚地,莱州港区规划5处锚地,龙口港区规划8处锚地,栾家口港区规划1处锚地,蓬莱东港区规划2处锚地,海阳港区规划3处锚地,牟平港区规划1处锚地。

2. 港口水文气象

烟台市地处中纬度,属暖温带东亚季风型气候。四季分明,温度适中,雨量中等,光照充足,海岛多风。年平均气温12.4摄氏度,年平均降水量为687毫米,年平均风速4.8～3.4米/秒,年平均雾日10～29天。海域的灾害行天气主要是台风和寒潮,台风每年1～2次,寒潮平均每年3.2次。寒潮过境期间受北方强冷空气和西南暖湿气流的共同影响,烟台出现大风、雨夹雪和增水,极大风速达到26米/秒。

烟台港属于中等强度潮汐海区,多年平均潮差1.66米。受地形影响,各港水域的潮汐性质有所不同,从芝罘湾到龙口为正规半日潮,龙口(含)至莱州为不正规半日潮,本海区潮汐日不等现象比较明显。该海域乘潮2小时、保证率为90%的乘潮水位为:芝罘湾1.77米,西港区1.60米,蓬莱1.05米,龙口0.69米,莱州1.05米,海阳3.0米。烟台沿海是我国受风暴潮威胁较严重的海域,根据烟台港1972—1979年的统计资料分析:七年中大风增水43次,大风减水127次;该海域的波浪以风浪为主,涌浪较少。外海的波浪具有明显的季节性变化特点:春季,常浪向偏西北向,强浪向北向;夏、秋季节常浪向偏东北向,强浪向北向;冬季,常浪向偏北向,强浪向偏西北向。烟台海域的潮流为规则与不规则半日潮流兼有,沿岸主要是往复流,开阔海域为旋转流。海岸地貌形成基岩海岸、沙质海岸和粉砂淤泥质海岸三种基本类型。烟台所处的渤海和黄海沿岸水体含沙量较低,但莱州湾沿岸受黄河三角洲的形成和演变控制,沿岸形成宽阔的沙质滩涂,导致深水区离岸线较远,滩面坡度平缓,不利于疏浚开挖。该地区分布较广的基岩岸线均没有大的泥沙来源,近岸水体含沙量普遍较小,岸线曲折,泥沙活动不活跃。全市主要港口及附近区域的海岸地貌形态稳定,多数港口不受泥沙淤积影响。地层自上而下为淤泥、粉质亚砂土、淤泥质亚黏土、黏土、风化层,基岩埋深较深。

3. 发展成就

烟台地区有着悠久的港口发展历史,在长期发展过程中形成了为数众多的港口,龙口在明代是转运漕粮的重要港口,蓬莱直至清代一直都是水运和海防的重地,烟台八角地区一度也是繁荣的渔港。烟台港近代意义上的港口起于 1861 年第二次鸦片战争以后,至 19 世纪末迅速发展壮大,是北方沿海三大重要的开放口岸之一。改革开放以后,烟台港大规模建设码头,迅速发展,港口基础设施不断完善,截至 2015 年,全市共有深水泊位 92 个,均为改革开放后建成投产,西港区 40 万吨级矿石码头和 30 万吨级原油码头先后建成并投入运行,港口主要货类码头均达到或接近世界上最大靠泊等级。烟台港规划的核心港区——西港区 2005 年 9 月正式启动建设,到 2010 年 10 月部分码头开始试运行,进入边生产、边建设阶段,目前已有 18 个泊位建成投产,均为 5 万吨级以上深水泊位。港口货物吞吐量从 2005 年的 8502 万吨、69.4 万 TEU 提高到 2017 年的 4 亿吨、270 万 TEU,在全国沿海港口吞吐量中的位次从第 17 名上升到第 9 名,综合实力不断提升。烟台港由一个以客运为主的港口发展成为以客运滚装、非金属矿石、金属矿石、液化油品、煤炭等为支撑,化肥、木材、集装箱、钢铁、粮食、商品汽车等为特色的港口生产经营新格局,成为全国最大的对非班轮口岸、全国铝矾土进口第一大港。

烟台市港口取得的成绩离不开国家对港口管理体制改革的不断探索和推进。1986 年 12 月,国务院副总理李鹏在青岛主持召开全国港口管理体制改革会议,确立从 1987 年 1 月 1 日起,青岛、黄埔、连云港、烟台、南通五港实行以所在城市管理为主、交通部管理为辅的管理体制。1988 年 3 月,烟台市编制委员会批复同意设立烟台市航务管理处,行业管理全市地方海上运输,隶属烟台市交通局领导。2001 年,《国务院办公厅转发交通部等部门关于深化中央直属和双重领导港口管理体制改革意见的通知》(国办发〔2001〕91 号)下发,烟台市港航管理局 2003 年 9 月 6 日对外挂牌办公,行业管理全市港航相关工作 2018 年机构改革后,烟台市港航管理局人员和职能合并到烟台市交通运输局。港口管理体制的改革加强了港口所在市政府对港口工作的领导,密切了交通部和港口所在城市的关系,扩大了港口的自主权,加快了港口建设进度和老旧设备的更新。

烟台港港区分布图如图 8-4-1 所示。烟台港基本情况表(沿海)见表 8-4-2。

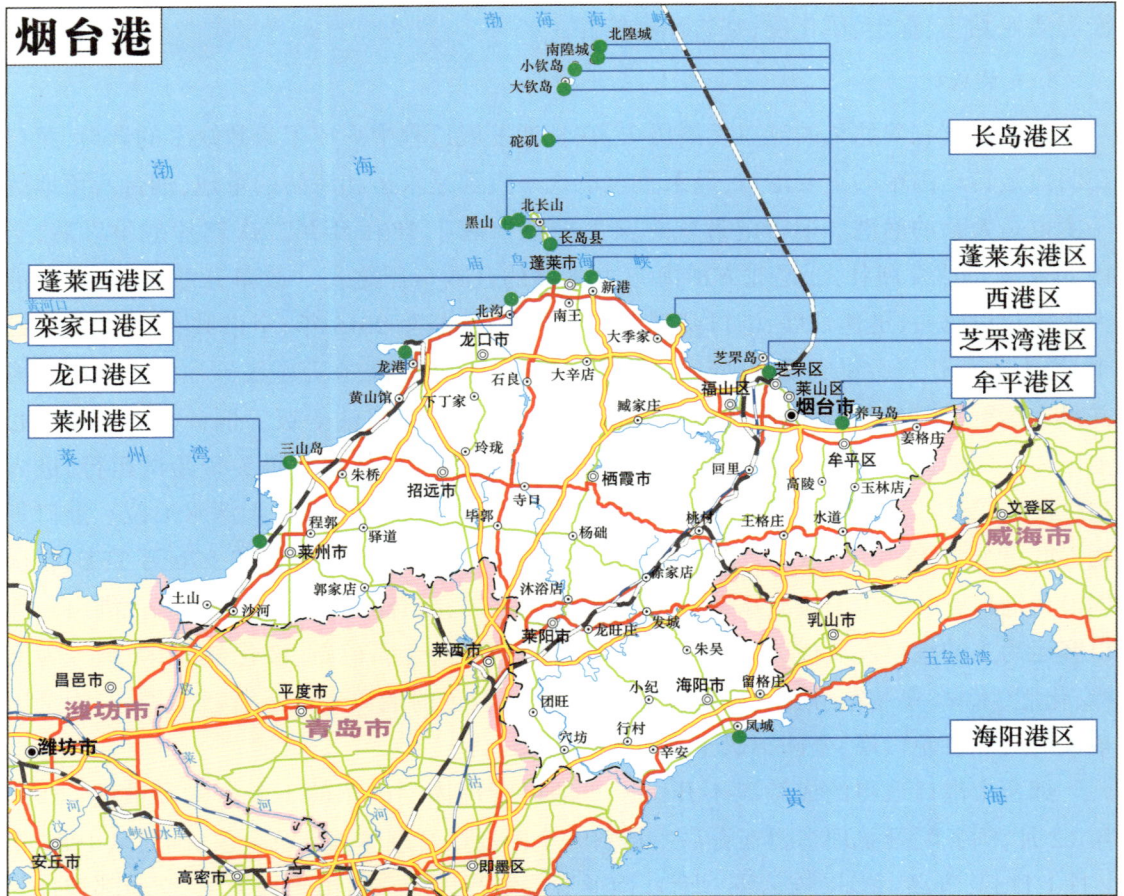

图 8-4-1　烟台港港区分布图

(二)西港区

1.港区综述

(1)港区建设和运营概况

西港区是烟台市重点港区之一,是进入 21 世纪后开辟的新港区,在烟台港历史上具有里程碑意义。港区位于经济技术开发区大季家东北海域,附近海域岸线平直,港阔水深,具备建设 30 万吨级大型码头的条件,是我国北方不可多得的深水港址。西港区规划形成港口岸线 27.9 千米,陆域面积 33.3 平方公里,规划建设 LNG 作业区、通用作业区、液体散货作业区、干散货作业区、原油作业区五个码头功能区,预留集装箱作业区和铁路轮渡作业区,建设 5 万~30 万吨级泊位 70 个,最终形成港口吞吐能力 2.5 亿吨、1500 万TEU。重点发展矿石、煤炭、原油、液体化工、LNG、化肥等大宗散杂货中转运输,远期发展集装箱运输,承接芝罘湾保税港区转移。

表 8-4-2

烟台港基本情况表（沿海）

序号	港区名称	港口岸线 港口规划岸线 千米	港口岸线 其中:2015年前已建成岸线 千米	2015年港口生产用泊位 生产用泊位数 个	2015年港口生产用泊位 其中:万吨级及以上 个	2015年港口生产用泊位 生产用泊位总长 米	2015年港口生产用泊位 其中:万吨级及以上 米	其中:1978—2015年建成的生产用泊位 生产用泊位数 个	其中:1978—2015年建成的生产用泊位 其中:万吨级及以上 个	其中:1978—2015年建成的生产用泊位 生产用泊位总长 米	其中:1978—2015年建成的生产用泊位 其中:万吨级及以上 米	货物吞吐量 万吨	其中:外贸货物吞吐量 万吨	集装箱 万TEU	滚装车辆 数量 万辆	滚装车辆 质量 万吨	旅客 万人	其中:国际旅客 万人
1	芝罘湾港区	7.40	7.40	62	37	11960	8557	51	37	10990	8017	17641.61	4230.67	180.64	117.85	7531.81	412.95	40.94
2	西港区	19.30	9.00	10	10	3178	3178	5	5	3178	3178	1355.11	678.27	0	0	0	0	0
3	龙口港区	11.60	11.60	38	20	7127	5097	32	20	6457	5097	8168.45	3896.78	64.58	0	0	0	0
4	蓬莱东港区	9.00	3.60	7	3	1393	804	7	3	1393	804	1255.52	287.87	0	8.03	513.47	34.52	0
5	莱州港区	9.70	5.00	16	11	2908	2326	16	11	2908	2326	2857.94	5.08	0	0	0	0	0
6	栾家口港区	6.40	5.00	16	9	3296	2356	16	9	3296	2356	275.53	18.55	0	0	0	0	0
7	海阳港区	6.20	0.80	5	2	841	396	5	2	841	396	225.94	1.53	0	0	0	0	0
8	牟平港区	1.40	1.40	4	0	570	0	4	0	570	0	134.92	0	0	0	0	0	0
9	蓬莱西港区	1.50	1.50	4	0	180	0	4	0	180	0	537.20	0	0	27.14	1734.60	340.04	0
10	长岛港区	6.00	2.60	4	0	310	0	4	0	310	0	575.15	0	0	27.14	1734.60	371.66	0
	合计	78.50	47.90	166	92	31763	22714	144	87	30123	22174	33027.37	9918.75	245.22	180.16	11514.48	1159.17	40.94

西港区发展至今经历了四个阶段。一是初步发展阶段：从 2005 年至 2007 年，烟台港西港区建设正式启动，101 号～103 号油品码头工程、20 万吨级航道工程、防波堤一期工程、顺岸 301 号～303 号码头工程开工建设。二是大规模建设阶段：从 2008 年至 2013 年，30 万吨级兼顾 40 万吨级矿石泊位和 15 万吨级煤炭泊位工程、防波堤一期工程、20 万吨级航道工程开工建设。101 号～103 号、301 号～303 号通用泊位投入试运营。三是边建设、边生产阶段：从 2014 年至 2016 年，304 号～306 号通用泊位工程、318 号～320 号散货泊位工程、30 万吨级航道工程、19 号和 20 号泊位工程、防波堤二期工程、30 万吨级原油码头工程开工建设，102 号油品泊位和 103 号液化品泊位、301 号～303 号泊位通过竣工验收，正式投产。四是边生产、边建设阶段：2017 年 11 月 16—17 日西港区一期工程通过竣工验收，12 月 22 日西港区 30 万吨级原油码头竣工验收。自此，西港区进入边生产、边建设阶段。

截至 2017 年，西港区已有 11 个泊位投入生产，包括 40 万吨级矿石泊位 1 个、30 万吨级原油泊位 1 个、20 万吨级煤炭泊位 1 个、10 万吨级通用泊位 2 个、7 万吨级通用泊位 3 个、5 万吨级油品泊位 3 个。西港区的矿石泊位、原油泊位、通用泊位均已达到或接近国内同类码头最大靠泊等级，通航等级已达到 30 万吨级，年通过能力达到 5640 万吨。进出港航道：烟台港西港区进港航道为 30 万吨级，呈 Y 形布置，航道设计底高程－24.5 米，航道总长 35.75 千米，通航宽度 370～460 米。原油码头支线航道为单线航道，长 3000 米，通航宽度 350 米，设计底高程－23.5 米。

（2）港区地理条件和集疏运概况

烟台港西港区位于烟台套子湾西侧，距烟台芝罘岛约 30 千米。总体呈倒 L 形，由东、北两部分组成。东部芦洋湾水域为：南起八角东岛嘴，北至龙洞嘴。是一个开口向东的浅弧形海湾，湾内平均水深约 15 米，湾口宽 6 千米，岸线长约 9 千米，海湾最大纵深 1.5 千米，面积约 8 平方公里湾内有芦洋、初旺两个小型渔码头，水路距离烟台港 35 千米。水域多为水产养殖区。港区沿岸主要为基岩海岸，沿岸以低山丘陵台地为主，泥沙来源少，主要是海岸侵蚀来沙和人为供沙。港区沿岸岩性多为白云石大理岩，在海浪和海流作用下产生部分泥沙，数量很少。沿海养殖及其加工业产生的废弃贝壳，堆积在海滨，也是局部泥沙的重要来源，但数量有限，对于港口建设不会构成很大影响。勘察区域内岩土层成层性较好，分布较有规律性。

西港区集疏港方式有公路运输、铁路运输、管道运输。其中公路运输通过 S7402 与 G18 荣乌高速公路联入公路网；铁路运输通过烟台港集团西港区专用铁路与德龙烟铁路接轨运向德州、太原、兰州；水水中转通过铝土矿货种通过水水中转转运至滨州；管道运输通过烟淄管道运至淄博等地区。

2.港区工程项目

(1)烟台港西港区18号通用散货泊位工程

项目于2006年6月开工,2017年10月试运行,2018年10月竣工。

项目建设依据:2015年,山东省发展和改革委员会《关于烟台港西港区18#通用散货泊位工程项目核准的批复》(鲁发改交通〔2016〕567号);2016年,山东省交通运输厅、山东省发展和改革委员会《关于烟台港西港区#18通用散货泊位工程初步设计的批复》(鲁交建管〔2016〕116号)。2015年,烟台市环境保护局《关于对烟台港集团有限公司烟台港西港区顺岸18#通用散货泊位工程环境影响评价报告书的批复》(烟环审〔2015〕67号);2016年2月,国土资源部《关于烟台港西港区顺岸19#、20#通用散货泊位工程建设用地的批复》(国土资函〔2016〕46号);2016年2月,国家海洋局《关于山东省烟台港西港区顺岸19#、20#通用散货泊位工程项目用海的批复》(国海管字〔2016〕93号);2016年3月,交通运输部《关于烟台港西港区18号通用散货泊位工程使用港口岸线的批复》(交规划函〔2016〕113号)。

项目建设1个20万吨级通用散货泊位(码头水工建筑允许靠泊能力20万吨级),岸线总长494.0米。码头采用顺岸式布局,重力式结构。码头前沿水深16.5米。项目后方堆场面积25.2万平方米,堆存能力127.4万吨。主要装卸设备配置40吨-45米门座起重机4台。项目总投资2.32亿元,其中企业自筹资金6956.53万元,银行贷款1.62亿元。

项目建设单位为烟台港集团有限公司;设计单位为中交第一航务工程勘察设计院有限公司;施工单位为中交第一航务工程局有限公司;监理单位为山东港通工程管理咨询有限公司;质监单位为山东省交通运输厅基本建设工程质量监督站。

(2)烟台港西港区液体化工码头及配套设施工程

项目于2006年6月开工,2010年10月试运行,2010年10月竣工。

项目建设依据:2005年,山东省发展和改革委员会《关于烟台港西港区液体化工码头项目核准报告的批复》(鲁发改能交〔2005〕1317号);2006年,山东省交通厅、山东省发展和改革委员会《关于烟台港西港区液体化工码头工程初步设计的批复》(鲁交规划〔2006〕63号)。2005年,山东省环境保护局《关于烟台港西港区液体化工码头工程环境影响报告书的批复》(鲁环审〔2005〕200号);2006年,山东省人民政府《关于烟台港西港区有限公司液体化工码头建设用地的批复》(鲁政土字〔2006〕1954号);2006年,山东省人民政府《关于同意烟台港西港区液体化工码头工程及货场回填工程海域使用的批复》(鲁政海域字〔2006〕17号);2009年,山东省人民政府《关于烟台港西港区液化码头及引堤增补部分用海的批复》(鲁政海域字〔2009〕13号);2005年,交通部《关于烟台港西港区液体化工码头工程使用港口岸线的批复》(交规划发〔2005〕403号)。

项目建设1个3万吨级液体化工码头泊位(码头水工建筑允许靠泊能力5万吨级),

岸线总长 435 米。码头采用突堤式布局,重力式结构。码头前沿水深 10.0 米。项目后方罐区面积约 14 万平方米,罐容 16.6 万立方米。主要装卸设备配置 E4 登船梯 1 台、RC12ERC 输油臂 3 台、RGD1510 软管吊 3 台、移动消防炮 2 台。项目总投资 6.94 亿元,其中企业自筹资金 21374.54 万元,银行借款 48000 万元。用地面积 15.20 万平方米。

项目建设单位为烟台港集团有限公司;设计单位为中交第一航务工程勘察设计院有限公司、山东齐鲁石化工程有限公司;施工单位为中交第四航务工程局有限公司、中石化集团第四建设公司、中国化学工程第十三建设有限公司等;监理单位为山东港通工程管理咨询有限公司;质监单位为山东省特种设备检验研究院。

在 2006 年 11 月 27 日和 2007 年 3 月 4 日,烟台市遭受了近 38 年以来最强风暴潮的袭击,由于受风浪袭击,液化码头沉箱在存放场存放过程中,部分沉箱隔墙出现不同程度的裂缝。遂对修复沉箱采用的方式和施工工艺进行了多次研讨,在保证钢筋混凝土沉箱结构的使用安全性及耐久性的基础上,提出了《烟台港西港区液体化工码头沉箱裂缝修复技术要求》及对应每个受损沉箱的修复、加固的设计变更。

(3)烟台港西港区顺岸通用泊位工程

项目于 2008 年 3 月开工,2012 年 7 月试运行,2013 年 3 月竣工。

项目建设依据:2006 年,山东省发展和改革委员会《山东省发展改革委关于烟台港西港区顺岸通用泊位工程项目的核准意见》(鲁发改能交[2006]1386 号);2007 年,山东省交通厅、山东省发展和改革委员会《关于烟台港西港区顺岸通用泊位工程初步设计的批复》(鲁交规划[2007]120 号)。2006 年,山东省环境保护局《关于烟台港西港区顺岸通用泊位工程环境影响报告书的批复》(鲁环审[2006]203 号);2007 年,山东省人民政府《关于同意烟台港西港区顺岸码头工程海域使用的批复》(鲁政海域字[2007]16 号);2010 年,山东省人民政府《关于烟台港西港区顺岸码头增补工程项目用海的批复》(鲁政海域字[2010]2 号);2010 年,山东省人民政府《关于烟台港西港区顺岸码头调整工程项目用海的批复》(鲁政海域字[2010]42 号)。

项目建设 3 个 5 万吨级通用泊位(码头水工建筑允许靠泊能力 7 万吨级),岸线总长796.4 米(含 21.4 米预留段)。码头采用顺岸式布局,沉箱式结构。码头前沿水深 15.5米。项目后方堆场面积 35.9 万平方米,堆存能力 46.7 万吨。仓库面积 1.66 万平方米,堆存能力 1.7 万吨。主要装卸设备配置 25 吨门式起重机 4 台、16 吨门式起重机 2 台。项目总投资 6.91 亿元,其中企业自筹资金 4.41 亿元,银行借款 2.5 亿元。

项目建设单位为烟台港集团有限公司;设计单位为中交第一航务工程勘察设计院有限公司;施工单位为山东港湾建设集团有限公司、山东中交航务工程有限公司工程、烟台福山永福园建筑公司等;监理单位为山东港通工程管理咨询有限公司;质监单位为山东省交通运输厅基本建设工程质量监督站。

（4）烟台港西港区油品码头工程

项目于2008年3月开工，2012年4月竣工。

项目建设依据：2009年5月，国家发展和改革委员会《关于山东烟台港西港区油品码头工程项目核准的批复》（发改基础〔2009〕1294号）；2009年8月，交通运输部《关于烟台港西港区油品码头工程初步设计的批复》（交水发〔2009〕434号）。2009年2月，国家环境保护部《关于烟台港西港区油品码头工程环境影响报告书的批复》（环审〔2009〕73号）；2010年5月，国家海洋局《关于烟台港西港区油品码头工程项目用海的批复》（国海管字〔2010〕287号）。

项目建设1个5万吨级油品泊位及1个10万吨级水工结构，岸线总长636.66米。码头采用突堤式布局，重力式结构。码头前沿水深14.5米。项目后方罐区面积19万平方米，罐容24万立方米。主要装卸设备配置DN300液压装卸臂5台、DN150液压装卸臂2台。项目总投资4.31亿元，其中企业自筹资金2.17亿元，银行借款2亿元。用地面积1.68万平方米。

项目建设单位为烟台港集团有限公司；设计单位为中交第一航务工程勘察设计院有限公司；施工单位为中交第一航务工程局有限公司、中交烟台环保疏浚有限公司、山东中交航务工程有限公司等；监理单位为山东港通工程管理咨询有限公司；质监单位为山东省特种设备检验研究院。

（5）烟台港西港区一期工程

项目于2011年3月开工，2013年12月试运行，2017年2月竣工。

项目建设依据：2013年5月，国家发展和改革委员会办公厅《关于调整烟台港西港区一期工程项目建设规模等有关事项的批复》（发改办基础〔2013〕1054号）；2007年9月，交通部《关于烟台港西港区一期工程初步设计的批复》（交水发〔2007〕515号）；2013年10月，交通运输部办公厅《关于烟台港西港区一期工程初步设计调整的批复》（厅水字〔2013〕280号）。2012年12月，国家环境保护部《关于烟台港西港区一期工程（调整）环境影响报告书的批复》（环审〔2012〕334号）；2008年7月，国土资源部《关于烟台港西港区一期工程建设用地的批复》（国土资函〔2008〕482号）；2007年2月，山东省人民政府《关于同意烟台港西港区一期工程海域使用的批复》（鲁政海域字〔2007〕5号）。

项目建设2个散货专用泊位，其中1个30万吨级矿石接卸泊位（码头水工建筑允许靠泊能力40万吨级）、1个15万吨级煤炭接卸泊位（码头水工建筑允许靠泊能力20万吨级），岸线总长1465.6米。码头采用突堤式布局，重力式结构。码头前沿水深24.5米。项目后方堆场面积52万平方米，堆存能力469万吨。主要装卸设备配置台桥式抓斗卸船机4台。项目总投资23.81亿元，其中企业自筹资金10.20亿元，银行借款12亿元。用地面积21.57万平方米。

项目建设单位为烟台港集团有限公司;设计单位为中交第一航务工程勘察设计院有限公司;施工单位为中交一航局第二工程有限公司、山东中交航务工程有限公司、焦作科瑞森重装股份有限公司等;监理单位为山东港通工程管理咨询有限公司;质监单位为青岛海陆通工程质量检测有限公司。

项目被国家安全生产监督管理总局评为2013年度公路水运建设"平安工程"。

(6)烟台港西港区30万吨级原油码头工程项目

项目于2012年5月开工,2016年11月试运行,2017年12月竣工。

项目建设依据:2015年,国家发展和改革委员会《关于烟台港西港区30万吨级原油码头工程项目核准的批复》(发改基础〔2015〕66号);2015年5月,交通运输部《交通运输部关于烟台港西港区30万吨级原油码头工程初步设计的批复》(交水函〔2015〕413号)。2014年11月,国家环境保护部《关于烟台港西港区30万吨级原油码头工程环境影响报告书的批复》(环审〔2014〕284号);2015年7月,国家海洋局《关于烟台港西港区30万吨级原油码头工程项目用海的批复》(国海管字〔2015〕321号)。

项目建设1个30万吨级原油泊位,岸线总长430米。码头采用突堤式布局,重力墩式结构。码头前沿水深25米。主要装卸设备配置DN400液压遥控输油臂4台。项目总投资5.4亿元,资金来源于企业自筹。

项目建设单位为中海油烟台港油品码头有限公司;设计单位为中交第三航务工程勘察设计院有限公司;施工单位为中交一航局第二工程有限公司、中国石油天然气管道局、中国化学工程第十三建设有限公司等;监理单位为山东港通工程管理咨询有限公司;质监单位为山东省交通运输厅基本建设工程质量监督站。

项目荣获2017年度中国交建优质工程奖。

30万吨级原油码头工程自2016年11月投产运营后,促进烟台市打造大型石化物流中转基地,促进了地方石化产业调整和发展,同时服务山东半岛蓝色经济区石化产业的发展。

(7)烟台港西港区顺岸19号、20号通用散货泊位工程

项目于2013年6月开工,2016年9月试运行,2017年4月竣工。

项目建设依据:2014年1月,山东省发展和改革委员会《关于烟台港西港区顺岸19#、20#通用散货泊位工程项目核准的批复》(鲁发改能交〔2014〕1229号);2015年4月,山东省交通运输厅、山东省发展和改革委员会《关于烟台港西港区顺岸19#、20#通用散货泊位工程初步设计的批复》(鲁交建管〔2015〕20号)。2012年4月,山东省环境保护厅《关于烟台港西港区顺岸19#、20#通用散货泊位工程环境影响报告书的批复》(鲁环审〔2012〕55号);2016年2月,国土资源部《关于烟台港西港区顺岸19#、20#通用散货泊位工程建设用

地的批复》(国土资函〔2016〕46号);2016年2月,国家海洋局《关于山东省烟台港西港区顺岸19#、20#通用散货泊位工程项目用海的批复》(国海管字〔2016〕93号);2014年9月,交通运输部《关于烟台港西港区19#、20#通用散货泊位工程使用港口岸线的批复》(交规划函〔2014〕728号)。

项目建设2个10万吨级散货泊位,岸线总长634米。码头采用顺岸式布局,重力式结构。码头前沿水深16.5米。项目后方堆场面积64.59万平方米,堆存能力201.7万吨。主要装卸设备配置40吨-45米的门座起重机7台。项目总投资14.62亿元,其中企业自筹资金4.39亿元,银行借款10.24亿元。用地面积192.33万平方米。

项目建设单位为烟台港集团有限公司;设计单位为中交第一航务工程勘察设计院有限公司;施工单位为中交第一航务工程局有限公司、山东中交航务工程有限公司;监理单位为山东港通工程管理咨询有限公司;质监单位为山东省交通运输厅基本建设工程质量监督站。

(三)芝罘湾港区

1.港区综述

(1)港区建设和运营概况

芝罘湾港区位于烟台市区内,烟台港开埠于此港区,历史悠久。历年来港口吞吐量都占到烟台港的一半以上,截至2015年,在烟台港十个港区中仍处于主导地位,是烟台港的主要港区之一。

芝罘湾沿岸13.5千米岸线基本开发完毕,并为城市所围抱,港口发展空间有限。规划芝罘湾港区今后以功能调整为主,将干散货以及化肥、钢铁、商品汽车等通用货类逐步调整至西港区,与城市中心距离较近的部分老港区逐步退出货运功能。

规划芝罘湾港区控制散货码头发展规模,近期保留客货滚装、铁路轮渡、集装箱、旅游生活等功能,远期集装箱运输功能调整至西港区。

规划芝罘湾港区码头岸线总长10.4千米,陆域总面积6.3平方公里,可整合形成各类码头泊位35个,年综合通过能力集装箱640万TEU、滚装车运量450万辆、810万人。

为适应城市发展要求,规划一突堤逐步退出货运功能,进行城市化改造。规划突堤西侧泊位以国际、国内大型邮轮停靠为主;突堤东侧泊位以快速客运、旅游客运以及陆岛运输等功能需求为主。规划突堤西部布置大型邮轮泊位3个,年综合通过能力60万人。

规划二突堤及原地方港所在区域结合泊位改造,整合形成集中的客运滚装泊位区,东港池内客滚运输功能逐步退出。规划客滚作业区码头岸线长度2180米,陆域面积50万平方米,可整合形成2~3万总吨客滚泊位9个,年综合通过能力270万辆、450万人。

规划铁路轮渡区位于四突堤北岸,71号、72号专业滚装泊位和烟大火车轮渡码头,以重型货物车辆滚装运输和火车轮渡为主。规划铁路轮渡区码头岸线长度 1070 米,陆域面积 19 万平方米,可形成 1 万～3 万总吨铁路轮渡及客滚泊位 5 个,年综合通过能力 180 万辆、300 万人。

规划芝罘湾港区四突堤南部、三突堤、一港池西岸及其对应后方陆域作为集装箱作业区。该区域内大部分岸线已开发完毕,码头功能以通用和集装箱为主,今后应控制通用散杂货运输规模,根据集装箱运输发展情况,积极实施集装箱专业化改造。规划集装箱作业区码头岸线长度 5180 米,陆域面积 390 万平方米,可整合形成 2 万～15 万吨级集装箱泊位 18 个,年综合通过能力 640 万 TEU。

规划在二突堤根部布置物流园区,用地面积 9 万平方米。规划芝罘岛南岸支持系统区退出,在四突堤端部新设支持系统区,规划码头岸线长度 690 米,陆域面积 15 万平方米。

(2)港区地理条件和集疏运概况

芝罘湾港区是烟台港历史最为悠久的港区,芝罘湾北部为芝罘岛,西侧是连岛沙坝和海积冲积平原,南岸烟台山和东炮台山伸入湾内,湾口外有崆峒岛等岛屿为屏障,湾内基本没有泥沙来源,水动力条件较弱,常年不冻不淤,是十分难得的优良港湾。

芝罘湾港区北部在零点立交处可直接通往沈海高速公路,港口后方的绕城高速公路连接烟威和荣乌高速公路、206 国道前往烟台经济技术开发区以及蓬莱市方向,204 国道及烟青一级公路通往栖霞、莱阳、青岛等方向。但是,芝罘湾港区紧邻城区,交通流量较大,环海路兼有城市交通与疏港功能,易与城市交通形成冲突。未来随着集装箱运量的进一步增加,应充分发挥港区北部可通过零点立交直接通往沈海高速公路的优势,疏通港区内部通道,利用港内道路解决集疏运。

规划拓宽港区内二三期联络线公路,形成南北向疏港主干道,在港区北部接往沈海高速公路,进一步降低通过幸福中路、幸福南路、环海路等市区道路的货运量,减少港口和城市的交通干扰。

芝罘湾港区铁路系统较完善,今后将随港区功能调整而进行局部改造。为缓解和城市交通的矛盾,同时为便于该区域的铁路调车和装卸作业,规划取消一突堤进港铁路,在四突堤新增一股铁路,从三期码头的铁路岔口处引入并与烟大轮渡调车场连接。

芝罘湾港区航道由港外航道和港内航道组成,港外航道利用自然水深自 37°49′00″N,121°38′00″E 处以 215 度进入,在距小山子灯桩 2 海里处转向 190 度进入水道。港内航道由多个支航道构成,其中北航道外段作为过渡段接港外航道然后分为两支,一支通过西港航道进入三港池,另一支接北航道内段进入西港池及一港池。规划北港池汽车轮渡码头航道与西航道相接,老港区则由南航道作为进港航道。

2. 港区工程项目

（1）烟台港西港池一期工程（21 号～26 号）

项目于 1985 年 4 月开工，1988 年 7 月试运行，1990 年 9 月竣工。

项目建设依据：1983 年 2 月，交通部《对烟台港西港池工程可行性研究报告的审查意见》（交计字〔1983〕188 号）；1984 年，交通部《关于烟台港西港池建设工程初步设计的批复》（〔84〕交基字 567 号）。1986 年 5 月，山东省环境保护局《关于对"烟台港西港池工程环境影响报告书"的批复》（〔86〕鲁环管字第 19 号）。

项目建设 1 个 2.5 万吨级散化肥泊位、2 个 2.5 万吨级木材泊位，码头前沿水深分别为 12 米和 11.3 米；1 个 1.6 万吨级非金属矿石泊位、1 个 1.6 万吨级通用散货泊位、1 个 1.0 万吨级杂货泊位，码头前沿水深 10.3 米。岸线总长 1243 米。码头采用顺岸一字布局，重力式结构。项目后方堆场面积 9 万平方米，仓库面积 1.83 万平方米。主要装卸设备配置门机 6 台、木材装载机 6 台、轮胎吊 10 台、推扒机 2 台、散货装载机 5 台、其他水平运输机械 55 台。项目总投资 4.20 亿元，其中企业自筹资金 4.01 亿元。

项目建设单位为烟台港务局建港指挥部；设计单位为交通部第一航务工程勘察设计院；施工单位为交通部第一航务工程局第二工程公司、天津航道局第二疏浚公司、烟台市建筑工程公司等；监理单位为烟台港建设监理公司；质监单位为交通部烟台港港口工程质量监督站。

项目 1 号、2 号、4 号、5 号四个泊位于 1989 年 12 月验收投用。截至 1990 年 8 月，累计完成货物吞吐量 200 万吨，提前实现了较好的经济效益。3 号散化肥泊位、6 号煤炭泊位，两泊位于 1990 年 9 月验收投入试运行。其中 3 号泊位是我国第一个设施较完善、设备较先进、自动化程度较高的进口散化肥接卸、包装加工专业泊位，具有国内先进水平。因 3 号、6 号泊位专业化、自动化程度较高，为验证设备性能和生产效率，验收交付后进行了为期半年的试运行。

项目所处的一突堤地段已被烟台市政府规划为海上世界项目，2019 年已完成土地出让，并进场施工。

（2）烟台港西港池二期工程（32 号～37 号）

项目于 1992 年 7 月开工，1997 年 9 月试运行，1997 年 9 月竣工。

项目建设依据：1991 年 2 月，国家计划委员会《国家计划委员会关于烟台港西港池二期工程可行性研究报告的批复》（计工一〔1991〕126 号）；1991 年，国家交通投资公司《关于烟台港西港池二期工程初步设计的批复》（交投水〔1991〕85 号）；1996 年，交通部《关于烟台港西港池二期工程部分项目设计变更和调整的批复》（基港字〔1996〕169 号）。1991 年 7 月，山东省环境保护局《烟台港西港池二期工程环境影响分析的批复》（鲁环管〔1991〕35 号）。

项目建设 3 个 1.5 万吨级杂货泊位、1 个 1 万吨级盐杂泊位、1 个 2 万吨级钢铁泊位、1 个 2 万吨级多用途泊位,岸线总长 1162.5 米。码头采用顺岸式布局,重力式结构。码头北侧直线 300 米的地方前沿水深为 14 米,其余为 11.5 米。项目后方堆场面积 14.35 万平方米。仓库面积 1.2 万平方米。主要装卸设备配置 40 吨多用途门机 1 台、25 吨-30 米门机 1 台、曲臂挖掘机 2 台、7 ~ 8 吨单斗装载机 3 台、16 吨-30 米门座起重机 2 台、10 吨-30 米门座起重机 5 台、7 ~ 8 吨单斗卸车机 4 台、200 吨/小时链斗卸车机 1 台。项目总投资 5.66 亿元,其中专项资金拨款 1.2 亿元,养港资金 7170 万元,企业自筹资金 1694 万元,银行贷款 2.64 亿元。

项目建设单位为交通部烟台港务管理局;设计单位为交通部第一航务工程勘察设计院、济南设计院、黑龙江邮电设计院;施工单位为交通部第一航务工程局第二工程公司、天津航道局二公司、烟台港务工程公司等;监理单位为烟台港建设监理公司;质监单位为交通部烟台港港口工程质量监督站。

项目于 1997 年 9 月建成投用,6 个万吨级以上深水泊位各项生产准备工作就绪,试生产条件均符合设计和烟台港生产的要求,具备了全面投产使用的条件。

(3)烟台港三期工程(第一阶段,61 号 ~ 64 号)

项目于 1998 年 6 月开工,2001 年 12 月试运行,2001 年 12 月竣工。

项目建设依据:1994 年 12 月,交通部《烟台港三期工程可行性研究报告的批复》(交函计〔1994〕610 号);1996 年 10 月,交通部《烟台港三期工程(第一阶段)初步设计的批复》(交基发〔1996〕892 号);1999 年 1 月,交通部水运司《烟台港三期工程(第一阶段)初步设计调整的批复》(水运基建字〔1999〕7 号)。1994 年 12 月,国家环境保护局《关于〈烟台港三期工程环境影响评价报告书〉审批意见的复函》(环监〔1994〕673 号);1998 年,山东省人民政府《关于烟台港务局用地的批复》(鲁政字〔1998〕250 号)。

项目建设 1 个 1.5 万吨级集装箱泊位、1 个 3 万吨级集装箱泊位,码头前沿水深 14 米;1 个 1.5 万吨级杂货泊位、1 个 2 万吨级杂货泊位,码头前沿水深 16 米。岸线总长 961 米。码头采用顺岸式布局,重力式结构。项目后方堆场面积 18.5 万平方米。主要装卸设备配置门座起重机 10 吨-30 米、16 吨轮胎起重机 11 台,叉车 5 吨的 9 台、3 吨的 5 台,牵引车 2 吨的 14 台,平板车 10 吨的 14 台、5 吨的 14 台、3 吨的 14 台,地磅(30 吨)的 2 套。项目总投资 13.68 亿元,其中交通部港口建设费用 1.79 亿元,银行贷款 3.46 亿元,其余为烟台港务局自筹资金。

项目建设单位为烟台港三期工程开发建设有限公司;设计单位为交通部第一航务工程勘察设计院;施工单位为中港集团第一航务工程局第二工程公司、中港集团天津航道局、烟台市政工程公司等;监理单位为中交水运工程设计咨询中心、烟台港建设监理公司、山东土木工程建设技术开发中心;质监单位为交通部烟台港港口工程质量监督站。

(4)烟台港西港池顺岸码头扩建工程(38 号、39 号)

项目于 2002 年 6 月开工,2004 年 4 月试运行,2004 年 4 月竣工。

项目建设依据:2002 年 4 月,山东省发展计划委员会《关于烟台港西港池顺岸码头扩建工程可行性研究报告的批复》(鲁计基础〔2002〕477 号);2002 年 9 月,山东省发展计划委员会《关于烟台港西港池顺岸码头扩建工程初步设计的批复》(鲁计重点〔2002〕999号)。2002 年 7 月,交通部办公厅《烟台港西港池顺岸码头扩建工程劳动安全卫生预评价报告的批复》(厅人劳字〔2002〕277 号)。

项目建设 1 个 3 万吨级内贸集装箱码头、1 个两万吨级多用途泊位,岸线总长 640 米,其中内贸集装箱 10 万 TEU、杂货 16 万吨。码头采用顺岸式布局,重力式结构。码头前沿水深 14 米。项目后方堆场面积 3.4 万平方米。主要装卸设备配置集装箱岸桥 2 台、16 吨门机 1 台、10 吨门机 2 台。项目总投资 1.91 亿元,其中企业自筹资金 1.91 亿元。用地面积 4.85 万平方米。

项目建设单位为烟台港务局;设计单位为中交第一航务工程勘察设计院;施工单位为中港集团第一航务工程局第二工程公司、中港集团天津航道局第二疏浚工程公司、烟台港务工程公司等;监理单位为山东港通工程管理咨询有限公司;质监单位为交通部烟台港港口工程质量监督站。

2004 年 4 月 6 日起正式交付使用。1 个 3 万吨级内贸集装箱泊位和 1 个 2 万吨级多用途泊位,两泊位设计年吞吐能力 96 万吨。经过 1 个季度的试运行表明,项目达到了设计标准,具备正常生产运行的要求。

(5)烟台港三期工程(第二阶段)

项目于 2004 年 12 月开工,2006 年 9 月试运行,2007 年 6 月竣工。

项目建设依据:1994 年 12 月,交通部《烟台港三期工程可行性研究报告的批复》(交函计〔1994〕610 号);2004 年 12 月,交通部《关于烟台港三期二阶段工程初步设计的批复》(交水发〔2004〕748 号)。1994 年 11 月,国家环境保护局《关于烟台港三期工程环境影响报告书审批意见的复函》(环监〔1994〕673 号);2006 年 1 月,山东省人民政府《关于同意烟台港三期二阶段填海工程海域使用的批复》(鲁政海域字〔2006〕3 号)。

项目建设 3 个通用杂货泊位,包含 1.5 万吨级杂货泊位 1 个、2 万吨级 2 个,岸线总长608 米。码头采用顺岸式布局,重力式结构。码头前沿水深 16 米。项目后方堆场面积 6万平方米。主要装卸设备配置 60 吨的地磅 2 台,平板车 10 吨的 12 台、25 吨的 9 台,牵引车 2 吨的 12 台、3.5 吨的 9 台,轮胎式起重机 16 吨的 10 台、25 吨的 2 台,叉车 5 吨的 12台,门座式起重机 16 吨-33 米的 2 台、10 吨-33 米的 3 台。项目总投资 3.69 亿元,全部为企业自筹资金。用地面积 6.22 万平方米。

项目建设单位为烟台港集团有限公司;设计单位为中交第一航务工程勘察设计院;施

工单位为烟台中交环保疏浚有限公司、中交一航局第二工程有限公司、烟台中交航务工程有限公司等；监理单位为山东港通工程管理咨询有限公司；质监单位为烟台港建设工程质量监督站。

2007年6月21日，交通部关于烟台港三期二阶段工程港口工程竣工验收证书（编号：交港验证字〔2007〕6号）批复工程泊位靠泊等级、类别及个数。新建3个通用杂货泊位，码头结构按靠泊20万吨级散货船设计，泊位长608米，通过能力135万吨，并兼顾远期改造成集装箱泊位的需要。

项目于2006年9月建成投入试运行，试运行期间共接卸船舶52艘次，卸货348.3万吨，其中减载卸货105.8万吨，靠港最大船舶为19万吨级铁矿石船舶，满载吃水18.4米。在海事、港航监管下，船舶靠港顺利。接卸货种为铁矿石和部分水泥熟料等。

（6）烟台港客滚中心1号~3号泊位改造工程

项目于2006年4月开工，2006年9月试运行，2013年11月竣工。

项目建设依据：2006年4月，烟台市发展和改革委员会《关于烟台港客滚中心1、2、3#泊位改造工程可行性研究报告的批复》（烟发改能交〔2006〕75号）；2006年6月，烟台市港航管理局《关于烟台港客滚中心1、2、3#泊位改造工程初步设计的批复》（烟港航〔2006〕106号）。

项目将原有3个货运泊位改造为2个10000吨级客滚泊位，兼顾10000吨级以下客滚运输船舶，岸线总长392.65米。码头采用顺岸布局，高桩式结构。1号、2号泊位码头前沿水深11.0米，3号泊位7.5米。项目总投资1663.1万元，资金来源于企业自筹。

项目建设单位为烟台港集团有限公司；设计单位为烟台市水运设计研究院；施工单位为烟台中交航务工程有限公司、烟台海港机械厂；监理单位为山东港通工程管理咨询有限公司；质监单位为烟台市交通工程质量监督站。

项目于2006年9月投入试运行，至2013年1月共靠泊、发送滚装船舶16080艘次，接发送旅客804万人，接发车辆156万台次。试运行期间准备充分、组织得力，港口生产实现了安全、平稳、有序进行。

（7）烟台港三突堤41号、42号泊位工程

项目于2006年7月开工，2009年4月试运行，2011年1月竣工。

项目建设依据：2006年11月，山东省发展和改革委员会《关于烟台港三突堤41#、42#泊位工程项目的核准意见》（鲁发改能交〔2006〕1210号）；2006年12月，山东省交通厅、山东省发展和改革委员会《关于烟台港三突堤41#、42#泊位工程初步设计的批复》（鲁交规划〔2006〕249号）。2006年10月，山东省环境保护局《关于烟台港三突堤41#、42#泊位工程环境影响报告书的批复》（鲁环审〔2006〕153号）；2007年2月，山东省人民政府《关于同意烟台港三突堤41#、42#泊位工程海域使用的批复》（鲁政海域字〔2007〕6号）；2007

年4月,交通部《关于烟台港三突堤41号和42号泊位工程使用港口岸线的批复》(交规划〔2007〕159号)。

项目建设1个5万吨级散粮泊位、1个5万吨级通用泊位,岸线总长560米。码头采用顺岸式布局,重力式结构。码头前沿水深14米。项目后方堆场面积13.4万平方米。仓库面积2.2万平方米。主要装卸设备配置5台16吨门座起重机。项目总投资4.89亿元,全部为企业自筹资金。用地面积6.24万平方米。

项目建设单位为烟台港集团有限公司;设计单位为中交第一航务工程勘察设计院有限公司;施工单位为山东中交航务工程有限公司、山东万斯达集团有限公司、烟台市工程勘察置业有限公司等;监理单位为山东港通工程管理咨询有限公司;质监单位为烟台市交通工程质量监督站。

项目于2009年4月批准试运行,至2010年5月共靠泊作业船舶767艘次,完成吞吐量898.7万吨,靠港最大船舶为7.2万吨级散货船舶,满载吃水13.55米。在海事、港航监管下,船舶靠港顺利。货种为铝矾土、大豆、豆粕、木材、石材等。

(8)烟台港三突堤集装箱码头工程

项目于2006年8月开工,2011年5月试运行,2017年1月竣工。

项目建设依据:2007年4月,国家发展和改革委员会《关于烟台港三突堤集装箱码头工程项目核准的批复》(发改交运〔2007〕731号);2007年7月,交通部《关于烟台港三突堤集装箱码头工程初步设计的批复》(交水发〔2007〕380号)。2006年7月,国家环境保护总局《关于烟台港三突堤集装箱码头工程环境影响报告书的批复》(环审〔2006〕324号);2005年11月,国土资源部《关于烟台港三突堤集装箱码头项目建设用地预审意见的复函》(国土资预审字〔2005〕482号);2007年7月,国家海洋局《关于烟台港三突堤集装箱码头工程项目用海的批复》(国海管字〔2007〕472号)。

项目建设2万吨级、3万吨级、5万吨级和7万吨级集装箱泊位各1个,码头前沿水深为17米。岸线总长1248米。码头采用顺岸式布局,重力式结构。项目后方堆场面积95万平方米。主要装卸设备配置包集装箱装卸桥12台。项目总投资24.02亿元,其中企业自筹资金11.02亿元,银行贷款13亿元。用地面积89.43万平方米。

项目建设单位为烟台港集团有限公司;设计单位为中交第一航务工程勘察设计院有限公司;施工单位为中交一航局第二工程有限公司、山东中交航务工程有限公司、中交烟台环保疏浚有限公司;监理单位为山东港通工程管理咨询有限公司;质监单位为山东省交通厅基本建设工程质量监督站。

2015年12月2日,烟台港三突堤集装箱码头工程1号、2号泊位荣获中国水运建设行业协会颁发的2014年度水运交通优秀工程奖。

项目于2011年5月投入试运行,至2016年4月共靠泊船舶2009艘次,完成吞吐量

1967.5 万吨,集装箱吞吐量 69 万 TEU。其中最大船型为 200000 载重吨散货船、70000 载重吨集装箱船,最小船型为 2000 载重吨散货船。在海事、港航监管下,船舶顺利靠离泊。

（9）烟台港汽车轮渡码头改造工程

项目于 2009 年 1 月开工,2010 年 9 月试运行,2014 年 1 月竣工。

项目建设依据:2009 年 4 月,烟台市发展和改革委员会《关于烟台港汽车轮渡码头改造工程项目可行性研究报告的批复》（烟发改审〔2009〕45 号）;2010 年 1 月,烟台市港航管理局《关于烟台港汽车轮渡码头改造工程初步设计的批复》（烟港航〔2010〕7 号）。2008 年 10 月,烟台市环境保护局《烟台港汽车轮渡码头改造工程环境影响报告表审批意见》。

项目将原有 2 个 5000 吨级轮装泊位改造为 2 个 2.3 万吨级总载重量客滚泊位。同时满足“岛字号”“珠字号”船舶靠泊。岸线总长 220 米。码头采用突堤式布局,重力式结构。码头前沿水深 7.2 米。项目总投资 7201.98 万元,全部为企业自筹资金。

项目建设单位为烟台同三轮渡码头有限公司（烟台港集团代管代建）;设计单位为烟台市水运设计研究院、山东圣凯建筑设计咨询有限公司;施工单位为山东中交航务工程有限公司、山东省筑港总公司、烟台市工程勘察置业有限公司;监理单位为山东港通工程管理咨询有限公司;质监单位为烟台市交通工程质量监督站。

项目于 2010 年 10 月投入试运行,至 2013 年 6 月共靠泊、发送船舶 3517 艘;进口旅客 932675 人次,进口车辆 147029 辆;出口旅客 760242 人次,出口车辆 129989 辆。试运行期间公司准备充分,组织得力,码头生产实现了安全、顺畅、平稳、有序运行。

（10）烟台港芝罘湾港区 31 号客滚泊位工程

项目于 2009 年 12 月开工,2012 年 6 月试运行,2015 年 4 月竣工。

项目建设依据:2012 年 3 月,山东省发展和改革委员会《关于烟台港芝罘湾港区 31#客滚泊位工程项目核准的批复》（鲁发改能交〔2012〕172 号）;2012 年 5 月,山东省交通运输厅、山东省发展和改革委员会《关于烟台港芝罘湾港区 31#客滚泊位工程初步设计的批复》（鲁交建管〔2012〕32 号）。2011 年 7 月,山东省环境保护厅《关于烟台港客运滚装中心 31#泊位客滚码头工程环境影响报告书的批复》（鲁环审〔2011〕146 号）;2012 年 3 月,山东省人民政府《关于烟台港客滚中心 31#泊位工程用海的批复》（鲁政海域字〔2012〕6 号）;2012 年 1 月,交通运输部《关于烟台港 31#客滚泊位工程使用港口岸线的批复》（交规划发〔2012〕8 号）。

项目建设 1 个 20000 吨客滚泊位（码头水工建筑允许靠泊能力 2 万吨）,岸线总长 250 米。码头采用顺岸式布局,重力式结构。码头前沿水深 10.5 米。项目停车场面积 16750 万平方米。项目总投资 6724.0 万元,其中企业自筹资金 2301 万元,银行贷款 4423 万元。用地面积 1.62 万平方米。

项目建设单位为烟台港股份有限公司;设计单位为大连理工大学土木建筑设计研究院有限公司;施工单位为山东中交航务工程有限公司;监理单位为山东港通工程管理咨询有限公司;质监单位为烟台市交通工程质量监督站。

项目于2012年6月投入试运行,至2014年12月共靠泊、发送滚装船舶2200艘次,接发送旅客155.18万人,接发车辆27.3万台次。最大停靠船舶为渤海晶珠34000总吨,最小停靠船舶为永兴岛23000总吨。试运行期间准备充分,组织得力,港口生产实现了安全、平稳、有序进行。

(11)烟台港芝罘湾港区32号~34号客滚泊位改造工程

项目建设依据:项目于2012年7月开工,2012年10月试运行,2015年5月竣工。

2012年7月,烟台市发展和改革委员会颁发台港芝罘湾港区32号~34号泊位改造工程的登记备案证明,备案号0612000011(2012年);2012年10月,烟台市港航管理局《关于烟台港芝罘湾港区32#~34#泊位改造工程初步设计的批复》(烟港航〔2012〕241号)。2012年4月,《关于烟台港股份有限公司烟台港芝罘湾港区32#~34#客滚泊位登陆点改造工程环境影响报告表》的批复;2013年4月,烟台市人民政府《关于烟台港芝罘湾港区32#~34#泊位改造工程项目用海的批复》(烟政海域字〔2013〕3号)。

项目将芝罘湾港区32号~34号件杂货泊位改造成2个3万吨级客滚泊位,岸线总长548米。码头采用顺岸式布局,重力式结构。码头前沿水深7.8米。主要装卸设备配置移动式轨道客梯车1台、150吨液压式连接桥2台。项目总投资2501万元,全部为企业自筹资金。用地面积0.95万平方米。

项目建设单位为烟烟台港股份有限公司;设计单位为山东港通工程管理咨询有限公司;施工单位为山东中交航务工程有限公司、烟台海港机械厂;监理单位为烟台市交通工程质量监督站;质监单位为烟台市交通工程质量监督站。

项目于2012年10月投入试运行,至2014年12月共靠泊、发送滚装船舶1530艘次,接发送旅客96万人,接发车辆27.3万台次。试运行期间准备充分,组织得力,港口生产实现了安全、平稳、有序进行。

(12)烟台港芝罘湾港区三突堤43号~46号通用码头工程

项目于2013年6月开工,2016年8月试运行,2018年1月竣工。

项目建设依据:2013年6月,山东省交通运输厅《关于烟台港芝罘湾港区三突堤43#-46#通用码头工程工程可行性研究报告审查意见的函》(鲁交规划〔2013〕66号);2015年6月,山东省交通运输厅、山东省发展和改革委员会《烟台港芝罘湾港区三突堤#43-#46通用码头工程初步设计的批复》(鲁交建管〔2015〕35号)。2014年12月,山东省环境保护厅《烟台港芝罘湾港区三突堤43#-46#通用泊位工程环境影响报告书的批复》(鲁环审〔2014〕197号);2014年1月,山东省人民政府《烟台港芝罘湾港区三突堤43#-46#通用码头项目用海的批复》（鲁政海域字〔2014〕7号）；2014年7月，交通运输部《烟台港芝罘湾港区三突堤43号至46号通用泊位工程使用港口岸线的批复》（交规划函〔2014〕524号）。

项目建设3个5万吨级通用泊位、1个3.5万吨级通用泊位（水工结构均按靠泊7万吨级船舶设计和建设），岸线总长949米。码头采用突堤式布局，重力式结构。码头前沿水深15.2米。项目后方堆场面积48.4万平方米，堆存能力无。主要装卸设备配置25吨-35米的门座起重机2台、16吨-35米的门座起重机4台、10吨-35米的门座起重机6台，全部从其他泊位搬迁。项目总投资7.42亿元，其中企业自筹资金2.42亿元，银行贷款5亿元。

项目建设单位为烟台港集团有限公司；设计单位为中交第一航务工程勘察设计院有限公司；施工单位为山东中交航务工程有限公司；监理单位为山东港通工程管理咨询有限公司；质监单位为山东省交通运输厅基本建设工程质量监督站。

工程于2016年8月取得港航局批准投入试运行，烟台港股份有限公司所属分公司联合港埠公司负责使用和日常管理。工程试生产至2017年9月，共靠泊作业船舶636艘次，完成件杂吞吐量509.8万吨，均在海事、港航监管下顺利靠离泊。

（四）龙口港区

1. 港区综述

（1）港区建设和运营概况

3000年前，龙口湾形成。1914年龙口自辟商埠，开建港和对外开放之先河。1919年栈桥码头建成，向世人昭示了龙口港"规模宏远"的发展前景。

龙口港对外开放以后，腹地经济迅速发展，客货流量大幅增加。为提高港口通过能力，1987年1月开工建设深水码头，1989年12月，煤炭、件杂、散杂3个1.6万吨级泊位和1个5000吨级泊位同时竣工投产，结束了只能停靠中小型船舶的历史，港口跃升为全国25个大型重要口岸之一。20世纪90年代，龙口港在"自我积累、自我完善、自我发展"方针指导下，内涵挖潜，筹集资金，加快港口功能完善。1992—1996年，为发展燃油、集装箱和客货滚装运输业务，先后建成燃油、多用途和散杂、客滚三座码头，共2个1.6万吨级、3个5000吨级泊位。港口吞吐量自1991年突破500万吨后，每年以百万吨的速度递增，1995年突破800万吨。正当龙口港蓄势待发冲刺千万吨目标的时候，东南亚经济危机爆发，港航企业严重受挫，为抢占市场先机，1998年龙口港在经济极度艰难的情况下，筹集资金开始兴建大型深水泊位，2001年首座2个5万吨级泊位的深水码头建成。至此，龙口港真正成为大中小泊位并举、内外贸货物兼营、功能比较齐全的综合性地方港口。

进入21世纪，社会主义市场经济模式逐步完善，龙口港以超前的思维，加快营造差异化的硬件优势。采取合资合作、优势互补,入股集资、强强联合等多种方式建设港口,扩大规模,引来中外多家企业投建实业基础。2003 年建设 5 万吨级粮食专用泊位,2004 年兴建 8 万吨级液体化工码头,2005 年始建 10 万吨级大型通用泊位。2003—2010 年先后建设成 4 个 10 万吨级、1 个 8 万吨级、2 个 5 万吨级和 1 个 3.5 万吨级深水泊位,同时开发建设了西港区(岠姆岛)深水泊位。中港区 3 个 10 万吨级泊位也已立项建设。2007 年大莱龙进港铁路建成通车。2008 年 10 万吨级航道开通。2010 年又开工建设 1 个 15 万吨级泊位和 2 个 10 万吨级泊位,港口通过能力大幅提高。龙口港区现已成为烟台市政府和烟台港集团规划建设的三大核心港区和两个亿吨港区之一,山东省北部重要的对外物资交流集散地。

截至 2015 年共有生产泊位 30 个,其中通用泊位有 15 万吨级的 1 个、10 万吨级的 5 个、5 万吨级的 3 个;液体化工泊位有 10 万吨级的 2 个、1 万 ~ 2 万吨级的 2 个;集装箱泊位有 3.5 万吨级的 1 个、万吨级的 2 个;粮食专用泊位有 5 万吨级的 1 个;煤炭专用泊位有万吨级的 2 个;客滚泊位有 5 千吨级的 2 个;件杂、散杂泊位有万吨级的 1 个、5 千吨级的 3 个、3 千吨级的 4 个、千吨级的 2 个。码头核定通过能力 6000 万吨。

龙口港现有两条吨位级别和入口方位均不同的航道,两航道在新礁以西交汇。交汇前分别为 2 万吨级和 10 万吨级,交汇后 10 万吨级航道兼容了 2 万吨级航道。

2 万吨级航道,是沿着古时自然形成的凹槽"口门"航道的路径,经 1953 年以后多次挖深、加长和拓宽而形成的万吨级航道,于 2002 年 5 月扩建而成。航道底宽 94 米,底高程 – 12.2 米,全长 12619 米。2009 年 10 万吨级航道建成后,其中间段扩建为 10 万吨级,与 10 万吨级航道共用。2 万吨级航道独立航段两侧设罐形助航灯标 7 个,其中红色左侧标 4 个、绿色右侧标 3 个。

10 万吨级散货船单向航道工程,于 2007 年 12 月 25 日开工建设。2009 年 4 月 28 日竣工。2011 年 1 月 10 日通过竣工验收,正式交付使用。航道底宽 200 米,底高程 – 15.5 米,航道长 11460 米。航道两侧设有罐形助航灯标 21 个,其中红色左侧标 11 个、绿色右侧标 10 个。2012 年又在 10 万吨级航道的基础上开工拓宽工程,航道有效宽度由原来的 200 米拓宽至 300 米,底高程由 – 15.5 米疏浚至 – 16.0 米,航道总长 11489 米。

(2)港区地理条件和集疏运概况

龙口港位于龙口市,地处渤海南岸,胶东半岛西北部,属山东半岛蓝色经济区、黄河三角洲高效生态经济区、胶东半岛高端产业聚集区三大经济发展战略区的核心位置。与辽东半岛、天津、秦皇岛隔海相望,与朝鲜半岛和日本一衣带水。是距离黄河三角洲最近的 10 万吨级以上船舶出海口。

龙口港地属暖温带半湿润季风气候,四季分明,温度适宜,北有岠姆岛及连岛沙坝为屏障,南有金沙滩环抱,港深湾阔、风平波稳,全年可作业 300 天以上。龙口湾及邻近海域基岩埋深 15～30 米，屺姆岛西北部自然水深 15～23 米，后方陆域广阔，具备建设深水泊位的优越条件。1990 年交通部《关于报送神木煤炭外运通路港口方案意见的报告》中，对龙口港、黄骅港、天津港的比选论证中就有"龙口港就港口条件而言是三港中建设深水港的最优良港址"的描述。至 2010 年底，龙口港已有生产泊位 28 个，年通过能力已达 4500 万吨，是渤海南岸第一大港。

龙口港腹地广阔，水路交通便捷。陆上有烟汕线（206 国道）、成龙线、龙青线、G18 龙口连接线等干线公路及荣乌高速公路横贯纵连，大莱龙铁路直达港口码头。水上通达国内沿海各港，与全世界 90 多个国家和地区建立了通航关系。港口腹地内资源丰富，工农业发达、外向型经济活跃、加工制造业发展势头强劲，是中国经济发展较快的区域之一。随着龙口港疏港高速公路和德龙烟、黄大铁路的建成，龙口港连接山东省各地以及天津市、河北省的铁路全线贯通，整个环渤海经济圈的能量将会更加畅通自如地释放出来。港口腹地顺势南伸、北展、西延，对促进鲁西北、鲁中和胶东半岛的经济和外贸发展，沟通南北航运、协调物流配送，推动中国的西部大开发，将发挥更大的作用。

2. 港区工程项目

（1）龙口港煤码头建设工程

项目于 1987 年 1 月开工，1988 年 2 月试运行，1989 年 6 月竣工。

项目建设依据：1985 年 12 月，山东省计划委员会《关于龙口港煤码头设计任务书的批复》（鲁计燃字第〔1985〕562 号）；1986 年 12 月，山东省城乡建设委员会《关于龙口港煤码头初步设计的批复》（鲁建重办〔1986〕12 号）。

项目建设 1 个 1.6 万吨级煤码头泊位。岸线总长 262.24 米。码头采用顺岸式布局，重力式结构。项目后方堆场面积 1.07 万平方米。主要装卸设备配置门座式起重机 7 台。项目总投资 7773 万元，由水电部、山东省交通厅、烟台市各分担三分之一。用地面积 44.91 万平方米。

项目建设单位为山东省龙口港务管理局（现龙口港集团有限公司）；设计单位为山东省交通规划设计院、煤炭部济南设计院；施工单位为山东省筑港工程处，天津航道局航道一处、二处。

（2）龙口港万吨级散杂泊位工程（与原客滚码头并称客杂码头项目）

项目于 1987 年 7 月开工，1989 年 10 月试运行，1989 年 10 月竣工。

项目建设依据：1984 年，山东省计划委员会《关于龙口港码头及客运站设计任务书的批复》（鲁计工（基）字〔1984〕462 号）；1986 年 2 月，山东省交通厅《关于龙口港 5000 吨级客运码头及万吨级散杂码头扩大初步设计的批复》（鲁交航字〔1986〕10 号）。

项目建设 1 个 1.6 万吨级散杂泊位，码头前沿水深 10.3 米；1 个 5000 吨级客运泊位，码头前沿水深 7.5 米。岸线总长 300.67 米。码头采用顺岸式布局，重力式结构。项目后方堆场面积 33 万平方米,仓库面积 2567 平方米。主要装卸设备配置门座式起重机的 5 台。项目总投资 4020 万元,其中国家投资公司贷款 1300 万元,山东省交通厅投资 1660 万元,剩余 60 万元由龙口港自筹解决。用地面积 28.02 万平方米。

项目建设单位为山东省龙口港务管理局(现龙口港集团有限公司);设计单位为山东省航运工程设计室;施工单位为山东省筑港工程处、天津航道局。项目投产后解决了当时龙口港码头泊位紧张、客货混杂、安全隐患大等问题,取得了良好的社会效益和经济效益。

(3)龙口港多用途、散杂泊位工程

项目于 1994 年 9 月开工,1995 年 9 月试运行,1996 年 5 月竣工。

项目建设依据:1993 年 6 月,山东省计划委员会《关于龙口港多用途、散杂泊位工程可行性研究报告的批复》(鲁计工(基)字〔1993〕572 号);1993 年 12 月,山东省交通厅《关于龙口港多用途、散杂泊位工程初步设计的批复》(鲁交计〔1993〕213 号)。

项目建设 1 个 1.6 万吨级多用途泊位、1 个 1.6 万吨级散杂泊位,岸线总长 360.6 米。码头采用顺岸布局,方块结构。项目后方堆场面积 4.3 万平方米。主要装卸设备配置 16 吨门机 2 台、10 吨门机 2 台、自行吊 1 台、正面吊 1 台。项目总投资 1.39 亿元,其中国家开发银行贷款 4500 万元,山东省交通基金 3000 万元,韩国政府贷款 4500 万元,企业自筹 2000 万元。用地面积 14.06 万平方米。

项目建设单位为山东省龙口港务管理局(现龙口港集团有限公司);设计单位为海军北海工程设计院;施工单位为山东省筑港总公司、天津航道局第二疏浚公司、龙口港海盟总公司;监理单位为山东省交通工程监理咨询公司航运分公司;质监单位为山东省交通厅基本建设工程质量监督站。

项目建成后主要用于集装箱和件杂货装卸,进入 21 世纪后,随着集装箱业务的扩大,两个泊位全部改成集装箱专用码头。

(4)龙口港东港区通用泊位工程

项目于 1998 年 5 月开工,2001 年 7 月试运行,2002 年 6 月竣工。

项目建设依据:1996 年 12 月,山东省计划委员会《关于龙口港东港区通用泊位工程可行性研究报告批复》(鲁计工(基)字〔1996〕1126 号);1997 年 3 月,山东省交通厅《龙口港东港区通用泊位工程初步设计》(鲁交航〔1996〕6 号)。

项目建设 2 个 3.5 万吨级通用泊位(码头水工建筑允许靠泊 5 万吨级),岸线总长 435 米。码头采用顺岸式布局,重力式结构。码头前沿水深 12.2 米。项目后方堆场面积 11.9 万平方米。主要装卸设备配置 25 吨-33 米门机 8 台。项目总投资 2.51 亿元,其中山东省交通基金 7700 万元,山东省交通厅委托贷款 6020 万元,企业自筹 11344 万元。用地面积 44 万平方米。

项目建设单位为山东省龙口港务管理局(现龙口港集团有限公司);设计单位为山东

省航运工程设计院;施工单位为山东省筑港总公司、天津航道局第二疏浚公司;监理单位为山东省交通工程监理咨询公司航运分公司;质监单位为山东省交通厅基本建设工程质量监督站。

项目自建成后至今一直是龙口港的主力散杂货装卸码头,其投产进一步适应了龙口港腹地经济和航运发展需要,发挥了巨大的经济效益和社会效益。

(5)龙口港东港区粮食专用泊位工程

项目于2003年2月开工,2004年6月竣工。

项目建设依据:2002年7月,山东省计划委员会《关于龙口港东港区粮食专用泊位工程可行性研究报告批复》(鲁计基础字〔2002〕840号);2003年4月,山东省交通厅、山东省发展计划委员会《关于龙口港东港区粮食专用泊位工程初步设计的批复》(鲁交航〔1997〕6号)。

项目建设1个5万吨级粮食专用泊位,岸线总长287.5米。码头采用顺岸式布局,重力式结构。码头前沿水深12.2米。项目后方堆场面积3万平方米。主要装卸设备配置16吨-33米门机5台。项目总投资1.51亿元,均为企业自筹和银行贷款。用地面积42万平方米。

项目建设单位为龙口港集团有限公司;设计单位为山东省航运工程设计院有限公司;施工单位为山东省筑港总公司、天津航道局第二疏浚公司;监理单位为山东省交通工程监理咨询公司航运分公司;质监单位为山东省交通厅基本建设工程质量监督站。

工程的建设适应了船舶大型化和泊位专业化的发展趋势。工程的投产极大提高了港口散粮接卸效率和市场竞争力,完善了港口功能,促进了地方和港口经济的发展。

(6)龙口港燃油化工码头扩建工程

项目于2004年5月开工,2005年1月试运行,2006年7月竣工。

项目建设依据:2003年12月,山东省发展计划委员会《关于龙口港燃油化工专用码头扩建工程可行性研究报告的批复》(鲁计基础〔2003〕1333号);2004年6月,山东省交通厅、发展和改革委员会《关于龙口港燃油化工专用码头扩建工程初步设计的批复》(鲁交规划〔2004〕71号)。2004年2月,山东省环保局《关于龙口港燃油化工码头扩建工程环境影响报告书的批复》(鲁环审〔2004〕10号);2004年10月,龙口市规划建设管理局《龙口港燃油化工专用码头扩建工程项目选址意见书》(龙建规第04-052号)。

项目建设1个5万吨级液体化工泊位(码头水工建筑允许靠泊8万吨级),岸线总长300米。码头采用顺岸布局,重力式结构。码头前沿水深15.6米。仓库面积10万平方米。主要装卸设备配置输油臂3台。项目总投资1.55万元,资金均来源于企业自筹。用地面积1.3万平方米。

项目建设单位为龙口滨港液体化工码头有限公司;设计单位为山东省航运工程设计

院有限公司;施工单位为山东省筑港总公司龙口分公司、中交烟台环保疏浚有限公司;监理单位为山东省交通厅交通工程监理咨询公司;质监单位为山东省交通厅基本建设工程质量监督站。

项目为龙口港主力液体化工泊位,投产后取得了良好的经济效益和社会效益。

（7）龙口港东港区通用泊位工程（26号泊位）

项目于2005年3月开工,2006年8月竣工。

项目建设依据:2004年7月,山东省发展和改革委员会《关于龙口港东港区通用泊位项目工可批复》（鲁计基础〔2004〕729号）;2005年3月,山东省交通厅、山东省发展和改革委员会《关于龙口港东港区通用泊位工程初步设计的批复》（鲁交规划〔2005〕9号）。2005年2月,山东省人民政府《山东省人民政府关于同意龙口港东港区通用泊位工程海域使用的批复》（鲁政海域字〔2005〕1号）。

项目建设1个10万吨级通用泊位,岸线总长275.44米。码头采用顺岸式布局,重力式结构。码头前沿水深15.6米。项目后方堆场面积14万平方米。主要装卸设备配置25吨门机4台。项目总投资1.59亿元,均为企业自筹资金。用地面积13.94万平方米。

项目建设单位为龙口宏港码头有限公司;设计单位为山东省航运设计院有限公司;施工单位为山东省筑港总公司龙口分公司、中交烟台环保疏浚有限公司;监理单位为山东省交通厅交通工程监理咨询公司;质监单位为山东省交通厅基本建设工程质量监督站。

项目为龙口港第一个中外合资码头、第一个10万吨级深水泊位,是一个以矿砂为主的大型码头,其投产后取得了良好的经济效益和社会效益。

（8）龙口港燃油化工码头改造工程

项目于2006年2月开工,2006年7月试运行,2006年7月竣工。

项目建设依据:2005年6月,烟台市港航管理局《关于对龙口港燃油码头改造方案的批复》（烟港航〔2005〕78号）。2006年11月,烟台市环境保护局《关于对龙口港燃油码头改造工程项目环境影响报告书的批复》（烟环字〔2006〕92号）;2006年1月,烟台市港航管理局《关于对龙口港燃油码头改造工程岸线使用的批复》（烟港航〔2006〕23号）。

项目将原5000吨级燃油码头向南接长,改造为1.6万吨级燃油码头泊位。岸线总长260米。码头采用顺岸式布局,重力式结构。项目后方堆场面积13万平方米。主要装卸设备配置输油臂8台。项目总投资1410万元,均为企业自筹资金。用地面积1.56万平方米。

项目建设单位为龙口滨港液体化工码头有限公司;设计单位为山东省航运工程设计院有限公司;施工单位为山东省筑港工程总公司龙口分公司、中交烟台环保疏浚有限公司;监理单位为山东省交通工程监理咨询公司;质监单位为山东省交通工程监理咨询公司。

项目投产后适应了龙口港液体化工品吞吐量激增的需求,其投产后取得了良好的经济效益和社会效益。

(9)龙口港10万吨级通用泊位工程(南山屺姆岛港4号泊位)

项目于2006年6月开工,2013年7月试运行,2013年7月竣工。

项目建设依据:2005年8月,山东省发展和改革委员会《关于龙口港10万吨级通用泊位项目核准的批复》(鲁发改能交〔2005〕727号);2006年3月,山东省交通运输厅、山东省发展和改革委员会《关于龙口港10万吨级通用泊位工程初步设计的批复》(鲁交规划〔2006〕22号)。2005年7月,山东省环境保护局《关于龙口港10万吨级通用泊位工程环境影响报告书的批复》(鲁环审〔2005〕143号);2005年,山东省国土资源厅《关于龙口港10万吨级通用泊位工程项目建设用地预审的复函》(鲁国土资字〔2005〕372号);2006年3月,山东省人民政府《关于同意龙口港10万吨级通用泊位工程海域使用的批复》(鲁政海域字〔2006〕11号);2005年5月,交通部《关于龙口港10万吨级通用散货泊位工程使用岸线的批复》(交规划字〔2005〕218号)。

项目建有1个10万吨级通用泊位(码头水工建筑允许靠泊能力15万吨级),岸线总长360米。码头采用顺岸式布局,重力式结构。码头前沿水深19.7米。项目总投资1.20亿元,均为企业自筹资金。

项目建设单位为龙口港屺姆岛发展有限公司;设计单位为中交水运规划设计院有限公司;施工单位为中交第一航务工程局有限公司、中交烟台环保疏浚有限公司;监理单位为山东港通工程管理咨询有限公司;质监单位为山东省交通运输厅基本建设工程质量监督站。

屺姆岛港4号泊位在设计年通过能力690万吨的基础上,吞吐量连续三年突破千万大关,2014年实现吞吐量1102万吨,2015年实现吞吐量1064万吨,2016年实现吞吐量1040万吨,其中外贸吞吐量实现1350万吨。对于提高港口通过能力、提升口岸形象和港口竞争力,助推龙口市外经贸持续稳定增长意义重大。

(10)烟台港龙口港区5万级液体化工码头工程(原22号、现2号泊位)

项目于2006年9月开工,2009年5月试运行,2010年4月竣工。

项目建设依据:2008年7月,山东省发展和改革委员会《山东省发展和改革委员会关于烟台港龙窟光驱22#(5万吨级)液体化工泊位工程项目申请报告的核准意见》(鲁发改能交〔2008〕587号);2008年9月山东省交通厅、山东省发展和改革委员会《关于烟台港龙口港区22#(5万吨级)液体化工泊位工程初步设计的批复》(鲁交规划〔2008〕170号)。2007年7月,山东省海洋与渔业厅《关于龙口港5万吨级液体化工码头工程环境影响报告书的审核意见》(鲁海渔函〔2007〕2号);山东省环境保护局《关于龙口港5万吨级液体化工码头工程环境影响报告书的批复》（鲁环审〔2007〕54号）;2008年3月,交通部《关于烟台港龙口港区22号液体化工品泊位工程施工港口岸线的批复》（交规划发〔2008〕11号）。

项目建设1个5万吨级液体化工泊位,岸线总长350.76米。码头采用重力式方块结构。码头前沿水深15.6米。项目仓库面积10.8万平方米。主要装卸设备配置输油臂4台。项目总投资1.54亿元,均为企业自筹资金。用地面积1.17万平方米。

项目建设单位为龙口滨港液体化工码头有限公司;设计单位为山东省航运工程设计院有限公司;施工单位为山东省筑港总公司龙口分公司;监理单位为山东省交通工程监理咨询公司;质监单位为山东省交通厅基本建设工程质量监督站。

烟台港龙口港区5万级液体化工码头工程项目投产后,增强了码头吞吐能力,运营情况较好,为公司培育新的货源增长点。

（11）烟台港龙口港区2×20000吨级多用途泊位工程

项目于2007年3月开工,2008年4月竣工。

项目建设依据:2008年1月,山东省发展和改革委员会《关于烟台港龙口港区2×20000吨级多用途泊位工程项目的核准意见》（鲁发改能交〔2008〕65号）;2008年9月,山东省交通厅、山东省发展和改革委员会《关于烟台港龙口港区2×20000吨级多用途泊位工程初步设计的批复》（鲁发改规划〔2008〕95号）。2007年4月,山东省环境保护局《关于烟台港龙口港区2×20000吨级多用途泊位工程环境影响报告书的批复》（鲁环审〔2007〕51号）;2007年11月,山东省人民政府《山东省人民政府关于同意龙口港2×2万吨级多用途泊位工程海域使用的批复》（鲁政海域字〔2007〕48号）;2007年12月,交通部《关于烟台港龙口港区14号和15号多用途泊位工程使用港口岸线的批复》（交规划发〔2007〕708号）。

项目建设2个2万吨级多用途泊位,岸线总长410米。码头采用顺岸式布局,重力式结构。码头前沿水深14米。项目后方堆场面积5.98万平方米。主要装卸设备配置40.5吨型岸桥2台、55吨型岸桥2台。项目总投资2.05亿元,均为企业自筹资金。用地面积44.44万平方米。

项目建设单位为龙口港集团有限公司;设计单位为山东省航运工程设计院有限公司;施工单位为山东省筑港总公司、中交烟台环保疏浚有限公司;监理单位为山东省交通工程监理咨询公司;质监单位为山东省交通厅基本建设工程质量监督站。

该泊位设计为多用途泊位,随着集装箱吞吐量的增长,2010年全部改为集装箱专用泊位。其投产适应了船舶大型化和泊位专业化的发展趋势,取得了良好的经济效益和社会效益。

(12)烟台港龙口港区2×5万吨级通用泊位工程

项目于2007年10月开工,2008年12月试运行,2008年12月竣工。

项目建设依据:2008年1月,山东省发展和改革委员会《烟台港龙口港区2×50000吨级通用泊位工程项目的核准意见》(鲁发改能交〔2008〕66号);2008年5月,山东省交通厅、山东省发展和改革委员会《关于烟台港龙口港区2×5万吨级通用泊位工程初步设计批复》(鲁交规划〔2008〕94号)。2007年4月,山东省环境保护局《关于龙口港2×5万吨级通用泊位工程环境影响报告书批复》(鲁环审〔2007〕53号);2005年2月,山东省人民政府《山东省人民政府关于同意龙口港东港区通用泊位工程海域使用的批复》(政海域字〔2005〕1号);2007年11月,交通部《关于烟台港龙口港区通用散货泊位工程使用港口岸线的批复》(交规划发〔2007〕630号)。

项目建设2个5万吨级通用泊位(码头水工建筑允许靠泊能力为10万吨级),岸线总长618米。码头采用顺岸式布局,重力式结构。码头前沿水深15.6米。项目后方堆场面积22.6万平方米。主要装卸设备配置40吨门机6台。项目总投资3.06亿元,均为企业自筹资金。用地面积84万平方米。

项目建设单位为龙口港集团有限公司;设计单位为山东省航运工程设计院有限公司;施工单位为山东省筑港工程总公司龙口分公司、中交烟台环保疏浚有限公司;监理单位为山东省交通工程监理咨询公司;质监单位为山东省交通厅基本建设工程质量监督站。

2011年,该工程获得山东省住房和城乡建设厅颁发的"泰山杯"奖(省部级);2010年,"下潜深度受限的浮船坞出运高大沉箱施工工法"被省建筑工程管理局评为山东省级工法;2012年,"气囊助浮出大沉箱施工工法"被交通运输部评为中国水运一级工法。

该泊位设计为龙口港主要的散货装卸泊位,其投产适应了船舶大型化发展趋势,解决了龙口港大型散货泊位紧张的局面,取得了良好的经济效益和社会效益。

(13)烟台港龙口港区27号~29号通用泊位工程

项目于2011年8月开工,2012年12月试运行,2013年7月竣工。

项目建设依据:2011年3月,山东省发展和改革委员会《关于烟台港龙口港区27#、28#、29#通用泊位工程的核准意见》(鲁发改能交〔2011〕150号);2011年6月,山东省发展、改革委员会、山东省交通运输厅《关于烟台港龙口港区27#、28#、29#通用泊位工程初步设计的批复》(鲁交建管〔2011〕58号)。2010年8月,山东省环境保护厅《关于烟台港龙口港区27#、28#、29#通用泊位工程环境影响报告书的批复》(鲁环审〔2010〕226号);2010年6月,山东省人民政府《关于烟台港龙口港区27#、28#、29#通用泊位工程用海的批复》(鲁政海域字〔2010〕23号);2010年11月,交通运输部《关于烟台港龙口港区27#、28#、29#通用泊位工程使用港口岸线的批复》(交规划发〔2010〕702号)。

项目将原有 3 个 10 万吨级通用泊位(码头水工建筑允许靠泊能力 15 万吨级)。岸线总长 890 米。码头采用顺岸式布局,重力式沉箱结构。码头前沿水深 16 米。项目后方堆场面积 27.96 万平方米。主要装卸设备配置 40 吨门机 4 台、25 吨门机 5 台。项目总投资 8.44 亿元,均为企业自筹资金。用地面积 133 万平方米。

项目建设单位为龙口港集团有限公司;设计单位为中诚国际海洋工程勘察设计有限公司;施工单位为中建筑港集团有限公司(承担码头主体工程)、中交烟台环保疏浚有限公司;监理单位为山东省交通工程监理咨询公司;质监单位为山东省交通运输厅基本建设工程质量监督站。

该泊位设计为龙口港主要的散货装卸泊位,其投产适应了船舶大型化发展趋势,解决了龙口港大型散货泊位紧张的局面,取得了良好的经济效益和社会效益。

(14)龙口港客滚中心工程(1 号码头改造工程)

项目于 2014 年 8 月开工,2015 年 3 月试运行,2015 年 3 月竣工。

项目建设依据:2014 年 5 月,龙口市港航管理局《关于龙口港集团有限公司〈龙口港客滚中心工程(客 2、#1 码头改造工程)可行性研究报告〉审查意见函》(龙港航〔2014〕32 号);2014 年 8 月,龙口市港航管理局《关于龙口港客滚中心工程(客 2、#1 码头改造工程)初步设计的批复》(龙港航〔2014〕46 号)。2014 年 7 月,龙口市环境保护局《关于对龙口港客滚中心工程环境影响报告书的批复》(龙环审〔2014〕2 号)。

项目将 1 号泊位改造为 1 个 3.5 万吨级客滚泊位,岸线总长 215 米。码头采用顺岸式布局,重力式式结构。码头前沿水深 7.5 米。项目堆场面积面积 3.3 万平方米。主要装卸设备配置登船梯 1 台、液压升降桥 1 台。项目总投资 1920.87 万元,均为企业自筹资金。用地面积 3.6 万平方米。

项目建设单位为龙口港集团有限公司;设计单位为中诚国际海洋工程勘察设计有限公司;施工单位为中建筑港集团有限公司;监理单位为山东省交通工程监理咨询公司;质监单位为烟台市交通工程质量监督站。

客滚泊位的投产,符合国家"振兴东北老工业基地",满足了环渤海区间物流迅速增长的需求,取得了良好的经济效益和社会效益。

(五)海阳港区

1.港区综述

(1)港区建设和运营概况

海阳港为不冻港。港口原为自然港湾,始称龙头湾。明初设卫以后,尤其是清初裁卫设县以后,海上运输较为发达。1972 年 1 月始建渔用码头。凤城商港新建,始于 1974 年,当时由天津大学、山东省交通厅会同海阳县交通局共同勘测、设计建港方案。1976 年筹建,1977 年动工兴建,1979 年底竣工,1980 年投产使用。总投资 273 万元。建有引堤 1050 米、码头 150 米,有 100 吨级泊位 1 个,长 50 米,500 吨级泊位 2 个,长 100 米。

（2）港区地理条件和集疏运概况

海阳港港口濒临黄海,东北为乳山口,西南为丁字河口,地理坐标为 121°14′07.50″E,36°40′11.04″N。水路距大连 210 英里、烟台 173 英里、威海 138 英里、青岛 75 英里、广州 1221 英里,距韩国釜山 490 英里、日本长崎 500 英里。境内蓝烟铁路横贯东西,青威高速公路、烟青一级公路、烟凤一级公路及青石公路、荣兰公路和 309 国道纵横交错。海阳港距海阳火车站 58 千米,港口陆路距海阳市城（东村）约 11 千米、乳山市 50 千米、莱阳市 72 千米、栖霞市 123 千米、青岛市 145 千米。

2. 港区工程项目

海阳港一期扩建工程项目

项目于 2006 年 10 月开工,2011 年 1 月试运行,2011 年 1 月竣工。

项目建设依据:2006 年 1 月,山东省交通厅《关于海阳港扩建一期可行性研究报告的批复》（鲁交规划〔2006〕7 号）;2006 年 9 月,山东省交通厅、山东省发展和改革委员会《关于海阳港扩建一期工程初步设计的批复》（鲁交规划〔2006〕106 号）。2005 年,山东省环境保护局《关于海阳港码头扩建一期工程环境影响报告书的批复》（鲁环审〔2005〕197 号）;2005 年,山东省国土资源厅《关于海阳港扩建一期工程建设用地预审意见的复函》（鲁国土资字〔2005〕606 号）;2006 年 6 月,山东省人民政府《关于海阳港码头和扩建一期工程海域使用的批复》（鲁政海域字〔2006〕14 号）;2005 年 11 月,烟台海事局《关于商海阳港扩建一期工程岸线使用的函》。

项目建设 2 个 1 万吨级散杂货码头泊位,码头前沿水深 9.5 米;1 个 5000 吨级散杂货码头泊位（2013 年转让来福士）,码头前沿水深 8 米;1 个 3000 吨级散杂货码头泊位（3000 吨级权属来福士）,码头前沿水深 6.5 米。岸线总长 905 米。码头采用顺岸式布局,重力式结构。项目后方堆场面积 1.9 万平方米,堆存能力 40 万吨;仓库面积 0.10 万平方米,堆存能力 0.28 万吨。主要装卸设备配置 40 吨门机 1 台、25 吨门机 1 台、10 吨门机 2 台、装船皮带机 3 条、装载机 7 台、铲车 2 台。项目总投资 3.2 亿元,均为企业自筹资金。用地面积 46.68 万平方米。

项目建设单位为海阳港务有限公司;设计单位为山东省航运工程设计院有限公司;施工单位为中港第一航务工程局第二工程公司;监理单位为山东港通工程管理咨询有限公司;质监单位为烟台市交通工程质量监督站。

2006 年 10 月开工建设。5 号万吨级泊位于 2007 年 9 月投入试运营,4 号万吨级泊位于 2008 年 10 月投入试运营。

（六）蓬莱东港区

1. 港区综述

（1）港区建设和运营概况

蓬莱东港区 1992 年 3 月开工建设，1996 年 7 月被国家批准为一类开放港口。目前港口共有 8 个泊位，5 万吨级通用泊位 1 个（8 号泊位）、3.5 万吨级木材专用泊位 1 个（7 号泊位）、1 万吨级散杂货泊位 1 个（3 号泊位）、5000 吨级散杂货泊位 1 个（2 号泊位）、5000 吨级滚装泊位 2 个（5 号、6 号泊位）、2000 吨级散杂货泊位 1 个（1 号泊位）、1000 吨级滚装泊位 1 个（4 号泊位）。开通了蓬莱—旅顺的客滚运输航线。

（2）港区地理条件和集疏运概况

蓬莱港区位于蓬莱市北龙山河口处，海底面起伏不大，码头附近水深相对较浅，属稳定的港湾浅海地貌单元。港区可利用自然岸线约 7 千米，水深条件较好，适宜建设大型深水码头，泥沙来源较少，工程所需砂石料丰富，是得天独厚的深水港址。

蓬莱港区公路交通四通八达，蓬莱境内有烟潍、蓬寨、牟黄、蓬水 4 条干线公路和 19 条县乡公路。206 线高速公路与威乌、烟青、烟威、同三、济青高速公路一起形成衔接全国的公路运输网络。2007 年龙烟铁路蓬莱段通车，该段铁路西与大莱龙铁路龙口站接轨，南与蓝烟铁路贯通，将蓬莱纳入全国铁路网络。

2. 港区工程项目

（1）蓬莱新港工程（1 号～3 号泊位）

项目于 1991 年 12 月开工，1993 年 11 月试运行，1994 年 12 月竣工。

项目建设依据：1990 年 8 月 20 日，山东省计划委员会《关于蓬莱新港工程设计任务书的批复》（（90）鲁计工一（基）字第 635 号）；1990 年 12 月，山东省交通厅《关于蓬莱新港工程初步设计的批复》（〔1990〕115 号）。1990 年 8 月，烟台市环境保护局《关于对蓬莱新港工程环境影响分析报告的批复》（烟环字〔1990〕64 号）；烟台市土地矿产管理局转发山东省人民政府《关于蓬莱市土地矿产管理局征用土地并向山东省蓬莱港务管理局划拨土地使用权的批复》的通知（烟土地〔1995〕175 号）。

项目建设 2 个 5000 吨级散货码头泊位，码头前沿水深分别为 8.0 米和 10.0 米；1 个 2000 吨级滚装泊位 1 个，码头前沿水深 5.5 米。岸线总长 456 米。码头采用顺岸式布局，重力式结构。项目后方堆场面积 7.85 万平方米，堆存能力 47.11 万吨；仓库面积 0.28 万平方米，堆存能力 1.68 万吨。主要装卸设备配置 10 吨门机 2 台，16 吨轮胎吊 4 台，5 吨装载机 2 台，20 米皮带机 4 台，5 吨、10 吨平板车 4 台，8 吨自卸车 2 台。项目总投资 8004.6 万元，其中国家交通投资公司 2740 万元，山东省计划委员会 100 万元，山东省交通厅 3150 万元,山东省航运局 500 万元,自筹 50 万元。用地面积 52 万平方米。

项目建设单位为烟台港集团蓬莱港有限公司;设计单位为交通部第一航务工程设计院;施工单位为山东省筑港总公司、天津航道局;监理单位为山东省交通工程监理咨询公司航运分公司;质监单位为山东省水运工程质量监督站。

工程试营运期间,不断完善港口生产基础设施,加强机械设备的维修维护,严格执行各项规章制度及操作规程,不断提高职工素质,始终重视安全生产。试营运期间,没有出现安全质量问题,试运营情况良好,购置了电动轮胎起重机 4 台、装载机 2 台等设备。

(2)蓬莱港木材码头工程(7 号泊位)

项目于 2001 年 10 月开工,2003 年 2 月试运行,2004 年 10 月竣工。

项目建设依据:2001 年 3 月,山东省发展计划委员会《关于蓬莱港木材码头一期工程可行性研究报告的批复》(鲁计基础〔2001〕259 号);2001 年 5 月,山东省交通厅《关于蓬莱港木材码头一期工程初步设计的批复》(鲁交规划〔2001〕62 号)。

项目建设 1 个 3.5 万吨级木材专用泊位,岸线总长 250 米。码头采用顺岸式布局,重力式结构。码头前沿水深 13 米。项目后方堆场面积 5 万平方米,堆存能力 30 万吨。主要装卸设备配置 10 吨门机 3 台、16 吨门机 2 台。项目总投资 1.90 亿元,其中山东省交通厅补助 6600 万元,其余由企业自筹。用地面积 5 万平方米。

项目建设单位为烟台港集团蓬莱港有限公司;设计单位为山东省航运工程设计院有限公司;施工单位为山东省筑港总公司、天津航道局第二疏浚公司;监理单位为山东省交通工程监理咨询公司;质监单位为山东省交通厅基本建设工程质量监督站。

(3)蓬莱巨涛场地码头滑道工程

项目于 2005 年 2 月开工,2006 年 8 月竣工。

项目建设依据:2004 年 11 月,山东省发展和改革委员会《关于深圳赤湾胜宝旺工程有限公司对西萨摩亚茂盛投资有限公司拥有的蓬莱巨涛海洋工程重工有限公司进行增资的申请报告的核准意见》(鲁发改许可外资字〔2004〕14 号);2005 年,山东省交通厅、山东省发展和改革委员会《关于蓬莱巨涛海洋工程重工有限公司蓬莱场地码头滑道工程初步设计的批复》(鲁交规划〔2005〕112 号)。

项目建设 1 个 1 万吨级件杂船舶泊位、1 个 5000 吨级件杂船舶泊位、1 个 3 万吨级油轮(空载)泊位,岸线总长 700 米。码头采用顺岸式布局,重力式结构。码头前沿水深 10.9 米。项目后方堆场面积约 12 万平方米,堆存能力约 15 万吨;仓库面积 0.89 万平方米,堆存能力 2 万吨。主要装卸设备配置 150 吨以上履带吊 9 台。项目总投资 1.73 亿元,其中企业自筹资金 8670 万元,利用外资 8670 万元。用地面积 41.6 万平方米。

项目建设单位为蓬莱巨涛海洋工程重工有限公司;设计单位为中交第二航务工程勘察设计院有限公司;施工单位为中交第二航务工程勘察设计院有限公司、中港第一航务工程局第二工程公司;监理单位为山东港通工程管理咨询有限公司;质监单位为烟台市交通工程质量监督站。

(4)蓬莱港区2×5万吨级通用泊位工程(8号泊位)

项目于2008年6月开工,2008年12月竣工。

项目建设依据:2008年1月,山东省发展和改革委员会《山东省发展和改革委员会关于烟台港蓬莱港区2×50000吨级通用泊位工程项目核准意见》(鲁发改能交〔2008〕11号);2008年9月,山东省交通厅、山东省发展和改革委员会《关于烟台港蓬莱港区2×5万吨级通用泊位工程初步设计的批复》(鲁交规划〔2008〕96号文)。2007年4月,山东省环境保护局《关于烟台港蓬莱港区2×50000吨级通用泊位工程环境影响报告书的批复》(鲁环审〔2007〕56号);2007年5月,山东省海洋与渔业厅《关于烟台港蓬莱港区2×50000吨级泊位工程海洋环境影响报告书的批复》(鲁海渔函〔2007〕103号);2007年2月,山东省人民政府《山东省人民政府关于同意烟台港蓬莱港区2×50000吨级通用泊位工程海域使用的批复》(鲁政海域字〔2007〕9号);2007年12月,交通部《关于烟台港蓬莱港区8号和9号通用泊位工程使用港口岸线的批复》(交规划发〔2007〕702号文)。

项目建设1个5万吨级通用泊位,岸线总长345.88米。码头采用顺岸式布局,重力式结构。码头前沿水深15.1米。项目后方堆场面积4万平方米,堆存能力32万吨;仓库面积0.35万平方米,堆存能力2.8万吨。主要装卸设备配置16吨门机4台、25吨门机2台。项目总投资2.00亿元,其中企业自筹资金6997万元,银行借款1.30亿元。用地面积8.72万平方米。

项目建设单位为烟台港集团蓬莱港有限公司;设计单位为山东省航运工程设计院有限公司;施工单位为中交一航局第二工程有限公司、烟台中交航务工程有限公司;监理单位为山东港通工程管理咨询有限公司;质监单位为山东省交通运输厅基本建设工程质量监督站。

工程试营运期间,不断完善港口生产基础设施,加强机械设备的维修保养,严格执行各项规章制度及操作规程,不断提高职工素质,始终重视安全生产。试营运期间,没有出现安全质量问题,试运营情况良好,工接卸船舶189艘次,接卸最大船舶为5万吨级,累计完成吞吐量241.8万吨。实践证明,8号通过泊位能够满足生产、安全等方面的使用要求。

(5)蓬莱大金海洋重工有限公司重件码头工程

项目于2014年4月开工,其中,1号、2号泊位于2019年1月试运行,2019年9月完成竣工验收;3号泊位截至2015年尚未完工。

项目建设依据:2015年7月,山东省发展和改革委员会《关于蓬莱大金海洋重工有限公司重件码头工程项目核准的批复》(鲁发改铁路〔2015〕713 号);2015 年 11 月,山东省交通运输厅、山东省发展和改革委员会《关于蓬莱大金海洋重工有限公司重件码头工程初步设计的批复》(鲁交建管〔2015〕79 号)。2014 年 7 月,山东省环境保护厅《关于蓬莱大金海洋重工有限公司大件运输专用码头工程环境影响报告书的批复》(鲁环审〔2014〕96 号);2012 年 1 月,山东省政府《海域使用权证书》(国海字 2012B37068400025 号)、《海域使用权证书》(国海字 2012B37068400039 号)、《海域使用权证书》(国海字 2012B37068400010 号);2012 年 4 月,山东省政府《海域使用权证书》(国海字 2012B37068400442 号);2015 年 6 月,交通运输部《关于烟台港蓬莱大金海洋重工有限公司重件码头工程使用港口岸线的批复》(交规划函〔2015〕444 号)。

项目建设 1 个 2 万吨级重件泊位、3 个 5 万吨级重件泊位(丁靠时 3 个),岸线总长 891 米。码头采用顺岸式布局,重力式结构。1 号泊位码头前沿水深 9.7 米,2 号、3 号泊位码头前沿水深 14.4 米。项目后方堆场面积 16.23 万平方米,可对方风电塔筒 5 万吨。主要装卸设备配置 1000 吨龙门吊 1 台(装船)、1000 吨履带吊 1 台、其他吊车若干。项目总投资 6.10 亿元,均为企业自筹资金。用地面积 16.23 万平方米。

项目建设单位为蓬莱大金海洋重工有限公司;设计单位为安徽省交通勘察设计院有限公司;施工单位为山东港湾建设集团有限公司;监理单位为安徽省中兴工程监理有限公司;质监单位为山东省交通运输厅基本建设工程质量监督站。

(七)栾家口港区

1.港区综述

(1)港区建设和运营概况

栾家口港区建设于 1995 年,1996 年建成投产,2004 年 2 月经交通部批准为一类对外开放口岸。截至 2015 年,栾家口港已投产泊位 14 个,其中 50000 吨级散杂货泊位 2 个(13 号、14 号泊位)、10000 吨级散杂货泊位 2 个(1 号、2 号泊位)、20000 吨级油品码头 1 个(4 号泊位)、5000 吨级及以下杂货泊位 7 个(3 号、5 号、6 号、9 号～12 号泊位)、5000 吨级滚装码头泊位 2 个(7 号、8 号泊位)。仓库面积 4.23 万平方米,堆场面积 8.6 万平方米,各种机械共 82 台。

在建项目 1 个,"烟台港栾家口港区#15、#16、#17 泊位工程"项目现处于在建状态,其码头主体结构均已完工。现已配置护舷、系船柱等配套设施,因腹地产业发生变更,装卸工艺也需随之变更,暂缓建设,预计 2021 年 1 月进行验收。

港区现有一条航道,为 5 万吨级,运营状况良好,下一步将申请 10 万吨级航道工程,该项目正处于项目前期申报阶段。

（2）港区地理条件和集疏运概况

栾家口港区位于蓬莱市北沟镇栾家口以北海域，东距蓬莱市区约 15 千米；西距龙口市区约 39 千米，对面为长山列岛。

西庄至栾家口段海岸，长约 10 千米，岸线较平直，基本呈 SW-NE 向展开，海岸以海蚀崖岸为主，辅以小规模堆积地貌，在西庄至育苗场，黑峰台北、邹于村预制厂，登州拆船厂、港里养殖场、栾家口村东等分布有人工海岸挡浪墙。

1996 年，栾家口港区最大泊位为山东蔚阳栾家口港务股份有限公司建设的 1 万吨级散杂货泊位，与其配套的是 1 条总长 14159 米的天然航道，自然水深≥11.2 米，宽度≥1000 米。至 2008 年，为配套山东蔚阳栾家口港务股份有限公司建设的 5 万吨级散杂货泊位，利用原 1 万吨级航道的东侧区域进行疏浚改建了一条 5 万吨级航道，水深为 13.6 米，底宽 178 米，航道总长 14159 米。蔚阳栾家口港的集疏运仅有船舶和陆运两种方式，陆运通过疏港路与 206 国道相连，接入路网。

2. 港区工程项目

（1）山东蓬莱栾家口原油专用码头工程

项目于 2002 年 5 月开工，2004 年 5 月投入使用。

项目建设依据：2002 年，山东省发展计划委员会《关于山东蔚阳栾家口港务股份有限公司原油专用码头工程可行性研究报告的批复》（鲁计基础〔2002〕2 号）；2004 年，烟台港航管理局《关于山东蔚阳栾家口港原油专用码头工程初步设计的批复》（烟港航〔2004〕22号）。2002 年，山东省环境保护局《关于山东蔚阳栾家口港原油专用码头环境影响报告书审批意见的函》（鲁环发〔2002〕179 号）；2003 年，蓬莱市人民政府《关于对蓬莱市国土资源局向山东蓬莱栾家口油港有限公司出让国有土地使用权方案的批复》（蓬政征字〔2006〕160 号）；2002 年，烟台市海洋与渔业局《海域使用权批准通知书》（烟海管准〔2002〕1 号）。

项目建设 1 个 2 万吨级原油专用泊位（码头水工建筑允许靠泊能力 5 万吨级），岸线总长 330 米。码头采用顺岸式布局，重力式结构，码头前沿水深 13.65 米。项目后方仓储面积 162748 万平方米，仓储能力 62 万立方米。主要装卸设备配置输油臂 8 台，装卸油泵 34 台，装、卸车平台各 1 座。项目总投资 8510.58 万元，均为企业自筹资金。用地面积 193430 万平方米。

项目建设单位为山东蓬莱栾家口油港有限公司；设计单位为中国石油天然气华东勘察设计研究院；施工单位为中港第一航务工程局第二工程公司；监理单位为山东港通工程管理咨询有限公司；质监单位为山东建筑工程学院工程鉴定加固研究所。

栾家口原油专用码头的建设投产，有助于栾家口港口资源的充分发挥，具有明显的资源效益。另外,对发展港口经济,扩大内需外贸,繁荣地方经济,推动相关产业的发展具有重要的意义。为地方经济发展和社会就业均创造了机会,使相关产业如仓储、运输、贸易及城镇交通建设等随之兴起,具有明显的社会效益和经济效益。

(2)蓬莱中柏京鲁船业有限公司舾装码头(一期、二期)建设项目

项目于 2006 年 4 月开工,2010 年 12 月试运行,2010 年 12 月竣工。

项目建设依据:2008 年 8 月,蓬莱市发展和改革局《关于蓬莱中柏京鲁船业有限公司舾装码头工程项目的核准意见》(蓬发改〔2008〕57 号);2008 年 4 月,烟台市港航管理局《关于蓬莱市中柏京鲁船业有限公司舾装码头工程初步设计的批复》(烟港航〔2008〕286 号)。2010 年 8 月,山东省海洋与渔业厅《关于蓬莱中柏京鲁船业有限公司舾装码头工程海洋环境影响报告书的核准意见》(鲁海渔函〔2010〕219 号);2010 年 9 月,烟台市港航管理局文件《关于蓬莱中柏京鲁船业有限公司舾装码头工程(二期)港口岸线使用的批复》(烟港航〔2010〕202 号)。

一期项目建设 4 个 3 万吨级舾装泊位、1 个工作船泊位,岸线总长 1431.1 米(包括滑道出口 67 米)。码头前沿水深 9.17 米。主要装卸设备配置 60 吨门式起重机 6 台。码头采用顺岸式布局,重力式结构。项目总投资 2.12 亿元,由企业自筹。

二期项目建设 2 个 9 万吨级舾装泊位,岸线总长 924.1 米。码头采用顺岸式布局,重力式结构。码头前沿水深 9.17 米。主要装卸设备配置 40 吨门式起重机 2 台。项目总投资 1.87 亿元,由企业自筹。

项目建设单位为蓬莱中柏京鲁船业有限公司;设计单位为山东省交通规划设计院、安徽省交通勘察设计院;施工单位为烟台海洋渔业建港公司、继淄博大禹水利建工有限公司、威海港湾建设公司、中建筑港集团有限公司等;监理单位为山东港通管理咨询有限公司、安徽中兴工程建设监理所;质监单位为烟台市交通质量监督站。

(3)栾家口港区 2×5 万吨级散杂货码头工程

项目于 2009 年 1 月开工,2011 年 1 月试运行,2011 年 1 月竣工。

项目建设依据:2007 年 9 月,山东省发展和改革委员会《山东省发展改革委关于烟台港栾家口港区 2×5 万吨级散杂货码头工程项目的核准意见》(鲁发改能交〔2007〕994 号);2008 年 4 月,山东省交通厅、山东省发展和改革委员会《关于烟台港栾家口港区 2×5 万吨级散杂货码头工程初步设计的批复》(鲁交规划〔2008〕37 号)。2007 年 7 月,山东省环境保护局《关于山东蔚阳栾家口港 2×5 万吨级散杂货码头工程环境影响报告书的批复》(鲁环审〔2007〕109 号);2006 年 8 月 30 日,蓬莱市人民政府土地证号:蓬国用(2006)第 0256 号;2005 年 6 月,山东省人民政府《山东省人民政府关于同意蔚阳岚(栾)家口港 2 万吨级杂货码头(一)、(二)两宗海域使用的批复》(鲁政海域字〔2005〕8 号);2007 年 8 月,交通部《关于烟台港栾家口港区通用泊位工程使用港口岸线的批复》(交规划发

〔2007〕458 号)。

项目建设 2 个 5 万吨级散杂货泊位,岸线总长 600 米。码头采用顺岸式布局,重力式结构。码头前沿水深 14 米。项目后方堆场面积 9.33 万平方米,堆存能力 70 万吨。主要装卸设备配置 25 吨门座起重机(M25-35)4 台、16 吨门座起重机(M16-33)1 台、10 吨门座起重机(M10-30)1 台、10 吨门座起重机(M10-25)2 台、6 吨铲车装载机 6 台、5 吨叉车 2 台、5 吨铲车装载机 10 台等。项目总投资 3.53 亿元,其中企业自筹资金 1.24 亿元,银行贷款 2.30 亿元。用地面积 19.44 万平方米。

项目建设单位为山东蔚阳栾家口港务股份有限公司;设计单位为安徽省港航勘测设计院;施工单位为山东海上建港有限公司;监理单位为青岛市政监理咨询有限公司;质监单位为山东省交通运输厅。

项目投入使用后,提高了栾家口港靠泊能力(从万吨级小港口提升至 5 万吨级港口),增加了吞吐量(项目年吞吐量占整个港口的 60%),给周边腹地带来了大量的经济社会效益,吸引了许多企业入驻港区。

(4)烟台港栾家口港区 15 号～17 号泊位工程

项目于 2013 年 6 月开工,截至 2015 年尚未完工。

项目建设依据:2012 年 7 月,山东省发展和改革委员会《烟台港栾家口港区 15#、16#、17#泊位工程项目核准的批复》(鲁发改能交〔2012〕888 号);2013 年 3 月,山东省交通运输厅、山东省发展和改革委员会《关于烟台港栾家口港区#15、#16、#17 泊位工程初步设计的批复》(鲁交建管〔2013〕23 号)。2010 年 12 月,山东省环境保护厅《关于烟台港栾家口港区 15#、16#、17#泊位工程环境影响报告书的批复》(鲁环审〔2010〕331 号);2006 年 8 月 30 日,蓬莱市人民政府土地证号:蓬国用(2006)第 0261 号;2012 年 6 月,交通运输部《关于烟台港栾家口港区 15 至 17 号泊位工程使用港口岸线的批复》(交规划发〔2012〕292 号)。

项目建设 2 个 5 万吨级散杂货泊位,码头前沿水深 14 米;1 个 3.5 万吨级散装水泥码头泊位 1 个,码头前沿水深 12.3 米。岸线总长 843 米。码头采用突堤式布局,重力式结构。项目后方堆场面积 8.6 万平方米,堆存能力 65 万吨。主要装卸设备配置 1250 吨/小时桥式抓装斗卸船机 2 台、25 吨门座起重机(M25-35)2 台、5 吨叉车 2 台、6 吨铲车 4 台等。项目总投资 4.16 亿元,其中企业自筹资金 1.25 亿元,银行借款 2.91 亿元。用地面积 9.7 万平方米。

项目建设单位为山东蔚阳栾家口港务股份有限公司;设计单位为中诚国际海洋工程勘察设计有限公司;施工单位为中建筑港集团有限公司;监理单位为山东港通工程管理咨询有限公司;质监单位为山东省交通运输厅。

(八)莱州港区

1.港区综述

(1)港区建设和运营概况

莱州市有108千米海岸线,其中可开发的港口岸线9.7千米,也是黄三角唯一适合建深水泊位的地方。莱州港区共有4家港口企业:中海港务(莱州)有限公司、华电莱州港务有限公司、山东朱旺港务有限公司、莱州海庙港务有限公司,分别位于莱州市三山岛工业园区、金城镇海北嘴湾东侧、城港路街道朱旺村、永安街道海庙后村西侧太平湾东岸。

莱州港区经过几十年的发展,从最初的小码头发展到拥有20个生产性泊位,其中万吨级以上泊位12个,主要货种为原油、铁矿石、化肥、砂石、集装箱等货物,被确定为国家发展黄河三角洲地区的龙头港口。到2015年,港口货物吞吐量突破2800万吨,对莱州市临港经济发展起到了巨大的促进作用。

(2)港区地理条件和集疏运概况

莱州港区集疏港方式为管道运输、公路运输和船舶转水运输。其中,公路运输通过疏港高速公路、疏港路、S218和S307,分别与威乌高速公路、G206联入地区公路网;疏港铁路专用线已列入大莱龙铁路(国家Ⅰ级货运铁路)改造规划,建成后可实现向潍坊、东营、滨州、德州等地方的双向运输;中国化工集团投资建设的莱昌双向输油管道(莱州港—昌邑石化),设计年燃料油输送能力1200万吨或原油输送能力1600万吨、成品油输送能力400万吨。

2.港区工程项目

(1)莱州港货运码头工程

项目于1992年4月开工,1996年6月试运行,1996年6月竣工。

项目建设依据:1991年,国家计划委员会《关于扩建山东省莱州市盐场设计任务书的批复》(计轻纺〔1991〕1465号);1991年,国家轻工部《关于对山东省莱州百万吨盐场扩建工程初步设计审查的批复》(轻综计〔1991〕166号)。1997年7月,山东省环境保护局《关于莱州港总体规划环境影响报告书的批复》(鲁环发〔1997〕128号)。

项目建设1个万吨级通用泊位(码头水工建筑允许靠泊能力2万吨级),码头前沿水深9.8米;2个3000吨级通用泊位(码头水工建筑允许靠泊能力5000吨级),码头前沿水深7.2米;1个0.3万吨级滚装泊位(码头水工建筑允许靠泊能力5000万吨级),码头前沿水深7.2米。岸线总长546米。码头采用突堤式布局,重力式结构。项目后方堆场面积4万平方米,堆存能力20万吨。主要装卸设备配置5吨门机1台、10吨门机2台。项目总投资 1100 万元,均为企业自筹资金。用地面积 9 万平方米。

建设单位为原莱州市港务管理局、原莱州盐业港运公司、中海港务(莱州)有限公司;设计单位为山东省交通规划设计院;施工单位为山东省筑港总公司;监理单位为青岛市建设监理公司;质监单位为山东省交通厅基本建设工程质量监督站。

项目建成后,三山岛作业区被国务院批准为一类对外开放口岸,即莱州口岸,1 号、2 号、3 号泊位成为莱州、潍坊地区原盐的主要出口码头,4 号泊位开通至旅顺滚装航线,有力支持了莱州、鲁中地区与日本、韩国等国,以及与我国辽宁省的经贸往来和客运交通。

随着市场需求和区域港口竞争格局变化,自"十五"初期开始,工程原有功能作用持续下降。随着印度、巴基斯坦低价原盐抢占日本、韩国市场,且潍坊港开港运营,经三山岛作业区的原盐出口量自 2007 年达到峰值后持续快速下降,至"十五"期末市场需求与期初相比下降70% ,1 号~3 号泊位功能完全可以由其他泊位兼容,于 2011 年终止通用泊位功能,列为"莱州港扩建三期工程"子项目,改造为液体化工品专用泊位。

随着高速铁路、公路和航空等运输手段的发展,莱州—旅顺滚装航线长期处于严重亏损状态,于 2005 年停止运营,4 号泊位改造为通用泊位,主要用于杂货运输,兼做液体化工业务。

(2)莱州港扩建工程

项目于 2004 年 5 月开工,2006 年 2 月试运行,2009 年 6 月竣工。

项目建设依据:2002 年 10 月,山东省发展计划委员会《关于莱州港扩建工程可行性研究报告的批复》(鲁计基础〔2002〕1035 号);2005 年 1 月,山东省交通厅、山东省发展和改革委员会《关于莱州港扩建工程初步设计的批复》(鲁交规划〔2005〕4 号);2009 年 2 月,山东省交通厅、山东省发展和改革委员会《关于烟台港莱州港区扩建工程初步设计变更的批复》(鲁交规划〔2009〕1 号)。2006 年 8 月,山东省海洋与渔业厅《关于莱州港5#、6#散货和客滚泊位工程海洋环境影响报告书的批复》(鲁海渔函〔2006〕179 号);2006 年 8 月,山东省人民政府《关于同意莱州港扩建工程海域使用的批复》(鲁政海域字〔2006〕21 号)。

项目建设 3000 吨级散杂货泊位和 3000 吨级滚装泊位各 1 个(码头水工建筑物允许靠泊能力 1.5 万吨级),岸线总长 250 米。码头采用突堤式布局,重力式结构。码头前沿水深9.2 米。项目后方堆场面积 1.2 万平方米,堆存能力 6 万吨。主要装卸设备配置 5 吨门机 1 台、10 吨门机 2 台。项目总投资 2475 万元,均为企业自筹资金。用地面积 14900 万平方米。

项目建设单位为原莱州莱银港务有限公司、中海港务(莱州)有限公司;设计单位为山东省航运工程设计院有限公司;施工单位为山东省筑港总公司、大连洪瑞航务工程有限公司;监理单位为山东省交通工程监理咨询公司青岛分公司;质监单位为烟台市交通工程质量监督站。

项目建成后,主要经营原盐、陶土、石料等散杂货业务和铝矾土等矿石转水业务,自"十一五"起完全承接1号~4号泊位原有功能,有力支持了莱州相关产业发展和对外经贸往来。

(3)莱州港液体石油化工品码头工程——烟台港莱州港区8号泊位改造工程

项目于2005年6月开工,2006年11月试运行,2006年11月竣工。

项目建设依据:2011年10月,莱州市发展和改革局《关于烟台港莱州港区8#泊位改造工程可行性研究报告的批复》(莱发改字〔2011〕227号);2012年4月,烟台市港航管理局《烟台港莱州港区8#泊位改造工程初步设计的批复》(烟港航〔2012〕102号)。

项目将原8号2万吨级液体石油化工品泊位改造为10万吨级液体石油化工品泊位。改造后,岸线总长306米。码头采用突堤式布局,重力式结构。码头前沿水深16.1米。项目后方堆场面积47万平方米,堆存能力120万吨。主要装卸设备配置输油臂2台、输油臂2台。项目总投资1.21亿元,均为企业自筹资金。用地面积48.69万平方米。

项目建设单位为中海港务(莱州)有限公司;设计单位为原山东诚基工程建设有限公司;施工单位为中交天津航道局有限公司、中建筑港集团有限公司;监理单位为山东省港通工程管理咨询有限公司;质监单位为烟台市交通工程质量监督站。

项目建成及相关改造工程完成后,主要经营原油、燃料油进口和成品油出口业务,成为"黄区"地炼企业原料进口的主要运输节点,有力支持了山东地炼产业发展。至2015年,原油接卸量在山东省内仅次于青岛港和日照港。

(4)莱州港液体化工品码头扩建工程

项目于2006年4月开工,2006年12月试运行,2006年12月竣工。

项目建设依据:2006年11月,山东省发展和改革委员会《关于莱州港2*2万吨级液体化工品泊位项目核准意见的批复》(鲁发改能交〔2006〕1150号);2007年3月,山东省交通厅、山东省发展和改革委员会《关于莱州港液体化工品码头扩建工程初步设计的批复》(鲁交规划〔2007〕24号)。2006年3月,山东省海洋与渔业厅《关于莱州港扩建二期工程海洋环境影响报告书的批复》(鲁海渔函〔2006〕47号);2006年8月,山东省环境保护局《关于莱州港扩建二期工程环境影响报告书的批复》(鲁环审〔2006〕129号);2006年11月,山东省人民政府《关于同意莱州港扩建二期工程海域使用的批复》(鲁政海域字〔2006〕31号);2006年10月交通部《关于莱州港液体化工品码头扩建工程使用港口岸线的批复》(交规划发〔2006〕541号)。

项目建设2个2万吨级液体石油化工品泊位(码头水工建筑允许靠泊能力5万吨级),码头前沿水深14.1米。岸线总长555米。码头采用突堤式布局,重力式结构。项目后方堆场面积47万平方米，堆存能力120万吨。主要装卸设备配置输油臂7台。项目总投资6575万元，均为企业自筹资金。用地面积0.73万平方米。

项目建设单位为中海港务（莱州）有限公司；设计单位为山东省航运工程设计院有限公司；施工单位为中交一航局二公司、中海工程建设总局宁波分局；监理单位为山东港通工程管理咨询有限公司；质监单位为烟台市交通工程质量监督站。

项目建成及相关改造工程完成后，主要经营原油、燃料油进口和成品油出口业务，成为"黄区"地炼企业原料进口的主要运输节点，有力支持了山东地炼产业发展。至2015年，原油接卸量在山东省内仅次于青岛港和日照港。

（5）烟台港莱州港区3×2万吨级通用泊位工程

项目于2007年5月开工，2008年7月试运行，2008年7月竣工。

项目建设依据：2007年4月，山东省发展和改革委员会《关于莱州港3*2万吨级通用泊位项目的核准意见》（鲁发改能交〔2007〕284号）；2007年11月，山东省交通厅、山东省发展和改革委员会《关于烟台港莱州港区3*2万吨级通用泊位工程初步设计的批复》（鲁交规划〔2007〕201号）。2006年3月，山东省海洋与渔业厅《关于莱州港扩建二期工程海洋环境影响报告书的核准意见》（鲁海渔函〔2006〕47号）；2006年8月，山东省环境保护局《关于莱州港扩建二期环境影响报告书的批复》（鲁环审〔2006〕129号）；2006年11月，山东省人民政府《关于同意莱州港扩建二期工程海域使用的批复》（鲁政海域字〔2006〕31号）；2007年2月，交通部《关于莱州港通用泊位工程使用港口岸线的批复》（交规划发〔2007〕73号）。

项目建设1个1万吨级通用泊位、2个2万吨级通用泊位（码头水工建筑允许靠泊能力7号1万吨级、11号3.5万吨级、12号5万吨级），12号码头前沿水深14.4米、11号码头前沿水深12.5米、7号码头前沿水深9.2米。岸线总长578米。码头采用顺岸式布局，重力式结构。项目后方堆场面积47万平方米，堆存能力120万吨。主要装卸设备配置25吨门机5台。项目总投资2.39亿元，均为企业自筹资金。用地面积10.77万平方米。

项目建设单位为中海港务（莱州）有限公司；设计单位为山东省航运工程设计院有限公司；施工单位为中交一航局二公司、中交烟台环保疏浚有限公司；监理单位为山东港通工程管理咨询有限公司；质监单位为烟台市交通工程质量监督站。

项目建成后，11号、12号泊位主要经营铝矾土、镍矿、铁矿石等大宗散货业务，7号泊位兼做杂货业务和铝矾土转水业务，5万吨级船舶可以乘潮进出，成为"黄区"有色冶金行业原料进口的重要运输节点，有力支持了山东电解铝、不锈钢产业发展。

（6）烟台港莱州港区2×3.5万吨级通用泊位工程项目

项目于2011年3月开工，2012年9月试运行，2013年12月竣工。

项目建设依据:2008年12月,山东省交通厅《关于烟台港莱州港区2×3.5万吨级通用泊位工程可行性研究报告审查意见的函》(鲁交规划〔2008〕244号);2011年7月,山东省交通运输厅、山东省发展和改革委员会《关于烟台港莱州港区2×3.5万吨级通用泊位工程初步设计的批复》(鲁交建管〔2011〕66号)。2009年4月,山东省环境保护局《关于烟台港莱州港区2×3.5万吨级通用泊位工程环境影响报告书的批复》(鲁环审〔2009〕116号);2010年6月,山东省人民政府《关于烟台港莱州港区2×3.5万吨级通用泊位工程项目用海的批复》(鲁政海域字〔2010〕19号);2010年8月,交通运输部《关于烟台港莱州港区2×3.5万吨级通用泊位工程使用港口岸线的批复》(交规划发〔2010〕445号)。

项目建设2个3.5万吨级通用泊位(码头水工建筑允许靠泊能力5万吨级),码头前沿水深12.5米。岸线总长490米。码头采用顺岸式布局,重力式结构。项目后方堆场面积1.23万平方米,堆存能力2.5万吨。主要装卸设备配置25吨-35米的门座式起重机6台。项目总投资6.21亿元,其中企业自筹资金2.08亿元,银行贷款4.13亿元。

(7)烟台港莱州港区3.5万吨级通用泊位工程项目

项目于2017年6月开工,2019年6月完工,2019年9月试运行。

项目建设依据:2012年2月16日,山东省交通运输厅《关于山东华电莱州二期2×1000兆瓦级超超临界机组配套卸煤码头工程可行性研究报告审查意见的函》(鲁交规划〔2012〕8号)。2016年1月26日,山东省交通运输厅、山东省发展和改革委员会《山东省交通运输厅山东省发展和改革委员会关于华电莱州发电有限公司二期工程配套卸煤码头2×3.5万吨级泊位工程初步设计的批复》(鲁发改能源〔2015〕950号)。2013年12月6日,山东海事局《关于〈山东华电莱州二期2×1000兆瓦级超超临界机组配套卸煤码头工程通航安全影响论证报告〉的审核意见》(鲁海通航〔2012〕213号);2015年6月26日,交通运输部《交通运输部关于烟台港山东华电莱州电厂二期扩建项目配套煤炭接卸码头工程使用港口岸线的批复》(交规划函〔2015〕482号);2015年8月10日,山东省海洋与渔业厅《山东省海洋与渔业厅关于山东华电莱州二期超超临界机组工程海洋环境影响报告书的核准意见》(鲁海渔函〔2015〕242号);2015年8月11日,山东省住房和城乡建设厅《建设项目选址意见书》(选字第370000201500042号);2015年8月12日,山东省环境保护厅《山东省环境保护厅关于山东华电莱州二期2×1000兆瓦级超超临界机组工程环境影响报告书的批复》(鲁环审〔2015〕195号);2015年9月10日,山东省发展和改革委员会《山东省发展和改革委员会关于山东华电莱州二期2×1000兆瓦级超超临界机组工程项目核准的批复》(鲁发改能源〔2015〕950号);2016年6月20日,山东省人民政府《山东省人民政府关于山东华电莱州二期2×1000兆瓦级超超临界机组工程用海的批复》(鲁政海域字〔2016〕31号);2017年4月7日,烟台市港航管理局《烟台市港航管理局关于华电莱州发电有限公司二期工程配套卸煤码头2×3.5万吨级泊位工程(#3泊位)施工图设计的批复》(烟港航〔2017〕33号)。

项目建设1个3.5万吨级卸煤泊位,位于烟台港莱州港区2×3.5万吨级通用泊位引堤内侧南段,前沿走向为NW-SE向,平行于引堤轴线。码头全长310米(含南侧过渡段40米、北侧过渡段44米),设计顶高程4.0米,前沿设计底高程-12.5米,重力式沉箱结构。码头后方场地长343米、宽43米,混凝土大板结构。泊位长226米、宽61米,设计底高程-12.5米。港池疏浚面积5.5万平方米,设计底高程-12.4米。引堤长67米,抛石斜坡堤结构、扭王字块护面,混凝土挡浪墙墙顶高程5.5米。回旋水域经疏浚后与莱州港区2×3.5万吨级通用泊位共用,回旋圆直径为380米,设计底高程为-12.4米。主要装卸设备配置1250吨/小时桥式抓斗卸船机2台。项目概算21657.79万元。

(8)莱州港区朱旺作业区码头工程

项目于2006年开工,2011年11月竣工。

项目建设2个万吨级通用泊位,码头前沿水深10米;2个0.3万吨级通用泊位(码头水工建筑允许靠泊能力0.5万吨级),码头前沿水深6.6米;2个0.2万吨级自航驳船泊位,码头前沿水深3.5米。码头岸线总长819米。码头采用突堤式布局,重力式结构。设有导航灯塔1座、码头灯桩1座、航标11座。前沿堆场面积30万平方米,堆存能力150万吨。主要装卸设备配置MQ25/33-40/25门机2台、45吨岸桥1台、40.5吨集装箱场桥2台、45吨正面吊1台、流动装卸机械数十台。项目总投资5.6亿元,均为企业自筹资金。港口主营集装箱、成品石材、盐、工业进出口产品以及当地农副产品。

项目建设单位为山东朱旺港务有限公司;设计单位为烟台港通工程咨询有限公司;施工单位为中交一航局第二工程有限公司;监理单位为烟台交通工程质量监督站。

项目建成后经烟台市核准,万吨级码头改造成莱州市唯一的集装箱专用码头,于2013年底开始运行,有力地促进和支持了莱州及周边区域的产业经济迅猛发展。

三、威海港

(一)港口概况

1.港口综述

威海市地处山东半岛东端,位于36°41′~37°35′N,121°11′~122°42′E之间。威海港北与辽东半岛相对,东及东南与朝鲜半岛和日本列岛隔海相望,西与烟台市相接。

威海港历史悠久,自元代海运业兴起,即为过往船舶的停泊锚地。1887年,清代曾在威海湾内刘公岛建铁码头1座,专供北洋水师驻泊及补给。1901年英国强占威海卫,将威海港辟为自由贸易港。1918年,威海商绅合资兴建栈桥式"德胜"码头1座。1927年,外商"和记洋行"建"和记"码头 1 座,后因水浅失去作用。1930 年,我国收回威海卫。1964—1965 年,将原"德胜"码头改建为轻型重力式混凝土管柱码头。1978 年开始威海湾港区老港作业区的建设,1994 年启动新港作业区的建设。

1985 年 4 月,威海港对外开放,开始与日本、苏联、朝鲜、新加坡、西欧等国家和地区通航。1990 年 9 月开辟了威海—仁川的客货滚装航线,首开集装箱运输业务,后陆续开通威海—韩国平泽,威海—韩国釜山,威海—日本关东、关西的全集装箱航线,分别经青岛、大连转口。此外,开通了至大连的客运滚装航线。

威海港目前包括威海湾港区、石岛港区、龙眼湾港区、蜊江港区、南海港区、乳山口港区等港区。截至 2015 年,威海市共有 74 个生产性泊位,其中深水泊位 32 个,泊位最大靠泊等级为 7 万吨级。

威海湾港区由老港作业区和新港作业区组成。老港作业区拥有 1 万吨级泊位 1 个、5000 吨级泊位 3 个、1000 吨级泊位 1 个。2013 年 6 月,该作业区生产功能已全部转移至新港作业区。新港作业区位于威海湾南岸杨家湾底以东至皂埠口附近,行政区划属威海经济技术开发区,拥有 21 个生产性泊位,其中威海港集团经营管理 10 个泊位,7 万吨级泊位 1 个,5 万吨级泊位 3 个,3 万总吨滚装泊位 3 个,2 万总吨滚装泊位 1 个,2 万吨级泊位 4 个,1 万吨级、3 千吨级泊位各 1 个。威海威洋石油有限公司经营管理 2 个液化泊位(1 个 2 千吨级泊位、1 个 5 万吨级泊位)。华能威海发电有限责任公司经营管理 2 个 2 万吨级煤炭专用泊位。威海三进船业有限公司经营 3 个驳运泊位(2 个 5000 吨级、1 个 3000 吨级)。威海湾港区主要航道有威海老港作业区航道、新港作业区航道等 3 条航道。威海湾港区主要锚地有 2 号锚地(避风锚地)、6 号锚地(检疫锚地)、威海湾新港区锚地 3 处锚地,锚地面积为10.3平方公里。

石岛港区共拥有 18 个泊位,其中 5 万吨级泊位 1 个、2 万吨级泊位 2 个、1 万吨级通用泊位 7 个。石岛港区外主航道长 3250 米,宽 1000 米,水深 9 ~ 26.5 米;内航道长 3250 米,宽 100 米,水深 9 米。拥有石岛港区外籍船舶作业锚地、石岛港区检疫锚地、石岛港区国内船舶作业锚地、石岛港区国内商船避风锚地、石岛港区渔船避风锚地。

龙眼湾港区拥有 12 个泊位,其中 5 万吨级泊位 1 个、1 万吨级泊位 3 个。龙眼湾港区航道长 1000 米,宽 215 米,水深 10 ~ 20 米。拥有龙眼湾港区外锚地。

蜊江港区共有 4 个千吨级泊位。蜊江港区航道长 13400 米,宽 400 米,水深 6.5 ~ 20 米。拥有蜊江港区锚地。

靖海湾港区由张家埠新港作业区、张家埠老港作业区和凤凰尾作业区组成。张家埠新港作业区建成的一期工程包括 2 个 5000 吨级杂货泊位。张家埠老港作业区拥有 4 个 1000 吨级通用泊位。凤凰尾作业区有 5 个通用泊位,包括 1000 吨级泊位 1 个、3000 吨级通用泊位 3 个、5000 吨级泊位 1 个。靖海湾港区 1 号通用锚地面积 21.5 平方公里,水深

9.8～16.7 米,底质为淤泥质土,可满足 2 万吨级以下船型锚泊需要。

乳山口港区拥有泊位 3 个,包括 2 万吨级散杂货泊位 2 个、1000 吨级 1 个。乳山口港区航道长 7300 米,宽 300 米,水深 3.2～13 米。拥有乳山口港区检疫、候潮锚地、乳山口港区驳运锚地。

2. 港口水文气象

威海港属于北温带季风型大陆性气候。因三面环海,地形复杂,形成了明显的地区性差异。年平均气温 12.1 摄氏度。年降水量以东部和南部为多,西南部较少。沿海年平均雾日 16.0 天,年平均相对湿度 68%。常风向为 NW 向和 NNW 向,强风向为 NWN 向和 SW 向。威海港的年平均风速以成山头最大,最大风速的风向为偏北向。

威海市三面环海,水文地区性差异较大。潮汐类型有规则半日潮和不规则半日潮两种。海域乘高潮历时 2 小时、保证率为 90% 的乘潮水位为威海湾附近水域 1.5 米、靖海湾 2.78 米;历时 2 小时、保证率为 85% 的乘潮水位为乳山口 2.80 米、石岛湾 2 米;历时 1 小时、保证率为 90% 的乘潮水位为桑沟湾 1.09 米。威海港潮流属于不规则半日潮流,沿岸潮流最大涨潮流速为 60 厘米/秒。威海湾内以风浪为主,有较多的混合浪,纯涌浪出现较少。强浪向为 ENE 向,最大波高 1.44m。常浪向为 ENE 向,频率为 11.26%,次常浪向为 N 向,频率为 11.2%,再其次为 NNW 向,频率为 10.36%。成山头常浪向为 NE 向,频率为 13%,次常浪向为 N 向和 S 向,频率均为 11%。强浪向为 NE 向,最大波高 9.0m,次强浪为 ESE 向和 SSE 向。桑沟湾常浪向、强浪向均为 SE 向,频率为 20%。石岛湾波浪以风浪为主,全年风浪频率为 98%,最多涌浪向为 S 向,平均波高 0.3 米,平均周期 2.2 秒。全年的常风浪向为 SW 向,全年的强浪向为 SE 向和 ESE 向,最大波高均为 6.3 米。次强浪向为 SW 向,最大波高为 5.3m。常涌浪向为 S 向。冬季以偏 N 向浪为主,夏季盛行偏 S 向浪,春季以 SE 向风浪为最多,秋季以 N 向风浪为最多。乳山口外全年的常浪向为 SSE 向,频率为 15%,次常浪向为 SE 向,频率为 13%;春、夏季常浪向为 SSE 向,秋、冬季常浪向为 SE 向。春季强浪向为 S 向,观测期间,最大波高 3.3m;夏季强浪向为 SW 向;最大波高 5.8m。全年最大浪向为 SE 向。观测期间有 8509 号台风在青岛登陆,测到 5.8m 大浪。靖海湾强浪向为 SSE 向,次强浪向为 S 向;常浪向为 SSW 向,频率为 10.5%,次常浪向为 SSE 向,频率为 8.9%。

海岸线地质类型属港湾海岸,沿岸岬角地段,岸壁陡峭,以靖子头、成山头及石岛一带沿岸最为典型。沿岸海湾地段,主要分布在市域南部与东部,以荣成湾、桑沟湾、靖海湾、五垒岛湾及乳山口湾的海积地貌最为典型。威海湾泥沙来源主要有河流输沙、侵蚀海岸来沙、侵蚀海底来沙、人工堆积物来沙,湾内的泥沙量主要与侵蚀海岸来沙有关。

3. 发展成就

威海港所依托的威海市是我国最早开放的十四个沿海城市之一,是山东省外向型经济较为活跃的城市,凭借丰富的港口资源和区位优势,与韩国、日本以及我国东北地区、环渤海城市群建立了比较密切的经济和人员往来。

威海港是山东省沿海地区性重要港口,是环渤海运输系统的重要组成部分,是山东省对韩贸易的重要口岸、山东与辽东半岛海峡运输的窗口,是环渤海地区的集装箱喂给港,长期以来对腹地经济和社会发展发挥了重要作用。《威海港总体规划》于 2009 年 3 月经山东省人民政府批复,规划威海港由六个港区组成,包括威海湾港区、龙眼湾港区、蜊江港区、石岛港区、靖海湾港区、乳山口港区。六大港区共同构建了威海港发展的总体格局。

2015 年威海港共完成货物吞吐量 7323.8 万吨,其中集装箱吞吐量 106.0 万 TEU;港口客运量为 188.0 万人次。

威海港港区分布图如图 8-4-2 所示。威海港基本情况表(沿海)见表 8-4-3。

图 8-4-2　威海港港区分布图

表8-4-3

威海港基本情况表（沿海）

序号	港区名称	港口岸线		2015年港口生产用泊位				其中:1978—2015年建成的生产用泊位				2015年港口货物和旅客吞吐量						
		港口规划岸线	其中:2015年前已建成岸线	生产用泊位数	其中:万吨级及以上	生产用泊位总长	其中:万吨级及以上	生产用泊位数	其中:万吨级及以上	生产用泊位总长	其中:万吨级及以上	货物吞吐量	其中:外贸货物吞吐量	集装箱	滚装车辆 数量	滚装车辆 质量	旅客	其中:国际旅客
		千米	千米	个	个	米	米	个	个	米	米	万吨	万吨	万TEU	万辆	万吨	万人	万人
1	威海湾港区	14.7	7.9	26	16	5168	3921	26	16	5168	3921	4806.0	2205.1	69.6	12.6	1246.0	144.9	25.8
2	石岛港区	14.4	3.2	18	10	2929	1788	18	10	2929	1788	1816.2	621.3	29.9	0.0	0.0	28.1	28.1
3	龙眼湾港区	12.8	3.5	12	4	1548	660	12	4	1548	660	417.5	181.8	6.5	0.0	0.0	15.1	15.1
4	蜊江港区	6.5	0.1	4	0	332	0	4	0	332	0	121.2	48.0	0.0	0.0	0.0	0.0	0.0
5	靖海湾港区	18.7	4.4	11	0	1956	0	8	0	1736	0	29.7	0.0	0.0	0.0	0.0	0.0	0.0
6	乳山口港区	6.0	2.16	3	2	465	390	3	2	465	390	133.3	0.0	0.0	0.0	0.0	0.0	0.0
	合计	73.1	21.26	74	32	12398	6759	71	32	12178	6759	7323.8	3056.2	106	12.6	1246.0	188.1	69.0

(二)威海湾港区

1.港区综述

(1)港区建设和运营概况

威海湾老港作业区1978年建成钢筋混凝土管柱桩码头1座,1990年扩建万吨级码头1座。1994年改造建成客货滚装码头1座。1994年,启动新港作业区建设,建成3千吨级、1万吨级码头(即新港作业区一期工程)各1座。1997年,完成新港作业区二期工程(2个2万吨级码头)建设。进入2000年以后,随着新港作业区的建设,货物运输开始逐步加快由老港作业区向新港作业区转移,并相继完成了新港作业区三期、四期工程建设。至2013年6月,威海湾港区老港作业区货物运输完全转移至新港作业区。

1985年4月,威海港对外开放。1990年9月开辟了威海—仁川的客货滚装航线,开通至大连的客运滚装航线,并又陆续开通了威海—韩国平泽,威海—韩国釜山,威海—日本关东、关西的全集装箱航线。2005年12月,威海港同青岛港共同出资成立了青威集装箱码头有限公司,共同经营集装箱业务。港区主要港口经营人包括威海港集团、华能威海发电有限责任公司、威海威洋石油有限公司。

威海湾港区由老港作业区和新港作业区组成。

①老港作业区:现有1万吨级泊位1个、5000吨级泊位3个、1000吨级泊位1个。2013年6月,随着威海港国际客运中心的搬迁,老港区业务全部搬至新港客滚区。

②新港作业区。客滚区:已建成2个3万总吨客滚泊位、1个2万总吨客滚泊位和1个3万总吨客运泊位。集装箱区:该作业区码头由二期工程2个2万吨级多用途泊位和一突堤西侧根部1个2万吨级多用途泊位改造而成。由青威集装箱公司和威海港集装箱公司经营管理。散杂货区:该作业区装卸作业由一突堤2个2万吨级、3个5万吨级、1个7万吨级多用途泊位和一期码头1个1万吨级、1个3000吨级多用途泊位组成。主要装卸煤炭、铝矾土、钢材、化肥等散杂货,作业区核算吞吐能力达到1300万吨。华能电厂煤炭专用码头:拥有2个2万吨级煤炭专用泊位,用于接卸华能电厂自用煤炭,设计吞吐能力290万吨。威洋石油液体化工码头:拥有1个5万吨级和1个2000吨级液化泊位,主要装卸成品油、化工品、液化气等液体化工产品,设计吞吐能力150万吨。威海三进船业有限公司驳运泊位:拥有5000吨级驳运泊位2个、3000吨级驳运泊位1个。

威海湾港区主要航道有威海老港作业区航道、新港作业区航道等3条航道。

威海湾港区主要锚地有2号锚地(避风锚地)、6号锚地(检疫锚地)、威海湾新港区锚地3处锚地,锚地面积为10.3平方公里。

威海湾港区货物吞吐量结构中,内贸所占比重在56%左右;受地域、交通及港口规模所限,威海湾港区目前主要为威海市经济发展服务,与青岛、烟台两港相比,对山东省中部、南部及省外地区的辐射力度相对较弱。据统计,全市港口货物吞吐量中有90%以上是直接为威海市服务;其余主要是供给省内中西部地区金属冶炼行业的进口铝矾土,部分潍坊出口至韩国的原盐及内陆腹地所产的出口化肥等。

2015年,威海湾港区完成货物吞吐量4806万吨,集装箱吞吐量69.6万TEU。资料统计分析显示,威海湾港区承运的主要货类为客货滚装、煤炭、集装箱、矿建,主要流向国内的大连、青岛、天津及华南地区,国外主要为韩国、日本。目前货物运输方式以水运、公路为主,铁路为辅。

2015年威海港完成滚装吞吐量22万车次,折合标准车辆56万辆,滚装客运量188万人次。主要以我国大连、韩国的仁川和平泽航线为主。威海湾港区对韩甩挂运输每周两班,以对韩国仁川的新金桥Ⅱ为主要的运输船舶,年运量在5.3万车次左右。

(2)港区地理条件和集疏运概况

威海湾港区位于威海市环翠区。水路距大连港93英里、天津港272英里、烟台港47英里、青岛港200英里、上海港480英里,距韩国仁川港219英里。陆路距烟台90千米、距青岛280千米。

威海湾港区老港作业区位于市区中心,与威海市城市道路直接联通。新港作业区距威海市区15千米,进港主要依托海埠路(疏港路),并与威青高速公路、青岛路、滨海大道等公路干网相连。

新港作业区疏港铁路于2002年建成并投入使用,威海站至港前站为Ⅱ级地方铁路,全线长8.3千米,站线长1.5千米,设计年输送能力为800万吨。

威海市境内通有G18、S24、G309等高等级公路,形成了"三纵三横一环"便利的公路网络。桃威铁路开通了全国货物直达运输和至济南、青岛、淄博、徐州、武汉、北京的旅客列车。威海机场已开通多条国内外航线。

2.港区工程项目

(1)威海港万吨级散杂码头扩建工程

项目于1988年4月开工,1990年9月试运行,1990年9月竣工。

项目建设依据:1986年9月,山东省计划委员会《关于威海港万吨级散杂货码头改造工程设计任务书的批复》((86)鲁计能(基)字第331号);1987年11月,山东省城乡建设委员会《关于威海港万吨级泊位工程初步设计的批复》(鲁建重发〔1987〕14号)。

项目建设1个1万吨级散杂货泊位,岸线总长435米。码头采用突堤式布局,重力式结构。码头前沿水深10.9米。项目后方堆场面积0.5万平方米,堆存能力1万吨;仓库面积0.3万平方米,堆存能力0.6万吨。主要装卸设备配置10吨门机2台。项目总投资

3569 万元。其中中央投资 1200 万元,山东省计委 400 万元,山东省交通厅 1669 万元,威海市 200 万元,威海港自筹 100 万元。用地面积 1.5 万平方米。

项目建设单位为山东省威海港务局;设计单位为山东省航运工程设计室;施工单位为山东省筑港工程公司、烟台疏浚二公司。

项目投产后,成为老港区主要作业码头,运营良好。直至 2013 年,老港作业区的客货运输功能全部迁移至新港作业区。老港作业区位于威海市中心城区,不再保留生产性港口功能。

(2)威海港新港区通用泊位工程

项目于 1993 年 3 月开工,1994 年 11 月试运行,1994 年 11 月竣工。

项目建设依据:1992 年 3 月,山东省计划委员会《关于威海新港区通用泊位工程可行性研究报告的批复》(鲁计工一(基)字〔1992〕第 166 号);1992 年 9 月,山东省交通厅《关于威海新港区通用泊位工程初步设计的批复》(鲁交计〔1992〕125 号)。1992 年 7 月,山东省环境保护局《关于对威海新港工程环境影响评价报告的批复》(鲁环管二〔1992〕49 号);威海市城乡建设规划管理处颁发建设用地规划许可证((92)鲁 10-01-137)。

项目建设 1 个 1 万吨级通用泊位,岸线总长 295 米。码头采用顺岸式布局,重力式结构。码头前沿水深 11 米。项目后方堆场面积 1.64 万平方米,堆存能力 3.28 万吨;仓库面积 0.4 万平方米,堆存能力 0.8 万吨。主要装卸设备配置 M10-30 门机 2 台。项目总投资 6794 万元,其中国家交通投资公司 2945 万元,山东省交通厅 2849 万元,威海市 1000 万元。用地面积 15 万平方米。

项目建设单位为威海市港务管理局;设计单位为山东省航运工程设计院;施工单位为山东省筑港总公司;监理单位为威海港建港指挥部监理处;质监单位为山东省交通厅基本建设工程质量监督站。

项目投产后运营情况良好,较好地满足了新港区初期生产作业需求。

(3)威海石油码头油库工程

项目于 1993 年 8 月开工,1995 年 8 月试运行,1995 年 8 月竣工。

项目建设依据:1993 年 3 月,威海市计划委员会《关于合资经营"威海威洋石油有限公司"项目可行性研究报告的批复》。1992 年 11 月,威海土地管理局《建设用地指标通知书》;1993 年 6 月,山东省环境保护局《对威海石油码头油库工程环境评估报告书的批复》(鲁环管二〔1993〕58 号)。

项目建设 1 个 2000 吨级石油专用泊位、1 个 5 万吨级石油专用泊位,岸线总长 560 米。码头采用顺岸式布局,重力式结构。码头前沿水深 13.9 米。仓库面积 16.8 万平方米。主要装卸设备配置海洋装卸臂 AM63(3 台)、输气臂 AM73(2 台)、流体装卸臂 AM63(2 台)、流体装卸臂 RC08H(1 台)、海洋装卸臂 FBFA(3 台)。项目总投资 1.32 亿元,政府投资 1976 万元,其中企业自筹资金 7905 万元,利用外资 410 万元。用地面积 24.6 万平方米。

项目建设单位为威海威洋石油有限公司;设计单位为交通部第一航务工程勘察设计院;施工单位为交通部第一航务工程局第二工程公司、中国石油化工总公司第十建筑公司;监理单位为中北港湾工程建设监理所。

项目投产前,当地成品油主要靠陆路汽车运输,路程长,成本高,仅有的一个石油泊位,因泊位小,设备设施老化陈旧,不能满足较大船舶靠泊。

项目投产后,对当地及其周边区域石油产品的流通起到了良好的调节作用,并逐渐成为该地区成品油供应及运输纽带,有效地促进了当地经济的发展,取得了良好的经济社会效益,成为当地经济高速发展的有力保障。

（4）华能威海发电有限责任公司煤码头一期工程

项目于 1992 年 4 月开工,1993 年 7 月试运行,1994 年 6 月竣工。

项目建设依据:1990 年 3 月,山东省计划委员会《关于威海港新港区煤炭码头工程项目建议书的批复》((90)鲁计工一(基)字第 140 号);1991 年 10 月,能源部《关于山东威海电厂煤码头初步设计的批复》(能源电规〔1991〕1005 号)。

项目建设 1 个 2 万吨级煤码头泊位,岸线总长 200 米。码头采用突堤式布局,重力式结构。码头前沿水深 11 米。主要装卸设备配置 ZQX600 卸船机 1 台、ZQX800 卸船机 2 台。项目总投资 2795 万元。

项目建设单位为华能威海发电有限责任公司;设计单位为海军北海工程设计院;施工单位为海军北海舰队建港指挥部;质监单位为威海发电工程质量监督站。

项目投产后运营情况良好,完全满足了华能威海电厂一期机组发电煤炭供应。

（5）华能威海发电有限责任公司煤码头二期工程

项目于 1996 年 7 月开工,1997 年 6 月试运行,1997 年 6 月竣工。

项目建设依据:1994 年 1 月,国家计划委员会《关于山东华能威海电厂二期工程项目建议书的批复》(计交能〔1994〕60 号);1995 年 12 月,电力工业部《关于华能威海电厂二期扩建工程初步设计的批复》(电电规〔1995〕766 号)。

项目建设 1 个 2 万吨级煤码头泊位,岸线总长 175 米。码头采用突堤式布局,方块重力式结构。码头前沿水深 11 米。主要装卸设备配置 UL1000 吨/H 卸船机 2 台。项目总投资 6374 万元,由企业自筹。

项目建设单位为华能威海发电有限责任公司;设计单位为海军北海工程设计院;施工单位为山东威海鲁能港务有限责任公司、海军北海舰队建港指挥部;质监单位为威海发电工程质量监督站。

项目运营情况良好,完全满足了华能威海电厂二期、三期机组发电煤炭供应。

(6)威海港新港区二期工程

项目于1997年3月开工,1998年6月试运行,1998年6月竣工。

项目建设依据:1996年2月,山东省计划委员会《关于威海港新港区二期工程可行性研究报告的批复》(鲁计工一(基)字〔1996〕第66号);1996年10月,山东省交通厅《关于威海新港区二期工程初步设计的批复》(鲁交计〔1996〕28号)。威海港总体布局规划环保影响报告书(鲁环管二〔1993〕35号)。

项目建设1个2万吨级多用途泊位和1个2万吨级通用泊位,岸线总长425米。码头采用顺岸式布局,重力式结构。码头前沿水深11米。项目后方堆场面积10万平方米,堆存能力20万吨;仓库面积0.18万平方米,堆存能力0.36万吨。主要装卸设备配置40吨岸桥4台、41吨场桥2台。项目总投资1.63亿元,其中山东省交通厅3000万元,交通投资公司3000万元,威海自筹6930万元。用地面积10万平方米。

项目建设单位为威海市港务管理局;设计单位为山东省航运工程设计院;施工单位为山东省筑港总公司第一工程公司;监理单位为武汉华通工程建设监理所;质监单位为山东省交通厅基本建设工程质量监督站。

项目投产后,运营期良好,为港口提供码头泊位,提高了港口装卸能力。

(7)威海港新港区三期工程

项目于2005年5月开工,2013年5月试运行,2013年5月竣工。

项目建设依据:2002年12月,山东省发展计划委员会《关于威海港新港区三期工程可行性研究报告的批复》(鲁计基础〔2002〕1274号);2003年9月,山东省交通厅、山东省发展计划委员会《关于威海港新港区三期工程工程初步设计的批复》(鲁交规划〔2003〕112号)。2002年11月,山东省环境保护局批复《威海港新港区三期工程项目环境影响报告表》;2003年10月,山东省海洋与渔业厅《关于威海港新港区三期工程海域使用的批复》(鲁海渔函〔2003〕176号);2003年10月,交通部《关于威海港新港三期工程码头使用岸线的批复》(交规划发〔2003〕420号)。

项目建设1个2万吨级通用码头泊位、1个2万吨级多用途码头泊位,岸线总长435米。码头采用突堤式布局,重力式结构。码头前沿水深14.3米。项目后方堆场面积15.2万平方米,堆存能力30万吨。主要装卸设备配置岸边集装箱起重机(型号ZP61吨)2台、轨道式集装箱门式起重机(型号JR21/41吨)4台。项目总投资2.28亿元。用地面积15.2万平方米。

项目建设单位为威海港集团有限公司;设计单位为中交水运规划设计院有限公司;施工单位为山东港湾建设有限公司、中国水产广州建港工程公司。监理单位为上海东华建设监理所、山东港通工程管理咨询有限公司;质监单位为山东省交通运输厅基本建设工程质量监督站。

项目投产后,运营情况良好,大幅提高了港口集装箱装卸能力。

(8)威海港新港区四期工程

项目于 2008 年 6 月开工,2013 年 5 月试运行,2013 年 5 月竣工。

项目建设依据:2007 年 2 月,山东省发展和改革委员会《关于威海港新港区四期工程项目的核准意见》(鲁发改能交〔2007〕145 号);2007 年 9 月,山东省交通厅、山东省发展和改革委员会《关于威海港新港区四期工程初步设计的批复》(鲁交规划〔2007〕174 号)。2006 年 11 月,山东省环境保护局《关于威海港集团有限公司新港区四期工程环境影响报告书的批复》(鲁环审〔2006〕195 号);2007 年 11 月,山东省人民政府《关于同意威海港新港区四期工程海域使用的批复》(鲁政土字〔2007〕401 号);2008 年 7 月,山东省人民政府《关于同意威海港新港区四期工程海域使用的批复》(鲁政海域字〔2008〕18 号);2013 年4 月,交通运输部《关于威海港威海湾港区四期工程使用港口岸线的批复》(交规划发〔2013〕288 号)。

项目建设 1 个 7 万吨级散货泊位,码头前沿水深 16.5 米;3 个 5 万吨级通用泊位,码头前沿水深 14.9 米。岸线总长 1115 米。码头采用顺岸式布局,重力式结构。项目后方堆场面积 11 万平方米,堆存能力 20 万吨。主要装卸设备配置港口门座起重机(型号MC40)4 台、港口门座起重机(型号 MQ16)3 台、港口门座起重机(型号 MQ4043)4 台。项目总投资 7.97 亿元。用地面积 11 万平方米。

项目建设单位为威海港集团有限公司;设计单位为中交水运规划设计院有限公司;施工单位为山东港湾建设有限公司、中交一航局第二工程有限公司、中国水产广州建港工程公司等;监理单位为上海东华建设监理所、山东港通工程管理咨询有限公司;质监单位为山东省交通运输厅基本建设工程质量监督站。

项目投产后运营情况良好,为威海港提供多个深水泊位,提高港口整体散杂货装卸能力。

(9)威海港国际客运中心搬迁工程

项目于 2009 年 2 月开工,2013 年 6 月试运行,2014 年 6 月竣工。

项目建设依据:2007 年 10 月,山东省发展和改革委员会《关于威海港国际客运中心搬迁工程(码头工程部分)项目的核准意见》(鲁发改能交〔2007〕1115 号);2008 年 9 月,山东省交通厅、山东省发展和改革委员会《关于威海港国际客运中心搬迁工程(码头工程部分)初步设计的批复》(鲁交规划〔2008〕171 号);2013 年 7 月,山东省交通运输厅《关于威海港国际客运中心搬迁工程(码头工程部分)初步设计变更的批复》(鲁交建管〔2013〕62 号)。2007 年 6 月,山东省环境保护局《关于威海港集团有限公司威海港国际客运中心搬迁工程(泊位)环境影响报告书的批复》(鲁环审〔2007〕88 号);2007 年 4 月,山东省人民政府《关于威海港集团有限公司威海港国际客运中心搬迁工程用海批复》(鲁政海域字〔2007〕24 号）;2013 年 7 月,交通运输部《关于威海港威海湾港区 1 号至 4 号国际客运中心码头工程使用港口岸线的批复》(交规划发〔2013〕395 号)。

项目建设 2 个 3 万吨级客滚泊位、1 个 3 万吨级客运泊位、1 个 2 万吨级客滚泊位,岸线总长 944 米。码头采用顺岸式布局,重力式结构。码头前沿水深 9 米。项目后方堆场面积 18 万平方米,堆存能力 36 万吨;仓库面积 8049.8 平方米,堆存能力 1.6 万吨。主要装卸设备配置 100 吨升降桥 2 台。项目总投资 4.92 亿元。用地面积 18 万平方米。

项目建设单位为威海港集团有限公司;设计单位为中交水运规划设计院有限公司;施工单位为山东港湾建设有限公司、中交一航局第二工程有限公司、中国水产广州建港工程公司等;监理单位为上海东华建设监理所、山东港通工程管理咨询有限公司;质监单位为山东省交通运输厅基本建设工程质量监督站。

项目投产前,当地成品油主要靠陆路汽车运输,路程长,成本高,仅有的一个石油泊位,因泊位小,设备设施老化陈旧,不能满足较大船舶靠泊。项目投产运营以来,老港作业区的客货运输功能全部迁移至新港作业区,运营状况良好。

（三）石岛港区

1.港区综述

（1）港区建设和运营概况

石岛港很早即为山东省著名渔盐集散地。清末始建两座简易码头。抗日战争期间先后修建改建盐业专用码头和原有码头。1949 年以来修建了仓库、客运站、货场,改造了旧码头。石岛港区共拥有 14 个泊位,包括 1 个 5 万吨级泊位、2 个 2 万吨级泊位、6 个 1 万吨级通用泊位、5 个 5000 吨级泊位,另有邻近朱口等港点 1 个 10000 吨级泊位和 3 个 1000 吨级泊位。主要工程项目有石岛港区 5 万吨级航道工程、16 号~18 号泊位工程等。

石岛新港现已开通韩国仁川线(周三班),群山线(天天班),韩国釜山线(周双班),日本关东、关西航线(周双班),日本博多、门司线(周双班),广东、泉州内贸线(周双班),青岛公共外贸内支线(周三班)等国际、国内航线 13 条。年可周转集装箱 25 万 TEU、散杂货 150 万吨,运送出入境旅客 30 万人次。

朱口港点位于山东省荣成市人和镇朱口村,1988 年在原有小码头基础上修建码头,1992 年 5 月投产使用,货物吞吐以船舶燃料油为主。

2011 年吞吐量为 1347 万吨,2012 年吞吐量为 1533 万吨,2013 年吞吐量为 1643 万吨,2014 年吞吐量为 1751 万吨,2015 年吞吐量为 1814 万吨。

（2）港区地理条件和集疏运概况

石岛港位于山东半岛最东端,威海市南部石岛湾畔,东部及东北部有镆铘岛掩护,北有朝阳山,背依石岛山,三面环山,口门向东南敞开,与南黄海相连。货物吞吐以散货为主,兼有件杂,主要为腹地提供工业用煤、石油,出口矿建材料。

石岛新港海关、检验检疫、边检、海事等口岸查验部门驻港现场办公,码头各类作业机械齐全,拥有30.5～40.5吨集装箱岸桥6台、35.5～40.5吨集装箱场桥6台、集装箱正面吊5台、门机吊17台、300吨海上浮吊1艘、2600～3600马力全回转拖轮共4艘、环保清油船1艘、斯太尔集装箱拖车200余辆。石岛港区拥有5万吨级航道一条,年通过大小船舶30余万艘次。

2.港区工程项目

(1)朱口港点万吨级码头工程

项目于1988年2月开工,1992年5月试运行,1992年5月竣工。

项目建设1个1万吨级成品油码头泊位,岸线总长350米。码头采用顺岸式布局,重力式结构。码头前沿水深9.3米。项目总投资1000万元,均为企业自筹资金。用地面积2.99万平方米。

项目建设单位为荣成市朱口渔业公司(2005年变更为朱口集团有限公司);设计单位为山东省渔港工程公司;施工单位为山东省渔港工程公司;监理单位为山东省渔港工程公司;质监单位为山东省渔港工程公司。

项目竣工验收至今,运行状况良好,为石岛港区以及周边地区的经济发展做出了积极贡献。

(2)石岛万吨级码头工程

项目于1999年8月开工,2001年4月竣工。

项目建设依据:2001年1月,山东省发展计划委员会《关于荣成市石岛港万吨级通用泊位工程可行性研究报告的批复》(鲁计基础字〔2001〕19号);2001年3月,威海市发展计划委员会《关于荣成市石岛港万吨级码头初设设计的批复》(威计基字〔2001〕24号)。

项目建设3个1万吨级散货泊位,岸线总长572米。码头采用顺岸式布局,重力式结构。码头前沿水深8米。项目后方堆场面积2万平方米,堆存能力2万吨、8万TEU;停车场面积0.05万平方米,停车数量200标准。主要装卸设备配置M10-25门机吊3台、5～20吨汽运车20部、5吨装卸机5台。项目总投资6098万元,其中企业自筹资金3049万元,银行贷款3049万元。用地面积2679.6万平方米。

项目建设单位为山东石岛水产供销集团总公司;设计单位为青岛港湾工程勘察设计院;施工单位为山东省渔港工程公司;监理单位为烟台港建设监理公司;质监单位为烟台港建设工程质量监督站。

(3)山东石岛水产供销集团通用码头工程

项目于2005年1月开工,2007年6月竣工。

项目建设依据:2004年12月,威海市发展计划委员会《关于山东石岛水产供销集团公司预制场码头工程可行性研究报告的批复》(威计工字〔2004〕73号);2003年,荣成市环境保护局出具审批意见;用海批复(国海证033701563号、国海证043700019号)。

项目建设3个1万吨级通用泊位,码头前沿水深10米;5个5000吨级通用泊位,码头前沿水深8米。岸线总长1266米。码头采用顺岸式布局,重力式结构。项目后方堆场面积23万平方米,堆存能力23万吨、30万TEU;停车场面积0.07万平方米,停车数量300标准车位。主要装卸设备配置门式起重机2台。项目总投资7660.15万元,均为企业自筹资金。用地面积5334.75万平方米。

项目建设单位为荣成市石岛港务有限公司(原山东石岛水产供销集团总公司);设计单位为中国人民解放军旅顺工程设计院;施工单位为荣成市华东建筑工程有限公司;监理单位为山东港通工程管理咨询有限公司;质监单位为烟台港建设工程质量监督站。

项目投产前,当地成品油主要靠陆路汽车运输,路程长,成本高,仅有的一个石油泊位,因泊位小,设备设施老化陈旧,不能满足较大船舶靠泊。2008年4月23日,经山东省人民政府批准,码头允许对外开放,至今运行状况良好。

(4)威海港石岛港区西作业区16号～18号泊位工程

项目于2011年10月开工,2015年8月试运行,2017年2月竣工。

项目建设依据:2014年1月,山东省发展和改革委员会《关于威海港石岛港区西作业区16#、17#、18#泊位工程项目核准的批复》(鲁发改能交〔2014〕83号);2014年8月,山东省交通运输厅、山东省发展和改革委员会《关于山东省交通运输厅山东省发展和改革局委员会关于威海港石岛港区西作业区16#、17#、18#泊位工程初步设计的批复》(鲁交建管〔2014〕52号)。2013年6月,山东省环境保护厅《关于威海港石岛港区西作业区16#、17#、18#泊位工程环境影响报告书的批复》(鲁环审〔2013〕95号);2010年3月,山东省海洋与渔业厅《关于石岛新港新建通用码头工程项目海洋环境影响报告书核准的函》(鲁海渔函〔2010〕78号);2010年2月,山东省人民政府《关于石岛新港新建通用码头工程项目用海的批复》(鲁政海渔字〔2010〕8号);2010年8月,山东省人民政府《关于同意石岛新港新建通用码头工程项目用海调整的批复》(鲁政海渔字〔2010〕40号);2010年12月,山东省人民政府《关于同意石岛新港新建通用码头工程局部用海调整的批复》(鲁政海域字〔2010〕70号);2012年12月,山东省人民政府《关于同意石岛新港港务股份有限公司新建通用码头项目局部用海调整的批复》(鲁政海域字〔2012〕41号);2013年5月,交通运输部《关于威海港石岛港区西作业区16号至18号泊位工程使用港口岸线的批复》(交规划发〔2013〕298号)。

项目建设1个2万吨级通用散货泊位、1个5万吨级通用散货泊位、1个2万吨级通用散货泊位,岸线总长661.5米。码头采用顺岸式布局,重力式结构。码头前沿水深13.7米。项目后方堆场面积6.65万平方米,堆存能力6.65万吨、30万TEU;停车场面积0.04万平方米,200标准车位。主要装卸设备配置40吨-40米门座起重机2台、25吨-35米门座起重机4台。项目总投资7.21亿元,其中企业自筹资金3.61亿,银行贷款3.61亿元。用地面积66540万平方米。

项目建设单位为石岛新港港务股份有限公司;设计单位为中诚国际海洋工程勘察设计有限公司;施工单位为广东宏大广航工程有限公司;监理单位为山东港通工程管理咨询有限公司;质监单位为山东省交通运输厅基本建设工程质量监督站。

2015年8月,码头试运行,2017年2月正式投产,至今共完成装卸船舶1244艘次,累计完成吞吐量1274.2万吨,安全优质地完成了装卸生产任务,各项码头及生产设施安全、可靠,生产管理人员全部到位,目前泊位使用情况良好。

（四）龙眼湾港区

1.港区综述

（1）港区建设和运营概况

龙眼湾港区始建于1990年,1999年8月10日,龙眼湾港区被国务院批准为一类对外开放口岸,2001年10月开通龙眼港至韩国平泽线。龙眼湾港区拥有8个泊位,其中5万吨级泊位1个、1万吨级泊位3个、5000吨级泊位2个、3000吨级泊位2个,另有马山等港点2个3000吨级泊位、1个2000吨级泊位和1个1000吨级泊位。龙眼湾港区6号~8号泊位主要承担客运和滚装运输业务。龙眼港开通韩国平泽线（周三班）;年可周转集装箱3万TEU、散杂货20万吨,运送出入境旅客20万人次。

2011年吞吐量为52万吨,2012年吞吐量为310万吨,2013年吞吐量为375万吨,2014年吞吐量为401万吨,2015年吞吐量为410万吨。

（2）港区地理条件和集疏运概况

龙眼港位于37°25′02″N,122°38′24″E,平均水深11米,水深港阔,是中国大陆距韩国最近的一个港口,为一处天然良港,公路全部为柏油硬化路面,直通威海;距离威海汽车站、火车站仅50千米,交通便利。

2.港区工程项目

（1）荣成市龙眼港通用码头一期工程

项目于1990年5月开工,1997年7月试运行,1997年7月竣工。

项目建设依据:1997年12月,荣成市环境保护局《关于对荣成市龙眼港杂货码头有关环保问题的批复》（用荣成市环境保护局便笺书写,无文号）;2000年1月,山东省港航监督局《关于对龙眼港水域规划的批复》（鲁港监〔2001〕1 号）；2001 年 12 月，山东海事局《关于龙眼港港界线调整的批复》（无文号）。

项目建设 3 个 1 万吨级通用码头泊位、3 个 1000 吨级通用码头泊位，岸线总长 810 米。码头采用顺岸式布局，重力式结构。码头前沿水深 10.9 米。项目后方堆场面积 10 万平方米，堆存能力 7 万吨；仓库面积 3 万平方米，堆存能力 3 万吨。主要装卸设备配置鹰嘴吊 1 台。项目总投资 9637.86 万元，均为企业自筹资金。用地面积 30 万平方米。

项目建设单位为西霞口集团有限公司；设计单位为山东省渔港工程公司；施工单位为山东海上建港有限公司；监理单位为山东省渔港工程有限公司。

（2）荣成市龙眼港通用码头二期工程

项目于 1993 年 7 月开工，1997 年 5 月试运行，2000 年 5 月竣工。

项目建设 1 个 5 万吨级通用泊位、1 个 5 千吨级通用泊位。岸线总长 380 米。码头采用顺岸式布局，重力式结构。码头前沿水深 8 米。项目后方堆场面积 10 万平方米，堆存能力 10 万吨；仓库面积 3 万平方米，仓库堆存能力 3 万吨；储罐容量 6 万立方米；停车场面积 0.3 万平方米，300 标准车位。主要装卸设备配置 10～25 吨门座起重机 1 台、25 吨门座起重机 1 台。项目总投资 3465.29 万元，均为企业自筹资金。用地面积 10 万平方米。

项目建设单位为西霞口集团有限公司；设计单位为山东省渔港工程公司；施工单位为山东海上建港有限公司；监理单位为山东省渔港工程有限公司。

1998 年 4 月 14 日，山东省计划委员会下发了《荣成市龙眼港工程建设汇报会议纪要》的函（鲁计交能字〔1998〕272 号）。会议纪要提到经审议后对项目建设予以认可，一期、二期工程不再批复项目建议书、可行性研究报告和初步设计，二期工程需验收后方可使用。

龙眼港于 1999 年 8 月 10 日经国务院批准为国家一类开放口岸，允许对外开放。2000 年以来，港口的吞吐量连年保持 15% 以上的增速。

（五）乳山口港区

1. 港区综述

（1）港区建设和运营概况

乳山港早在唐代就有外埠船只往来，至宋代，其海上贸易日渐兴旺，江、浙一带商船以南方稻米来此换取当地柞蚕、谷物等土特产。乳山老港建成于 1952 年 10 月，隶属山东省青岛海运局管辖，原有两座浆砌块石、条石突堤码头，为清朝咸丰年所建。1993 年 2 月 12

日，经山东省人民政府批准为国家二类开放口岸。

乳山港扩建一期工程于 2009 年 5 月开工，至 2016 年 12 月通过省交通运输厅的竣工验收。2017 年 6 月，乳山港获国务院批准为国家一类口岸开放。

乳山口港区拥有 2 个 2 万吨级和 1 个 1000 吨级散杂货泊位，码头岸线总长度 475 米。码头前沿疏浚至 10.9 米，港池疏浚至 8.9 米。经营单位是乳山市港务集团有限公司，主要经营散杂货船舶装卸，主要装卸设备包括 16 吨门机 2 台、25 吨门机 2 台，装载机、叉车等各类装载机械 10 余台。

乳山口港区目前使用临时航道 5000 吨级单向航道，航道宽度为 90 米。临时航道航标共 10 座，其中新设灯桩 2 座、灯浮标 8 座。

（2）港区地理条件和集疏运概况

威海港乳山口港区位于乳山市乳山湾北岸，在乳山河入海口东侧、大乳山对岸。码头南面有大乳山为屏障，西面有麦杆崮山掩护，东岸有双顶山、尖顶山，西岸有垛山共轭，港内掩护条件非常好，基本无风浪，即使八级大风时，湾内波高也只有 0.5 米，水面平稳，水域宽阔，泊稳条件极佳，是我国不可多得的天然避风良港。

乳山口港区南临黄海，北依威青高速公路，东靠汽车站，是乳山市经济发展的核心区、工业发展的聚集区。港区道路四通八达，形成了以青威高速公路、疏港路、207 省道、创业 1 路、台湾路、世纪大道等主干道为主，纵横交错的区内支路为辅的交通网络。北距烟台港 97 千米，东距石岛港 101 千米，威海港 101 千米，西至青岛港 180 千米，南至义乌全程高速公路 13 小时车程，至广州全程高速公路 20 小时车程，陆路可通达国内所有大中城市。

乳山口港区水路距青岛港 80 英里、大连港约 200 英里、台湾 700 多英里广州港约 1200 英里，可通达国内外所有沿海和长江沿岸港口。距韩国群山约 250 英里、仁川港 260 英里、釜山港 480 英里，距日本北九州港和下关港约 500 英里，国际近程快船到韩国港口可一天内到达。

2. 港区工程项目

乳山港扩建一期工程

项目于 2009 年 5 月开工，2015 年 6 月试运行，2016 年 12 月竣工。

项目建设依据：2006 年 8 月，山东省发展和改革委员会《关于乳山港扩建一期工程项目的核准意见》（鲁发改能交〔2006〕812 号）；2007 年 2 月，山东省交通厅、山东省发展和改革委员会《关于乳山港扩建一期工程初步设计的批复》（鲁交规划〔2007〕14 号）。2006 年 1 月，山东省海洋与渔业厅《关于海洋环境影响报告的核准意见》（环保函〔2006〕1 号）；2006 年 3 月，山东省国土资源厅《关于乳山口港扩建项目建设用地预审意见的复函》（鲁国土资字〔2006〕117 号）;2010 年 8 月,山东省人民政府《山东省人民政府关于同意乳山口港扩建工程项目用海调整的批复》（鲁政海域字〔2010〕38 号）;2006 年 7月,交通部《关于威海港乳山港区扩建一期工程使用港口岸线的批复》（交规划发〔2006〕344 号）。

项目建设 2 个 2 万吨级杂货泊位,岸线总长 390 米。码头采用顺岸式布局,重力式结构。码头前沿水深 10.9 米。项目后方建有堆场及水电配套设施,其中堆场面积 9.2 万平方米,堆存能力 12 万吨;仓库面积 2400 万平方米,堆存能力 3000 吨。主要装卸设备配置16 吨门机 2 台、25 吨门机 2 台,装载机、叉车等各类装载机械 10 余台。项目总投资 2.04亿元,全部来源为政府资金。用地面积 17.7 万平方米。

建设单位为乳山市港航基础工程有限公司;设计单位为山东诚基工程建设有限公司;施工单位为中交一航局第二工程有限公司;监理单位为山东港通工程管理咨询有限公司;质监单位为山东省交通运输厅基本建设工程质量监督站。

四、青岛港

（一）港口概况

1.港口综述

青岛,过去是即墨县怀化乡的一个渔村。1891 年 6 月 14 日,清政府派登州镇总兵章高元驻防青岛,青岛作为行政单位正式建置。1892 年 10 月 12 日,清政府在青岛湾兴建了前海栈桥和衙门桥码头,青岛港建港由此开始。伴随着潮涨潮落,青岛港至今走过了 120多年的发展历程。

青岛港位于中国沿海的环渤海湾港口群与长江三角洲港口群的中心地带,主要从事集装箱、原油、铁矿石、煤炭、粮食等各类进出口货物的装卸、储存、中转、分拨等物流服务和国际客运服务,与世界上 180 多个国家和地区的 700 多个港口有贸易往来。2015 年完成货物吞吐量 4.85 亿吨、集装箱 1743.56 万 TEU,均居世界第七位。2014 年 6 月 6 日在香港联交所上市,2019 年 1 月 21 日在上海证券交易所上市。2019 年,完成货物吞吐量5.77 亿吨、位居全球第六,集装箱 2101 万 TEU、位居全球第七。

青岛港由青岛老港区、黄岛港区、前湾港区、董家口港区、海西湾港区、鳌山湾港区、六大港区组成。其中,董家口港区拥有世界最大的 40 万吨级矿石码头、45 万吨级原油码头。老港区已建成可停靠世界最大 22.5 万吨级邮轮的专用码头和邮轮客运中心。前湾港区拥有可停靠当前世界最大的 2.3 万 TEU 集装箱船舶的集装箱码头,集装箱装卸效率、铁矿石卸船效率保持世界第一。世界上有多大的船舶,青岛港就有多大的码头。

近年来，青岛港积极推进转型升级，大力实施金融战略、互联网战略、国际化战略。财务公司、融资租赁公司开业运营。积极融入"一带一路"倡议，加快内陆港建设，在山东临沂、东营和淄博，河南郑州，新疆布局内陆港；受中石油集团委托管理缅甸皎漂港。携手招商局、马士基等世界500强、跨国公司实现资本合作，成立40家合资公司，2015年落地合资合作项目29个，投资总额约128.9亿元。实施"互联网＋"战略，加快打造港口生产智能操作、物流电商网络服务、管理扁平协同运行、信息共享智能分析的智慧港口。内陆港信息系统已延伸至临沂、济宁、德州、西安、郑州、新疆、洛阳、成都等区域，切实将"码头搬到内陆"。

青岛港航道分为港外航道和胶州湾内航道，港外航道主要有青岛港主航道（25.5海里）、第一航线（26海里）、第一预备航线（24海里）、第二航线（15海里）、第三航线（14海里）、第四航线（21.5海里）、鳌山湾航道（13海里）、董家口主航道（16.9海里）、董家口临时航道（5.4海里）；胶州湾内航道有大港航道（4.5海里）、预备航线（4海里）、黄岛北部航线（5海里）、黄岛大型原油航线（1.3海里）、前湾港区航道（1.6海里）、20万吨矿石航道、四方航道（4.5海里）、正立新电厂航道（1.44海里）、前湾南部航道（1.8海里）。

主要锚地有引航站（0.97平方公里）、临时过驳锚地（0.79平方公里）、超深超高船舶应急锚泊区（0.79平方公里）、港内锚地（20.2平方公里）、油船锚地（8.4平方公里）、前海一号锚地（1.6平方公里）、前海二号锚地（5.8平方公里）、前海三号锚地（7.8平方公里）、灵山锚地（3.76平方公里）、超深超高船临时锚泊区（78.1平方公里），新辟锚地有前湾四号锚地（71.5平方公里）、超大型船舶锚地（67.5平方公里）、危险品船舶锚地（25.1平方公里）、鳌山湾1号锚地（9平方公里）、鳌山湾2号锚地（9平方公里）、董家口1号锚地（5.1平方公里）、董家口2号锚地（33.7平方公里）、董家口3号锚地（18平方公里）。

2. 港口水文气象

夏季多南风及东南风，冬季多北风及西北风。每年7级以上大风天约8天，台风每年发生1~2次，对港口影响甚小。年平均降水量为755.6毫米，6—8月降雨最多，占全年的70%。雾况：年平均雾日51.6天，每年4—7月为最多，对航运、生产影响不大。年平均气温为12.1摄氏度，极端最高气温35.4摄氏度，极端最低气温－16摄氏度。

为正规半日潮型，平均高潮位3.85米，平均低潮位1.08米，最高高潮位5.36米，最低低潮位0.70米。属半日潮流，总的特点是涨潮流速大于落潮流速，涨潮历时小于落潮历时，潮流基本属于往复流，最大流速方向同海岸平行。前湾最大涨潮流速0.51米/秒，最大落潮流速0.33米/秒。胶州湾波浪主要为湾内小风区波浪及外海波浪经湾口的折射波、绕射波。

3. 发展成就

改革开放以来，青岛港遵循"坚持党的基本路线，坚持'三个代表'重要思想，坚持科学发展观，坚持一切从实际出发，把青岛港自己的事情办得更好"的发展思路，以"建设东北亚国际航运中心，营造平安和谐幸福家园"为共同愿景，牢记并肩负好"精忠报国，服务社会，造福职工"的三大使命，大力弘扬"一代人要有一代人的作为，一代人要有一代人的贡献，一代人要有一代人的牺牲"的青岛港精神，时刻坚持好"对国家的贡献要越来越大，港口发展后劲要越来越强，职工生活质量要越来越高，精神文明建设要越搞越好"的核心价值观；全力打造"平安福港、效率快港、实力强港"，走出了一条自主创新型、资源节约型、环境友好型、质量效益型、管理精细型、亲情和谐型发展之路。多年来艰苦创业，改造了一个百年老港，建设了两个现代化的新港，集装箱作业效率、铁矿石卸船效率世界港口第一。

世界上有多大的船，青岛港就有多大的码头，集装箱、铁矿石、纸浆等货种作业效率保持世界第一。拥有集装箱航线超过170条，航线密度稳居中国北方港口第一位；海铁联运线路覆盖全国，直达中亚、欧洲，2019年完成海铁联运箱量139万TEU，位居全国沿海港口首位。

把握自贸区等政策机遇，保税船供油、外贸原油国际中转、国际二手车中转等新业态不断落地。拥有铁矿石、焦煤、焦炭、大豆、淀粉、原油期货等9个品种期货交割库，全国首批、港口行业唯一原油期货指定交割库正式启用。拥有中远海运、马士基、迪拜环球等众多世界级战略合作伙伴，与全球25个港口建立友好港关系。

凭借优异的发展成绩和卓越的企业治理水平，青岛港先后荣获国家质量管理奖、国家环境友好企业、全国首批"绿色港口"、亚洲品牌500强等荣誉称号。交通运输部水运科学研究院发布调研报告，将青岛港推树为国内世界一流港口五大示范标杆之一。培养出了以"改革先锋""最美奋斗者"许振超，党的十八大、十九大代表皮进军，全国优秀共产党员郭凯，全国"五一劳动奖章"获得者、"最美港口人"郭磊，全球自动化码头引领者张连钢等为代表的先模群体。

青岛港认真贯彻落实国家省市和山东省港口集团要求，深度融入山东港口一体化改革发展，加快由门户港向枢纽港、由物流港向贸易港"两大转型"，加快建设世界一流的海洋港口，助力区域经济发展。

青岛港港区分布图如图8-4-3所示。青岛港基本情况表（沿海）见表8-4-4。

图 8-4-3 青岛港港区分布图

（二）大港港区（老港区）

1. 港区综述

（1）港区建设和运营概况

大港港区始建于 1892 年，拥有 6 座码头、31 个泊位，最大泊位吃水 14.7 米，配套生产性库场 128 万平方米，拥有 15 座仓库、25 座储罐，一次性堆存能力可达 260 万吨，拥有 18 条铁路装卸专用线，拥有各类先进装卸运输机械 400 余台。现主要从事粮食、钢材、大件设备等件杂货、集装箱装卸作业。

大港港区位于胶州湾东岸主城区范围内，胶州湾外航道有青岛港主航道（25.5 海里）、第一航线（26 海里）、第一预备航线（24 海里）、第二航线（15 海里）、第三航线（14 海里）、第四航线（21.5 海里）；胶州湾内航道有大港航道（4.5 海里）、黄岛北部航线（5 海里）、前湾港区航道（1.6 海里）。

青岛港基本情况表（沿海）　　　表 8-4-4

序号	港区名称	港口岸线		2015 年港口生产用泊位				其中:1978—2015 年建成的生产用泊位				2015 年港口货物和旅客吞吐量						
		港口规划岸线	其中:2015 年已建成岸线	生产用泊位数	其中:万吨级及以上	生产用泊位总长	其中:万吨级及以上	生产用泊位数	其中:万吨级及以上	生产用泊位总长	其中:万吨级及以上	货物吞吐量	其中:外贸货物吞吐量	集装箱	滚装车辆		旅客	其中:国际旅客
															数量	质量		
		千米	千米	个	个	米	米	个	个	米	米	万吨	万吨	万 TEU	万辆	万吨	万人	万人
1	老港区	6.78	6.78	31	21	6667	5129	14	14	3559	3559	3739	2070	44	0	0	10.93	6.85
2	黄岛港区	11.7	4.346	16	10	4346	3345	14	12	3718	2717	7033	5305	0	0	0	0	0
3	前湾港区	19.44	10.439	36	35	10439	10284	36	35	10439	10284	28082	19389	1700	—	—	0	0
4	董家口港区	21.9	5.191	17	17	5191	8191	17	17	5191	5191	10744	5967	—	0	0	0	0
5	海西湾港区	1.4	0	0	0	0	0	0	0	0	0	0	0	0	0	0	0	0
6	鳌山湾港区	18.5	0	0	0	0	0	0	0	0	0	0	0	0	0	0	0	0
7	四方港区	4.93	0	0	0	0	0	0	0	0	0	0	0	0	0	0	0	0
8	其他港站	126.35	1.692	21	0	1692	0	17	0	1392	0	151	0	—	—	—	—	—
	合计	211	28.448	121	83	28335	26949	98	78	24299	21751	49749	32831	1744	0	0	10.93	6.85

（2）港区地理条件和集疏运概况

港区外输通道主要通过胶州站连接的胶新铁路，年货运能力4100万吨。港区内铁路总长约7.6千米，装卸线14条，装卸车年疏运能力约600万吨。疏港道路现以杭州支路、温州路等道路与308国道、重庆路（202省道）、胶州湾高速公路三条对外通道相连，现有疏港道路已可以满足公路集疏运的要求。

2. 港区工程项目

（1）北海分局青岛港5号码头项目

项目于1975年9月开工，码头建成后作为第一海洋调查船大队码头使用，1980年6月竣工。

项目建设依据：1977年6月，国家海洋局批复同意续建120米岸壁码头（国海后字第328号）。1972年9月30日，《北海分局建设岸壁码头工程计划任务书》（计字第56号）。1978年8月12日，《关于续建120米码头设计概算事的批复》（国海后字第751号）。

项目建设2个万吨级海洋调查船泊位，码头长度431米，顺岸式，重力方块结构，吃水深度300米段为8.5米，120米段为6.0～8.0米。码头陆域面积6.64万平方米。总投资680万元，由政府投资。

项目建设单位为国家海洋局北海分局；设计单位为北海舰队后勤部设计处；施工单位为交通部一航局二处；该码头工程建设于20世纪70年代末期，根据目前所获档案资料，未显示工程存在专门的监理和质监单位。

码头建成后一直作为国家海洋局北海分局的船舶靠泊使用。

（2）青岛港8号码头工程项目

项目于1976年6月开工，1985年12月竣工。

项目建设依据：1973年，交通部《关于青岛港码头建设设计任务书的报告》（交计字〔1973〕862号）；1973年，交通部《转发国家计委〈关于青岛等港新建、扩建码头泊位计划任务书的批复〉的通知》（交计字〔1973〕2253号）；1974年，交通部《关于青岛港第八码头初步设计的批复》（交水善字〔1974〕133号）；1981年，交通部《关于青岛港八号码头建设中几个问的批复》（交计字〔1981〕368号）。

项目建设2万～5万吨级泊位7个，码头岸壁总长1778.3米；库场总面积325619平方米；年通过能力400万吨。1～4号泊位及5号泊位的四段为实心方块重力式岸壁，5号泊位第一段和6、7号泊位为实心方块与空心板块混合重力式岸壁。码头前沿水深10.5～13.0米。主要装卸设备116台，维修设备9台。项目资金2.00亿元，由政府投资。

项目建设单位为交通部青岛港务管理局；设计单位为交通部第一航务工程勘察设计院；施工单位为交通部第一航务工程局、交通部天津航道局。

（3）青岛港老港区七号码头改造工程项目

项目于 2006 年 4 月开工，2007 年 3 月竣工。

项目建设依据：2006 年 5 月，青岛市发展和改革委员会《青岛市发展和改革委员会关于青岛港老港区七号码头改造工程核准的批复》（青发改能交〔2006〕189 号）；2006 年 5 月，青岛市工程咨询院《关于〈青岛港老港区七号码头改造工程项目申请报告〉和〈青岛港老港区七号码头改造工程可行性研究报告〉的评估报告》（青咨字〔2006〕67 号）。2006 年 3 月，青岛市港航管理局《关于青岛港七号码头改造的意见》（青港航政发〔2006〕15 号）；2006 年 4 月，青岛海事局《关于对青岛港（集团）有限公司七号码头改造的意见》；2006 年 6 月，青岛环境保护局《青岛市环境保护局关于青岛港七号码头改造工程环境影响报告书的批复》（青环评字〔2006〕46 号）；2006 年 5 月，青岛市海洋与渔业局《关于对青岛港老港区四、七号码头改扩建工程海洋环境影响报告书核准意见的函》（青渔海函〔2006〕20 号）；2006 年 4 月，青岛市国土资源和房屋管理局《青岛市国土资源和房屋管理局关于对青岛港七号码头改造工程建设项目用地的预审意见》（青土资房发（预字）〔2006〕54 号）；2006 年 5 月，青岛市海洋与渔业局《关于青岛港老港区四、七号码头改扩建工程项目海域使用预审意见的函》（青渔海函〔2006〕19 号）。2006 年 4 月，青岛市安全生产监督管理局《青岛市安全生产监督管理局关于〈青岛港（集团）有限公司青岛港七号码头改造工程项目安全预评价报告〉审查意见的复函》（青安监函〔2006〕68 号）；2006 年 5 月，青岛港公安局消防支队《关于同意青岛港七号码头改造工程消防设计的审核意见》青港公消建〔2006〕第 002 号。

项目建设 7 万吨级散杂货泊位 2 个，码头长度 566.5 米；建设 1 万吨成品油泊位 1 个，泊位长度 254 米。改造、形成陆域 10.6 万平方米，港池水深 12.5 米。设计年吞吐量 195 万吨。工程概算投资 2.63 亿元（初步设计批复工程概算投资为 2.17 亿元），资金全部为企业自筹。

项目建设单位为青岛建港指挥部；设计单位为中交水运规划设计院、青岛港口工程设计院；主要施工和设备制造单位为广州航道局、第一航务工程局第二工程公司、青岛港港务工程公司、青岛港供电公司、青岛港口机械厂等；监理单位为山东交通监理公司；质监单位为青岛港口建设工程质量监督站。

（4）青岛港老港区邮轮码头工程项目

项目于 2012 年 5 月开工，2012 年 12 月竣工。

项目建设依据：2013 年 2 月 28 日，青岛市发展和改革委员会《关于青岛港老港区邮轮码头工程项目核准的批复》（青发改能交核〔2013〕12 号）；2013 年 3 月 26 日，青岛市交通运输委员会港航管理局《关于青岛港老港区邮轮码头工程初步设计的批复》（青港航建〔2013〕4 号）；2012 年 7 月 6 日，青岛市海洋与渔业局《关于青岛港老港区邮轮码头工程海洋环境影响报告书核准意见的函》(青海渔审〔2012〕17号);2013年1月14日,交通运输部《关于青岛港老港区邮轮码头工程申请使用港口岸线的批复》(交规划发〔2013〕54号);2013年3月13日,山东省人民政府《关于青岛港老港区邮轮码头工程项目用海的批复》(鲁政海域字〔2013〕9号)。

工程建设1个15万总吨级邮轮泊位(水工结构按靠泊22.5万总吨级邮轮设计),同时利用六号码头形成3万总吨级、1万总吨级邮轮泊位各1个。设计年客运量60万人次。15万吨级邮轮泊位长490米,采用重力式沉箱结构,前沿水深13.5米;3万总吨级、1万总吨级邮轮泊位总长476米,前沿水深6.5~8.0米。工程概算总投资5.4亿元(不含邮轮客运中心建设费用),资金来源为企业自筹。

项目建设单位为青岛港(集团)有限公司港建分公司;设计单位为中交第一航务工程勘察设计院有限公司;施工单位为中交烟台环保疏浚有限公司、中交一航局第二工程有限公司;监理单位为天津天科工程监理咨询事务所。

(三)黄岛港区

1.港区综述

(1)港区建设和运营概况

黄岛港区共计5座码头16个泊位。其中,一期油项目61泊位、60泊位,码头长度314米,1976年建成投产;燃料油泊位长度215米,1978年建成投产,设计年吞吐能力1100万吨。二期油项目,泊位长度498米,1992年建成,1995年投产。三期油项目,泊位长度520米,2007年建成投产;液体化工码头项目89泊位、84泊位、88泊位,泊位长度分别为388米、321米、202米,分别于2007年、2004年、2006年建成投产;LPG码头项目91泊位、92泊位,泊位长度217米,于2008年建成投产。

港区2013—2017年各货类吞吐量完成情况:2013年进口油3491万吨,中转油456万吨,成品油485万吨,化工品及液化气143万吨;2014年进口油3544万吨,中转油430万吨,成品油500万吨,化工品及液化气93万吨;2015年进口油4380万吨,中转油444万吨,成品油458万吨,化工品及液化气67万吨;2016年进口油4722万吨,中转油415万吨,成品油578万吨,化工品及液化气75万吨;2017年进口油4960万吨,中转油436万吨,成品油562万吨,化工品及液化气62万吨,6020万吨。

(2)港区地理条件和集疏运概况

港区位于胶州湾西海岸,120°13′10″E,36°03′40″N。港口自然条件十分优越,长年不冻不淤,水深域阔,是著名的天然良港。进出青岛港的航道分湾内航道、外海航道两部分。湾内航道为进入胶州湾后驶往各港区的航道。外海航道为胶州湾外的进湾航道。

黄岛港区集疏运方式主要是公路运输、管道运输。黄岛港区以接卸外贸进口原油和成品油、液体化工产品运输为主,该港区道路集疏运需求很小。目前,主要运输通道包括海河路,秦皇岛路,刘公岛路,崇明岛路与 1 号疏港高速公路、2 号疏港高速公路、青兰高速公路等连接。

目前,黄岛港区已经建设有 5 条原油管线,即东黄线、东黄复线、黄潍管线、青岛石化线、青岛炼化线,总的通过能力约 4850 万吨。自"11·22"东黄线泄漏爆炸事故后,东黄线泄漏段永久停用。黄—潍输油管道、黄岛国家石油储备基地二期输油管道建成,加强了省内炼化基地、储备基地与原油码头的联系。

目前,黄岛港区已建中石化鲁皖成品油管道二期工程,从青岛到淄博,线路总长 305 千米,设计年输送成品油 400 万吨。另外,规划建设中石化青岛—烟台成品油管道,起点为青岛炼化,途经青岛市和烟台市部分区县,终点中石化烟台石油八角港成品油库,主要用于将青岛炼化成品油供应烟台市场,管道总长为 200 千米,年输油能力 350 万吨,2019年建成投入运营。

综上,黄岛港区原油和成品油管道输送能力约 4600 万吨,根据"近限远迁"的原则,黄岛港区规划期内不再新建油品及液体化工码头,港区管道集疏运设施也维持现有规模,可以满足规划水平年 4100 万 ~ 4600 万吨的集疏运需求,但应强化安全生产,更新替代东黄线、东黄复线原油老旧管道,形成设施衔接、布局合理、安全高效的油气运输体系。

2. 港区工程项目

(1)青岛益佳集团油品码头工程项目

项目于 2008 年 3 月开工,2017 年 12 月试运行,2018 年 5 月竣工。

项目建设依据:2017 年 1 月,青岛市发展和改革委员会《关于青岛港黄岛港区青岛益佳集团油品码头工程项目核准的批复》(青发改能交核〔2017〕1 号);2017 年 6 月,青岛市交通运输委员会港航管理局《关于青岛港黄岛港区青岛益佳集团油品码头工程初步设计的批复》(青港航建〔2017〕15 号)。2005 年 11 月,青岛市海洋与渔业局《关于青岛益佳国际贸易集团有限公司燃料油码头项目预审意见的函》(青海渔函〔2005〕45 号);2005 年12 月,青岛市环境保护局《关于青岛益佳集团燃料油码头工程环境影响报告书的批复》(青环评字〔2005〕147 号),青岛市海洋与渔业局《关于对青岛益佳集团燃料油码头工程项目海洋环境影响报告书核准意见的函》(青海渔函〔2005〕47 号),青岛海事局《关于对青岛益佳国际贸易集团有限公司燃料油码头项目使用岸线的批复》(青海通航〔2005〕167号);2012 年 4 月青岛市卫生局卫生监督局《建设项目可行性研究、规划选址、初步设计卫生审核意见书》(〔2012〕青卫预初字第 06 号);2011 年 4 月,青岛市规划局《关于青岛益佳集团燃料油码头工程规划选址的函复意见》(青规综函字〔2011〕81号);2013年1月,交通水运安全评审中心《关于青岛港黄岛港区青岛益佳集团油品码头工程安全条件审查通过备案审核的函》(交水安备案函〔2012〕17号),交通运输部《关于青岛港黄岛港区青岛益佳集团油品码头工程项目申请报告的意见》(交函规划〔2013〕11号);2013年6月,山东省交通运输厅港航局《关于同意青岛海业油码头有限公司青岛港黄岛港区青岛益佳集团油品码头工程通过安全条件审查的批复》(鲁交港航港〔2013〕53号);2015年9月,青岛市环境保护局《关于青岛港黄岛港区青岛益佳集团油品码头工程建设项目环境影响报告书的批复》(青环审〔2015〕46号);2015年12月,青岛市人民政府《关于报送青岛港黄岛港区青岛益佳集团油品码头工程社会稳定性风险评估报告的函》(青政函〔2015〕126号);2016年9月,国家海洋局办公室《关于青岛益佳集团油品码头工程用海项目有关事项的复函》(海办管字〔2016〕589号)。

项目建设1个25万吨级油品泊位(水工结构与码头长度按靠泊30万吨级油船设计和建设)。码头前沿底高程-21.7米,码头前沿停泊水域宽度为120米,回旋水域设计底高程-21.5米,回旋水域为椭圆形,长轴835米,短轴668米。工程采用蝶形布置,泊位长度490米,由1个工作平台、4个靠船墩、6个系缆墩组成。工作平台顶高程11.5米(以当地理论最低潮面为基面,下同),平面尺寸为45米×35米,顶高程11.5米,基础结构由4个直径为14.1米的钢筋混凝土圆沉箱组成。靠船墩、系船墩均采用重力式圆沉箱结构。工程累计完成总投资4.06亿元,其中自筹资金1.22亿元,银行贷款投入资金2.84元。用海面积46.47公顷,其中透水构筑物4.37公顷,港池42.10公顷。项目后方储油库区占地面积197052.6平方米,配套有104万立方米储油库。主要装卸设备配置输油臂(16寸PN16)4台、塔架式登船梯(5万~30万吨级)1台及相关配套设施。

项目建设单位为青岛海业油码头有限公司;设计单位为中交水运规划设计院有限公司(全部设计内容);施工单位为中交第一航务工程局第二工程公司(码头工程、引桥工程、人行桥工程、引堤等工程)、中国石油天然气管道第二工程有限公司(码头工艺管线、设备及码头消防等设施的安装)、青岛海防工程局(港池炸礁工程);监理单位为山东港通工程管理咨询有限公司(全部工程内容);质监单位为青岛市交通工程质量安全监督站。

(2)青岛港黄岛油区二期工程项目

项目于1985年12月开工,1992年10月试运行,1992年12月竣工。

项目建设依据:1985年8月,国家计划委员会《关于青岛港黄岛油区二期工程设计任务的批复》(计交字〔1985〕1332号);1986年1月,交通部《关于青岛港黄岛油区二期工程初步设计的批复》(交基字〔1986〕59号)。1985年4月,交通部、石油部《关于报送青岛港黄岛油区二期工程设计计划任务书的报告》(交计字〔1985〕898号);1986年,交通部《关于青岛港黄岛油区二期工程调整总概算批复》(交基字〔1986〕946 号);1988 年 7 月,山东省环境保护局《关于对青岛港黄岛油区二期工程环境影响报告书的批复》(鲁环管字〔1988〕42 号)。

项目新建 20 万吨级深水原油输出泊位 1 个,设计年输出能力 1700 万吨。码头全长 498 米,采用沉箱重力式结构,前沿水深 21.3 米。主要装卸设备:流量计 8 套、标准体积管 1 个、Dg400 装油臂 4 台、φ1020 输油管线 2200 米。黄岛油区二期工程总概算为 26876.75 万元(包括人民币 20476.76 万元、外币 2000 万元美元,1 美元折合人民币 3.2 美元),1986 年交通部调整概算为人民币 27490.59 万元,其中外汇额度 1880.66 万美元。总支出资金 34699 万元。资金来源为企业自筹。

项目建设单位为青岛建港指挥部。项目参建单位:黄岛油区二期工程由交通部第一航务工程勘察设计院设计;水工、土建及输油、排空、空压、消防、供电、供热、通信、给排水等工程施工由交通部第一航务工程局总承包,并按水陆域分别由其所属二、四公司负责施工;港池航道挖泥由交通部天津航道局施工;自控系统由北京水运科学研究所施工;计量系统由中国自动化总公司组织开封仪表厂施工。

(3)青岛港液体化工码头工程

项目于 2003 年 6 月开工,2004 年 8 月试运行,2004 年 9 月竣工。

项目建设依据:2000 年 11 月,青岛港务局根据交通部、山东省联合批复的《青岛港口总体布局规划》,并批示青岛市经委研究,青岛港集团进一步进行了项目预可行性研究,编制完成了工程预可行性研究报告。2001 年 4 月,青岛港务局将液体化工码头工程项目建议书报青岛市经委审批(青港计字〔2001〕98 号);2001 年 4 月,青岛市经委批复工程项目建议书(青经技改〔2001〕187 号)。2003 年 6 月,青岛市发展和改革委员会《关于青岛港液体化工码头工程可行性研究报告的批复》(青计基础〔2003〕220 号);2001 年 9 月,青岛市环境保护局批复液体化工码头工程环境影响报告书(青环建评字〔2001〕47 号);2001 年 6 月,青岛市规划局发出青岛港液体化工码头工程选址意见书(青规址字〔2001〕9 号);2003 年 10 月,取得海域使用证,用海面积为 23.4 公顷;2001 年 9 月,青岛海事局批复同意液体化工码头建设利用岸线及海域《关于同意建设黄岛液体化工码头的批复》(青海通航〔2001〕81 号)。

项目建设 5 万吨级液体化工泊位 1 个及相应储罐等配套设施,远期预留 1 个 8 万吨级泊位。建成的 5 万吨级码头能同时停靠两艘 5000 吨级船舶。建成 5 万立方米燃料油罐 4 座,总储量 20 万立方米;化工品罐 12 座,总储量 3.1 万立方米。码头及引桥均为高桩梁板结构,码头平台长 191.5 米,引桥长 354.74 米,泊位长度 331 米,水深 14.5 米。2003 年 10 月 31 日取得海域使用证,用海面积为 23.4 公顷,规划用地性质为港口用地。概算投资 3.8 亿元,全部为自有资金。

项目建设单位为青岛建港指挥部;设计单位为中交水运规划设计院、青岛英派尔化学工程有限公司;施工单位为中港天津航道局、中港第一航务工程局第二工程公司、青岛港务局港务工程公司、中国石油天然气管道第二工程公司、青岛港务局港口机械厂、青岛港务局供电分公司、青岛港务局通信分公司、青岛开发区供电公司;监理单位为天津中北港湾工程建设监理事务所、青岛越洋工程设备监理有限公司、青岛嘉诚电力工程监理有限公司;质监单位为青岛港口建设工程质量监督站。

(4)青岛港液体化工码头工程续建二期工程项目

项目于 2006 年 2 月开工,2008 年 11 月试运行,2009 年 9 月竣工。

项目建设依据:2005 年 8 月,青岛市发展和改革委员会《关于准青岛港液体化工码头续建二期工程的通知》(青发能交面〔2005〕253 号);2005 年 8 月,青岛市海洋与渔业局《关于对青岛港液体化工码头二期工程海环境影响报告书的批复》(青渔海函〔2005〕25 号);2005 年 8 月,青岛市海洋与渔业局《关于青岛港液体化工码头二期工程项目用海预审意见的函》(青渔海函〔2005〕24 号);2005 年 8 月,青岛海事局《关于对青岛港(集团)有限公司使用通航水域建设岛港液体化工码头 8 万吨级泊位的批复》(青海通航〔2005〕10 号);2007 年 6 月,青岛市港航管理局《关于青岛港液体化工码头一期工程码头岸线使用的意见》。

青岛港液体化工码头续建二期工程位于胶州湾内油一期码头西侧,紧邻已建万吨级泊位北侧,项目建设 8 万吨级(兼顾 2 万 ~ 12 万吨级)原油接卸泊位 1 个及相应的套设施。码头自原青岛港液体化工码头端部向外海延伸,总长 388 米,码头前沿水深高程 -16.9 米。引桥长 214.2 米,墩台顶面高程为 +7.5 米,引桥、码头平台顶面高程均为 +8.0 米。工程投资 1.51 亿元,全部为企业自有资金。

项目建设单位为青岛建港指挥部;设计单位为中交水运规划设计院;施工单位为中交集团第一航务工程局第二工程公司;监理单位为天津天科工程监理咨询事务所;监督单位为青岛港口工程质量监督站。

(5)青岛港液体化工码头工程续建一期工程

项目于 2005 年 6 月开工,2005 年 12 月竣工。

工程与已建 5 万吨级泊位(84 泊位)共用 1 座引桥,泊位采用透空布置的方式,布置在已建 5 万吨级泊位的南侧,码头前沿线与已建 5 万吨级泊位前沿线在同一直线上,与已建 5 万吨级泊位相距 132 米。项目建设规模为 1 个 5000 载重吨液体化工码头。码头平台长 50 米、宽 26 米,采用现高桩墩台式结构。码头平台通过引桥和已有引桥相连,引桥长 54.4 米、宽 12 米,结构采用桩基加预应力空心板结构。泊位长度 201.9 米,水深 9.8 米。工程投资 6313 万元,全部为自有资金。

项目建设单位为青岛建港指挥部;设计单位为中交水运规划设计院、青岛英派尔化学工程有限公司;施工单位为天津航道局、中交第一航务工程局第二工程公司、青岛港港务工程公司、青岛港港口机械厂、青岛港供电分公司、青岛港通信分公司;监理单位为北京京华水运工程建设监理事务所、青岛越洋工程设备监理有限公司;质监单位为青岛港口建设工程质量监督站。

青岛港液体化工码头续建一期工程是贯彻青岛市以港兴市的发展战略,把青岛港建成我国北方国际航运中心的附属工程。液体化工品运输具有品种多、批量少的特点,承运船舶从 3000 吨级到 5 万吨级以上,而青岛港仅有 1 个 5 万吨级液体化工品泊位,不能满足不同吨级到港船型靠泊的需要。工程的兴建为增强青岛港液体化工品市场竞争力,形成液体化工品集散中心,建设了不同规模的液体化工品专用泊位,增强了港口通过能力,完善了青岛港功能。

(6)青岛港液体化工码头后方罐区工程

项目于 2005 年 3 月开工,2009 年 7 月竣工。

项目建设依据:2003 年 6 月,青岛市发展计划委员会《关于青岛港液体化工码头工程可行性研究报告的批复》(青计基础〔2003〕220 号);2009 年 6 月,青岛市港航管理局《关于青岛港液体化工码头后方罐区工程初步设计的批复》(青港航建〔2009〕32 号)。2001年 9 月,青岛市环境保护局《关于对青岛港液体化工码头改造工程环境影响报告书的批复》(青环建评字〔2001〕47 号);2001 年 6 月,青岛市规划局《关于黄岛液体化工码头工程的选址意见书》(青规址字〔2001〕9 号);2002 年 1 月,青岛市海洋与渔业局《关于对青岛港液体化工码头工程海城使用可行性论证报告的批复》(青渔海函〔2002〕2 号);2001 年10 月,青岛市规划局《关于对青岛港液体化工码头工程的定点规划设计条件通知书》(青规定字〔2001〕279 号)。

油品汽车装卸车区包括燃料油装车栈桥、成品油装车栈桥。

工程于 2005 年 3 月 20 日开工,2005 年 12 月 30 日竣工。工程内容包括 4 座 50000 立方米燃料油罐,1 座燃料油泵棚及装船、装火车、汽车管道泵设施,相关工艺及热力管网和相应的电气、自控、消防、公用工程设施;新建 1 座成品油泵棚和相关的工艺及热力管线、电气自控等改造。工程造价约 1.66 亿元,全部为自有资金。

项目建设单位为青岛建港指挥部;设计单位为青岛英派尔化学工程有限公司;施工单位为中国石油天然气管道第二工程公司、青岛港务局港务工程公司、青岛港供电分公司、青岛港通信分公司等;监理单位为青岛越洋工程设备监理有限公司;质监单位为青岛港口建设工程质量监督站。

(7)青岛港液体化工码头续建三期工程

项目于 2007 年 10 月开工,2008 年 10 月竣工。

项目建设依据:2008 年 12 月,青岛市发展和改革委员会《关于青岛港液体化工码头续建三期工程项目核准的通知》(青发改能交核〔2008〕73 号);2008 年 12 月,青岛市港航管理局《关于液体化工码头续建三期工程初步设计的批复》(青港航建〔2008〕58 号);2008 年 6 月,青岛市环境保护局《青岛市环境保护局关于青岛液体化工码头续建三期建设建设项目环境影响报告表的批复》(青环评字〔2008〕117 号);2005 年 8 月,青岛市海洋与渔业局《关于液体化工码头续建三期工程用海的预审意见》(青渔海函〔2008〕166 号);2007 年 4 月,青岛市港航管理局《关于青岛港液体化工码头续建三期工程岸线使用的初审意见》。2009 年 1 月,青岛海事局《关于对青岛港液体化工码头续建三期工程通航安全验收请示的批复》(青海通航〔2008〕6 号);2007 年 5 月,青岛市规划局《建设工程规划审查函复意见书》(青规函业字〔2007〕48 号)。

项目建设 5000 载重吨(建设规模兼顾 10000 吨)泊位 2 个。泊位长度 217.25 米,底高程 -11.1 米。工程投资 1.09 亿元(未含青岛石化公司投资部分),由政府投资。

项目建设单位为青岛建港指挥部;设计单位为中交水运规划设计院;施工单位为中港第一航务工程局第二工程公司、青岛港港务工程公司、中交烟合环保疏浚有限公司、青岛港口机械厂;监理单位为天津天科工程监理咨询事务所;质监单位为青岛港口建设工程质量监督站。

(8)青岛港原油码头三期工程

项目于 2006 年 6 月开工,2007 年 5 月试运行,2008 年 10 月竣工。

项目建设依据:2005 年 12 月,青岛市发展和改革委员会《关于转发〈国家发展改革委关于青岛港原油码头三期工程项目核准的批复〉的通知》(青发改能交〔2005〕603 号);2006 年 5 月,交通部《关于青岛港原油码头三期工程初步设计的批复》(交水发〔2006〕224 号);2005 年 3 月,青岛市规划局《建设工程规划审查函复意见书》(青规函业字〔2005〕140 号);2005 年 12 月,国家发展和改革委员会《国家发展改革委关于青岛港原油码头三期工程项目核准的批复》(发改交运〔2005〕2726 号);2005 年 9 月,青岛市发展和改革委员会《青岛市发展和改革委员会关于青岛港原油码头三期工程项目有关情况的补充报告》(青发改能交〔2005〕426 号)。2005 年 10 月,国家环境保护总局《关于青岛港原油码头三期工程环境影响报告书的批复》(环审〔2005〕838 号);2005 年 6 月,青岛市消防局《关于青岛港原油码头三期工程消防规划选址的答复》;2007 年 3 月,取得国家海洋局颁发的海域使用证,用海面积为 0.83 公顷;2005 年 8 月,《关于青岛港原油码头三期工程项目用海的预审意见》(国海管字〔2005〕370 号);2005 年,青岛海事局《关于对青岛港原油码头三期工程通航岸线使用的批复》(青海通航〔2005〕135 号);2005 年,青岛市国土资源和房屋管理局《关于青岛港原油码头三期工程用地预审的批复》(青土资房发(预字)〔2005〕140 号)。

项目建设 30 万吨级原油接卸泊位(最小可兼顾 10 万吨级原油船,码头结构按照 45

万吨级设计)1个及相应的配套设施,设计年接卸原油量为1800万吨。岸线长度500米,引桥总长852米,桥面宽11.25米。引堤总长68.97米,护岸总长173.25米。码头呈蝶形布置,卸油设备采用4台DN500输油壁,输油采用2根DN1000管线,管线总长1685米。工程概算投资为45955.35万元,工程资金来源全部为企业自筹。

项目建设单位为青岛建港指挥部;设计单位为中交水运规划设计院;主要施工和设备制造单位为中交烟台环保疏浚有限公司、中交第一航务工程局、中交一航局第二工程有限公司、青岛港港务工程公司、供电分公司、通信分公司、青岛港口机械厂等;监理单位为天津天科工程监理咨询事务所;质监单位为青岛港口建设工程质量监督。

2011年,荣获中国水运建设行业协会2011年度水运交通优质工程奖。

(9)青岛红星物流实业有限责任公司液体化工码头工程

项目于2010年4月开工,2011年11月竣工。

项目建设依据:2008年4月22日,青岛市发展和改革委员会《关于核准青岛红星物流实业有限公司液体化工码头项目的通知》(青发改能交核〔2008〕29号);2013年10月10日,青岛市发展和改革委员会同意变更(青发改能交函〔2013〕115号),将原核准建设规模为5000吨级(兼靠1000~8000吨)液体化工泊位2个变更为建设10000吨级和50000吨级液体化工品泊位各1个。2011年10月,青岛市交通委员会港航管理局《关于青岛红星物流实业有限责任公司液体化工码头工程初步设计的批复》(青港航〔2011〕43号)。2007年12月10日,青岛市海洋与渔业局《关于青岛红星物流实业有限公司液体化工码头工程项目海洋环境影响报告书核准意见的函》(青海渔函〔2007〕90号);2008年3月21日,青岛市环境保护局《关于青岛红星物流实业有限责任公司液体化工码头项目环境影响报告书的批复》(青环评字〔2008〕62号);2008年8月1日,青岛市海洋与渔业局《海域使用权证书》(国海证:083702018号);2011年12月20日,青岛市交通运输委员会港航管理局《关于青岛红星物流实业有限责任公司液体化工码头工程施工图设计的批复》(青港航建〔2011〕49号);2013年1月8日,交通运输部《关于青岛红星物流实业有限责任公司液体化工码头工程使用港口岸线的批复》(交规划发〔2013〕17号);2014年10月28日,青岛市交通运输委员会港航管理局《关于青岛红星物流实业有限责任公司液体化工码头工程项目变更初步设计的批复》(青港航建〔2014〕81号);2014年12月23日,青岛市交通运输委员会港航管理局《关于青岛红星物流实业有限责任公司液体化工码头工程项目变更施工图设计的批复》(青港航建〔2014〕95号)。

项目建设1万吨级和5万吨级液体化工码头泊位各1个,岸线总长447米,泊位数2个:1号泊位长167米靠泊1000~10000吨级,码头前沿设计底高程-9.4米,工作平台高程8.0米;2号泊位长280米靠泊1000~50000吨级,码头前沿设计底高程-14米,工作平台高程8.0米。码头采用由浅水区向深水区连续布局,钢桩桩基承台结构。项目后方库区面积 12.6 万平方米,建有 4 座 50000 立方米原油/燃料油外浮顶罐及泵房,4 座 10000 立方米、6 座 3000 立方米的成品油内浮顶罐及泵棚、汽车装卸设施、消防水池、污水处理站、油气回收设施、办公楼以及其他配套设施。主要装卸设备配置液体装卸臂 4 台。总投资 4.6 亿元,由企业自筹。用海面积 4.69 公顷。

项目建设单位为青岛红星物流实业有限责任公司;设计单位为中交第一航务工程勘察设计院有限公司(包含工程可行性研究、预可行性研究);施工单位为中交一航局第二工程公司(水工工程)、中交烟台环保疏浚有限公司(疏浚工程);监理单位为山东港通工程管理咨询有限公司;质监单位为青岛市交通工程质量监督站。

青岛红星物流有限公司液体化工码头 1 万吨级和 5 万吨级泊位于 2014 年 12 月 30 日开始试运行,截至 2015 年 9 月 10 日,共完成船舶作业 108 艘次,完成总吞吐量为 382613.82 吨,所有设施均运行良好。

(10)青岛丽星物流有限公司液体化工码头

项目于 2004 年 6 月开工,2006 年 5 月试运行,2007 年 4 月竣工。

项目建设依据:2004 年 3 月,青岛市发展计划委员会《红星物流液体化工码头工可批复》(青计基础〔2004〕98 号);2005 年 8 月,青岛经济技术开发区青岛市黄岛区发展和改革局批复初设文件(青开发改发〔2005〕108 号);2006 年 3 月,青岛市环境保护局《关于青岛丽星物流有限公司液体化工码头改扩建工程环境影响报告书的批复》(青环评字〔2006〕13 号);2006 年 3 月,青岛市海洋与渔业局《关于对青岛丽星物流有限公司液体化工码头(改扩建工程)海洋环境影响报告书核准意见的函》(青渔海函〔2006〕7 号);2006 年 5 月,青岛市发展和改革委员会《关于核准青岛丽星物流有限公司液体化工码头改扩建工程的通知》(青发改能〔2006〕175 号);2012 年 2 月,交通运输部批复《关于青岛丽星物流有限公司液体化工码头工程使用港口岸线的批复》(交规划发〔2012〕54 号)。

项目建设 1 个 1 万吨级和 1 个 8 万吨级液体化工品泊位,岸线总长 552.5 米。码头平面布局形式为凸堤式,泊位结构形式为高桩式。1 号泊位前沿水深 9.0 米,设计靠泊能力 2000～10000 载重吨;2 号泊位前沿水深 14.9 米,设计靠泊能力 5000～85000 载重吨,水工结构容许靠泊能力 10 万吨级。主要装卸设备配置有 1 号泊位和 2 号泊位各 6 台装卸输油臂,通往码头共计 12 条管线。项目投资总额 1667 万美元,资金来源于外资。码头和航道征用海域 74.57 公顷。

项目建设单位为青岛丽星物流有限公司;设计单位为中交第一航务工程勘察设计院;施工单位为中港一航局二公司前湾三期项目部、江苏海疏浚有限公司、上海三航-亚新太钢管有限公司、青岛经济技术开发区金沙滩建设有限公司、中港一航局二公司航信发展总公司、中国机械化建设集团有限公司;监理单位为山东港通工程管理咨询有限公司;质监单位为青岛市港口建设工程监督站。

(四)前湾港区

1. 港区综述

(1)港区建设和运营概况

前湾港区位于胶州湾西岸、西海岸新区内,与黄岛港区毗邻。自 20 世纪 90 年代以来,前湾港区先后建设了一期、二期、三期及矿石专用码头工程,形成了以各类专业化泊位为主体的大型现代化综合性港区,以国际集装箱干线及铁矿石、煤炭等大宗干散货中转运输功能为主,是青岛港目前现代化程度最高、规模最大的生产性港区。截至 2018 年,前湾港区共有生产性泊位 38 个,其中专业化集装箱泊位 22 个,专业化煤炭装船泊位 2 个,25 万吨级和 12 万吨级专业化矿石码头各 1 个。胶州湾外航道有青岛港主航道(25.5 海里)、第一航线(26 海里)、第一预备航线(24 海里)、第二航线(15 海里)、第三航线(14 海里)、第四航线(21.5 海里);胶州湾内航道有大港航道(4.5 海里)、黄岛北部航线(5 海里)、前湾港区航道(1.6 海里)。

(2)港区地理条件和集疏运概况

前湾港区位于胶州湾湾口处水域。胶州湾是一个环抱形海湾,湾内水深较大,通向外海航道的天然水深约 20 米。湾内无大河注入,不淤不冻,许多岸线基岩埋深超过 20～30 米,自然条件较好,适合建设大型深水码头。

前湾港区北岸目前主要依靠黄张路、淮河路、黄河路和前湾港路进行集散,散,其中:黄张路和黄河路车道数为双向四车道(货运专用) + 双向六车道(客运专用);淮河路和前湾港路为双向六车道,车道数达到 20 条。目前,前湾港区主要依托胶黄铁路,自胶济铁路胶州站引出,设营海、红石崖中间站和黄岛编组站,南止于前湾港区港湾站,全长约 40 千米,是胶州湾西岸黄岛和前湾两大港区的唯一铁路运输通道。2007 年胶黄复线电气化改造完成后,其通过能力得到了进一步的提升,可以满足前湾港区 2035 年大宗散货的集疏运量发展需求。但前湾港区集装箱铁路站场位于北岸,南岸尚未建设铁路装卸线。

2. 港区主要工程项目

(1)青岛港前湾港区迪拜环球码头工程

项目分两期实施建设,一期项目于 2007 年 10 月开工,2017 年 5 月 11 日投入试运营,2018 年 2 月竣工;二期项目于 2018 年 6 月 8 日开工,2019 年 11 月 28 日投入试运营。

项目建设依据:2007 年 1 月,国家发展和改革委员会《关于外商独资建设经营青岛港前湾港区迪拜环球码头工程项目核准的批复》(发改交运〔2007〕150 号);2015 年 4 月,交通运输部《关于青岛港前湾港区迪拜环球码头工程初步设计的批复》(交水函〔2015〕254号);2018 年 1 月,交通运输部《关于青岛港前湾港区迪拜环球码头工程设计变更的批复》

（交水函〔2018〕55 号）；2005 年 2 月，国家环境保护总局《关于青岛港前湾南港区环球货柜码头项目环境影响报告书审查意见的复函》（环审〔2005〕165 号）；2006 年 4 月，国土资源部《关于青岛港前湾港区迪拜环球码头工程建设用地预审意见的复函》（国土资预审字〔2006〕120 号）；2011 年 4 月，国家海洋局《关于青岛港前湾港区四期工程和迪拜环球码头工程项目用海的批复》（国海管字〔2011〕194 号）。

项目原批复升级改造 2 个 10 万吨级和 2 个 3 万吨级集装箱泊位（水工结构均按靠泊 10 万吨级集装箱船舶设计），安装 14 台岸边集装箱装卸桥、76 台全自动化轨道式集装箱龙门起重机（ARMG）、1 台轨道式集装箱龙门起重机（RMG），60 台集装箱 LAGV 及相应配套设施。青岛港前湾港区迪拜环球码头工程批复总概算为 71.15 亿元。验收的青岛港前湾港区迪拜环球码头工程（一期工程）对应范围内概算为 42.53 亿元，经审计，验收范围内项目实际完成投资 36.18 亿元。

项目建设单位为青岛新前湾集装箱码头有限责任公司；设计单位为中交第一航务工程勘察设计院有限公司；施工单位为中交一航局第二工程有限公司（码头主体）、长江南京航道工程局（疏浚工程）、中交上海航道局有限公司（疏浚工程）、青岛港（集团）港务工程有限公司（道路、堆场工程）、上海振华重工（集团）股份有限公司（设备）、青岛港国际股份有限公司供电分公司（供电）、青岛港国际股份有限公司港机分公司（设备）；监理单位为山东省交通工程监理咨询公司；质监单位为青岛市交通工程质量安全监督站、青岛港口建设工程质量监督站。

青岛港前湾港区迪拜环球码头工程（一期工程）建设实行了项目法人制、工程监理制和合同管理制，开发的"青岛港集装箱自动化码头智能生产信息物理系统工程"获得 2017 年中国港口科技进步一等奖，"集装箱码头自动导引车（AGV）分布式浅充浅放循环充电技术及系统"获得 2017 年中国航海协会一等奖，"青岛新前清集装码头有限责任公司 ARMG 精准定位技术"获得 2017 年中国航海协会一等奖，"全智能集装箱自动化码头设备技术创新与应用"和"自动化岸边装卸系统关键技术的创新与应用"获得 2017 中国设备管理创新成果特等奖，工程同时获得全球"全自动化集装箱码头建设杰出成就奖"，入选 2017 年"中国智能制造十大科技展"。

（2）青岛港前湾港区二期工程

项目于 1995 年 12 月开工，1999 年 7 月竣工。

项目建设依据：1995 年 1 月，国家计划委员会《关于青岛港前湾港区二期工程可行性研究报告的批复》（计交能〔1995〕62 号）；1995 年 5 月，交通部《关于青岛港前湾港区二期工程初步设计的批复》（交基发〔1995〕号）。1995 年，国家计划委员会《国家计委关于下达 1995 年新开工大中型项目计划的通知》（计投资〔1995〕2201 号）；1993 年 7 月，国家环境保护局《关于青岛港前湾港区二期工程环境影响报告书审批意见的复函》（环监〔1993〕

391号）。

项目建设万吨级深水泊位6个，新增年吞吐量315万吨。其中3.5万吨级和2.5万吨级2个集装箱泊位新增年吞吐能力23万TEU（折合180万吨），1个2万吨级、2个1.5万吨级和1个1万吨级共4个杂货泊位新增年吞吐量135万吨。顺岸泊位包括2万吨级杂货泊位、2.5万吨级集装箱泊位和3.5万吨级集装箱泊位（结构按5万吨级设计）各1个，码头岸线总长766米。2万吨级杂货泊位和2.5万吨级集装箱泊位为方块重力式结构，泊位水深分别为11.6米和11.8米；3.5万吨级集装箱泊位（结构按5万吨级设计）为沉箱重力式结构，泊位水深14.5米。突堤泊位包括1万吨级杂货泊位1个和1.5万吨级杂货泊位2个，码头岸线总长582.24米，为沉箱重力式结构，泊位水深10.7米。突堤端部岸线长260米。工程批准调整概算为内币12.92亿元，外币2700万美元。

项目建设单位为青岛建港指挥部；设计单位为中国港建设（集团）总公司第一航务工程勘察设计院；施工单位中国港建设（集团）总公司第一航务工程局、中国港湾建设（集团）总公司天津航道局。

（3）青岛港前湾港区矿石专用码头工程

项目于1998年5月开工，2000年3月竣工。

项目建设依据：1997年2月，交通部、山东省人民政府《关于报送青岛港前湾港区矿石专用码头工程项目建议书的函》（交计发〔1997〕122号）；1998年3月，国家计划委员会《印发国家计委关于审批青岛港前湾港区矿石专用码头工程项目建议书的请示的通知》（计交能〔1998〕312号）；1998年4月，交通部、山东省人民政府《关于报送青岛港前湾港区矿石专用码头工程可行性研究报告的函》（交计发〔1998〕235号）；1999年10月，国家发展计划委员会《印发国家计委关于审批青岛港前湾港区矿石专用码头工程可行性研究报告的请示的通知》（计基础〔1999〕1535号）；1999年10月，国家发展计划委员会《关于下达1999年第六批基本建设新开工大中型项目计划的通知》（计投资〔1999〕1552号）。1999年12月，交通部《关于青岛港前湾港区矿石专用码头工程初步设计的批复》（交水发〔1999〕668号）；1998年3月，国家环境保护局《关于青岛港前湾港区矿石专用码头工程环境影响报告书审批意见的复函》（环发〔1998〕175号）。

工程位于胶州湾西南部黄岛前湾内，前湾一期工程煤码头外侧，码头走向与前湾一期工程牒码头成18°夹角。项目新建20万吨级矿石专用码头1座及配套设施，码头为沉箱重力墩式结构，泊位长420米，水深21米。堆场面积为13.46万平方米，堆场面层为高强混凝土联锁块结构。工程概算投资为16.83亿元，其中国家安排港口建设费1.49亿元。

项目建设单位为青岛建港指挥部；设计单位为中交水规设计院；施工单位为中国港湾建设（集图）总公司第一航务工程局第二工程公司、第四工程公司，中国港湾建设（集图）总公司天津航道局，中国港湾建设（集图）总公司振华海湾工程有限公司，青岛港务局港务工程公司等;监理单位为天津中北港湾工程建设监理事务所、济南铁路顺达工程建设监理有限责任公司。

(4)青岛港前湾港区三期工程后三个泊位工程

项目于 2003 年 1 月开工,2005 年 10 月试运行,2005 年 12 月竣工。

项目建设依据:2005 年 9 月,国家发展和改革委员会《关于青岛港前湾港区三期工程后三个泊位工程项目核准的批复》(发改交运〔2005〕1689 号);2005 年 10 月,交通部《关于青岛港前湾港区三期工程后三个泊位工程初步设计的批复》(交水发〔2005〕478 号);2003 年 1 月,国家环境保护总局《关于青岛港前湾港区三期工程环境影响报告书审查意见的复函》(环审〔2003〕33 号);2000 年 6 月,青岛市规划局《关于青岛港前湾港区三期工程的选址意见》(青规管字〔2000〕19 号)。

项目建设 5 万吨级集装箱泊位 2 个(水工结构按 15 万吨集装箱船靠泊设计)和 3 万吨级集装箱泊位 1 个,码头总长 1013.16 米(含前四个泊位预留 80 米岸线),设计年吞吐能力 140 万 TEU,配套建设相应的附属设施及工作船码头。工程实际完成投资 16.75 亿元,比批准概算有所节余。

项目建设单位为青岛建港指挥部;设计单位为中交水运规划设计院;施工单位为天津航道局、第一航务工程局第二工程公司、青岛港港务工程程公司、青岛港供电分公司、青岛港通信分公司、海振华港机(集团)公司、岛港口机械厂;监理单位为北京京华水运工程建设监理事务所;质监单位为青岛港口建设工程质量监督站。

青岛港前湾港区三期工程对缓解青岛港集装箱通过能力不足的状况,进一步提高青岛港集装箱的集疏运能力,加快青岛市、山东省及腹地省市的经济发展具有十分重要的战略意义。

(5)青岛港前湾港区三期工程前四个泊位工程

项目于 2000 年 12 月开工,2003 年 8 月试运行,2003 年 9 月竣工。

项目建设依据:2002 年 12 月,山东省发展计划委员会《关于报送青岛港前湾港区期工程(先期四个泊位工程)可行性研究报告的请示》(鲁计基础〔2002〕1252 号);2003 年 8 月,交通部《关于青岛港前湾港区三期工程前四个泊位工程初步设计的批复》(交水发〔200〕320 号);1997 年 5 月,交通部、山东省人民政府《关于报送青岛港前湾港区期工程项目建议书的函》(交计发〔1997〕291 号);2002 年 9 月,国家发展计划委员会《印发国家计委关于审批青岛港前湾港区三期工程项目建议书的请示的通知》(计基础〔2002〕1950 号);2003 年 6 月,国家发展和改革委员会《印发国家发展改革委关于审批青岛港前港区三期工程前四个泊位工程可行性研究报告的请示的通知》(发改交运〔2003〕496 号)。

项目建设接纳 8 万~10 万吨级集装箱船舶的专用泊位 2 个和可接纳 5 万吨级集装箱

船舶的专用泊位 2 个,码头总长 1480 米,设计年吞吐能力 140 万 TEU。该期工程概算投资为 309929.09 万元。工程实际完成投资 274169.76 万元,实现概算投资结 35759.33 万元。码头采用沉箱重力式结构。项目后方堆场面积 72 万平方米,仓库面积 1.98 万平方米。

项目建设单位为青岛建港指挥部;设计单位为中交水运规划设计院;施工单位为中港天津航道局、中港一航局二公司、中港一航局四公司;监理单位为北京京华监理所、天津中北监理事务所;质监单位为青岛港口建设工程质量监督站。

2005 年 11 月,中国土木工程学会中国科技发展基金会詹天佑土木工程科技发展基金会授予"青岛港前湾港区三期前四个泊位工程"第五届詹天佑土木工程大奖。工程缓解了集装箱通过能力不足的状况,满足了青岛市、山东省及腹地经济发展的亟须。

（6）青岛港前湾港区四期工程

项目于 2006 年 3 月开工,2008 年 6 月试运行,2009 年 11 月竣工。

项目建设依据:2007 年 9 月,国家发展和改革委员会《关于青岛港前湾港区四期工程项目核准的批复》(发改交运〔2007〕2180 号);2009 年 6 月,交通运输部《关于青岛港前湾港区四期工程初步设计的批复》(交水发〔2009〕286 号);2006 年 7 月,国家环境保护总局《关于青岛港前湾港区四期工程环境影响报告书的批复》(环审〔2006〕354 号);2006 年 6 月,国家海洋局《关于青岛港前湾四期工程海洋环境影响报告书核准意见的复函》(国海环字〔2006〕307 号);2006 年 10 月,国土资源部《关于青岛港前湾港区四期工程建设用地预审意见的复函》(国土资预审字〔2006〕261 号);2006 年 6 月,国家海洋局《关于青岛港前湾港区四期工程项目用海的预审意见》(国海管字〔2006〕274 号)。

工程规划为集装箱码头岸线。项目建设 1 个 10 万吨级、2 个 7 万吨级和 1 个 3 万吨级集装箱专用泊位(码头水工结构均按靠泊 15 万吨集装箱船设计),码头岸线长度 1320 米。作业区陆域纵深为 950 米,设计年吞吐量为 240 万 TEU。工程概算投资为 40.64 亿元,工程实际完成投资 40.51 亿元,节余投资 1292.39 万元。

项目建设单位为青岛港建港指挥部;设计单位为中交水运规划设计院有限公司;施工单位为中交第一航务工程局第二工程有限公司、中交广州航道局有限公司、上海振华港机股份有限公司、青岛港港务工程公司、青岛港口机械厂等;监理单位为山东省交通工程监理咨询公司;质监单位为青岛港口建设工程质量监督站。

项目荣获 2011 年度水运交通优质工程奖,荣获 2012—2013 年度国家优质工程奖。工程是缓解青岛港集装箱通过能力不足、增强港口竞争力、推进青岛港口产业集群快速发展的重大工程,对于加快青岛市、山东省及腹地省市的经济发展具有十分重要的战略意义。

（7）青岛港前湾港区一期工程

项目于 1987 年 10 月开工,1993 年 12 月竣工。

项目建设依据:1989 年 10 月,国家交通投资公司《关于青岛港前湾港区一期工程现场办公会的通知》(交投水字〔1989〕61 号),同意多用途泊位沉箱结构形式变更为方块结构形式。1984 年 11 月,交通部《关于报送〈青岛港前湾港区一期工程设计计划任务书〉的报告》(交计字〔1984〕2240 号);1985 年 8 月,国家计划委员会《关于青岛港前湾港区一期工程设计计划任务书的批复》(计交〔1985〕1348 号);1986 年 11 月,交通部《关于报青岛港前湾港区一期工程初步设计的批复》(交基字〔1986〕849 号);交通部《关于青岛港前湾港区铁路一期工程初步设计的批复》。

项目建设深水泊位 6 个,年吞吐量 1700 万吨,其中木材、杂货 2 个,多用途顺岸泊位共 4 个;3 万 ~5 万吨级煤炭装船泊位 2 个 1500 万吨。

项目建设单位为青岛建港指挥部;设计单位为交通部第一航务工程勘察设计院;施工单位为交通部一航局二公司、交通部一航局四公司、交通部天津航道局、铁道部第十四工程局。

交通部《关于青岛港前湾一期工程初步设计的批复》(〔86〕交基字 849 号)批准概算内币 63658.11 万元,外币 31490 百万日元。国家交通投资公司《关于青岛港前湾港区一期工程调整概算的批复》(交投水〔1991〕160 号),调整为内币 69979.24 万元,外币 30091.61 百万日元。工程预决算为内币 69900 万元,外币 26120 百万日元。工程为国家重点建设项目,交通部受国家计划委员会委托,组织有关部门成立了国家验收委员会,于 1993 年 12 月 25 日进行了总体验收以来,运营良好。

（五）董家口港区

1.港区综述

（1）港区建设和运营概况

董家口港区位于青岛市南翼的西海岸新区琅琊台湾,是青岛港新拓展港区,以大宗散货、液体化工品及杂货运输为主,逐步发展成为服务腹地物资运输和临港产业开发的大型综合性港区,是青岛港未来重点发展的核心港区之一。到 2016 年,董家口港区共有生产性泊位 18 个,其中包括:30 万吨级原油接卸泊位 1 个,通过能力 1880 万吨;40 万吨级专业化矿石泊位 1 个和 20 万吨级专业化矿石码头 2 个,通过能力 4237 万吨;15 万吨级 LNG 泊位 1 个,通过能力 610 万吨。已建航道 4 条:董家口港区主航道(17.3 海里、3.1 海里)、琅琊台湾支航道(6.3 海里)、危险品港池支航道(2.2 海里、2.3 海里)、LNG 支航道(1.9 海里)。

（2）港区地理条件和集疏运概况

董家口港区正处于快速建设阶段。目前,疏港一路、港区中心路、子信路、滨海大道可满足港区的对外交通。董家口港区已经连通了青盐铁路。董家口港—潍坊—鲁中、鲁北输油管道工程起始于青岛港董家口港区海业摩科瑞油品罐区，途经青岛市和潍坊市，到达广饶分输站后，通过六条支线输送至炼厂罐区，主要用于将董家口港进口原油输送至沿线的地炼企业，管道包括"一干六支"，总长度485千米。两条干线设计年输油量输油管道均已投产，设计年输油量4000万吨。已配套建设中石化LNG外输管道董家口—平度段，为山东管网供应天然气。

2. 港区主要工程项目

（1）青岛董家口大唐码头（一期）工程项目

项目于2013年6月开工，2015年4月试运行，2016年6月竣工。

项目建设依据：2011年3月，青岛市发展和改革委员会《关于青岛董家口大唐码头（一期）工程项目核准的批复》（青发改能交核〔2011〕8号）；2011年10月，青岛市交通运输委员会港航管理局《关于青岛董家口大唐码头（一期）工程初步设计的批复》（青港航建〔2011〕44号）；2014年6月，青岛市交通运输委员会港航管理局《关于大唐青岛港务有限公司青岛港董家口港区大唐码头一期工程规模变更的通知》（青港航建〔2014〕40号）；2014年8月，青岛市发展和改革委员会《关于同意调整青岛董家口大唐码头（一期）工程建设方案的函》（青发改能交函〔2014〕59号）；2014年10月，青岛市交通运输委员会港航管理局《关于青岛董家口大唐码头（一期）工程设计变更的批复》（青港航建〔2014〕82号）；2010年11月，青岛市环境保护局《关于青岛董家口大唐码头（一期）工程环境影响报告书的批复》（青环审〔2010〕234号）；2011年10月，山东省人民政府《关于青岛董家口大唐（一期）工程用海的批复》（鲁政海域字〔2011〕14号）；2011年3月，交通运输部《关于青岛港董家口港区大唐码头一期工程使用港口岸线的批复》（交规划发〔2011〕101号）。

项目建设3.5万和5万吨级的通用泊位各1个，水工结构按照12万吨级散货船建设，码头长度为475米。码头面高程为6.2米（当地理论最低潮面，下同），其上设置门机轨道，门机前轨距码头前沿3.0米，轨距10.5米。码头采用沉箱重力式结构。码头前沿水深17.50米。项目后方堆场面积24.8万平方米。主要装卸设备配置2台40.5吨桥吊、2台50吨桥吊。项目总投资76968万元。用海总面积42.66公顷，其中填海造地面积14.47公顷，港池用海面积28.19公顷。

项目建设单位为大唐青岛港务有限公司；设计单位为中交水运规划设计院有限公司；施工单位为中交一航局第二工程有限公司（码头主体）、中交烟台环保疏浚有限公司（疏浚工程）、中国水产广州建港工程公司（堆场工程）；监理单位为山东省交通工程监理咨询公司；质监单位为青岛市交通工程质量安全监督站。

（2）青岛董家口大唐码头（一期）工程后方堆场及连接通道工程项目

项目后方堆场陆域形成工程于2013年1月开工，2013年11月完工，2015年12月竣工;连接通道工程于2013年9月开工,2015年11月完工,2016年6月竣工。

项目建设依据:2012年8月,胶南市城乡规划管理处《关于青岛董家口大唐码头一期工程后方堆场及连接通道工程项目的规划预审意见》;2012年9月,青岛市发展和改革委员会《关于青岛董家口大唐码头(一期)工程后方堆场及连接通道工程项目核准的批复》(青发改能交核〔2012〕41号);2013年4月,青岛市交通运输委员会港航管理局《关于青岛董家口大唐码头(一期)工程后方堆场及连接通道工程初步设计的批复》(青港航建〔2013〕8号);2012年6月,青岛市海洋与渔业局《关于青岛董家口大唐码头一期工程后方堆场及连接通道工程海洋环境影响报告书核准意见的函》(青海渔函〔2012〕12号);2010年11月,青岛市环境保护局《关于青岛董家口大唐码头(一期)工程环境影响报告书的批复》(青环审〔2010〕234号);2012年8月,胶南市国土资源局《关于青岛董家口大唐码头一期工程后方堆场及连接通道工程用地初审意见的报告》(南国土字〔2012〕197号);2012年8月,青岛市国土资源和房屋管理局《关于对青岛董家口大唐码头一期工程后方堆场及连接通道工程建设项目用地预审意见的复函》(青土资房发(预字)〔2012〕152号);2012年9月,山东省人民政府《关于青岛董家口大唐码头(一期)工程后方堆场及连接通道工程用海的批复》(鲁政海域字〔2012〕26号)。

项目建设后方堆场总面积24.75万平方米,临海侧设置护岸总长839.6米。连接通道工程:原批复通道包括通道(一)、通道(二)、通道(三)和北通道,通道道路宽度为10米,总长1960.9米,用于连接前方大唐码头(一期)工程及后方堆场;后变更仅作为拟建大唐码头二期陆域形成的围堰,通道顶宽为5米,包括通道(一)长度482.1米、通道(二)长度932米,共计1414.1米。工程概算总投资21973.05万元,后批复变更为18545.57万元。经审计,实际完成投资15498万元,资金来源于企业自筹和银行贷款。用海面积约23.22公顷,用地面积14.24万平方米。

项目建设单位为大唐青岛港务有限公司;设计单位为中交水运规划设计院有限公司;施工单位为中海工程建设总局(后方堆场形成工程)、青岛海防工程局(连接通道工程);监理单位为山东省交通工程监理咨询公司;质监单位为青岛市交通工程质量安全监督站。

(3)青岛港董家口港区北三突堤通用泊位工程

项目于2013年6月开工,2016年1月试运行,2016年12月竣工。

项目建设依据:2014年9月24日,青岛市发展和改革委员会《关于青岛港董家口港区北三突堤通用泊位工程项目核准的批复》(青发改能交核〔2014〕14号);2015年1月,青岛市交通运输委员会港航管理局《关于青岛港董家口港区北三突堤通用泊位工程初步设计的批复》(青港航建〔2015〕11号);2014年10月,青岛市交通运输委员会港航管理局《关于调整青岛港董家口港区北三突堤通用泊位工程建设方案的意见》(青港航建〔2014〕83号);2014年11月,青岛市发展和改革委员会《关于同意调整青岛港董家口港区北三突堤通用泊位工程建设方案的函》(青发改能交函〔2014〕81号);2015年7月,青岛市交通运输委员会港航管理局《水运工程建设项目开工备案》(〔2015〕青交港航非许可决定字(0019)号);2014年9月,青岛市环境保护局《关于青岛港董家口港区北三突堤通用泊位工程环境影响报告书的批复》(青环审〔2014〕49号);2014年2月,青岛市海洋与渔业局《关于青岛港董家口港区北三突堤通用泊位工程用海的预审意见》(青海渔审〔2014〕40号);2014年6月,交通运输部《关于青岛港董家口港区北三突堤通用泊位工程使用港口岸线的批复》(交规划函〔2014〕474号)。

项目建设2个3.5万吨级通用泊位(码头主体结构分别按照靠泊10万吨级和12万吨级散货船设计),码头结构安全等级为二级。码头岸线总长为444.58米,其中10万吨级泊位码头岸线长297.58米,前沿设计底高程为-15.5米;12万吨级泊位码头岸线长147米,与大唐码头(一期)合用,前沿设计底高程为-17.5米。工程共形成堆场面积14万平方米,主要为回填开山石土形成陆域。工程总投资10.97亿元,资金来源于企业自筹。码头采用重力式沉箱结构。主要装卸设备配置门座式起重机4台、连续卸船机1台、轮胎式起重机4台。建设填海造地22.34公顷、港池蓄水2.83公顷。

项目建设单位为青岛港董家口通用码头有限公司;设计单位为中交第一航务工程勘察设计院有限公司;施工单位为中交一航局第二工程有限公司(码头工程)、中交烟台环保疏浚有限公司(疏浚工程)、青岛港(集团)港务工程有限公司(堆场工程)、青岛港国际股份有限公司港机分公司(工艺设备安装);监理单位为山东省交通工程监理咨询公司(土建工程)、青岛市工程建设监理有限责任公司(工艺设备工程);质监单位为青岛市交通工程质量安全监督站。

(4)青岛港董家口港区港投通用泊位二期工程(码头主体、疏浚工程)

项目于2012年3月开工,2012年12月竣工。

项目建设依据:2013年1月,青岛市发展和改革委员会《关于青岛董家口港区港投通用泊位二期工程项目核准的批复》(青发改能交核〔2013〕2号);2013年4月,青岛市交通运输委员会港航管理局《关于青岛董家口港区港投通用泊位二期工程初步设计的批复》(青港航建〔2013〕10号);2012年1月,青岛市环境保护局《关于青岛港董家口港区港投通用泊位二期工程环境影响报告书的批复》(青环审〔2012〕2号);2013年5月,青岛市卫生监督局《建设项目可行性研究规划选址初步设计卫生审核意见书》(〔2013〕青卫预初字第06号);2011年12月,青岛市海洋与渔业局文件《关于青岛港董家口港区港投通用泊位二期工程(1#泊位)用海的预审意见》(青海渔审〔2011〕22号);2012年12月,交通运输部《关于青岛港董家口港区港投通用泊位二期工程使用港口岸线的批复》(交规划发〔2012〕779号)。

项目新建1个5万吨级通用泊位(水工结构按靠泊12万吨级船舶设计和建设),陆域面积13.6万平方米,前沿底高程为 −17.2 米(当地理论最低潮面,下同),码头面高程6.5米,码头采用重力式沉箱结构。工程概算总投资50940.47万元,验收范围内概算为23772万元,资金来源于企业自筹。经审计,实际完成投资18397万元。岸线总长248米。码头前沿水深17.2米。项目后方堆场面积13.6万平方米。主要装卸设备配置门机3台、轮式装载机4台。用海总面积约为15.2公顷,其中填海面积约为12.9公顷。

项目建设单位为青岛港国际股份有限公司;设计单位为中交水运规划设计院有限公司;施工单位为中交一航局第二工程有限公司(码头主体)、长江南京航道工程局(疏浚工程);监理单位为天津天科工程监理咨询事务所;质监单位为青岛港口建设工程质量监督站。

(5)青岛港董家口港区港投通用泊位一期工程(码头主体、疏浚工程)

项目于2012年3月开工,2012年12月竣工。

项目建设依据:2013年1月,青岛市发展和改革委员会《关于青岛董家口港区港投通用泊位一期工程项目核准的批复》(青发改能交核〔2013〕4号);2013年4月,青岛市交通运输委员会港航管理局《关于青岛董家口港区港投通用泊位一期工程初步设计的批复》(青港航建〔2013〕9号);2011年5月,青岛市环境保护局《关于青岛港董家口港区港投通用泊位一期工程(2#泊位)环境影响报告书的批复》(青环审〔2011〕99号);2013年5月,青岛市卫生监督局《建设项目可行性研究规划选址 初步设计卫生审核意见书》(〔2013〕青卫预初字第05号);2011年12月,青岛市海洋与渔业局文件《关于青岛港董家口港区港投通用泊位二期工程(2#泊位)用海的预审意见》(青海渔审〔2011〕21号);2012年12月,《交通运输部关于青岛董家口港区港投通用泊位一期工程使用港口岸线的批复》(交规划发〔2012〕780号)。

项目新建1个5万吨级通用泊位(水工结构按靠泊12万吨级船舶设计和建设),陆域面积25.1万平方米,长度304米,前沿底高程为 −17.2 米(当地理论最低潮面,下同),码头面高程6.5米。工程概算总投资75855.61万元,验收范围内概算为32333万元。经审计,实际完成投资24767万元,资金来源于企业自筹。码头采用重力式沉箱结构。项目后方堆场面积13.16万平方米。主要装卸设备配置门机3台、轮式装载机8台。用海总面积约为86.28公顷,其中填海面积约为23.44公顷。

项目建设单位为青岛港国际股份有限公司;设计单位为中交水运规划设计院有限公司;施工单位为中交一航局第二工程有限公司、长江南京航道工程局;监理单位为天津天科工程监理咨询事务所;质监单位为青岛港口建设工程质量监督站。

(6)青岛港董家口港区港投万邦矿石码头工程20万吨级泊位工程(一期工程)

项目于2011年8月开工,2012年12月竣工。

项目建设依据:2013年6月,交通运输部《关于青岛港董家口港区港投万邦矿石码头工程项目申请报告的意见》(交函规划〔2013〕181号);2015年11月,交通运输部《关于青岛港董家口港区港投万邦矿石码头工程初步设计的批复》（交水函〔2015〕761号）；2014年11月，交通运输部《关于青岛港董家口港区港投万邦矿石码头工程变更项目投资主体的意见》（交规划函〔2014〕912号）；2011年7月，环境保护部《关于青岛港董家口港区港投万邦矿石码头工程环境影响报告书的批复》（环审〔2011〕197号）；2014年7月，国土资源部《关于青岛港董家口港区港投万邦矿石码头项目建设用地预审意见的复函》（国土资预审字〔2014〕112号）；2012年9月，国家海洋局《关于青岛港董家口港区港投万邦矿石码头项目用海预审意见的函》（国海管字〔2012〕630号）；2014年11月，国家海洋局《关于青岛港董家口港区港投万邦矿石码头项目用海预审意见有关问题的复函》（国海管字〔2014〕638号）。

项目建设30万吨级铁矿石泊位1个（水工结构按靠泊40万吨散货船设计）、20万吨级铁矿石泊位1个以及相应配套设施。青岛港董家口港区港投万邦矿石码头工程批复设计总概算为449615.44万元，其中20万吨级泊位工程概算为86958.27万元、30万吨级泊位工程概算为362657.17万元。与验收范围同口径概算为41081.59万元，验收范围内项目实际完成投资35950.12万元，其中建筑安装工程费24436.6万元、设备投资费9437.31万元、其他投资2076.21万元。

项目建设单位为青岛港董家口矿石码头有限公司；设计单位为中交水运规划设计院有限公司、中交第一航务工程勘察设计院有限公司；施工单位为中交一航局第二工程有限公司、长江南京航道工程局、青岛港（集团）港务工程有限公司、青岛港国际股份有限公司港机分公司；监理单位为天津天科工程监理咨询事务所、青岛海大工程监理咨询有限公司；质监单位为青岛港口建设工程质量监督站。

（7）青岛港董家口港区海业摩科瑞通用码头工程

项目于2011年1月开工，2015年9月25日试运行，2016年5月竣工。

项目建设依据：2011年10月，青岛市环境保护局《关于青岛青岛海业摩科瑞通用码头工程项目的初步审查意见》（青环评函〔2011〕107号）；2015年1月28日，青岛市发展和改革委员会《关于青岛港董家口港区青岛海业摩科瑞通用码头工程项目核准的批复》（青发改能交核〔2015〕2号）；2015年4月，青岛市交通运输管理委员会港航管理局《关于青岛港董家口港区青岛海业摩科瑞通用码头工程初步设计的批复》（青港航建〔2015〕27号）；2014年12月，青岛市环境保护局《关于青岛港董家口港区青岛海业摩科瑞通用码头工程环境影响报告书的批复》（青环审〔2014〕64号）；2014年9月，青岛市海洋与渔业局《青岛港董家口港区青岛海业摩科瑞通用码头工程用海的预审意见》（青海渔审〔2014〕70号）；2015年9月，山东省海洋与渔业厅《海域使用权证书》（建设填海造地）（国海证2015B37021111008号）；2015年9月2日，山东省海洋与渔业厅《海域使用权证书》（港池、蓄水）（国海证2015B37021111019号）；2014年10月15日，交通运输部《关于青岛港董家口港区青岛海业摩科瑞通用码头工程使用港口岸线的批复》（交规划函〔2014〕

853 号）。

项目建设 10 万吨级和 7 万吨级的通用泊位各 1 个，水工结构分别按照靠泊 20 万吨级和 12 万吨级散货船设计和建设。码头长度 598.6 米。10 万吨级码头前停泊区宽为 86 米，码头前沿底高程为 -19.2 米；7 万吨级码头前停泊区宽为 65 米，码头前沿底高程为 -17.2 米。港池挖深至 -18.0 米，船舶回旋水域位于码头的前方，直径为 500 米，底高程为 -17.5 米。工程概算总投资 119521.9 万元，与验收范围同口径概算为 60230 万元，经审计，实际完成投资 54688.08 万元，由企业自筹。

项目建设单位为青岛海业摩科瑞物流有限公司；施工单位为中交一航局第二工程有限公司、长江南京航道工程局、青岛港（集团）港务工程有限公司；设计单位为中交水运规划设计院有限公司、中交第一航务工程勘察设计院有限公司；监理单位为山东省交通工程监理咨询公司；质监单位为青岛港口建设工程质量监督站。

（8）青岛港董家口港区青岛港集团矿石码头改扩建工程

项目于 2011 年 8 月开工，2015 年 7 月 3 日试运行，2015 年 7 月竣工。

项目建设依据：2015 年 7 月，青岛市发展和改革委员会《关于青岛港董家口港区青岛港集团矿石码头改扩建工程项目的复函》（青发改能交函〔2015〕23 号）；2015 年 7 月，青岛市交通运输委员会港航管理局《关于青岛港董家口港区青岛港集团矿石码头改扩建工程设计的批复》（青港航建〔2015〕34 号）；2013 年 7 月，交通运输部《港口工程竣工验收证书》（交港验证字〔2013〕28 号）。2011 年 5 月，国家发展和改革委员会《关于青岛港董家口港区青岛港集团矿石码头工程项目核准的批复》（发改基础〔2011〕993 号）；2011 年 10 月，交通运输部《关于青岛港董家口港区青岛港集团矿石码头工程初步设计的批复》（交水发〔2011〕569 号）；2013 年 1 月 28 日，国家环境保护部《关于青岛港董家口港区矿石码头工程竣工环境保护验收意见的函》（环验〔2013〕32 号）。

项目由建设 1 个 30 万吨级铁矿石接卸泊位（水工结构按靠泊 40 万吨散货船设计）和 1 个 20 万吨级铁矿石泊位，改扩建为 1 个 40 万吨铁矿石接卸泊位和 1 个 20 万吨级铁矿石泊位。工程仅进行了设计论证，2015 年 7 月 2 日获得核准，2015 年 7 月 3 日获设计批复，因无实际建设内容，同日获得批复开始试运行。根据设计批复，工程总平面布置、航道、锚地及导助航设施、装卸工艺、结构设计、配套设施等设计，经核算 30 万吨级铁矿石接卸泊位（水工结构按靠泊 40 万吨散货船设计）已满足 40 万吨散货船安全靠泊作业需要，按原批复的设计实施；工程有关供电、照明、自动控制、信息与通信、给水排水、暖通、机修和供油、消防、环境保护、安全、职业卫生及节能等设计内容，已满足 40 万吨散货船安全靠泊作业需要，按原批复的设计实施。工程无实际建设内容。

项目建设单位为青岛港董家口矿石码头有限公司；设计单位为中交水运规划设计院有限公司；质监单位为青岛港口建设工程质量监督站。

（9）青岛港董家口港区原油储罐一期工程

项目于 2012 年 6 月开工,2014 年 6 月 17 日试运行,2014 年 6 月竣工。

项目建设依据:2012 年 12 月,青岛市发展和改革委员会《关于青岛港董家口港区原油储罐一期工程项目核准的批复》(青发改能交核〔2012〕59 号);2013 年 10 月,青岛市交通运输委员会港航管理局《关于青岛港董家口港区原油储罐一期工程初步设计的批复》(青港航建〔2013〕50 号);2012 年 12 月,《关于青岛港董家口港区原油储罐一期工程环境影响报告书的批复》(青环审〔2012〕174 号);2013 年 12 月,青岛市国土资源和房屋管理局《关于对青岛港董家口港区原油储罐一期工程建设项目用地预审意见的复函》(青土资房审发(预字)〔2013〕160 号)。

项目建设 8 座 5 万立方米原油浮顶储罐,设计库容为 40 万立方米,年周转量 240 万吨。配套建设中心控制室、泵房、变配电室、通信、消防、污水处理、油气回收等设施,库区占地面积 12.08 万平方米。项目估算总投资 44254 万元,批复的初步设计概算为 42703.84 万元,经审计,实际完成投资 33983.57 万元,较概算结余 8720.27 万元,工程投资总体控制较好。项目估算总投资 44254 万元,批复的初步设计概算为 42703.84 万元,经审计,实际完成投资 33983.57 万元,较概算结余 8720.27 万元,由企业自筹。

项目建设单位为青岛港国际股份有限公司;设计单位为中国石油工程建设公司华东设计分公司;施工单位为中国石油天然气管道第二工程公司、青岛港(集团)港务工程有限公司、青岛港国际股份有限公司港机分公司、青岛港国际股份有限公司供电分公司;勘察单位为青岛市勘察测绘研究院;监理单位为青岛越洋工程咨询有限公司;质监单位为青岛港口建设工程质量监督站。

（10）青岛港董家口港区原油码头工程

项目于 2011 年 1 月开工,2014 年 6 月试运行,2016 年 8 月竣工。

项目建设依据:2014 年 11 月,交通运输部《关于青岛港董家口港区原油码头工程项目申请报告的意见》(交函规划〔2012〕268 号);2014 年 5 月,交通运输部《关于青岛港董家口港区原油码头工程初步设计的批复》(交函水〔2014〕324 号);2013 年 8 月,环境保护部《关于青岛港董家口港区原油码头工程环境影响报告书的批复》(环审〔2013〕215 号);2012 年 9 月 25 日,国土资源部《关于青岛港董家口港区原油码头工程建设用地预审意见的复函》(国土资预审字〔2012〕263 号);2012 年 7 月 6 日,国家海洋局《关于青岛港董家口港区原油码头工程项目用海预审意见的函》(国海管字〔2012〕423 号)。

项目建设 1 个 30 万吨级原油泊位(水工结构按靠泊 45 万吨油船设计),泊位长度为 450 米;1 个 10 万吨级油品泊位(水工结构按靠泊 12 万吨油船设计),泊位长度为 302 米;以及配套建设相应设施等。工程概算总投资 145738.77 万元,经审计,实际完成投资 113303.54 万元,由企业自筹。

项目建设单位为青岛实华原油码头有限公司;设计单位为中交水运规划设计院有限公司;施工单位为中交一航局第二工程有限公司、长江南京航道工程局、青岛港(集团)港务工程有限公司;监理单位为天津天科工程监理咨询事务所;质监单位为青岛市交通工程质量安全监督站、青岛港口建设工程质量监督站。

(11)青岛港董家口港区原油码头至原油储罐一期入库段管道工程

项目于2013年6月开工,2014年5月竣工。

项目建设依据:2015年9月,青岛市发展和改革委员会《关于青岛港国际股份有限公司青岛港董家口港区原油码头至原油储罐一期工程入库段管道工程核准的批复》(青发改黄岛〔2015〕6号);2016年3月,青岛市交通运输委员会港航管理局《关于青岛港董家口港区原油码头至原油储罐一期入库段管道工程初步设计的批复》(青港航建〔2016〕9号);2015年9月,青岛市环境保护局黄岛分局《关于青岛港国际股份有限公司青岛港董家口港区原油码头工程至原油储罐一期工程入库段管道工程项目环境影响报告表暨环境风险影响评价专题报告的批复》(青环黄审〔2015〕346号);2015年7月,青岛董家口经济区管理委员会《关于董家口港区原油码头工程至原油储罐一期工程入库段管道工程规划意见的函》。2016年2月,青岛市交通运输委员会港航管理局《港口危险货物建设项目安全条件审查意见书》(青交港航危货项目安条审字〔2016〕001号);2016年2月,青岛市交通运输委员会港航管理局《港口危险货物建设项目安全设施设计审查意见书》(青交港航危货项目安设审字〔2016〕001号)。

项目建设DN700输油管道4根,DN400消防管道1根,DN200蒸汽管道1根,管架处设DN700电动阀门4台,管廊平面长度为550米。工程管廊总长度为550米,分538米和12米两段,总占地面积为6143.05平方米。其中538米长管廊布置于中心路南侧16.5米处,沿中心路布置,管道走向为56°15′~236°15′;至原油罐区一期工程90°向南转折至罐区管廊道的衔接处,转折段长度为12米,走向146°15′~326°15′。与中心路平行段管廊跨过规划罐区四路,罐区四路宽度为15米,管廊跨路位置净空为6米,满足港区运营及消防车辆的通行要求。工程概算总投资1493.74万元,经审计,实际完成投资1393.71万元,由企业自筹。

项目建设单位为青岛港国际股份有限公司;设计单位为中交水运规划设计院有限公司;施工单位为青岛港(集团)港务工程有限公司(管架基础工程)、青岛港国际股份有限公司港机分公司(管道及附属设备安装工程)、青岛港国际股份有限公司供电分公司(供电通信工程);监理单位为天津天科工程监理咨询事务所、胜利油田新兴工程监理咨询有限公司;质监单位为青岛港口建设工程质量监督站。

(12)青岛海湾液体化工港务有限公司董家口液体化工码头工程

项目于2012年2月开工,2015年8月试运行,2016年12月竣工。

2013年9月,青岛市发展和改革委员会《关于青岛海湾液体化工港务有限公司董家口液体化工码头工程项目核准的批复》(青发改能交核〔2013〕20号);2014年8月,青岛市交通运输委员会港航管理局《关于青岛海湾液体化工港务有限公司董家口液体化工码头工程初步设计的批复》(青港航建〔2014〕64号);2013年3月,青岛市环境保护局《关于青岛海湾液体化工港务有限公司董家口液体化工码头工程环境影响报告书的批复》(青环审〔2013〕23号);2012年11月,青岛市海洋与渔业局《关于青岛海湾液体化工港务有限公司董家口液体化工码头工程海洋环境影响报告书核准意见的函》(青海渔审〔2012〕45号);2012年11月,青岛市海洋与渔业局《关于董家口液体化工码头工程用海的预审意见》(青海渔审〔2012〕41号);2013年12月,山东省人民政府《关于青岛海湾液体化工港务有限公司董家口液体化工码头工程项目用海的批复》(鲁政海域字〔2013〕78号);2013年9月,交通运输部《关于青岛港董家口港区董家口嘴作业区海湾液体化工品码头工程使用港口岸线的批复》(交规划发〔2013〕534号)。

项目建设2万吨级和3万吨级液体化工品泊位各1个(水工结构均按8万吨级预留),泊位总长度453.8米,罐区规模12.8万立方米(近期建设6万立方米),以及配套建设相应设施等。工程概算总投资76808.69万元,验收范围对应概算投资44282.94万元,经审计,实际完成投资34428.68万元,由企业自筹。

项目建设单位为青岛海湾液体化工港务有限公司;设计单位为中交水运规划设计院有限公司、海工英派尔工程有限公司;施工单位为中建筑港集团有限公司、青岛新城发展建筑工程有限公司、青岛安装建设股份有限公司、中石油天然气管道第二工程有限公司、中自控自动化技术有限公司;监理单位为青岛高园建设咨询管理有限公司、胜利油田新兴工程监理咨询有限公司;质监单位为青岛市交通工程质量安全监督站。

(13)山东液化天然气(LNG)项目一期工程配套码头及陆域形成工程

项目于2011年6月开工,2014年11月试运行,2016年6月竣工。

项目建设依据:2010年9月,中国石油化工股份有限公司《关于天然气分公司山东LNG项目可行性研究报告的批复》(石化股份计〔2010〕364号);2011年2月,交通运输部《关于山东液化天然气(LNG)项目一期工程配套码头及陆域形成工程初步设计的批复》(交水发〔2011〕39号);2010年4月,环境保护部《关于山东液化天然气(LNG)工程变更环境影响报告书的批复》(环审〔2010〕121号);2013年8月,国土资源部《关于液化天然气(LNG)项目一期工程建设用地的批复》(国土资函〔2013〕597号);2012年10月,国家海洋局《关于山东液化天然气LNG项目用海的批复》(国海管字〔2012〕684号);2010年7月,国家发展和改革委员会《关于山东液化天然气(LNG)项目一期工程核准的批复》(发改能源〔2010〕1642号)。

项目建设1个靠泊8万~27万立方米LNG船泊位和2个工作船码头泊位(供拖轮和

辅助船使用），泊位岸线总长 386 米。LNG 码头采用圆沉箱重力墩式结构，采用一字形布局。码头前沿水深 14.7 米，设计靠泊能力 8 万～27 万立方米，后方有 4 座 16 万立方米的 LNG 储罐。主要接卸设备及主要参数：5 台卸料臂，其中 4 台液相臂、1 台气相臂及配套管道，设计温度 –175～65 摄氏度，设计压力 1.75 兆帕，设计流量液相臂 4667 立方米/小时、气相臂 11130 立方米/小时，工程概算投资 129968.97 万元，资金来源为企业投资。用地面积 36.2 万平方米，山东液化天然气（LNG）项目用海总面积 223.57 公顷，其中建设填海造地用海 12.75 公顷，用于布置储罐、火炬等；非透水构筑物用海 21.03 公顷，用于防波堤和工作船码头建设；透水构筑物用海 3.66 公顷，用于 LNG 码头及引桥建设；港池用海 137.57 公顷；专用航道用海 45.44 公顷；取、排水口用海 3.12 公顷。

项目建设单位中国石化青岛液化天然气有限责任公司；EPC 总承包单位为中交第二航务工程勘察设计研究院有限公司、中交一航局第二工程有限公司联合体（设计单位为中交第二航务工程勘察设计研究院有限公司，施工单位为中交一航局第二工程有限公司）；监理单位为广东国信工程监理有限公司；质监单位为青岛市交通工程质量安全监督站。

2014 年 11 月 14—27 日，完成首艘调试气船"科罗尼斯"号接卸调试工作。2014 年 12 月 13 日、14 日，完成首艘商业气船"切尔西"号接卸工作。此后，逐步进入正常的运营管理阶段。

2014—2018 年累计接卸 LNG1375.93 万吨，靠泊 LNG 船舶共计 193 艘次，其中，巴布亚新几内亚（PNG LNG）项目气源（富液）93 船，713.8 万吨，占比 51.9%；澳大利亚太平洋（AP LNG）项目气源（贫液）99 船，656.8 万吨，占比 47.7%。船型涵盖 14.5 万～17.7 万立方米，以 17 万立方米级为主，平均舱容为 16.6 万立方米，最小的是"Maran Gas Coronis（科罗尼斯）"号 LNG 船，船舶规格为 14.5 万立方米，最大的是"SPIRIT OF HELA（海拉精神）"号 LNG 船，船舶规格为 17.7 万立方米。

2014 年（11 月投产）接卸 3 船，20.0 万吨。2015 年接卸 21 船，157.3 万吨。2016 年接卸 36 船，261.9 万吨。2017 年接卸 64 船，454.4 万吨。2018 年接卸 69 船，482.3 万吨。预计 2019 年全年可达 87 船，618 万吨，实现一期项目达产。2020 年计划进口 670 万吨，约 95 船。

一期项目运行期间，码头接卸作业安全顺畅，每年均委托资质单位进行港池及航道水域水深扫测，回淤率极低，航道通航始终满足安全使用条件，项目总体运行平稳，无重大安全事故发生。2014—2015 年累计接卸 LNG177.3 万吨，靠泊 LNG 船舶共计 24 艘次，其中，巴布亚新几内亚（PNG LNG）项目气源（富液）23 船，171.9 万吨，占比 97.0%；首船调试气（项目气源：特立尼达和多巴哥）1 船，5.4 万吨，占比 3.0%。经沟通青岛 LNG 公司，目前，船型涵盖 13 万～18 万立方米，以 17 万立方米级为主，平均舱容为 16.4 万立方米，最小的是"Puteri Nilam（蓝宝石公主）"号 LNG 船，船舶规格为 13 万立方米，最大的是"PRISM BRILLANCE（光辉）"号 LNG 船，船舶规格是 18 万立方米。

五、日照港

（一）港口概况

1.港口综述

日照港（原名石臼港）是伴随着改革开放伟大进程孕育、诞生、发展的新兴沿海港口，经历了在荒滩上起步建设，在夹缝中生存发展，在竞争中成长壮大，已经由黄海滩头的小渔村变成了亿吨大港，走过了一段波澜壮阔而又绚丽多彩的风雨历程，是我国改革开放和现代化建设伟大成就的精彩缩影。

日照港地处中国绵延万里的海岸线中部，山东半岛南翼，处于连接南北沟通东西的重要战略位置，是国家"六五"期间重点开发建设的新兴港口，新亚欧大陆桥东方桥头堡，国家重点规划建设的沿海主枢纽港。1978年选址，1982年开工建设，1986年投产运营。1988年1月，由交通部管理改为交通部、山东省双重领导，以山东省管理为主。2002年8月，下放日照市管理。2003年5月，原日照港务局与岚山港务局企业部分联合重组成立日照港（集团）有限公司。日照港截至2018年的年吞吐量已由开港之初的262.8万吨增加至4.38亿吨，是我国综合运输体系的重要枢纽和沿海主要港口，是国家重要的能源和原材料运输口岸、煤炭装船港和沿海集装箱运输支线港、"一带一路"重要枢纽，是山东省、日照市全面建设小康社会、率先基本实现现代化的重要依托，是山东省发展现代制造业、优化区域产业结构和布局的重要支撑，是山东省中南部及河南、山西、陕西等中西部地区扩大对外开放、参与经济全球化的战略资源。

日照港具有得天独厚的区位优势和自然条件。位于中国海岸线的中部，苏北浅滩和山东半岛交汇处；面向太平洋，隔海与日本、韩国、朝鲜相望。港区湾阔水深，陆域宽广，气候温和，不冻不淤。经济腹地广阔，自然资源丰富。集疏运便捷高效，海上航线可达世界各港，已与100多个国家和地区通航。陆上通过新菏兖日铁路、陇海铁路向西经新疆阿拉山口和霍尔果斯出境可达中亚、西亚国家及欧洲口岸，通过瓦日铁路向西经甘其毛都出境直达蒙古国。2条高速公路、3条输油管线直联港口。日照港已形成整合航空、铁路、公路、管道、皮带等多种运输方式，大进大出、集疏运便捷的综合运输格局。随着中石化专用输油管道的建设，日照港的腹地将拓展到江苏、湖北、湖南、安徽和江西等长江中上游地区。

日照港拥有石臼、岚山两大港区，62个生产泊位，年通过能力超过3亿吨。港口总体规划274个泊位、7.5亿吨能力。石臼港区是以煤炭、铁矿石、粮食、水泥等大宗散货和集装箱运输为主的综合性核心港区。石臼港区自然岸线长14.7千米，共规划生产性泊位81个，码头岸线总长29.72千米，陆域总面积约35.90平方公里，划分为东区、北区、西区、南区4个作业区，东区功能定位以集装箱泊位、国际邮轮、保税港区为主，北区以支持系统功能区为主,西区以集装箱运输为主,兼顾粮食、木材等散、杂货运输,南区以煤炭、矿石等大宗散货运输为主,兼顾临港产业服务功能。岚山港区以石油及液体化工品、大宗干散货运输为主,兼顾其他散、杂货运输,预留集装箱运输功能,近期以服务临港工业为重点,逐步发展成为服务腹地经济和临港工业物资运输的综合性港区。岚山港区自然岸线长 12.8 千米,共规划生产性泊位 193 个,码头岸线总长 58.68 千米,陆域总面积 5904.4 万平方米,划分为南区、中区、北区 3 个作业区。

日照港共规划 10 条航道,其中石臼港区 4 条、岚山港区 6 条,已建成 10 万吨级以上航道 6 条,其中石臼港区 20 万吨级东西港区主航道、10 万吨级煤码头专用航道和南作业区主航道各 1 条,通航总长度 14.5 千米;岚山港区 10 万吨级油码头航道、30 万吨级深水航道以及 10 万吨级南作业区主航道共 3 条,通航总长度 39.52 千米。

日照港共规划港内锚地 16 个、港外锚地 5 个。石臼港区现有锚地于 2007 年 8 月 1 日正式启用,由 1 号、2 号、3 号、4 号、7 号以及熏蒸洗仓共 6 个锚地和 2 个引航站组成,面积约 98 平方公里,岚山港区规划锚地 1A、1B、4A、4B 已获选划批复。港区外有海事局批复并正在使用的港外油轮锚地。4 个大船锚地正在进行选划工作。

2. 港口水文气象

日照港年平均气温 12.7 摄氏度,历年最高气温 37.5 摄氏度,历年极端最低气温 −14.5 摄氏度。常风向 N,出现频率为 10.95%,次常风向 NNE,出现频率为 9.18%,强风向 N 和 NNE,大于六级风的频率为 0.51%。最大风速 24 米/秒,风向 N。无台风登陆记录。年平均降水量为 955 毫米,最大年降水量 1426.2 毫米,最小年降水量 372.4 毫米,最大日降水量 161.8 毫米。能见度小于 1.0 千米的大雾年平均出现天数为 11.4 天。海面常年不结冰。

3. 发展成就

石臼港于 1982 年开工建设,1986 年建成开港开放。经过 30 多年的发展,到 2015 年港口生产性泊位快速增加到 53 个,核定年通过能力超过 3 亿吨。港口从建港之初的单一煤炭输出港发展成为全国铁矿石运输系统第一层次港、全国煤炭运输南部大通道出海口、全国最大的散装水泥中转基地、全国最大的粮食及木材进口港、长江以北规模最大的液体化工集散地、集装箱内贸基本港和外贸支线港、国家规划的大型石油和天然气中转储运基地,港口的规模效应日益凸显,市场竞争优势进一步巩固。

1991 年,石臼港吞吐量首次突破千万吨大关,取得了历史性突破。1994 年 5 月 3 日,日照港开通了日照—香港集装箱班轮航线,结束了没有集装箱航线的历史。2006 年吞吐量突破 1 亿吨。2013 年货物吞吐量首次突破三亿吨大关,吞吐量达到全国沿海港口第九、世界港口第十二。2015 年货物吞吐量达到 3.37 亿吨,比 2010 年净增 1.11 亿吨。日照港整体通过能力大幅度提高,支柱货种已由单一煤炭货种逐步发展为铁矿石、煤炭、集装箱、油品、粮食、木材、木片、水泥、镍矿、钢材十大货种。码头泊位向大型化、专业化、现代化方向发展,港口功能日臻完善。

2003年原日照港务局和岚山港务局企业部分联合重组成立日照港集团有限公司,日照港抢抓新一轮港口大建设、大发展机遇,在石臼港区改造东区、打通北区、开发西区;在岚山港区扩建原岚山港,新辟岚山港区中区、北区,瞄准国际先进水平开工建设了一批专业化码头。石臼港二期工程,东港区三期工程,矿石码头工程,木片码头工程,散粮码头工程,西港区一期、二期、三期、四期工程,岚山中区原油码头工程等1.5万~30万吨级码头相继建成投产。

2016年3月18日,美洲至我国首条满载71000吨大豆的散货班轮"哈蒙德"轮在日照港顺利完成接卸任务,美洲至日照港散粮班轮航线开通了全球最大粮食生产地区的装船港到全世界最大的粮食进口口岸高速通道,标志着日照港打造国际粮食物流中心迈出了重要一步。

日照港港区分布图如图8-4-4。日照港基本情况表(沿海)见表8-4-5。

图8-4-4　日照港港区分布图

表 8-4-5

日照港基本情况表(沿海)

序号	港区名称	港口岸线		2015 年港口生产用泊位				其中:1978—2015 年建成的生产用泊位				2015 年港口货物和旅客吞吐量						
		港口规划岸线	其中:2015 年前已建成岸线	生产用泊位数	其中:万吨级及以上	生产用泊位总长	其中:万吨级及以上	生产用泊位数	其中:万吨级及以上	生产用泊位总长	其中:万吨级及以上	货物吞吐量	其中:外贸货物吞吐量	集装箱	滚装车辆		旅客	其中:国际旅客
															数量	质量		
		千米	千米	个	个	米	米	个	个	米	米	万吨	万吨	万TEU	万辆	万吨	万人	万人
1	石臼港区	29.7	9.59	36	33	9589	9068	36	33	9589	9068	21569.4	11208.5	281.1	0	0	7.9	2.0
2	岚山港区	58.68	6.55	26	19	6546	5523	26	19	6546	5523	14512.6	11487.6	0.2	0	0	0	0
	合计	88.38	16.14	62	52	16135	14591	62	52	16135	14591	36082.0	22696.1	281.3	—	—	7.9	2.0

(二)石臼港区

1.港区综述

(1)港区建设和运营概况

石臼港区位于日照市东港区石臼嘴,开发范围自万平口南至石臼中心渔港东端岸段,港区建设始于1982年煤码头一期工程,经过30多年的建设,已建成东、北、西、南4个作业区,共计41个生产性泊位。其中,东作业区有13个生产性泊位;北作业区有3个生产性泊位,现主要布置港口支持保障系统;西作业区现有23个生产性泊位,主要运输集装箱和散杂货,包括全国最大的散粮码头和唯一的木片接卸专用码头;南作业区2个生产性泊位。港内水深大部在10~24.5米,主航道长6千米、水深18.0米,南区航道长5.2千米、水深13.5米,煤码头航道长3.3千米、水深15.0米。全长27千米、水深21.0米深水航道一期工程即将开工建设。

东作业区是石臼港区的起步港区,规划生产性泊位13个(其中10万吨级煤泊位2个,20万吨级、30万吨级矿石泊位各1个),远期将取消栈桥2个煤泊位和规划的2个大宗散货泊位。已建成13个生产性泊位,其中10万吨级煤炭泊位2个、5000吨级~5万吨级通用散货泊位9个、20万吨级和30万吨级矿石专用泊位各1个。

北作业区以布置港口支持保障系统为主,岸线总长为2.14千米,陆域总面积86.74万平方米。有生产性泊位3个,分别是3000吨级和2万吨级成品油泊位各1个、5000吨级通用散货泊位1个,目前已全部建成。按规划远期将全部调整为支持系统岸线和集装箱堆场。

西作业区以集装箱运输和散杂货为主。岸线自北作业区西端至电厂取水口北侧,共规划生产性泊位20个,已建成4万吨级木片专用泊位4个、3万吨级集装箱泊位2个、5万吨级集装箱泊位1个;14个通用散货泊位,分别为1.5万吨级1个、3.5万吨级4个、5万吨级6个、7万吨级2个,以及2万吨级客货泊位1个。正按照"南散北集"的规划要求,除保留北部散粮、木片等洁净货物装卸功能外,逐步将南部通用泊位调整为集装箱专用泊位。

南作业区位于电厂取水口南侧、奎山嘴南侧及西侧,共规划生产性泊位48个。于2010年启动建设,是日照港"东煤南移、南散北集"货物布局战略的主力作业区,主要发展煤炭、矿石等大宗散货和通用散杂货运输功能,兼顾服务临港产业功能。目前已建成5万吨级和7万吨级焦炭泊位各1个,5000吨级~5万吨级南区1号~6号通用散货泊位工程即将投产。目前正在对南侧新建的2个焦炭和2个通用泊位进行煤炭专业改造,并建设南区进港铁路。

港区 2011 年吞吐量为 18776.78 万吨,2012 年吞吐量为 19250.34 万吨,2013 年吞吐量为 19978.9 万吨,2014 年吞吐量为 21000.79 万吨,2015 年吞吐量为 21569.43 万吨。

（2）港区地理条件和集疏运概况

石臼港区位于黄海之滨日照市石臼嘴,沿岸后方陆域平坦开阔,海岸较平直,向东敞开,近岸水深条件较好,潮滩较窄;水下岸坡较陡,深水近岸,水域地质条件好,底床淤泥质土较薄,或为砂,基岩埋深较浅;岸线和岸坡稳定,区内无大河大海,沿岸无大量泥沙过境,基本无泥沙淤积之虞。海域属规则半日潮,除北作业区外,海区潮流的往复性质极为显著,潮流主要呈逆时针方向旋转,北作业区水域招潮流为顺时针旋转,落潮流大体呈逆时针旋转。余流分布受地形影响较大。很少有台风登陆。

港区公路四通八达,疏港道路与 G15（沈海高速公路）和 204 国道相衔接,继而接入 G1511（日东高速公路）,日东高速公路与连云港—霍尔果斯高速公路接通,可直达三门峡、西安乃至新疆;同三高速公路山东段与疏港高速公路已全线贯通,日潍高速公路已经通车,已基本形成"两纵两横"的高速路网格局。港口集疏运优势明显,瓦日铁路和日照钢铁精品基地加速向日照聚集,"一带一路"集装箱公铁海联运项目被列为省级示范工程。

2.港区工程项目

（1）日照港煤码头一期工程（煤 1 号、煤 2 号泊位）

项目于 1982 年 2 月开工,1985 年 12 月试运行,1986 年 5 月竣工。

1979 年 10 月,山东省编报了设计任务书;1980 年 3 月,国家计划委员会批复了设计任务书。

项目建设 2 个 10 万吨级煤炭泊位（码头水工建筑允许靠泊能力 15 万吨级）。岸线总长 904 米。码头采用引桥式布局,重力式结构。主要装卸设备配置双翻车机 2 台、单向螺旋卸船机 2 台、移动式螺旋装船机 2 台、斗轮堆取料机 4 台、堆料机 3 台。项目总投资 1.50 亿元,其中企业自筹资金 4489 万元,利用外资 10476.43 万元。

项目建设单位为石臼港建设指挥部;施工单位为交通部第一航务工程局第二工程公司、交通部第四工程局等。

煤码头一期工程采用了座底浮坞出运沉箱下水、钢栈桥整体吊装、沉箱分层浇筑、大面积应用后张预应力混凝土梁等新技术、新工艺,开创了我国港口工程施工的先河。项目获得"国家银质工程奖"、施工"鲁班奖",入选为改革开放以来全国十大水运工程。

（2）石臼港杂货码头工程（东 2 号泊位）

项目于 1985 年 3 月开工,1986 年 10 月试运行,1986 年 11 月竣工。

项目建设依据:1985 年 3 月,交通部《关于石臼港建设万吨级杂货码头设计计划任务书的批复》（交计字〔1985〕638 号）;1985 年 9 月,石臼港建港指挥部《关于报送万吨级杂货码头设计方案的函》（石臼港建工字〔1985〕120 号）。

项目建设 1 个 1 万吨级通用散货泊位(码头水工建筑允许靠泊能力 3.5 万吨级)。岸线总长 239 米。码头采用顺岸式布局,重力式结构。码头前沿水深 8.5 米。项目后方堆场面积 1.33 万平方米。主要装卸设备配置 10 吨门座式起重机 1 台。项目总投资 1782.57 万元,其中煤码头剩余资金 1100 万元,外币材料回收资金 682.57 万元。

项目建设单位为建设单位为石臼港建港指挥部;设计单位为交通部第一航务工程局设计所;施工单位为交通部第一航务工程局第二工程公司。

石臼港万吨级杂货码头,是利用煤码头一期工程节余资金建设的,为弥补煤码头投产初期运量不足,也是为使石臼港由只吐不吞的专业港向综合港发展过渡而兴建的,是“七五”期间第一批提交验收的深水泊位。

(3)石臼港木材码头工程(东 3 号、东 4 号泊位)

项目于 1987 年 7 月开工,1989 年 12 月试运行,1990 年 9 月竣工。

项目建设依据:1986 年 3 月,交通部《关于石臼港木材码头工程设计计划任务书的批复》;1986 年 10 月,交通部《关于石臼港木材码头工程初步设计的批复》(交基字〔1987〕748 号)。

项目建设 1 个 1.5 万吨级木材码头泊位(码头水工结构允许停靠 5 万吨级),码头前沿水深 9.5 米;1 个 2.5 万吨级木材码头泊位(码头水工结构允许停靠 5 万吨级),码头前沿水深 10.5 米。岸线总长 394 米。码头采用顺岸式布局,重力式结构。码头前沿水深 13 米。项目后方堆场面积 7.93 万平方米。主要装卸设备为门机 16 台。项目总投资 1.64 亿元,其中部补助资金 2000 万元,政策性银行贷款 4450 万元,银行贷款 2000 万元,自筹资金 7912.32 万元。

项目建设单位为建设单位为石臼港建港指挥部;设计单位为交通部第一航务工程勘察设计院;施工单位为交通部第一航务工程局第二、四工程公司,交通部天津航道局第一、二公司,铁道部第十四工程局一处以及当地施工队伍。

项目于 1989 年 12 月底简易投产以来,已靠船 27 艘,完成货物吞吐量 17.5 万吨,提前发挥了经济效益。根据港口建设“拨改贷”实施办法和水工基础设施部分原则上国家投资建设免还本息的规定,石臼港两个木材泊位投产后能在较短时间内偿还国家全部营运设施贷款。除企业本身效益外,还产生一系列社会效益。木材码头工程是列入国家“七五”期间建设的深水泊位,是山东省重点建设工程之一。主要是为接卸美国、加拿大、智利、法国、非洲、苏联、东南亚等国家进口木材和我国东北地区木材转运服务的。

(4)日照港二期工程 (东 5 号 ～ 东 9 号泊位)

项目于 1992 年 6 月开工,1995 年 11 月试运行,1995 年 12 月竣工。

项目建设依据:1991 年 10 月,国家计划委员会《关于石臼港二期工程可行性研究报告的批复》(计交通〔1991〕1635 号);1991 年 12 月,国家交通投资公司《关于石臼港二期工程初步设计的批复》（交投水〔1991〕136号）。

项目建设1个1万吨级杂货泊位、1个1.5万吨级杂货泊位、1个1.5万吨级杂货兼集装箱泊位、1个1万吨级散杂货泊位、1个1.5万吨级散杂货泊位。岸线总长892.5米。码头采用顺岸式布局，重力式结构。码头前沿水深11.0米，技改后加深至13.6米。项目后方堆场面积26.5万平方米、仓库面积5169万平方米。主要装卸设备配置10吨门机4台、16吨门机1台、40吨多用途起重机1台。项目总投资11.78亿元，其中政府投资9344.62万元，银行贷款1.22亿元，其他银行贷款7.16亿元，企业自筹资金2.10亿元。

项目建设单位为日照港建设指挥部；设计单位为交通部第一航务工程勘察设计院；施工单位为交通部第一航务工程局第二工程公司、第四工程公司、天津航道局以及日照港建筑安装工程公司等；质监单位为交通部日照港建设工程质量监督站。

项目建设单位日照港务局于2002年4月1日投资4995.80万元启动了日照港东港区5号泊位技术改造工程，成为3.5万吨级煤炭专业化装船泊位，并相应配套建设煤炭堆场，新增皮带机3条、装船机1台，新增煤炭装船能力300万吨。建设单位日照港务局于2001年6月投资88827.30万元启动了日照港煤炭出口系统改扩建工程，对东5号～东7号泊位进行改扩建，对已改造为专业化煤炭泊位的东5号泊位进行再改造，使其成为5万吨级泊位，新增装船机1台。将东6号、东7号泊位改造成5万吨级和2万吨级煤炭专用装船泊位各1个，改造后煤炭出口系统年通过能力达到4500万吨，堆场面积共26.5万平方米，回填形成陆域面积25.5万平方米，道路2.8万平方米，新建皮带机25条，总长10949.36米。后经技术改造，东6号～东8号泊位码头前沿底高程为-13.6米，东9号泊位码头前沿底高程为-13.7米。根据交通运输部关于码头结构加固改造工作的相关规定，建设单位日照港股份有限公司于2014年1月投资1562.04万元启动了日照港二期工程东6号～东9号泊位码头结构加固改造工程，对东6号～东9号泊位按靠泊7万吨级散货船舶进行了码头结构加固改造。

为做好日照港二期工程投产后的生产及管理工作，日照港务局采取多种形式和途径，做好职工培训工作。作为二期工程主要使用单位的日照港务局第二装卸公司，进一步充实调配人员进行上岗培训，对各工种，尤其是特殊工作的操作人员严格按规定进行培训，并实行考核颁证制度。试生产情况基本符合设计要求，具备投产使用条件。

（5）日照港中港区1号～7号泊位改造工程（北1号泊位）

项目于1993年3月开工，1994年2月试运行，1996年2月竣工。

项目建设依据：1993年9月，交通部《关于日照港中港区1－7号泊位改造工程可行性研究报告的批复》（交计发〔1993〕973号）；1994年9月，《关于日照港中港区1－7号泊位改造工程初步设计审查意见》（日港指字〔1994〕155号）。

项目项目改造原有2个500吨级杂货泊位，新建1个5000吨级杂货泊位（码头前沿水深7.0米)、1个3000吨级杂货泊位(码头前沿水深6.50米)、2个1000吨级杂货泊位(码头前沿水深5.0米)、1个1000吨级散货专用泊位(码头前沿水深5.0米)。岸线总长185米。码头采用顺岸式布局,重力式结构。项目后方堆场面积3.25万平方米。主要装卸设备配置为门座起重机2台。项目总投资4280.0万元,均为企业自筹资金。

项目建设单位为日港物产开发(集团)总公司;设计单位为交通部第一航务工程勘察设计院、日照建港指挥部设计室;施工单位为日照港湾工程公司;质监单位为交通部日照港建设工程质量监督站。

2004年11月,日照港石臼港区5000吨级散货泊位及货场工程开工(北1号泊位),将原中港区6号泊位的南端点和原东港区2号泊位的北端点连线作为码头前沿线,2005年将原中港区1号~6号泊位及原东港区1号泊位所围的区域回填作为堆场。建设单位日照港股份有限公司于2014年1月16日投资88.27万元启动了日照港中港区1号~7号泊位改造工程北1号泊位码头结构加固改造工程,建设5000吨级杂货泊位1个,码头长度185米,北1号泊位可满足1万吨级散货船舶靠泊(包括减载和满载情况)。2014年12月,山东省交通运输厅换发了日照港中港区1号~7号泊位改造工程北1号泊位码头结构加固改造工程的竣工验收证书,靠泊等级提升到1万吨级。

自1994年2月简易投产以来,截至1995年11月已接卸船舶461艘,装卸货物69.49万吨,为石臼港埠股份有限公司创造了良好的经济效益。

(6)日照港木片码头工程(西3号泊位)

项目于2000年1月开工,2000年12月试运行,2002年10月竣工。

项目建设依据:1999年9月,交通部《关于日照港木片码头工程可行性研究报告的批复》(交规划发〔1999〕454号);1999年10月,交通部《关于日照港木片码头工程初步设计的批复》(水运基建字〔1999〕652号)。1998年8月,山东省环境保护局《关于日照港木片码头工程项目环境影响报告书的批复》(鲁环发〔1998〕263号);2006年6月,国家海洋局《日照港散粮码头工程和木片码头工程海域使用权证书》(国海证063700499号)。2006年7月,交通部《关于日照港西港区木片码头工程使用港口岸线的批复》(交规划发〔2006〕385号)。

项目有1个4万吨级木片泊位(码头水工建筑允许靠泊能力6.5万吨级),岸线总长261米。码头采用顺岸布局,重力式结构。码头前沿水深11.6米。项目后方堆场面积0.54万平方米。主要装卸设备包括16吨门机2台、1400吨/小时的接卸皮带机。工程总投资1.80亿元,其中交通部拨港口建设费1627万元,建设银行贷款1.21亿元,企业自筹资金4294.11万元。

项目建设单位为日照港务局;设计单位为中交第一航务工程勘察设计院;施工单位为日照港湾工程有限公司、天津航道局;监理单位为日照港建设监理有限公司;质监单位为交通部日照港建设工程质量监督站。

项目于2000年12月投入试运行，同月成立了第三港务公司，2002年5月27日成功接卸了第一艘木片船。截至同年9月，木片码头已完成木片及其他散杂货船舶接卸106艘次，完成货物吞吐量49.6万吨。日照港木片码头工程是为日照森博浆纸有限责任公司配套建设的木片专用接卸码头，配置有适应木片专用船和普通散货船的装卸工艺，是日照港西港区开发建设的起步工程，木片码头的建成投产为日照港西港区的继续开发建设奠定了良好的基础。

（7）日照港中港区油码头工程（北2号、北3号泊位）

项目于2000年10月开工，2003年11月试运行，2004年6月竣工。

项目建设依据：1999年1月，交通部《关于日照港中港区油码头工程可行性研究报告的批复》（交规划发〔1999〕52号）；1999年9月，交通部《关于日照港中港区油码头工程初步设计的批复》（水运基建字〔1999〕569号）。1998年8月，山东省环境保护局《日照港中港区油码头工程项目环境影响报告书的批复》（鲁环发〔1998〕258号）。

项目建设1个2万吨级成品油泊位1个3000吨级成品油泊位。岸线总长257米。码头采用突堤式，引桥式布局，重力式结构。码头前沿水深10.5米。主要装卸设备配置输油臂6台、输油管道4条、压舱水管道1条。项目总投资5963.93万元，其中交通部拨港口建设费473万元、自有资金5490.93万元。

项目建设单位为日照港（集团）有限公司；设计单位为中交第一航务工程勘察设计院；施工单位为日照港湾工程有限公司；监理单位为日照港建设监理有限公司；质监单位为日照港建设工程质量监督站。

项目于2003年11月建成投入试生产，截至2004年6月生产单位陆桥二公司试装卸船4艘次，共装卸油品26766吨，试运行情况良好。日照港中港区油码头工程是为适应日照港油品运量不断增长的需要而建设的，为专业化成品油接卸码头。

（8）日照港西港区通用泊位工程（西2号泊位）

项目于2001年3月开工，2003年6月试运行，2008年12月竣工。

项目建设依据：2002年4月，交通部《关于日照港西港区通用泊位工程可行性研究报告的批复》（交规划发〔2002〕152号）；2003年2月，交通部《关于日照港西港区通用泊位工程初步设计的批复》（交水发〔2003〕35号）。2002年12月，山东省环境保护局《关于日照港西港区通用泊位工程项目环境影响报告书的批复》（鲁环审〔2002〕94号）；2003年5月，国家海洋局《日照港西港区通用泊位工程和工作船泊位海域使用权证书》（国海证033700006号）。

项目建设1个1.5万吨级通用泊位（码头水工建筑允许靠泊能力4万吨级）。岸线总长180米。码头采用顺岸式布局，重力式结构。码头前沿水深10.2米。项目后方堆场面积 9.06 万平方米。主要装卸设备配置 40 吨、16 吨门机各 1 台。项目总投资 9440.32 万元，其中企业自筹资金 3270.32 万元银行贷款 6170 万元。

项目建设单位为日照港（集团）有限公司；设计单位为中交第一航务工程勘察设计院、日照港工程设计院；施工单位为日照港湾工程有限公司、上海港机厂、宜昌红光港机厂；监理单位为日照港建设监理有限公司；质监单位为日照港建设工程质量监督站。

项目 2003 年 6 月建成投入试运行，截至 2008 年 11 月完成吞吐量 560 万吨，集装箱 25 万 TEU。西港区通用泊位工程投入运营，对缓解目前东港区泊位通过能力不足，调整东港区装卸货种结构，对日照市邻港工业的发展都具有重要作用。

（9）日照港石臼港区工作船码头工程（西 1 号泊位）

项目于 2002 年 1 月开工，2003 年 6 月试运行，2003 年 12 月竣工。

项目建设依据：2003 年 3 月，交通部《关于日照海事局监督船艇及航标工作船码头可行性研究报告的批复》（交规划发〔2003〕93 号）；2003 年 2 月，山东省人民政府《关于同意日照港东港区三期工程（第一阶段）等两宗项目用海海域使用的批复)》（鲁政海域字〔2003〕1 号）；2003 年 5 月，国家海洋局《日照港西港区通用泊位和工作船码头工程海域使用权证书》（国海证 033700006 号）。

项目建设 1 个 5000 吨级工作船码头和集装箱泊位（码头水工建筑允许靠泊能力 1 万吨级）。岸线总长 156 米。码头采用顺岸式布局，重力式结构。码头前沿水深 8 米。项目堆场道路面积 2.5 万平方米。项目总投资 6200 万元，其中自有资金 2170 万元，银行贷款 4030 万元。

项目建设单位为日照港（集团）有限公司；设计单位为日照港工程设计院；施工单位为山东港湾建设有限公司；监理单位为日照港建设监理有限公司；质监单位为日照港建设工程质量监督站。

工作船码头，是第一期煤码头工程施工准备中建设的大临项目，用于施工期间施工船舶停靠、避风和上料，投产后作为工作船码头和集装箱客货泊位。

（10）日照港东西港区航道改扩建工程

项目于 2002 年 11 月开工，2006 年 4 月试运行，2009 年 3 月竣工。

项目建设依据：2004 年 5 月，山东省发展计划委员会《关于日照港东西港区航道改扩建工程（一期工程）可行性研究报告的批复》（计基础〔2004〕443 号）；2004 年 5 月，山东省发展和改革委员会《关于日照港东西港区航道改扩建工程（二期工程）可行性研究报告的批复》（计基础〔2004〕1137 号）；2005 年 10 月，山东省发展和改革委员会《关于日照港东西港区航道改扩建工程（一期工程）初步设计的批复》（鲁发改重点〔2005〕1049 号）；2005 年 10 月，山东省发展和改革委员会《关于日照港东西港区航道改扩建工程（二期工程）初步设计的批复》（鲁发改重点〔2005〕1048 号）。2004 年 8 月，日照市海洋与渔业局《关于对日照港东西港区航道改扩建工程环境影响评价报告的批复》(日渔海〔2004〕62号)。

项目建设1条20万吨级单向航道和相应导助航设施,航道分两期工程建设,一期工程建设10万吨级航道一条,底宽290米,长1500米,设计水深14.5米;二期工程在一期工程10万吨级航道的基础上,扩建20万吨级单向航道一条,底宽290米,长6000米,设计水深18.0米,共配置浮标18套。工程总投资5.19亿元,其中包括资本金2.08亿元,银行贷款3.11亿元。资本金由交通运输部港口建设基金9980万元、山东省交通基金5000万元、自筹资金5778.65万元构成。

项目建设单位为日照港(集团)有限公司;施工单位为中交天津航道局有限公司;监理单位为日照港建设监理有限公司;质监单位为日照港建设工程质量监督站。

(11)日照港东港区三期工程(第一阶段)变更矿石码头工程（东10号、东11号泊位）

项目于2003年9月开工,2005年10月试运行,2007年4月竣工。

项目建设依据:2002年8月,国家发展计划委员会《日照港东港区三期工程(第一阶段)变更矿石码头工程可行性研究报告的批复》;2005年12月,交通部《日照港东港区三期工程(第一阶段)变更矿石码头工程初步设计》(交水发〔2005〕665号)。2005年3月,国家环境保护总局《关于日照港东港区三期工程(第一阶段)变更矿石码头工程环境影响报告书审查意见的复函》(环审〔2005〕250号);2003年2月27日,山东省政府《关于同意日照港东港区三期工程(第一阶段)等两宗项目用海海域使用的批复》(鲁政海域字〔2003〕1号)。

项目建设1个20万吨级深水矿石专用泊位、1个30万吨级深水矿石专用泊位。岸线总长772米。码头采用顺岸式布局,重力式结构。码头前沿水深20.5米。项目后方堆场面积15.34万平方米。主要装卸设备配置桥式抓斗卸船机3台、堆取料机3台、新建皮带机12条。项目总投资13.08亿元,其中交通部拨港口建设费6225万元,企业自筹资金8.49亿元,银行贷款3.97亿元。用地面积32.49万平方米。

项目建设单位为日照港(集团)有限公司;设计单位为中交第一航务工程勘察设计院;施工单位为中交第一航务工程局第二工程公司、山东港湾建设有限公司、日照港建筑安装工程有限公司等;监理单位为日照港建设监理有限公司;质监单位为日照港建设工程质量监督站。

项目于2005年10月建成投入试运行,至2006年11月共完成矿石吞吐量3336.6万吨,矿石火车疏港装车线完成776.0万吨。试运行情况良好,完全具备投产使用条件。东港区三期工程对调整港口布局和货种结构,大幅增长港口吞吐量,提升港口整体竞争力具有重要意义。

(12)日照港散粮码头工程(西5号泊位)

项目于2003年10月开工,2005年7月试运行,2006年12月竣工。

项目建设依据:2003 年 8 月,山东省计划委员会《关于日照港散粮码头工程可行性研究报告的批复》(鲁计基础〔2003〕822 号);山东省计划委员会《关于日照港散粮码头工程初步设计的批复》(鲁计重点〔2004〕420 号)。2003 年 6 月 16 日,山东省环境保护局《日照港散粮码头工程环境影响报告表的批复》(鲁环表〔2003〕29 号);2006 年 6 月,国家海洋局《日照港散粮码头工程和木片码头工程海域使用权证书》(国海证 063700499 号)。

项目建设 1 个 5 万吨级散粮专用泊位(码头水工建筑允许靠泊能力 10 万吨级)。岸线总长 350 米。码头采用突堤式布局,重力式结构。码头前沿水深 15 米。仓库面积 0.6 万平方米,筒仓容量 14 万吨。主要装卸设备配置 1000~2000 吨/小时连续卸船机 1 台、带斗门座起重机 2 台、皮带输送机 26 台、其他输送机 7 台。项目总投资 5.19 亿元,其中自筹资金 3.05 亿元,银行贷款 2.14 亿元。

项目建设单位为日照港(集团)有限公司;设计单位为中交水运规划设计院;施工单位为山东港湾建设有限公司、瑞士布勒公司、南京港口机械;监理单位为日照港建设监理有限公司;质监单位为日照港建设工程质量监督站。

2005 年 7 月 12 日一次试车成功,截至 2006 年 9 月共接卸船舶 29 艘次,接卸大豆 200 万吨,系统运转正常,试运行良好,发挥了良好的投资效益。

(13)日照港西港区集装箱码头一期工程（西 6 号~西 8 号泊位）

项目于 2003 年 10 月开工,2006 年 2 月试运行,2007 年 4 月竣工。

项目建设依据:2005 年 11 月,山东省发展和改革委员会、国家发展和改革委员会《关于山东日照港西港区集装箱码头一期工程可行性研究报告的批复》(发改交运〔2005〕2367 号);2006 年 1 月,交通部《关于日照港西港区集装箱码头一期工程初步设计的批复》(交水发〔2006〕6 号)。2005 年 9 月,国家环境保护总局《关于日照港西港区集装箱码头一期工程环境影响报告书的批复》(环审〔2005〕763 号);2005 年 7 月,国土资源部《日照港西港区集装箱码头一期工程建设项目用地预审意见的复函》(国土资预审字〔2005〕267 号);2007 年 2 月,国家海洋局《日照港西港区集装箱码头一期工程项目用海的批复》(国海管字〔2005〕75 号)。

项目建设 2 个 3 万吨级集装箱码头泊位(码头水工建筑允许靠泊能力 10 万吨级)、1 个 5 万吨级集装箱码头泊位(码头水工建筑允许靠泊能力 10 万吨级)。岸线总长 844 米。码头采用顺岸式布局,重力式结构。码头前沿水深 17 米。项目后方堆场面积 28.33 万平方米。主要装卸设备配置岸桥 4 台、场桥 4 台、集卡车 6 台、25 吨门机 6 台。项目总投资 10.50 亿元,其中企业自筹资金 3.76 亿元,银行贷款 6.74 亿元。

项目建设单位为日照港(集团)有限公司;设计单位为中交水运规划设计院;施工单位为山东港湾建设有限公司、日照港(集团)建筑安装工程有限公司、上海振华港口机械(集团)股份有限公司等;监理单位为日照港建设监理有限公司;质监单位为日照港建设工程质量监督站。

项目于 2006 年 2 月重载试运行,至 2006 年 11 月共完成集装箱吞吐量 216000TEU、散杂货 1100 万吨,火车集疏港装车完成 190.6 万吨。从一年多的试运行情况看,集装箱码头一期工程设施性能良好,设备性能可靠,组织周密,各项安全技术措施落实到位,完全具备了投产使用条件。

（14）日照港西港区木片码头工程（西 4 号泊位）

项目于 2003 年 10 月开工,2005 年 10 月试运行,2006 年 12 月竣工。

项目建设依据:2004 年 12 月,山东省发展和改革委员会《关于日照港西港区木片码头工程可行性研究报告的批复》(鲁计基础〔2004〕1138 号);2005 年 8 月,山东省发展和改革委员会《关于日照港西港区木片码头工程初步设计的批复》(鲁发改重点〔2005〕1327号)。2006 年,山东省环境保护局《关于日照港西港区木片码头工程环境影响报告书的批复》(环审〔2006〕14 号);2006 年 7 月,交通部《关于日照港西港区木片码头工程使用港口岸线的批复》(交规划发〔2006〕385 号)。

项目建设 1 个 4 万吨级木片泊位(码头水工建筑允许靠泊能力 7 万吨级)。岸线总长399 米。码头采用突堤式布局,重力式结构。码头前沿水深 11.6 米。主要装卸设备配置托辊皮带机 2 条、接卸料机 1 台、DMQ1635 带斗门机 3 台。项目总投资 3.61 亿元,其中企业自筹资金 7643.31 万元,银行贷款 2.85 亿元。

项目建设单位为日照港(集团)有限公司;设计单位为中交水运规划设计院;施工单位为山东港湾建设有限公司、南京港口机械厂、瑞士布勒公司;监理单位为日照港建设监理有限公司;质监单位为日照港建设工程质量监督站。

项目于 2005 年 10 月建成投入试运行,一次试车成功,截至 2006 年 9 月共接卸船舶13 艘次,完成吞吐量 80 万吨,试运行情况良好。

（15）日照港石臼港区 5000 吨级散货泊位及货场工程（东 1 号泊位）

项目于 2004 年 11 月开工,2009 年 6 月试运行,2010 年 4 月竣工。

项目建设依据:2007 年 6 月,山东省发展改革委员会《日照港石臼港区 5000 吨级散货及货场工程项目工程可行性研究报告》(发改能交〔2007〕488 号);2008 年 1 月,山东省发展改革委员会、山东省交通厅《关于日照港石臼港区 5000 吨级散货泊位及货场工程初步设计的批复》(交规划〔2008〕44 号)。2006 年 9 月,山东省环境保护局《关于日照港石臼港区北区 5000 吨级散杂货泊位及货场工程环境影响报告书的批复》(鲁环审〔2006〕135 号);2006 年 11 月,山东省国土资源厅《关于日照港石臼港区北区 5000 吨级散杂货泊位及货场项目建设用地预审意见的复函》(鲁国土资字〔2006〕665 号);2006 年 11 月,山东省政府《关于同意日照港石臼港区北区 5000 吨级散杂货泊位及货场工程海域使用的批复》(鲁政海域字〔2006〕27 号)。

项目建设1个5000吨级散货泊位(码头水工结构允许靠泊能力1.5万吨级)。岸线总长239米。码头采用顺岸式布局,重力式结构。码头前沿水深8米。项目后方堆场面积4.9万平方米,堆存能力560万吨。主要装卸设备配置10吨门机3台、装载机6台。项目总投资7837.74万元,均为企业自筹资金。

项目建设单位为日照港(集团)有限公司;设计单位为中交第一航务工程勘察设计院;施工单位为中交一航局第二工程有限公司、日照港建筑安装工程有限公司;监理单位为日照港建设监理有限公司;质监单位为日照港建设工程质量监督站。

项目于2009年6月建成投入试运行,至同年9月共完成矿石吞吐量46.43万吨,堆场周转货物406万吨。

(16)日照港西港区二期工程（西9号~西11号泊位）

项目于2005年3月开工,2007年7月试运行,2009年3月竣工。

项目建设依据:2006年5月,山东省发展和改革委员会《关于日照港西港区二期工程可行性研究报告的批复》(发改能交〔2006〕356号);2006年12月,山东省交通厅、山东省发展和改革委员会《关于日照港西港区二期工程初步设计的批复》(鲁交规划〔2006〕206号)。2006年2月,山东省环境保护局《日照港西港区二期工程环境影响报告书的批复》(鲁环审〔2006〕13号);2005年12月,山东省国土资源厅《关于日照港西港区二期工程建设项目用地预审意见的函》(鲁国土资字〔2005〕825号);2013年8月,国家海洋局印制该项目《海域使用权证书》(国海证2013A37110200787号);2006年4月,交通部《关于日照港西港区二期工程使用港口岸线的批复》(交规划发〔2006〕142号)。

项目建设1个7万吨级通用泊位(码头水工建筑允许靠泊能力15万吨级)、2个5万吨级通用泊位。岸线总长640米。码头采用顺岸式布局,重力式结构。码头前沿水深16米。项目后方堆场面积27.01万平方米。主要装卸设备配置40吨门座式起重机8台。项目总投资9.50亿元,其中企业自筹资金3.70亿元,银行贷款5.80亿元。

项目建设单位为日照港(集团)有限公司;设计单位为中交水运规划设计院有限公司;施工单位为山东港湾建设有限公司、日照港建筑安装工程有限公司、南京港口机械厂等;监理单位为日照港建设监理有限公司;质监单位为日照港建设工程质量监督站。

项目是港口为适应货物吞吐量快速增长,加快港口功能调整,促进临港工业级港口腹地经济发展而建设的。2007年7月建成投入试运行,试运行一年即完成货物吞吐量1400万吨,正式投产以来创造了良好的经济和社会效益。

(17)日照港石臼港区防波堤工程

项目于2008年7月开工,2013年3月竣工。

项目建设依据:2007年11月,山东省发展和改革委员会《关于日照港石臼港区防波堤工程可行性研究报告的批复》(鲁发改能交〔2007〕1352号);2008年1月,交通运输厅、山东省发展和改革委员会《关于日照港石臼港区防波堤工程工程初步设计的批复》（鲁交规划〔2008〕45号）。2007年10月，山东省环境保护局《日照港石臼港区防波堤工程环境影响报告书的批复》（鲁环审〔2007〕198号）；2012年3月，国家海洋局印制东防波堤海域使用权证书，国海证2012B37110200273号；2011年12月，国家海洋局印制西防波堤海域权证书，国海证113700907号。

项目建设分东、西防波堤两部分，总长8815米。防波堤采用抛石斜坡堤扭王字块体护面结构，口门堤头采用重力式沉箱结构，堤身设浆砌块石挡浪墙。东、西防波堤形成的口门宽度为515米，按30万吨级船型单向航道和10万吨级船型双向通航标准设计，建设堤头灯塔两座，高度16.26米，钢筋混凝土结构。

（18）日照港石臼港区西区三期工程（西12号～西16号泊位）

项目于2008年7月开工，2009年12月试运行，2010年12月竣工。

项目建设依据：2007年8月，山东省发展和改革委员会《关于日照港石臼港区西区三期工程项目的核准意见》（鲁发改能交〔2007〕792号）；2008年4月，山东省交通厅、山东省发展和改革委员会《关于日照港石臼港区西区三期工程初步设计的批复》（鲁交规划〔2008〕42号）。2007年4月，山东省环境保护局《关于日照港石臼港区西区三期工程环境影响报告书的批复》（鲁环审〔2007〕52号）；2007年5月，山东省国土资源厅《关于日照港石臼港区西区三期工程建设用地预审意见的函》（鲁国土资字〔2007〕189号）；2007年12月，山东省人民政府《关于日照港石臼港区西区三期工程海域使用的批复》（鲁政海域字〔2007〕49号）；2007年7月，山东省交通部《关于日照港石臼港区西区三期工程使用港口岸线的批复》（交规划发〔2007〕351号）。

项目建设2个5万吨级通用泊位（码头水工建筑允许靠泊能力12万吨级）、3个3.5万吨级通用泊位（码头水工建筑允许靠泊能力5万吨级）。岸线总长1130米。码头采用顺岸布局，重力式结构。码头前沿水深13.7米。项目后方堆场面积40.7万平方米。主要装卸设备包括40吨门座起重机4台、25吨门座起重机11台。项目总投资为10.85亿元，资金均来源于企业自筹。

项目建设单位为日照港股份有限公司；设计单位为中交水运规划设计院有限公司；施工单位为山东港湾建设有限公司、日照港建筑安装工程有限公司、中交烟台环保疏浚有限公司等；监理单位为日照港建设监理有限公司；质监单位为日照港建设工程质量监督站。

项目于2009年12月开始试运行，至2010年11月共计完成吞吐量2168万吨，试运行情况良好。

（19）日照港木片码头续建工程（木2、木3）

项目于2008年8月开工，2010年3月试运行，2010年12月竣工。

项目建设依据：2009年8月，山东省发展和改革委员会《关于日照港木片码头续建工程的核准意见》(鲁发改能交〔2009〕1083 号);2009 年 12 月,山东省交通运输厅、山东省发展和改革委员会《关于日照港木片码头续建工程初步设计的批复》(鲁交规划〔2009〕131 号)。2008 年 11 月,山东省环境保护局《关于日照港木片码头续建工程环境影响报告书的批复》(鲁环审〔2008〕253 号);2008 年 12 月,山东省国土资源厅《关于日照港木片码头续建工程建设项目用地预审意见的函》(鲁国土资字〔2008〕734 号);2009 年 4 月,山东省政府《关于日照港木片码头续建工程用海的批复》(鲁政海域字〔2009〕14 号);2008 年 12 月,交通运输部《关于日照港石臼港区西作业区木片码头续建工程使用港口岸线的批复》(交规划发〔2008〕532 号)。

项目建设 2 个 4 万吨级木片专用泊位(码头水工建筑允许靠泊能力 7 万吨级)。岸线总长 430 米。码头采用突堤式布局,重力式结构。码头前沿水深 12.2 米。主要装卸设备配置带斗门座起重机 6 台、皮带输送机 8 台。项目总投资 3.38 亿元,其中企业自筹资金 1.17 亿元、利用外资 2.21 亿元。

项目建设单位为日照港集团有限公司、亚太森博浆纸有限公司;设计单位为中交水运规划设计院有限公司;施工单位为山东港湾建设有限公司、南京港务管理局;监理单位为日照港建设监理有限公司、北京华油鑫业工程监理有限公司;质监单位为日照港建设工程质量监督站。

项目于 2010 年 4 月建成投入试运行,截至 10 月完成吞吐量 90 万吨,运行良好。

(20)日照港石臼港区南区焦炭码头工程(南 7 号、南 8 号泊位)

项目于 2011 年 3 月开工,2015 年 12 月试运行,2016 年 12 月竣工。

项目建设依据:2009 年 12 月,山东省发展和改革委员会《关于日照港石臼港区南区焦炭码头工程的核准意见》(鲁发改能交〔2009〕1630 号);2010 年 7 月,山东省交通运输厅、山东省发展和改革委员会《关于日照港石臼港区南区焦炭码头工程初步设计的批复》(鲁交规划〔2010〕136 号)。2007 年 4 月,山东省环境保护局《日照港石臼港区南区焦炭码头工程环境影响报告书的批复》(鲁环审〔2007〕55 号);2010 年 6 月,山东省人民政府《日照港石臼港区南区焦炭码头工程项目用海的批复》(鲁政海域字〔2010〕31 号);2008 年 8 月,交通运输部《日照港石臼港区南区焦炭码头工程使用港口岸线的批复》(交规划发〔2008〕282 号)。

项目建设 1 个 5 万吨级焦炭泊位、1 个 7 万吨级焦炭泊位。岸线总长 531 米。码头采用顺岸式布局,重力式结构。码头前沿水深 15.5 米。项目后方堆场面积 53.6 万平方米。主要装卸设备配置 40/50 吨门座起重机 6 台。项目总投资 14.28 亿元,均为企业自筹资金。

项目建设单位为日照港股份有限公司;设计单位为中交第一航务工程勘察设计院有限公司;施工单位为山东港湾建设集团有限公司、江苏港益重工股份有限公司;监理单位为日照港建设监理有限公司;质监单位为日照市交通运输局工程质量监督站。

项目于 2015 年 12 月 17 日建成投入试运行,至 2016 年 8 月 31 日码头共靠泊轮船 207 艘,共装卸货物 271 万吨,试运行情况良好,具备正式投产使用条件。

（21）日照港石臼港区南区 1 号~6 号通用泊位工程（南 1 号~南 6 号泊位）

项目于 2011 年 5 月开工,2018 年 6 月试运行,2019 年 2 月竣工。

项目建设依据:2013 年 12 月,山东省发展和改革委员会《关于日照港石臼港区南区#1 至#6 通用泊位工程项目核准的批复》(鲁发改能交〔2013〕1598 号);2014 年 6 月,山东省交通厅、山东省发展和改革委员会《关于日照港石臼港区南区#1 至#6 通用泊位工程初步设计的批复》(鲁交建管〔2014〕36 号)。2013 年 7 月,山东省环境保护厅《日照港石臼港区南区 1#-6#通用泊位工程环境影响报告书的批复》(鲁环审〔2013〕111 号);2013 年 6 月,山东省国土资源厅《关于日照港石臼港区南区 1#-6#通用泊位工程项目建设用地预审意见的函》(鲁国土资字〔2013〕725 号);2013 年 10 月,山东省海洋与渔业厅《关于日照港石臼港区南区 1#-6#通用泊位工程堆场工程项目用海的预审意见》(鲁海渔函〔2013〕457 号);2013 年 9 月,交通运输部《关于日照港石臼港区南区 1#-6#通用泊位工程使用港口岸线的批复》(交规划发〔2013〕529 号)。

项目建设 2 个 5 万吨级通用泊位,码头前沿水深 14 米;2 个 2 万吨级通用泊位,码头前沿水深 11 米;1 个 1 万吨级通用泊位,码头前沿水深 9.5 米;1 个 3 千吨级通用泊位,码头前沿水深 6.7 米。岸线总长 1137 米。码头采用顺岸式布局,重力式结构。主要装卸设备配置 10~25 吨门式起重机 7 台。项目总投资 6.74 元,其中企业自筹资金 6423.93 万元,银行贷款 4.13 亿元。

项目建设单位为日照港股份有限公司;设计单位为中交第一航务工程勘察设计院有限公司;施工单位为山东港湾建设集团有限公司;监理单位为日照港建设监理有限公司;质监单位为日照港建设工程质量监督站。

（22）日照港石臼港区南区航道工程

项目于 2013 年 3 月开工,2014 年 4 月试运行,2016 年 11 月竣工。

项目建设依据:2009 年 12 月,山东省发展和改革委员会《关于日照港石臼港区南区航道工程可行性研究报告的批复》(鲁发改能交〔2009〕1647 号);2010 年 7 月,山东省交通厅、山东省发展和改革委员会《关于日照港石臼港区南区航道工程初步设计的批复》(鲁交规划〔2010〕137 号)。2008 年 7 月,山东省环境保护局《关于日照港石臼港区南区新建航道工程环境影响报告书的批复》(鲁环审〔2008〕140 号);2008 年 12 月,山东省海洋与渔业厅《关于日照港石臼港区南区航道工程海域使用的预审意见》(综函〔2008〕60 号)。

项目建设 7 万吨级散货船单向航道,总长度为 3.8 千米,航道有效宽度为 220 米,疏浚底高程 -13.5 米。新设航标 13 座,设置雷达应答器 1 座。

（23）日照港石臼港区西区四期工程（西17号～西21号泊位）

项目于2013年3月开工，2016年4月试运行，2016年12月竣工。

项目建设依据：2012年1月，山东省发展和改革委员会《关于日照港石臼港区西区四期工程核准的批复》（鲁发改能交〔2012〕3号）；2012年12月，山东省交通运输厅、山东省发展和改革委员会《关于日照港石臼港区西区四期工程初步设计的批复》（鲁交建管〔2012〕92号）。2010年11月，山东省环境保护厅《日照港石臼港区西区四期工程环境影响报告书的批复》（鲁环审〔2010〕303号）；2014年5月，国家海洋局《日照港石臼港区西区四期工程项目用海的批复》（国海管字〔2014〕199号）；2011年12月，交通运输部《日照港石臼港区西区四期工程使用港口岸线的批复》（交规划发〔2011〕782号）。

项目建设2个5万吨级通用泊位，码头前沿底高程为－13.7米；1个7万吨级通用泊位，码头前沿底高程为－13.7米；1个3.5万吨级通用泊位，码头前沿底高程为－13.7米；1万3万吨级通用泊位，码头前沿底高程为－13.7米。岸线总长1241米。码头采用顺岸式布局，重力式结构。项目堆场面积76.8万平方米。主要装卸设备配置门座式起重机15台。项目总投资20.81亿元，其中企业自筹资金4.71亿元，贷款16.10亿元。

项目建设单位为日照港股份有限公司；设计单位为中交水运规划设计院有限公司；施工单位为山东港湾建设集团有限公司、江苏港益重工股份有限公司；监理单位为日照港建设监理有限公司；质监单位为日照港建设工程质量监督站。

2016年4月7日至同年12月9日试运行期间，码头共靠泊1000～55000吨级轮237艘，共装卸货物306.54万吨，试运行情况良好。

（三）岚山港区

1. 港区综述

（1）港区建设和运营概况

岚山港拥有老港区和新港区两段发展历程。1951年1月，老港区在原自然港口岚山头口动工兴建。根据国务院尽快建成岚山头港输沙码头的部署，1971年2月，新港区选址确定，7月开工建设，后由于受到干扰，建设进展缓慢。1977年，国家决定在1971年的选址上建设中型港口，新港区加快建设。60多年来，特别是新港区开港以来，岚山港历经一代代港口人的团结奋斗，从荒滩上起步，昔日海州湾荒凉的渔港，已经成长为一个特色鲜明的新型现代化综合港口。

新港区一期杂货码头1984年建成第一座2万吨级码头，2004年开辟了中作业区、北作业区的建设。目前岚山港区南、中、北三个作业区已建成18个生产性泊位。其中，南作业区已建成5000吨级～20万吨级通用泊位10个，主要从事矿石、木材、钢材等散杂货装卸；中作业区已建成5000吨级～30万吨级液化品泊位、原油泊位8个，主要从事石油、液化品和危险化工品装卸；北作业区以大宗散货和矿石为主，30 万吨级矿石码头和 1 万～4 万吨级成品码头正在建设中。

南作业区位于岚山渔港以东、圣岚路以南，是岚山港区的起步港区，也是散杂货运输的主功能区之一。规划岸线 7403 米，生产性泊位 27 个，目前已建成 10 个生产性泊位，其中 10 万吨级通用散货泊位 2 个、5000 吨级～7 万吨级通用泊位 8 个。南作业区主航道水深 16.3 米，宽 270 米，长 11.2 千米。（南作业区原内航道水深 10.3～13 米，宽 800 米，长 5600 米，可满足 5 万吨级船舶乘潮进出港要求。外航道水深 15～16 米，宽 1500 米，长 7500 米。2012 年 1 月，南作业区主航道投用后该航道弃用。12 号泊位化工专用航道长 1800 米，宽 170 米，水深 7 米，该航道已随着 8 号、12 号泊位改建工程的建设于 2010 年 7 月停止使用，陆续吹填形成 8 号、12 号泊位改建工程后方货场。）

中作业区位于岚山港区中部、南作业区北边界至刘家海屋之间，是长江以北最大的液化品集散基地，将逐步发展成为我国原油运输体系的主枢纽港，在我国外贸进口原油中发挥重要作用。规划岸线 12417 米，生产性泊位 42 个，目前已建成 8 个生产性泊位，其中 1 万、5 万吨级液化泊位 2 个，5000 吨级～10 万吨级油品泊位 3 个，30 万吨级原油泊位 3 个。中作业区两条油码头航道；10 万吨级油码头航道与岚山港区南作业区主航道相衔接，水深 12.7 米，宽 210 米，长 3.7 千米。深水航道水深 19.7 米，有效宽度为 320 米。扩建后航道总长 15.3 千米，有效宽度达 390 米。

北作业区位于岚山港区中作业区北侧、刘家海屋—龙王河口及龙王河北 1.5～3.7 千米岸段，是新的规划作业区，也是散杂货运输的主功能区之一，主要为临港工业服务，以金属矿石等大宗干散货及钢铁等杂货为主。规划岸线 36223 米，生产性泊位 122 个，30 万吨级矿石泊位、1 万～4 万吨级成品泊位正在建设。

（2）港区地理条件和集疏运概况

岚山港地处黄海海州湾北角（119°22′17″E，35°05′35″N），位于山东省日照市东南部，是我国南北海运主通道中间地带的一座天然良港，也是京沪线以西新亚欧大陆桥沿线地带最近的出海口。

岚（山港）济（宁）公路直通港口，与 204 国道交叉，日东（日照—东明）高速公路，204 国道，322、342 省道和沿海公路纵横境内，公路运输便捷。公路距日照市区 48 千米、临沂市 110 千米、连云港 120 千米。沈海（沈阳—海口）高速公路、岚—临—枣（岚山—临沂—枣庄）高速公路全线开通后，岚山港区港口集疏运条件大大改善。

2.港区工程项目

（1）岚山头港新建码头工程（岚南 5 号、7 号泊位，原岚山 3 号、4 号泊位）

项目于 1971 年 7 月开工，1985 年 4 月试运行，1984 年 12 月竣工。

项目建设依据：1971 年 7 月，山东省革命委员会交通邮政局《关于岚山头港新建码头工程扩大初步设计的批复》(交邮基字〔1971〕第31号)。

项目建设1个5000吨级杂货泊位(码头水工建筑允许靠泊能力1万吨级)、1个2万吨级杂货码头(码头水工建筑允许靠泊能力3.5万吨级),码头前沿水深10.2米。岸线总长400米。码头采用顺岸式布局,重力式结构。项目后方堆场面积1.5万平方米。主要装卸设备配置25吨门机3台。项目总投资275万元。填海面积2.5万平方米。

建设单位为山东省岚山港务管理局;施工单位为青岛海运局驻港工程队。

1985年4月首次停靠万吨轮"德华"号,装载11750吨黄沙运往上海。

(2)岚山港煤码头工程(岚南3号、1号泊位,原岚山5号、6号泊位)

项目于1992年10月开工,1996年6月试运行,1997年12月竣工。

1992年12月,山东省计划委员会批复工程可行性研究报告[鲁计工-(基)字第1468号]。

项目建设1个5000吨级煤炭泊位(码头水工建筑允许靠泊能力1万吨级),码头前沿水深7.5米;1个1万吨级煤炭泊位(码头水工建筑允许靠泊能力2万吨级),码头前沿水深8.5米。岸线总长310米。码头采用顺岸式布局,重力式结构。项目后方堆场面积2.58万平方米。主要装卸设备配置25吨门机1台、40吨门机2台。项目总投资2461.39万元,其中企业自筹资金156.3万元,银行贷款900万元。

项目建设单位为山东省岚山港务局;设计单位为山东省航运工程设计院;施工单位为岚山港建筑工程公司、岚山港港湾工程公司;监理单位为岚山港煤码头工程监理处;质监单位为山东省交通厅工程质量监督站。

(3)岚山港液体石油化工品码头工程(原8号泊位)

项目于1995年7月开工,2000年9月试运行,2000年12月竣工。

项目建设依据:1993年7月,山东省计划委员会《关于岚山港液体石油化工品码头工程可行性研究报告的批复》[鲁计工-(基)〔1993〕第652号];1995年,山东省交通厅《关于岚山港液体石油化工品码头工程工程初步设计的批复》(鲁交计〔1995〕10号)。1990年,山东省环境保护局《关于对岚山港液体石油化工品贮运站及专用码头工程环境影响报告书的批复》(鲁环管二〔1990〕54号)。

项目建设1个2万吨级化工码头泊位(码头水工结构允许停靠5万吨级)。岸线总长144米。码头采用顺岸式布局,重力式结构。码头前沿水深13米。主要装卸设备配置输油臂2个。项目总投资9721万元,其中山东省交通厅5050万元,航运局250万元,企业自筹4421万元。

项目建设单位为山东省岚山港务管理局;设计单位为海军北海工程设计院、山东省航运工程设计院、华东石油设计院;施工单位为山东省筑港总公司;监理单位为南华监理所;质监单位为山东省交通厅基本建设工程质量监督站。

(4)岚山港两万吨级散杂泊位改造工程(岚南9号泊位,原岚山9号泊位)

项目于2000年7月开工,2002年5月试运行,2002年11月竣工。

项目建设依据:2000年7月,山东省发展计划委员会《关于岚山港2万吨级散杂泊位改造工程可行性研究报告的批复》(鲁计交能字〔2000〕661号);2000年11月,山东省交通厅《关于岚山港2万吨级散杂泊位改造工程初步设计的批复》(鲁交规划〔2000〕25号)。2001年4月,日照市环境保护局《关于对岚山港2万吨级散杂泊位改造工程环境影响报告书的批复》(日环发〔2001〕58号)。

项目建设1个3.5万吨级散杂泊位(码头水工建筑允许靠泊能力7万吨级),岸线总长240米。码头采用顺岸式布局,重力式结构。码头前沿水深13.5米。项目后方堆场面积2.5万平方米。主要装卸设备配置25吨门机7台、4个气垫式皮带机、4个钢板圆筒仓。项目总投资6979.87万元,其中企业自筹资金3979.87万元,银行贷款3000万元。填海造地2.5万平方米。

项目建设单位为山东省岚山港务管理局;设计单位为山东省航运工程设计院、交通部水运科学研究所;施工单位为山东省建筑总公司、四川省工业设备安装公司、兖矿集团机械制修厂等;监理单位为山东省交通咨询监理总公司航运分公司、上海华申工程建设监理咨询有限公司;质监单位为山东省交通厅基本建设工程质量监督站。

9号泊位的建成,使岚山港具备了接卸大型船舶的能力,在很大程度上缓解了港口泊位不足的问题,对港口的可持续发展起到了重要的推动作用。

(5)岚山港通用泊位工程(岚南2号泊位,原岚山10号泊位)

项目于2003年1月开工,2004年3月试运行,2005年4月竣工。

项目建设依据:2002年8月,山东省环境保护局《关于岚山港通用泊位工程可行性研究报告的批复》(鲁计基础〔2002〕708号);2002年12月,山东省交通厅《关于岚山港通用泊位工程初步设计的批复》(鲁交规划〔2002〕134号)。2002年7月,山东省环境保护局《关于岚山港通用泊位工程环境影响评价报告书审批意见的函》(鲁环审〔2002〕10号);2003年2月,山东省政府《关于同意岚山港通用泊位一期工程等两宗项目用海海域使用的批复》(鲁政海域字〔2002〕3号文)。

项目建设1个3万吨级通用泊位(码头水工结构兼顾5万吨级,允许靠泊能力7万吨级),岸线总长300米。码头采用顺岸式布局,重力式结构。码头前沿水深13.6米。项目后方堆场面积9万平方米。主要装卸设备配置门座起重机2台。项目总投资1.33亿元,其中企业自筹资金9330.77万元,政府投资4000万元。填海形成陆域9万平方米。

项目建设单位为岚山港务有限公司(后项目变更为日照岚山万盛港业有限责任公司);设计单位为山东省航运工程设计院有限公司;施工单位为中港第一航务工程局第二工程公司;监理单位为山东港通工程管理咨询有限公司;质监单位为山东省交通厅基本建

设工程质量监督站、日照港质监站。

项目于 2004 年 3 月投入试运行,为港口适应货物吞吐量快速增长,加快港口功能调整,促进临港工业及港口腹地经济发展发挥了重要作用。

(6)岚山港通用泊位直立岸壁技术改造工程(岚南 6 号泊位,原岚山 11 号泊位)

项目于 2003 年 8 月开工,2005 年 6 月完工,2005 年 7 月竣工。

项目建设依据:2005 年 3 月,日照市经济贸易委员会《日照市经济贸易委员会企业技术改造项目备案回执》(日经贸投备〔2005〕004 号);2005 年 3 月,山东省交通厅、山东省发展和改革委员会《岚山港通用泊位工程初步设计变更的批复》(鲁交规划〔2005〕25 号)。2005 年 5 月,日照市环境保护局出具的环境影响报告表审批意见;2006 年 2 月,国家海洋局印制该项目海域使用权证书,国海证 053700801 号。

项目有 1 个 5 万吨级通用泊位(码头水工建筑允许靠泊能力 7 万吨级),岸线总长302 米。码头采用顺岸布局,高桩式结构。码头前沿水深 13.6 米。项目后方堆场面积11.2 万平方米。主要装卸设备配置门座起重机 3 台。工程总投资 4553 万元,其中企业资本金 1938 万元,银行贷款 2615 万元。

项目建设单位为岚山港务有限公司;设计单位为山东省航运工程设计院有限公司;施工单位为中港一航局第二工程公司、南京港口机械厂;监理单位为山东港通工程管理咨询有限公司;质监单位为日照港口建设工程质量监督站。

(7)岚山港液体石油化工码头扩建工程(原 12 号泊位)

项目于 2003 年 11 月开工,2004 年 10 月试运行,2005 年 4 月竣工。

项目建设依据:2003 年 9 月,山东省发展计划委员会《关于岚山港液体石油化工码头扩建工程可行性研究报告的批复》(鲁计基础〔2003〕1153 号);2004 年 6 月,山东省发展计划委员会、山东省交通厅《关于岚山港液体石油化工码头扩建工程初步设计的批复》(鲁交规划〔2004〕80 号)。2003 年 12 月,山东省环境保护局《关于岚山港液体石油化工品码头扩建工程环境影响报告书的批复》(鲁环审〔2003〕138 号);2004 年 4 月,国家海洋局《岚山港液体石油化工品码头扩建工程海域使用权证书》(国海证 033700083 号)。

项目建设 1 个 5000 吨级化工泊位(码头水工建筑允许靠泊能力 1 万吨级),岸线总长71 米。码头采用顺岸式布局,重力式结构。码头前沿水深 10.2 米。主要装卸设备配置工艺管线 30 条。项目总投资 5930.57 万元。填海造地面积 1.85 万平方米。

项目建设单位为岚山港务有限公司;设计单位为山东省航运工程设计院有限公司;施工单位为山东港湾工程有限公司;监理单位为日照港建设监理有限公司;质监单位为日照港质监站。

项目于 2004 年 10 月投入试运行,试运行良好,对于船舶合理靠离,进一步挖掘泊位通过能力,充分发挥了化工专用泊位的功能和效益发挥作用。

(8)日照港岚山北港区10万吨级油码头工程(油1号泊位)

项目于2004年2月开工,2009年3月试运行,2010年9月竣工。

项目建设依据:2007年12月,国家发展和改革委员会《关于山东日照港岚山北港区10万吨级油码头工程项目核准的批复》(发改交运〔2007〕3409号);2008年2月,交通部《关于山东日照港岚山北港区10万吨级油码头工程初步设计的批复》(交水发〔2008〕67号)。2007年7月,国家环境保护总局《关于日照港岚山北港区10万吨级油码头工程环境影响报告书的批复》(环审〔2007〕309号);2007年2月,国土资源部《关于日照港岚山北港区10万吨级油码头工程建设用地预审意见的复函》(国土资预审字〔2007〕40号);2009年3月,国家海洋局《关于日照岚山港10万吨级油码头工程项目用海的批复》(国海管字〔2009〕143号);2007年12月,国家发展和改革委员会《关于山东日照港岚山北港区10万吨级油码头工程项目核准的批复》中提到按照359米码头长度使用相应的港口深水岸线(发改交运〔2007〕3409号)。

项目建设1个10万吨级油码头泊位(码头水工建筑允许靠泊能力12万吨级),岸线总长359米。码头采用引桥式布局,重力式结构。码头前沿水深15.1米。主要装卸设备配置输油臂3台。项目总投资6.24亿元,其中企业自筹资金1亿元,银行贷款5.24亿元。填海造地面积110.27万平方米。

项目建设单位为日照港集团有限公司;设计单位为中交水运规划设计院有限公司;施工单位为山东港湾建设集团有限公司、中交天津航道局有限公司;监理单位为日照港建设监理有限公司;质监单位为日照港建设工程质量监督站。

项目获得交通运输部颁发的2011年度水运交通优质工程奖。

项目自2009年4月开始试运行,至2010年3月完成油品卸船149万吨,其中原油15万吨、燃料油134万吨,已达到设计能力,工艺系统技术先进,能够满足生产使用要求,运行情况良好。

(9)日照港岚山北港区10万吨级油码头航道工程

项目于2004年8月开工,2005年11月试运行,2010年9月竣工。

项目建设依据:2007年10月,国家海洋局《关于日照港岚山北港区10万吨级油码头和油罐区填海工程海洋环境影响报告书核准意见的复函》(国海环字〔2007〕593号)。2009年3月,国家海洋局《关于日照港岚山北港区10万吨级油码头工程项目用海的批复》(国海管字〔2009〕143号)。

航道长3.7千米、宽210米,设计底高程-12.70米,疏浚量100.80万立方米。用海总面积225.20公顷,其中航道用海33.68公顷。

项目建设单位为日照港集团有限公司;施工单位为天津航道局;监理单位为日照港建设监理有限公司;质监单位为日照港质量监督站。

(10)日照港岚山港区深水航道一期工程

项目于 2006 年 1 月 6 日开工,2014 年 1 月 1 日试运行,2016 年 10 月竣工。

项目建设依据:2009 年 8 月,山东省发展和改革委员会《关于日照港岚山港区深水航道一期工程可行性研究报告的核准意见》(鲁发改能交〔2009〕1126 号);2009 年 12 月 7 日,山东省交通厅、山东省发展和改革委员会《关于日照港岚山港区深水航道一期工程初步设计的批复》(鲁交规划〔2009〕118 号)。2013 年 11 月 25 日,山东省交通厅、山东省发展和改革委员会《关于日照港岚山港区深水航道一期工程初步设计变更的批复》(鲁交建管〔2013〕112 号);2010 年 5 月 5 日,山东省交通运输厅《关于日照港岚山港区深水航道一期工程施工图设计的批复》(鲁交规划〔2010〕69 号)。2008 年 7 月 24 日,山东省环境保护局《关于日照港岚山港区深水航道一期工程环境影响报告书的批复》(鲁环审〔2008〕141 号)。2006 年 6 月 30 日,山东省海洋与渔业厅《关于日照港 30 万吨级油码头航道海域使用有关问题的答复》(鲁海域处函〔2006〕44 号)。

项目建设航道宽度按照满足 30 万吨级原油船舶单向通行设计,水深按 25 万吨级矿石泊位设计,航道有效宽度为 320 米,设计底高程为 –19.7 米。扩建后航道总长 15.3 千米,有效宽度达 390 米。概算总投资为 94502.54 万元,经山东省交通运输厅、山东省发展和改革委员会以鲁交建管〔2013〕112 号文批准,日照港进行了第二阶段的日照港岚山港区深水航道一期工程(设计变更加宽部分)的建设。工程追加投资 27462.59 万元,概算总批复 121965.13 万元,决算总投资 96643.93 万元。

项目建设单位为日照港集团有限公司;设计单位为中交水运规划设计院有限公司;施工单位为中交天津航道局有限公司、山东港湾建设集团有限公司、日照航标站职工技术协会、青岛航标助航设施有限公司日照分公司;监理单位为日照港建设监理有限公司;质监单位为日照港建设工程质量监督站。

(11)日照港岚山港区液体石油化工品作业区 1 号、2 号码头工程(岚液 1 号、2 号)

项目于 2007 年 4 月开工,2009 年 7 月试运行,2010 年 3 月竣工。

项目建设依据:2007 年 12 月,山东省发展和改革委员会《关于日照港岚山港区液体石油化工品作业区 1#、2#码头工程可行性研究报告的批复》(鲁发改能交〔2007〕1491 号);2008 年 9 月,山东省交通厅、山东省发展和改革委员会《关于日照港岚山港区液体石油化工品作业区 1#、2#码头工程初步设计的批复》(鲁交规划〔2008〕98 号)。2006 年 12 月,山东省环境保护局《关于日照港岚山港区液体石油化工品作业区 1#、2#码头工程环境影响报告书的批复》(鲁环审〔2006〕56 号);2007 年 3 月,山东省海洋与渔业厅《关于日照港岚山港区液体石油化工品作业区 1#、2#码头工程用海的批复》(鲁政海域字〔2007〕14 号);2007 年 11 月,交通部《关于日照港岚山港区液体石油化工品作业区 1#码头工程使用港口岸线的批复》(交规划发〔2007〕642 号);2009 年 5 月,交通运输部《关于日照港岚山港区液体石油化工品作业区2#码头工程使用港口岸线的批复》（交规划发〔2009〕256号）。

项目建设1个1万吨级化工泊位和1个5万吨级化工泊位（码头水工建筑允许靠泊能力10万吨级），岸线总长489.7米。码头采用重力式沉箱结构。码头前沿水深15米。项目后方堆场面积46万平方米。主要装卸设备配置输油臂4台。仓库容量70.69立方米。项目总投资4.44亿元，其中企业自筹资金1.94亿元，银行贷款2.55亿元。填海造地面积49.84万平方米。

项目建设单位为日照港（集团）岚山港务有限公司；设计单位为山东省航运工程设计院有限公司、中交第二航务工程勘察设计院诚基分院；施工单位为山东港湾建设有限公司；监理单位为日照港建设监理有限公司；质监单位为日照港建设工程质量监督站。

项目获得2010年度水运交通优质工程奖。

项目于2009年7月建成投入试运行，至2009年12月完成液化吞吐量70万吨，所接卸的危险品涉及压缩气体、易燃液体、毒害品、腐蚀品四大类十六个品种，情况良好。正式投产以来，创造了良好的经济和社会效益。

（12）日照港岚山港区南作业区8号、12号泊位改建工程（岚南11号泊位，原岚山8号泊位废止改建）

项目于2009年7月开工，2011年2月试运行，2011年12月竣工。

项目建设依据：2009年6月，山东省发展和改革委员会《关于日照港岚山港区南作业区8#、12#泊位改建工程可行性研究报告的批复》（鲁发改能交〔2010〕990号）；2010年12月，山东省交通运输厅、山东省发展和改革委员会《关于日照港岚山港区南作业区8#、12#泊位改建工程初步设计的批复》（鲁交建管〔2010〕53号）。2009年3月，山东省环境保护局《关于日照港岚山港区南作业区8#、12#泊位改建工程环境影响报告书的批复》（鲁环审〔2009〕90号）；2009年5月，山东省人民政府《关于日照港岚山港区南作业区8#、12#泊位改建工程用海的批复》（鲁政海域字〔2009〕22号）；2009年11月，山东省交通运输厅《关于日照港岚山港区南作业区8#、12#泊位改建工程使用港口岸线的批复》（交规划发〔2009〕693号）。

项目将原8号泊位改建成1个10万吨级通用泊位（码头水工建筑允许靠泊能力20万吨级），同时将12号液化泊位填埋，回填吹填形成44公顷的货场。岸线总长350米。码头采用顺岸式布局，重力式结构。码头前沿水深20米。项目后方堆场面积43.72万平方米。主要装卸设备配置25吨门座起重机9台。项目总投资6.12亿元，其中企业自筹资金2.59亿元，银行贷款3.54亿元。填海造地面积43.72万平方米。

项目建设单位为日照港股份有限公司；设计单位为山东诚基工程建设有限公司；施工单位为山东港湾建设有限公司、中交一航局第二工程有限公司、上海振华重工（集团）股份有限公司;监理单位为日照港建设监理有限公司;质监单位为日照港建设工程质量监督站。

项目于 2011 年 2 月 10 日正式投入试运行,试运行期间(截至 11 月底)完成货物吞吐量 1170 万吨,试运行情况良好。正式投产以来,项目创造了良好的经济和社会效益。2013 年 6 月,根据山东省交通运输厅码头加固改造政策,工程换发了可靠泊 20 万吨级散货船舶的竣工验收证书,结束了岚山港区南区没有大泊位的历史,使港口功能实现了一次质的飞跃。

(13)日照港岚山港区南作业区防波堤工程

项目于 2009 年 12 月开工,2017 年 7 月竣工。

项目建设依据:2009 年 7 月,山东省发展和改革委员会《关于日照港岚山港区南作业区防波堤工程可行性研究报告的批复》(鲁发改能交〔2009〕975 号);2009 年 10 月,山东省交通运输厅、山东省发展和改革委员会《日照港岚山港区南作业区防波堤工程初步设计的批复》(鲁交规划〔2009〕85 号)。2008 年 8 月,山东省环境保护局《关于日照港岚山港区南作业区防波堤工程环境影响报告书的批复》(鲁环审〔2008〕155 号);2008 年 12 月,山东省人民政府《关于日照港岚山港区南作业区东防波堤工程海域使用的批复》(鲁政海域字〔2008〕40 号)。

项目建设防波堤 2766.00 米,防波堤结构形式为抛石斜坡结构和直立沉箱结构。

(14)日照港岚山港区南作业区主航道工程

项目于 2010 年 5 月开工,2012 年 1 月试运行,2014 年 12 月竣工。

2009 年 11 月,山东省发展和改革委员会《关于日照港岚山港区南作业区主航道工程可行性研究报告的批复》(鲁发改能交〔2009〕1492 号);2009 年 12 月,山东省交通运输厅、山东省发展和改革委员会《关于日照港岚山港区南作业区主航道工程初步设计的批复》(鲁交规划〔2009〕153 号)。2009 年 9 月,山东省海洋与渔业厅《关于日照港岚山港区南作业区主航道工程海洋环境影响报告书的批复》(鲁海渔函〔2009〕213 号);2009 年 9 月,山东省海洋与渔业厅《关于日照港岚山港区南作业区主航道工程海域使用的预审意见》(综函〔2009〕39 号)。

项目建设 10 万吨级单向航道,总长 11.2 千米,有效宽度 270 米,设计底高程为 −16.3 米。项目总投资 3.27 亿元,其中政府投资 2.09 亿元,企业自筹资金 1.17 元,银行贷款 142.98 万元。

项目建设单位为日照港集团岚山港务有限公司;设计单位为山东诚基工程建设有限公司;施工单位为单位为中交广州航道局有限公司、山东港湾建设集团有限公司、天津汇泽航海保障工程有限公司;监理单位为日照港建设监理有限公司;质监单位为日照港建设工程质量监督站。

2012年1月19日开始试运行,累计运行34个月,安全通航船舶15000艘次。在整个试运行期间,航道通航顺畅、平稳,航标设备稳定、可靠,具备正常投产使用条件。

(15)日照港岚山港区中作业区2万吨级液体散货码头工程(油4号泊位)

项目于2010年9月开工,2013年9月试运行,2013年12月竣工。

项目建设依据:2012年12月,山东省发展和改革委员会《关于鲁港合资建设日照港岚山港区中作业区2万吨级液体散货码头工程项目核准的批复》(鲁发改外资〔2012〕1585号);2013年5月,山东省交通厅、山东省发展和改革委员会《关于日照港岚山港区中作业区2万吨级液体散货码头工程初步设计的批复》(鲁交建管〔2013〕51号)。2005年9月,山东省环境保护厅《关于日照港岚山港区中作业区2万吨级液体散货码头工程环境影响报告书的批复》(鲁环审〔2012〕20号);2013年10月,山东省政府《关于日照港岚山港区中作业区2万吨级成品油及液体化工品码头工程项目用海的批复》(鲁政海域字〔2013〕55号);2012年12月,交通运输部《关于日照港岚山港区中作业区2万吨级液体散货码头工程使用港口岸线的批复》(交规划发〔2012〕694号)。

项目建设1个2万吨级散货泊位,岸线总长206米。码头采用引桥式局,重力式结构。码头前沿水深10米。主要装卸设备配置单管输油臂6台。项目总投资7552.18万元,其中企业自筹资金552.18万元,银行贷款7000万元。

项目建设单位为日照港集团有限公司;设计单位为中交水运规划设计院有限公司;施工单位为山东港湾建设集团有限公司;监理单位为日照港建设监理有限公司;质监单位为日照港建设工程质量监督站。

项目于2013年9月正式投入试运行,至2014年10月共接卸船舶98艘次,装卸油品66万吨。自试运行以来,共接卸船舶582艘次,装卸油品323万吨。

(16)日照港岚山港区南作业区15号、16号泊位工程(岚南8号、10号泊位,原岚山15号、16号泊位)

项目于2010年10月开工,2012年8月试运行,2013年8月竣工。

项目建设依据:2011年5月,山东省发展和改革委员会《日照港岚山港区南作业区15#、16#泊位工程可行性研究报告的批复》(鲁发改外资〔2011〕515号);2011年10月,山东省交通运输厅、山东省发展和改革委员会《日照港岚山港区南作业区15#、16#泊位工程初步设计的批复》(鲁交建管〔2011〕92号)。2009年3月,山东省环境保护局《关于日照港岚山港区南作业区15#、16#泊位工程环境影响报告书的批复》(鲁环审〔2009〕88号);2009年4月,山东省人民政府《关于日照港岚山港区南作业区15#、16#泊位工程用海的批复》(鲁政海域字〔2009〕10号);2009年11月,交通运输部《关于日照港岚山港区南作业区15#、16#泊位工程使用港口岸线的批复》(交规划发〔2009〕691号)。

项目建设1个7万吨级通用泊位、1个10万吨级通用泊位,岸线总长587米。码头采用突堤式布局,重力式结构。码头前沿水深15.1米。项目后方堆场面积6.21万平方米。主要装卸设备配置25吨级门座起重机16台。项目总投资5.37亿元,其中企业自筹资金2.12亿元,银行贷款3.25亿元。填海造地面积6.21万平方米。

项目建设单位为日照岚山万盛港业有限责任公司;设计单位为山东诚基工程建设有限公司;施工单位为山东港湾建设集团有限公司、南京港口机械厂;监理单位为大连港口建设监理咨询有限公司、日照港建设监理有限公司;质监单位为日照港建设工程质量监督站;安全监督单位为日照市交通运输局质监站。

项目获得2014年度水运交通优质工程奖、2014—2015年度国家优质工程奖。

项目于2012年8月23日正式投入试运行,试运行期间(截至2013年5月中旬)完成货物吞吐量1400万吨,试运行情况良好。正式投产以来,创造了良好的经济和社会效益。

(17)日照—仪征原油管道配套工程日照港岚山港区30万吨级原油码头扩建工程(油7号泊位)

项目于2012年2月开工,2014年9月试运行,2014年11月竣工。

项目建设依据:2009年5月,国家发展和改革委员会《关于日照—仪征原油管道及配套工程项目核准的批复》(发改能源〔2009〕1295号);2009年11月,交通运输部《关于日照—仪征原油管道及配套工程项目日照港岚山港区30万吨级原油码头工程初步设计的批复》(交水发〔2009〕679号)。2012年11月,环境保护部《关于日照—仪征原油管道配套工程日照港岚山港区30万吨级原油码头扩建工程环境影响报告书的批复》(环审〔2012〕313号);2014年8月,山东省政府《关于日照—仪征原油管道配套工程日照港岚山港区30万吨级原油码头扩建工程用海预审意见的函》(鲁政海域字〔2013〕55号);2008年7月,交通运输部《关于中国石油化工集团日照—仪征原油管道配套30万吨级原油码头工程项目的意见》(交函规划〔2008〕108号)。

项目建设1个30万吨级原油接卸泊位,岸线总长405米。码头采用引桥式布局,重力式结构。码头前沿水深25.3米。主要装卸设备配置输油臂4台。项目总投资4.41亿元,其中企业自筹资金2.91亿元,银行贷款1.5亿元。

项目建设单位为日照港集团有限公司;设计单位为中交水运规划设计院有限公司;施工单位为山东港湾建设集团有限公司;监理单位为日照港建设监理有限公司;质监单位为日照港建设工程质量监督站;安全监督单位为日照市交通运输局质监站。

项目获得中国施工企业管理协会颁发的2014年度"国家优质工程奖"、中国土木工程学会颁发的2016年度"第十四届詹天佑奖"。

项目于2010年12月10日建成投入试运行,至2012年1月31日完成吞吐量394.36万吨,系统试运行工作顺利,系统性能达到了设计要求。日照—仪征原油管道及配套工程项目日照港岚山港区30万吨级原油码头工程作为日照—仪征原油管道及配套工程项目的配套工程,解决了南京及沿江地区石化企业油源问题,确保沿江地区成品油稳定供应,优化原油运输方式,对完善日照港港口功能、提高日照港竞争力有重要意义。

六、潍坊港

(一)港口概况

1. 港口综述

潍坊市位于山东半岛中部,居半岛城市群中心位置,地处 108°10′~120°01′E,35°41′~37°26′N。潍坊港地处莱州湾南岸,东距烟台港 146 海里,西距天津港 155 海里,北距营口港 235 海里,距离潍坊市区 50 千米。

潍坊市的港口始建于 1975 年,位于潍坊市羊口镇,当时称之为羊口港,至 20 世纪 90 年代末,羊口港共建成 7 个千吨级码头泊位,下营港共建成 5 个千吨级以下小型码头泊位(2003 年停止运营)。1996 年,潍坊市开始建设潍坊港中港区,于 1998 年建成 2 个 3000 吨级通用泊位、2004 年建成 2 个 3000 吨级泊位(水工结构 5000 吨级)。2005 年,潍坊市与马来西亚森达美集团合作建设经营港口,相继建设了 3 个 3000 吨级泊位、2 个 5000 吨级泊位、3 个 1 万吨级泊位、3 个 2 万吨级泊位和万吨级航道及防波挡沙堤。2009 年,经国务院批复同意,潍坊港成为国家一类开放口岸。2010 年,经山东省政府与交通运输部批准,潍坊港由一般性港口升级为地区性重要港口。2011 年,潍坊港正式获批对台海运直航。2012 年 6 月,潍坊市人民政府与森达美集团签署近五年港口建设框架协议,投资不低于 34 亿元人民币建设 2 万~5 万吨级泊位 18 个和 5 万吨级航道工程。按照开放多元办港的工作思路,2013 年 4 月山东高速集团加盟潍坊港中港区开发建设。2011 年 8 月,由龙口港集团有限公司控股的寿光港有限公司成立,2015 年 13 个泊位全部建成。

根据"一主两辅、功能互补、多点并进、统筹发展"原则,潍坊港规划分为中港区、西港区、东港区 3 个港区。截至 2015 年,潍坊市共有生产性泊位 45 个,其中万吨级以上泊位 18 个。

中港区是潍坊港的主体港区,位于潍坊滨海经济开发区海岸,白浪河入海口西侧,是以散杂货运输为主、临港工业所需原材料及产成品运输为辅的综合性港区,服务带动潍坊市及周边地区经济社会和滨海经济开发区临港产业发展。截至 2015 年,拥有 5 万吨级泊位 2 个、3 万吨级泊位 8 个、2 万吨级泊位 5 个(其中滚装泊位 2 个)、1 万吨级泊位 3 个、5 千吨级泊位 4 个、3 千吨级泊位 5 个。

西港区地处寿光市羊口镇东部,莱州湾的西南角,小清河南岸,主要为后方农业产业园及现代制造业园服务,积极开展海河联运。其中羊口作业区(羊口港)距小清河入海口约 24 千米,现有 1000 吨级泊位 5 个。寿光作业区(寿光港)距离小清河入海口约 9 千米,现有 5000 吨级泊位 13 个。

东港区(昌邑港)位于昌邑市北部海岸,潍河与胶莱河入海口之间,主要为后方滨海开发区发展建设服务,尚未开发建设。

潍坊港航道主要有中港区航道、西港区航道两条航道。

潍坊港中港区航道走向227°30′~47°30′,航道有效宽度135米,设计底高程-12.0米,宽135米,可满足35000吨级船舶单向乘潮通航,进出港船舶沿灯浮标航行即可进入港区。

西港区规划建设小清河5000吨级航道,航道底宽90米,航道建成后可满足5000吨级船舶正常进出港区。

潍坊港中港区有3个锚地,分别是3号锚地、危险品锚地和检疫锚地。

西港区锚地为以37°18′36″N,119°07′57″E为中心(1号灯桩以东1海里处)向外,1海里半径范围内水域。

2. 港口水文气象

中港区潮汐为不规则半日潮,年最高高潮位3.4米,年最低低潮位-0.6米,平均高潮位1.9米,平均低潮位0.3米,平均潮差1.6米,平均海面1.2米。该港区潮流呈往复流性质,涨潮流向为西南流,落潮流向为东北流,流速均为0.5节。西港区潮汐为不规则半日潮,年最高高潮位4.4米,最低低潮位-0.91米,平均高潮位1.87米,平均低潮位0.43米,平均潮差1.44米,平均海面1.23米。该港区潮流呈往复流性质,涨潮流向为西南流,落潮流向为东北流,河口内流速较大,河口以外流速较弱,涨潮平均流速0.85节,落潮平均流速0.5节。

年平均气温为12.8摄氏度。1月最冷,月平均气温为-3.2摄氏度,历年极端最低气温为-17.4摄氏度(出现于1985年12月9日)。7月最热,极端最高气温为40.8摄氏度(出现于1982年5月25日)。春季升温迅速,秋季降温幅度大。年平均降水量为486.5毫米,主要集中在6—8月,占全年降水量的66%,7月、8月降水量最大,12月、1月和2月降水量最小。在正常年份,小清河口至胶莱河口近岸,每年12月中旬出现海冰,翌年2月下旬终冰,冰期约为75天。

3. 发展成就

潍坊港为国家一类对外开放口岸、对台海运直航港口、山东省区域性重要港口,是山东省综合运输体系的重要枢纽和地区性重要港口,是潍坊市及周边地区经济社会发展和临港产业发展的重要依托,是山东省建设黄河三角洲高效生态经济区和山东半岛蓝色经济区的重要支撑。《潍坊港总体规划》于2012年取得山东省人民政府批复,明确了一港三区,以中港区为主、以西港区和东港区为辅的总体发展格局。在总体规划的指导下,潍坊港基础设施建设步伐不断加快,港口的深水化、规模化趋势明显,有力支撑了腹地经济发展和临港产业布局的需要。

2015 年潍坊港共完成货物吞吐量 3017.6 万吨,其中集装箱 26.1 万 TEU。

潍坊港基本情况表见表 8-4-6。

(二)中港区

1. 港区综述

(1)港区建设和运营概况

中港区位于潍坊滨海经济技术开发区,距潍坊市主城区约 50 千米,是以散杂货运输为主、临港工业所需原材料及产成品运输为辅的综合性港区。码头岸线 5228 米,拥有 5 万吨级泊位 2 个、3 万吨级泊位 8 个、2 万吨级泊位 5 个(其中滚装泊位 2 个)、1 万吨级泊位 3 个、5 千吨级泊位 4 个、3 千吨级泊位 5 个。2015 年完成货物吞吐量 3017 万吨、集装箱 26.1 万 TEU。

(2)港区地理条件和集疏运情况

港区地处山东半岛中部,莱州湾南岸,东距烟台港 146 海里,西距天津港 155 海里,北距营口港 235 海里,距离潍坊市区 50 千米。潍坊市为鲁东重要商埠,西临淄博、东营,东连青岛、烟台,工、农、商业较发达,是山东半岛中部地区重要的物资集散地。

潍坊市境内集疏运体系发达,青银(青岛—银川)、青兰(青岛—兰州)、荣乌(荣成—乌海)、潍日(潍坊—日照)、长深(长春—深圳)、荣潍(荣成—潍坊)六条高速公路和 G309、G206 两条国道,以及 S226 等十八条省道形成密集的高等级公路网络;胶济铁路、胶新铁路、大莱龙铁路横贯三个港区后方;中石化东(东营)黄(黄岛)线及东黄输油管线复线、鲁皖成品油管道二期工程潍坊段(已投产)等途经潍坊境内。潍坊港集多种集疏运方式为一身,已初步形成多种运输方式组成的综合运输体系。

2. 港区工程项目

(1)潍坊港中港区西作业区 12 号 ~ 14 号泊位工程

项目于 2009 年 9 月开工,2010 年 12 月试运行,2012 年 9 月竣工。

项目建设依据:2009 年,山东省交通运输厅、山东省发展和改革委员会《关于潍坊港(中港区)万吨级码头工程初步设计的批复》(鲁交规划〔2009〕15 号);2009 年,山东省发展和改革委员会《关于潍坊森达美港有限公司增资建设 3×10000 吨级通用码头项目的核准意见》(鲁发改外资〔2009〕409 号文件);2014 年,山东省环境保护厅《关于潍坊港中港区 12#-14#通用泊位工程环境影响报告书的批复》(鲁环审〔2014〕86 号);2007 年,山东省政府《关于同意潍坊森达美港有限公司潍坊港中港区万吨级码头工程和工作船码头工程海域使用的批复》(鲁政海域字〔2007〕41 号);2008 年 5 月,交通运输部《关于潍坊港中港区北部作业区 1 至 3 号泊位工程使用港口岸线的批复》(交规划发〔2008〕64 号)。

表 8-4-6

潍坊港基干情况表（沿海）

序号	港区名称	港口岸线		2015 年港口生产用泊位					其中:1978—2015 年建成的生产用泊位						2015 年港口货物和旅客吞吐量									
		港口规划岸线	其中:2015 年前已建成岸线	生产用泊位数	其中:万吨级及以上	生产用泊位总长	其中:万吨级及以上		生产用泊位数	其中:万吨级及以上	生产用泊位总长	其中:万吨级及以上	货物吞吐量	其中:外贸货物吞吐量	集装箱	滚装车辆		旅客	其中:国际旅客
		千米	千米	个	个	米	米		个	个	米	米	万吨	万吨	万 TEU	数量 万辆	质量 万吨	万人	万人
1	中港区	14.0	5.2	27	18	5228	3920		27	18	5228	3920	2078	82.2	22.63	0	0	0	0
2	西港区	29.0	2.6	18	0	2568	0		18	0	2568	0	939.6	0	3.46	0	0	0	0
3	东港区	6.4	0	0	0	0	0		0	0	0	0	0	0	0	0	0	0	0
	合计	49.4	7.8	45	18	7796	3920		45	18	7796	3920	3017.6	82.2	26.09	0	0	0	0

项目建设3个1万吨级通用码头泊位,岸线总长511米。码头采用顺岸式布局,重力式结构。码头前沿水深9.8米。项目后方堆场面积36万平方米,堆存能力70万吨。主要装卸设备配置25吨-33米门座起重机9台。项目总投资4.92亿元,全部由企业自筹。用海面积50.48公顷。

项目建设单位为潍坊森达美港有限公司;设计单位为中交第一航务工程勘察设计院有限公司;施工单位为中交第一航务工程局第二工程有限公司;监理单位天津中北港湾工程建设监理有限公司;质监单位为潍坊市交通运输局工程质量监督站。

(2)潍坊港中港区西作业区9号~11号泊位工程

项目于2015年6月开工,2016年8月试运行,2017年3月竣工。

项目建设依据:2013年,山东省交通运输厅《关于潍坊港中港区西作业区9#、10#、11#通用泊位工程可行性研究报告审查意见的函》(鲁交规划〔2013〕51号);2015年,山东省交通运输厅、山东省发展和改革委员会《关于潍坊港中港区西作业区9#、10#、11#通用泊位工程初步设计的批复》(鲁交建管〔2015〕2号)。2014年,山东省发展和改革委员会《关于森达美海外(香港)有限公司建设潍坊港中港区西作业区9#、10#、11#通用泊位工程项目核准的批复》(鲁发改外资〔2014〕1321号文件);2014年,山东省环境保护厅《山东省环境保护厅关于潍坊港中港区西作业区9#、10#、11#通用泊位工程环境影响报告书的批复》(鲁环审〔2014〕84号);2015年,山东省政府《关于潍坊港中港区西作业区9#、10#、11#通用泊位工程用海的批复》(鲁政海域字〔2015〕6号);2014年9月,交通运输部《关于潍坊港中港区西作业区9号至11号通用泊位工程使用港口岸线的批复》(交规划函〔2014〕748号)。

项目建设3个3万吨级通用码头泊位(码头水工建筑允许靠泊能力5吨级),岸线总长711米。码头采用顺岸式布局,重力式结构。码头前沿水深12.4米。项目后方堆场面积49万平方米,堆存能力90万吨;仓库面积2.05万平方米,堆存能力6万吨。主要装卸设备配置25吨-35米门座起重机12台。项目总投资5.14亿元,全部由企业自筹。用海面积48.60公顷。

项目建设单位为潍坊森达美散货码头有限公司;设计单位为中交第一航务工程勘察设计院有限公司;施工单位为中建筑港集团有限公司(码头主体工程)、中国铁建港航局集团有限公司(堆场道路和室外管网工程);监理单位天津天科工程监理咨询事务所;质监单位为山东省交通运输厅基本建设工程质量监督站。

(3)潍坊港中港区东作业区8号~10号泊位工程

项目于2012年3月开工,2013年11月试运行,2015年11月竣工。

2011年,山东省交通运输厅《关于潍坊港中港区东作业区8#、9#、10#通用泊位工程可行性研究报告审查意见的函》(鲁交规划〔2011〕38号);2013年,山东省交通运输厅、山东省发展和改革委员会《关于潍坊港中港区东作业区8#、9#、10#通用泊位工程初步设计的批复》(鲁交建管〔2013〕105号);2013年,山东省发展和改革委员会《关于潍坊森达美港有限公司建设潍坊港中港区东作业区8#、9#、10#通用泊位工程项目核准的批复》(鲁发改外资〔2013〕439号文件);2012年,山东省环境保护厅《关于潍坊港中港区东作业区8#、9#、10#通用泊位工程环境影响报告书的批复》(鲁环审〔2012〕121号);2009年,山东省政府《关于同意潍坊港中港区8#、9#、10#通用泊位工程海域使用的批复》(鲁政海域字〔2009〕2号);2011年9月,交通运输部《关于潍坊港中港区东作业区8至10号通用泊位工程使用港口岸线的批复》(交规划发〔2011〕492号)。

项目建设3个2万吨级通用泊位,岸线总长595米。码头采用顺岸式布局,重力式结构。码头前沿水深11.1米。项目后方堆场面积21万平方米,堆存能力50万吨。主要装卸设备配置40吨-38米门座起重机3台、25吨-33米门座起重机1台、40.5吨-38米岸桥2台。项目总投资3.95亿元,全部由企业自筹。用海面积42.40公顷。

项目建设单位为潍坊森达美港有限公司;设计单位为中诚国际海洋工程勘察设计有限公司;施工单位为中建筑港集团有限公司;监理单位为山东省交通工程监理咨询公司;质监单位为山东省交通运输厅基本建设工程质量监督站。

(4)潍坊港中港区西作业区6号~8号多用途泊位工程

项目于2015年2月开工,2016年11月试运行,2017年5月竣工。

项目建设依据:2014年,山东省发展和改革委员会《关于森达美海外(香港)有限公司建设潍坊港中港区西作业区6#、7#、8#多用途泊位工程项目核准的批复》(鲁发改外资〔2014〕1004号);2014年,山东省交通运输厅、山东省发展和改革委员会《关于潍坊港中港区西作业区6#、7#、8#多用途泊位工程初步设计的批复》(鲁交建管〔2014〕65号)。2014年6月,山东省环境保护厅《关于潍坊港中港区西作业区6#、7#、8#多用途泊位工程环境影响报告书的批复》(鲁环审〔2014〕85号);2015年1月,山东省人民政府《关于潍坊港中港区西作业区6号~8号多用途泊位工程项目用海的批复》(鲁政海域字〔2015〕3号);2014年7月,交通运输部《关于潍坊港中港区西作业区6#、7#、8#多用途泊位工程使用港口岸线批复》(交规划函〔2014〕519号)。

潍坊港中港区西作业区6号~8号多用途泊位工程位于潍坊港中港区西作业区规划的多用途作业区内,与已建的9号~11号通用泊位相接,建设3个3万吨级多用途泊位(结构预留到5万吨级)。码头岸线长度636米,码头面高程为5.0米,码头前沿设计底高程为－12.2米。工程投资为32926.15万元,由企业自筹。

项目建设单位为潍坊森达美西港有限公司;设计单位中交第一航务工程勘察设计院有限公司;施工单位中建筑港集团有限公司(围堰)、中国铁建港航局集团有限公司(码头主体工程、港池及泊位疏浚、软基处理、道路堆场、室外管网、附属建筑等配套工程);监理单位为天津天科工程监理咨询事务所(围堰、码头、港池及泊位疏浚工程)、山东港通工程管理咨询有限公司(道路堆场、室外管网工程)、山东诚基工程管理咨询有限公司(软基处理)、山东威达工程项目管理有限公司(附属建筑);质量监督单位为山东省交通运输厅基本建设工程质量监督站。

(5)潍坊港中港区东作业区18号、19号滚装泊位工程

项目于2014年3月开工,2018年3月试运行,2018年8月竣工。

项目建设依据:2014年,山东省交通运输厅《关于潍坊港中港区东作业区18#、19#滚装泊位工程工程可行性研究报告审查意见的函》(鲁交规划〔2014〕78号);2016年,山东省交通运输厅、山东省发展和改革委员会《关于潍坊港中港区东作业区18#、19#滚装泊位工程初步设计的批复》(鲁交建管〔2016〕15号)。2015年,山东省环境保护厅《关于潍坊港中港区东作业区18#、19#滚装泊位工程环境影响报告书的批复》(鲁环审〔2015〕86号)。2015年,山东省人民政府《关于潍坊港中港区东作业区18#、19#滚装泊位工程用海的批复》(鲁政海域字〔2015〕59号)。

项目建设规模为2个2万总吨滚装泊位及相应配套设施,设计年吞吐量为滚装车辆12.5万车次、商品车2万辆、集装箱7.5万TEU、旅客6万人次。泊位总长度485米,其中18号泊位长228米、19号泊位长257米。码头结构采用重力式矩形沉箱结构,码头前沿顶高程均为5.0米、底高程均为-14.0米。停泊水域宽度均为65米。项目后方堆场面积25.65万平方米。主要装卸设备配置65吨岸边集装箱起重机、150吨液压连接桥、50吨多用途门座式起重机、40.5吨轮胎式集装箱门式起重机。项目总投资5.59亿元,由企业自筹。

项目建设单位为山东高速交通物流投资有限公司;设计单位为中诚国际海洋工程勘察设计有限公司;施工单位为中建筑港集团有限公司、山东鲁桥建设有限公司;监理单位为山东省交通工程监理咨询公司、山东港通工程管理咨询有限公司;质监单位为山东省交通运输执法监察总队。

(6)潍坊港中港区东作业区20号、21号通用泊位工程

项目于2014年3月开工,2018年3月试运行,2018年12月竣工。

项目建设依据:2014年,山东省交通运输厅《关于潍坊港中港区东作业区20#、21#通用泊位工程工程可行性研究报告审查意见的函》(鲁交规划〔2014〕88号);2016年,山东省交通运输厅、山东省发展和改革委员会《关于潍坊港中港区东作业区20#、21#通用泊位工程初步设计的批复》(鲁交建管〔2016〕16号)。2015年,山东省环境保护厅《关于潍坊港中港区东作业区20#、21#通用泊位工程环境影响报告书的批复》(鲁环审〔2015〕87号)。2015年,山东省人民政府《关于潍坊港中港区东作业区#20、#21通用泊位工程用海的批复》(鲁政海域字〔2015〕55号)。

项目建设规模为 2 个 5 万吨级通用泊位及相应配套设施,设计年吞吐量为 600 万吨,泊位总长度 535 米,其中 20 号泊位长 245 米、21 号泊位长 290 米。码头结构采用重力式矩形沉箱结构,码头前沿顶高程均为 5.0 米、底高程均为 −14.0 米。停泊水域宽度均为 65 米。项目后方堆场面积 29.43 万平方米。主要装卸设备配置 25 吨-37 米门座起重机 8 台。项目总投资 5.59 亿元。

项目建设单位为山东高速交通物流投资有限公司;设计单位为中诚国际海洋工程勘察设计有限公司;施工单位为中建筑港集团有限公司;监理单位为山东省交通工程监理咨询公司;质监单位为山东省交通运输执法监察总队。

(7)潍坊港中港区西作业区 24 号、25 号液化品泊位工程及后方配套工程

项目于 2014 年 12 月开工,2017 年 3 月试运行,2017 年 7 月竣工。

项目建设依据:2014 年 3 月,山东省发展和改革委员会《关于森达美海外(香港)有限公司建设潍坊港中港区西作业区24#、25#液化品泊位工程项目核准批复》(鲁发改外资〔2014〕252 号);2014 年 6 月,山东省交通运输厅、山东省发展和改革委员会《关于潍坊港中港区西作业区 24#、25#液化品泊位工程初步设计的批复》(鲁交建管〔2014〕37 号);2016 年 1 月,山东省交通运输厅《关于潍坊港中港区西作业区 24#、25#液化品泊位工程初步设计变更的批复》(鲁交建管〔2016〕2 号);2014 年 6 月,潍坊市港航局《关于潍坊港中港区西作业区 24#、25#液化品泊位工程施工图的批复》(潍港航〔2014〕61 号);2013 年 12 月,交通运输部《关于潍坊港中港区西作业区 24 号、25 号油品及液体化工品码头工程使用港口岸线的批复》(交规划发〔2013〕706 号);2013 年 12 月,山东省环境保护厅《关于潍坊港中港区西作业区 24#、25#液化品泊位工程环境影响报告书的批复》(鲁环审〔2013〕217 号);2013 年 11 月,山东省人民政府《关于潍坊港中港区西作业区 24#、25#液化品泊位工程用海的批复》(鲁政海域字〔2013〕66 号)。

建设规模为 3 万吨级液体化工品泊位 2 个(水工结构按照预留 5 万吨级泊位设计)。码头采用高桩梁板结构,码头前沿水深 13.2 米。项目后方堆场面积 31.40 万平方米,罐区总容量 49.7 万立方米。项目总投资为 34297.13 万元,由企业自筹。

项目建设单位为潍坊森达美液化品码头有限公司;设计单位为中交水运规划设计院有限公司;施工单位为中交一航局第二工程有限公司、中国铁建港航局集团有限公司、江苏海豪建设工程有限公司、中建三局第三建设工程有限责任公司等;监理单位为山东港通工程管理咨询有限公司、天津天科工程监理咨询事务所、天津特种设备工程建设监理公司等;质量监督单位为山东省交通运输厅基本建设工程质量监督站、潍坊市化工建设质量监督管理站。

七、东营港

（一）港口概况

1. 港口综述

东营港是山东省地区性重要港口,1995 年被国家批准为一类开放口岸。是实施黄河三角洲高效生态经济区和山东半岛蓝色经济区发展战略的重要支撑,是东营市发展临港产业、促进产业结构升级和带动地区经济发展的重要依托,是海洋资源开发与利用的服务基地,是山东省原油运输的重要接卸港。东营港通过不断完善港口基础设施、提高综合服务水平,逐步发展成为以液体散货为主,兼顾散杂货、集装箱、客滚等货物运输的综合性港口,并有条件发展成为黄三角地区辐射晋冀区域性的综合物流中心。

近年来,随着国务院批准的《黄河三角洲高效生态经济区发展规划》(2009 年 12 月)和《山东半岛蓝色经济区发展规划》(2011 年 1 月)的深入实施,东营港经济开发区加快了现代化的石化城、生态城、新港城的建设步伐,积极推进国家石油战略储备基地、石油化工基地、山东加工制造业基地建设,倾力打造鲁北及晋冀区域性物流中心;东营经济技术开发区着力推进产业发展集群化、产城融合一体化、城市功能高端化,加快园区转型升级。同时,依托东营港经济开发区的东营港区和依托东营经济技术开发区的广利港区进入快速发展通道,在东营港区建成 1 万吨级、2 万吨级、3 万吨级、5 万吨级等大型码头泊位和 3000 吨级、5000 吨级的小型码头泊位,10 万吨级液体化工泊位已开工建设,规划仓储用地得到较充分开发,到港船型大型化趋势明显,客货吞吐量大幅攀升。广利港区一期工程已经完工,建设了 10.2 千米北防波挡沙堤、16 千米南防波挡沙堤、25.6 千米的 5000 吨级航道和 6 个 5000 吨级通用泊位,以及灯塔、生产调度楼、消防站、堆场、进港道路、广利河大桥等配套设施。2015 年东营港货客吞吐量分别达到 3366 万吨、38 万人次,2018 年东营港货客吞吐量分别达到 5825 万吨、22 万人次、53 万标辆。

2006 年 4 月,东营市人民政府批复《东营港总体规划》。2010 年 10 月,山东省政府批复东营港为地区性重要港口。2011 年 11 月,山东省人民政府批复《东营港总体规划(2008—2030)》。规划东营港辖东营港区、广利港区、广北港区和广饶港区,形成以东营港区为主,以广利港区、广北港区和广饶港区为辅的港口体系(其中广北港区、广饶港区属内河港,由于小清河复航工程尚未完成,尚处于待开发阶段)。2017 年 3 月 9 日,山东省人民政府正式批复《东营港总体规划(2016—2040)》。

东营港共规划泊位 261 个。其中东营港区规划生产性泊位 152 个,通过能力为 26480 万吨、220 万 TEU、40 万辆;广利港区规划生产性泊位 109 个,通过能力为 12500 万吨。

东营港共规划 2 条航道。其中东营港区设置 1 条双线进港航道,进港航道在距离港池口门外约 11 千米处分为进港航道南支和进港航道北支，均为双线航道，航道等级为 10 万吨级，航道宽度 470 米，航道设计底高程 – 17.0 米；广利港区设置 1 条航道，先期满足 1 万总吨客货滚装船、5000 吨级散货船通航要求，航道通航宽度不小于 235 米，航道底高程 –8.6 米。

东营港共规划锚地 12 处。其中东营港区 10 处，可提供锚位 56 个；广饶港区 2 处，分别为 5000 吨级以下和 1 万吨级船舶锚地。

2. 港口水文气象

东营港区位于渤海湾和莱州湾 M2 分潮无潮点，潮差较小；潮汐类型属正规全日潮。广利港区海域的潮汐属不规则半日潮。

东营市属北温带大陆性季风气候，其气候特点为冬季寒冷、夏季炎热，气温年差较大，降水量偏小；冬季主要受冷空气影响，盛行偏北大风，夏季受副热带高压外缘的影响，多南风；春季多东北向大风，风速较大。年平均气温 13.8 摄氏度，历年极端最高气温 40.3 摄氏度（出现于 1992 年 7 月），历年极端最低气温 –13.7 摄氏度（出现于 1990 年 12 月）。

年平均降水量 549 毫米，降水主要集中在 6—8 月三个月，约占全年降水的 67.3%。年平均降水日数 70 天，全年降水量 >25 毫米的日数平均为 6 天。冬季降雪，年平均降雪日数 9.6 天，最大积雪厚度 15 厘米。

该地区常风向为 SSE 向、E 向，出现频率 10.0%；次常风向为 ENE 向和 S 向，出现频率 9.0%。强风向为 NW 向，最大风速达 21.0 米/秒，极大风速为 36.9 米/秒；次强风向为 NNE 向，最大风速达 20.0 米/秒。无风天气较少，不到 1%。

3. 发展成就

东营港区始建于 1984 年，原称黄河海港，由胜利油田筹资建设了千吨级码头设施，主要为油田浅海开发、建设和生产服务。1994 年，为满足外向型经济建设的需要，东营市委市政府启动东营港扩建工程，开挖南港池，新建 3 个 3000 吨散杂货泊位和 1 个客滚泊位，1995 年被国家批准为一类开放口岸，1997 年 12 月正式对外开放。随着东营市经济的跨越发展，港口运输需求增长迅速，2005 年 8 月，东营市委市政府审时度势，决定启动东营港新一轮扩建工程，以胜利油田已建成的 2100 米引堤为基础，建设长 7020 米的引桥和 2 个 3 万吨级多用途码头泊位。同时，建设临港工业园，确立了以港带区、以区促港、港区一体、协调发展的思路，东营港进入了快速发展期。截至目前，东营港区大环抱架构已具雏形，长 4963 米北防波堤工程已于 2015 年建成投用，长 8200 米南防波堤主体工程现已基本完工，10 万吨级航道工程正在建设，4 个 10 万吨级液体化工码头已开工，2 个 25 万吨级单点系泊泊位建设手续正稳步推进，共建成生产性泊位 57 个。

近年来，东营港货物吞吐量总体保持快速增长，由 2010 年的 462 万吨增长至 2018 年的 5825 万吨,年均增速高达 37.3% ,位列山东全省港口第一。

东营港基本情况表(沿海)见表 8-4-7。

(二)东营港区

1.港区综述

(1)港区建设和运营概况

东营港区始建于 1984 年,原称黄河海港,由胜利油田筹资建设了千吨级码头设施,主要为油田浅海开发、建设和生产服务。1994 年,为满足外向型经济建设的需要,东营市委市政府启动东营港扩建工程,开挖南港池,新建 3 个 3000 吨散杂货泊位和 1 个客滚泊位,1995 年被国家批准为一类开放口岸,1997 年 12 月正式对外开放。随着东营市经济的跨越发展,港口运输需求增长迅速,2005 年 8 月,东营市委市政府审时度势,决定启动东营港新一轮扩建工程,以胜利油田已建成的 2100 米引堤为基础,建设长 7020 米的引桥和 2 个 3 万吨级多用途码头泊位。同时,建设临港工业园,确立了以港带区、以区促港、港区一体、协调发展的思路。

截至 2015 年,东营港区共有生产性码头泊位 43 个,其中 5 万吨级的 2 个、3 万吨级的 2 个、2 万吨级的 2 个、1 万吨级的 6 个、5000 吨级的 6 个、3000 吨级的 15 个、2000 吨级及以下 10 个。

目前,东营港区南、北防波堤工程基本建成,4 个 10 万吨级油品化工码头已开建设,10 万吨级航道和疏港铁路已开工建设并计划 2020 年建成投用,港口大发展的主体框架已经形成。紧邻港区后方的东营综合保税区已于 2016 年底实现封关运营,"港区联动"雏形初具。10 万吨级航道和疏港铁路的建设将大大提高东营港区集疏运能力,港口软硬件设施的完善将为临港产业发展、腹地范围延拓提供良好的基础支撑。

(2)港区地理条件和集疏运概况

东营港区位于渤海湾和莱州湾的交汇处,区位优势明显,北依京津唐经济区,东连山东胶州半岛,南延江浙地带,西达中原地区,是山东省会济南最近距离的出海口岸,是中原经济区与东北经济区最佳海陆枢纽,是环渤海中枢地区重要对外开放门户。港口建港条件优越,全年平均温度 12.8 摄氏度,基本不受冰冻影响;港口所在海域等深线密集,距离 -10 米等深线只有 6 千米,距离 10 万吨级航道要求的 -16.5 米水深只有 15 千米,是从天津至莱州 1000 多千米环渤海泥质岸线上建港条件最好的地方。

东营港区对外集疏运便捷,港区通过海港路、港城路连通东港高速公路、东青高速公路、G220 等东营市公路网,进而通往山东省其他地市及全国各地;正在建设中的疏港铁路可接轨德大线、黄大线,通过德龙烟威铁路融入山东半岛北部沿海铁路网,经淄东线连通胶济铁路延伸至鲁中地区;管道主要连通码头与东营港经济开发区内炼化企业。

表 8-4-7

东营港基本情况表(沿海)

序号	港区名称	港口岸线		2015年港口生产用泊位				其中:1978—2015年建成的生产用泊位				2015年港口货物和旅客吞吐量								
		港口规划岸线	其中:2015年前已建成岸线	生产用泊位数	其中:万吨级及以上	生产用泊位总长	其中:万吨级及以上	生产用泊位数	其中:万吨级及以上	生产用泊位总长	其中:万吨级及以上	货物吞吐量	其中:外贸货物吞吐量	集装箱	滚装车辆		旅客	其中:国际旅客
															数量	质量		
		千米	千米	个	个	米	米	个	个	米	米	万吨	万吨	万TEU	万辆	万吨	万人	万人
1	东营港区	36.9	5.90	43	8	5897	2119	43	8	5897	2119	3366	68.3	0	0	0	11.8	—
2	广利港区	20.0	0	0	0	0	0	0	0	0	0	0	0	0	0	0	0	0
	合计	56.9	5.90	43	8	5897	2119	43	8	5897	2119	3366	68.3	0	0	0	11.8	—

2.港区工程项目

(1)东营港2×50000吨级液体化工品码头扩建工程

项目于2011年4月开工,2014年12月竣工。

项目建设依据:2007年,山东省交通厅《关于东营港液化码头工程可行性研究报告审查意见的函》(鲁交规划〔2007〕59号);2011年,山东省交通运输厅、山东省发展和改革委员会《关于东营港2×50000吨级液体化工品码头扩建工程初步设计的批复》(鲁交建管〔2011〕4号)。2014年,山东省环境保护厅《关于东营港2×5万吨级液体化工品码头扩建工程环境影响报告书变更报告的批复》(鲁环审〔2014〕第138号);2007年,山东省人民政府《关于同意东营港2×50000吨级液化码头扩建工程海域使用的批复》(鲁政海域字〔2007〕19号);2010年,山东省人民政府《关于东营港2×50000吨级液化码头扩建工程(调整方案)项目用海的批复》(鲁政海域字〔2010〕36号);2007年,交通部《关于东营港液体化工品码头工程使用港口岸线的批复》(交规划发〔2007〕692号)。

项目建设1个5万吨级液体化工品泊位,岸线总长640米。码头采用一字形布置,高桩梁板结构。码头前沿底高程-14米。主要装卸设备配置DN400液压装卸臂4台、登船梯2台、消防炮4台。项目总投资7.52亿元,由企业自筹。

项目建设单位为东营港有限责任公司;设计单位为中交第二航务工程勘察设计院有限公司;施工单位为上海三航奔腾建设工程有限公司、中交第二航务工程局有限公司;监理单位为山东港通工程管理咨询有限公司、北京华旭工程项目管理有限公司;质监单位为山东省交通运输厅基本建设工程质量监督站、东营市交通工程质量监督管理站、山东省特种设备检验研究院、中国海洋石油工程质量监督化工中心站。

(2)东营港东营港区3号、4号液体化工品泊位工程

项目于2011年6月开工,2013年12月试运行,2014年7月竣工。

项目建设依据:2013年,山东省发展和改革委员会《关于东营港东营港区3#、4#液体化工品泊位工程项目核准的批复》(鲁发改能交〔2013〕397号);2006年,山东省交通厅、山东省发展和改革委员会《关于东营港东营港区3#、4#液体化工品泊位工程初步设计的批复》(鲁交建管〔2013〕75号)。2013年,山东省环境保护厅《关于东营港东营港区3#、4#液体化工品泊位工程环境影响报告书的批复》(鲁环审〔2013〕48号);2013年,山东省人民政府《关于东营港东营港区3#、4#液体化工品泊位工程用海的批复》(鲁政海域字〔2013〕28号);2012年,交通运输部《东营港东营港区3号4号液体化工品泊位工程使用港口岸线的批复》(交规划发〔2012〕113号)。

项目建设2个2万吨级液体化工码头泊位,岸线总长430米。码头采用突堤式布局,高桩梁板结构。码头前沿底高程-11.5米。主要装卸设备配置DN300毫米/250毫米液压装卸臂6台、消防炮4台。项目总投资3.73亿元,由企业自筹。

项目建设单位为山东万通集团东营港航有限公司；设计单位为中交第三航务工程勘察设计院有限公司；施工单位为上海三航奔腾建设工程有限公司；监理单位为山东港通工程管理咨询有限公司；质量鉴定单位为山东省交通运输厅基本建设工程质量监督站。

（3）东营港东营港区南港池 2×10000 总吨客滚泊位工程

项目于 2011 年 8 月开工，2013 年 8 月试运行，2014 年 7 月竣工。

项目建设依据：2013 年，山东省发展和改革委员会《关于东营港东营港区南港池 2×10000 总吨客滚泊位工程项目核准的批复》（鲁发改能交〔2013〕396 号）；2013 年，山东省交通运输厅、山东省发展和改革委员会《关于东营港东营港区南港池 2×10000 总吨客滚泊位工程初步设计的批复》（鲁交建管〔2013〕77 号）。2013 年，山东省环境保护厅《关于东营港东营港区南港池 2×10000 总吨客滚泊位工程环境影响报告书的批复》（鲁环审〔2013〕68 号）；2013 年，东营市海洋与渔业局《关于东营港东营港区南港池 2×10000 总吨客滚泊位工程港池、内航道用海的批复》（东海渔发〔2013〕10 号）；2013 年，交通运输部《关于东营港东营港区南港池客货滚装泊位工程使用港口岸线的批复》（交规划发〔2013〕161 号）。

项目建设 2 个 10000 总吨客滚泊位及相应配套设施，岸线总长 449 米。码头采用阶梯状布局，板桩结构。码头前沿底高程 −7.5 米。主要装卸设备配置液压连接桥 2 座、高架廊道移动式客梯车 2 座。项目总投资 3.32 亿元，由企业自筹。

项目建设单位为山东万通集团东营港航有限公司；设计单位为中诚国际海洋工程勘察设计有限公司；施工单位为上海三航奔腾建设工程有限公司；监理单位为山东港通工程管理咨询有限公司；质量鉴定单位为山东省交通运输厅基本建设工程质量监督站。

（4）东营港东营港区三突堤 1 号～6 号液体化工品泊位工程

项目于 2015 年 6 月开工，2017 年 9 月试运行，2018 年 3 月竣工。

项目建设依据：2015 年 10 月，山东省发展和改革委员会《关于东营港东营港区三突堤 1#−6# 液体化工品泊位项目核准的批复》（鲁发改铁路〔2015〕1067 号）；2016 年 9 月，山东省交通运输厅、山东省发展和改革委员会《关于东营港东营港区三突堤 1#−6# 液体化工品泊位工程初步设计的批复》（鲁交建管〔2016〕90 号）。2015 年 8 月，东营市环境保护局《关于东营港东营港区三突堤 1#−6# 液体化工品泊位工程环境影响报告书的批复》（东环审〔2015〕180 号）；2015 年 11 月，山东省人民政府《关于东营港东营港区三突堤 1#−6# 液体化工品泊位用海的批复》（鲁政海域字〔2015〕76 号）；2015 年 5 月，交通运输部《关于东营港东营港区三突堤 1 号至 6 号油品及液体化工品泊位工程使用港口岸线的批复》（交规划函〔2015〕474 号）。

项目建设 2 个 5000 吨级液体化工品泊位（1 号、2 号）和 4 个 1 万吨级液体化工品泊位（3 号～6 号）及相应配套设施，岸线总长 1019 米。码头采用顺岸式布局，高桩梁板式结构。1 号、2 号泊位码头前沿设计底高程 -8.3 米,3 号~6 号泊位码头前沿设计底高程 -9.8 米。项目总投资 3.42 亿元,由企业自筹。

项目建设单位为山东顺东港务有限公司;设计单位为中交天津港湾工程设计院有限公司;施工单位为上海交通建设总承包有限公司、东营市海通航运有限责任公司等;监理单位为山东港通工程管理咨询有限公司、山东天工石化设备工程监理有限公司;质量评价单位为山东省交通运输厅质量监督站;质量检测单位为青岛海陆通工程质量检测有限公司;质量监督单位为山东省化工建设工程质量监督站。

(5)东营港东营港区 2×3 万吨级散杂货泊位工程

项目于 2005 年 8 月开工,2009 年 9 月竣工。

项目建设依据:2008 年 8 月,山东省发展和改革委员会《关于东营港东营港区 2×3 万吨级散杂货泊位工程可行性研究报告的批复》(鲁发改能交〔2005〕768 号);2007 年 6 月,山东省交通运输厅、山东省发展和改革委员会《关于东营港扩建工程初步设计的批复》(鲁交规划〔2007〕84 号)。2010 年 1 月,东营市环境保护局《关于中海油东营港 2×3000 吨级散杂货码头 2#泊位危险货物接卸改造工程环境影响报告书的批复》(东环审〔2010〕7 号);2006 年,山东省交通厅关于东营港一期扩建工程使用港口岸线的批复(交规划发〔2006〕706 号)。

项目建设 2 个 3 万吨级散杂货泊位,岸线总长 600 米。码头采用半开敞式布局,高桩梁板式结构。码头前沿水深 12.5 米。主要装卸设备配置为 40 吨门式起重机 2 台、16 吨门式起重机 4 台。项目总投资 16.91 亿元,由企业自筹。

项目建设单位为东营港建设管理办公室;设计单位为海军北海工程设计院;施工单位为中交第一航局工程局有限公司、中交第一航局工程局有限公司;监理单位为山东港通工程管理咨询有限公司;质量监督单位为山东省交通厅基本建设工程质量监督站。

八、滨州港

(一)港口概况

1.港口综述

滨州港位于渤海湾西南岸,套尔河入海口处,地处环渤海经济圈和黄河经济带的交会处,北濒渤海,东邻东营,南连淄博,西与德州市接壤,西南与济南市交界,西北隔漳卫新河与河北省海兴、黄骅相望,陆上距青岛、烟台、天津、北京等地均在 400 千米范围内,其地理位置优越,腹地广阔,是山东省西北部的主要出海口。

滨州的航运历史源远流长,早在明代,境内徒骇河尾闾即航运河道。从有史料记载以来直到新中国成立前夕,由于黄河的影响及社会历史原因,徒骇河与秦口河的通海航运几度兴衰,其鼎盛时,曾有"帆船如梭,商贾云集,不下千余艘……船只远道而来"的情景。

滨州的港口建设始于 20 世纪 60 年代末。1969 年,在套尔河上游,由山东省交通厅组织建设、交通部一航局三公司承建的山东省交通厅青岛海运局东风港开工建设,1971 年建成投用,为省属地方港口,以出口原盐和进口建筑用砂石料为主,另有少量杂货。1978 年,在位于徒骇河下游,距东风港上游 40 千米处,隶属山东省交通厅青岛海运局的富国港开工建设,规模为 200 吨级 4 个凸体泊位。至此,滨州境内沿海只有东风港、富国港两座海港,共有 500 吨级泊位 2 个、200 吨泊位 4 个,码头岸线总长 153.7 米,设计吞吐能力 52 万吨,年完成货物吞吐量 56.1 万吨。1985 年,全省港航体制改革,青岛海运局撤销,东风港隶属新成立的山东省航运管理局,改称山东省东风港务办事处,富国港归属山东省东风港务办事处管理。之后,由于上游兴建水闸,水闸下游淤积严重,港口吞吐量逐年下降。1988 年,富国港停运。至此,拥有 240 千米海岸线的滨州沿海,仅剩下东风港。20 世纪 90 年代初,为适应黄河三角洲开发建设的新形势,惠民地委、行署提出推进"五大兴滨工程"(即滨州港、小开河引黄工程、德东铁路、滨州电厂、鲁北化工总厂放大工程)。在此推动下,1991 年 5 月,惠民地区行署建立建港指挥部,同年 6 月建立惠民地区建港筹建处,专门负责港口建设工作,同年 7 月,经山东省计划委员会批复同意建设滨州港(原称惠民港)两个 3000 吨级散盐泊位,在套尔河东西两岸动工兴建。

1991 年末、1992 年初,为争取把陕北神木煤炭出海港址放在滨州港,山东省政府分别在滨州和北京召开"神木煤炭出口港滨州港路方案"两次大型专家论证会。1992 年 4 月,由于国家确定把神木煤炭出口港定在河北黄骅,滨州港停止参加神木煤炭出口港址比选。1992 年 5 月,滨州地区机构编制委员会同意建立滨州地区港口建设办公室,归口地区交通局领导,负责筹备滨州港两个 1 万吨级泊位和两个 3000 吨泊位建设工作。

1994 年,鲁北集团公司在漳卫新河的入海口——大口河建成了两个千吨级泊位(即鲁北港,与黄骅港隔河相望,地属无棣县),一个为砂、石料进口,另一个为焦煤、原盐出口,码头岸线长 60 米,年均吞吐量 10 多万吨,专门为该企业运输物资。1994 年 7 月,国家计划委员会批复滨州港一期工程可行性研究报告,同意在潮河口建设两个 1 万吨级码头,另在套尔河内退海约 10 千米处建设两个 3000 吨泊位。滨州港一期工程初步设计批复后,由于投资来源未能落实,项目未能实施。1994 年,建成两个散盐泊位,位于东风港下游 9 千米处,每个泊位长度为 120.9 米,桩台可停靠 3000 吨级船舶。两个泊位设计吞吐能力为 2×25 万吨,硬化货场及道路 1.07 万平方米。

1997 年 3 月,航道整治关键工程——东西两条导流防沙堤开工建设,受当时资金及技术等方面的制约,加之当年 8 月 20 日滨州遭遇百年不遇的风暴潮,港口建设遭受重大损失。1998 年,地委行署提出重新启动滨州港建设,调整建港班子,并按照原设计方案继续进行航道整治,经过 8 个多月的艰难施工,于当年基本完成。然而,由于两条导流防沙堤没有与陆岸相接，大量潮、落水分流，整治效果不明显。据时任建设者回忆，"如要达到整治效果，就必须将已建的导流防沙堤再内延与陆岸相接，为此还要投入大量资金，因当时资金困难，特别是建设规模被压缩、设计多次变更、技术方案尚不成熟，大规模的港口建设暂缓推进。"

2005 年 2 月 28 日，是滨州建港史上值得特别纪念的日子。这一天，滨州市委召开市委常委扩大会议，对加快滨州大港建设进行了专门研究和部署，并提出了航道疏浚、商港、渔港、造船、油盐化工"五位一体"的总体工作思路，采用建设套尔河西引堤跨越拦门沙直接进入深水区的办法建设万吨大港，从而揭开了滨州建港史上崭新的一页。经过几代人的辛勤努力，2006 年 11 月 10 日，滨州大港引堤工程土堤和石堤顺利合龙，引堤自岸堤向海中推进 5000 米，提前实现了市委、市政府提出的"四大成果"之一——土堤连石堤引堤越过拦门沙的目标。2014 年 8 月 14 日，滨州市政府与青岛港（集团）有限公司《战略合作框架协议》及滨州港务集团有限公司与青岛港国际股份有限公司《滨州港通用码头项目合资框架协议》签约仪式在滨州举行。2015 年 6 月 26 日，2×3 万吨级码头建成实现开航运营，标志着滨州无海港的历史宣告终结，380 万滨州人民的"海港梦"成为现实，也意味着省会城市群经济圈有了更便捷的出海通道，山东省海上"北大门"就此打开。

2012 年 3 月 5 日，山东省政府批复《滨州港总体规划》，滨州港主要港区为海港港区、套尔河港区、大口河港区 3 个港区和徒骇河等小型港点，形成"以海港港区为核心，套尔河港区、大口河港区和徒骇河等地方小型港点为补充"的港口总体发展格局。滨州港是济南都市圈最近的出海口，是黄河三角洲高效生态经济区开发建设的重要港口，是建设山东半岛蓝色经济区，打造东北亚国际航运综合枢纽的重要支撑，地理位置优越，腹地经济发达，交通基础设施完备。截至 2015 年，滨州港共有生产性泊位 10 个，其中深水泊位 2 个，泊位最大靠泊等级为 30000 吨级。

滨州港规划航道主要有海港港区航道、套尔河港区航道、大口河航道，其中海港港区已建成 30000 吨级单向航道 17.5 千米，根据港区发展需要，逐步拓宽、浚深，满足 50000 吨级船舶全天候双向通航和 100000 吨级船舶单向乘潮通航的要求，远期结合大宗干散货码头建设需求，逐步实施深水航道工程；套尔河港区航道自现东风港起始，总长约 40 千米，航道共分为三段，按 3000 吨级、5000 吨级、10000 吨级分段实施；大口河航道远期可结合航道整治专题研究，协调沧州市港口行政管理部门，共同论证航道由千吨级双向浚深至 3000 吨级的可行性。

根据滨州港总体规划和港区水深变化情况，《滨州港海港港区控制性详细规划（2015—2030 年）》对海港港区锚地规划位置做部分调整，以满足各种到港船型锚泊需要。规划在海港港区外航道东侧、水深约大于 16.5 米处，开辟 5 千米×5 千米的 1 号深水锚地，形成面积为 25 平方公里的矩形水域，作为大型散货船、通用船舶锚地。为满足危险品船舶出行安全,在外航道南侧、水深15～16.5米处,开辟5千米×4千米的2号危险品锚地。在外航道南侧、水深11.2～15.8米处,开辟12.5千米×4千米的3号通用锚地,作为中小型散杂货船和通用船舶锚地。

2. 港口水文气象

滨州濒临渤海,属温带东亚季风区大陆性气候。受海洋的调节作用,冬少严寒,夏无酷暑,四季分明,春、秋温和,温度适中,降雨强度中等,光照充足。年平均气温12.6摄氏度,历年最高气温41.0摄氏度,历年最低气温–22.2摄氏度。年平均降水量543.2毫米,历年最大降水量952.9毫米,历年最小降水量237.5毫米,日最大降水量194.9毫米。常风向为WSW向、SW向,出现频率分别为10.8%、10.2%,次常风向为SSW向、E向,出现频率分别为9.2%、8.0%,NW向、WNW向风出现的频率最少。全年N向平均风速最大,为7.0米/秒,最大风速为16.9米/秒;ENE向风次之,平均风速为6.4米/秒,最大风速为16.2米/秒。全年最大风速出现在NNE向,为18.1米/秒。全年共出现大于或等于6级大风频率为4.5%,其中N向、ENE向、E向风出现最多,占56.8%,NNW向、SW向、NNE向、NE向、WSW向风向次之,占39.1%。春季大于或等于6级大风出现频率最高,冬季次之,夏、秋两季较少。春、冬两季各向平均风速较大,其中N向平均风速最大,两季平均风速为7.9米/秒和7.5米/秒。进入渤海的台风很少,约为十年一遇。平均雾日数19.2天,最多雾日数41天,最少雾日数5天。平均雷暴日数27.8天,最多雷暴日数45天,最少雷暴日数14天。

滨州海区属于不正规半日潮海区,平均潮差1.94米。滨州海域的潮流属正规半日潮流,河口站和1号站为往复流,其余各站为旋转流。外航道(8米水深处)的涨潮流速大于落潮流速,套尔河口内大潮涨潮流速大于落潮流速,中、小潮则是落潮流速大于涨潮流速,河口内的流速大于外航道流速。涨潮主流向西南向,落潮流向东北向,越向外海涨潮流向越向西偏,落潮流向越向东偏。

3. 发展成就

滨州港作为滨州市重大基础设施建设的开创性工程,肩负着北部沿海崛起、重大基础设施突破两大战略龙头工程的重任,是进一步提升滨州在"黄蓝"两区、在全省乃至整个环渤海经济圈中的战略地位和影响力的重要支撑和强力引擎,承载着全市上下的期望与重托,寄托着滨州的未来与希望。自2005年新一轮滨州港建设重新启动以来,经过全市上下的艰苦拼搏,滨州港建设取得重要阶段性成果,核心港区海港港区初具规模,不仅实现了滨州万吨港从无到有、零的突破,而且在功能定位、发展规划、项目储备、基础设施、体制创新等方面取得重大历史性突破,滨州港航事业已经站在全新的历史起点上,将为滨州"两区一圈"开发建设打造强力引擎。

滨州港基本情况表（沿海）见表8-4-8。

（二）海港港区

1. 港区综述

（1）港区建设和运营概况

自2006年滨州市委、市政府提出"以港兴市"发展战略，特别是随着"黄蓝"两区开发建设上升为国家战略、全市重大基础设施突破和北部沿海崛起战略的深入实施，滨州港迎来大规模开发建设的新时期。2×3万吨级码头实现开航运营，引堤、防潮堤、港区一级公路、东防波堤、西防波堤、3万吨级航道、运营管理调度中心全部完成：一是投资8.6亿元，于2013年建成2×3万吨级散货码头及配套设施；二是投资6.88亿元，于2010年建成11千米引堤工程；三是投资3.76亿元，于2016年建成9.72千米防潮堤工程；四是投资5.1亿元，于2011年建成17千米港区一级公路路基、路面工程，实现通车；五是投资9.25亿元，于2012年建成5.12千米东防波堤工程；六是投资15.8亿元，于2015年建成15.62千米西防波堤工程；七是投资10.33亿元，于2016年建成3万吨级航道工程，疏浚航道17.5千米，疏浚方量1692.8万立方米；八是投资4000万元，于2014年建成建筑面积9000平方米、外加约2000平方米餐厅、库房等附属设施的滨州港运营管理调度中心；九是投资3.25亿元，于2016年建成2×3万吨级液体化工泊位主体工程；十是投资13亿元，于2012年建成与港口配套的近70千米疏港一级公路，实现通车。一举建成长达17千米的集防波堤、挡沙堤、深水岸线、集疏运通道等多功能于一体的综合性工程，新增深水岸线14.86千米，为港界内60平方公里滩涂土地资源的有效深度开发奠定了坚实基础，初步搭建起区域性综合港口的框架。

滨州港海港港区是滨州港的综合性港区和主体港区，以能源、原材料和化工产品运输为主，兼顾集装箱运输，承担临港工业服务、腹地物资中转运输和综合物流服务等功能。2016年9月26日，滨州市人民政府批复《滨州港海港港区控制性详细规划（2015—2030年）》，依据《滨州港总体规划》，针对除预留发展区外的液体散货作业区、大宗干散货作业区、通用及多用途作业区、通用码头作业区、支持系统区、港口仓储及物流用地六大功能区和综合服务区进一步布置，规划建设20000～100000吨级泊位108个。

截至2015年，海港港区有2个30000吨级泊位，码头长度422米。自2015年6月开航到2015年底的半年时间，吞吐量达到了50万吨。

（2）港区地理条件和集疏运概况

海港港区是滨州港的核心，位于套尔河口西至马颊河口段，东以现有西导堤为界，西与滨州贝壳保护区缓冲区保持50米的距离，在套尔河口外形成环抱式掩护水域，向海一侧开挖航道，向岸一侧在掩护区内围海造陆，依次形成挖入式港池和突堤相间的布置形式。

表 8-4-8

滨州港基本情况表（沿海）

序号	港区名称	港口岸线		2015年港口生产用泊位				其中:1978—2015年建成的生产用泊位				2015年港口货物和旅客吞吐量						
		港口规划岸线	其中:2015年前已建成岸线	生产用泊位数	生产用泊位总长	其中:万吨级及以上	其中:万吨级及以上	生产用泊位数	其中:万吨级及以上	生产用泊位总长	其中:万吨级及以上	货物吞吐量	其中:外贸货物吞吐量	集装箱	滚装车辆 数量	滚装车辆 质量	旅客	其中:国际旅客
		千米	千米	个	米	个	米	个	个	米	米	万吨	万吨	万TEU	万辆	万吨	万人	万人
1	滨州港海港港区	42.49	0.42	2	422	2	422	2	2	422	422	50	0	0	0	0	0	0
2	滨州港套尔河港区	37.54	4.06	6	542	0	0	6	0	542	0	1602	0	0	0	0	0	0
3	滨州港大口河港区	1.6	0.28	2	162	0	0	2	0	162	0	0	0	0	0	0	0	0
4	预留港口发展区	17.5	0	0	0	0	0	0	0	0	0	0	0	0	0	0	0	0
	合计	99.13	4.76	10	1126	2	422	10	2	1126	422	1652	0	0	0	0	0	0

海港港区依靠滨州疏港公路（S237）实现对外集疏运，双向四车道，货车出港后南下可通过 S311 接入长深高速公路，继续南下可通过荣乌高速公路接入国家公路网。海港港区后方临港工业区尚无铁路临港支线，离港区最近的铁路车站为滨港铁路一期沾化车站，已于 2009 年 9 月 29 日正式通车运营。新建滨港铁路沾化至滨州港段（滨港铁路二期）全长 65.32 千米，2015 年 8 月经山东省发展和改革委员会立项核准，于 12 月 25 日开工建设。

海港港区进出港航道为 3 万吨级航道，总长 17.5 千米，航道有效宽度 130 米，水深 10.4 米。

2. 港区工程项目

滨州港 3 万吨级散杂货码头工程

工程于 2010 年 4 月开工建设，2012 年 12 月码头主体交工，2015 年 6 月投入运行。

项目建设依据：2008 年 9 月 2 日，山东省发展和改革委员会《关于滨州港 3 万吨级散杂货码头工程可行性研究报告的批复》（鲁发改能交〔2008〕879 号）；2010 年 11 月 9 日，山东省交通运输厅、山东省发展和改革委员会《关于滨州港 3 万吨级散杂货码头工程初步设计的批复》（鲁交建管〔2010〕19 号）；2008 年 6 月 13 日，交通运输部《关于滨州港通用泊位工程使用港口岸线的批复》（交规划发〔2008〕128 号）；2011 年 4 月 15 日，滨州市港航局《关于滨州港 3 万吨级散杂货码头工程施工图设计的批复》（滨港航字〔2011〕14 号）；2007 年 4 月 24 日，山东省人民政府《关于同意滨州港 3 万吨级散杂货码头工程海域使用的批复》（鲁政海域字〔2007〕20 号）。

工程建设规模为 2 个 3 万吨级泊位及相应配套设施，码头岸线总长 422 米。工程主体为方块结构，结构预留 5 万吨级。工程建设内容包括码头主体、装卸机械、泊位、港池疏浚、道路堆场、供电、照明、给排水、消防、环保等配套工程，堆场布置从码头前方向后依次为前方作业区、前方堆场区、后方堆场区和预留堆场区，堆场总面积约 10.5 万平方米，堆场四周为环行道路，道路宽度 7~20 米，以满足堆场作业要求。码头前沿布置 6 台普通门机。配合使用装载机、自卸车、叉车、轮胎起重机等流动机械。

项目建设单位为滨州港务集团有限责任公司；勘察单位为中交第一航务勘察设计院有限公司；设计单位为中交第一航务勘察设计院有限公司；施工单位为中交一航局工程局有限公司、中交一航局第二工程有限公司、天津港航工程有限公司、中交天津航道局有限公司等；监理单位为山东港通工程管理咨询有限公司；质量监督单位为山东省交通运输厅基本建设工程质量监督站。

设计年吞吐量为 500 万吨，由与青岛港合作成立的滨州港青港国际码头有限公司负责运营，主要货种为集装箱、铝矾土、铁矿石、散盐、粮食、焦炭等。目前拥有 6 台多用途门机，昼夜装卸能力可达 30000 吨以上。

第五节　上　海　市

上海港

(一)港口概况

1. 港口综述

(1)基本市情

上海市,简称沪,地处120°52′~122°12′E,30°40′~31°53′N之间,市域面积6340.5平方公里,位于太平洋西岸,亚洲大陆东沿,中国南北海岸中心点,长江和黄浦江入海汇合处。北界长江,东濒东海,南临杭州湾,西接江苏和浙江两省。至2015年末,全市常住人口总数为2415.27万人,其中户籍常住人口超过1433.62万人。2015年末,上海市辖16个行政区(县),分别是黄浦区、徐汇区、长宁区、静安区、普陀区、虹口区、杨浦区、闵行区、宝山区、嘉定区、浦东新区、金山区、松江区、青浦区、奉贤区和崇明县。合计104个街道、107个镇、2个乡。

素有"东方巴黎"之称的上海是一个现代化,但又拥有传统文化特色的海派文化城市。上海的文化被称为"海派文化"。它是在中国江南传统文化(吴文化)的基础上,与开埠后传入的对上海影响深远的欧美文化等融合而逐步形成的,既古老又现代,既传统又时尚,区别于中国其他文化,具有开放而又自成一体的独特风格。上海拥有丰富的人文资源、迷人的城市风貌、繁华的商业街市。上海境内江、河、湖、塘相间,水网交织。

上海作为中国现代工业和中国工人阶级的摇篮,历来是中国的经济中心、贸易中心和工业重镇。电子信息产品制造业、汽车制造业、石油化工及精细化工制造业、精品钢材制造业、成套设备制造业和生物医药制造业是上海六个重点工业行业。全年节能环保、新一代信息技术、生物、高端装备、新能源、新能源汽车、新材料等工业战略性新兴产业,占全市规模以上工业总产值比重达30.6%。上海是中国金融中心,几乎囊括了全中国所有的金融市场要素,如上海证券交易所、期货交易所、中国金融交易所、上海钻石交易所、黄金交易所、中国外汇交易中心、国家黄金储备运营中心、国家外汇储备运营中心、上海清算所(中国人民银行清算总中心)、中国人民银行上海总部、中国四大银行(中国农业银行、中国银行、中国工商银行、中国建设银行)上海总部、各大外资银行大中华总部等。上海的贸易伙伴已从改革开放初期的20多个国家扩展至20世纪前十年的200多个国家和地区。上海口岸成为全球最重要的贸易港口之一,上海口岸进出口位居世界城市之首。上海成为国外中高端消费品牌进入中国的首选地。全国 1/3 左右的进口汽车、钻石、葡萄酒、乳品,1/2 左右的进口化妆品、医药品、医疗器械,超过 60% 的进口服装服饰,70% 以上的进口手表等都是经上海口岸到达全国消费者手中。全市共有普通高等学校 64 所、普通中等学校 913 所。

2015 年,上海按照"四个全面"战略布局,主动适应经济发展新常态,坚持稳中求进工作总基调,坚决贯彻落实国家稳增长、促改革、调结构、惠民生、防风险一系列重大政策措施,奋力推进创新驱动发展、经济转型升级。

全市经济社会平稳发展,创新驱动发展积极效应进一步显现。全市生产总值达到 24964.99 万亿元。新增就业岗位 59.7 万个,城镇登记失业率控制在 4.1%。经济结构、质量和效益进一步改善。第一产业增加值 109.78 亿元,下降 13.2%;第二产业增加值 7940.69 亿元,增长 1.2%;第三产业增加值 16914.52 亿元,占全市生产总值的比重达到 67.8%,服务经济为主的产业结构基本形成。口岸进出口总额超过 1 万亿美元。推动文化贸易、技术贸易发展,服务贸易保持两位数增长,占对外贸易总额比重提高到 30.3%。一般公共预算收入比上年增长 13.3%,达到 5519.5 亿元。在提前一年完成"十二五"目标的基础上,单位生产总值能耗再降低 4%,主要污染物排放量进一步下降。

（2）综合运输

上海港处于国家综合运输大通道和国际、国内物流的重要节点,具有超大规模的综合交通运输网络。优越的地理位置使上海港具有对内、对外双向辐射的区位优势。

铁路:1978 年,上海对外铁路主要是京沪铁路和沪杭铁路。京沪铁路是我国铁路的南北大动脉,北起北京市,南至上海市,全长 1462 千米。沪杭铁路自上海至杭州,全长 189 千米,2004—2006 年沪杭铁路电气化改造。2006 年,与浙赣线、湘黔线、贵昆线合并,称为沪昆铁路。2004 年 11 月浦东铁路开工,2005 年 12 月 9 日试运营,2007 年正式运营,一期工程全长 42.87 千米。2006 年 4 月 27 日,上海磁浮列车示范运营线开通运营,线路总长 30 千米,是中国首条磁浮线路。2008 年 4 月 18 日,京沪高速铁路(又名京沪客运专线)正式开工,由北京南站至上海虹桥站,全长 1318 千米,设 24 个车站,设计的最高速度为 380 千米/小时。2011 年 6 月 30 日,全线正式通车,大大缓解了既有京沪线客运压力。2009 年 2 月,开建沪杭客运专线,自上海虹桥站至杭州东站,线路长 148.5 千米。全线设计时速为 350 千米,2010 年 10 月 26 日通车营运。至 2015 年,上海铁路枢纽有京沪、沪杭两大干线引入,并有南何、真西、淞沪、新日、金山、新闵、吴泾 7 条支线,共有车站 35 个,其中设有上海、上海南、上海虹桥 3 个特大型客运站,南翔、新龙华一主一辅编组站,北郊、桃浦、上海西、新龙华、南浦、洋浦 6 个主要货运站。在上海市区范围内既有铁路干线长约 122 千米,支线里程长 145.5 千米。其中,上海虹桥火车站是现代化的铁路客运枢纽。上海虹桥综合交通枢纽全球范围首开高铁与机场融合之先河。2015 年铁路货物运输量 471 万吨,货物周转量 11 亿吨公里。

公路:1978 年,上海对外主干公路为 4 条国道:①204 国道(山东省烟台—上海)上海市境内段(葛隆—人民广场段)长 46 千米;②312 国道(上海—新疆伊宁)上海市境内段(人民广场—安亭西上海市界)长 36 千米;③318 国道(上海—西藏聂拉木)上海市境内段(人民广场—金泽西上海市界)长 67 千米;④320 国道(上海—云南畹町)上海市境内段(人民广场—枫泾段)长 86 千米。20 世纪 80 年代,加快国道上海市境内段的高等级路段建设,有计划地对部分干线公路进行全路或部分路段的改造,以提高公路等级。1988 年,中国大陆第一条高速公路——全长 15.9 千米的沪嘉(上海市区—嘉定)高速公路建成,标志着上海进入高速公路时代。1990 年 12 月,建成莘松高速公路,北起上海县莘庄镇以东 1.4 千米处的沪闵公路,南讫松江县松江镇,全长 20.59 千米。为沪杭甬(上海—杭州—宁波)高速公路的上海起始段。至 1990 年末,在全市 5789.40 平方公里的郊区范围内,已有公路 3300.34 千米,其中高速公路 36.38 千米、二级公路 232.89 千米,此外,还有在建一级公路 27.40 千米。至 1998 年,上海向北的公路通道沪宁高速公路、向南的通道沪杭高速公路已相继通车。至 2005 年底,上海境内高速公路基本联网。2010 年末,上海公路总里程达到 11973.99 千米,其中国省干线公路里程为 1586.40 千米(包括高速公路 775.18 千米、普通国省干线公路 811.22 千米),占公路总里程的 13.25%。普通国省干线公路中,二级及二级以上公路里程占比为 95.59%。上海公路出省通道已达到 31 条共 122 条车道,其中,上海市与江苏省、浙江省对接的高速公路总数达到 8 条、48 条车道。至 2015 年底,上海市公路总里程为 13195.12 千米,总面积 176.18 平方公里。其中,高速公路、一级公路、二级公路、三级公路、四级公路分别占总里程的 6.3%、3.5%、26.2%、20.5%、43.4%,国道、省道、县道、乡道、村道分别占总里程的 4.9%、8.1%、21.8%、53.8%、43.4%。郊区高快速路网总体呈现"两环、十射、一纵、一横、多联"的格局。其中,"两环"即 S20 外环高速公路、G1501 绕城高速公路;"十射"即 S1 迎宾高速公路、S2 沪芦高速公路、S4 沪金高速公路、G60 沪昆高速公路、G50 沪渝高速公路、G2 京沪高速公路、S26 沪常高速公路、G40 沪陕高速公路、S5 沪嘉高速公路、S6 沪翔高速公路;"一纵"即 G15 沈海高速公路;"一横"即 S32 申嘉湖高速公路;"多联"即 S19 新卫高速公路、S36 亭枫高速公路、嘉闵高架路、崧泽高架路、北翟高架路等。公路网日均交通量 92.51 万辆。2015 年公路货物运输量 40627 万吨,货物周转量 290 亿吨公里。

航空:自 1980 年起,民航上海管理局先后引进波音 707 型、麦道 80 型、空客 310-200 型等中远程客机,至 1987 年,执管飞机达到 62 架,基本改变了机队陈旧落后的面貌;已有通往 36 个城市的 70 余条国内航线、6 条国际和地区航线。1988—2000 年,上海民航实施管理体制全面改革。1991 年,东航开辟第一条远程国际航线(上海—洛杉矶)。1988—1997 年,虹桥机场两次扩建。1999 年 10 月浦东机场一期工程建成投入使用,上海成为全国第一个拥有两个民用机场的城市。2000 年,上海航空运输企业完成旅客运输量 1172.94 万人次、货邮运输量 52.7 万吨。虹桥、浦东两个机场合计旅客吞吐量 1768.31 万人次、货邮吞吐量 87.89 万吨、起降航班 16.05 万架次,分别为全国第二、第一和第二位。2003 年底,上海市政府与民航总局成立推进上海航空枢纽建设联合领导小组。2003—2008 年,浦东机场先后建成第二跑道、第三跑道、T2 航站楼、西货运区等项目;2006—2010 年,虹桥机场新建第二跑道、2 号航站楼等项目,建成集航空、高铁、城市轨道交通、公交巴士、出租车等于一体的虹桥综合交通枢纽。至 2010 年,上海机场已发展成为 2 个机场、4 座航站楼、5 条跑道的世界级机场体系。2008 年浦东机场全球第三。2010 年,两大机场共起降 55.11 万架次,完成旅客吞吐量 7187.74 万人次、货邮吞吐量 370.85 万吨;与国际 120 个城市和国内 99 个城市通航。进入 21 世纪,上海民航持续发力。至 2015 年,上海有 2 个机场、4 座航站楼、6 条跑道(虹桥机场 2 条 4E 级,浦东机场 3 条 4F 级跑道、1 条 4E 级跑道)。开通定期航班的国家和地区 47 个,国内及国际(地区)通航点分别为 137 个和 118 个,开通航班的航空公司 96 家。基地设在上海的运输航空公司有 6 家:东方航空股份有限公司、上海航空有限公司、春秋航空股份有限公司、上海吉祥航空股份有限公司、中国国际货运航空有限公司、扬子江快运航空有限公司。2015 年,两大机场共起飞 70.58 万架次,完成旅客吞吐量 9918.9 万人次、货邮吞吐量 370.9 万吨,周转量 57 亿吨公里。在国际机场协会(ACI)公布的全球机场旅客满意度测评排名中,浦东机场和虹桥机场分别为第 5 名和第 17 名。

水运:1978 年始,在交通部支持下,上海海运局率先打破沿海运输企业只能从事沿海运输的局限,开始跻身国际航运市场,实行沿海运输与远洋运输并举。1978 年 9 月,上远公司以半集装箱船"平乡城"轮首辟上海至澳大利亚集装箱班轮航线,标志着上海及国内开始拥有国际集装箱班轮航线。1981 年,长航上海分局首次从美国引进 4 艘 4410 千瓦顶推轮,顶推 16 艘 2000 吨级分节驳进行煤炭运输,成为新时期上海江河运输利用外来技术提升运输能力之滥觞。1983 年 2 月,上海创办第一家地方国资远洋航运企业——上海市锦江航运有限公司。1987 年,上海沿海客运干线已由 20 世纪 80 年代前的 4 条扩展至 8 条,年客运量近 380 万人次。1988 年,上海长航轮船公司经营的长江客运达到历史巅峰,完成客运量 899.4 万人次。至 20 世纪 90 年代初,除上海海运局外,仅船籍港在上海的,直接经营或兼营沿海干线运输的航运企业已达十余家之多,1992 年末,上海从事远洋运输的船公司已近 20 家,上海远洋运输船队已发展成一支拥有集装箱船、滚装船、多用途船、干散货船、油船、客货船和化学品专用船等多类船型的综合性船队,全年承运进出口货物 3200 余万吨,比 1978 年增长 2.47 倍;上海远洋运输船队已先后开辟上海通往世界各大洲的集装箱班轮航线 38 条,每月发出 68 个航班。上海海运局已拥有沿海和远洋运输船舶近 200 艘,共 255 万载货吨、2.53 万人载客量。为支持上海国际航运中心建设,1997

年7月新组建的中国海运(集团)总公司将总部设在上海。同年,中远集团亦在上海成立中远集装箱运输有限公司,负责该集团集装箱船队的统一经营与管理。随后,中外运集装箱运输公司等也入驻上海。1999年,上海内河完成建材运输7000万吨,占上海城市基本建设所需建材的75%,外地船舶是建材运输的主要力量。2000年,上海长江轮船公司完成货运量1958万吨,其中海运量完成1401万吨,基本实现向海运发展的转换。2001年,中海、中远集团跻身长江散货运输竞争。2002年,上海长江轮船公司在长江航运集团统一安排下,适时退出了长江散货运输市场的竞争。至2008年底,在外商班轮运输企业中,除马士基外,地中海航运、长荣海运、达飞轮船、美国总统、韩进海运、日本邮船、东方海外等世界著名班轮公司都将其中国地区总部设于上海,分管位于中国其他地区的分公司。至2010年,在上海注册的国际航行船舶(包括国际航线船舶和特案免税登记船舶)从"十五"期末的223艘、总吨位493万吨,增长到356艘、总吨位869万吨。上海国际航运中心对于世界海运的影响力快速提升,当年集装箱航班密度达到2600班/月,国际班轮航班密度达到1280班/月,内支线航班密度达到980班/月,长江支线航班密度达到900班/月,上海海洋运输的内外辐射能力日益增强。2010年,上海江河运输企业有257家、125户个体运输户、水运服务经营户380户,注册船舶有1046艘,代理服务企业有380家。完成长江商品车滚装运输10万辆次、长江散货运输3956.7万吨、长江集装箱运输287.1万TEU;有100.43万艘次内河船舶进出上海,内河货运完成运量9019万吨(出港1036万吨、进港7983万吨),其中矿物性建筑材料、水泥、木材等货物的运量7341.2万吨,占总运量的81.4%。至2015年底,上海共有国际航运及航运辅助企业1690家,其中国际船舶运输企业65家、国际船舶代理企业111家、国际船舶管理企业113家、无船承运人1360家、外商独资船务公司41家;上海共有国内水路运输企业248家,其中沿海运输企业140家、内河运输企业108家。上海拥有内河、沿海、远洋运输船舶分别为756艘、644艘、362艘,净载重吨分别为47.5万吨、1384.5万吨、2231.0万吨。2015年水运货物运输量49770万吨,货物周转量19196亿吨公里。

(3)港口发展

上海地区港口孕育甚早。早在西晋以前,吴淞江入海口已有渔业生产和水上军事活动,或渔港,或军港。然就商港而言,形成于隋唐两朝在此设镇立县之时。初始,黄浦江尚未形成,港口位于吴淞江支流顾会浦通达的华亭镇及吴淞江入海口的青龙镇。在宋代,华亭镇港和青龙镇港都曾经是对外贸易口岸。约在南宋景定末年至咸淳初年(1264—1265年),上海建镇并设置市舶提举分司,港与城同步形成,并名列全国七个水路口岸之一。明永乐初年,治水开河,形成黄浦江新航道。清康熙年间开海禁,在上海设立江海关,成为四大口岸之一。到鸦片战争前夕,上海港已成全国最主要的江海中转枢纽港,有沙船数千艘,被誉为"沙船之乡";货物吞吐量已接近200万吨,其中内贸吞吐量已跃居全国首位;

从事装卸的人数达万余。城市依港而兴,人称"江海之通津,东南之都会"。

清道光二十年(1840年)爆发鸦片战争,1842年,上海港成为通商五口之一。在开港后短短十年间,中国对外贸易的重心便从广州转移到上海,上海港从此开始了其作为中国第一大港的历史。至19世纪20年代,无论是港口集疏运条件、航运企业的运力或航线、港口的投资环境(包括港口城市在金融商业方面的水平),还是港口自身的通过能力,上海港都已具备成为国际贸易大港的先决条件。民国20年,上海港进出口船舶净吨位已位居世界港口第七位,港口货物吞吐量达到1400万吨。民国14—22年,经上海港完成的外贸进出口货值平均占全国港口的55%,国内贸易货值平均占全国港口的38%。至民国25年,全国500总吨以上的本国资本轮船企业共99家、船404艘,其中总部设在上海的有58家、船252艘;以上海港为起讫港或中继港的航线总计在100条以上,上海港已经是远东的航运中心之一。民国26—38年,上海港被卷入战争的动荡之中。1949年,上海港全年只完成货物吞吐量149万吨,而且大部分是5月上海解放后完成的。

中华人民共和国的成立,揭开了上海港历史的新篇章。1957年,港口货物吞吐量达到1649.4万吨,超过上海解放前的最高纪录;1966年达到3697.2万吨,遥遥领先于国内其他港口。然而,在1978年以前,港口先后受到"大跃进"和"文化大革命"的干扰或破坏;同时,中国与世界的联系也受到重重阻隔。虽然从纵向看,上海港在曲折中依然创业有成,有所进步和发展,但从横向看,与世界港口的差距有所扩大。其间,从1973年起,为适应外贸运输发展的需要,上海港职工响应国务院总理周恩来提出的"三年改变港口面貌"的号召,掀起了以建设外贸件杂货码头和对煤炭泊位进行机械化改造为主要内容的建设高潮。1978年完成港口货物吞吐量7954万吨。

党的十一届三中全会吹响了改革开放的号角,上海港的发展步入了快车道。尤其是浦东开发开放,更是推进了上海港的腾飞。至"六五"期末,上海港压船压货的严重局面得到缓解。至"七五"期末,煤炭和散粮装卸码头全部实现机械化作业,散化肥、散纯碱、圆木、生铁装卸大部分实现机械化作业,码头靠泊能力及吞吐能力取得长足提升。1984年,上海港跻身亿吨大港行列。1990年,海港货物吞吐量达到1.4亿吨,旅客吞吐量达到1121.3万人次,内河专业装卸企业完成装卸操作吨3730万吨。

"八五"期间(1991—1995年),改革开放初期以煤炭装卸和客运为主的生产格局,演变为集装箱、煤炭、客运三足鼎立。"九五"期间(1991—1995年)进一步演变为集装箱一枝独秀的格局。从适应性发展到确立建设上海国际航运中心目标,外高桥港区先后完成一期和二期工程,启动三期工程建设;启动并完成长江口深水航道治理一期工程,实现8.5米水深并试通航。2000年,上海港集装箱股份有限公司成功上市,成为中国第一家港口类上市公司,开辟从市场融资的新渠道。至2000年,港口生产结构调整取得重大进展,集装箱优势地位基本确立;港口发展重心已向长江口新港区转移;上海港成为世界第三大货运港,位居世界集装箱港口第6位。

进入21世纪,上海港口围绕国际航运中心建设目标,开启从黄浦江、长江走向海洋,从老港、大港跃进世界强港的新征程。洋山深水港建设取得重大突破,至2008年,洋山深水港区建成一期、二期、三期工程,外高桥港区连续完成三期、四期、五期和六期工程;长江口深水航道治理完成二期和三期工程,12.5米的深水航道为上海港和南京以下港口创造出巨大的经济和社会效益。2005年,上海港成为全球货物吞吐量第一大港。2010—2015年,上海港始终是全球第一大集装箱港。

岸线情况:1985年,根据全国第一次港口普查资料,上海市内河港区自然岸线总长943.5千米,其中码头利用岸线84.8千米,占9%;利用自然坡岸作业岸段长度25.7千米,占2.7%。1988年6月,上海港港政管理处启动港口岸线使用情况检查。至1992年底,海港岸线总长569.8千米,其中大陆岸线292.3千米,岛屿(不含黄浦江内的复兴岛)岸线277.5千米。其中:黄浦江自吴淞口至闵行发电厂上游边界止,两岸可用岸线长120千米,已利用100.2千米,利用率83.5%;在可用岸线中,深水岸线长36千米,已利用35.4千米,利用率98.3%;尚未利用的岸线基本上分布在闸港以上河段。长江口南岸自浏河口至南汇嘴止,岸线长103.7千米,已利用21.6千米,利用率20.9%。杭州湾北岸自南汇嘴至金丝娘桥止,岸线长68.6千米,已利用32.6千米,利用率47.6%。岛屿岸线包括崇明、横沙、长兴、佘山、大金山、小金山、乌龟山7个岛屿,其中崇明岛186.3千米,已利用2千米左右;长兴岛岸线56千米,仅有客渡码头1座;横沙岛岸线30.4千米,只有几处客渡和货物装卸点,以及吹泥码头等;其余岛屿岸线尚未利用。2010年,海港岸线总长未变,已利用岸线151.7千米。其中:黄浦江两岸岸线总计133.1千米,已利用75千米,利用率56.4%;长江口南岸岸线110.9千米,已利用36.8千米,利用率33.2%;杭州湾北岸岸线62.7千米,已利用7.9千米,利用率12.6%;长兴岛岸线73.2千米,已利用14.5千米,利用率19.8%;崇明岛岸线180.5千米,已利用11.7千米,利用率6.5%;横沙岛岸线28.4千米,已利用3.5千米,利用率12.4%;黄浦江小港岸线7.9千米,已利用2.2千米,利用率28.5%。根据岸线数据统计,海港备用预留岸线共52.1千米,其中深水岸线26.9千米,中近期已列入港口规划且具有成片开发利用条件的岸线实际仅剩11.3千米(其中深水岸线3.8千米)。长江口南岸、长兴岛有11.3千米岸线尚未列入规划但具备开发条件,其中长江口南岸3.8千米、长兴岛东侧4.2千米岸线均可进行成片开发。2010年,上海市内河码头泊位岸线长90.7千米。2015年,上海港海港公用港区岸线总长126921米,内河港口岸线总长128842.9米。

海港布局:1978年,上海港的海港港区集中布局在黄浦江两岸。20世纪80年代,开始在长江口南岸的宝山-罗泾地区建设货运码头。20世纪90年代,开始在长江口南岸的外高桥地区布局集装箱港区。进入21世纪,开始在长江口南岸的五号沟地区和小洋山岛布局集装箱港区和滚装、液化天然气码头，并在长兴岛布局修造船和海洋装备货主单位专用码头。至 2015 年，上海港的海港部分，现有码头泊位主要分布在黄浦江两岸、长江口南岸、杭州湾北岸和上海国际航运中心洋山深水港区，在崇明岛、长兴岛、横沙岛也有一些客运码头及少量生产性泊位。至 2010 年，上海港公用港区占地面积 1726.63 万平方米。与 2000 年相比，公用装卸和客运码头布局发生重大变化，黄浦江东侧只剩下洋泾码头作业区和朱家门码头作业区，浦西侧还保留着张华浜码头作业区、军工路码头作业区、共青码头作业区、国际客运中心、龙吴码头作业区。大型集装箱作业区、大型矿石和煤炭作业区、汽车滚装作业基本集中在长江口南岸和洋山深水港区。

内河港布局：1986 年开展的上海市内河港口第一次普查中，市区以苏州河港区为中心作为一个港口，市区其他支流上的码头作为苏州河港的装卸段点；郊县以重要城镇为中心设立港口，其附近地区的码头群作为这个港口的装卸段、点；全市共划定 39 个港口，所属装卸段 39 个、装卸点 74 个。1990 年，全市内河港口划分调整为一县设一港、市区设一港，共设内河港口 11 个，下辖港区 50 个。2006 年起，内河港吞吐量并入上海港统计，内河不再设置独立港口，而是作为上海港的内河港区。至 2015 年，上海港的内河港区共有 10 个，分布在市区、浦东新区、宝山区、嘉定区、青浦区、松江区、奉贤区、闵行区、金山区、崇明县。

港口规划：1978 年前，上海港务局已成立上海港新港区选址小组，并在局计划处内设规划组从事海港规划研究，曾形成《上海港新港区选址初步意见的报告》。1986 年初，上海港务局成立建港规划办公室。10 月，国务院批准《上海市城市总体规划方案》，其附件之七《上海市港口规划说明》指出："从远景看，上海港的发展方向应在黄浦江下游、长江口南岸和杭州湾考虑。上海港的根本出路在于辟建新港区。新港区的港址就本市范围内的建港条件而论，仅有长江口南岸的罗泾、外高桥和杭州湾的金山嘴三处规划作为港口发展备用地，供港口码头、货主码头及港口辅助作业发展使用。""九五"期间，上海港务局会同有关部门完成《上海港口岸线规划》的编制，作为上海城市规划的组成部分。1992—1994 年初，上海港务局组织有关部门，并委托部分科研、设计、院校和协会，就 20 世纪 90 年代至 2020 年的上海港经营发展战略问题开展专题研究。在专题研究的基础上完成《上海港务局总体布局规划》，规划将扩大集装箱、煤炭、客运的综合通过能力放在优先地位，规划建设的重点是：加快集装箱码头的新建和改造，确立上海港集装箱多式联运系统的中转枢纽地位；加快建设罗泾煤码头，促使上海港成为华东地区最大的煤炭集散、储存中心，同时调整黄浦江煤炭码头，不再在黄浦江内新建煤炭码头，充分利用现有煤炭码头能力，不再扩大生产规模，并加强技术改造，搞好环境保护；加快汇山沿海客运站和外虹桥国际客运站的改造，满足中外水运旅客多层次需求，争取用 10 年或更短时间，建立起完善的客运服务体系。1995 年，上海港务局完成《外高桥五号沟港区总体规划总报告》；上海市政府交通办委托三航设计院编制完成《洋山港初步规划》。1998年,上海港务局完成《上海港总体布局方案》修编,将洋山深水港区纳入上海港总体布局;上海市国航办委托三航设计院编制完成《洋山港区总体布局规划》。2000年,上海港务局完成《上海港"十五"发展规划》。"十五"期间,根据集装箱港区持续建设,集装箱业务高速增长,其他生产业务发生重大变化的新情况,上海市港口局委托交通部规划研究院启动《上海港总体规划》的编制工作,并先后完成《上海港口"十一五"发展规划》《上海港"十一五"建设规划》《上海港环境影响报告书》《世博会水上交通专业规划》《水上旅游客运发展总体规划》等,完成《港口基础设施建设与土地集约化利用》专题研究。2005年,上海市港口局编制完成《上海港港口岸线规划》,共规划岸线157.2千米(包括公用码头岸线107.2千米、公务码头及临港工业码头岸线50千米),其中深水岸线140.8千米。规划岸线中大陆岸线74.3千米,岛屿岸线82.9千米。"十一五"期间,上海市港口局继续重点推进《上海港总体规划》的编制工作。2007年12月,交通部和上海市政府在沪召开《上海港总体规划(送审稿)》审查会议,规划稿获原则通过。经修改完善,翌年12月,交通运输部和上海市政府联合批准《上海港总体规划》,批文将上海港定位为我国沿海主要港口和集装箱干线港,是国家综合运输体系重要枢纽和长江三角洲地区现代物流中心的重要组成部分,是上海市及长江三角洲地区调整产业结构、优化生产力布局、促进区域经济一体化发展的重要基础,是上海市加快建设国际经济、金融、贸易、航运中心和国际大都市的重要支撑;同意上海港形成黄浦江上游港区、黄浦江中游港区、黄浦江下游港区、宝山罗泾港区、外高桥港区、杭州湾港区、崇明三岛港区和上海国际航运中心洋山深水港区的总体发展格局。

上海港的直接经济腹地是包括上海市在内的长江三角洲地区。长江三角洲是长江入海之前的冲积平原,中国第一大经济区,中央政府定位的中国综合实力最强的经济中心、亚太地区重要国际门户、全球重要的先进制造业基地、中国率先跻身世界级城市群的地区。传统意义的长江三角洲北起通扬运河,南抵杭州湾,西至南京,东到海滨,包括上海市、江苏省南部、浙江省北部以及邻近海域,面积约为9.96万平方公里。国务院2008年关于进一步发展长三角的指导意见,正式确定将长三角扩大至两省一市。根据国务院2010年批准的《长江三角洲地区区域规划》,长江三角洲包括上海市、江苏省和浙江省,区域面积21.07万平方公里,占国土面积的2.19%。其中陆地面积186802.8平方公里、水域面积2393720公顷。2011年后,安徽省也逐步纳入长三角一体化。长江三角洲是中国对外开放的最大地区,该地区工业基础雄厚、商品经济发达,水陆交通方便,是全国最大的外贸出口基地。在长江三角洲快速积聚的国际资本和民间资本,不仅规模越来越大,而且以其特有的活力强有力地推动着这一地区的经济快速发展。长江三角洲城市群是国际公认的六大世界级城市群之一。

20世纪90年代至2010年,随着上海港务局及其改制后的上港集团大力推进长江战略,上海港经济腹地扩展至包括整个长江流域及其他内陆地区。其中,最主要的经济腹地仍是长江经济带,上海港是长江经济带与世界市场联系的主要门户。长江经济带覆盖上海、江苏、浙江、安徽、江西、湖北、湖南、重庆、四川、云南、贵州11个省市,面积约205万平方公里,人口和生产总值均超过全国的40%。其经济的主要特点是:工农业发达的省市,如上海、江苏、浙江、湖北,缺少矿藏资源,需要大量调入工业原材料和燃料,调出工业产品;外贸进口量大于出口量,出口物资一般是价格较高、运量较小的工业品,缺少大宗散货,而进口则有大量的矿产品。长江及其支流百川汇聚,把丰饶的物产倾泻到上海港,同时又为上海港吸纳消化大量进口物资,给港口提供源源不断且容量巨大的物流。2010—2015年,长江经济带运量占上海港吞吐量的90%左右;上海港集装箱生成量中,长江中上游地区占22%~25%。

1978年,上海港对外轮及外贸国轮开放的海关监管货物进出口装卸区域包括上港一区、二区、五区、六区、八区、九区和十区的码头,以及中国石油公司浦东码头。

1990年和1995年,上海口岸进出口额分别为172.89亿美元、484.37亿美元。1995年,上海港对外轮及外贸国轮开放码头装卸监管点共200多个。

2000年,上海口岸进出口额增长至1093.11亿美元。

2005年,上海口岸进出口额增长至3506.78亿美元。2005年,上港集团拥有对外轮及外贸国轮开放码头合计20座。

至2010年底,上海港形成洋山深水港区、杭州湾北岸、长江上海段、黄浦江四大开放水域,共有81座码头、300个泊位、14处锚地和48个浮筒对外轮及外贸国轮开放。上海港是长三角地区对外贸易的最大口岸。2010年,上海港集装箱生成量中,长江三角洲地区约占80%。

2015年上海口岸货物进出口额达8187.9亿美元,占全国的20.7%;其中,上海市进出口额4517.3亿美元。2016年上海口岸货物进出口额占全球的3%以上,规模已超越中国香港、新加坡等传统国际贸易中心,成为全球第一大口岸城市。

2.港口水文气象

上海市属亚热带季风气候,四季分明、温暖潮湿、光照充足、雨量充沛;冬季受欧亚大陆冷气团控制,盛行西北风;夏季受太平洋暖气团控制,盛行东南风;春末夏初为"梅雨"期,秋初多阴雨。上海市的灾害性天气主要是台风和寒潮。根据1960—1995年资料统计,风力七级以上的热带气旋共129次,平均每年出现3.6次,最多年份可达7次。0012号台风时洋山海域的风速达到33.7米/秒。降水量超过200毫米的特大暴雨过程有6次,最大降水量达400毫米以上。上海市达到寒潮标准的冷空气过程平均每年发生3.6次,最多可达5次。寒潮多发生在12月和1月,寒潮影响时,风力可达七级以上,最大降温平均值为11.4摄氏度。

上海地区的潮汐主要受外海潮波的控制，以东海的前进波为主。潮汐性质属非正规浅海半日潮。长江口和杭州湾水域位于东海的西部，波型以风浪为主。长江口地区水体含沙量主要受流域来沙和口外泥沙体影响；杭州湾的水体含沙量较长江口大，平均含沙量为 1.50 ~ 2.0 千克/立方米，泥沙主要来自长江口；大小洋山海域的含沙量全年平均为 0.89 千克/立方米，港区水域为 1.70 千克/立方米。上海市位于长江口和杭州湾间，为平原地貌，其中长江口沿岸至杭州湾北岸漕泾为三角洲平原，杭州湾北岸漕泾以西为湖沼平原和海积平原。沿岸地形平坦，边滩发育，海底地貌在长江口外为水下三角洲，杭州湾为河口湾海底堆积平原。长江口自徐六泾以下喇叭状展宽，平面上呈三级分汊、四口入海之势，形成北支、北港、北槽和南槽 4 条入海水道并存格局，均发育拦门沙。南汇嘴以南的杭州湾为漏斗状河口湾，其外界为南汇芦潮港闸东侧灯塔—镇海长跳嘴连线，东接舟山海域。洋山深水港区即位于南汇嘴岸外约 30 千米的舟山崎岖列岛，该列岛由数十个小岛构成向西伸展的鸡爪状地貌。岛屿间和南北岛链间为深水潮流通道，属多通道基岩港湾海岸。上海地区位于江山—绍兴深大断裂北侧，大地构造单元隶属下扬子准地台上海—嘉兴台陷及苏北断拗（金湖—东台台陷）的南部，晚第三纪以来长期处于沉降过程，第四纪松散沉积在长江口地区厚达 300 ~ 350 米，主要为浅海相、滨海相及三角洲相沉积；杭州湾北岸厚度一般为 100 ~ 200 米，水域 12 米以浅为近期海相沉积。长江口和杭州湾北岸地震烈度为 7 度，整治建筑物工程设计按 7 度地震烈度设防。洋山深水港附近地震烈度为 5 度，一般建筑物和航道工程按 6 度设防，港口及导、助航设施等重要建筑物按 7 度设防。

3.港口发展成就

1978 年以后，在改革开放的旗帜下，上海港口发生重大转折，开始脱胎换骨、旧貌变新颜的巨变。

（1）港口建设情况

1978—1980 年，上海航道局组织实施长江口三沙整治和南门通道抢险工程，对长江口北槽和北港航槽进行试挖，并在黄浦江内实施高桥新航道整治。市郊完成大治河航道、川扬河航道等开挖工程，内河港口建设进入高潮期，三年内累计建成内河码头泊位 539 个、码头长度 15575.6 米。

"六五"期间（1981—1985 年），海港码头泊位能力不足，出现压船压货的严重局面。海港建设加大投入，工程项目以外贸件杂货泊位和集装箱、煤炭、矿石、建材等专业化泊位建设为主。上海航道局成功实施长江口铜沙航槽南移改线工程和鸭窝沙航槽改线工程，南港北槽通海航道开挖，宝钢总厂码头疏浚工程等项目。"七五"期间（1986—1990 年），海港新建宝山装卸区和关港装卸区，使长江口南岸具备装卸集装箱的专业化泊位。一些企业在长江口南岸、杭州湾北岸兴建一批为炼钢、发电、化工工业配套的单位专用码头，其中包括极具规模的宝钢配套码头。1981—1990 年，海港累计完成固定资产投资 23.7 亿元,相当于前 31 年投资总额的 4 倍。1978—1990 年建设,至 2010 年仍在使用的海港单位专用码头生产性泊位有 182 个、码头长度 14006 米。1981—1990 年建设,至 2010 年仍在使用的内河码头生产性泊位达到 802 个、码头长度 23115.8 米。上海航道局开辟圆圆沙新航槽,完成宝山新港区疏浚工程,实施黄浦江北港嘴疏浚工程和安东路越江隧道覆土工程。结合水利建设,内河先后完成油墩港续建、蕴藻浜航道整治、淀山湖北航道整治辟通等工程项目。

"八五"期间(1991—1995 年),海港将建设重点转向长江口南岸,建成外高桥港区一期工程,启动罗泾煤码头一期工程。上海航道局完成黄浦江关港深水航道开辟工程,使黄浦江万吨级航道延长 23.64 千米。港务局组织开展杭州湾航道试挖工程和回淤观察。内河完成太浦河开挖与整治、秀州塘裁弯、毛河泾西段开挖和新通波塘疏浚等工程项目。"九五"期间(1996—2000 年),上海国际航运中心建设正式启动,海港"三管齐下":全力推进洋山深水港选址论证;先后完成外高桥港区一期集装箱化改造和二期新建工程,启动三期工程建设,拉开高强度投入、持续规模化建设集装箱码头的序幕;在交通部主持下,完成长江口深水航道治理一期工程。同时,在海港兴建一批为炼钢、发电、化工和船舶工业配套的单位专用码头,在内河兴建一批服务沿河企业和服务民生的码头。1991—2000 年建设,至 2010 年仍在使用的海港单位专用码头生产性泊位累计 105 个、码头长度 13781 米,仍在使用的内河码头生产性泊位累计 207 个、码头长度 7071 米。上海航道局完成黄浦江鳗鲤嘴弯道整治。内河完成平申线上海段弯道整治、浦东国际机场建材运输内河主通道改造扩能、浦东运河航道整治一期工程等重点项目。

"十五"期间(2001—2005 年),洋山深水港区建设取得重大突破,完成一期工程并开港;建成外高桥港区三期、四期、五期工程,以及长江口深水航道治理二期工程。内河完成苏申外港线航道工程、蕴藻浜(蕴东闸—宝钢支线铁路桥)航道工程、上海化学工业区内河配套航道工程、淀浦河(东段)流沙治理工程等重点项目,并全面启动高等级内河航道建设。

"十一五"期间(2006—2010 年),长江口深水航道治理三期工程顺利竣工,水深达到 12.5 米。完成洋山深水港区二期和三期工程,形成远离陆域的现代化大型港区,享誉世界。外高桥港区六期工程建成中国第一个最具规模的汽车物流港区和亚洲最大的汽车物流立体库,建成世界上第一座具备全面岸基供电能力的集装箱码头。新建的罗泾港区二期工程,形成集矿石、煤炭和钢杂三大生产作业和服务区于一体,全国规模最大的现代化散货港区。建成上海港国际客运中心,启动吴淞国际邮轮码头建设,夯实邮轮母港基础。同时推进赵家沟、大芦线一期、苏申外港线、杭申线等内河高等级航道整治工程。2001—2010 年建设,至 2010 年仍在使用的海港单位专用码头生产性泊位累计 156 个、码头长度 24901 米,仍在使用的内河码头生产性泊位累计 102 个、码头长度 4637.5 米。

"十二五"期间(2011—2015年),建成吴淞国际邮轮码头、上海临港新城东港区公用码头一期工程,开工建设洋山深水港区四期工程、吴淞邮轮码头后续工程、上海氯碱化工股份有限公司上海化学工业区码头扩建工程、上海孚宝港务公司码头扩建工程。洋山深水港区四期工程是全球最大规模、自动化程度最高的自动化集装箱码头。码头采用"双小车岸桥+自动导引车(AGV)+自动化轨道吊"的全自动化工艺模式。码头岸桥采用带中转平台的双小车岸桥负责船舶装卸,主小车由人工干预远程操控,副小车全自动化作业,中转平台解决岸桥主、副小车之间作业的耦合和拆装集装箱锁销问题。堆场装卸设备采用自动化轨道式龙门起重机(简称ARMG),高压电缆卷盘供电,跨内不设置集卡通道,每个箱区配置2台ARMG。水平运输设备采用无人驾驶自动导引运输车(AGV),通过电磁自动导引装置,能够沿规划的导引路径自动行驶,具有自动导航、定位精确、路径优化以及安全避障等智能化功能,可完成堆场箱到岸桥以及堆场箱区间倒箱等作业。同时,建成大芦线航道(一期)、赵家沟航道、杭申线航道、苏申外港航道等内河高等级航道整治工程,达标里程87.18千米。至2015年仍在使用的海港单位专用码头生产性泊位累计174个、码头长度41909米,仍在使用的内河码头生产性泊位累计88个、码头长度3557米。

(2)港口泊位情况

泊位总数:1978年,港务局管辖的海港公用码头泊位99个,码头总长度12973米,其中万吨级泊位50个。1985年,海港有单位专用码头泊位816个,码头长度36295.6米,用于装卸生产的泊位573个(万吨级14个)、码头长度22356.61米。内河港口共有码头泊位2972个,码头长度83337米,其中生产性泊位2899个,码头长度81311米;除千吨级及以上泊位13个外,大部分是60~100吨级泊位。1990年,海港共有码头泊位近1000个,其中海港公用码头泊位131个,码头总长度17670.8米,万吨级以上泊位64个;海港单位专用码头泊位861个,码头总长度增至42.9千米,万吨级泊位53个。全市内河港口共有码头泊位3694个,年吞吐能力7000万吨以上。2000年,海港公用码头泊位134个,码头总长度19381.7米,万吨级以上泊位77个;海港单位专用码头泊位916个,其中生产性泊位487个(万吨级泊位27个),码头长度20.1千米,设计年吞吐能力8310万吨。2002年,全市内河码头泊位共3255个,码头长度106843米,其中生产性泊位2127个,码头长度73120米。至2010年,海港公用码头泊位185个,码头总长度29.9千米,有20万吨级泊位1个、15万吨级泊位7个、7万~10万吨级泊位32个、3.5万~5万吨级泊位14个、1.5万~3万吨级泊位28个;海港单位专用码头泊位975个,码头总长度89.3千米,其中生产用万吨级泊位66个。2010年,全市内河码头泊位共1884个,码头长度90960米,其中生产性泊位1867个,码头长度90103米。至2015年,海港共有码头泊位1300个,码头总长度126.0千米,其中公用码头泊位213个,码头总长度28.3千米,其中万吨级泊位78个;海港单位专用码头泊位1087个,码头总长度98.7千米,其中万吨级泊位176个。2015

年,全市内河码头泊位共 1956 个,码头长度 128842.9 米。

集装箱码头:1981 年,上海港始有集装箱专用泊位。通过军工路码头 4 号、5 号泊位改造,形成集装箱泊位 2 个,码头长度 392 米,可停靠第一代、第二代集装箱船。至 1990 年底,上海港有集装箱泊位 7 个,码头长度 1456 米,设计年吞吐能力 50 万 TEU。2000 年,上海港共有集装箱泊位 19 个,码头长度 4672.2 米,设计年吞吐能力 400 万 TEU。2005 年,上海港共有集装箱泊位 30 个(因洋山深水港区一期尚未经国家验收和租赁给海通汽车公司的外高桥集装箱内支线专用泊位未计算在内),码头长度 7884 米,设计年吞吐能力 950 万 TEU,其中 28 个为万吨级以上集装箱泊位,2 个为长江驳集装箱内支线泊位。至 2010 年底,上海港实际从事集装箱装卸的大型专用泊位 45 个,码头长度 13946 米,核定年通过能力 2036 万 TEU。至 2015 年底,上海港实际从事集装箱装卸的大型专用泊位 42 个,码头长度 13 千米,核定年通过能力 1955 万 TEU。其中,外高桥港区有集装箱泊位 19 个,码头长度 5784 米,主要从事近洋航线和中型远洋航线船舶装卸作业;黄浦江内有集装箱泊位 9 个,码头长度 2001 米,主要从事近洋班轮航线和内贸航线船舶装卸作业;洋山深水港区有集装箱泊位 16 个,码头长度 5600 米,可满足 1 万 TEU 以上超大型集装箱船舶全天候满载进出港,主要从事大型远洋船舶装卸作业。

煤炭码头:1978 年,上海港务局管辖的煤炭专用码头有上港二区洋泾港码头、上港六区北票码头、上港七区中华南栈码头、老白渡码头、张家浜码头、董家渡码头、中华北栈码头。1990 年,海港公用煤炭泊位合计 16 个,码头长度 2258.57 米。2000 年,海港公用煤炭泊位合计 17 个,码头长度 2485.34 米,设计年吞吐能力 3070 万吨。2010—2015 年,海港有公用煤炭泊位 16 个,长度 2230 米,设计年吞吐能力 3147 万吨,主要集装箱在罗泾港区,以及黄浦江内的朱家门码头。

矿石码头:1978 年,海港公用矿石泊位为上港八区华栈码头 1 号～5 号泊位。1990 年,海港公用矿石泊位有华栈码头 1 号～3 号泊位,码头长度 528 米。另有军工路码头 7 号、8 号泊位以矿石装卸为主、钢杂货为辅。张华浜码头 3 号～7 号泊位和白莲泾码头 1 号～4 号泊位兼营矿石装卸。

2000 年,海港有公用矿石泊位 5 个,码头长度 767 米,设计年矿石吞吐能力 470 万吨。2010—2015 年,海港有公用矿石泊位 11 个,码头长度 1943 米,设计年矿石吞吐能力 2200 万吨,全集中在罗泾港区,其中包括 20 万吨级(减载)矿石卸船泊位 2 个、5000 吨级非金属矿石卸船泊位 1 个、2000～5000 吨级矿石装船泊位 6 个、5000 吨级矿石装船泊位 2 个。

汽车滚装码头:2003 年 12 月,外高桥港区四期工程配套内支线码头工程竣工后,即由上海海通国际汽车码头有限公司租赁使用,使之成为上海口岸唯一专业从事汽车滚装业务的公用码头,码头长度 219 米,有 3 万吨级和 2 万吨级滚装泊位各 1 个。2010 年 12 月,外高桥港区六期工程汽车滚装泊位竣工,新增 2 个 5 万总吨级滚装泊位,长度均为 265

米;新增 5000 总吨级滚装泊位,长度为 230 米;同时,四期内支线码头的 2 个滚装泊位调整为 1 个 5 万总吨级滚装泊位。至此,海港有汽车滚装泊位 4 个,码头长度 979 米。

客运码头:1978 年,海港客运码头有汇山码头 4 号~6 号泊位、外虹桥国际客运码头、十六铺码头、大达码头、闵行码头。直属上海港客运站的码头岸线约有 1100 米。1990 年,海港有客(客货)运泊位 16 个,码头长度 1731.1 米。2000 年,海港有客运泊位(包括客货运泊位)15 个,码头长度 1867.3 米。2003 年 9 月,十六铺码头和大达码头整体歇业,客运班轮航线搬迁至吴淞客运中心码头(划入单位专用码头范围)。2006 年 11 月,汇山码头和黄浦码头整体歇业,退出客货运生产。2008 年,上港集团在外虹桥码头建成上海港国际客运中心邮轮码头。2010—2015 年,上港集团经营的公用客运码头泊位 4 个,码头长度 1127 米,其中高阳路码头 1 号~3 号泊位,均为 8 万吨级邮轮泊位,码头长度 864 米,最多可同时停靠 4 艘邮轮;公平路码头有 2 万吨级客货运泊位 1 个,码头长度 263 米。2011 年,吴淞口国际邮轮码头一期工程建成投产,有 25 万吨级邮轮泊位和 15 万吨级邮轮泊位各 1 个,码头长度 674 米,最多可同时停靠 4 艘邮轮。

(3)港口集疏运

20 世纪 90 年代末,上海港集疏运系统中,本市箱源、江苏长江以南地区和浙江杭嘉湖地区的箱源均以公路运输为主,一般经沪宁、沪杭高速公路和 204 国道、312 国道、318 国道、320 国道、329 国道、104 国道等连接上海市的路网到达港区;江苏长江以北、浙江东部沿海等地区的箱源以水运为主,一般通过就近的港口经长江或沿海运达上海港;长江中上游地区的箱源以水运为主,少量通过铁路运输连接上海港。

进入 21 世纪后,在政府的大力推动下,公路、内河航道、铁路等硬件设施建设进展顺利,上海港集疏运体系逐步优化。

集装箱公路集疏运:20 世纪 80 年代,上海市公路运输企业每年为港口、车站集散货物的运输量达 1500 万吨以上。1992 年,上海地区有 23 家公司承揽集装箱公路运输业务,拥有集装箱专用车 500 多辆,约 989 个箱位的运力,其他还有苏浙两省及集体企事业单位的社会运输车辆,促使公路整箱运输比例有较大提升,出口重箱达 90.6%,进口重箱为 55%。至 2010 年底,上海港公路集装箱集疏运系统经过多年建设,基本形成以高速公路为主、干线公路为辅的集装箱集疏运通道。上海港各主要作业区都与市内道路衔接。长江口港区主要通过 A20(外环线)、A30(郊环线)的北段和西段对外相连,再通过省际高速公路与苏、浙两省对接。洋山深水港区主要通过东海大桥与 A30、A20 相连,再通过省际高速公路与苏、浙两省对接,或者通过 A2 与内环线相连。2003 年集装箱集疏运系统中,公路运输占比 78.6%,2010 年公路运输占比 51.7%,2015 年公路运输占比 55%。

集装箱水水中转:上海地处水网地带,水路运输条件优越。与沿海和长江港口航线密集,上海港至苏南地区的内河集疏运通道主要有苏申内港线、苏申外港线、太浦线,与浙北地区连接的内河集疏运通道主要有长湖申线、杭申线、平申线等。1986年,上海远洋运输公司开始以上海港为枢纽,开展国际集装箱沿海内支线运输,最初辟有上海—广东线,不久停航;以后相继开辟上海—大连、上海—天津、上海—青岛线。内支线船舶在上海港与干线船舶实现水水中转换装。1996年,上海港水水中转吞吐量为30.5万TEU,占集装箱吞吐量比例为15.5%。至2000年,水水中转吞吐量达到94万TEU,占比16.7%。2005年,上海港完成水水中转量444.9万TEU,占集装箱吞吐量比重提升至24.6%。2010年,上海港集装箱水水中转量达到1105.2万TEU,水水中转比重为38%,其中洋山深水港区水水中转比例为43.1%。2015年,上海港集装箱水水中转量达到1645万TEU,水水中转比重为45%,其中洋山深水港区水水中转比例达到49.6%。

集装箱江海联运和江海直达:2003年,上海港集装箱江海联运量不足100万TEU。2005年完成141.8万TEU,占港口集装箱吞吐量的7.84%。2010年,上海港完成江海联运量306万TEU,占港口集装箱吞吐量的10.53%,其中江海直达吞吐量83万TEU。2015年,上海港完成江海联运量达到497.7万TEU,占港口集装箱吞吐量的13.62%,其中江海直达吞吐量216.9万TEU,发展十分迅速。

集装箱国际中转:上海港于1996年开始集装箱国际中转业务。2003年完成13.9万TEU,2005年增至40.3万TEU,占全港集装箱吞吐量的2.23%。2010年为147.5万TEU,占全港集装箱吞吐量的5.07%。2015年达到252.8万TEU,占全港集装箱吞吐量的6.92%。

集装箱海铁联运:上海地区办理集装箱海铁联运业务的铁路车站主要有杨浦港站和芦潮港中心站。外高桥港区的海铁联运箱主要从码头通过公路短驳到杨浦港站装车,再经铁路支线接入京沪、沪昆两大铁路干线运往内地省市。洋山深水港区的海铁联运箱由集装箱卡车从港口经东海大桥驳运,到达芦潮港中心站完成装车,再通过浦东铁路进入国家铁路网。2003年,上海港海铁联运集装箱为7.5万TEU,占全港集装箱吞吐量的0.66%。2005年下滑至5.3万TEU。2007年,上海港口集装箱海铁联运量达到10.2万TEU。2010年再降至7.2万TEU,占全港集装箱吞吐量的比重为0.25%。2015年进一步降至5.4万TEU,占全港集装箱吞吐量的比重仅为0.15%。

(4)压船压货情况

"六五"期间,外贸进出口业务快速增长,与海港外贸装卸能力不足的矛盾十分突出。1981年春节前平均每天在港船舶达到249艘,其中外贸船舶155艘,而全港外贸装卸码头泊位仅30个,浮筒泊位5个;每天在港货物堆存量达到50万吨,延迟装卸导致赔偿,在国际上造成不好影响,引起中央高度关注。

1982年,经国务院有关部门批准,上海实行"两级(中央和地方)平衡、集中管理"的计划运输办法,市政府交通办组织协调各系统参与港口疏运,并充分利用厂矿企业的码头、专用铁路线装运疏港物资。当年上海港外贸船舶在港停泊时间从 1981 年的平均 11.4 天缩短到 8.3 天。

1984 年春节前后，上海港一度又出现压船压港的严重情况。压港远洋货轮和外轮日均在 75 艘左右，超过正常情况的 1/5；港存货物达到 65 万吨左右，超过正常堆存量。经过全市共同努力，至 7 月 18 日，港存货物压缩近 15 万吨，煤炭和铁矿石保持适当存量，从而保证上海港口库存畅通和各类船舶及时装卸。

1985 年，日平均在港船舶（包括内、外贸船舶）为 274 艘，比 1980 年的 202 艘增加 35.6%，码头能力缺口达到 3249 万吨，是 1980 年的 1499 万吨的 2.2 倍；日均停工待装卸船舶达 139 艘，比 1980 年的 75 艘增加 85.3%。其中日均在港的外贸船舶 130 艘，比 1980 年 69 艘增加 88.4%，而日均停工待装卸的外贸船舶达 87 艘，是 1980 年 38 艘的 2.3 倍。全年上海港共疏运各类物资 3462 万吨，日均疏运 9.5 万吨，外贸船舶日均开工舱口比上年多 41 个。

"七五"期间，港务局继续扩大港口吞吐能力和提高装卸生产效率。一方面新建关港作业区和宝山作业区，改造一批老码头，进口装卸机械；另一方面，设立上海港疏运公司，建立和扩大港外堆场，提升疏运能力。至"七五"后期，压船压货的状况已经消除。

（5）港口机械化程度

1978 年，海港公用码头共有装卸机械 4002 台，其中各类起重机 589 台，牵引车 350 台，输送机械 1188 台、17697 米，搬运车 276 台。

20 世纪 80 年代，港务局多方筹集资金，更新、新增主要装卸机械 1200 台，其中进口机械 700 台，投资约 1.3 亿元。至 1990 年，海港公用码头有各类装卸机械 3751 台，机械总数较 1980 年有所减少。其中，起重机械类 943 台，单机最大起重能力：固定式起重机为 30 吨，汽车起重机为 80 吨，轮胎起重机为 50 吨，履带起重机为 25 吨，浮式起重机为 500 吨；专用机械类 181 台，单机最大效率：装船机为 1500 吨/小时，堆料机为 1120 吨/小时，卸船机和斗轮堆取料机为 1200 吨/小时；集装箱机械类 108 台，单机最大起重能力：桥式起重机为 30.5 吨。1990 年与 1980 年相比，装卸机械技术性能和装备素质已发生质的变化，负荷 5 吨的轮胎起重机全部淘汰，8 吨起重机大部分消失；国外进口机械达到 948 台。但装备整体水平与国际先进水平仍有相当差距。

"八五"期间，港务局用于设备投资 12.4 亿元，用于设备更新 6.3 亿元，更新和新增装卸机械 1306 台。至 1995 年末，海港公用码头共有装卸机械 3178 台，比 1990 年减少 15.3%，但机械先进程度有很大提升。如引进的高效连续式链斗卸船机、散化肥螺旋式卸船机、成套散粮接卸专业设备、大型新功能门机等，分别在煤炭、散粮、散化肥三大主要散货专业化码头作业中占关键地位，大大提高了作业效率。

　　"九五"期间，件杂货作业继续萎缩，装卸机械数量大幅减少；集装箱业务迅猛增长，集装箱专用机械快速增加。1997年，上海港机厂为外高桥保税区港务公司建造1台50吨/50米超巴拿马型集装箱起重机，整机电气在国内首次采用交流变频控制技术。1998年，上海振华港机有限公司为龙吴港务公司量身定制1台用于内贸集装箱装卸的全新轻型40吨集装箱桥式起重机，经济实用，能接卸12排、1000箱的集装箱船，装卸效率近40箱/小时。至2000年末，海港公用码头有装卸机械2745台，比1990年减少26.8%。其中，集装箱机械类124台，单机最大起重能力：集装箱桥式起重机为50吨，高架起重机为80吨。

　　21世纪前十年，为适应船舶大型化和码头规模化运营，港口装卸机械加速向集装箱化、大型化、自动化和智能化转变。外高桥港区四、五期码头单泊位集装箱装卸桥配备达到4台，岸桥密度与亚洲先进港口基本一致；配备岸桥的外伸距达到63米，单机最大起重量61吨，岸桥单机效率达到国际先进水平。2004年，上海振华港机股份有限公司与上港集团合作研发，在外高桥港区五期码头投入使用第一台真正融入码头生产的具有两套起升机构的双40英尺桥吊。2005年底，洋山深水港区一期码头配备外伸距65米的集装箱装卸桥18台，其轨面以上起升高度43米，单机最大起重量65吨；配备场地轮胎吊60台，起升高度18.2米，单机最大起重量60吨。2006年，上海振华港机股份有限公司向洋山深水港区提供13台双40英尺桥吊，采用双电动机和双卷筒结构，上港集团为其开发配套的码头集装箱装卸工艺系统、计算机实时生产管理系统、设备安全保障系统，使洋山深水港区二期码头成为国内第一个全面装备双40英尺桥吊的集装箱码头。2010年，外高桥港区六期码头安装9台吊具下负荷61吨、外伸距63米的集装箱装卸桥和1台吊具下负荷80吨、外伸距63米的集装箱装卸桥。这些大型机械的使用，标志着上海港装卸机械达到世界领先水平。

　　2010年，海港公用码头共有生产用装卸机械5766台（包括从2003年开始纳入统计的集装箱挂车1921台），无论数量和质量都比10年前有了飞跃式发展。2014年，海港公用港区共有生产用装卸机械6749台，其中集装箱岸边起重机157台。2015年，海港公用港区集装箱岸边起重机增至160台，分别置于洋山港区64台、外高桥港区82台、吴淞港区14台。

　　（6）港口装卸工艺情况

　　1978年6月—1979年12月，上港六区北票码头6号泊位完成煤炭系列化作业线改建。1980年，完成上港七区中华南栈3号泊位技术改造。煤炭系列化作业线使煤炭装卸由传统装卸工艺向机械化装卸工艺转变，作业线可以根据装卸要求组成船→场、船→火车、船→驳船三种工艺流程。其中卸船作业的船→场工艺流程为船→门座式起重机（或桥式起重机）→轨道漏斗→固定带式输送机→堆煤机→场地。煤炭起卸出舱倒入漏斗后，余下的全部操作过程均由中心控制室操纵。煤炭机械化作业线使装卸效率提高37%～54%，劳动力节省65%以上。

　　"六五"期间,上港四区白莲泾码头建成木材机械化作业线,木材装卸工艺实现重大改革,进口原木卸船、堆桩、扎排和装驳抓斗化,机械化作业比重达95%以上,装卸效率提高62%,船舶在港停时缩短59%。1984年,原木装卸工艺获交通部优秀科技成果奖二等奖。

　　"七五"和"八五"期间,上海港瞄准国外港口的先进工艺。对煤炭装卸生产继续进行专业化改造,先后完成煤炭装卸公司老白渡码头、张家浜码头、北栈码头改造工程和朱家门煤码头工艺改造等项目,使上海港公用煤炭装卸码头全部实现系列化、机械化作业。同时,港务局对散化肥装卸泊位和矿石装卸泊位进行技术改造,有效提升装卸工艺水平。如新华港务公司于1992年改造投产的7号泊位散化肥半专业化码头,采用全封闭输送螺旋式卸船机,使原间歇式、污染严重的落后工艺,一跃成为远东一流的连续卸船工艺,平均船时效率由原来的380吨提高到489吨,并解决了散化肥严重污染周围环境的问题。上海港科研所开展扩大件杂货装卸单位的工艺研究,采用线性回归方程原理,在装卸工艺、设备工具等方面作系统改进,提出经济合理的装卸单元尺度和工艺系统各环节装卸单元尺度匹配图。该成果对提高非集装箱货类装卸效率,节约能源消耗,降低装卸成本成效显著。在实际应用中,使生产效率提高30%,装卸成本降低8%,利润提高18%。1990年和1992年,木材装卸公司的卡环式木材集装运输工艺系统先后获上海市科学技术进步奖三等奖、布鲁塞尔尤利卡世界发明展览会金奖。1992年,木材成组运输新工艺及向货主码头延伸项目获交通部科技进步奖三等奖。

　　自"九五"时期起,上海港集装箱业务快速发展,集装箱装卸工艺趋向完善。海通滚装码头建成后,上海港汽车滚装工艺逐步成熟。随着罗泾二期工程建成投产,散货装卸大型化、连续化的工艺特征日益突出。2007年,上港集团与振华港机集团、上海交通大学合作研发的一种集装箱自动化堆场及堆场装卸工艺分别获中国航海学会科学技术奖一等奖、中国港口协会科技进步奖一等奖;上海海事大学研发的通用性集装箱码头装卸工艺设计优化仿真技术研究及实验型工具软件的开发项目获中国港口协会科技进步奖三等奖。2010年,上港集团宝山分公司研究制定的钢材类货物装卸工艺优化方案,获中国港口协会科技进步奖二等奖。

　　至2015年,上海港主要装卸工艺流程如下:

　　①集装箱装卸工艺流程。

　　门机(船吊)⟷集卡⟷堆场;

　　堆场⟷集卡⟷港外;

　　堆场⟷火车⟷港外;

　　堆场⟷拆装箱⟷货主汽车⟷港外。

　　②汽车装卸工艺流程。

　　上船:车辆→停车场→跳板→滚装船;

下船:滚装船→跳板→停车场→出场。

③件杂货装卸工艺流程。

船—堆场:门机(船吊)←→拖车←→轮胎吊←→堆场;

堆场—港外:堆场←→轮胎吊←→货主汽车←→港外;堆场←→轮胎吊←→火车←→港外。

④杂货装卸工艺流程。

驳船—库、场:驳船→流动吊车→拖车→叉车→仓库;

驳船—海轮:驳船→流动吊车→拖车→门机或吊车→海轮;

库场—海轮:库场→流动吊车(或叉车)→拖车→门机或吊车→海轮。

⑤矿石装卸工艺流程。

门机抓斗←→推耙机←→堆场←→港外;

门机抓斗←→推耙机←→堆场←→火车←→港外。

（7）港口吞吐量情况

总吞吐量:1978 年,海港完成货物吞吐量 7954.8 万吨。1978 年,上海交通系统所属内河专业装卸企业完成装卸操作量 1349 万吨,其中船舶装卸操作量 1013 万吨。1980 年,海港完成货物吞吐量 8304.7 万吨,占全国沿海港口吞吐量的 39%。上海内河 39 个港口共完成货物吞吐量 4545.9 万吨。1984 年,上海港货物吞吐量首次突破 1 亿吨,跻身于当时世界上为数不多的亿吨大港行列。1985 年,海港完成货物吞吐量 11290.5 万吨,占全国沿海主要港口吞吐量的 36.3%,超过全港核定综合吞吐能力 8041 万吨约 40.4%。上海内河 39 个港口完成货物吞吐量 6828 万吨。1990 年,海港完成货物吞吐量 13959 万吨,比 1980 年增长 68.1%。上海内河 11 个港口共完成货物吞吐量 3729.9 万吨。随着周边港口加速发展和上海港部分货物分流至周边港口,上海港占全国沿海港口吞吐量的比重下降至 30.1%。1997 年,上海内河港口完成货物吞吐量 7221.6 万吨。2000 年,海港货物吞吐量首次突破 2 亿吨,达到 20440.2 万吨,比 1990 年增长 46.4%。2004 年,上海内河港口完成货物吞吐量达到 10574.6 万吨,首次突破 1 亿吨。2005 年,海港突破 4 亿吨,达到 44317.2 万吨,比"九五"期末增长 116.7%。2006 年起,上海海港与内河港在统计口径上合为一个港口,海港与内河港之间往来货物不再作为吞吐量计算,该年内河港口货物吞吐量统计口径一下子降为 6708.5 万吨。2010 年,上海市港口共完成货物吞吐量 65339.4 万吨,其中海港完成货物吞吐量 56319.9 万吨,内河港口完成货物吞吐量 9019.5 万吨。2015 年,上海市港口共完成货物吞吐量 71739.6 万吨,其中海港完成货物吞吐量 64906.0 万吨,内河港口完成货物吞吐量 6833.6 万吨。

外贸吞吐量:1978 年,上海港完成外贸吞吐量 1572 万吨,占海港货物吞吐量的 19.8%。1990 年,完成外贸吞吐量 2592.9 万吨,占海港货物吞吐量的 18.6%。2000 年,完成外贸吞吐量 7632.9 万吨，比 1995 年增长 86.8%，是 1990 年的 2.9 倍。外贸装卸业务已经成为拉动上海港持续发展的重要动力。至 2010 年，上海港外贸吞吐量达到 30225 万吨，占海港货物吞吐量的 53.7%。至 2015 年，上海港外贸吞吐量达到 37797.1 万吨，是 1978 年的 24 倍，占海港货物吞吐量的 52.7%。

集装箱吞吐量：上海港集装箱班轮运输业务始于 1978 年 9 月，该年完成集装箱吞吐量 61335 箱，折合国际标准吞吐量 0.8 万 TEU。1985 年，完成 20.2 万 TEU。1990 年，完成集装箱吞吐量 45.6 万 TEU，其中外贸箱 40.5 万 TEU、内贸箱 4.9 万 TEU。2000 年，完成集装箱吞吐量 561 万 TEU，其中外贸箱 431.2 万 TEU、内贸箱 30 万 TEU。2003 年，集装箱吞吐量突破 1000 万 TEU。2005 年，集装箱吞吐量达到 1808.5 万 TEU，其中外贸箱 1557.7 万 TEU、内贸箱 250.8 万 TEU。2006 年，集装箱吞吐量突破 2000 万 TEU。2010 年，集装箱吞吐量达到 2906.9 万 TEU，其中外贸箱 2529.6 万 TEU、内贸箱 377.3 万 TEU。2015 年，集装箱吞吐量达到 3653.7 万 TEU，占全国港口集装箱吞吐量的 17.23%。

集装箱班轮航线航班：1993 年，上海港每月已有全集装箱班轮航班 161 个（不包括件杂货船捎带集装箱和其他未经批准的班轮船舶）。2000 年，上海港集装箱航班密度为 1312 班/月，其中国际航线航班 882 班/月（其中远洋航班 176 班次/月、近洋航班 276 班次/月），内支线航班 430 班/月（其中沿海内支线 60 班/月、长江内支线 361 班/月、内河内支线 9 班/月），集装箱干线直接辐射到世界 120 多个港口，国内开通上海至大连、天津、烟台、青岛、连云港、宁波、温州、海门等港口的沿海内支线，以及长江中下游主要港口的长江内支线。2005 年，上海港集装箱航班密度为 1967 班/月，其中国际航线航班密度 942 班/月（其中远洋航线班 469 班次/月、近洋航线班 473 班次/月），内支线航班 759 班/月（其中沿海内支线 112 班/月、长江内支线 612 班/月、内河内支线 35 班/月），内贸航线航班 266 班/月。2010 年，上海港已开通集装箱班轮航线 983 条，集装箱航班密度达到 2631 班/月，其中国际航线航班 1278 班/月（其中远洋航线 646 班/月、近洋航线 632 班/月），内支线航班 1003 班/月（其中沿海航线 86 班/月、长江航线 896 班/月、内河航线 21 班/月），内贸航线航班 350 班/月。沿海内支线通达锦州、营口、天津新港、大连、青岛、连云港、烟台、广州、宁波、深圳、温州、乍浦、厦门、福州 14 个港口；长江内支线通达涪陵、万县、泸州、重庆、宜昌、沙市、株洲、武汉、黄石、九江、安庆、铜陵、芜湖、南京、镇江、扬州、泰州、江阴、常熟、张家港、南通、太仓、长沙、岳阳、南昌、常州、马鞍山等港口；内河内支线通达无锡、湖州、嘉兴等港口。截至 2013 年，上海港与 214 个国家和地区的 2700 多个港口建立了集装箱货物贸易往来。2015 年集装箱航班密度达到 3237 班/月，其中国际航线航班 1184 班/月（其中远洋航线 537 班/月、近洋航线 577 班/月），内支线航班 1683 班/月（其中沿海航线 67 班/月、长江航线 1539 班/月、内河航线 77 班/月），内贸航线 370 班/月。

旅客吞吐量：1980 年，上海港国内客运航线旅客吞吐量为 787.1 万吨人次，其中旅客发送量 444.8 万人次、到达量 342.3 万人次；国际航线旅客吞吐量为 27323 人次，其中旅客发送量 12882 人次、到达量 14441 人次。1985 年，国内客运航线旅客吞吐量 1253.1 万人次，其中旅客发送量 619.8 万人次、到达量 633.3 万人次；国际航线旅客吞吐量 4.8 万人次，其中沪港线 2.3 万人次、中日线 1.6 万人次、其他国际旅游船 0.4 万人次。1990 年，国内客运航线旅客吞吐量降为 1105.8 万人次，其中旅客发送量 552.4 万人次、到达量 553.4 万人次；国际航线旅客吞吐量 5.6 万人次，其中沪港线 2.4 万人次、中日线 1.9 万人次、国际旅游船 1.4 万人次。1998 年，上海港旅客吞吐量统计口径发生重大变化，原先作为市内运输统计的崇明三岛旅客运输开始被纳入长江航线客运量统计，因此国内客运航线旅客吞吐量在 2000 年仍达到 1057.7 万人次，其中旅客发送量 536.6 万人次、到达量 521.2 万人次。2000 年，上海港共停靠国际线客运航班和旅游船 183 艘次，完成旅客吞吐量 5.5 万人次，其中中日线 13338 人次、中韩线 13195 人次、国际旅游船 28357 万人次。"十五"期间，上海与沿海、长江的水路客运继续萎缩。2001 年 6 月 23 日，宁波海运集团公司的"天封"轮搭载着 330 多名旅客，完成从上海到宁波的最后一个航班后正式停驶该航线。2002 年，上海至启东、青龙港、高港等客运航线停航。2003 年上半年，上海至长江干线客运航班停航。至 2010 年，国内客运航线旅客吞吐量减少为 139.5 万人次，其中旅客发送量 70.9 万人次、到达量 68.6 万人次；至浙江岛屿的旅客发送量 70 万人次，至武汉和重庆旅游船的游客发送量分别为 0.4 万人次和 0.5 万人次。2010 年，海港完成国际航线旅客吞吐量 28.5 万人次，其中中日航线 2.2 万人次、游轮旅客 26.5 万人次。2015 年，上海港完成旅客吞吐量 224.7 万人次，其中国内航线完成 59 万人次、国际航线完成 165.7 万人次（含邮轮）。

邮轮母港靠泊船舶艘次和旅客吞吐量：2006 年，上海港共接邮轮 59 艘次，其中母港邮轮 25 艘次、访问港邮轮 34 艘次；邮轮出入境游客达到 3.6 万人次，其中母港邮轮旅客吞吐量 2.6 万人次。2010 年，上海港共接邮轮 107 艘次，其中母港邮轮 60 艘次、访问港邮轮 47 艘次；邮轮出入境游客达到 26.3 万人次，其中母港邮轮旅客吞吐量 17 万人次。"十一五"期间，上海港邮轮业务迅猛发展。2015 年，上海港共接邮轮 341 艘次，其中母港邮轮 317 艘次、访问港邮轮 24 艘次；邮轮出入境游客达到 164.3 万人次，其中母港邮轮旅客吞吐量 159.5 万人次。

港口吞吐量世界排名：1984 年，上海港货物吞吐量世界排名约第 10 位。1994 年，上海港在世界二十大主要矿石装卸港名列第 7 位。1995 年，上海港在世界 18 个主要煤炭装卸港和七大世界散货装卸大港排序中分别名列第 3 位和第 4 位。2005 年，货物吞吐量超越新加坡港（4.23 亿吨），成为世界第一大货运港口。2006—2011 年，上海港继续保持世界第一大货运港地位。2012—2015 年，位居世界第二。

港口吞吐量全国排名；1978—2011 年，港口货物吞吐量位居全国第一。2012—2015年，位居全国第二。

集装箱吞吐量世界排名：1990 年，上海港集装箱吞吐量跃升世界集装箱港口第 40位。1993 年，上海港集装箱吞吐量进入世界集装箱港口前 30 位，名列第 27 位。1995 年，上海港集装箱吞吐量名列世界集装箱港口第 19 位。1998 年，上海港集装箱吞吐量名列世界集装箱港口第 10 位。2000 年，上海港集装箱吞吐量在世界集装箱港口的名次提升至第 6 位。2001 年、2002 年、2003 年，上海港先后晋升为世界集装箱港口第 5 位、第 4 位和第 3 位。2007 年，上海港集装箱吞吐量超越香港，名列世界集装箱港口第 2 位。2010—2015 年，上海港集装箱吞吐量始终位居全球第一。

集装箱吞吐量全国排名（暂不包括中国香港特别行政区和中国台湾地区港口）：1978—2015 年，始终排名全国第一。

上海港港区分布图如图 8-5-1 所示。上海港基本情况表见表 8-5-1。

（二）外高桥港区

1. 港区综述

（1）港区建设和运营概况

外高桥港区位于吴淞口以南的长江南岸，是自 20 世纪 90 年代逐步发展起来的以集装箱、油品运输为主的大型深水港区，码头等级以 3 万～5 万吨级为主。

港区起步于"八五"期间，借力浦东开发开放和上海国际航运中心建设，持续实施外高桥港区一期至六期工程，以及外高桥造船厂、外高桥发电厂等单位专用码头。至 2010年，该港区成为上海港最主要的集装箱港区。

"八五"期间，上海港加快新港建设，抓住浦东开发开放机遇，启动外高桥港区一期工程。1991 年 7 月 1 日—1993 年 10 月 30 日，建成外高桥港区一期工程。

"九五"期间，完成外高桥港区一期码头集装箱化改造工程和二期工程，实施外高桥港区三期工程，外高桥港区四期水工码头试打桩开工。

"十五"期前两年，主要建设外高桥港区三期和四期工程。"十五"期后三年，主要建设外高桥港区五期工程和两个内支线泊位工程。外高桥港区开发出全新的现代集装箱港区功能横断面布置模式，采用大纵深的规划方法，二期、三期、四期、五期码头陆域纵深分别达到1200 米、1020 米、1200 米和1220 米，超过欧洲主要港口集装箱码头500～700 米纵深，达到北美主要港口集装箱码头 750～1200 米的上限。外高桥港区一期至五期工程港区绿地配置达 100 万平方米，体现"自然、人与港口和谐"发展。四期和五期工程在码头平面布置时，对水转水作业码头采用在大码头内侧加宽 30 米的方案，在国内同类码头中具有独创性和示范性。外高桥港区四期工程获国家建设工程最高奖——"鲁班奖"。

图 8-5-1　上海港港区分布图

表 8-5-1

上海港基本情况表

序号	港区名称	港口岸线 港口规划岸线 (千米)	港口岸线 其中:2015年前已建成岸线 (千米)	2015年港口生产用泊位 生产用泊位数 (个)	其中:万吨级及以上 (个)	生产用泊位总长 (米)	其中:万吨级及以上 (米)	其中:1978—2015年建成的生产用泊位 生产用泊位数 (个)	其中:万吨级及以上 (个)	生产用泊位总长 (米)	其中:万吨级及以上 (米)	2015年港口货物和旅客吞吐量 货物吞吐量 (万吨)	其中:外贸货物吞吐量 (万吨)	集装箱 (万TEU)	滚装车辆 数量 (万辆)	滚装车辆 质量 (万吨)	旅客 (万人)	其中:国际旅客 (万人)
1	宝山-罗泾港区	29.2	20.4	96	50	14782	10337	96	50	14782	10337	—	—	—	—	—	—	—
2	外高桥港区	83.1	19.1	71	37	13759	10162	71	37	13759	10162	—	—	—	—	—	—	—
3	杭州湾港区	63.2	8.4	38	15	6628	3718	38	15	6628	3718	—	—	—	—	—	—	—
4	洋山港区	8.4	6.2	19	17	6210	6020	19	17	6210	6020	—	—	—	—	—	—	—
5	黄浦江上游港区	48.8	23.7	166	16	12932	2922	123	15	10217	2652	—	—	—	—	—	—	—
6	黄浦江中游港区	25.6	15.5	16	4	1553	1127	15	4	1492	1127	—	—	—	—	—	—	—
7	黄浦江下游港区	45.4	32.7	154	24	12642	4214	46	10	4316	2007	—	—	—	—	—	—	—
9	崇明三岛港区	101.6	18.7	51	10	6551	3409	47	10	6274	3409	—	—	—	—	—	—	—
	合计	405.3	144.7	611	173	75057	41909	455	158	63678	39432	—	—	—	—	—	—	—

"十一五"期间，外高桥港区六期工程基本建成，投入试生产。

1991—2010 年，围绕上海重化工业和城市公用事业的布局和发展，在外高桥港区新建了一批单位专用码头，如外高桥电厂3.5万吨级卸煤码头工程，中船外高桥造船基地1号～3号突堤码头工程，1号、2号舾装码头工程、3号舾装码头工程，外高桥电厂二期卸煤码头工程，上海外高桥粮食储备库良友新港码头一期工程。

至 2015 年，外高桥港区由两部分组成：

高桥嘴作业区，西起边防码头，东至外高桥造船厂东边界，陆域纵深 200～1200 米。作业区内有上海浦东国际集装箱码头有限公司经营的外高桥一期码头，上港集团振东分公司经营的外高桥二期、三期码头。

五号沟作业区，西起外高桥造船厂东边界，东至白龙港污水处理厂，陆域纵深 600～2800 米。作业区内有上海沪东集装箱码头有限公司经营的外高桥四期码头、上海明东集装箱码头公司经营的外高桥五期码头、上海明东集装箱码头公司和上海海通国际汽车有限公司经营的外高桥六期码头。

外高桥港区 2012 年完成集装箱吞吐量 1536.4 万 TEU、货物吞吐量 14263 万吨，2013 年完成集装箱吞吐量 1607.8 万 TEU、货物吞吐量 15068.2 万吨，2014 年完成集装箱吞吐量 1716.3 万 TEU、货物吞吐量 17723.4 万吨，2015 年完成集装箱吞吐量 1816.5 万 TEU、货物吞吐量 15761.9 万吨，2016 年完成集装箱吞吐量 1827.8 万 TEU、货物吞吐量16429.5 万吨，2017 年完成集装箱吞吐量 2125.5 万 TEU、货物吞吐量 17723.4 万吨。

（2）港区地理条件和集疏运概况

上海市位于长江口和杭州湾间，为平原地貌。沿岸地形平坦，边滩发育，海底地貌在长江口外为水下三角洲。长江口自徐六泾以下喇叭状展宽，平面上呈三级分汊、四口入海之势，形成北支、北港、北槽和南槽四条入海水道并存格局，均发育拦门沙。上海主要为浅海相、滨海相及三角洲相沉积。长江口地震烈度为 7 度。

外高桥港区集装箱集疏运方式有公路、水水中转，其中以公路为主。外高桥港区各期工程均布置港区纵横向主干道，纵向主干道设两个进出港大门（一进一出）与市政道路相连。高桥嘴地区，外高桥港区一期、二期、三期集装箱作业区及各货主专用码头可通过杨高路、欧高路、浦东北路、港华路等进港道路与外环线相接，进入干线路网；五号沟地区，外高桥港区四期、五期、六期集装箱作业区及各货主专用码头主要通过洲海路、顾高公路等疏港公路经外环线及五洲大道连接城市干线路网。港区铁路，规划利用浦东铁路引进港区，外六期下游布置预留铁路接口。构成浦东地区内河网的河道中，东西向航道有东沟—赵家沟，其中赵家沟航道为内河三级航道，可通行 1000 吨级船舶。

2.港区工程项目

（1）外高桥石化码头工程

1989年12月开工建设，1991年4月试运行，1991年12月竣工。

项目建设依据：1986年，国家对外经济贸易部《关于外高桥丙烯腈临时码头改造工程项目的批复》（外经贸基字〔1986〕667号）。1985年，上海港务监督《关于外高桥丙烯腈码头的使用和改造问题的复函》（沪港监〔1985〕244号）。

该码头由引堤、引桥和卸油码头三大部分组成。引堤为重力式结构，混凝土和块石护面，全长41米。引桥为高桩线桥式结构，全长214米。码头长度124米，由4个高桩墩台式靠船墩和3个高桩框架梁板式联系码头组成。码头前沿线水域总设计长度为366.5米，设置独立的系靠船墩2只、系船墩3只。码头设计停靠3.5万吨级船舶，可兼顾5万吨级船舶。码头前沿水深10.5米，后方堆场年堆存能力109.5万吨，总投资1214.16万元，资金来源为企业自筹。

项目建设单位为外高桥石化码头筹建处；设计单位为交通部第三航务工程勘察设计院、上海高桥石化公司设计院；施工单位为交通部第三航务工程局；质监单位为上海港口建设工程质量监督站。

外高桥石化码头为国家大中型水运工程项目，由中国石化总公司东方储罐有限公司和高化公司联合投资建设。码头坐落于长江口南翼，为开敞式专用码头。项目的投产推动了高桥石化公司的发展，满足了公司对外化外产品和成品油业务水上运输的需求。

（2）外高桥港区一期工程

1991年7月开工建设，1993年10月试运行，1994年10月竣工。

项目建设依据：1989年6月，交通部第三航务工程勘察设计院编制完成《上海港外高桥新港区一期顺岸码头工程预可行性研究报告》；1990年7月，交通部第三航务工程勘察设计院编制完成《上海港外高桥新港区一期工程（顺岸码头）可行性研究报告》。1990年9月，国家计划委员会《关于"上海港外高桥新港区一期工程项目建议书"的批复》（计委技工〔1990〕1231号）。1991年6月，国家计划委员会《关于"上海港外高桥新港区一期工程设计任务书"的批复》（计交通〔1991〕882号）。1991年8月，国家交通投资公司《关于"上海港外高桥新港区一期工程初步设计"的批复》（交投水〔1991〕91号）。1990年12月，国家环境保护局《关于审批上海外高桥新港区顺岸码头工程环境影响报告书的函》（环监〔1990〕126号）。1991年4月，上海市人民政府《关于批准上海港务局外高桥新港区一期工程（顺岸码头）征地划拨国有土地和撤销生产队建制的通知》（沪府土征〔1991〕136号）。1989年7月，上海市计划委员会《关于划分外高桥电厂和外高桥新港区一期工程码头岸线的通知》（沪计交〔1989〕482号）。

项目新建万吨级泊位4个、长江驳泊位1个，泊位总长度900米。其中2.5万吨级泊位 1 个,长 240 米;1.5 万吨级多用途泊位 1 个,长 180 米;1.5 万吨级钢杂泊位 1 个,长 180 米;2.5 万吨级木材兼矿建泊位 1 个,长 240 米;2 千吨级长江驳泊位 1 个。建造引桥 4 座,总长度 646.5 米。码头和引桥均采用高桩梁板结构,前沿设计水深 11 ~ 11.5 米。新建钢筋混凝土防汛墙 972 米,墙顶高程 +9.5 米。码头设计年吞吐能力 240 万吨,并预留改为集装箱泊位的设施。建设堆场道路总面积 32.94 万平方米,其中生产性堆场 22.06 万平方米(包括集装箱堆场 3.42 万平方米、沥青杂货堆场 6.99 万平方米、简易堆场 8.67 万平方米)、其他混凝土场地 2.97 万平方米、道路 10.88 万平方米。截至 1994 年 9 月,工程累计投资 62472.5 万元。利用世界银行贷款 748.6 万美元。陆域用地 49.8 万平方米。

项目建设单位为上海港务局;设计单位为交通部第三航务工程勘察设计院;施工单位为上海港口建设总公司、交通部第三航务工程局、上海港务工程公司、宁波市第二建筑工程公司;监理单位为上海远东监理工程有限公司;质监单位为上海港口建设工程质量监督站。

该项目成为上海港在长江口南岸建造的第一座顺岸式集装箱码头,水工结构专业 1998 获上海市优秀专业设计三等奖、地质勘察 1998 年获交通部优秀勘察三等奖。

外高桥一期工程是浦东新区建设的起步工程,对促进浦东开发开放初期发展发挥了重要作用。上海市政府对外高桥港区建设极为重视,专门成立了港口建设领导小组,统一领导和协调新港区的规划和建设工作。国家计划委员会、上海市政府和交通部全力支持、密切协作。外高桥新港区一期工程被确定为国家"八五"重点项目、上海市开发浦东的十大基础性设施之一。该项目经上海市质监总站评为 1993 年度上海市十大样板工程之一。1997 年,该码头进行集装箱化改造。

(3)外高桥电厂码头工程

1992 年 3 月开工建设,1994 年 6 月试运行,1994 年 6 月竣工。

项目建设依据:1990 年,交通部第三航务工程勘察设计院编制完成《上海外高桥电厂工程可行性研究报告》。1990 年,国家电力规划设计院《关于上海外高桥电厂工程可行性研究报告审查意见的函》(电规发字〔1990〕51 号);1991 年,国家能源投资公司《关于批复上海外高桥电厂工程项目设计任务书的报告》(能投计〔1991〕14 号)。1990 年,上海港务局《关于上海市电力工业局外高桥电厂码头选址意见的批复》(沪港政字〔1990〕0906 号)。

新建 3.5 万吨级浅吃水肥大型海轮泊位 1 个,码头长 280 米、宽 28 米,码头前沿水深 11.0 米;引桥长 244 米、宽 15.5 米。另建施工临时码头 1 座,长 90 米、宽 10 米。码头采用 T 形布局,总投资 2677 万元,资金来源为企业自筹。

项目建设单位为上海外高桥电厂筹建组;设计单位为交通部第三航务工程勘察设计院;施工单位为交通部第三航务工程局;质监单位为上海港口建设工程质量监督站。

外高桥电厂建设工程作为开发浦东、开放浦东的先行和基础工程,列为国家电力建设的重点工程项目。新建的 3.5 万吨级的卸煤码头则是电厂的咽喉工程。项目建成后年卸煤能力为 540 万吨。

（4）上海高桥石化公司炼油厂海滨 0 号、00 号油码头工程

1994 年 5 月开工建设，1995 年 12 月试运行，1995 年 12 月竣工。

项目建设依据：1979 年，国家石油部《关于同意上海炼油厂在外高桥方向临近海运局现有码头处，新建三万吨级原油码头的批复》（油计字〔1979〕249 号）。1982 年，上海港务监督《关于上海炼油厂卸油码头使用岸线的复函》（沪港监〔1982〕79 号）。

上海炼油厂 0 号、00 号码头工程位于长江口南港南岸，在上海炼油厂原海滨 1 号码头西面。新建 0 号码头，规模为 3 万吨级油轮泊位 1 个，码头长 128 米、宽 20 米，码头前沿水深 10 米；新建 00 号码头，规模为 5000 吨级油轮泊位 1 个，码头长 66 米、宽 15 米，码头前沿水深 7.5 米，码头均为高桩梁板结构。建设总引桥 1 座，长 467 米、宽 9 米（其中 5 米为车行道、4 米为管架）；0 号码头 L 形支引桥 1 座，长 86 米、宽 10 米；00 号码头支引桥 1 座，长 208.5 米、宽 9 米。另有系缆墩 8 座、联系桥墩 1 座，联系钢引桥 10 座。1997 年，0 号油码头由 3 万吨级泊位改建为 6 万吨级泊位。总投资 3500 万元，由企业自筹。

项目建设单位为上海高桥石油化工公司；设计单位为交通部第三航务工程勘察设计院、北京石油设计院；施工单位为中交第三航务工程局；质监单位为上海港口建设工程质量监督站。

随着国内经济的迅速发展，市场对石油产品的需求逐年增加，上海炼油厂因国内已不能满足其生产需求，需要进口大量原油来补充。该码头的建成，满足了上海炼油厂进口原油的油轮靠泊要求，从而保证了生产的正常进行。

（5）外高桥港区一期工程集装箱化改造工程

1997 年 7 月开工建设，1998 年 6 月试运行，1998 年 6 月竣工。

项目建设依据：1997 年 4 月，交通部审批通过上海港务局提交的外高桥一期集装箱码头改造工程项目（交厅计字〔1997〕35 号）。1998 年 8 月，国家经济贸易委员会《关于上海港外高桥港区集装箱码头改造工程项目工程可行性研究报告的批复》（国经贸改〔1998〕535 号）；1998 年 12 月，交通部《关于上海港外高桥港区集装箱码头改造工程项目初步设计的批复》（水运基建字〔1998〕223 号）。

将原 4 个泊位改建成 3 个大型集装箱泊位，可全天候靠泊第二代集装箱船，乘潮靠泊第三代、第四代集装箱船（设计靠泊能力 5.0 万吨，码头水工建筑允许靠泊能力 10.0 万吨）。高桩式码头，利用自然岸线顺岸布置。岸线总长 900.0 米，前沿水深 10.5 米。改造堆场 20.4 万平方米，设计年吞吐能力 60 万 TEU。改造完成后，码头上装备岸边集装箱起重机 11 台、堆场装备轮胎式集装箱起重机 42 台、集装箱空箱堆高机 9 台、集装箱正面吊 3 台。总投资 3.82 亿元，为政府投资。陆域用地 49.8 万平方米。

项目建设单位为上海港务局；设计单位为交通部第三航务工程勘察设计院；施工单位

为上海港口建设总公司、交通部第三航务工程局、上海港务工程公司等;质监单位为上海港口建设工程质量监督站。

该项目拉开了上海港在外高桥和五号沟地区建造规模化集装箱港区的序幕。2014年12月31日,根据上海市交通委员会《上海市交通委员会关于同意上海港罗泾港区二期工程等码头结构加固改造工程通过竣工验收的批复》(沪交建〔2014〕945号),外高桥港区一期工程码头结构加固改造工程通过验收,1号泊位和2号泊位上游120米(改造泊位长度总计420米)范围内的码头经结构加固改造后,码头水工结构可靠泊10万吨级集装箱船舶作业。

该项目是上海港在长江口南岸建造的第一座顺岸式集装箱码头。外高桥一期码头集装箱化改造后,及时地缓解了20世纪90年代末上海港集装箱吞吐量高速增长与装卸能力严重不足的矛盾。一期集装箱码头,有通往大洋洲、非洲、中东、东南亚、日本等集装箱班轮航线30余条,现代商船、中远海运、阳明海运、太平船务、以星航运等大型船公司有定期班轮航线。

(6)外高桥港区二期工程

1997年9月开工建设,1999年8月试运行,2000年1月竣工。

项目建设依据:1996年3月,中交水运规划设计院编制完成《上海港外高桥(高桥嘴)港区二期工程工程预可行性研究报告》。1997年7月,中交水运规划设计院编制完成《上海港外高桥(高桥嘴)港区二期工程工程可行性研究报告》。1997年9月4日,国家计划委员会《关于审批上海港外高桥(高桥咀)港区二期工程项目建议书的请示的通知》(计交能〔1997〕1561号)。1999年10月10日,国家计划委员会《关于审批上海港外高桥(高桥咀)港区二期工程可行性研究报告的请示的通知》(计基础〔1999〕1549号)。1999年10月,国家计划委员会《关于审批上海港外高桥(高桥嘴)港区二期工程可行性研究报告的请示的通知》(计基础〔1999〕1549号)。1999年12月,交通部《关于上海港外高桥(高桥咀)港区二期工程初步设计的批复》(交水发〔1999〕675号)。1997年5月,国家环境保护局《关于核发上海港外高桥(高桥嘴)港区二期环境影响评价大纲审查意见的复函》(环监建〔1997〕122号);1997年5月,上海市城市规划管理局《关于核发上海港外高桥(高桥嘴)港区二期工程建设用地规划许可证的通知》(沪规区一〔1997〕第448号)。

建设顺岸式全集装箱专用泊位3个,码头总长度899.17米。新建引桥4座,总长度190米。新建引堤4座,总长度164.2米。码头和引桥均采用钢筋混凝土高桩梁板结构。建成后可同时停泊2艘第三代、第四代集装箱船和1艘第一代集装箱船,码头结构和水深按停靠第五代集装箱船的靠泊要求进行设计,为14.2米(设计靠泊能力5.0万吨级,码头水工建筑允许靠泊能力10.0万吨级)。新建钢筋混凝土防浪墙713.8米,墙顶高程为+9米。设计年吞吐能力近期达到60万TEU,远期达到80万TEU。港区陆域纵深约1200

米。陆域总面积约 98.74 万平方米。堆场道路总面积为 65.37 万平方米,其中普通重箱、空箱、危险品箱、冷藏箱堆场 38.24 万平方米,拆装箱堆场 4.46 万平方米,集卡停车场 1.01 万平方米。配备集装箱桥式起重机 6 台、轮胎式龙门起重机 20 台、其他装卸工艺设备 122 台。交通部批准初步设计总概算为 193915.43 万元,其中包括用于进口设备的外汇额度 4200 万美元(汇率按 1:8.3 计算)和建设期贷款利息 13000 万元。2000 年 1 月 31 日,交通部组织有关单位和部门组成验收委员会,通过了该工程的国家竣工验收,竣工决算投资 19.13 亿元,全部为政府投资。

项目建设单位为上海港务局;设计单位为中交水运规划设计院;施工单位为交通部第三航务工程局、上海港务工程公司等;监理单位为上海远东监理公司、上海国际港口工程咨询公司;质监单位为上海港口建设工程质量监督站。

该项目荣获 2000 年度交通部水运工程质量奖、第二届詹天佑土木工程大奖。

外高桥港区二期项目是建设上海国际航运中心重大建设项目。项目建成后,及时地缓解了"十五"期间,洋山港区开港以前上海港集装箱业务快速规模增长与装卸能力严重不足的矛盾。1999 年投产当年完成集装箱吞吐量 5.55 万 TEU,2000 年完成 63.4 万 TEU。外高桥三期工程竣工后,二期和三期工程由上港集团振东分公司统一负责后期运营。2001 年完成集装箱吞吐量 145.1 万 TEU,2002 年完成 284.4 万 TEU。有通往澳洲、黑海、地中海、中东、北美、东南亚、日本、韩国等集装箱班轮航线 40 余条,中远海运、马士基、达飞、阳明海运、东方海外、川崎航运、现代商船、以星航运、意大利海运、长荣、赫伯罗特等大型船公司有定期班轮航线。

(7)外高桥港区三期工程

1999 年 10 月开工建设,2002 年 1 月试运行,2002 年 11 月竣工。

项目建设依据:2001 年 12 月,中交水运规划设计院编制完成《上海港外高桥港区三期工程可行性研究报告》;2001 年 4 月 13 日,国家发展计划委员会《关于审批上海港外高桥港区三期工程项目建议书的请示的通知》(计基础〔2001〕578 号)。2002 年 2 月 6 日,国家发展计划委员会《关于审批上海港外高桥港区三期工程可行性研究报告的请示的通知》(计基础〔2002〕148 号)。2002 年 9 月,交通部《关于上海港外高桥港区三期工程初步设计的批复》(交水发〔2002〕431 号)。1999 年 12 月,国家环境保护总局《关于上海外高桥港区三期工程环境影响评价大纲审查意见的函》(环监发交水发〔1999〕431 号);2000 年,上海市城市规划局《关于核发上海港外高桥(高桥嘴)港区三期工程建设用地规划许可证的通知》(沪规区〔2000〕第 0134 号)。

新建集装箱专用深水泊位 2 个,码头设计靠泊能力 5.0 万吨级,码头水工建筑允许靠泊能力 10.0 万吨级,可同时接纳 2 艘第四代集装箱船,码头结构及装卸设备等第五代以上超大型集装箱船舶的靠泊作业。码头为高桩梁板结构,泊位长度 665.81 米、宽 50 米,

面层高程 +7 米;新建引桥 3 座,总长 420 米、宽 20 米;新建防汛墙 180.4 米。设计年吞吐能力 65 万 TEU。港区陆域面积 65.86 万平方米,陆域纵深平均为 1055 米,其中堆场面积 38.5 万平方米、道路面积 13.1 万平方米。配置岸边桥式集装箱起重机 6 台、轮胎式集装箱起重机 18 台。总投资 11.36 亿元,由政府投资。

项目建设单位为上海港务局,实施部门为上海港外高桥三期工程建设指挥部;设计单位为中交水运规划设计院;施工单位为中港第三航务工程局、上海港务工程公司、中港上海航道局等;监理单位为上海远东监理公司、南华监理公司和东华监理公司。

在项目建设过程中,为减少码头面层龟裂,首次采用掺聚丙纶纤维混凝土的施工工艺。重箱箱角基础和轮胎式起重机跑道基础采用钢筋混凝土条形基础,其他区域均采用混凝土大板结构。堆场和道路首次采用半刚性基层沥青铺面技术。

外高桥港区三期项目是建设上海国际航运中心重大建设项目。项目建成后,及时地缓解了"十五"期间,洋山港区开港以前上海港集装箱业务快速规模增长而能力严重不足的矛盾,进一步巩固上海港在国内集装箱港口服务行业的龙头地位,有助于实现规模效益。外高桥二期、三期工程由上港集团振东分公司统一负责后期运营。2001 年完成集装箱吞吐量 145.1 万 TEU,2002 年完成 284.4 万 TEU。此后集装箱吞吐量稳步增长。有通往澳洲、黑海、地中海、中东、北美、东南亚、日本、韩国等集装箱班轮航线 40 余条,中远海运、马士基、达飞、阳明海运、东方海外、川崎航运、现代商船、以星航运、意大利海运、长荣、赫伯罗特等大型船公司有定期班轮航线。

（8）外高桥港区四期工程

2000 年 3 月开工建设,2002 年 12 月竣工。

项目建设依据:2002 年 10 月,中交水运规划设计院编制完成《上海港外高桥港区四期工程可行性研究报告》。2002 年,国家发展计划委员会《关于审批上海港外高桥港区三期工程项目建议书的请示的通知》(计基础〔2002〕483 号)。2002 年 11 月 5 日,国家发展计划委员会《关于审批上海港外高桥港区四期工程可行性研究报告的请示的通知》(计基础〔2002〕2331 号)。2003 年 2 月 21 日,国家交通部《关于上海港外高桥港区四期工程初步设计的批复》(交水发〔2003〕55 号)。2001 年,国家环境保护总局《关于上海外高桥(高桥嘴)港区四期工程环境影响评价大纲的评估意见》(国环评估纲〔2001〕177 号);2000 年,上海市城市规划局《关于核发外高桥港区四期工程建设用地规划许可证的通知》(沪规区〔2000〕292 号文);2000 年,上海港务局《上海港外高桥港区四期工程水域范围批复》(沪港政字〔2000〕402 号)。

新建集装箱深水泊位 4 个,泊位总长 1250 米、宽 54.5 米,码头设计靠泊能力 5.0 万吨,码头水工建筑允许靠泊能力 10.0 万吨,可满足同时靠泊 4 艘第四代集装箱船舶;长江驳泊位 2 个,泊位总长 187 米、宽 30 米。码头前沿底面高程近期定位 −12.5 米,远程可疏

浚深至 −14.2 米;码头面层高程 +7 米;新建引桥 4 座,总长 820 米、宽 20~25 米。码头和引桥均为高桩梁板结构;新建引堤 4 座,总长 182 米、宽 20~25 米,采用重力式结构。设计年吞吐量为 180 万 TEU。港区陆域总面积 162.85 万平方米,其中集装箱堆场面积 78.71 万平方米。陆域形成吹填沙工程量约 460 万立方米。码头配置装卸桥 14 台,其中海轮泊位码头配置 12 台、长江驳泊位码头配置 2 台。堆场配置轮胎式龙门起重机 48 台,配置集装箱牵引车、半挂车、正面吊、叉车、堆高机等设备 214 台,共计装卸设备 276 台。总投资 25.68 亿元,由政府投资。

项目建设单位为上海港务局,实施单位为上海港外高桥港区四期工程建设指挥部;设计单位为中交水运规划设计院;施工单位为中港第三航务工程局、上海港务工程公司、中港上海航道局等;监理单位为上海远东监理公司、南华监理公司;质监单位为上海港口建设工程质量监督站。

四期工程建设用地原是大片滩地和农田,地质情况属典型的软土地基,吹填后又是饱和疏松的粉细砂层。施工单位采取同时加固上部吹填细砂和扰动持力软土层的新的低能量强夯施工工艺,确保地基加固质量,并有效缩短工期。在此基础上形成的"集装箱港区陆域浅层地基处理技术研究应用",达到国际先进水平。2000 年 10 月 26 日,开始码头打桩,水工码头现浇混凝土面层中掺加聚丙烯纤维,有效控制面层龟裂通病的产生,增强面层抗冲击性。与外高桥港区前三期工程相比,四期工程总体布置更加科学合理,功能配置更加齐全优化。如将码头海侧轨道至码头前沿的安全距离增加到 4 米,将 2 条电缆槽变为 3 条,可满足 6 台集装箱岸桥并机作业的要求,设计平均船时效率可达 216TEU/小时。陆侧轨道至码头后沿间增加一条集装箱卡车通道,以便集卡车辆在多台桥吊作业时也可顺利通行。在近 80 万平方米的集装箱堆场中新辟建超重超长箱区,并配置与其相配套的大型机械设备,以满足集装箱客户的特殊需求。集装箱卡车进港大门采用先进的智能化道口,在港区内开设 2 万平方米临时停车场,以解决未预录信息的集装箱卡车进入港区后的候泊处理,从硬件上为客户送提箱提供在港区作业 30 分钟内即可完成的服务设施。考虑到港口物流业发展需求,四期工程的拆装箱场所由过去拆装箱库(CFS)、拆装箱场(CFA)变为拆装箱站,并布置在交通便利的后方区域,便于拆装箱业务和物流作业结合与进一步社会化经营。口岸查验单位服务设施布置在管理小区内,体现新港区方便客户的市场化理念。

项目获得 2008 年第八届中国土木工程詹天佑奖、2004 年度中国建筑工程鲁班奖。

外高桥港区四期项目是建设上海国际航运中心重大建设项目。项目建成后,及时地缓解了"十五"期间,洋山港区开港以前上海港集装箱业务快速规模增长而能力严重不足的矛盾。外高桥四期工程建成后由上海沪东集装箱码头有限公司负责运营,2003 年投产当年完成集装箱吞吐量 100.1 万 TEU,2004 年完成 281.7 万 TEU。随后集装箱吞吐量稳步提升。有通往中东、美西、地中海、波斯湾、东南亚、日本、韩国、印度、印度尼西亚等集装箱班轮航线 50 余条,马士基、达飞、地中海航运、美国总统轮船、阳明海运、川崎航运、万海、东方海外、长荣等大型船公司有定期班轮航线。

(9)外高桥电厂二期卸煤码头工程

2001 年 9 月开工建设,2004 年 3 月试运行,2004 年 3 月竣工。

项目建设依据:1993 年 12 月,交通部第三航务工程勘察设计院完成了《上海外高桥电厂二期码头工程工程可行性研究报告》。1997 年,国家环境保护部《关于上海外高桥电厂二期扩建工程环境影响报告书审批意见的复函》(环发〔1997〕729 号);1998 年,上海市人民政府《关于批准上海市电力工业局建造上海外高桥电厂二期工程征用和划拨土地的通知》(沪府土用〔1998〕第 26 号);2001 年,上海市港务局《关于同意上海外高桥电厂二期工程卸煤码头取排水口使用岸线的函》(沪港政字〔2001〕第 0054 号)。

外高桥电厂二期卸煤码头位于外高桥电厂一期卸煤码头下游端,与一期卸煤码头相连。工程新建 3.5 万吨级卸煤码头 1 座,长 220 米,码头前沿水深 10.5 米,宽 28 米,码头面高程 +7 米,为高桩梁板结构,码头采用 T 形布局;在一期平台的陆侧与引桥的相交处扩建平台等建筑,平台扩建建筑面积 1313 平方米,由甲、乙两座墩台组成,全长 41 米,岸侧宽度 30.23 米。项目后方堆场面积 9 万平方米,堆存能力 20 万吨。卸船采用 1700 吨/小时桥式抓斗卸船机 2 台。输煤采用带式输送机,码头设置 2 路带式输送机。引桥设置 1 路带式输送机,输送机带宽 1800 毫米,带速 4 米/秒,公称能力 3400 吨/小时,最大能力 4080 吨/小时。设计年吞吐量为 538.2 万吨。总投资 4.40 亿元,由企业自筹。

项目建设单位为上海外高桥电厂;设计单位为中港第三航务工程勘察设计院;施工单位为中港第三航务工程局;监理单位上海东华建设监理所;质监单位为上海港建设工程安全质量监督站。

项目为上海外高桥电厂二期工程的一个组成部分,码头设施按 2×1000 兆瓦燃煤机组的要求进行配套设计,项目投产后年卸煤能力为 538 万吨,可满足电厂的用煤需求。

(10)外高桥港区四期工程配套内支线码头工程

2001 年 12 月开工建设,2003 年 10 月试运行,2003 年 12 月竣工。

项目建设依据:2002 年 5 月,中交水运规划设计院编制完成《外高桥港区四期工程配套内支线码头工程工程可行性研究报告》。2001 年,上海市政府办公厅秘书处《关于利用外高桥港区四期工程上游 300 米岸线建设集装箱内支线专用码头工程的批示》(沪府办秘〔2001〕2241 号)。2002 年 6 月,上海市发展计划委员会《关于审批上海港外高桥港区四期工程配套内支线码头工程可行性研究报告的批复》(沪计城〔2002〕219 号);2002 年,上海市发展计划委员会《关于审批上海港外高桥港区四期工程配套内支线码头工程可行性研究报告的批复》(沪计城〔2002〕219 号)。2003 年 10 月,上海市建设和管理委员会

《关于上海港外高桥港区四期工程配套内支线码头工程初步设计的批复》(沪建建规〔2003〕835号)。2003年,上海市城市规划局《关于外高桥内支线港区规划的批复》(沪规划〔2003〕254号)。2002年9月10日,上海港务局《关于同意上海港外高桥港区四期工程配套内支线码头工程使用港口岸线的批复》(沪港政字〔2002〕0372号)。

建设2个50000吨长江驳泊位。设计靠泊能力5万吨,码头水工建筑允许靠泊能力10万吨。按集装箱年吞吐量30万TEU和10万辆汽车,并兼顾大型船舶、汽车滚装船靠泊功能进行设计。码头长219.4米、宽54.5米,前沿水深12.5米,高桩梁板结构,可内外双侧靠泊。外侧分为两个部分,靠近外高桥港区四期180米码头结构按照靠泊超大型集装箱船舶、大型滚装船舶、3000吨级长江驳船作业设计。上游侧39.4米码头设一凹口,嵌入1艘长27.6米、宽21米的钢趸船。趸船深2.6米,干舷高度可调节,调节范围0.6~1.6米,以适应不同滚装船舶靠泊高度的要求。嵌入式趸船后方与长20米、宽9米的重型钢引桥相接。在低水位条件下,钢引桥最大坡度15度。码头内侧挂靠2艘长45米、宽10米的钢趸船,平时可供4~6艘工作船靠泊作业。引桥1座,长151米。陆域纵深约700米,面积27.06万平方米,其中堆场面积16.64万平方米。内支线工程总投资2.11亿元,由企业自筹。

项目建设单位为上港集团;设计单位为中交水运规划设计院;施工单位有上海船厂、上海港务工程公司、上海航道局;监理单位为上海双希海事发展公司和上海远东监理公司;质监单位为上海港口建设工程质量监督站。

(11)外高桥港区五期工程

2003年6月开工建设,2004年12月试运行,2005年12月竣工。

项目建设依据:2003年10月,中交水运规划设计院编制完成《上海港外高桥港区五期工程工程可行性研究报告》。2003年12月5日,国家发展和改革委员会《关于审批上海港外高桥港区五期工程项目建议书的请示的通知》(发改交运〔2003〕2141号)。2004年12月,国家发展和改革委员会《关于审批上海港外高桥港区五期工程核准的批复》(发改交运〔2004〕3072号)。2005年3月,交通部《关于上海港外高桥港区五期工程初步设计的批复》(交水发〔2005〕119号)。2004年1月,国家环境保护总局《关于上海外高桥(五号沟)港区多用途码头工程环境影响报告书审查意见的函》(环审〔2004〕1号);2003年9月,上海市人民政府土地管理局《关于批准上海国际港务(集团)股份有限公司建设外高桥港区五期工程供应土地的通知》(沪府土〔2003〕200号、203号);2005年3月,上海市港口管理局《上海市港口管理局关于同意上海港外高桥港区五期工程使用岸线的批复》(沪港规〔2005〕47号)。

项目新建4个5万吨级海轮泊位,设计靠泊能力5.0万吨,码头水工建筑允许靠泊能力10.0万吨。泊位长1110米、宽58米,可兼顾8000TEU以上集装箱船舶靠泊作业;新建

2 个 3000 吨级长江驳泊位，泊位总长 190 米、宽 30 米；引桥 4 座，码头和引桥均为高桩梁板结构；引堤 4 座，采用抛堤心石结构。作为多用途码头，码头面层高程 +7 米，前沿水深 12.5 米，设计年吞吐能力 830 万吨，其中集装箱 70 万 TEU；作为全集装箱码头，设计年吞吐能力 220 万 TEU。港区陆域纵深约 1222 米，面积约 162.9 万平方米，新建堆场面积 75.58 万平方米，主要道路面积 24.66 万平方米。海轮泊位码头上配置集装箱装卸桥 4 台，长江驳泊位码头配置集装箱装卸桥 2 台，堆场配置轮胎式龙门起重机 24 台，配置相应的集装箱牵引车、半挂车、正面吊、堆高机等设备 117 台，共计装卸设备 147 台。总投资 22.82 亿元。资金来源为上海国际港务（集团）股份有限公司自筹。

项目建设单位上港集团；设计单位为中交水运规划设计院；施工单位为中港第三航务工程局、上海港务工程公司、中港上海航道局等；监理单位为上海远东监理公司、南华监理公司及新光监理公司；质监单位为上海港建设工程安全质量监督站。

外高桥五期工程集中外高桥港区前四期建设经验，是在洋山深水港一期工程建成之前，上海港建设科技含量最高、工程管理最具创新的港口重大工程。施工针对港区陆域吹填细砂层和浅层的欠固结软土层分别采用振动碾压法、无填料振冲法、低能量强夯联合降水法，快速加固地基，取得良好效果。探索和总结出半刚性基层沥青铺面结构的成套技术并成功运用。水工码头混凝土面层施工中应用掺丙纶纤维材料的新工艺、新技术，采用改善混凝土中钢筋位置、混凝土划块分区等方式方法，减少混凝土面层龟裂。将 TETRA 系统应用于港口行业，建立"海陆对接、天地一体"的无线运营平台。采用自行式防汛港闸门，改进大跨度高强度钢闸门结构形式、大荷载长距离无轨自动纠偏机构、驱动形式和行走机构、多点油缸液压系统与闸门密闭，提高防汛闸门现代化水平。荷载能力 80 吨、双 40 英尺箱起重机首次在码头上应用。同时完成了《外高桥集装箱码头建设集成创新技术研究》课题，该课题研究成果获 2005 年度中国航海学会科学技术奖一等奖、2005 年度上海市科学进步奖二等奖、2006 年度国家科学技术进步奖二等奖。该成果通过总结采用大纵深布置的外高桥集装箱港区的成功经验，引入现代化集装箱港区的设计理念，提出全新的现代化集装箱港区功能横断面布置模式，总结提炼出有利于集装箱码头高效运行和持续发展的生产系统能力不平衡配置模式，丰富现代集装箱港区的规划设计理论。将虚拟仿真技术应用于集装箱港区的设计中，开发建立虚拟仿真模型，建立集装箱码头生产系统基本特征数据库，开展集装箱码头装卸工艺系统的合理配置和吞吐能力、集装箱堆场布置、港内道路布置、码头前沿作业地带布置等研究。推动虚拟仿真技术的发展，提高设计水平，总结出大面积粉细沙吹填成陆快速地基加固、港内道路采用半刚性基层沥青铺面结构、大型设备新型防风锚锭装置等多项设计技术。

外高桥五期码头投产后，及时地缓解了"十一五"期间，上海港集装箱业务快速规模增长而能力严重不足的矛盾。外高桥五期港区自 2004 年 12 月 24 日投入试生产至 2005

年12月工程竣工验收的一年间,完成集装箱量达171.8万TEU,营运情况良好。外高桥港区五期工程建成后,由上海明东集装箱码头有限公司负责运营。2010年完成331.6万TEU。2012年8月1日起公司租赁经营管理外高桥六期的集装箱码头,顺利实现外高桥五期、六期集装箱码头合并运作。

(12)上海外高桥第三发电厂码头工程

2005年10月开工建设,2007年9月试运行,2008年9月竣工。

项目建设依据:2004年5月,中港第三航务工程勘察设计院完成了《上海外高桥第三发电厂码头工程工程可行性研究报告》。2004年,国家发展和改革委员会《国家发展改革委关于外高桥电厂三期扩建工程开展前期工作的复函》(发改办能源〔2004〕1829号);2005年,电力规划设计总院《关于印发外高桥电厂三期工程初步设计预审查会议纪要的通知》(电规发电〔2005〕407号)。2005年,国家环境保护总局《关于上海外高桥第三发电厂工程环境影响报告书审批意见的复函》(环审〔2005〕159号);2006年,上海市人民政府《关于批准上海市电力工业局建造上海外高桥第三发电厂工程征用和划拨土地的通知》(沪府土〔2006〕第290号);2006年,上海市港务局《关于同意上海外高桥电厂三期工程卸煤码头使用岸线的函》(沪港规〔2006〕第8号)。

外高桥第三发电厂位于上海市浦东新区,厂址位于长江三角洲前缘的河口滨海冲积平原,为长江入海口地段的南岸,其西北侧为黄浦江与长江口汇流地段。项目新建一个3.5万吨泊位(兼靠5万吨级船型)的煤码头,码头长280米,码头前沿水深10.5米,宽28米,引桥长约308米、宽12米,码头与引桥相交处设平台,平台上设有变电所和维修间,平台平面尺寸为40米×45米。码头设置1500吨/小时桥式抓斗卸船机2台(整机交货),卸船机公称能力1500吨/小时,最大能力1800吨/小时,轨距22米,基距18米,外伸距30米。码头设计年卸煤量约420万吨。总投资为31356万元,全部为企业投资。

项目建设单位为上海外高桥第三发电有限公司;设计单位为中港第三航务工程勘察设计院;监理单位为上海东华建设监理所;施工单位为中港第二航务工程局;质监单位为上海港建设工程安全质量监督站。

电厂一期和二期工程分别建设4×300兆瓦国产亚临界机组和2×900兆瓦进口超临界机组,并分别于1993年和2004年建成。电厂三期(现称上海外高桥第三发电厂)为扩建工程,建设2×1000兆瓦国产超超临界燃煤机组,同时配套建设烟气脱硫设施,第一台机组预留脱硝场地和条件,第二台机组与工程同步建设烟气脱硝装置。项目投产后,码头设计年卸煤量约420万吨,可满足电厂用煤需求。

(13)上海中油中燃石油仓储有限公司海滨油库改扩建工程

2005年11月开工建设,2006年10月试运行,2007年10月竣工。

项目建设依据:2003年9月,上海市发展和改革委员会《关于海滨油库改扩建工程可行性研究报告的批复》(沪发改贸〔2003〕003号)。2003年8月,中港第三航务勘察设计院编制完成《上海中油中燃石油仓储有限公司海滨油库改扩建工程初步设计》。2003年11月,上海市建设和交通委员会《上海中油中燃石油仓储有限公司海滨油库改扩建工程初步设计》(沪建建规〔2003〕925号);2003年,上海市环境保护局批复《环境影响报告书》(沪环保管审〔2003〕306号)。

改建完成后大码头、小码头和引桥呈F形布置。其中,大码头长288米、宽25米,连接大码头的引桥长284米、宽10米,可靠泊1艘6万吨级油轮或2艘5000吨级船舶,内侧可停靠2艘1000吨船;小码头长204米、宽13米,可停靠3艘500吨级船舶;码头和引桥均为高桩梁板结构。项目后方储罐容量37.4万立方米。改建完成后,年吞吐能力达到584万吨。岸线总长510.0米,码头前沿水深13.6米。总投资1.07亿元,由企业自筹。

项目建设单位为上海中油中燃石油仓储有限公司;设计单位为中港第三航务工程勘察设计院;施工单位为上海港务工程公司;监理单位为上海海达工程建设咨询有限公司;质监单位为上海港建设工程安全质量监督站。

上海中油中燃石油仓储有限公司海滨油库扩建工程项目完成后,码头靠泊接卸能力6万吨,设计年吞吐量达584万吨,是上海中燃船舶燃料有限公司和中国石油天然气股份有限公司在上海地区唯一的大型油料储存中转基地,也是当时上海地区最大的成品油库。

(14)上海外高桥粮食储备库及码头设施项目水工码头工程

2006年8月开工建设,2007年9月试运行,2007年9月竣工。

项目建设依据:2003年,上海市发展计划委员会《关于良友集团新建外高桥粮食储备库及码头设施项目建议书的批复》(沪计贸〔2003〕005号)。2005年,上海市发展计划委员会《关于上海外高桥粮食储备库及码头设施项目长江码头工程初步设计的批复》(沪建建规〔2005〕33号)。

上海外高桥粮食储备库及码头设施项目位于浦东新区长江南岸五号沟下游。外高桥五号沟地区规划赵家沟出口长江口南侧,长江新大堤西侧。新建主码头长350米,副码头长206米,内河粮食码头长700米。7万吨级泊位1个,2万吨级油码头泊位1个,500吨级内河港池泊位14个。设计年吞吐能力615万吨,植物油年中转量40万吨。仓库面积2万平方米,仓库堆存能力51万吨,筒仓容量32万吨,储罐容量20万立方米。工程概算8827.7万元,资金来源为企业自筹。陆域总面积70万平方米。

项目建设单位为上海良友(集团)有限公司;设计单位为上海中交水运设计研究有限公司、郑州粮油食品工程建筑设计院;施工单位为中港第三航务工程局;监理单位为上海海科工程监理所;质监单位为上海港口建设工程安全质量监督站。

上海外高桥粮食储备库及码头设施项目是上海良友(集团)有限公司实现上海地方储备粮库布局的战略调整,增强对长江5及长江走廊的粮食集散功能,建立与城市发展相适应的粮食储备和物流体系,确保上海的粮食安全和市场调控,是上海市重大工程。作为"国际先进、国内一流"的现代化、机械化和智能化的大型粮油物流基地,具有粮油储存、加工、中转、集散、贸易、配送和信息等配套服务功能,是"长江粮食流通走廊之龙头,上海粮油安全体系之保障"。项目的建成不仅对上海粮食流通和粮食安全产生重要影响,也对增强长江三角洲及长江走廊的粮食集散和辐射功能发挥积极的作用。该项目粮食总仓容 51 万吨、植物油仓容 20 万吨,专用面粉加工 900 吨/日、精制大米加工 300 吨/日、植物油料加工 2500 吨/日、精炼 1500 吨/日。

(15)中国极地考察国内基地码头工程

2006 年 8 月开工建设,2007 年 7 月竣工。

项目建设依据:2004 年 3 月,中港第三航务工程勘察设计院完成了《中国极地考察国内基地工程工程可行性报告》。2003 年 8 月 8 日,国家发展和改革委员会《印发国家发展改革委关于审批中国极地考察"十五"能力建设项目建议书的请示的通知》(发改投资〔2003〕575 号)。2006 年,交通部批复《中国极地考察国内基地码头工程初步设计》。2004 年 1 月 9 日,上海市城市规划管理局《关于中国极地考察国内基地工程建设项目选址意见的函》(沪规导〔2004〕25 号);2004 年 1 月 9 日,上海市城市规划管理局《关于中国极地考察国内基地工程建设项目选址意见的函》(沪规导〔2004〕25 号);2005 年,上海海事局《关于中国极地考察国内基地码头新建工程使用岸线安全性的批复》(沪海通航〔2005〕430 号)。

工程新建 2.5 万吨级考察船码头 1 座,码头平面呈 L 形布置,采用高桩梁板式结构。岸线长 250 米,码头前沿水深 10 米。总投资 15867 万元。陆域使用总面积 15 万平方米。

项目建设单位为中国极地研究中心;设计单位为中港第三航务工程勘察设计院;监理单位为上海东华建设管理有限公司;施工单位为上海港务工程公司;质监单位为上海港建设工程安全质量监督站。

工程于 2006 年 8 月 20 日开工,2007 年 7 月 9 日完工,2007 年 9 月 13 日开始试运行。其间先后停靠过"雪龙号"极地科学考察船 2 次,接受了中国"神舟号"科学考察船和中国海监船舶的停靠。经过 10 个月的试运行,码头各项生产设备设施运行良好。2008 年 7 月 8 日,受交通部委托,由上海市港口管理局组织的验收委员会正式对该工程进行了竣工验收。

中国极地考察国内基地码头工程,是我国极地考察"十五"能力建设项目的重点工程之一。该码头是中国、也是世界上唯一一个极地考察船专用码头。码头的建成解决了极地考察船停靠和科考物资集运的难题,大大促进了中国南北极考察事业的发展。

(16)五号沟 LNG 事故备用站扩建工程码头工程

2007 年 6 月开工建设,2008 年 11 月试运行,2009 年 8 月竣工。

项目建设依据:2006 年 7 月,中交第三航务工程勘察设计院编制完成《五号沟 LNG 事故备用站扩建项目码头工程分册可行性研究报告》。2005 年 5 月,上海市发展和改革委员会《关于五号沟 LNG 事故备用站扩建项目预可行性研究报告(代项目建议书)的批复》(沪发改能源〔2005〕024 号)。2007 年,上海市市政工程管理局转发《上海市发改委关于五号沟 LNG 事故备用站扩建项目(码头工程)可行性研究报告的批复》(沪市政规〔2007〕273 号)。2007 年,上海市建设和交通委员会《五号沟 LNG 事故备用站扩建项目专用码头初步设计预评审报告的函》(沪建科技〔2007〕385 号)。2007 年,上海海事局《关于上海市五号沟 LNG 事故气源备用站扩建工程安全使用岸线的批复》(沪海通航〔2007〕17 号)。2007 年,交通部《关于上海市五号沟 LNG 事故气源备用站扩建工程使用港口岸线的批复》(交规划发〔2007〕167 号)。

码头建设规模为 5 万吨级 LNG 专用泊位 1 个,码头平面布置形式为 T 形布置,采用高桩墩式结构。码头前沿水深 10.7 米。项目后方储罐 12 万立方米。岸线总长 464.0 米。总投资 2.32 亿元,全部为企业投资。

项目建设单位为上海燃气(集团)有限公司;设计单位为中冶焦耐工程技术有限公司、中交第三航务工程勘察设计院;施工单位为;中冶焦耐工程技术有限公司、日本东京燃气工程有限公司;监理单位为上海宝钢监理有限公司;质监单位为上海港建设工程安全质量监督站。

上海液化天然气项目一期工程接收站及输气管线项目码头工程是上海"十一五"期间保障能源供应安全的重点项目,是上海政府保证城市天然气供应不间断的必要措施。上海五号沟 LNG 事故备用站建成后,上海市天然气事故应急储备能力达到 10 天左右。在项目全部建成投运前,还可临时替代主力气源,缓解全市天然气供应紧张局面,将与上海液化天然气(LNG)项目共同解决上海远期天然气安全供应、应急储备及调峰等问题。其资源主要来自我国新疆、珠海的陆路运输和马来西亚的水路运输。该项目建成后由上海天然气管网有限公司管理经营。

(17)上海浦东国际机场五号沟码头工程

2008 年 4 月开工建设,2008 年 5 月试运行,2008 年 5 月竣工。

项目建设依据:2005 年 6 月,中港第三航务工程勘察设计院有限公司编制完成《上海浦东国际机场扩建工程可行性研究报告》。2005 年 5 月,国家发展和改革委员会《关于浦东国际机场五号沟码头工程项目建议书的批复》(发改交运〔2005〕822 号)。2005 年,国家发展和改革委员会《印发上海浦东国际机场扩建工程可行性研究报告的请示的通知》(发改交运〔2005〕2651 号);2007 年,上海市港口局批复《上海浦东国际机场五号沟码头工程初步设计》。2005 年,上海市环境保护局《关于上海浦东国际机场扩建工程环境影响报告书的批复》(沪环保管审〔2005〕740 号);2007 年 1 月,上海市人民政府《关于上海浦东国际机场扩建工程建设用地的批复》(沪府土〔2007〕4 号)。2007 年,上海市人民政府《关于上海浦东国际机场扩建工程岸线使用的批复》(沪港规〔2007〕209 号)。

上海浦东国际机场扩建工程场外供油工程五号沟码头工程位于长江口南岸、上海市浦东新区八七星区五号沟下游 3.6 千米,距离上海浦东国际机场约 10 千米。项目新建码头 1 座,码头前沿为一个 3 万吨级和一个 5 千吨级泊位,可兼靠 5 万吨级船舶;码头后沿为 2 个 3 千吨级泊位。码头前沿线总长 380 米,码头面宽 25 米。码头与 1 座引桥连接,引桥长 521 米、宽 10 米。码头和引桥结构类型为高桩板梁式,码头前沿水深 10.8 米,码头设计年吞吐量为 500 万吨。项目后方储罐容量 8 万立方米。工程概算为 1.57 亿元,资金来源为企业自筹。陆域总面积 23.33 万平方米。

项目建设单位为上海浦航石油有限公司;设计单位为中港第三航务工程勘察设计院有限公司;施工单位为上海港务工程公司;监理单位为上海远东水运工程监理咨询公司;质监单位为上海港建设工程安全质量监督站。

上海浦东国际机场五号沟码头工程为浦东机场扩建工程的配套供油工程,项目的建成满足了浦东机场的供油需求,更好地保障了 2010 年上海世博会的举办,促进上海航空枢纽港的建设,更好地适应上海及长三角地区经济和社会发展的需求。

(18)外高桥港区六期工程

2009 年 1 月开工建设,2010 年 12 月试运行,2011 年 12 月竣工。

项目建设依据:2004 年 9 月,中交水运规划设计院编制完成《上海港外高桥港区六期工程工程预可行性研究报告》;2008 年 11 月,中交水运规划设计院编制完成《上海港外高桥港区六期工程工程可行性研究报告》。2006 年,上海市发展和改革委员会《关于上海港外高桥港区六期工程项目建议书的批复》(沪发改城〔2006〕211 号)。2009 年 1 月,国家发展和改革委员会《关于上海港外高桥港区六期工程项目核准的批复》(发改基础〔2009〕298 号);2009 年 5 月,交通运输部《关于上海港外高桥港区六期工程初步设计的批复》(交水发〔2009〕236 号)。2011 年 8 月 29 日,交通运输部《关于上海港外高桥港区六期工程设计变更等的批复》(厅水字〔2011〕189 号)。2008 年 11 月,国家环境保护部《关于上海港外高桥港区六期工程环境影响报告书的批复》(以环审〔2008〕412 号);2008 年 9 月,上海市人民政府土地管理局《关于批准为上海港外高桥港区六期工程办理农转用、征收土地和该项目供地方案的通知》(沪府土〔2008〕532 号);2006 年 9 月,交通部《关于上海港外高桥港区六期工程使用港口岸线的批复》(交规发〔2006〕487 号)。

新建 5 个大船泊位和 2 个长江驳泊位,包括 1 个 10 万吨级和 2 个 7 万吨级集装箱泊位(水工结构均按照靠泊 15 万吨级集装箱船设计)、2 个 5 万总吨级汽车滚装泊位;内侧 2 个长江驳泊位水工结构按照靠泊 5000 总吨级汽车滚装船设计。码头长 1538 米,为高桩板梁式,码头前沿线位于 −12.8 米等深线处。其中集装箱码头长 1008 米、宽 58 米、面顶

高程 +7 米;汽车滚装码头长 530 米,其中上游 152 米面宽 50 米、中部 153 米面宽 58 米、下游 225 米面宽 60 米。下游内侧为小型汽车滚装泊位和舾直跳泊位,前沿线长 225 米。引桥 5 座,引堤采用抛堤心石结构。陆域面积为 181.9 万平方米,堆场面积为 75.58 万平方米。码头前沿配置配置集装箱装卸桥 11 台,堆场配置轮胎式龙门起重机 26 台,配置相应的集装箱正面吊 1 台、堆高机 2 台,以及其他运输设备,共计 40 台。总投资为 45.97 亿元。建设资金全部为上港集团自筹。

项目建设单位为上港集团;设计单位为中交水运规划设计院、上海原构设计咨询公司等;施工单位为上海港务工程公司、浙江裕众建设工程有限公司等;监理单位为远东监理和南华监理;质监单位为上海港建设工程安全质量监督站。

外高桥六期工程中汽车滚装码头对汽车供应链全面整合,运用无线实时反馈技术、堆存模拟优化技术实现滚装码头的管控一体化,建设成中国大陆第一个最具规模的汽车物流港区和亚洲最大的汽车物流立体库。集装箱码头成为世界上第一座具备全面岸基供电能力的码头。运用低碳新技术,建设 7 条高架 E-RTG 滑触线,码头后方堆场全部配置电动轮胎式集装箱起重设备,并首次采用故障连跳技术,采用超级电容混合动力技术。该码头成为国内建设"无烟码头"和"绿色港口"的样板,在全国港口行业起到示范引领作用。中华环保联合会特授予其低碳中国特别贡献奖。

项目荣获 2012 年度水运交通优质工程奖、2012—2013 年度国家优质工程奖、2014 年第十二届中国土木工程詹天佑奖。

外高桥六期港区具备汽车滚装、集装箱运输、港口物流三大主体功能,也是上海首个同时具备汽车滚装和集装箱运输主体功能的综合性港区。外高桥六期工程项目投产后,及时增加了上海港集装箱处理能力和汽车滚装码头处理能力,有力地促进了集装箱业务和汽车滚装业务的发展。2010 年 12 月外高桥六期码头开始试生产,其中集装箱码头(3 个泊位)由上港集团委托上海明东集装箱码头有限公司经营管理,汽车滚装码头(2 个泊位)由上海海通国际汽车码头有限公司经营管理。2012 年 8 月 1 日起,上海明东集装箱码头有限公司租赁经营管理外高桥六期集装箱码头,顺利实现了外高桥五期、六期集装箱码头合并运作。

（三）宝山-罗泾港区

1. 港区综述

（1）港区建设和运营概况

宝山-罗泾港区位于长江南岸吴淞口至新川沙河口,以煤炭、矿石、钢铁等散杂货装卸、中转以及水上客运为主,主要为宝钢、石洞口电厂等大型临港工业服务。

该港区起步于 20 世纪 70 年代末宝山钢铁总厂兴建专用码头。1978 年,在宝钢一期工程建设期间，为接卸进口砂石料，建设砂石料码头1座。1978年3月—1979年11月，宝钢建成1500吨级重件码头。1980年7月，原料码头工程动工兴建。该工程由主原料码头、副原料码头和重油码头三部分组成。其中副原料码头及重油泊位于1982年3月完工，主原料码头于1984年3月建成，共形成10万吨级矿石减载泊位2个，5万吨级泊位、2.5万吨级泊位和5000吨级分节驳船泊位各1个，1500～4500吨级重油泊位1个。同时，建设宝钢成品码头，1500吨级泊位5个，1985年1月建成交付使用。1992—1993年，作为宝钢二期工程配套项目，建成万吨级化产及海运水渣码头工程。1994年8月—1998年11月，完成宝钢三期原料码头工程，建成5万吨级、3.5万吨级和5000吨级泊位各1个。1996年1月—1997年3月，完成废钢综合码头工程，建成1.5万～2万吨级深水泊位2个、2000吨级泊位3个。2004年5月—2005年1月，完成宽厚板专用码头工程，建成2万吨级海轮泊位1个、2000吨级长江驳泊位3个。2005年12月，宽厚板码头和废钢综合码头合并，更名为宝钢综合码头。2007年3月—2009年1月，完成三期原料码头延长改造工程，建成20万吨级散货减载泊位1个。至2010年底，宝钢在上海共建成码头泊位32个，码头长度5293米。

宝山-罗泾港区公用码头建设起步比宝钢码头晚。1986—1990年，新建宝山装卸区码头，建成万吨级泊位8个，其中集装箱泊位3个，码头长度1150米。1993—1996年，完成罗泾港区煤码头一期工程，建成3.5万吨级煤炭卸船泊位2个、2100吨级海轮装船泊位1个、2000吨级江驳转船2个、500吨级江驳装船泊位4个，码头长度1061米，同时完成吴淞导堤改建工程。2005—2007年，完成罗泾港区二期工程，共建设泊位33个，其中煤码头改扩建工程新建7万吨级卸船泊位1个、2000吨级直取泊位1个、装船泊位1个；钢杂码头工程建成3万～5万吨级钢杂泊位6个、500～2000吨级驳船泊位11个；矿石码头工程建成20万吨级矿石卸载泊位2个、5000吨级非金属矿石卸船泊位1个、2000～5000吨级矿石装船泊位6个、5000吨级矿石装船泊位2个。

"十一五"时期起，上海港加快邮轮港建设。2008—2011年，完成吴淞口国际邮轮港一期工程，建成1个10万吨级和1个20万吨级邮轮泊位，泊位长度354米。2015年，启动二期工程，新建2个20万吨级邮轮泊位，泊位长度420米，最大可靠泊23万吨级邮轮。

至2015年，港区内形成相对集中的三大作业区。其中，罗泾作业区，西起川沙河，东至罗泾油库码头东侧，陆域纵深900米。该作业区内有上港集团煤炭分公司经营的罗泾煤炭散货码头、罗泾分公司经营的罗泾钢杂码头、上海港罗泾矿石码头有限公司经营的罗泾矿石码头。宝钢作业区，西起罗泾油库码头东侧，东至宝山港池，宝钢厂区经二路以西陆域纵深600～1600米，经二路以东陆域纵深200～1000米。宝山作业区，西起宝山港池，东至吴淞口湿地公园西边界，陆域纵深0～500米。该作业区内有上港集团宝山分公司经营的宝山码头、上海集装箱码头有限公司经营的SCT宝山码头，以及吴淞口国际邮轮港。

(2)港区地理条件和集疏运概况

上海港罗泾港区位于长江口南支河段南岸、上海市宝山区罗泾地区境内,陈行水库下游、石洞口华能电厂上游,隔江与崇明岛相望,陆上距上海市中心约38千米,距吴淞口约17千米。罗泾港区位于宝山罗泾镇境内,地貌类型属于滨海平原,江面开阔,水下地形坡度较缓,由南向北逐渐向江心倾斜。码头前沿泥面高程在-10米左右,近岸处滩地地表裸露,且形成"铁板沙"。陆域多为农田,地形平坦开阔,地面高程约在+3.5米。港区陆域为石洞口电厂吹填粉煤灰场,高程在+2.5~+4.2米。

宝山-罗泾港区经黄浦江与长江三角洲内河水网沟通长江三角洲地区;沿长江上溯,沟通长江中上游沿岸地区。港区公路集疏运主要通过富长北路、石港路等疏港路与北蕴川路相接,东行富锦路走同济路和共和新路与城市道路网相通;向西通过集宁路接沪太路,东行至市中心,西行至江苏。

2.港区工程项目

(1)宝钢一期原料码头工程

1980年7月开工建设,1984年3月试运行,1984年3月竣工。

原料码头由主、副原料码头和重油两座码头组成,用一条引桥连接,呈反F形布置,可方便船舶停靠和减少对宝山南水道航行的影响。码头前沿线与水深线平行。主原料码头长644米,前沿水深12.5米,江侧可停靠2艘减载的10万吨级矿船,岸侧除设1个5万吨级泊位外,其余位置可作待卸泊位。主原料码头采用高桩板梁式结构,码头分为7段,排架间距7米,码头宽36米,桥吊轨距30米。副原料码头长403米、宽30米,码头面高程为8.00米,引桥面高程8.00~8.30米,前沿水深9.0米。江侧设3个泊位,可停靠5000吨级分节驳3艘,或2.5万吨级海轮和5000吨分节驳船各1艘。副原料码头的结构形式与主原料码头相似,码头分为5段,排架间距7米,码头宽30米,桥吊轨距22米。副原料码头岸侧设有重油泊位1个,可停靠1500~4500吨级的油轮1艘,岸侧另设工作船泊位,供拖轮等港作船停靠。水运主副原料码头由日本设计,交通部第三航务工程局施工建造。设计年吞吐能力近2500万吨。

项目建设单位为宝山钢铁总厂;设计单位为日本设计公司;施工单位为交通部第三航务工程局;质监单位为上海港口建设工程质量监督站。

宝钢生产所需的原燃料98%是通过水路运输进厂的。作为宝钢咽喉的原料码头,1977年9月,就成为冶金工业部规划司第一批向冶金工业部和上海市提出建设方案的项目。1980年7月,原料码头工程动工兴建。项目建成后,满足了宝钢一期高炉、电厂、焦化厂的原料运输需求。

(2)宝山装卸区码头工程

1986年7月开工建设,1990年8月试运行,1990年12月竣工。

项目建设依据：1984 年 9 月，交通部《关于建设上海港宝山装卸区码头工程初步设计的批复》（交基字〔1984〕1722 号）；1982 年，上海市人民政府《关于市人民政府原则同意上海宝山装卸区规划方案的通知》（沪府办〔1982〕138 号）。

工程共建造 12 个泊位，其中万吨级泊位 6 个、2000 吨级江驳泊位 2 个、工作船泊位 2 个和待卸泊位 2 个，岸线总长 1420 米。吹填造陆 49.5 万平方米；道路、堆场总面积 34.59 万平方米；仓库 4 座，总面积 4.34 万平方米；辅助设施总面积 4.21 万平方米。码头设计年吞吐能力 290 万吨。装备主要装卸机械设备共计 252 台，其中集装箱装卸桥 2 台、门机 4 台、轮胎式龙门起重机 4 台、铲车 61 台。总投资 3.5 亿元，资金来源为上海港务局。用地面积 49.5 万平方米。

项目建设单位为上海港务局；设计单位为交通部第三航务工程勘察设计院、上海市民用建筑设计院、上海市政设计院、上海市规划设计院等；施工单位为交通部第三航务工程局司；质监单位为上海港口建设工程质量监督站。

宝山装卸区码头工程项目是上海港在长江口南岸建设的第一个大型综合性公用港区，是长江下游建设的第一个挖入式港池工程，也是国家"七五"计划重点工程。项目建成后，缓解了 20 世纪 90 年代上海港货物吞吐能力和集装箱能力不足的状况。投产后的1991 年完成货物吞吐量 244.8 万吨、集装箱吞吐量 7.5 万 TEU；1992 年完成货物吞吐量316.1 万吨、集装箱吞吐量 13.8 万 TEU，已经超过了 290 万吨的年设计能力。1993 年后，集装箱码头归属上海集装箱码头有限公司（SCT）经营。宝山港务公司主要从事件杂货装卸。2010 年完成货物吞吐量 672 万吨，2011 年完成 612 万吨，2012 年停止装卸作业，进行功能置换。

（3）石洞口电厂一期码头工程

1988 年 7 月开工建设，1990 年 6 月试运行，1990 年 7 月竣工。

项目建设依据：1985 年 3 月，交通部第三航务工程勘察设计院《石洞口电厂码头工程初步设计》。1984 年，国家计划委员会《关于石洞口电厂设计任务书的批复》（计燃〔1984〕839 号）。1984 年，国家计划委员会《关于石洞口电厂自建煤码头工程的通知》（计交〔1984〕1295 号）。1984 年，上海港务监督《关于石洞口电厂使用岸线的复函》（沪港监督字〔1984〕245 号）。

工程主要有两大部分组成，包含码头主体和电气楼。码头主要是煤炭专用码头，长236 米、宽 27.5 米，码头前沿设计水深 10.5 米，结构形式为高桩梁板式，码头设计靠泊能力 3.5 万吨，码头水工建筑允许靠泊能力 5.0 万吨。电气楼主要是码头配套控制设施，结构为高桩承台式。总投资为 2279 万元，资金来源为企业自筹。

项目建设单位为华能国际电厂开发公司上海分公司；设计单位为交通部第三航务工程勘察设计院；施工单位为交通部第三航务工程局；质监单位为上海港口建设工程质量监

督站。

石洞口电厂卸煤码头建设是石洞口电厂一期工程的基础工程,码头建成后通过能力满足电厂的用煤需求。项目投产后,由华能国际电力股份有限公司上海石洞口第一电厂管理经营。

（4）宝钢二期化产及海运水渣码头工程

1992 年 3 月开工建设,1992 年 9 月试运行,1993 年 4 月竣工。

项目建设依据:1990 年 12 月,交通部第三航务工程勘察设计院和冶金工业部焦化耐火材料设计研究院编制完成《宝钢化产及海运水渣码头工程可行性研究报告》。

化产及海运水渣码头工程为宝钢二期工程配套项目,该码头位于江运水渣码头下游34 米处,码头长 150 米、宽 18 米,前沿水深 8 米,为高桩板梁式结构,可停靠 5000～10000吨级船舶 1 艘;引桥长 592 米、宽 7 米;码头上配备 800 吨/小时皮带装船机 1 台,可进行一级危险品装船。设计年吞吐量为 72.5 万吨。总投资为 3377 万元,资金来源为企业自筹。

项目建设单位为宝钢集团有限公司;项目设计单位为交通部第三航务工程勘察设计院;施工单位为交通部第三航务工程局;质监单位为上海港口建设工程质量监督站。

宝钢化产品有纯苯、焦化焦油、焦化轻油、重质中油及沥青焦等,需要通过水路运出。其中纯苯属一级危险品,二期投产后化产品年水运量达 5.5 万吨,其中纯苯 2 万～2.5 万吨。而宝钢之前没有化产品装船专用码头。1987 年以前,曾经利用砂石料码头作为化产品临时装船码头。由于砂石料码头淤积严重,水深较浅,为装运化产品需常挖泥增深,耗费很大。另由于与江运水渣码头紧邻,在水渣码头作业时,不能进行纯苯装船作业。码头又缺乏消防设施,不宜继续作为化产品临时装船码头使用。1987 年以后,宝钢纯苯由金山石化总厂代理出口。这样做不仅人力、物力损失大,而且远远不能满足宝钢的需求,从而造成库存爆满,苯加氢设备停车。码头的新建不仅能解决宝钢化产品的运出问题,同时化产品的出口每年可创汇上千万美元,从而提高宝钢的经济效益。

（5）罗泾港区一期工程

1993 年 12 月开工建设,1996 年 12 月试运行,1997 年 7 月竣工。

项目建设依据:1985 年 4 月,交通部第三航务工程勘察设计院和上海城市规划设计院编制了《上海港罗泾煤码头工程项目可行性研究报告》。1992 年 8 月,国家计划委员会《关于上海港罗泾煤码头工程可行性报告的批复》(计基交通〔1992〕1285 号);1993 年 6月,国家交通投资公司《关于上海港罗泾煤码头初步设计的批复》(交投水〔1993〕88 号)。1988 年 11 月,国家环境保护局《关于上海港罗泾新港工程建设环境影响报告书的批复》(环监字〔1988〕431 号)。1994 年 5 月,上海市人民政府土地管理《关于批准上海港务局新建罗泾煤码头一期工程征地划拨使用国有土地的通知》(沪府土征〔1994〕132 号);

1992 年 7 月，上海市建设委员会《关于罗泾地区岸线利用调整意见的批复》（沪建规〔1992〕712 号）。

新建码头泊位 9 个，长 1061 米。其中，3.5 万吨级卸船泊位 2 个，码头长度 442 米、宽 26 米，前沿水深 13.2 米；2000 吨级海轮装船泊位 1 个、2000 吨级江驳转船泊位 2 个、500 吨级江驳装船泊位 4 个，泊位总长 280 米、宽 19 米，前沿水深 7.5 ~ 8 米；陆域岸线长 1061 米，码头结构为高桩梁板式宽平台结构。引桥布置为反 F 形，长 1167 米、宽 14 ~ 21.5 米；引堤长 73 米、宽 22.5 米；堆场面积 14.56 万平方米，港区内道路面积 7.27 万平方米，进港道路 2 条 3.65 万平方米，包括桥梁 6 座。码头结构为高桩梁板式，设计年吞吐量 1000 万吨，其中进口 830 万吨、出口 170 万吨，上海市自用 780 万吨、中转 220 万吨。煤炭来自秦皇岛，疏运去向为南方沿海、长江（崇明）和上海地区，疏运方式为水→水、水→陆两种形式。配套主要装卸机械设备 27 台／套，其中有 1250 吨／小时桥式卸船机 1 台，1250 吨／小时链斗式连续卸船机 2 台，取煤 1250 吨／小时、堆煤 3000 吨／小时斗轮机 4 台，1500 吨／小时装船机 2 台，带式输送机 8840 米，3.5 立方米单斗装载机 4 台。总投资 11.64 亿元，资金来源为上海港务局。

项目建设单位为上海港务局；设计单位为交通部第三航务工程勘察设计院、上海市政工程设计院等；施工单位为交通部第三航务工程局、上海港务工程公司等；监理单位为上海远东水运工程建设监理咨询公司，上海国际港口工程咨询有限公司、上海新光建设工程咨询公司参与监理；质监单位为上海港口建设工程质量监督站。

罗泾煤码头一期工程位于长江滩地上，表层由电厂吹填的煤粉灰层，其下是淤泥层，从而形成了复合型饱和软土地基。工程从实际出发，通过调查研究和专家评审论证，进行了多次试验，最终采用在水冲湿粉煤灰形成的软土地基上填筑钢厂炼钢废渣后施打塑料排水板进行强夯处理，形成了"湿排粉煤灰钢渣挤入加固法"这一研究成果。经上海科学技术委员会鉴定，该研究成果属国内首创，达到国际先进水平。1993 年 8 月，该试验项目在罗泾煤码头一期陆域加固工程中正式应用，历时 14 个月，加固面积为 26 万平方米，工程整体质量评为优良，各项技术均符合设计要求，工期较其他加固方案缩短一半，节约投资 2000 万元以上。综合利用废钢渣 87 万吨和废灰 130 万立方米，取得了良好的经济效益和以废治废、综合利用的社会效益和环境效益，受到了交通部和上海市有关部门的高度赞扬。该研究成果获得上海市科技成果二等奖、上海港科技成果一等奖，同时被列为交通部成果推广应用项目。

罗泾煤码头一期工程是满足北煤南运、建立华东地区煤炭储存基地，确保上海和华东地区煤炭供应，与秦皇岛煤四期相配套的系统工程，也是承接黄浦江内老港区功能转移的工程。投产后的 1997 年完成货物吞吐量 163.11 万吨，1998 年完成 292.18 万吨，1999 年完成 521.85 万吨，2000 年完成 648.81 万吨，2001 年完成 683.3 万吨。2002 年以后，黄浦江港区的煤炭业务加快向罗泾港区转移。一期码头在改扩建之前的 2004 年完成货物吞吐量 1525.40 万吨。

（6）罗泾油库 2.5 万吨级码头工程

1993 年 12 月开工建设,1995 年 11 月试运行,1995 年 11 月竣工

项目新建码头总长度 703 米,其中 2.5 万吨级码头 1 座,长 273 米、宽 24 米;千吨级码头 1 座,长 215 米、宽 24 米;百吨级码头 1 座,长 215 米、宽 22 米;码头均为高桩梁板结构。引桥引堤总长 1550.56 米,其中引桥长 1183.5 米、宽 12 米,引堤长 367.06 米、宽 15 米。码头设有 13 个泊位,其中万吨级泊位 2 个、千吨级泊位 4 个、百吨级泊位 6 个、工作船泊位 1 个。可同时有 12 艘船舶进行装卸作业。码头通过能力为 526 万吨,设计年吞吐量为 502 万吨。总投资 1 亿元,资金来源为企业自筹。

项目建设单位为上海市石油总公司罗泾油库筹建处;设计单位为交通部第三航务工程勘察设计院;监理单位为上海海龙监理公司;施工单位为交通部第三航务工程局;质监单位为上海港口建设工程质量监督站。

上海罗泾 2.5 万吨级油库码头工程是当时石油销售行业规模较大的一项工程,被列为 1996 年上海市重大工程之一。它的建成为上海市的石油能源供应提供了设施保证。项目建成后,由中国石化销售有限公司上海石油分公司(后改为中国石化上海石油化工股份有限公司)储运部管理运营。

（7）宝钢三期主副原料码头工程

1994 年 8 月开工建设,1999 年 5 月试运行,1999 年 5 月竣工。

项目建设依据:1992 年 9 月,交通部第三航务工程勘察设计院编制完成《上海宝山钢铁第三期工程可行性研究报告》。1993 年 8 月,国家计划委员会《关于宝钢三期工程可行性研究报告的批复》(计原材〔1993〕1388 号)。

项目建设 5 万吨级、3.5 万吨级和 0.5 万吨级泊位各 1 个,设计年吞吐量为 1386.5 万吨。码头总长 621 米,码头前沿水深 12.5 米,宽 41 米,引桥总长 1495 米、宽 15.2 米,采用高桩墩式梁板结构。配备 1800 吨/小时单悬臂桥式绳索牵引抓斗卸料机 2 台,1200 吨/小时单悬臂桥式绳索牵引抓斗卸料机 2 台,3600 吨/小时矿、煤两用固定皮带输送机 2 条,设计年卸船能力 1296.9 万吨。

项目建设单位为宝钢集团有限公司;项目设计单位为交通部第三航务工程勘察设计院;施工单位为交通部第三航务工程局;质监单位为上海港口建设工程质量监督站。

宝钢三期原料码头为宝钢三期工程的配套项目,主要承担宝钢三期工程新增的主副原料的接卸任务。三期工程新增主副原料总量为 1386.5 万吨,全部通过水运进口,其中铁矿 776.5 万吨、焦煤为 610 万吨。宝钢三期原料码头建成启用,三期原料码头的投产,

使宝钢年原料接卸能力达到了 3433 万吨，缓解了原料进厂的压力，确保了生产物流的平衡。

（8）宝钢三期废钢码头工程

1996 年 1 月开工建设，1997 年 3 月试运行，1997 年 3 月竣工。

项目建设卸船码头 1 座，1.5 万～2 万吨级深水泊位 2 个、2000 吨级泊位 3 个，码头长 360 米、宽 47 米，码头面高程 7.00 米，前沿设计泥面高程 -10.50 米；引桥 1 座，长 481 米、宽 17 米，码头和引桥均为高桩板梁式结构；引堤 1 座。设计年卸废钢 50 万吨，成品装船 120 万吨。总投资 1.15 亿元，资金来源为企业自筹。

项目建设单位为宝钢集团有限公司；设计单位为交通部第三航务工程勘察设计院；施工单位为交通部第三航务工程局；质监单位为上海港口建设工程质量监督站。

宝钢三期废钢码头工程项目投产后设计年卸废钢 50 万吨，成品装船 120 万吨。2000 年实际完成卸废钢 46.4 万吨、装成品 103.3 万吨，基本接近设计能力。

（9）宝钢增建宽厚板专用码头工程

2004 年 5 月开工建设，2005 年 3 月试运行，2005 年 3 月竣工。

码头江侧设 2 万吨级海轮泊位 1 个，并兼备靠泊装卸 4 万吨级（减载）海轮的能力；岸侧设 2000 吨级长江驳泊位 3 个；引桥长 479.5 米、宽 17 米；码头总长 240 米，码头设计年吞吐量 127 万吨（其中宽厚板 72 万吨、成品钢材 55 万吨）。宽厚板专用码头的结构形式为高桩梁板结构，排架间距 8 米，基桩为 600 毫米预应力混凝土方桩，每榀排架布置 18 根桩。码头上部结构形式为现浇桩帽节点，预应力横梁、预应力轨道梁、预制纵梁、叠和面板结构。码头前沿水深 10.75 米。总投资为 5786 万元，资金来源为企业自筹。

项目建设单位为宝山钢铁股份有限公司；设计单位为中港第三航务工程勘察设计院；监理单位为上海远东水运工程咨询监理公司；施工单位为中港第三航务工程局；质监单位为上海市港建设工程质量监督站。

宝钢宽厚板码头工程是宝钢宽厚板工程的重要配套项目，主要用于宽厚板及其他钢成品码头装卸作业。2005 年 12 月，宝钢废钢码头和宽厚板码头合并，更名为宝钢综合码头。码头的建成进一步提升了宝钢成品钢材的装卸能力。

（10）罗泾港区二期工程

2005 年 6 月开工建设，2007 年 8 月试运行，2008 年 7 月竣工。

项目建设依据：2004 年 8 月，中交水运规划设计院编制完成《上海港罗泾港区二期工程工程可行性研究报告》。2005 年 7 月，国家发展和改革委员会《关于上海港罗泾港区二期工程项目核准的批复》（发改交运〔2005〕1415 号）；2006 年，交通部《关于上海港罗泾港区二期工程初步设计的批复》（交水发〔2006〕239 号）。2005 年，国家环境保护总局《关于上海港罗泾港区二期工程建设环境影响报告书审查意见的复函》（环审〔2005〕255 号）。

2006年,上海市人民政府土地管理《关于批准上海港务(集团)股份有限公司建设上海罗泾港区二期工程供地方案的通知》(沪府土〔2006〕519号)。2007年,上海海事局《关于上海港罗泾港区二期工程安全使用岸线的批复》(沪海航〔2007〕506号)。2005年,上海市港口管理局《上海市港口局关于同意上海港罗泾港区二期工程使用岸线的批复》(港口管理局〔2005〕308号)。

项目由煤炭码头改扩建工程、钢杂码头工程和矿石码头工程组成,在上海港首次将矿石、煤炭和钢杂三大生产作业和服务区综合布局,共建设泊位33个,是经国家批准建设的泊位数最多的一个水运工程项目。其中矿石码头、钢杂码头属于新建,煤炭码头属于改扩建。罗泾二期岸线总长2720.1米,海轮码头长2270.1米。建设的33个泊位中,其中有9个万吨级以上海轮泊位,包括1个7万吨级煤炭卸船泊位,长270.1米;2个20万吨级矿石卸船泊位,长770米;6个3万~5万吨级钢杂通用泊位,长1230米;相应的水水中转小船泊位24个(其中矿石9个泊位、钢杂11个泊位、煤炭4个泊位)。港区陆域面积144.9万平方米,陆域纵深约700米,其中堆场面积55.92万平方米。配置主要装卸机械168台。设计年吞吐能力4380万吨。工程于2005年6月13日开工吹填。

煤炭码头改扩建工程:罗泾港区一期煤码头于1997年完工投入生产后,因国家能源布局结构变化,缺少煤炭货源,遂改变为接卸矿石码头。2005年,上港集团决定将在黄浦江内的煤炭装卸公司迁往罗泾港区,罗泾一期码头功能由矿石码头恢复为煤炭码头,需对该码头进行改建、扩建和恢复性改造。其中,改建、扩建部分并入罗泾港区二期工程,恢复性改造列入上港集团更新改造计划。扩建项目包括:在原罗泾一期码头下游扩建7万吨级卸船泊位1个,长270.1米、宽26米,码头顶面高程+7.35米;在原罗泾一期码头内侧扩建2000吨级直取泊位1个,长240米、宽15米,码头顶面高程+6.8米,并添置2500吨/小时的装船机1台;在原罗泾一期码头装船码头西侧扩建装船泊位1个,长105米、宽19米,码头顶面高程6.4米。码头均采用高桩梁板结构。同时,在装船码头东侧扩建工作船码头1座,长150米、宽10米,码头顶面高程6.65米,采用高桩墩台结构;在原罗泾一期码头引桥西侧扩建专用引桥1座,长1200.86米、宽6米,采用高桩梁板结构。改建项目主要是改造原有2个3.5万吨级泊位的工艺系统,新建和改造带式输送机6条,总长1549.3米。恢复性改造项目主要是对煤堆场水喷洒系统改造、排水系统改造,装卸机械维修。工程自2005年8月11日开工,2007年8月30日全部完工,通过交工验收。

钢杂码头工程:建设3万~5万吨级钢杂泊位6个、500~2000吨级驳船泊位11个,设计年吞吐能力868万吨。堆场面积12.99万平方米,其中简易堆场面积6.11万平方米。2005年6月13日,开始吹沙成陆,工程量约为642余万立方米。7月5日,开始码头打桩,为减少码头面层龟裂,水工码头面层采用掺聚丙纶纤维混凝土。2007年8月13日全面完工,通过交工验收。

矿石码头工程:建设20万吨级(减载)矿石卸船泊位2个、5000吨级非金属矿石卸船泊位1个、2000~5000吨级矿石装船泊位6个、5000吨级矿石装船泊位2个,均为高桩梁板结构,码头面层高程7米。堆料场面积33.35万平方米。2005年6月13日正式开工,2006年12月工程基本建成,2007年5月通过交工验收。该码头是上海港2010年以前最大、自动化水平最高的矿石码头。总投资39.15亿元,由企业自筹。

项目建设单位为上港集团;设计单位为中交水运规划设计院;施工单位为上海港务工程公司、中港第一航务工程局等;监理单位为上海远东水运工程建设监理咨询公司、广州南华工程管理有限公司、上海华申工程建设监理咨询有限公司;质监单位为上海港建设工程安全质量监督站。

罗泾港区二期工程投资量大、科技含量高,工期紧迫。建设中实施了装卸工艺优化和地基处理新技术的研究与应用,带式输送机全部采用低压交流变频驱动控制技术,实现带式输送机动态调速运行,实现节能降耗。矿石码头堆场建设中首次应用大面积的振冲碾压、26米塑料排水板、使用期分级堆载和强夯的地基处理新技术,在施工期加固浅层无黏性土,同时施打26米新型热熔塑料排水板至深土,加速软土排水固结。然后在生产运营期确保堆场安全的前提下,通过分级加载来加固深层软黏土。矿石码头港区后域邻近新建的宝钢集团浦钢公司。上港集团与宝钢集团联手构筑现代物流基地,通过新港区码头与堆场皮带机输送系统全变频控制,可为浦钢公司提供矿石、煤炭等原料"精细化、无缝隙"式的配送。并对以信息技术为支撑的工业系统在码头生产中的应用作了改进与完善,将管理信息系统、实时控制系统、港区运行状态监测系统形成一个闭环的一体化管理控制系统,实现企业生产资源的协调管理。

项目荣获2010年第九届詹天佑土木工程大奖、2010—2011年度国家优质工程金质奖、2009年度交通部水运工程质量奖。港口装卸自动化作业三维物位检测装置及其方法获发明专利,专利号200710036381.9;散货自动化装船系统获实用新型专利,专利号200720144386.9。

上海港罗泾港区二期工程的建设是为满足黄浦江两岸综合开发、2010年上海世界博览会场馆建设和老港区功能调整的需要,实现黄浦江老港区的替代能力。工程建成后新码头的设计年吞吐能力达3780万吨,是上海港最大的散货码头。投产后实际完成量远远超过设计能力。

(11)华能上海石洞口第二电厂二期工程配套码头工程

2008年7月开工建设,2009年8月试运行,2009年8月竣工。

项目建设依据:2007年11月,中交第三航务工程勘察设计院有限公司完成了《华能上海石洞口第二电厂燃煤机组扩建工程配套码头工程可行性研究复核报告》。2006年,上海市海事局《关于上海石洞口电厂脱硫码头工程安全使用岸线的批复》(沪海通航

〔2006〕642号）。2008年1月7日，上海市港口管理局《上海市港口管理局关于同意华能上海石洞口第二电厂燃煤机组扩建工程煤码头使用岸线的批复》（沪港规〔2008〕7号）。

项目码头采用高桩梁板式结构，平面布置占用水域岸线长度为250米，成倒L形布置。前沿为码头，由1座引桥（引堤）与后方陆域连接；另在引桥与防汛大堤接口处新建防汛闸门1座。项目新建50000吨级码头1座，长250米、宽27.6米；新建引桥1座，长1135.26米、宽7米（其中引堤段长59.26米、宽12.5米）。码头设计年吞吐量300万吨。项目采用2台桥式抓斗卸船机进行煤炭作业，轨距22米，外伸距32米，公称能力1250吨/小时。煤炭水平输送设置1路带式输送机，带宽1600毫米，公称能力2500吨/小时，最大生产能力3000吨/小时。总投资为25540万元，资金来源为企业自筹。

项目建设单位为华能上海石洞口第二电厂；设计单位为中交第三航务工程勘察设计院有限公司；施工单位为中交第航务工程局有限公司；监理单位为上海东华建设管理有限公司；质监单位为上海港建设工程安全质量监督站。

华能石洞口第二电厂二期工程卸煤码头是电厂二期工程的基础工程，华能石洞口第二电厂二期工程新建2×600兆瓦燃煤发电机组。码头建成后泊位通过能力满足电厂新建机组的用煤需求。项目投产后，由华能国际电力股份有限公司上海石洞口第二电厂管理经营。

（12）上海吴淞口国际邮轮码头工程

2009年6月开工建设，2011年10月试运行，2012年4月竣工。

项目建设依据：2009年3月，中交第三航务工程勘察设计院有限公司编制了《吴淞口国际邮轮码头工程工程可行性研究报告》。2008年12月，上海市发展和改革委员会《上海市企业投资项目备案意见》（沪发改设备〔2008〕99号）。2009年，上海市城乡建设和交通委员会《上海市城乡建设和交通委员会关于上海吴淞口国际邮轮码头及其公共配套设施工程初步设计的批复》（沪建交〔2009〕833号）。2009年9月10日，上海市环境保护局批复《上海吴淞口国际邮轮码头及公共配套设施项目环境影响报告书》（沪环保许管〔2009〕866号）。2010年7月，水利部长江水利委员会行政许可决定批复吴淞口国际邮轮码头工程涉河建设方案（长许可〔2010〕137号）。

工程位于上海市宝山区吴淞口北侧的炮台湾防波堤水域岸线，下游距吴淞口2千米，上游侧为宝杨客运码头，设1座引桥通往通关平台和码头，引桥宽15米、长约513.69米；国际邮轮泊位码头长约774米、宽32米，高程7.5米，前沿呈折线形，码头前沿水深11.0米，设计2个泊位，上游为可停靠20万吨邮轮泊位，下游为可停靠10万吨邮轮泊位。码头与引桥之间为大型平台，面积为59592平方米。码头年综合通过能力60.8万人次。总投资9.5亿元，其中企业投资（业主自有资金）30000万元、银行贷款65000万元。陆域用地面积 6 万平方米。

项目建设单位为上海吴淞口国际邮轮港发展有限公司;设计单位为中交第三航务勘察设计院有限公司;监理单位为上海远东水运工程监理有限公司;施工单位为中交第三航务工程局有限公司和中交第三航务勘察设计院有限公司联合体;质监单位为上海港建设工程安全质量监督站。

吴淞口国际邮轮码头是上海国际航运中心建设的重要组成部分,也是中国邮轮发展示范区的重要基础设施。项目建成投产,解决了上海没有 8 万吨级以上大型邮轮泊位的瓶颈问题,适应了国际邮轮大型化的趋势。上海吴淞口国际邮轮港投产后,立即进入高速发展阶段,码头知名度逐步提高,皇家加勒比、歌诗达、公主邮轮等国内外邮轮公司竞相布局吴淞邮轮码头,密集增加邮轮班次,游客量呈逐年上升趋势。

(13)上海港宝钢全天候成品码头

2013 年 7 月开工建设,2014 年 9 月竣工。

项目建设依据:2010 年 9 月,中交第三航务工程勘察设计院有限公司《宝钢全天候成品码头工程工程可行性研究报告》。2012 年 4 月,上海市发展和改革委员会《上海市发展和改革委员会关于上海港宝钢全天候成品码头工程项目核准的批复》(沪发改城〔2012〕049 号);2012 年 11 月,上海市交通运输和港口管理局《关于上海港宝钢全天候成品码头工程初步设计的批复》(沪交规函〔2012〕205 号)。2011 年,上海市环境保护局《关于上海港宝钢全天候成品码头工程环境影响报告书的审批意见》(沪环保许评〔2011〕706 号);2011 年 8 月,交通运输部《关于宝钢全天候成品码头工程使用港口深水岸线的批复》(交规划发〔2011〕460 号)。

项目水域外档建设 1 座 5 万吨级产成品码头,码头长度 420 米,可同时靠泊 50000 吨级和 5000 吨级船舶各 1 艘。内档建设 1 座 5000 吨级全天候码头,码头总长度 282.5 米,包括上游 132.5 米全天候工作平台和下游 150 米靠泊段,两座码头呈前后交错布置,占用岸线总长 570 米。引桥 1 座,长 293.49 米、宽 15 米。内档码头离外档码头后沿 23 米,并共用 1 座引桥。作业平台与成品码头和引桥合围成一个全天候作业港池,港池宽 23 米、长 132.5 米,其上设全天候船库。引桥长 293.5 米、宽 15 米(命名为 1 号引桥)。码头面高程 7.0 米。成品码头港池和回旋水域设计泥面高程均为 −6.2 米。引桥与大堤开口处平接,交接点高程 7.5 米。码头设计年吞吐量 325 万吨。总投资 46256 万元,资金来源为企业自筹。陆域总面积 3891 平方米,水域总面积 2.7 公顷。

项目建设单位为宝山钢铁股份有限公司;设计单位为中交第三航务工程勘察设计院有限公司;监理单位为上海振南工程咨询监理有限责任公司;施工单位为中交第三航务工程局有限公司。

上海港宝钢全天候成品码头建成时,是亚洲第一、世界第三大的全天候成品码头,其内档全天候码头可靠泊5000吨级船舶1艘，其上方111.1米×50.9米钢结构船库尤为关键，为全天候码头的室内作业创造了条件，为宝钢股份高等级产品出运、实现产业升级提供了重要保障。

（14）上海吴淞口国际邮轮码头后续工程

2015年6月开工建设，2018年7月试运行，2019年1月竣工。

项目建设依据：2014年11月，中交第三航务勘察设计院有限公司完成《上海吴淞口国际邮轮码头后续工程可行性研究报告》。2015年6月，上海市交通委员会《上海市交通委员会关于上海吴淞口国际邮轮码头后续工程（水工部分）初步设计的批复》（沪交建〔2015〕574号）。2015年4月，上海市环境保护局批复《上海吴淞口国际邮轮码头后续工程环境影响报告书》（沪环保许评〔2015〕203号）。2015年8月，长江水利委员会批复涉河建设方案（长许可〔2015〕223号）。2018年6月14日，上海市交通委员会《行政许可决定书》批复岸线许可（沪交规许字〔2018〕26号）。

吴淞口国际邮轮码头一期工程包括1个16万总吨邮轮母港泊位（1号泊位）和1个22万总吨邮轮母港泊位（2号泊位）。吴淞口国际邮轮码头后续工程是在原有一期基础上向上游延伸380米，增设1个22万总吨邮轮母港泊位（3号泊位），向下游延伸446米，增设1个16万总吨邮轮母港泊位（4号泊位）。建成后码头总长度达1600米，共可布置2个22.5万吨级和2个16万吨级总计4个大型邮轮泊位，呈现"四船同靠"的壮观景象。码头采用∏形布局，高桩梁板结构。码头前沿水深11.0米。项目总投资10.60亿元，其中企业投资4.10亿元，银行贷款6.5亿元。陆域用地面积8万平方米。

项目建设单位上海吴淞口国际邮轮港发展有限公司；设计单位为中交第三航务勘察设计院有限公司；监理单位为上海海科工程咨询有限公司；质监单位为上海港建设工程安全质量监督站。

项目于2018年建成投产。吴淞口国际邮轮码头后续工程建成后，年总通过能力从60.8万人次提升至357.8万人次，解决了运营能力不足的困境。工程建成投用后，进一步助力吴淞老工业区向现代邮轮旅游集聚区滨江带调整转型，对形成上海现代服务业新格局，起到了十分重要的推动作用，同时为上海建成亚太区域的国际邮轮枢纽港、国际邮轮中心的目标奠定了坚实的基础。

（四）黄浦江港区

1.港区综述

（1）港区建设和运营概况

1978—1980年，建设共青码头一期工程，新建3000吨级泊位2个。同时启动军工路码头集装箱泊位和张华浜码头集装箱泊位建设。1980年，上港七区中华南栈3号泊位实施填档,并由原先的煤炭接卸泊位改成装船泊位。"六五"期间,上港十区军工路码头4号、5号泊位改造为集装箱专用泊位,成为上海港第一个集装箱专用码头,可靠泊第一代、第二代集装箱船。上港九区张华浜码头1号、2号泊位集装箱码头建设工程,新建1号泊位长244米,改建原2号泊位180米,合计码头长度424米。上述两项工程奠定了上海港作为我国沿海开展集装箱运输的三大基本港之一的地位。同时,上海港务局在黄浦江港区重点推进煤炭码头、木材码头、客运码头改造,其中,1980年11月—1985年8月,上港六区北票码头7号和6号泊位先后改建成煤炭系列化专用码头;1982年6月—1984年6月,上港四区白莲泾码头3号～5号泊位改建成2个木材作业系列化专用泊位。1983年1—7月,上港七区中华南栈1号泊位接长20米。1980—1982年,十六铺码头客运设施进行彻底重建,改建码头长度605米,新建钢质趸船连成一体的泊位6个,前沿水深5米,靠泊能力均为3000吨级;新建客运大楼候船室面积6876平方米,可以同时容纳6300余人,成为当时全国水路系统中最先进的客运设施,基本解决旅客候船难问题。"七五"期间,上海港继续推进集装箱、煤炭和客运三大业务支柱的基础设施建设,在黄浦江中游新建关港装卸区码头,在黄浦江下游新建朱家门煤码头;实施军工路码头6号～9号泊位二期工程项目;继续完成"六五"期跨"七五"期项目张华浜集装箱码头工程、老白渡和张家浜煤码头工程。技术改造项目除继续完成东昌路码头3号泊位改造工程外,主要实施杨家渡码头1号和2号泊位改造工程、白莲泾码头1号和2号泊位改造工程、新华码头7号泊位散化肥半专业码头改造工程、军工路码头1号泊位后方扩场工程、大达客运码头改建工程、汇山客运站改造工程、外虹桥国际客运站候船设施改造、高阳码头1号～4号泊位改造工程、洋泾港码头改造工程、民生路码头1号～4号泊位改造工程等项目。"八五"期间,黄浦江公用港区已无新建工程,改造项目主要集中在集装箱化改造、提升散粮接卸能力,并对部分码头实施技术改造。为适应货类变化趋势,件杂货码头建设改造比重大幅下降,而符合现代运输发展方向的集装箱码头建设、为黄浦江港区煤炭装卸外移提供基础的煤炭码头建设、为提高接卸散粮能力的码头技术改造、为改变客运功能落后状况的客运设施改造均列为港口建设重点,并对多粉尘污染的煤炭、矿粉等货类泊位增强环保设施。1993年,沪港合资上海集装箱码头有限公司成立后,随即推进原先以件杂货装卸为主的军工路码头1号～3号泊位集装箱化改造工程和张华浜码头3号、4号泊位集装箱化改造工程。1991年5月—1995年12月,民生路码头1号～4号泊位散粮码头改造工程,拆除并新建万吨级泊位738米,新建仓库和灌包车间1.69万平方米、8万吨级散粮筒仓1座、顺岸及纵向高架廊道677米;完成汇山码头3号和4号泊位改造工程、杨家渡码头改造工程、朱家门煤码头工艺改造工程、北栈码头改造工程等项目。"九五"时期,实施上海集装箱码头有限公司张华浜码头、军工路码头和宝山码头结构加固及改造工程、煤炭装卸公司中栈码头和北票码头改造工程、高阳港务公司公平路码头改造和集装箱场地改造工程;完成"八五"期跨"九五"期项目民生路码头1号～4号泊位散粮码头改造工程、集装箱港外货运基地和货运站工程、汇山客运站工程等。黄浦江港区内的煤炭装卸码头全部被改建成煤炭系列化专用码头，机械化程度和作业效率大幅提高。1999年，洋泾港码头改建为集装箱专用泊位，龙吴港务公司5号、6号泊位改造为内贸集装箱泊位。"十五"和"十一五"期间，黄浦江杨浦大桥和卢浦大桥两桥之间的老码头相继退出装卸行列，上港集团主要新建上海港国际客运中心工程，并实施军工路码头8号和9号泊位码头加固工程、新华港务公司64号～66号场地改造工程、龙吴码头二线木材堆场改造、军工路码头903堆场改建、张华浜码头西侧场地改建、龙吴码头602号～802号堆场改造、张华浜码头堆场改造、朱家门码头装船系统改造、上港物流安达路堆场改造、共青码头4号～6号泊位结构加固改造、军工路码头6号和7号泊位码头改造等技改项目。1978年初，上海港单位专用码头基本局限在黄浦江港区，其中作为装卸生产用的专用码头主要是电厂、煤气厂、炼油厂等企业建造，只接卸本单位生产所需的燃料、原材料。宝山钢铁总厂选址上海长江口南岸，改变了中国钢铁工业历来依靠铁路陆运的传统格局，铁矿石、炼焦煤、动力煤、石灰石等主副原料、重油及成品物料运输充分利用水运。宝钢于1978年3月开工建设大件码头、沙石料码头，1980年7月，开建一期工程原料码头，启动上海最大规模的单位专用码头建设。1978—1980年建设，至2010年仍在使用的单位专用码头生产性泊位合计57个，码头长度3538米。

随着港口发展重点的转移，集装箱运输及为临港工业、沿海沿江地区货物中转运输服务逐步向黄浦江外转移。黄浦江内港区完成总吞吐量的比重由1995年的68.4%降至2007年的34.6%。至2015年，上海港黄浦江港区分上游港区、中游港区和下游港区。其中，黄浦江上游港区位于卢浦大桥上游至闵行发电厂的黄浦江两岸，基本是为临港工业服务的企业专用码头和公用码头共同发展格局，吞吐货物以煤炭、矿建、件杂货为主。"十五"初期，港区内公用码头有上海港龙吴港务公司经营的关港码头，南浦港务公司经营的开平码头、塘口码头，煤炭装卸公司经营的北票码头。但随着上海世界博览会建设的推进，开平码头和北票码头相继歇业。至2015年，港区内公用码头只有上港集团龙吴分公司经营的关港码头。

黄浦江中游港区位于黄浦江卢浦大桥和杨浦大桥之间的城市中心区。该港区过去主要为公用码头，货类庞杂，是20世纪80年代前的上海港主体港区。"十五"初期，港区内浦西侧公用码头有上海港客运总公司的汇山码头、外虹桥国际客运码头、十六铺码头、大达码头，高阳港务公司经营的公平路码头、高阳码头，复兴船务公司经营的关港码头、三泰码头；浦东侧公用码头有民生港务公司经营的洋泾港码头、民生路码头，新华港务公司经营的新华码头、其昌东栈码头，东昌港务公司经营的安记码头、杨家渡码头、鸿升码头，煤炭装卸公司经营的1号码头、中栈、南栈，南浦港务公司经营的白莲泾码头。港区内规模较大专用码头的单位主要有上钢三厂、上海船厂、立新船厂、杨树浦发电厂等。至 2015 年,港区内公用码头大多歇业或功能转换,浦西侧仅剩上海国际客运中心经营的邮轮码头。

黄浦江下游港区位于杨浦大桥至吴淞口的黄浦江两岸,主要从事外贸件杂货、散货、集装箱、油品等货类装卸及水上客运,现已形成公用、货主专用码头共同发展的格局。到 2015 年,港区内浦西侧公用码头有上港集团张华浜分公司经营的张华浜码头、军工路分公司经营的军工路码头,以及上港物流共青码头分公司经营的共青码头;浦东侧公用码头有上港集团煤炭分公司的朱家门码头、上港集团港湾分公司和中海集装箱公司合资经营的洋泾码头(又称中海码头)。

(2)港区地理条件和集疏运概况

黄浦江航道自巨潮港口至吴淞口河塘灯桩,长 67.35 千米,全线可通航水深 8 米。其中巨潮港至吴泾航道全长 13.71 千米,可通航 3000 吨级左右海轮;吴泾至张华浜段航道长 46.7 千米,可乘潮通航 2 万吨级海轮;张华浜至吴淞口段航道长 6.94 千米,可乘潮通航 3 万吨级海轮。

黄浦江上游港区公路集疏运主要利用龙吴路、外环线等城市路网,铁路集疏运可通过上海南站接铁路干线,内河水运通过黄浦江进入内河航道网。

黄浦江中游港区陆路主要通过黄浦江两岸的中山东路、中山南路、东大名路、浦东东路、浦东大道等城市道路对外联系。

黄浦江下游港区公路集疏运利用港区后道路进入城市干道,集装箱运输通道主要通过军工路、逸仙路接内环线。

张华浜作业区和军工路作业区设有铁路专用线,经过何家湾编组通沪杭、沪宁两条干线,进入全国铁路网。内河水运直接利用黄浦江,出吴淞口入长江,往西可与长江干线及其主要支流和京杭运河各港相通,经黄浦江支流苏申外港线、金汇港、淀浦河、苏州河和蕴藻浜可与苏、浙、皖三省内河航道网相通。

2.港区工程项目

(1)共青码头工程

项目于 1978 年 8 月开工建设,1980 年 7 月试运行,1984 年 12 月竣工。

项目建设依据:1979 年 6 月,交通部《关于共青苗圃二期工程计划任务书的批复》(交计字〔1979〕984 号);1980 年,交通部《关于共青苗圃二期工程初步设计的批复》(交基字〔1980〕484 号)。

项目新建 3000 吨级泊位 9 个,码头总长度 900 米,为高桩板梁结构,前沿水深 3~4 米,陆域纵深 100 米,设计年吞吐量 120 万吨。总投资 2175.5 万元。陆域总面积 8.98 万平方米。

项目建设单位为上海港务局;设计单位为交通部第三航务工程勘察设计院;施工单位为交通部第三航务工程局;质监单位为上海港口建设工程质量监督站。

工程分两期进行,一期工程于 1978 年 7 月开工,1980 年底完工,建成 1 号和 2 号泊位。二期工程于 1980 年 9 月开工,1984 年 12 月完工,建成 3 号～9 号泊位。鉴于 1980 年以后,材料价格和工程部分费率的提高,交通部于 1983 年以《关于上海港共青苗圃二期工程概算调整报告的批复》(交基字〔1983〕93 号)同意将概算从 1700.3 万元调整为 2175.5 万元。

共青码头建成后,使上海港公用码头小船占用深水泊位的不合理状况得到改善。共青码头由共青装卸公司管理经营。二期工程投产后,1985 年完成货物吞吐量 510 万吨,1986 年完成 575.9 万吨,1987 年完成 546.9 万吨。此后受市场影响,业务多有起伏。1991 年共青码头开始增加集装箱业务,但直到 1999 年才超过 5 万 TEU。

(2)张华浜码头 1 号、2 号集装箱泊位工程及后续改建工程

1980 年 9 月开工建设,1985 年 12 月试运行,1985 年 12 月竣工。

项目建设依据:1993 年 11 月,交通部第三航务工程勘察设计院完成了《张华浜 1～4 号泊位改建工程工程可行性研究报告》。

张华浜码头 1 号、2 号集装箱泊位工程,位于黄浦江下游的西岸。码头结构为高桩梁板式。新建 1 号泊位长 244 米,改建原 2 号泊位 180 米,共 424 米。端部另设滚装船靠泊作业过渡段。码头配置额定起重量 30.5 吨装卸桥 4 台、轮胎式龙门起重机 9 台以及相应的集装箱拖挂车、铲车等配套装卸机械 170 台。码头陆域建有堆场面积 11.2 万平方米,总箱容量(包括冷藏箱位)为 1.08 万 TEU;道路面积为 5.6 万平方米;后方设置有总面积为 9940 平方米的公路拆装箱库,以及总面积为 8733 平方米的生产辅助设施,其中包括 1 座向整个港区配电的户内式 35 千伏变电所、1 座雨水泵房、无线电通信及有线通信和电子计算机系统组成的一级生产调度指挥网络。

上海集装箱码头有限公司张华浜 1 号～4 号泊位后续改建工程为老码头改建工程,包括码头和平台改建两大部分。改建前需先将建于 1958 年和 1965 年进行加固修补过的原 3 号、4 号泊位码头进行拆除,并在原址上重建 1 座第三代集装箱泊位,泊位长 307.6 米,并同时将原 1 号、2 号泊位加长 52.43 米。码头全长 360 米、宽 46.5 米。1 号、2 号泊位前沿水深为 10.5 米,3 号、4 号泊位前沿水深为 12.5 米,结构形式为高桩梁板式。码头设置 26.05 米和 16 米轨距装卸桥轨道各 1 对,码头前沿设有 550 千牛系船柱 20 座、750 千牛系船柱 6 座。张华浜码头 1 号、2 号集装箱泊位工程的总投资为 1.03 亿元,世界银行贷款 1404 万美元。陆域用地面积为 30.6 万平方米。

项目建设单位为上海集装箱码头有限公司;设计单位为交通部第三航务工程勘察设计院;施工单位为交通部第三航务工程局、上海港务工程公司;质监单位为上海港口建设

工程质量监督站。

项目荣获交通部优秀工程设计奖、交通部优秀工程勘察奖、全国优秀工程设计金质奖。

张华浜1号、2号泊位码头工程是上海港第二个集装箱专用码头,也是全国第一批从事集装箱业务的集装箱专用码头之一,可靠泊第一代、第二代集装箱船,设计年吞吐能力为20万TEU。该项目为上海港的集装箱业务起步发展奠定了基础。1982年12月码头和一线堆场交付生产后,1983年完成集装箱吞吐量1万TEU,1984年完成1.48万TEU。1985年底整个工程全面投产后,1986年完成集装箱吞吐量约10.16万TEU,1987年完成11.84万TEU,1988年完成16.69万TEU,在1992年达到31.2万TEU。1993年沪港合资成立上海集装箱码头有限公司(SCT)后,为扩大生产需要,通过改建张华浜码头1号~4号泊位,较大程度提高了SCT张华浜码头的集装箱吞吐能力,为上海港集装箱发展做出了重要贡献。1997年SCT完成集装箱吞吐量176.7万TEU,1998年增至202.7万TEU,1999年完成259.46万TEU,2000年完成295.1万TEU,2001年完成261.05万TEU。2010年SCT撤销,SCT张华浜集装箱码头划归上港集团张华浜分公司管理运营。2011年完成集装箱吞吐量121.2万TEU,2012年完成127万TEU,2013年完成145.4万TEU。2014年,张华浜分公司的集装箱码头划归宜东分公司,当年宜东分公司完成271.9万TEU,2015年完成280.9万TEU。

(3)军工路码头4号、5号泊位集装箱化改造工程

1980年11月开工建设,1984年12月试运行,1984年12月竣工。

项目建设依据:1979年,交通部《关于上海港十区集装箱码头建设的批复》(水基字〔1979〕488号)。

上海港军工路码头从1978年5月开始从事国际集装箱装卸业务。1980年,上海港集装箱公司成立,开始对军工路码头4号、5号泊位进行集装箱化技术改造。工程分两期进行。一期工程主要是码头加固和机械安装。码头部分于1981年底竣工。1980年和1981年,交通部先后以〔80〕交水基字2482号文和〔81〕交水基字2242号文,同意4号、5号泊位码头前沿铺设轨道,安装进口的轻型桥吊一台,并相应配备集装箱专用机械。二期工程主要是集装箱堆场和辅助设施,自1980年11月动土开工起至1984年12月,经过四年建设,征地149733平方米,新建成混凝土堆场道路101305平方米、生产辅助设施17823平方米、生活福利设施3340平方米。至此,军工路码头4号、5号泊位成为上海港第一个集装箱专用码头,可靠泊第一代、第二代集装箱船,设计年吞吐能力为12万TEU。项目预算投资9349万元,其中一期工程总投资4702万元、二期工程总投资4647万元。

项目竣工后,军工路码头4号、5号泊位成为上海港第一个集装箱专用码头,也是全国最早从事集装箱业务的集装箱专用码头之一。可靠泊第一代、第二代集装箱船,设计年

吞吐能力为 12 万 TEU。该项目为上海港的集装箱业务起步发展奠定了基础。码头部分于 1981 年底竣工投产,1982 年完成集装箱吞吐量 4.65 万 TEU,1983 年完成 5.79 万 TEU,1984 年完成 8.17 万 TEU。二期工程完工后,集装箱吞吐量稳步增长,1987 年军工路码头完成 6.87 万 TEU,1988 年完成 13.37 万 TEU,1989 年完成 14.62 万 TEU,1990 年完成 19.56 万 TEU,1991 年完成 21.96 万 TEU。

1993 年沪港合资成立上海集装箱码头有限公司(SCT)后,军工路码头集装箱泊位并入 SCT。上海港学习引进香港集装箱港区先进管理经验、技术和装备,使上海港集装箱码头进入规范化管理和运营新阶段。2010 年,SCT 撤销,在 SCT 军工路集装箱码头的基础上成立上港集团宜东集装箱分公司。2011 年完成集装箱吞吐量 104.2 万 TEU,2012 年完成 105 万 TEU,2013 年完成 117 万 TEU。2014 年,上港集团张华浜分公司的集装箱码头划归宜东分公司,当年宜东分公司完成 271.9 万 TEU,2015 年完成 280.9 万 TEU。

(4)朱家门煤码头工程

1986 年 10 月开工建设,1989 年 7 月试运行,1989 年 7 月竣工。

项目建设依据:1983 年 4 月 21 日,交通部第三航务工程勘察设计院编制完成《上海港务局朱家门煤码头工程可行性研究报告》;1984 年 5 月,交通部《关于上海港朱家门煤码头工程工程设计任务书的批复》(交计字〔1984〕805 号);1986 年 1 月,交通部《关于上海港朱家门煤码头工程一期工程初步设计的批复》(交基字〔1986〕48 号);1982 年 11 月,上海市人民政府交通办公室《关于浦东朱家门岸线分配的意见》(沪府交〔1982〕第 99 号)。

项目新建 2.5 万吨级机械化卸煤泊位 1 个、1000～3000 吨级装船煤泊位 1 个,码头总长 302.67 米,码头结构为高桩梁板式(现浇横梁),码头前沿水深 8.0 米;平面布置为引桥式,煤堆场总面积 4.22 万平方米,储煤仓及装车楼各 1 座,合计 1922 平方米;转运站 10 座,合计 1665 平方米;皮带机廊道 15 条,合计 1213 米。配置链斗卸船机 1 台、装船机 2 台、皮带传送带 2312 米,以及铺设相应装卸设备轨道共 2021 米。码头设计年吞吐能力 280 万吨,其中卸船 200 万吨、装船 190 万吨。项目总投资 7756.45 万元,由上海港务局投资。陆域用地面积 14.3 万平方米。

项目建设单位为上海市港务局;设计单位为交通部第三航务工程勘察设计院;施工单位为交通部第三航务工程局、上海港口机械制造厂;质监单位为上海港口建设工程质量监督站。

朱家门煤码头是中国大陆第一个采用链斗卸船机的码头。设计中特别重视环境保护问题,在链斗卸船机、斗轮堆取料机、装船机、储煤仓和装车楼均安装除尘或防尘装置,在 3 个落差较高的皮带机转运站采用密闭抽风除尘方式,与隔壁沪东船厂舾装码头间种植防护林,专设污水处理厂 1 座。荣获交通部优秀设计二等奖、国家优秀工程设计铜质奖。

朱家门煤码头为解决煤炭装卸能力不足而建,码头建成后可增加煤炭通过能力 280

万吨,这对缓和上海港煤炭码头通过与任务不相适应的矛盾起到了积极作用。1988年完工后,1989年完成货物吞吐量61.9万吨,1990年完成254.3万吨,1991年完成226.8万吨。此后业务稳定发展,2012年完成1092.32万吨,2013年完成1321.79万吨。2014年后,中转至浙江的煤炭量开始减少,2015年完成888.68万吨。

(5)关港作业区工程

1987年7月开工建设,1990年12月试运行,1990年12月竣工。

项目建设依据:1980年12月,交通部第三航务工程勘察设计院编制完成《上海港关港外贸作业区工程可行性研究报告》。1985年3月14日,上海市人民政府《关于建设关港外贸作业区的批复》(沪府〔1985〕24号)。1986年1月,交通部《对上海港关港作业区工程可行性研究报告的审查意见》(交计字〔1986〕14号);1986年11月,交通部《关于上海港关港作业区工程初步设计的批复》(交基字〔1986〕866号)。

项目建设万吨级海轮泊位8个,码头总长度1362米,高桩梁板结构,码头前沿水深8.0米。建设生产堆场19.08万平方米,道路10.46万平方米。仓库6座,建筑面积5.34万平方米。设计年吞吐能力400万吨。总投资3.04亿元,由上海港务局投资。陆域用地面积为51.6万平方米。

项目建设单位为上海港务局;实施单位为上海港关港作业区工程指挥部;设计单位为交通部第三航务工程勘察设计院;施工单位有交通部第三航务工程局、上海市水利工程承包公司、上海市第一市政工程公司等;质监单位为上海港口建设工程质量监督站。

1993年12月1日,项目荣获建设部全国优秀工程设计金质奖。

关港作业区工程竣工决算投资3.04亿元,造价在当时国内同类码头中都属最低之列。其内河港池是当时中国最大的带雨篷的现代化港池之一,相当于4个万吨级泊位的能力。项目投产后由吴泾装卸仓储公司管理经营,1991年完成货物吞吐量161万吨,1992年完成254.7万吨。1993年,吴泾装卸仓储公司更名为龙吴港务公司,公司业务持续稳定发展,并成为我国内贸集装箱枢纽港。2001年完成集装箱吞吐量39万TEU,2002年完成53.1万TEU,2003年完成76万TEU,2004年完成84.1万TEU,2005年完成94万TEU。2006年龙吴码头的集装箱业务调整至黄浦江下游港区,不再装卸集装箱。

(6)民生路码头1号~4号泊位改建工程

1991年5月开工建设,1993年12月试运行,1993年12月竣工。

项目建设依据:1988年5月,交通部第二航务工程勘察设计院编制完成《上海港民生路1~4号泊位改建工程可行性研究报告》。1987年7月,国家计划委员会《关于上海港务局民生路码头改建工程项目建议书的批复》(计交〔1987〕47号)。1989年11月,交通部《关于上海港民生路码头一至四泊位改建工程初步设计的批复》(交工字〔1989〕536号)。

拆除并新建万吨级泊位4个,泊位总长度738米。新码头设计水深11米,可供2万吨级海轮满载靠泊作业和5万、8万吨级船舶减载后靠泊卸载。改建后设计年吞吐能力达到540万吨,其中进口381万吨、出口381万吨。装卸机械设备共计102台,其中10吨门机2台、16吨门机1台、1000吨/小时卸船机2台、600吨/小时装船机1台。总投资2.55亿元,由上海港务局投资。陆域用地面积2.9万平方米。

项目建设单位为上海港务局;设计单位为交通部第二航务工程勘察设计院;施工单位为交通部第三航务工程局;质监单位为上海港口工程建设质量监督站。

上海港民生路码头1号~4号泊位改建工程为"八五"重大技改项目。项目建成投产后使即将丧失生产能力的码头恢复至年吞吐量350万吨,由于库场增加及新增大型装卸机械,新增年吞吐量190万吨,有效提升了港区的货物吞吐能力。1993年底全面完工后,1994年完成货物吞吐量452.1万吨,1995年完成489.4万吨。此后,生产业务呈下降趋势。2005年完成货物199.7万吨,2006年完成280万吨,2007年完成246.1万吨。2008年,该码头基本停止装卸作业,当年仅完成1.8万吨。2013年11月,民生路码头停止装卸生产,实施改造,总投资近10亿元,2014年底完成,在原址建设文化产业创意集聚园区,百年民生港以及亚洲大粮仓变身滨江文化港。

(7)上海港国际客运中心工程

2005年1月开始施工,2007年12月试运行,2008年8月竣工。

项目建设依据:2004年4月7日,中交水运设计研究有限公司编制完成《上海港国际客运中心码头工程可行性研究报告》;2000年6月,上海市发展计划委员会《关于上海港国际客运中心项目建议书的批复》(沪计投〔2000〕312号);2004年11月,上海发展和改革委员会《关于上海港国际客运中心码头工程可行性研究报告的批复》(沪发改城〔2004〕397号);2005年4月,上海市城乡建设与交通委员会《关于上海港国际客运中心——国际客运码头工程初步设计的批复》(沪建建规〔2005〕240号);2002年12月20日,上海市城市规划管理局《关于核发上海港国际客运中心工程建设用地规划许可证的通知》(沪建规〔2002〕904号);建设用地许可证编号:沪规地〔2002〕0229号;上海市港口局岸线使用许可证号:沪港政0371号。

项目建设可停靠3艘大型邮轮的码头、客运设施及综合楼、国际港务大楼和商业配套设施楼。其中码头工程建设1号~3号泊位,总长1127米,可同时停靠超大型、大型、小型游轮和客运班轮各1艘。码头设计船舶满载排水量为7.7万吨,码头年旅客集散能力100万人次。

项目建设单位为上海港国际客运中心开发有限公司;设计单位为上海中交水运设计研究有限公司;监理单位为上海远东水运工程建筑咨询公司;施工单位为上海港务工程公司;质监单位为上海港建设工程安全质量监督站。

上海港国际客运中心位于北外滩黄浦江门户位置,与东方明珠隔江相望,其客运综合楼改扩建后正式对外开通启用,成为上海邮轮母港建设的重要标志,标志着上海"邮轮经济"迈入一个新的发展时期。上海港国际客运中心正式启用后,拥有岸线全长近1200米,可同时停泊3艘7万吨级的豪华邮轮,提供全天24小时的引航、拖轮和联检服务,成为亚洲数一数二的邮轮停靠基地。其内部镶嵌一块约9万平方米的开放式滨江绿地,客运综合楼外形如"水滴"状,成为上海新的地标性建筑。

(8)上海吴泾热电厂老厂改造煤码头工程

2008年6月开工建设,2009年9月试运行,2009年9月竣工。

项目建设依据:2005年,上海市港口管理局审批上海电力股份有限公司吴泾热电厂老厂改造煤码头工程(沪港航〔2005〕134号)。2006年,国家发展和改革委员会《关于上海吴泾热电厂老厂改造工程项目核准的批复》(发改能源〔2006〕1785号)。2007年,上海市港口管理局批复《上海吴泾热电厂老厂改造煤码头工程初步设计》(沪港航〔2007〕364号)。

新建煤码头位于上海吴泾热电厂老厂厂区内,码头布置在原有码头位置处。新建2万吨卸船泊位1个。码头长210米,同时码头上设有2路带式传输机,带宽1.2米,额定能力1000吨/小时。码头建成后可满足电厂每年200万吨煤炭量。总投资4000万元,由企业投资。

项目建设单位为上海电力股份有限公司吴泾热电厂;设计单位为中交第三航务工程勘察设计院有限公司;监理单位为上海东华建设管理有限公司;施工单位为中交第三航务工程局有限公司;质监单位为上海港建设工程安全质量监督站。

上海吴泾热电厂老厂改造煤码头工程,是在吴泾热电厂老厂拆除土地上进行建设,为老厂改造工程的基础工程,建成后可满足电厂每年煤炭需求。

(五)杭州湾港区

1.港区综述

(1)港区建设和运营概况

杭州湾港区位于杭州湾北岸,现有码头设施主要分布于金山石化工业区、漕泾化学工业园区和临港新城地区,以服务后方企业的液体化工品、煤炭、重大件运输为主,码头吨级一般不超过3.5万吨级。

该港区起步于20世纪70年代上海石化总厂建设配套专用码头,但多年来,建设相对缓慢。公用码头主要是建成于2013年的临港新城东港区公用码头一期工程,新建2万吨级件杂货泊位3个、2万吨级汽车滚装泊位1个、5000吨级杂货泊位5个。大型单位专用码头工程主要有:由上海孚宝港务公司和上海化学工业区发展有限公司联合实施的2.5

万吨级液体化工码头一期工程和二期工程、上海化学工业区大件码头工程、上海高桥储运分公司6号~9号码头改造工程、上海电气临港重型机械装备重件码头工程等。其中上海孚宝港务有限公司码头是我国最大的液体化工码头之一。至2015年,港区内形成相对集中的三大作业区,大多为单位专用码头。

金山作业区,是为金山石化总厂服务的多用途港区,西起戚家墩,东至化学园区西边界,北邻沪杭公路、金山大道,陆域纵深700~2800米。

化学园区作业区,是为上海化学工业区服务的多用途港区,西起化学园区西边界,东至盐场港,陆域纵深700~2300米。

临港新城作业区,是为临港新城产业区服务的多用途、综合性港区,西起奉贤、南汇交界处,东至芦潮港,陆域纵深600~1200米。该作业区内有杭州湾港区唯一的公用码头——临港新城东港区公用码头一期工程。

港区内规模较大的单位专用码头有上海中船三井造船柴油机有限公司、上海孚宝港务有限公司、上海电气临港重型机械装备有限公司、中石化上海石油化工股份有限公司储运部、上海化学工业区投资实业有限公司、中石化上海石油化工股份有限公司热电事业部等单位的专用码头。

(2)港区地理条件和集疏运概况

杭州湾航道主要由金山航道、漕泾东航道、漕泾西航道、漕泾东西航道、临港主航道和临港支航道组成,满足金山石化码头作业区、漕泾化工码头作业区和临港新城港区进出港船舶通行需要。金山航道、漕泾东航道、漕泾西航道水深8.0米左右,可乘潮通航2.5万吨级船舶。临港主航道、临港支航道可通行5000吨级船舶。漕泾东西航道可乘潮通航5000吨级船舶。

金山作业区、化学园区作业区,公路利用港区后方的沪杭公路、金山大道,东行通市中心,西去通浙江;铁路建专用线分别进入规划港区,在烟敦头站接金山支线进入沪杭、沪宁两干线;内河水运规划在金山作业区布置内河港池接龙泉港,向北经张泾河与黄浦江相连。临港新城作业区,公路利用规划的北、东、西向联络线经A2高速公路与后方干线路网相接;铁路经浦东铁路进入沪杭沪宁干线;内河水运利用大芦线通往内河航道网。

2. 港区工程项目

(1)上海化学工业区2.5万吨液体化工码头工程

2001年12月开工建设,2004年5月试运行,2004年11月竣工。

项目建设依据:2001年7月,中港第三航务工程勘察设计院编制完成《孚宝港务有限公司码头工程工程可行性报告》。2000年,上海市外资委《关于上海孚宝港务有限公司25000吨液体化工码头工程项目建议书的批复》(沪外资委批字〔2000〕1342号);2003年,上海市化工区管理委员会《关于孚宝港务有限公司液体化工码头及储罐区工程初步设计的批复》（沪化管〔2003〕009号）；建设用地许可证编号：规（化）沪地〔2000〕742号；上海市港口局岸线使用许可证号：沪港（政）1077号。

项目建设分两期实施，新建5000吨级码头1座（包括W5号、W7号两个泊位），码头结构为高桩梁板结构；新建码头总长度1205米，包含6个泊位，W1号和W2号码头泊位为2座2.5万吨级液体化工泊位（兼靠4.5万吨级船舶），总概算6.77亿元。项目投资资金中，外资占比50%，其他由企业自筹。

项目建设单位为上海孚宝港务有限公司；设计单位为中港第三航务工程勘察设计院；监理单位为上海海科工程监理所；施工单位为中港第三航务工程局、中港第四航务工程局；质监单位为上海港建设工程安全质量监督站。

工程位于杭州湾北岸的上海化学工业区内，是上海化学工业区重要的基础设施。由孚宝港务有限公司管理运营。二期工程建成后，孚宝港务有限公司的码头已经成为当时我国最大的液体化工码头之一，随着码头的建设完成，也带动着上海化学工业区陆域滚动发展，为整个地区的开发创造了良好的条件。

（2）华胜烧碱及乙烯项目配套专用码头工程

2005年6月开工建设，2006年2月试运行，2006年2月竣工。

项目建设依据：2004年10月，中港第三航务工程勘察设计院完成《上海天原集团华胜有限公司码头工程工程可行性研究报告》。2004年，上海市化学工业区管理委员会《关于烧碱及聚氯乙烯项目配套码头请示的批复》（沪化管〔2004〕115号）。2005年，上海市化学工业区管理委员会《关于烧碱及聚氯乙烯项目配套码头初步设计的批复》（沪化管〔2005〕18号）。2005年2月，上海市环境保护局《关于华胜烧碱及聚氯乙烯配套码头项目环境影响报告书的审批意见》。2006年3月，上海市海洋局出具《海域使用权证书》。2005年3月，上海市港口管理局出具《关于同意上海天原集团华胜化工有限公司码头工程使用岸线的批复》。

项目新建2万吨级码头1座，码头外侧为2万吨级泊位（兼靠5.2万吨级船舶），内侧为5000吨级泊位，码头总长度280米，结构形式为高桩梁板式结构，设计年吞吐量为165万吨（其中散货工业盐70万吨、液体化工品85万吨，件杂货10万吨）。项目总投资2.38亿元，由企业投资。

项目建设单位为上海天原集团华胜化工有限公司；设计公司为中港第三航务工程勘察设计院；监理单位为上海国际港务工程咨询有限公司；施工单位为中港第三航务工程局；质监单位为上海港建设工程安全质量监督站。

工程属业主自建码头，是上海天原集团华胜化工有限公司投资建设的原料进口和成品出口专用码头，码头建成后主要用于输送工业盐、烧碱、二氯乙烷、氯乙烯、聚氯乙烯等化工产品,设计年吞吐量为165万吨,满足华胜公司烧碱及聚氯乙烯项目海运物流的运输。2011—2012年码头实施二期工程,进行扩建(见上海氯碱化工股份有限公司上海化学工业区码头扩建工程)。

（3）上海漕泾电厂(2×1000兆瓦)工程配套码头工程

2007年开工建设,2009年9月试运行,2009年9月竣工。

项目建设依据:2006年11月,中交第三航务工程勘察设计院有限公司完成《上海漕泾电厂工程配套码头工程工程可行性报告》;2006年,电力规划设计总院《上海漕泾电厂工程配套码头工程工程可行性报告》(电规发电〔2006〕544号);2007年,上海市港口管理局《关于上海漕泾电厂配套码头工程建设方案的复函》(沪港规〔2007〕43号);2008年,国家发展和改革委员会《关于上海漕泾电厂"上大压小"新建工程项目核准的批复》(发改能源〔2008〕1983号);2009年,交通运输部《关于上海上电漕泾电厂"上大压小"新建工程项目配套码头工程初步设计的批复》(交水发〔2009〕107号);2007年,国家环境保护总局《关于上海漕泾电厂工程环境影响报告书的批复》(环审〔2007〕425号);2006年,上海市城市规划管理局批复《漕泾电厂选址规划》(沪规划〔2006〕1128号);2009年,国家海洋局《关于上海漕泾电厂(2×1000兆瓦)工程项目用海的批复》(国海管字〔2009〕170号);2006年,上海市港口局《关于上海漕泾电厂工程配套码头工程工程使用港口岸线意见的函》(沪港规〔2006〕406号)。

项目新建一个反F形码头,共有两个泊位,其中一个为3.5万吨级(水工结构兼顾5万吨级)卸煤码头泊位,岸线总长370米,设计年吞吐量为518万吨,其中煤炭440万吨、灰70.2万吨、石灰石7.8万吨。总投资2.37亿元,由企业自筹。

项目建设单位为上海上电漕河泾发电有限公司;设计单位为中交第三航务工程勘察设计院有限公司;监理单位为上海东华建设管理有限公司;施工单位为中交第三航务工程局有限公司;质监单位为上海港建设工程安全质量监督站。

上海漕泾电厂(2×1000兆瓦)工程位于上海市金山区南端的漕泾镇境内,紧靠杭州湾北岸,在杭州湾规划港区与上海化学工业区之间,属上海化学工业区西部发展区域内。码头建成后,设计年吞吐量464.1万吨,满足电厂用煤需求。投产后,实际完成吞吐量与设计能力基本吻合。

（4）上海氯碱化工股份有限公司上海化学工业区码头扩建工程

2010年9月开工建设,2012年1月试运行,2012年1月竣工。

项目建设依据:2009年7月,中交第三航务工程勘察设计院有限公司完成《上海氯碱化工股份有限公司(上海化学工业区)码头扩建工程工程可行性研究报告》,2009年12月完成工程初步设计。2009年11月,上海市发展和改革委员会《关于上海氯碱化工股份有限公司码头扩建工程项目核准的批复》(沪发改城〔2009〕180号);2010年5月,上海市交通运输和港口管理局《关于上海氯碱化工股份有限公司(上海化学工业区)码头扩建工程初步设计的批复》(沪交规函〔2010〕229 号)。2009 年 6 月,上海市环境保护局《关于上海氯碱化工股份有限公司(上海化学工业区)码头扩建工程环境影响报告书的审批意见》。2010 年 4 月,上海市海洋局出具《海域使用权证》。2010 年 5 月,上海市交通运输和港口管理局《关于上海氯碱化工股份有限公司(上海化学工业区)码头扩建项目港口岸线使用证的批复》。

工程为后期扩建工程,码头新建布置 6 个泊位,码头内侧布置 4 个 3 千吨级化工泊位(水工结构按照 5 千吨级化工船舶设计),外侧布置 1 个 3 万吨级液体化工泊位和 1 个 2 万吨级化工泊位,扩建码头总长度 498 米。码头扩建后一期和二期合计总装卸能力达 700 万吨。总投资 3.20 亿元,其中企业投资(业主自有资金)9587 万元,银行贷款 2.24 亿元。用海面积 28.2 公顷。

项目建设单位为上海氯碱化工股份有限公司;设计单位为中交第三航务工程勘察设计院有限公司;监理单位为上海海科工程监理所;施工单位为中交第三航务工程局有限公司;质监单位为上海港建设工程安全质量监督站。

项目是上海氯碱化工股份有限公司华胜工厂码头二期工程,是在一期工程(见华胜烧碱及乙烯项目配套专用码头工程)基础上的扩建。该厂原料进口和部分产品出口需通过海上运输方式解决,货种主要为液体化工品和干散货工业盐。码头扩建后一期和二期合计总装卸能力达 700 万吨,可满足企业自身发展需求。

(5)上海临港新城东港区公用码头一期工程

2010 年 10 月开工建设,2011 年 12 月试运行,2011 年 12 月竣工。

项目建设依据:2010 年,上海市发展和改革委员会《上海市发展改革委关于上海临港新城东港区一期工程项目核准的批复》(沪发改城〔2010〕012 号)。

项目新建 2 万吨级泊位 4 个(水工结构按 3 万吨级船舶靠泊作业设计),其中件杂货泊位 3 个、汽车滚装作业泊位 1 个;码头后沿布置 5 千吨级件杂货泊位 5 个。码头长 760 米,采用高桩梁板式结构;码头前沿水深 11.7 米;码头后沿设计泥面高程为 -8.7 米。码头设计年吞吐量为 190.04 万吨、15 万辆车。总投资 3.2 亿元,由企业自筹。

项目建设单位为上海临港产业区港口发展公司;项目设计单位为上海中交水运设计研究有限公司;监理单位为上海振南工程咨询监理有限责任公司;施工单位为上海港务工程公司;质监单位为上海港建设工程安全质量监督站。

上海临港新城港区是为临港新城产业区服务的多用途、综合性港区,东港区一期码头是为服务上海临港产业区内相关企业而配套建设。码头投产后,将加快推进港区建设,满足临港产业进一步发展的需要。

(六)洋山深水港区

1.港区综述

(1)港区建设和运营概况

1996年6月,开始在大、小洋山进行深水港的选址工作,历经六年选址规划,获得国家批准建设。

2002年6月,开始建设洋山深水港区一期工程,2005年12月10日一期工程建成,正式开港投入试运行。一期工程形成5个7万~10万吨级集装箱泊位,码头长度1600米,码头前沿水深16.5米,设计年吞吐能力220万TEU。

2006年12月,完成洋山深水港区二期工程并投入试运行。二期工程形成4个7万~10万吨级集装箱泊位,码头长度1400米,码头前沿水深16.5米,设计年吞吐能力210万TEU。

2007年12月,完成洋山深水港区三期一阶段工程并投入试运行。2008年12月,又完成洋山深水港区三期二阶段工程并投入试运行。三期工程共形成7个7万~15万吨级集装箱泊位,码头长度2600米,码头前沿水深近期17.5米,设计年吞吐能力500万TEU。

至2008年底,洋山深水港区北港区全面建成,共计建成可停靠7万吨级以上船舶的大型集装箱泊位16个,码头岸线5.6千米,设计年吞吐量930万TEU。

2014年—2017年12月,又完成洋山深水工程四期全自动化集装箱码头工程,建成5~7集装箱泊位7个,码头长度2350米,码头前沿水深近期15.5米,远期17.5米,设计年吞吐能力远期可达630万TEU。

洋山深水港区投产使用后,港口的各项指标大大地好于预期,海床稳定,冲淤变化小,港区水域和进港航道年淤积水深维护良好。在大、小洋山岛屿掩护下,港区水域平稳,装卸作业正常,港口平均作业天数在350天以上。进出港船舶航行和靠离泊安全、可靠,可全天候接纳超大型集装箱。

洋山深水港区2011—2015年完成集装箱吞吐量分别为1309.8万TEU、1415万TEU、1436.4万TEU、1520.2万TEU、1540.7万TEU,已经成为上海国际航运中心的核心港区,为上海港成为世界第一大集装箱港口作出了重要贡献。

洋山深水港区投入运营,结束了上海港没有深水港的历史,使上海港从"江河时代"走进"海洋时代"。洋山深水港区的建成,进一步地落实了党中央关于建设上海国际航运中心的重大战略决策,大大地提高了我国经济的国际竞争力,提升了上海港服务长江三角洲地区和长江流域经济带的能力,并为上海市的改革开放创造了新优势,实现了新跨越。

(2)港区地理条件和集疏运概况

洋山港位于长江入海口,地处我国东部沿海与长江流域两大经济带的交汇处、集装箱国际干线与长江支线的交汇处,背负广阔的长江流域箱源腹地,交通便捷、物流集散业务便利。洋山港距上海市南汇嘴27.5千米的外海崎岖列岛中。港区的水域是由大、小洋山岛屿链围成的4200公顷的洋山海域;港区陆域由岛屿、滩地人工吹填而成。

洋山深水港区集装箱集疏运方式有公路、水水中转。其中,公路通过东海大桥与外环线相连;东海大桥起始于上海市浦东新区(原南汇区)芦潮港,北与沪芦高速公路相连,南跨杭州湾北部海域,直达浙江嵊泗县小洋山岛,全长32.5千米。大桥宽31.5米,分上、下行双幅桥面,双向六车道,设计速度每小时80千米。大桥全线按高速公路标准设计,设计基准期为100年。大桥的最大主航通孔,离海面净高达40米,相当于10层楼高,可满足万吨级货轮的通航要求。

水路离国际航线104千米,可通过68.2千米天然进港航运通向外海,可直接通达国际航路和国内沿海、长江。2015年水水中转比例已经超过50%。

2. 港区工程项目

(1)洋山深水港区一期工程

2002年6月开工建设,2005年12月试运行,2006年8月竣工。

项目建设依据:1996年9月,上海市委托10多家科研、设计、勘察单位,开展新港址论证工作。1997年3月,编制完成《上海国际航运中心新港址论证报告》。1998年底,编制完成洋山深水港区总体布局规划和一期工程预可行性研究报告及相应的专题报告。1999年8月,上海正式向国家发展计划委员会上报洋山深水港区一期工程项目建议书。2001年2月10日,国务院《关于审批上海国际航运中心洋山深水港区一期工程项目建议书的请示》。2001年3月10日,国家发展计划委员会《关于审批上海国际航运中心洋山深水港区一期工程项目建议书的请示的通知》(计基础〔2001〕313号)。2001年10月,上海正式向国家发展计划委员会递交《上海国际航运中心洋山深水港区一期工程工程可行性研究报告》。2002年4月4日,国家发展计划委员会《关于审批上海国际航运中心洋山深水港区一期工程可行性研究报告的请示通知》(计基础〔2002〕532号)。2002年6月13日,受国家发展计划委员会委托,上海市人民政府会同交通部以《关于同意上海国际航运中心洋山深水港区一期工程初步设计的批复》(沪府〔2002〕59号)批准洋山深水港区一期工程初步设计文件。2002年7月21日,国家发展计划委员会《关于下达2002年第六批基本建设新开工大中型项目计划的通知》(计投资〔2002〕1105号)。2002年2月,国家环境保护总局《关于上海国际航运中心洋山深水港区一期工程项目环境影响报告书审查意见的复函》(环审〔2002〕26号)。2002年2月10日,上海市人民政府和浙江省人民政府签署《联合建设洋山深水港区合作协议》,上海市深水港工程建设指挥部和舟山市人民政府签署《关于洋山港区建设合作事宜的协议》。2005年9月,国家海洋局《关于上海国际航运中心洋山深水港区一期工程项目用海的批复》(国海管字〔2005〕455号);2002年5月,上海港务局《关于同意上海国际航运中心洋山深水港区一期工程岸线的函》（沪港政字第0206号）。

工程建设内容主要包括港区工程、东海大桥和芦潮港配套辅助区三个部分。

港区工程码头岸线长1600米，建设5个能停靠第五代、第六代集装箱船泊位（码头结构兼顾8000TEU船舶的靠泊要求），设计年吞吐能力220万TEU；高桩梁板结构，前沿设计水深16米，堆场面积87万平方米。港区码头前沿配置15台轨距30米、起重量65吨、伸距65米的岸边集装箱装卸桥，堆场上配置45台集装箱轮胎式龙门起重机等设备。总投资143亿元，其中近一半资金为银行贷款。

东海大桥始于上海市南汇区芦潮港客运码头东侧约4千米处，终于浙江省嵊泗县崎岖列岛的小城子山，总长约31.5千米，按双向六车道高速公路标准设计，桥宽31.5米，设计行车速度80千米/小时，年通过能力500万TEU以上。大桥通航标准为5000吨级，通航孔净空高40米。

芦潮港配套辅助区布置于东海大桥登陆点附近，相对独立，其主要功能是为洋山港区配套服务。此外，还有临时工程，包括长318米的工作船码头和2座长132米的引桥，以及长93.5米的芦潮港交通船码头。

工程作为"十五"期间上海最大的城市基础设施建设项目，一期工程建设主体——洋山同盛港口建设有限公司、上海同盛大桥建设有限公司，与中国建设银行上海市分行、国家开发银行上海分行、中国工商银行上海市分行、中国银行上海市分行、上海浦东发展银行组成的银团签订了贷款合同。在此基础上，洋山港深水港工程投资主体——上海同盛投资（集团）有限公司，又与上述5家银行以及中国农业银行上海市分行、交通银行上海分行、上海银行、中国光大银行上海分行、中信实业银行上海分行组成的银团签订了银企合作协议。

洋山深水港是把上海建成国际航运中心的基础工程，从参与国际竞争和上海的现实需求出发，必须快上、早上。为进一步落实中央的战略决策，搞好洋山深水港建设，上海市委、市政府于2001年7月成立上海市深水港工程建设指挥部，下设港口、大桥和港城三个分指挥部，并确定相关指挥负责人。设计单位为中港第三航务工程勘察设计院、中港上海航道勘察设计研究院、上海市城市建设设计研究总院（集团）有限公司；施工单位为中港第三航务工程局、中港上海航道局、上海港务工程公司、中国建筑工程总公司等；监理单位为广州南华工程监理有限公司、中交水规院京华工程监理有限公司、上海远东水运工程建设监理咨询公司等；质监单位为上海港口建设工程质量监督站。

工程开创了在远离大陆、依托岛礁复杂地形建设大型现代化集装箱枢纽港区的先河，开创了跨省借岛、合作建港新模式。洋山港海域潮流强劲、含沙量高，地质条件复杂。针对岛礁建港的复杂性，在国内外尚无经验的基础上，攻克很多技术难题，产生20多项具有知识产权的技术：在深厚软土地基、平均 26 米的高回填土上，首创"斜顶桩板桩墙码头承台接岸结构"，解决码头接岸结构稳定的难题。基于颗粒流理论建立模拟砂土振冲加固的振冲模型，首次提出深厚粉细砂高回填土无填料振冲地基加固新方法，并形成 16 米以上回填粉细砂地基的无填料振冲加固成套施工技术。创新施工工艺和设备，首次将袋装砂坝心斜坡堤结构应用于外海深水筑堤。应用零净距大跨度平行隧道建造技术，建成国内最大跨度的双洞隧道；研究和应用精确爆破技术，保护海岛自然景观。首创水下爆破对海洋生物的影响试验方法，首次在开放式海域采用渔业资源增殖放流成套技术，以及首创外海岛礁植被修复成套技术体系，对海洋和陆域生态环境改善、渔业资源补充效果显著。一些关键技术与成果在洋山深水港区后续工程、宝钢马迹山工程、唐山曹妃甸工程、天津滨海新区建设中得到推广和成功应用。洋山同盛港口建设公司、中港第三航务工程勘察设计院、上海港务工程公司、中港第三航务工程局等研发的"洋山深水港（外海岛礁超大型集装箱深水港口）工程建设关键技术"于 2008 年和 2010 年先后获上海市科学技术进步奖一等奖、国家科学技术进步奖二等奖；中港第三航务工程勘察设计院的"上海东海大桥超大型跨海桥梁设计综合关键技术研究"于 2005 年获上海市科学技术进步奖一等奖；中港第三航务工程勘察设计院的"高填土斜顶板桩墙承台驳岸结构技术研究与应用"于 2008 年获中国港口协会科学技术奖二等奖。

全工况水下阳极块焊接摄像检测装置获实用新型专利 ZL2006200403376；全工况水下阳极块焊接摄像检测系统获发明专利 ZL2006100248799；甯桩时防桩架和柴油锤损坏或柴油锤坠海的安全保护装置获实用新型专利 ZL2003201223038。

洋山深水港区一期工程建设项目，是国家重点项目，是洋山深水港建设的起步工程，2005 年 12 月开港，由上海盛东国际集装箱码头有限公司负责经营。2006 年开港后第一年即取得 323.6 万 TEU 的优异成绩。2006 年 12 月洋山深水港区二期工程投产后，一期和二期集装箱码头统一由盛东公司经营，吞吐量合并统计，2007 年合计完成吞吐量 600.8 万 TEU，在上海港集装箱装卸企业中跃居第一位。2008 年和 2009 年受金融危机影响，吞吐量出现下降。2010 年止跌回升。2011 年完成 713.3 万 TEU，2012 年完成 755 万 TEU，2013 年完成 761.1 万 TEU，2014 年完成 810 万 TEU，2015 年完成 825.1 万 TEU。有通往欧洲、地中海、美西、美东、南美、非洲、中东、澳洲、韩国等集装箱班轮航线 40 余条，其中多为远洋干线。马士基、达飞、中远海运、伟大联盟、以星、太平、万海、长荣、现代商船、太平船务等大型船公司有定期班轮航线。

（2）洋山深水港区二期工程

2004 年 4 月开工建设，2006 年 12 月试运行，2007 年 9 月竣工。

项目建设依据：2003 年，中交第三航务工程勘察设计院编制完成《上海国际航运中心洋山深水港区二期工程工程预可行性研究报告》；2004 年 9 月，中交第三航务工程勘察设计院编制完成《上海国际航运中心洋山深水港区二期工程工程可行性研究报告》。2005年6月,国家发展和改革委员会《国家发展改革委关于上海国际航运中心洋山深水港区二期工程项目核准的批复》(发改交运〔2005〕1022号)。2006年6月,交通部《关于上海国际航运中心洋山深水港区二期工程初步设计的批复》(交水发〔2006〕255号)。2005年7月13日,国家环境保护部《关于上海国际航运中心洋山深水港区二期工程项目环境影响报告书审查意见的复函》(环审〔2005〕604号);2002年2月,上海市人民政府和浙江省人民政府签署《联合建设洋山深水港区合作协议》,上海市深水港工程建设指挥部和舟山市人民政府签署《关于洋山港区建设合作事宜的协议》。2005年9月,国家海洋局《关于上海国际航运中心洋山深水港区一期工程项目用海的批复》(国海管字〔2005〕455号)(其中涵盖洋山深水港区二期工程项目用海);2005年9月,上海市港口管理局《关于同意上海国际航运中心洋山深水港区二期工程项目使用岸线的批复》(沪港规〔2005〕227号)。

二期工程码头岸线长1400米,建设4个7万吨级集装箱泊位(兼顾15万吨集装箱船靠泊)和相应配套设施,码头采用满堂式高桩梁板结构,码头前沿水深16米。港区陆域总面积88.83万平方米,堆场总面积59.96万平方米,其中重箱堆场50.85万平方米、空箱堆场7.02万平方米、冷藏箱堆场2.09万平方米。项目配备集装箱装卸桥16台,轮胎式起重机60台,集装箱正面吊2台,集装箱堆高机8台。总投资564008.69万元,其中港区工程511101.42万元,芦潮辅助作业区工程52907.27万元。

芦潮辅助作业区是港区工程的重要配套项目,分为A、B、C三区,陆域占地总面积28.5万平方米。另有危险品作业区总面积4.8万平方米,建设保税物流仓库72630平方米。此外,建设过渡期车客渡码头,长180米,2个2000吨级车客渡泊位(兼顾高速客轮靠泊);客运站1座,候船大厅面积641平方米、停车场面积4300平方米。

项目建设单位为洋山同盛港口建设公司、上海同盛大桥建设有限公司、上海同盛物流园区投资开发有限公司;设计单位为中交第三航务工程勘察设计院有限公司、中交上海航道勘察设计研究院有限公司、上海市城市建设设计研究总院(集团)有限公司;施工单位为中交第三航务工程局有限公司、中交上海航道局有限公司、上海港务工程公司、中国建筑工程总公司等;监理单位为广州南华工程监理有限公司、中交水规院京华工程监理有限公司、上海远东水运工程建设监理咨询公司等;质监单位为上海港建设工程安全质量监督站。

二期工程在吸取一期工程成功经验的基础上,通过无填料振冲法加固典型试验研究,形成了一套深厚(15米)吹填粉细砂地基施工工艺参数、振冲设计参数、质量控制标准等成套技术,加固面积中级达到200多万平方米,极大提高了工程施工效率。二期工程中自主开发的自动监控系统能够广泛应用于类似的振冲施工中,有效监控施工质量。最新研制的全工况水下阳极块焊接摄像检测装置能广泛应用于浑水条件下的工程结构的检测。全工况水下阳极块焊接摄像检测装置针对性强、设计简单有效,成功申请了专利,并在第十六届全国发明展览会上获得银奖。

项目荣获交通部水运工程优秀设计一等奖、第八届詹天佑奖、鲁班奖、交通部优质工程奖。单臂双吊钩起重船起重用超载超差测定报警装置获实用新型专利ZL2007200684798;起重船起重用超载测定报警装置获实用新型专利ZL2007200684764;起重船起重用超载测定报警装置及其测定方法获发明专利ZL200710038861.9;单臂双吊钩起重船起重用超载超差测定报警装置及其测定方法获发明专利ZL200710038863.8。

(3)洋山深水港区三期工程

2006年4月开工建设,2008年12月试运行,2009年9月竣工。

项目建设依据:2006年6月,中交第三航务工程勘察设计院编制完成《上海国际航运中心洋山深水港区三期工程工程可行性研究报告》;2008年4月,中交第三航务工程勘察设计院编制完成《上海国际航运中心洋山深水港区三期工程工程初步设计》。2007年3月21日,交通部《关于对洋山深水港区三期工程项目申请报告的意见》(交函规划〔2007〕145号)。2008年3月,国家发展和改革委员会《关于上海国际航运中心洋山深水港区三期工程项目核准的批复》(发改交运〔2008〕803号);2008年6月3日,交通部《关于上海国际航运中心洋山深水港区三期工程初步设计的批复》(交水发〔2008〕117号)。2006年12月30日,国家环境保护总局《关于上海国际航运中心洋山深水港区三期工程项目环境影响报告书的批复》(环审〔2006〕686号)。2007年12月,国土资源部《关于上海国际航运中心洋山深水港区三期工程建设用地预审的复函》(国土资预审字〔2007〕352号)。2005年9月3日,国家海洋局《关于上海国际航运中心洋山深水港区一期工程项目用海的批复》(国海管字〔2005〕455号)(其中涵盖洋山深水港区三期工程项目用海)。

项目由港区和芦潮辅助作业区两个部分组成。港区部分紧接一期港区东端,为三期配套的芦潮辅助区位于南汇临港地区。三期港区工程建设规模为:码头岸线全长2600米,建设7个7万~15万吨级集装箱泊位(结构均按靠泊15万吨级集装箱船设计),陆域总面积为591.35万平方米,设计年吞吐能力500万TEU;三期工程芦潮港辅助配套作业区工程占地总面积约61.9万平方米,其中位于保税港区内的口岸查验及配套区、芦潮作业区(A、B区)占地面积分别为22.78万平方米、29.69万平方米,位于临港新城仓储转运物流园区内的危险品作业区占地面积9.43万平方米。项目分两阶段建设。

三期工程一阶段新建港区码头岸线长1350米,建设7万~15万吨级集装箱泊位4个,堆场容量107994TEU,设计核定年吞吐量280万TEU;在芦潮辅助配套作业区建设口岸查验及配套区和芦潮作业B区,芦潮辅助配套作业区建设口岸查验及配套区占地总面积22.78万平方米,芦潮作业B区占地面积15.58万平方米,港区码头面高程8.1米。港内水域疏浚工程量 178.35 万立方米。开山形成陆域 71.84 万平方米,开山总工程量 1029.83 万立方米。抛(吹)填砂石填海形成陆域 519.51 万平方米,工程回填砂石总量达 7549 万立方米。地基加固总面积约 290 万平方米,形成堆场总面积 77.31 万平方米,其中重箱堆场 58.67 万平方米、空箱堆场 8.77 万平方米、危险品堆场 3.42 万平方米、冷藏箱堆场 2.9 万平方米。

三期工程二阶段新建港区码头岸线长 1250 米,建设 3 个 7 万~15 万吨级集装箱泊位,堆场容量 74123TEU,设计核定年吞吐量 220 万 TEU;在芦潮辅助配套作业区建设芦潮作业 A 区、危险品作业区、扩建南北闸桥海关卡口。2007 年 4 月,水工码头开工,采用满堂式高桩梁板结构,码头面高程 8.1 米。码头后方建成堆场面积 70.96 万平方米,其中重箱堆场 53.03 万平方米、空箱堆场 11.14 万平方米、危险品堆场 2.87 万平方米、冷藏箱堆场 3.92 万平方米。芦潮作业 A 区工程形成建筑总面积 9.79 万平方米。危险品作业区工程形成建筑总面积 7806.89 平方米。此外,建成 1 座长 320 米重力式工作船码头、长 1437.77 米斜坡式港池护岸结构、3 座浮码头及 3 座钢引桥等。采用高桩梁板结构。码头前沿水深 16 米,三期港区项目配备集装箱装卸桥 13 台、轮胎式起重机 40 台、集装箱正面吊 3 台、集装箱堆高机 8 台。

三期工程概算总投资 171.71 亿元,其中港区部分投资 154.1 亿元,芦潮港辅助作业区投资 12 亿元,航道工程投资 5.6 亿元。竣工结算总投资 159.43 亿元,其中第一阶段工程竣工决算投资 80.1 亿元,第二阶段工程竣工决算投资 79.33 亿元。

项目建设单位为洋山同盛港口建设有限公司、上海同盛物流园区投资开发有限公司;设计单位为中交第三航务工程勘察设计院有限公司、中交上海航道勘察设计研究院有限公司;施工单位为中交第三航务工程局有限公司、中交上海航道局有限公司、上海港务工程公司;监理单位为广州南华工程监理有限公司、中交水规院京华工程监理有限公司、上海东华建设管理有限公司、上海远东水运工程建设监理咨询公司等;质监单位为上海港建设工程安全质量监督站。

三期工程在吸取、总结一期、二期工程成功经验的基础上,进一步深入研究无填料振冲法在回填粉细砂层的应用研究,形成了 16 米以上回填粉细砂地基的无填料振冲加固成套施工技术,并自主研制成功振冲施工自动检测系统,做到施工过程实时监控,确保了地基加固的施工质量。通过深水筑堤技术的应用研究,实现了外海 30 米以上水深筑堤的跨越,形成外海深海筑堤施工成套技术。工程将袋装砂堤心斜坡堤和砂肋软体排筑堤技术等成功应用于东侧北围堤工程建设中,有效解决了双向水流及波浪对堤前和堤身的冲刷问题。同时在国内首次应用大直径斜向嵌岩桩,在工程实施过程中,研发了在外海水深、流急工况条件下适应斜向嵌岩施工要求的 ZX-30 钻机和配套设备,成功实施了直径 1600 毫米的大直径斜向嵌岩桩施工,通过研究开发制定了大直径斜向嵌岩桩的施工工艺流程,确定了斜向嵌岩主要工艺参数及质量检测方法,保证了基桩承桩的质量。另外,在国内首次采用新型 A150 型钢轨及铝热焊接工艺,解决了在极端气温条件下轨道本体及轨道与焊缝的应力传递和分配问题,提高了钢轨焊接的质量。

项目荣获交通运输部优质工程奖、上海市白玉兰奖、交通运输部优秀水运工程咨询成果一等奖。振冲法地基处理自动监控系统获发明专利 ZL200710042682.2;振冲法地基处理自动监控装置获实用新型专利 ZL2007200716657;振冲法地基处理自动监控系统中的振冲深度数据采集装置实用新型专利 ZL2007200716642;强夯法地基处理自动监控系统数据采集装置获实用新型专利 ZL200920073374.0;强夯法地基处理自动监控系统可视化计数装置获实用新型专利 ZL200920073382.5;强夯法地基处理自动监控装置获实用新型专利 ZL200920074975.3;一种塑料排水板过程质量自动控制系统的控制留带装置获实用新型专利 ZL201020508884.9;一种塑料排水板过程质量自动控制系统的自动监控装置获实用新型专利 ZL201020541727.8;一种塑料排水板过程质量自动控制系统获发明专利 ZL201010550826.7;一种塑料排水板过程质量自动控制装置获实用新型专利 ZL201120010009.2;振冲法地基处理自动监控系统中的振冲深度数据采集装置获实用新型专利 ZL2007200716638。

2007 年 12 月,洋山深水港区三期一阶段工程投产后,由上海冠东国际集装箱码头有限公司经营。2008 年,投产后的第一年就完成集装箱吞吐量259.1 万 TEU。2008 年 12 月,三期二阶段工程投产后,亦由上海冠东国际集装箱码头有限公司统一经营,吞吐量合并统计。2009 年完成321.1万 TEU。此后逐年增长。

(4)洋山深水港区四期工程

2014 年 12 月开工建设,2017 年 12 月试运行。

项目建设依据:2013 年 9 月,中交第三航务工程勘察设计院编制完成《上海国际航运中心洋山深水港区四期工程工程项目申请报告》;2014 年 4 月,中交第三航务工程勘察设计院编制完成《上海国际航运中心洋山深水港区四期工程工程项目申请报告(补充报告)》。2014 年 8 月 19 日,交通运输部《关于对洋山深水港区四期工程项目申请报告的意见》(交函规划〔2014〕684 号)。2014 年 11 月 5 日,国家发展和改革委员会《关于上海国际航运中心洋山深水港区四期工程核准的批复》(发改基础〔2014〕2353 号、发改交运〔2008〕803 号)。2014 年 6 月 25 日,交通运输部规划研究院《关于上海国际航运中心洋山深水港区四期工程工程可行性研究报告的审核意见》(交规水字〔2014〕118 号)。2014 年,交通运输部《关于上海国际航运中心洋山深水港区四期工程初步设计的批复》(交水函〔2014〕1047 号)。2012 年,国家环境保护部《关于上海国际航运中心洋山深水港区四期工程项目环境影响报告书审查意见的批复》(环审〔2012〕153 号文)。2014 年,国土资源部《关于上海国际航运中心洋山深水港区四期工程建设用地预审意见的复函》(国土资预审字〔2014〕31 号）。2013 年,国家海洋局《关于上海国际航运中心洋山深水港区四期工程导流堤工程项目用海预审意见的函》(国海管字〔2013〕537 号),出具国家海洋局海域使用权证书(国海证 071100077 号、国海证 071100078 号);2013 年 7 月 30 日,国家海洋局《关于上海国际航运中心洋山深水港区四期工程导流堤工程项目用海预审意见的函》(国海管字〔2013〕537 号)。

项目新建 5 个 5 万吨级和 2 个 7 万吨级集装箱泊位(水工结构按靠泊 15 万吨级集装箱船设计)、1 个工作船码头及必要的配套设施,占用岸线长度 2800 米,其中集装箱码头岸线 2350 米、工作船码头岸线 450 米。高桩梁板结构。码头前沿水深 15.5 米。项目后方堆场面积 101.96 万平方米,港区陆域面积 223.16 万平方米。洋山四期最终将配置 26 台集装箱装卸桥、120 台自动化轨道式龙门起重机、6 台电动轮胎式龙门起重机、130 台 AGV 水平运输小车。总投资 1396684.83 万元,资金来源企业自筹。港区陆域总面积 223.16 万平方米,填海造地 171.92 公顷,岛屿面积 36.39 万平方米,水工建筑物面积 14.85 万平方米,项目用地涉及的三座小岛均为无人小岛,不涉及征地拆迁和移民安置。

项目建设单位为上海同盛投资(集团)有限公司;设计单位为中交第三航务工程勘察设计院有限公司、中交上海航道勘察设计研究院有限公司;施工单位为中建港务建设有限公司、中交第三航务工程局有限公司、中交上海航道局有限公司;监理单位为广州南华工程监理有限公司、上海东华建设管理有限公司、上海远东水运工程建设监理咨询公司等;质监单位为上海港建设工程安全质量监督站。

洋山深水港四期工程是当时国内外规模最大的全自动化集装箱码头,该项目在现有国内外自动化码头的基础上提出了布局更为合理、空间利用率更高且码头运营更为高效的码头平面布局形式;开发了自动化集装箱码头智能软件系统;在外海深厚复杂软土地基条件下首次提出了非桩基双重可调式轨道基础结构形式,并据此制定了可靠、有效解决地基不均匀沉降的轨道基础施工关键技术。相关设计内容已纳入交通运输部编制的行业标准《自动化集装箱码头设计规范》(JTS/T 174—2019),针对自动化集装箱码头堆场施工制定了相关专项标准——《上海国际航运中心洋山深水港区四期工程自动化堆场 U 形槽轨枕道砟基础及轨道安装工程质量检验标准(试行)》。在建设过程中先后开展了自动化集装箱码头总体布局设计关键技术、深厚软土地基条件下自动化集装箱码头道路堆场设计新技术、自动化集装箱码头堆场施工关键技术等课题的研究,保证工程顺利实施的同时,在自动化码头建设中积累了丰富的研究成果。

2017 年 12 月 10 日,全球最大单体自动化智能码头和全球综合自动化程度最高的码头——洋山港四期码头正式开港。该码头采用代表当前国际集装箱码头技术最高水平的全自动化集装箱码头建设方案,标志着中国港口行业的运营模式和技术应用迎来里程碑式的跨越升级与重大变革,为上海港加速跻身世界航运中心前列注入全新动力。洋山深水港是世界最大的海岛型人工深水港,也是上海国际航运中心建设的战略和枢纽型工程。截至 2018 年 11 月,已完成调试的首批 16 台集装箱装卸桥、88 台自动化轨道式龙门起重机、80 台自动导引车(AGV)投入开港试生产,根据规划,洋山四期最终将配置 26 台集装箱装卸桥、120 台自动化轨道式龙门起重机、130 台 AGV。截至 2015 年,洋山四期挂靠航线主要以中东波斯湾沿岸为主,已与中远海运集运、马士基航运等 20 余家知名航运企业建立合作。

第六节　江　苏　省

一、综述

(一)基本省情

江苏省,简称苏,位于我国大陆东部沿海地区中部,介于 116°18′ ~ 121°57′E,30°45′ ~ 35°20′N 之间。东濒黄海,西连安徽,北接山东,东南与浙江和上海毗邻。全省面积 10.72 万平方公里。截至 2015 年,全省常住人口 7976.3 万人。下辖 13 个设区市。

江苏地形以平原为主,平原面积 7 万多平方公里,占江苏省面积的 70% 以上,主要由苏北平原、黄淮平原、江淮平原、滨海平原、长江三角洲平原组成。江苏的地理特点,地势低平,河湖较多,平原、水面占全省的 90% 以上。江苏河渠纵横,水网稠密,水资源丰富。境内有太湖、洪泽湖、高邮湖、骆马湖、白马湖、石臼湖、微山湖等大中型湖泊 290 多个。全国五大淡水湖,江苏得其二,太湖和洪泽湖像两面大明镜,分别镶嵌在水乡江南和苏北平原。地处江淮沂沭泗五大河流下游,长江横穿江苏省南部,横贯东西 425 千米,京杭大运河纵贯南北 718 千米。稠密的水系、湖泊,自古以来为江苏的劳动人民提供了丰富的内河水运资源。江苏海岸线长 954 千米,广阔的海涂、浅海,东部沿海渔场面积达 15.4 万平方公里,其中包括著名的吕泗、海州湾等四大渔场。

江苏属于温带向亚热带的过渡性气候,气候温和,雨量适中,四季气候分明,以淮河、苏北灌溉总渠一线为界,以北属暖温带湿润、半湿润季风气候,以南属亚热带湿润季风气候。江苏各地平均气温介于 13 ~ 16 摄氏度,江南 15 ~ 16 摄氏度,江淮流域 14 ~ 15 摄氏度,淮北及沿海 13 ~ 14 摄氏度,由东北向西南逐渐增高。最冷月为 1 月,平均气温 −1.0 ~ 3.3 摄氏度,其等温线与纬度平行,由南向北递减,7 月为最热月,沿海部分地区和里下河腹地最热月在 8 月,平均气温 26 ~ 28.8 摄氏度,其等温线与海岸线平行,温度由沿海向内陆增加。江苏省春季升温西部快于东部,东西相差 4 ~ 7 天;秋季降温南部慢于北部,南北相差 3 ~ 6 天。沿海潮差变化较大,可提供良好的乘潮条件。沿海波浪较大,射阳

河口以北沿岸 $H_1/10$ 波高以废黄河口为最大，10 米等深线处 50 年一遇 $H_1/10$ 波高最大为 5.8 米，向北至海州湾连云港减至 5.1 米。

江苏矿产资源分布广泛，品种较多，已发现的有 133 种。能源矿产主要有煤炭、石油和天然气；非金属矿产有硫、磷、钠盐、水晶、蓝晶石、蓝宝石、金刚石、高岭土、石灰石、石英砂、大理石、陶瓷黏土；金属矿产有铁、铜、铅、锌、银、金、锶、锰等。黏土类矿产、建材类矿产、化工原料矿产、冶金辅助原料矿产、特种用途矿产和有色金属矿产，是江苏矿产资源的优势。

江苏省工农业发达，地处"一带一路"交汇点、长江经济带的龙头地带、13 个设区市全部进入百强，是唯一所有地级市都跻身百强的省份。2015 年实现地区生产总值 70116.8 亿元，其中第一产业 3986.4 元、第二产业 32044.5 亿元、第三产业 34085.9 亿元，人均 GDP 87995 元，三大产业比例为 5.7：45.7：48.6，实现产业结构"三二一"标志性转变。江苏省域经济综合竞争力居全国第一，是中国经济最活跃的省份之一，与上海、浙江、安徽共同构成的长江三角洲城市群成为国际六大世界级城市群之一。

（二）综合运输

1978 年，江苏省公路里程达 17721 千米，密度为每百平方公里 14.5 千米，铁路里程达 732 千米，航道里程为 23657 千米，江苏港口通过能力仅为 0.5 亿吨，最大靠泊等级为 10000 吨级，机场 1 个。

1978 年以后，在改革开放的方针指引下，从"八五"计划开始，把交通基础设施建设放到全省经济建设的重要位置，掀起了交通建设波澜壮阔的热潮。首先以沪宁高速公路（江苏段）、江阴长江公路大桥、苏南运河整治、宁连一级公路、宁通一级公路、南京新机场高速公路六大工程为重点，拉开了大规模交通建设的序幕。至 1999 年，六大重点工程相继建成，不仅工期短、投资省，而且质量达到了国内乃至国际先进水平，受到了国内外的广泛赞誉。进入 21 世纪以来，江苏交通建设再接再厉，继续砥砺奋进，更上一层楼，创造了灿烂辉煌的业绩。经过多年努力，截至 2015 年，江苏已初步形成综合交通基础设施网络，综合交通线网总里程达到 192230 千米。

全省公路里程合计达到 158805 千米，高速公路 10 万及以上人口乡镇覆盖率达到 94%，一级及以上国省道对省级以上开发区实现全覆盖。其中，高速公路里程达到 4539 千米，二级及以上公路里程达到 40170 千米，占总里程的 25.3%；国道和省道里程达到 14950 千米，占总里程的 9.4%。公路网密度为每百平方公里 154.8 千米，是全国平均水平的 3.3 倍，在全国各省（不含直辖市）排第二位。

全省铁路营运总里程达到 2755 千米，其中，时速 200 千米以上快速铁路达到 1533 千米，高速铁路 810 千米，长三角核心区（沪宁杭）形成"一小时高铁圈"；复线里程 1512 千米，复线率 54.9%；电气化里程 1537 千米，电气化率 55.8%。全省既有铁路有京沪高铁、宁杭高铁、沪宁城际和宁合铁路等客运专线,陇海线、京沪线、宁芜线、宁启线、胶新线、新长线、宿淮线等客货共线铁路,初步形成了由纵向京宁(杭)铁路通道、新长铁路,横向陇海铁路、宁启铁路—宁合铁路、沪宁通道组成的"两纵三横"路网构架。

全省运输机场数量达到9个,机场密度居全国第一;航空口岸9个,对台直航点8个;年旅客吞吐能力6000万人次,年货邮吞吐能力150万吨。全省通用机场数量达到8个,通用机场密度每万平方公里达到0.78个。已开辟航线295条,其中国际(地区)航线79条。

全省管道里程6299千米,完成货运量12881万吨,货物周转量623亿吨公里。

全省水路运输历史悠久,具有运能大、运价低、对环境影响小的特点。据调查,水路运输的单位运输成本分别为铁路的1/2、公路的1/5,吨公里能耗分别为铁路的1/2、公路的1/10,而污染物排放仅为铁路的1/3.3、公路的1/15,是经济、安全、绿色的运输方式。江苏省水运资源得天独厚,发展基础相对较好。江苏地处"一带一路"重要交汇点,是新亚欧大陆桥经济走廊重要组成部分。水运是已成为推进江苏省乃至长三角地区经济社会发展的重要支撑,促进了沿江海河产业带的形成;成为江苏省以及长三角综合运输体系中不可替代的重要组成部分;支撑江苏省"两头在外"经济、对内对外双向开放的重要通道,在"一带一路"倡议、长江经济带战略实施中发挥着不可替代的重要作用。

(三)港口概况

1978年以前,江苏港口发展缓慢,港口总体规模偏小。1978年,江苏港口通过能力仅为0.5亿吨,生产设施简陋落后,全省仅有连云港港对外开放。党的十一届三中全会以后,江苏港口进入恢复建设、探索开放的发展阶段,港口建设、生产运营、对外开放和体制改革进了全新的发展时期。连云港港改为由国家(交通部)与地方政府双重领导,以地方为主的体制。到2000年,在国家以开发开放浦东为龙头的长三角发展战略引领下,江苏各地纷纷实施"以港兴市"的发展方针,沿海盐城大丰港、南通吕四港相继起步建设。"十五"(2001—2005年)期间,在中国加入世界贸易组织,港口体制改革,港口法颁布实施等驱动下,江苏港口进入深化改革、全面开放的发展阶段。沿海开发战略进一步促进了口岸的对外开放。"十一五"(2006—2010年)期间,按照省委、省政府和交通运输部的总体部署,江苏港口步入规范管理、有序迈进的新阶段。"十二五"(2011—2015年)期间,全国水运发展上升到国家发展战略高度,国务院出台了《关于加快长江等内河水运发展的意见》(国发〔2011〕2号),交通运输部发布《关于促进沿海港口健康持续发展的意见》,提出要推进港口结构调整、资源整合和转型升级。江苏港口按照省委、省政府和交通运输部的总体部署,积极策应重大战略实施,围绕建设"港口强省"的主题,以转变发展方式为主线,以发展港口现代物流为方向,以大型深水航道和集装箱干线港建设为突破口,以推动绿色港口建设为重要内容,着力加快沿海港口群建设。

　　江苏港口的一大特点是既有海港,又有江港和河港。沿海地区规划港口岸线 314.3 千米。至 2015 年底,利用 81.9 千米,沿海深水岸线开发比例为 28.5%。沿海公用码头岸线占已开发利用岸线的 53.8%。沿海港口以推进基础设施建设,带动临港产业规模化布局为主,注重规模化、集约化,进一步突出发展重点。推进连云港港连云港区、徐圩港区,盐城港大丰港区,南通港通州湾港区 4 个重点港区发展。

　　沿江地区特别是随着长江口深水航道(-12.5 米)整治工程和南京以下 -12.5 米航道治理工程的完成,使 5 万吨级海轮和 10 万吨海轮乘潮可达南京以下各主要港口。这样南京以下港口不仅有中转长江流域和京杭运河沿线货物的功能,又能直接停靠海轮,具备了海港功能。2006 年国务院《全国沿海港口布局规划》中将江苏长江的南京、镇江、苏州、南通列为长江三角洲港口群体中的重要港口,这样无论是江海联运还是物流体系都要充分考虑江苏南京以下各个主要港口的海港化的实际情况。依据《中华人民共和国港口法》,以《全国沿海港口布局规划》和《长江经济带发展规划纲要》为指导,江苏沿江沿海港口形成以连云港港、南京港、镇江港、苏州港、南通港为主要港口,扬州港、无锡(江阴)港、泰州港、常州港、盐城港为地区性重要港口,分工合作、协调发展的分层次发展格局。

　　江苏沿海沿江港口均为规模以上港口。江苏省沿海沿江港口直接经济腹地是江苏省和长江流域;间接经济腹地是陇海兰新铁路沿线的鲁南、河南、皖北、晋南、陕西、川北、甘肃、青海、宁夏及新疆等地区。

　　改革开放以来,江苏港口在促进经济发展、带动产业布局、构建综合运输体系中的地位和作用日益突出。沿海港口的开发有力带动了临港产业布局,是沿海地区经济社会发展基础和临港产业布局的重要依托;沿海港口以连云港港为枢纽,以新亚欧大陆桥为纽带,成为陇海沿线物资转运和对外交往的重要门户;与沿江和内河港口一起是构建长江三角洲地区综合运输体系的重要载体;成为上海国际航运中心建设的重要组成部分。

(四)港口发展成就

　　1978 年,江苏港口主要生产设施简陋落后,甚至靠人拉肩扛装卸货物。货物吞吐量仅 0.6 亿吨,尚未开展集装箱运输。

　　党的十一届三中全会以后,江苏港口进入恢复建设,探索开放阶段,相继开辟了南京新生圩、镇江大港、张家港、南通狼山、连云港庙岭等新港区,建成了南京仪征原油中转码头、新生圩一期工程、南通狼山一期工程、张家港海轮码头、镇江谏壁深水煤码头、大港一期工程、连云港三突堤通用杂货码头、庙岭一期等工程项目,一批 10000 吨级以上海轮泊位及原油、煤炭等大宗货物专业化泊位相继问世,最大靠泊等级达到 350000 吨级。

　　1991—2000 年"八五""九五"期间,江苏多个市县实施"以港兴市"的发展方针,全省港口进入加快建设、集聚产业的发展阶段。沿海连云港港完成西大堤建设,初步形成环抱式港口总体格局,盐城大丰港、南通吕四港起步开发。重点建成了连云港庙岭二期、墟沟一期等码头泊位工程。

进入 21 世纪,中国加入世界贸易组织,施行港口管理体制改革,江苏省为抓住国际资本和产业转移的重大机遇,实现"率先全面建成小康社会、率先基本实现现代化"的目标,提出了沿海开发战略,江苏港口进入全面改革、扩大开放阶段。以连云港为重点,加快推进深水航道和集装箱码头建设。建成了连云港庙岭二期等一批以集装箱专业化泊位为重点的码头项目。

"十一五"期间,长三角一体化进程不断加快,江苏港口步入规范管理、有序迈进的新阶段,连云港重点建成了庙岭作业区 150000 吨级航道、墟沟作业区 100000 吨级航道,开工建设 300000 吨级航道一期等工程,南通港建成了吕四港区 35000 万吨级航道,建成了连云港庙岭三期、300000 吨级矿石码头、吕四大唐电厂煤码头等一批专业化、集约化码头。

"十二五"期间,江苏港口进入稳步发展,转型升级阶段,江苏港口围绕"港口强省"的主题,以转变发展方式为主线,以发展港口现代物流为方向,以大型深水航道和集装箱干线港建设为突破口,连云港港 300000 吨级航道一期工程全面建成,赣榆港区、连云港区墟沟作业区、响水港区、射阳港区、洋口港区分别实现 50000 吨级、100000 万吨级、20000 吨级、35000 吨级和 10000 万吨级航道通航,洋口港区、赣榆港区、徐圩港区、射阳港区、灌河港区等众多新港区纷纷真正实现深水开港。

截至 2015 年,全省共有生产性泊位 7279 个,沿江沿海港口共有生产性泊位 1304 个,其中万吨级及以上泊位 475 个、5 万吨级及以上泊位 173 个;沿海港口共有生产性泊位 158 个,综合通过能力 2.3 亿吨,其中 1 万吨级及以上泊位 78 个,综合年通过能力达 19459 万吨;5 万吨级及以上泊位 38 个,综合通过能力共 11886 万吨。煤炭专用泊位 8 个、金属矿石泊位 9 个、液体化工泊位 11 个、液化天然气泊位 1 个、集装箱泊位 10 个。内河港口共有生产性泊位 5975 个,其中千吨级及以上泊位 245 个。全省综合通过能力 18.6 亿吨,集装箱能力 1447 万 TEU。港口综合通过能力、万吨级以上泊位数、货物吞吐量和亿吨大港数量等主要指标继续保持全国首位。全省航道里程为 24371 千米,居全国第一。其中,等级航道里程为 8707 千米,占航道里程的 35.7%。省干线航道达标里程达到 2154 千米,达标率 62.3%;长三角高等级航道达标里程 1993 千米,达标率 71.0%,基本建成了"两横两纵一网"高等级航道主网络。

2015 年全省港口货物吞吐量 23.3 亿吨,其中外贸 4.0 亿吨、集装箱 1605 万 TEU。沿海港口货物吞吐量 3 亿吨,其中外贸吞吐量 1.2 亿吨、集装箱吞吐量 518 万 TEU,完成旅客吞吐量 7.5 万人次。两大集装箱干线港,连云港港突破 500 万 TEU、苏州太仓港集装箱完成 370 万 TEU。全省集装箱航线累计 624 条,航班累计 7735 班,开辟近远洋航线 68 条,直接与世界上 15 个国家和地区的 40 个港口贸易往来。2015 年苏州港货物吞吐量排名全球第五,货物吞吐量增速名列全球十大港口之首,达到13.4%。全国集装箱港吞吐量排名中苏州港位列第十。

江苏省沿海港口基本情况表见表8-6-1。

二、连云港港

(一)港口概况

1. 港口综述

连云港港地处我国沿海中部黄海海州湾西南岸、江苏省东北部,南邻盐城,北接山东日照,地理坐标为34°44′32″N,119°27′28″E。

连云港港是陇海—兰新铁路的东部起点,港口后方直接经济腹地汇集了沈海、长深、京沪、日兰及连霍等国家高速公路,陇海线、新石线、京沪线、京九线等铁路主干线,盐河、灌河、通榆等运河。依托上述水陆通道,连云港港可与广大内陆腹地、长江干线、京杭运河及淮河等水运主通道相通,是我国沿海港口水陆联运和洲际海运的重要枢纽。

连云港港已初步形成以连云港区为主体,以徐圩港区、赣榆港区、灌河港区为两翼的总体发展格局,另有部分千吨级内河码头分布在上合组织物流园区。连云港区是散货、集装箱、杂货以及客运兼顾发展的综合性港区;徐圩港区和赣榆港区依托临港产业起步,以散杂货、液体化工品运输为主;灌河港区主要服务于灌河北岸临港企业,以散杂货、粮食运输为主。

截至2015年,全港共有生产性泊位77个,码头岸线长15.59千米,综合通过能力1.12亿吨,集装箱274万TEU;其中深水泊位60个,最大靠泊等级25万吨级。其中连云港区生产性泊位47个,综合通过能力1.06亿吨,分别占全港的76%和83%;徐圩港区生产性泊位2个,综合通过能力1000万吨;赣榆港区生产性泊位4个,综合通过能力881万吨;灌河港区生产性泊位3个,综合通过能力373万吨。

连云港区航道由主航道、马腰支航道、庙岭支航道和墟沟支航道组成。连云港30万吨级航道一期工程已于2013年竣工投产,主航道全长约52.9千米,设计通航水深19.8~20.3米,通航宽度270~290米。主航道按30万吨级标准扩建,设计通航水深22.5米,通航宽度350米。徐圩港区航道现状全长24.9千米,设计通航水深13.3米,通航宽度210~240米。主航道按30万吨级标准扩建,设计通航水深22.5米,通航宽度350米。赣榆港区航道现状全长16.4千米,设计通航水深13.5米,通航宽度255米。灌河港区燕尾港至灌河大桥,河道全长44.5千米,深水岸线众多,深槽稳定,一般水深6~8米,最深达11米以上,一般河宽300~600米(85高程0米线),最宽770米。灌河口东西导堤建设已完成,工程实施后大大改善灌河通航条件,进港航道一期整治工程建设标准为乘潮通航5万吨级散货船。

表 8-6-1

江苏省沿海港口基本情况表

港口名称		港 口 岸 线		2015 年港口生产用泊位				其中:1978—2015 年建成的生产用泊位				2015 年港口货物和旅客吞吐量								
		港口规划岸线	其中:2015 年前已建成岸线	生产用泊位数	其中:万吨级及以上	生产用泊位总长	其中:万吨级及以上	生产用泊位数	其中:万吨级及以上	生产用泊位总长	其中:万吨级及以上	货物吞吐量	其中:外贸货物吞吐量	集装箱	滚装车辆		旅客	其中:国际旅客
															数量	质量		
		千米	千米	个	个	米	米	个	个	米	米	万吨	万吨	万 TEU	万辆	万吨	万人	万人
规模以上	连云港港	100.7	15.74	66	57	15741	14473	59	52	14676	13600	21074.95	9991.88	500.92	0	0	7.47	0
	南通港	104.2	1.48	6	6	1482	1482	6	6	1482	1482	1530.67	164.13	0	0	0	0	0
	盐城港	134.34	8.77	86	15	8770	3903	64	15	8244	3903	7575.94	1745.15	17.21	0	0	0	0
合计		339.24	25.99	158	78	25993	19858	129	73	24402	18985	30181.56	11901.16	518.13	0	0	7.47	0

连云港港主港区共有 7 个锚地,其中,1 号锚地半径约 600 米,水深 9~14 米,底质为黏性土;2 号锚地半径约 600 米,水深 14~17 米,底质为黏性土;3 号锚地半径约 600 米,水深 16~20 米,底质为黏性土;4 号锚地半径约 600 米,水深 18~22 米,底质为黏性土;5 号锚地半径约 600 米,水深 19~25 米,底质为黏性土;6 号锚地半径约 600 米,水深22.4~27.1 米,底质为黏性土;危险品锚地半径约 600 米,水深 15~19 米,底质为淤泥/黏性土。

2. 港口水文气象

连云港地区多年平均气温为 14.2 摄氏度,极端最高气温为 38.5 摄氏度。多年平均降水量为 882.6 毫米,年最大降水量为 1380.7 毫米,年最小降水量为 520.7 毫米,日最大降水量为 450.7 毫米(1985 年 9 月 1 日,为罕见特大暴雨),日降水量≥25 毫米的天数多年平均 8.84 天。常风向为 E 向,春、夏季为 E 向、ESE 向,秋季为 N 向、NNE 向,冬季为 NE 向、NNE 向。多年平均雾日(能见度≤1 千米)20 天,最多 36 天,最少 11 天;3—4 月雾日数最多。雾天以晨雾居多,上午 10 时消散,全天有雾时很少。年平均相对湿度为 70%。

所在海域属正规半日潮,日潮不等现象不明显。最高高潮位 6.5 米,最低低潮位 -0.45 米,平均高潮位 4.61 米,平均低潮位 1.28 米,平均潮差 3.39 米,最大潮差 6.48 米,平均海平面2.94 米,平均涨潮历时 5.62 小时,平均落潮历时 6.8 小时。湾内连云港区为半封闭的海湾,大部分水域波浪较小,仅近口门段受外海波浪影响较大。南北两翼新港区海岸开敞,直接受外海波浪影响较大,其中南翼港区比北翼港区波浪大些。常、强浪向为 NNE~NE 向,实测波浪类型多为风浪及风浪与涌浪组成的混合浪;冬、春季以 W 向、NNE 向为主,夏、秋季以 E 向、ESE 向居多。海区实测最大波高 H_{max} 为 4.6 米(波向 NNE 向),是由寒潮大风造成的风涌混合浪。海域海流以潮流为主,潮流不强,余流一般较小。受山东半岛南部旋转潮波影响,连云港外海区潮流以旋转流为主,受连岛及周边海岸轮廓线和水下地形影响,近岸水域各岸段潮流特点有别。该区地震基本烈度为 7 度。

3. 发展成就

1987 年 11 月,我国自行设计、组织施工的第一个全桩基梁板结构码头——连云港港老港区三突堤码头,历经 13 年终于建成。

此后数十年,跳出老港区,庙岭港区、墟沟港区、赣榆港区、徐圩港区等工程先后建成投产,“一体两翼”组合大港基本形成。并且,众多的专业化码头、泊位也相继建成,填补和丰富了连云港的货种类型。

经过近 40 年的建设与发展,截至 2015 年,连云港港生产性泊位从 1977 年的 9 个增加到 77 个,增加了 7.5 倍;泊位岸线长度从 1310 米增加到 15589 米,增加了近 11 倍;最大靠泊等级从最大万吨级增加到 25 万吨级;专业化泊位从 1 个增加到 31 个;内河码头从无到有。

2011—2015 年港口货物吞吐量分别为 2011 年 16628 万吨、2012 年 18528 万吨、2013 年 20165 万吨、2014 年 21008 万吨、2015 年 21075 万吨。主要货种为金属矿石、煤炭、钢铁、粮食和集装箱。2011—2015 年连云港引航站引领船舶艘次及船舶总吨分别为 2011 年 7517 艘次、18161.48 万吨，2012 年 7450 艘次、19341.68 万吨，2013 年 7293 艘次、20021.20 万吨，2014 年 7167 艘次、19618.37 万吨，2015 年 7930 艘次、21831.54 万吨。

连云港港区分布图如图 8-6-1 所示。连云港港基本情况见表 8-6-2。

图 8-6-1　连云港港区分布图

（二）连云港区

1. 港区综述

（1）港区建设和运营概况

连云港区是连云港港四大港区中的主体港区，是连云港港基础设施和集疏运条件最为优越、货运保障能力和服务水平最为完善的港区，也是服务我国中西部地区，承载国家赋予的带动区域协同发展战略任务的主要港区。连云港区共有泊位 47 个，其中集装箱 275 万 TEU。分 4 个作业区：

表 8-6-2

连云港港基本情况

序号	港区名称	港口岸线		2015 年港口生产用泊位				其中:1978—2015 年建成的生产用泊位				2015 年港口货物和旅客吞吐量						
		港口规划岸线	其中:2015 年前已建成岸线	生产用泊位数	其中:万吨级及以上	生产用泊位总长	其中:万吨级及以上	生产用泊位数	其中:万吨级及以上	生产用泊位总长	其中:万吨级及以上	货物吞吐量	其中:外贸货物吞吐量	集装箱	滚装车辆 数量	滚装车辆 质量	旅客	其中:国际旅客
		千米	千米	个	个	米	米	个	个	米	米	万吨	万吨	万 TEU	万辆	万吨	万人	万人
1	赣榆港区	20.3	2.23	8	8	2228	2228	8	8	2228	2228	—	—	—	0	0	—	—
2	连云港区	23.7	11.64	49	44	11643	10805	43	39	10628	9932	—	—	—	0	0	—	—
3	徐圩港区	26.8	1.44	5	5	1440	1440	5	5	1440	1440	—	—	—	0	0	—	—
4	灌河港区	29.9	0.43	4	0	430	0	3	0	380	0	—	—	—	0	0	—	—
	合计	100.7	15.74	66	57	15741	14473	59	52	14676	13600	21074.95	9991.88	500.92	0	0	0	0

旗台作业区有 4 个泊位。其中,30 万吨级矿石专用泊位 1 个、10 万吨级通用散货泊位 1 个、10 吨级氧化铝和散化肥专用泊位 1 个。

马腰作业区有 14 个泊位。其中,5000 吨级通用件杂货泊位、空船泊位分别为 2 个、1 个,万吨级、3.5 万吨级通用件杂货泊位分别为 6 个、1 个,2.5 万吨级通用散杂货泊位和空船泊位各 1 个,万吨级散货泊位 1 个,2 万吨级液体化工泊位 1 个。

庙岭作业区有 15 个泊位,集装箱 275 万 TEU。其中,2 吨级吨、3 万吨级、7 万吨级、10 万吨级集装箱专用泊位分别为 1 个、2 个、5 个和 1 个,3.5 万吨级粮食专用泊位 1 个,15 万吨级散货泊位 1 个,7 万吨级通用泊位 2 个,3.5 万吨级、7 万吨级煤炭专用泊位各 1 个。

墟沟作业区有泊位 14 个。其中,7 万吨级、10 万吨级通用泊位分别为 1 个、3 个,10 万吨级焦炭专用泊位 1 个,5 万吨级通用件杂货泊位 9 个。

1978—2015 年,连云港港区累计完成各类投资 200 余亿元,实施了码头、航道、防波堤和疏港道路等一大批重点建设工程。主要工程项目包括三突堤码头工程、庙岭煤码头工程、庙岭二期工程(木材 2、散粮 1、集装箱 2);庙岭三期工程(集装箱顺岸 2、集装箱突堤 5);墟沟港区通用泊位工程;墟沟作业区 55 号~57 号泊位工程;旗台作业区 25 万吨级矿石码头工程;旗台作业区氧化铝散化肥泊位工程(分别报批);旗台作业区液体散货泊位工程;西大堤工程;旗台防波堤工程;疏港道路工程(含东疏港、南疏港和北疏港道路);航道扩建工程(包括 2.5 万吨级航道、7 万吨级航道、15 万吨级航道和 30 万吨级航道工程)。

截至 2015 年,连云港区开通的班轮航线近 60 条,其中集装箱航线有 50 条,包括远洋航线 3 条(美西线、波斯湾线、中东线各 1 条),近洋航线 27 条(东南亚线 4 条、日本航线 9 条、韩国航线 10 条、中国台湾航线 4 条),内支线 8 条(上海支线 2 条、青岛支线 4 条、宁波支线 2 条);杂货班轮航线 8 条,包括韩国航线、欧洲航线、中东航线 2 条、东南亚航线、美东航线、西非航线和北非航线等。

2011—2015 年连云港区货物吞吐量分别为 2011 年 15230 万吨、2012 年 16836 万吨、2013 年 17736 万吨、2014 年 17821 万吨、2015 年 17209 万吨。主要货种有煤炭、金属矿石、钢铁、粮食、木材、集装箱。

(2)港区地理条件和集疏运概况

连云港港区地处我国沿海中部黄海海州湾西南岸、江苏省东北部,南靠云台山北麓、北倚东西连岛,地理坐标为 34°44′32″N,119°27′28″E。东距韩国釜山港 522 海里、日本长崎港 587 海里,西至徐州 223 千米、乌鲁木齐 3626 千米,南距上海港 383 海里、香港 1106 海里,北至大连港 342 海里、青岛港 107 海里。

自 1978 年以来,连云港区集疏运体系从弱到强,从简单粗陋到日臻完善。铁路方面,有横贯我国东西的交通大动脉——陇海铁路连云港段。进入"十二五"时期,沿海铁路陆续开工建设,其中,青岛至连云港全长 194.39 千米的青连铁路于 2014 年 12 月开工建设,连云港至盐城全长 234 千米的连盐铁路于 2013 年 12 月开工建设。连云港经淮安、扬州至镇江全长 305.2 千米的连淮扬镇铁路于 2014 年 12 月开工建设。宁淮(南京至淮安)铁路也已列入前期工作计划,到 2020 年,连云港高铁将融入南京 1.5 小时高铁圈。公路方面,通过南疏港道路、东疏港道路、北疏港道路与连霍(连云港至新疆霍尔果斯)高速公路相连,还有连徐(连云港至徐州)高速公路、长深高速公路、沈海高速公路,以及纵穿连云港、盐城和南通三市的江苏临海一级公路。至此,连云港港主体港区与国家干线公路的快捷、顺畅的集疏运网络基本形成。水运方面连云港港通过燕尾港与苏北内河、长江相连,形成集疏运水上通道。2010 年,紧邻主体港区的中云台内河码头 35 个泊位投入使用,增加了又一个水上集疏运通道。

2. 港区工程项目

(1)连云港三突堤工程

项目于 1981 年 10 月开工,1986 年 6 月试运行,1987 年 11 月竣工。

项目建设依据:1979 年 8 月,交通部《关于对连云港三突堤码头修改初步设计的批复》(交水基字〔1979〕1232 号)。

项目建设 5 个 2.5 万吨级杂货码头泊位,岸线总长 940 米。码头采用突堤式布局,高桩式结构。码头前沿水深 11 米。项目后方堆场面积 5.9 万平方米,堆存能力 15 万吨;仓库面积 1.96 万平方米,堆存容量 2 万吨。主要装卸设备配置门机(M10-25)9 台、叉车(CPCD5)30 台、牵引车(Q20、CQC35)14 台、平板车(10QP、3Q)52 台、轮胎吊(QL16B)10 台、木材装载机(ZLM30)2 台。项目总投资 1.43 亿元,全部为中央投资。用地面积 7.07 万平方米,海域 7.4 公顷。

项目建设单位为江苏省连云港建港指挥部;设计单位为交通部第二航务工程局设计研究院、交通部第三航务工程勘测设计院、铁道部第四勘测设计院;施工单位为交通部第三航务工程局五公司,交通部上海航道局一处、四处和航标测量处。

连云港三突堤码头工程前期工作于 1974 年启动,1976 年交通部批准初步设计,后搁置 3 年,直到 1979 年,在交通部召开的港口前期工作会议上,明确将三突堤工程项目列为三年调整期间建设项目,并决定将设计工作由交通部第二航务工程局设计研究院改交交通部第三航务工程勘测设计院。

工程是"六五"期间国家合理工期组织建设的重点项目之一,是我国自行设计、组织施工的第一个全桩基梁板结构码头。20 世纪 60 年代末至 70 年代初,港口吞吐量稳步增长,1972 年,全港货物吞吐量达到 335 万吨,而当时的设计通过能力只有 230 万吨,实际完成超设计能力 45%。为缓解泊位严重紧张的局面,防止压船压港,1974 年,交通部即安排三突堤码头工程设计。后由于种种原因,直至 1981 年才开工建设。该码头的建成投产,为港口吞吐量突破 1000 万吨(1988 年)大关打下了坚实的基础。

(2)连云港庙岭煤码头工程

项目于1983年5月开工,1986年10月试运行,1986年12月竣工。

项目建设依据:1984年,交通部《关于连云港庙岭煤码头铁路工程初步设计的批复》(交基字〔1984〕395号)。

项目建设3.5万吨级和1.6万吨级的煤炭码头泊位各1个,岸线总长476米。码头采用引桥式布局,高桩式结构。码头前沿水深11.5米。项目后方堆场面积31万平方米,堆存能力63万吨。主要装卸设备配置移动式装船机(3000吨/小时)2台;斗轮堆取料机(2000~3150吨/小时)4台;桥式卸车机(400吨/小时)10台;给料机(300吨/小时)60台;绞车机(牵引力15吨)2套;注水机(1~3吨/分钟)2台;皮带输送机(1500~3000吨/小时)20台,计长6565.9米。项目总投资3.30亿元,全部为中央投资(交通部拨款)。用地面积163.01万平方米,海域327.76公顷。

项目建设单位为江苏省连云港建港指挥部;设计单位为交通部第三航务工程勘察设计院、铁道部第四勘察设计院、交通部上海航道局设计研究所;施工单位为交通部第三航务工程局第五工程公司、交通部第三航务工程局第一工程公司、交通部上海航道局东方海湾开发公司。

庙岭煤码头工程投入使用,缓解了煤炭装卸能力严重不足的状况(马腰老煤码头装船能力只有275万吨,而1979年出口煤炭就达到380万吨,超核定能力38%),为煤炭吞吐量大幅增长提供了重要支撑和保障(1999年煤炭吞吐量突破1000万吨,2000年达到1469万吨)。庙岭煤码头工程也是连云港港跳出老港区开辟庙岭新港区的第一个码头工程。因此,庙岭煤码头工程建成投产在港口发展史上具有里程碑式的意义。

(3)连云港庙岭港区二期工程

项目于1985年4月开工,1993年2月试运行,1993年5月竣工。

项目建设依据:1982年,交通部《关于印发"对连云港庙岭二期工程可行性研究报告的审查意见"的通知》(交计字〔1982〕2629号);1987年,江苏省环境保护局《关于连云港西大堤、庙岭二期、三期、墟沟港区工程环境影响报告书的批复》(苏环管〔87〕58号)。

项目建设5个码头泊位,岸线总长1806米。其中2个2.5万吨级杂货码头泊位,年通过能力为100万吨,岸线长450米,码头采用突堤式布局,高桩式结构。码头前沿水深11米。项目后方堆场面积5.54万平方米,堆存能力30万吨。主要装卸设备配置16吨门座式起重机4台、曲臂起重机6台等。1个3.5万吨级散粮码头泊位,年通过能力为150万吨,岸线长280米,码头采用突堤式布局,高桩式结构。码头前沿水深12米。项目后方散粮筒仓容积为9.3万立方米,筒仓容量为7万吨。主要装卸设备配置装卸船二用机2台、往复式皮带机、埋刮板输送机、斗提机等。2个2.5万吨级集装箱码头泊位,年通过能力为150万吨,岸线长540米,码头采用顺岸式布局,高桩式结构。码头前沿水深11米。

项目后方集装箱堆场面积 6.18 万平方米,堆存能力 1822TEU;通用泊位堆场面积 3.63 万平方米,堆存能力 5.5 万吨。主要装卸设备配置集装箱装卸桥 2 台、轮胎式龙门吊 5 台、轮胎吊 10 台(其中 25 吨轮胎吊 3 台、16 吨轮胎吊 4 台、8 吨电吊 3 台)等。1 个 2.5 万吨级空船码头泊位,码头前沿水深 10.2 米。项目总投资 7.38 亿日元,其中中央投资 5.25 亿日元,外币 230 亿日元。庙岭二期工程实际使用外币本息 257.41 亿日元,豁免本息 118.64 亿日元,豁免后应还日元本息 138.77 亿日元。用地面积 17.14 万平方米,海域 27.79 公顷。

项目建设单位为江苏省连云港建港指挥部;设计单位为交通部第三航务工程勘察设计院、上海航道局设计研究所等;施工单位为交通部第三航务工程局第五工程公司、第一工程公司,上海航道局东方疏浚工程公司。

1990 年,散粮码头筒仓群基础使用粉煤灰混凝土技术,在不改变原有设备和施工工艺的条件下,取得了良好的效果,节省水泥 30% 左右,节省工程费用 10% 左右。经检测,工程质量可靠。该技术由连云港建港指挥部会同南京水利科学院材料结构研究所、交通部一航局二公司研究所于 1989 年着手试验,于 1987 年 7 月 7 日通过技术鉴定。专家们认为,该技术是海工工程混凝土掺粉煤灰技术的一项新的创新,在偶冻地区海工工程利用粉煤灰技术方面达到了国内先进水平。1995 年,散粮筒仓及设备安装工程获得交通部水运工程质量奖。

连云港庙岭二期工程是国家"七五"期间按合理工期组织建设的重点工程,也是我国使用第二批日元贷款的项目之一。连云港港原只有 1 个专业化泊位(煤炭),庙岭二期工程建成投产后,专业化泊位增加到 4 个,不仅适应了腹地经济发展,特别是外向型经济发展的需要,使腹地运输组织更趋合理,减少流通费用,而且压缩了船舶在港停时,提高船舶营运效益,从而使港口的竞争能力提高到了一个新的水平。

(4)连云港港墟沟港区一期工程

项目于 1994 年 3 月开工,1997 年 6 月试运行,1999 年 3 月竣工。

项目建设依据:1991 年 10 月,国家计划委员会《关于连云港墟沟港区一期工程可行性研究报告的批复》(计交通〔1991〕1676 号);2012 年 11 月,江苏省交通运输厅《关于连云港港墟沟港区一期工程 1-6 号泊位(61#-66#)码头结构加固改造工程方案的批复》。

项目建设 6 个 1.5 万吨级杂货码头泊位(码头水工建筑允许靠泊能力 2.5 万吨),岸线总长 1100 米。码头采用顺岸式布局,高桩式结构。码头前沿水深 10.5 米。项目后方堆场面积 9.5 万平方米,堆存能力 57 万吨;仓库面积 3.5 万平方米,堆存容量 18 万吨。主要装卸设备配置门座起重机(16 吨)2 台、门座起重机(10 吨)10 台、轮胎吊(25 吨)1 台、轮胎吊(16 吨)13 台、装载机(8 吨)8 台、电吊(8 吨)10 台、叉车(3 吨)15 台、叉车(5 吨)32 台、叉车(15 吨)6 台、平板车(10 吨)4 台、平板车(20 吨)8 台、汽车衡(50 吨)2 座、汽车衡(60 吨)1 座、牵引车(2 吨、5 吨)9 台。项目总投资 8.71 亿元,其中企业投资 7.08 亿元,利用外资(政府间:日本海外协力基金贷款)1.63 亿元。用地面积 56.8 万平方米。

项目建设单位为连云港港务局;设计单位为交通部第三航务工程勘察设计院、铁道部第四勘察设计院、上海航道勘察设计研究院;施工单位为交通部第三航务工程局第五工程公司、上海航道局东方疏浚工程公司、上海港机厂。

墟沟港区一期工程按自借自还原则利用第三批日本海外协力基金贷款建设,偿还期 30 年,宽限期限 10 年。第三批日元借款 59 亿日元,实际使用 45.98 亿日元,利率 2.6%,从 2002 年下半年开始还本,计划 2022 年还款结束,共计应还利息 20.36 亿日元,应还本息合计 66.34 亿日元。至 2006 年 9 月,已提前还清。

1994 年 9 月,由连云港建港指挥部会同铁路系统地基工程指挥部等单位在墟沟港区一期工程配套生活设施工程中进行的粉喷桩加固软土地基试验,经过 8 个月的努力,通过了技术鉴定。试验结果表明,该技术能把地基承载力提高 2~3 倍,工程造价可以比相同条件的沉管灌注桩基础节省费用 6%~11%。

墟沟港区一期工程是国家"八五"期间 150 个重点工程之一。61 号~66 号泊位工程是连云港港继马腰港区、庙岭港区之后第三个港区——墟沟港区首批建成项目。为了缓解码头通过能力不足的状况,该工程建设的特点是边建、边验收、边投产。1993 年开工建设,1995 年 61 号泊位即投入试生产,到 2000 年,6 个泊位全部投入生产,当年完成货物吞吐量 194 万吨,接近设计能力 210 万吨,到 2001 年,完成吞吐量 300 万吨,超设计能力 42%。

(5)连云港危险品码头工程

项目于 1995 年 5 月开工,1997 年 1 月试运行,1997 年 1 月竣工。

项目建设 1 个 2 万吨级化学品码头泊位(码头水工建筑允许靠泊能力 2.5 万吨),岸线总长 249 米。码头采用引桥式布局,高桩式结构。码头前沿水深 11 米。项目后方仓库面积 49 万平方米,项目总投资 2484.4 万元,均由企业自筹。

项目建设单位为连云港港务局;设计单位为连云港港口工程设计研究所;施工单位为交通部第三航务工程局第五工程处、上海航道局第一工程处、连云港港口机械修理厂;质监单位为交通部连云港港口建设工程质量监督站。

20 世纪 90 年代初,由于连云港没有危险品专业化码头,致使腹地内危险品货物的进出口不得不绕道连云港改走其他港口,既增加了货主的负担,又流失了港口的货源。为满足腹地经济发展的需要,连云港港经多次研究,决定利用现有设施,以投资省、见效快、工期短为目标,选择在马腰作业区西防波堤东侧建设 2 万吨级的危险品泊位 1 个。危险品码头投产后,化工原料及制品的吞吐量逐年上升,到 2007 年,达到了 85 万吨。

(6)连云港港庙岭二期 34 号散货泊位改扩建工程

项目于 2002 年 7 月开工,2004 年 8 月试运行,2004 年 12 月竣工。

项目建设1个7万吨级通用散货码头泊位(码头水工建筑允许靠泊能力15万吨),岸线总长345.11米。码头采用突堤式布局,高桩式结构。码头前沿水深16.2米。项目后方堆场面积6.59万平方米,堆存能力60万吨。主要装卸设备配置装卸船两用机(装3000吨/小时、卸1000吨/小时)2台、斗轮堆取料机(堆2500吨/小时、取1000吨/小时)2台、卸车机(1850吨/小时)1台、清仓机4台、皮带机21条。项目总投资3.07亿元,均由企业自筹。

项目建设单位为连云港港务局;设计单位为交通部第三航务工程勘察设计院、原铁道部第四勘察设计院、连云港港口工程设计院等;施工单位为中港三航局江苏分公司、中国港湾建设(集团)有限公司、连云港港务工程公司等;监理单位为连云港科谊监理有限公司、山东济铁工程建设监理公司。

20世纪90年代末,腹地客户铁矿石进口量逐年增大,同时散装船舶大型化趋势已初见端倪,而当时的煤炭专用泊位最大只有3.5万吨。34号泊位的建设与投产,既发挥了庙岭二期突堤空船泊位的资源优势,又适应了船舶大型化的发展需要,特别是又增加了一个新的铁矿石专用泊位。

(7)连云港庙岭三期顺岸泊位工程

项目于2003年6月开工,2004年12月试运行,2004年12月竣工。

项目建设2个7万吨级集装箱码头泊位(码头水工建筑允许靠泊能力10万吨),岸线总长644米。码头采用顺岸式布局,高桩式结构。码头前沿水深15米。项目后方堆场面积19.0万平方米,堆存容量重箱堆场1.58万TEU、冷藏箱重箱堆场1188TEU、空箱堆场1.01万TEU。主要装卸设备配置岸边集装箱装卸桥12台(其中4台61吨/50米、4台61吨/55米、4台41吨/44米),外加IMPSA 1台、龙门起重机(41吨)24台、集装箱正面吊5台、集装箱堆高机8台等。项目总投资11.46亿元,其中企业自有资金4.01亿元,其他银行贷款7.45亿元。项目用地面积30.73万平方米。

项目建设单位为连云港港务局;设计单位为中交第三航务工程勘察设计院有限公司;施工单位为中交上海航道局、中交第三航务工程局、连云港港务工程公司等;监理单位为连云港科谊工程建设监理有限公司;质监单位为交通部连云港港口建设工程质量监督站。

2003年6月,交通部批复的初步设计安排该项目2.5万吨级集装箱和3.5万吨级件杂货泊位各1个,设计吞吐能力集装箱25万TEU、件杂货15万吨,核定工程概算为7.34亿元。考虑到连云港港集装箱运输发展态势以及集装箱船舶大型化发展趋势,经向江苏省发展与改革委员会和江苏省交通厅汇报,同意将建设规模调整为2个7万吨级集装箱泊位(水工结构按靠泊10万吨级集装箱船舶设计和建设),项目总投资调整为11.46亿元,投资主体变更为连云港新东方国际货柜码头有限公司。

2007年1月,项目获中国质量协会"全国用户满意工程";2005年1月,项目获中国质量协会"全国水运工程建设满意工程"。

连云港港原只有 31 号、32 号两个 2.5 万吨级泊位为集装箱专用泊位,设计吞吐能力 22 万 TEU。庙岭三期顺岸集装箱泊位的建成投产,为连云港港集装箱运输快速发展提供了重要条件。2005 年试投产后,当年港口集装箱运输量即突破 100 万 TEU,2007 年突破 200 万 TEU。自此,连云港港逐步发展成为我国集装箱运输重要港口之一。

(8)连云港港墟沟港区 67 号泊位工程

项目于 2005 年 1 月开工,2005 年 12 月试运行,2006 年 12 月竣工。

项目建设依据:2004 年 12 月,连云港市发展计划委员会《关于益海(连云港)码头有限公司新建 67#泊位工程可行性研究报告(含项目建议书)的批复》(连计外〔2004〕312 号);2005 年 11 月,交通部《关于连云港港墟沟港区 67#泊位工程使用岸线的批复》(交规划发〔2005〕503 号)。

项目建设 1 个 2 万吨级化学品码头泊位(码头水工建筑允许靠泊能力 5 万吨),岸线总长 222 米。码头采用顺岸式布局,高桩式结构。码头前沿水深 14 米。项目总投资 8731 万元,均由企业自筹。

项目建设单位为新益港(连云港)码头有限公司;设计单位为中交第三航务工程勘察设计;施工单位为中交第三航务工程局、中交上海航道局;监理单位为连云港科谊工程建设监理有限公司;质监单位为连云港市港口工程质量监督站。

为了缓解码头泊位通过能力不足的状况,满足连云港港第一个引进的合资项目——益海(连云港)粮油工业有限公司水上运输需求,改善投资环境,益海(连云港)码头有限公司(连云港港与新加坡丰益(中国)投资有限公司合资成立)出资建设 67 号泊位工程,主要用来装卸液体化工品及成品油等货类。2007 年投产后,当年完成货物吞吐量 557 万吨。2008 年下半年开始租赁给中远船务有限公司使用,直至 2013 年。

(9)连云港港墟沟港区三期 59 号泊位工程

项目于 2005 年 8 月开工,2006 年 12 月试运行,2015 年 1 月竣工。

项目建设依据:2005 年 12 月,江苏省环境保护厅《关于对连云港港墟沟三期 59#泊位及后方堆场项目工程环境影响报告书的批复》(苏环管〔2005〕0324 号);2006 年 3 月,江苏省国土资源厅《关于连云港港口股份有限公司连云港港墟沟港区三期 59#泊位工程用地的预审意见》(苏国土资函〔2006〕0171 号);2006 年 6 月,交通部《关于连云港港墟沟港区 59 号泊位和焦炭泊位工程使用港口岸线的批复》(交规划发〔2006〕270 号)。

项目建设 1 个 7 万吨级多用途码头泊位(码头水工建筑允许靠泊能力 10 万吨),岸线总长 290 米。码头采用顺岸式布局,高桩式结构。码头前沿水深 15.2 米。项目后方堆场面积 11.1 万平方米,堆存能力 65 万吨。主要装卸设备配置门座起重机 4 台(40 吨、25 吨)各 2 台、轮胎起重机 6 台(40 吨、25 吨、16 吨各 2 台)、装载机(3 立方米)8 台、抓料机

6 台等。项目总投资 3.62 亿元，其中业主自有资金 1.34 亿元，其他银行贷款 2.28 亿元。用地面积 38.6 万平方米，海域 15.2 公顷。

项目建设单位为江苏连云港港口股份有限公司；设计单位为中交第三航务工程勘察设计院有限公司；施工单位为连云港港务工程公司、中交第三航务工程局有限公司、上海航道局等；监理单位为连云港科谊工程建设监理有限公司；质监单位为连云港市港口工程质量监督站。

59 号泊位建成投产，在很大程度上既缓解了港口通过能力严重不足的状况，特别是随着焦炭出口量的大幅增长，又填补了连云港港无焦炭专业化泊位的空白（先期以焦炭为主，后期焦炭泊位建成，以钢铁、木材、胶合板等为主）。

（10）连云港港庙岭三期突堤工程

项目于 2006 年 2 月开工，2009 年 9 月试运行，2009 年 9 月竣工。

项目建设依据：2005 年 12 月，国土资源部《关于连云港港庙岭三期突堤工程建设用地预审意见的复函》（国土资预审字〔2005〕0506 号）；2008 年 4 月，连云港市海洋与渔业局批准庙三突堤港池项目用海（连海渔〔2008〕0054 号）。

项目建设 5 个集装箱码头泊位，设计吨级分别为 2 万吨级 1 个、7 万吨级 3 个、10 万吨级 1 个，岸线总长 1700 米。码头采用突堤式布局，高桩式结构。码头前沿水深 16.5米。项目后方堆场面积 40.93 万平方米，堆存能力 5.13 万 TEU，其中重箱 4.39 万 TEU、空箱 5685TEU、冷藏箱 1680TEU。主要装卸设备配置岸边集装箱起重机 10 台、轮胎式龙门起重机 10 台、集装箱正面吊 2 台、空箱堆高机 2 台。项目总投资 36.77 亿元，其中业主自有资金 13.24 亿元，其他银行贷款 23.53 亿元。用地面积 12.18 万平方米，海域 47.37公顷。

项目建设单位为连云港新东方集装箱码头有限公司；设计单位为中交第三航务工程勘察设计研究院；施工单位为中交第三航务工程局有限公司、中交上海航道局有限公司、连云港港务工程公司等；监理单位为连云港科谊工程建设监理有限公司；质监单位为江苏省交通运输厅工程质量监督局。

2009 年 1 月，项目获中国质量协会"全国用户满意工程"。

2005 年，连云港港集装箱吞吐量已突破 100 万 TEU，而当时港口集装箱设计年通过能力只有 74 万 TEU。庙岭三期突堤集装箱泊位工程的投产，缓解了集装箱通过能力严重不足的状况，为后来集装箱吞吐量相继突破 200 万 TEU、300 万 TEU 直至 500TEU 奠定了重要的基础，同时也顺应了集装箱船舶大型化和内贸集装箱运输增速迅猛的趋势，为拉动腹地经济的快速发展提供了重要支撑。庙岭三期突堤工程也是连云港港与新加坡 PSA国际港务集团有限公司合作的典型案例。据统计，2009 年试运营当年就完成货物吞吐量400 多万吨，2015 年完成货物吞吐量 1450 万吨，七年间累计完成货物吞吐量 1.4 亿吨，为连云港港 2013 年进入我国 2 亿吨大港行列起到了重要的促进和保障作用。

（11）连云港港连云港区旗台作业区通用散货泊位工程

项目于 2006 年 4 月开工，2009 年 9 月试运行，2009 年 9 月竣工。

项目建设依据：2011 年 5 月，江苏省交通运输厅《关于连云港港连云港区旗台作业区通用散货泊位工程初步设计的批复》（苏交港〔2011〕42 号）；2010 年 1 月，交通运输部《关于连云港港连云港去旗台作业区通用散货泊位工程使用港口岸线的批复》（交规划发〔2010〕20 号）；2010 年 4 月，江苏省国土资源厅《关于连云港港旗台港区通用散货泊位工程项目用地的预审意见》（苏国土资预〔2010〕64 号）。

项目建设 1 个 10 万吨级通用散货码头泊位（码头水工建筑允许靠泊能力 30 万吨），岸线总长 345 米。码头采用顺岸式布局，高桩式结构。码头前沿水深 21.8 米。项目后方堆场面积 21.8 万平方米，堆存能力 370 万吨。主要装卸设备配置卸船机（3000 吨/小时）1 台、斗轮机堆取料机（堆 6000 吨/小时、取 3000 吨/小时）3 台、装船机（6000 吨/小时）1 台、装车机（3000 吨/小时）2 台、皮带输送机 22 条。项目总投资 12.27 亿元，其中业主自有资金 4.29 亿元，其他银行贷款 7.97 亿元。用地面积 8.7 万平方米，海域面积 36.3 公顷。

项目建设单位为连云港新苏港码头有限公司；设计单位为中交第三航务工程勘察设计院；施工单位为中交第三航务工程局有限公司、长江南京航道工程局、连云港港务工程公司等；监理单位为连云港科谊工程建设监理有限公司；质监单位为江苏省交通运输厅工程质量监督局、连云港市港口工程质量监督站。

该项目和连云港港旗台港区 25 万吨级矿石码头工程项目均为连云港港继马腰港区（现称作业区）、庙岭港区、墟沟港区之后新辟的又一新港区——旗台港区的首批实施项目。它的建成投产，不仅适应了铁矿石运输量不断增长的需要，也是把易污染物码头迁离居民集中区的首个落地项目。该项目还是连云港港与新加坡万邦集团第一个成功合作项目。

（12）连云港港旗台港区 25 万吨级矿石码头工程

项目于 2006 年 4 月开工，2009 年 9 月试运行，2009 年 9 月竣工。

项目建设 1 个 25 万吨级通用散货码头泊位（码头水工建筑允许靠泊能力 30 万吨），岸线总长 410 米。码头采用引桥式布局，高桩式结构。码头前沿水深 21.8 米。项目后方堆场面积 22.4 万平方米，堆存能力 385 万吨。主要装卸设备配置桥式抓斗卸船机 3 台、斗轮机堆取料机（堆 5000 吨/小时、取 3000 吨/小时）4 台、装车机（3000 吨/小时）2 台、带式输送机 31 台。项目总投资 17.02 亿元，其中业主自有资金 5.98 亿元，其他银行贷款 11.04 亿元。用地面积 42 万平方米。

项目建设单位为连云港新苏港码头有限公司；设计单位为中交第三航务工程勘察设

计院、江苏省工程地质水文地质勘测院;施工单位为中交第三航务工程局有限公司、长江南京航道工程局、连云港港务工程公司;监理单位为连云港科谊工程建设监理有限公司;质监单位为江苏省交通运输厅工程质量监督局、连云港市港口工程质量监督站。

2009年12月,项目获中国建筑业协会"全国AAA安全文明工地";2012年12月,项目获中国质量协会"全国用户满意工程"。

该项目和连云港港旗台作业区通用散货泊位工程均为连云港港继马腰港区(现称作业区)、庙岭港区、墟沟港区之后新辟的又一新港区——旗台港区的首批实施项目。它的建设与投产,标志连云港港最大靠泊能力从15万吨级跃上了30万吨级的新台阶。同时,它不仅适应了铁矿石运输量不断增长、船舶大型化发展迅猛的需要,也是把易污染物码头迁离居民集中区的首个落地项目。该项目还是连云港港与新加坡万邦集团第一个成功合作项目。

(13)连云港港东港区散化肥专业泊位工程

项目于2006年7月开工,2012年7月试运行,2012年7月竣工。

项目建设依据:2009年11月,江苏省交通运输厅《关于连云港港旗台作业区10万吨级散化肥专业化泊位工程初步设计的批复》(苏交港〔2009〕103号);2005年1月,连云港环境保护局《关于对连云港港口集团有限公司散化肥专业化码头环境影响报告书的批复》(连环发〔2005〕30号);2006年9月,江苏省国土资源厅《关于连云港港东港区散化肥专业化泊位工程项目用地的预审意见》(苏国土资函〔2006〕741号);2006年6月,交通部《关于连云港港东港区氧化铝和散化肥专业化泊位工程使用港口岸线的批复》(交规划发〔2006〕277号)。

项目建设1个10万吨级散化肥码头泊位,岸线总长280米。码头采用引桥式布局,高桩式结构。码头前沿水深15.5米。项目后方堆场面积6.67万平方米,堆存能力18.7万吨。主要装卸设备配置门座起重机(40吨)5台、散化肥包装机15台、轮胎式起重机(16吨)8台、叉式起重机(6吨)10台、牵引车(Q60)20台、平板车(10吨)45台等。项目总投资5.82亿元,其中业主自有资金2.04亿元,其他银行贷款3.78亿元。用海面积13公顷。

项目建设单位为连云港鑫联散货码头有限公司;设计单位为中交第三航务工程勘察设计院有限公司;施工单位为中交上海航道局有限公司、连云港港务工程公司、中交第三航务工程局有限公司等;监理单位为连云港科谊工程建设监理有限公司;质监单位为连云港市港口工程质量监督站。

氧化铝、散化肥泊位的建成投产,一是增加了两个大型专业化泊位,适应了两大货种吞吐量不断增长的发展需要;二是解决了老港区多年来靠泊能力一直未突破3.5万吨级的短板问题,为老港区重现生机创造了优良的条件。

(14)连云港港东港区氧化铝专业化泊位工程

项目于2006年7月开工,2012年7月试运行,2012年7月竣工。

项目建设依据:2009年11月,江苏省交通运输厅《关于连云港港旗台作业区10万吨级氧化铝专业化泊位工程初步设计的批复》;2006年2月,江苏省国土资源厅《关于连云港港东港区10万吨级氧化铝专业化泊位使用地的预审意见》(苏国土资函〔2006〕26号);2006年1月,江苏省海洋与渔业局《连云港港旗台作业区10万吨级氧化铝专业化泊位和散化肥专业化泊位用海的批复》(苏国土资函〔2006〕0026号);2006年6月,交通运输部《关于连云港港东港区氧化铝和散化肥专业化泊位工程使用港口岸线的批复》(交规划发〔2006〕277号);2012年7月,交通运输部《关于连云港港旗台作业区氧化铝专业化泊位工程变更港口岸线使用长度的批复》。

项目建设1个10万吨级通用散货码头泊位,岸线总长310米。码头采用引桥式布局,高桩式结构。码头前沿水深15.5米。项目后方堆场面积9.54万平方米,堆存能力25万吨;仓库面积1.1万平方米,堆存能力3万吨。主要装卸设备配置门座式起重机(40吨-37米)8台、氧化铝包装机15台、龙门起重机9台、轮胎式装载机(16吨)8台、叉式装卸机(6吨)10台、牵引车(Q60)10台、平板车30台、灌包料斗5台。项目总投资7.01亿元,其中业主自有资金2.46亿元,其他银行贷款4.56亿元。项目用海面积7.31公顷。

项目建设单位为连云港鑫联散货码头有限公司;设计单位为中交第三航务工程勘察设计院有限公司;施工单位为中交上海航道局有限公司、连云港港务工程公司、中交第三航务工程局有限公司;监理单位为连云港科谊工程建设监理有限公司;质监单位为连云港市港口工程质量监督站。

氧化铝、散化肥泊位的建成投产,一是增加了两个大型专业化泊位,适应了两大货种吞吐量不断增长的发展需要;二是解决了老港区多年来靠泊能力一直未突破3.5万吨级的短板问题,为老港区重现生机创造了优良的条件。

(15)连云港港墟沟港区68号、69号泊位工程

项目于2006年7月开工,2008年6月试运行,2015年1月竣工。

项目建设依据:2014年4月,连云港市环境保护局《关于对连云港港口集团有限公司连云港港墟沟港区68#、69#泊位工程恢复生产装卸功能项目环评表的批复》(连环复表〔2014〕16号);2005年12月,交通部《关于连云港港墟沟68号和69号散杂泊位及客滚码头工程使用港口岸线的批复》(交规划发〔2005〕617号);2003年12月,江苏省国土资源厅《关于益海(连云港)码头有限公司连云港港墟沟港区68#、69#泊位用地的预审意见》(苏国土资函〔2006〕58号)。

项目建设2个3万吨级杂货码头泊位(码头水工建筑允许靠泊能力5万吨),岸线总长438米。码头采用顺岸式布局,高桩式结构。码头前沿水深14米。项目后方堆场面积

4.26万平方米,堆存能力17万吨;仓库面积1.15万平方米,堆存能力3.4万吨。主要装卸设备配置门座起重机(25吨)6台、灌包机(150吨/小时)10台、轮胎吊(25吨)4台、轮胎吊(16吨)8台、叉车(5吨)12台、牵引车(4.5吨)16台、平板车(5、20吨)70台。项目总投资4.17亿元,其中业主自有资金1.40亿元,其他银行贷款2.77亿元。用地面积2.37万平方米,海域8.44公顷。

项目建设单位为新益港(连云港)码头有限公司;设计单位为中交第三航务工程勘察设计院;施工单位为中交第三航务工程局有限公司、中交天津航道局、连云港港务工程公司等;监理单位为连云港科谊工程建设监理有限公司;质监单位为连云港市港口工程质量监督站。

"十一五"期间,根据货运量预测及件杂货船型预测,老港区的万吨级泊位已不能满足生产需求,为了在一定程度上解决这方面的问题,连云港港决定投资建设墟沟港区68号、69号泊位工程。项目建成后,还处在试生产阶段,连云港港与中远集团合资成立连云港中远船务工程有限公司,引进修船业务,为此将68号、69号泊位及其后方场地租赁给中远船务工程有限公司使用,直至2013年终止修船业务。2014年起,恢复泊位的装卸功能。恢复后的第一年即2014年,即完成货物吞吐量近300万吨,2015年达到340万吨,主要货种是钢铁、木材和设备等。

(16)连云港港焦炭专业化泊位工程

项目于2007年12月开工,2011年6月试运行,2015年1月竣工。

项目建设依据:2006年9月,江苏省发展和改革委员会《关于核准连云港港墟沟港区焦炭专业化泊位工程项目的批复》(苏发改交能发〔2006〕1032号);2006年2月,江苏省环境保护厅《关于对连云港港焦炭专业化泊位工程环境影响报告书的批复》(苏环管〔2006〕32号);2006年3月,江苏省国土资源厅《关于连云港港口股份有限公司连云港港焦炭专业化泊位工程用地的预审意见》(苏国土资函〔2006〕169号);2006年6月,交通部《关于连云港港墟沟港区59号泊位和焦炭泊位工程使用港口岸线的批复》(交规划发〔2006〕270号)。

项目建设1个7万吨级煤炭码头泊位(码头水工建筑允许靠泊能力10万吨),岸线总长300米。码头采用顺岸式布局,高桩式结构。码头前沿水深15米。项目后方堆场面积7.9万平方米,堆存能力60万吨。主要装卸设备配置门座起重机(40吨)4台、装载机(3立方米)4台、正面吊(45吨)2台、牵引车(50千牛)3台、移动式皮带机4台等。项目总投资3.28亿元,其中业主自有资金1.15亿元,其他银行贷款2.13亿元。

项目建设单位为江苏连云港港口股份有限公司;设计单位为中交第三航务工程勘察设计院有限公司;施工单位为连云港港务工程公司、中交第三航务工程局有限公司、连云港港口建筑安装工程公司;监理单位为连云港科谊工程建设监理有限公司;质监单位为连云港市港口工程质量监督站。

58 号泊位是连云港港真正意义上的焦炭专业化泊位。它的建成投产契合了国际上大吨位经济散货船型的发展趋势，使连云港港的焦炭出口不再受到船型的限制，从而为提升装卸能力和更好地服务客户提供了重要的条件。

（17）连云港港墟沟作业区 55 号~57 号通用泊位工程

项目于 2008 年 3 月开工，2015 年 9 月试运行，2015 年 9 月竣工。

项目建设依据：2012 年 7 月，江苏省交通运输厅《关于连云港港墟沟作业区 55#~57#通用泊位工程初步设计的批复》（苏交港〔2012〕76 号）；2011 年 6 月，江苏省环境保护厅《关于连云港港墟沟作业区 55#-57#通用泊位工程环境影响报告书的批复》（苏环审〔2011〕0095 号）；2011 年 3 月，江苏省国土资源厅《关于连云港港墟沟作业区 55 号、56 号、57 号通用泊位工程项目用地的预审意见》（苏国土资预〔2011〕0038 号）；2011 年 6 月，江苏省海洋与渔业局《关于连云港港墟沟作业区 55#-57#通用泊位工程用海的批复》（苏海域〔2011〕16 号）；2011 年 8 月，交通运输部《关于连云港港连云港区墟沟作业区 55 至 57 号通用泊位工程使用港口岸线的批复》（交规划发〔2011〕0453 号）。

项目建设 3 个 10 万吨级多用途码头泊位（码头水工建筑允许靠泊能力 15 万吨），另建设 3 个 3000 吨级工作船泊位，岸线总长 1230 米。码头采用顺岸式布局，高桩式结构。码头前沿水深 55 号、56 号泊位 19.2 米，57 号泊位 15.5 米。项目后方堆场面积 27.5 万平方米，堆存能力 70 万吨。主要装卸设备配置门座起重机（40 吨）10 台、移动式皮带机 10 台、自卸汽车（25 吨）12 台、装载机（3 立方米）15 台。项目总投资 9.98 亿元，其中业主自有资金 3.09 亿元，其他银行贷款 6.88 亿元。项目用地面积 19.4 万平方米，征用海域 31.7 公顷。

项目建设单位为江苏连云港港口股份有限公司；设计单位为中交第三航务工程勘察设计院；施工单位为中交第三航务工程局、连云港港务工程公司、港口建筑安装公司等；监理单位为连云港科谊工程建设监理有限公司；质监单位为连云港市港口工程质量监督站。

进入"十二五"时期，随着腹地经济的发展，对于资源型物资输入需求猛增，以铁矿石为首的矿石类货种，外贸进口量持续放大，外贸和进口比重超过了内贸和出口。主要表现在煤炭由原来的出口为主转变为进口为主，且船舶大型化越发明显；铁矿石进口量增大；木材进口需求增大，其成品或半成品出口渐成气候；大型装备等大件进出口也增势迅猛。55 号~57 号通用泊位的投产正是顺应了腹地经济的发展需要，填补了港口这方面的短板。2014 年仅为临时靠船，当年就完成货物吞吐量 700 余万吨，2015 年试运行后，完成货物吞吐量近 1000 万吨，既满足了腹地客户进出口物资的需要，又解决了码头经营公司原有泊位类型单一、设计吨级过低的矛盾，为企业可持续发展并不断提高经济效益奠定了重要基础，同时也带来了社会效益不断扩大的双重效应。

（18）连云港港旗台港区防波堤工程

项目于 2009 年 2 月开工,2013 年 12 月完工,2018 年 7 月竣工。

项目建设依据:2009 年 6 月,国家海洋局《关于连云港港旗台作业区防波堤工程项目用海预审意见的函》(国海管字〔2009〕374 号);2011 年 7 月 6 日,国家海洋局《关于连云港港旗台作业区防波堤工程项目用海的批复》(国海管字〔2011〕459 号)。

连云港港旗台作业区防波堤工程位于连云港港口门段,由北防波堤和南防波堤组成,南、北防波堤总体呈环抱形布置。防波堤总长度 7791.44 米,其中,南防波堤长度 5240.09 米,南防波堤 Ⅰ 标段总长 965.43 米,南防波堤 Ⅱ 标段总长 4274.66 米;北防波堤长度 2551.35 米,堤顶高程 +8.2 米,堤顶宽度 6 米。南、北防波堤之间的口门宽度为 950 米,防波堤堤头与规划航道边线之间距离为 225 米。导助航设施工程包括南、北防波堤堤头各建设灯桩 1 座,防波堤内侧设置的登陆点 2 处;水体交换通道工程位于北防波堤上,共设 3 处。项目总投资 11.58 亿元,其中交通部安排港口建设费 1.93 亿元,江苏省安排财政性资金 7.22 亿元,连云港市安排财政性资金 1.20 亿元,其余部分由连云港港口集团有限公司以自有资金出资。项目用海总面积 51.46 公顷,其中北防波堤用海 18.36 公顷,南防波堤用海 33.10 公顷。

项目建设单位为连云港港口集团有限公司;设计单位为中交第三航务工程勘察设计院有限公司;施工单位为山东港湾建设有限公司、连云港港务工程公司;监理单位为天津天科工程监理咨询事务所;质监单位为江苏省交通运输厅工程质量监督局。

（19）连云港港 30 万吨级航道一期工程

项目于 2011 年 3 月开工,2012 年 6 月试运行,2016 年 4 月竣工。

项目建设依据:2009 年 12 月,交通运输部《关于连云港港 30 万吨级航道一期工程可行性研究报告的意见》(交函规划〔2009〕407 号);2010 年 12 月,国家发展和改革委员会《关于连云港港 30 万吨级航道一期工程可行性研究报告的批复》(发改基础〔2010〕2843 号)。

一是疏浚工程:连云港港 30 万吨级航道一期工程建设含连云港区航道和徐圩港区航道,其中连云港区航道按照 25 万吨级散货船乘潮单向通航标准设计,航道长度为 52.9 千米(需疏浚长约 42.8 千米),其中外航道内段长 17.3 千米,航道设计底高程 –19.8 米;外航道外段长 35.6 千米,航道设计底高程 –20.3 米;航道设计有效宽度 270 米,口门段为 290 米。徐圩港区航道按照 10 万吨级散货船乘潮单向通航标准设计,航道长度为 24.9 千米,其中徐圩航道长度为 20.1 千米,港内航道长度为 4.8 千米,航道设计底高程 –13.3 米,航道设计有效宽度 210 米。疏浚工程总量为 1.39 亿立方米,疏浚泥土处理采用吹填与外抛相结合,其中吹填约 9000 万立方米。二是围堤工程:连云港区旗台纳泥围堤长度 8609 米,徐圩港区纳泥围堤长度 9037 米,围成旗台和徐圩两个处理疏浚泥土吹填区,总面积约 12 平方公里。三是助航工程：调整浮标 32 座，新设浮标 41 座，新增 AIS 航标 5 座，新建外航道导标 3 座，新建徐圩航道导标 2 座。项目总投资 47.71 亿元，该工程由交通运输部、江苏省政府和连云港市政府各出资 30%、60%、10% 建设。

项目建设单位为连云港港 30 万吨级航道建设指挥部；设计单位为中交上海航道勘察设计研究院有限公司、江苏省交通规划设计院有限公司联合体；施工单位为中交上海航道局有限公司、长江南京航道工程局、中交广州航道局有限公司等；监理单位为上海东华建设管理有限公司、连云港科谊工程建设监理有限公司、天津天科工程监理咨询事务所等；质监单位为江苏省交通运输厅工程质量监督局。

该项目共有九项重要的科技创新：一是通过创新性的现场观测、室内试验和专题研究，在业界首次提出黏粒含量影响泥沙水力特性、泥沙水力特性决定海岸带性质，被纳入《海港水文规范》。二是分阶段开展航道回淤观测及研究，取得了不同等级航道常年和大风天的实际回淤资料，为率定数学模型参数提供依据。三是开展淤泥质海岸破波区泥沙运动研究，探讨了航道开挖深度、浅滩含沙量对泥沙回淤的影响，为深水航道的防淤减淤研究奠定了基础。四是利用建设期实测回淤资料，对二维潮流泥沙数模进行了率定完善。基于间断有限元方法建立了三维泥沙数学模型，实现了间断有限元泥沙模块的并行计算。五是开展航道实船航行观测及研究，首次引入航道宽度和航迹带保证率概念，并通过数理统计研究了船舶漂移分布，得到了不同置信区间下船舶的漂移倍数。六是选择典型航段开展疏浚边坡观测研究，提出了适合开敞海域淤泥质海岸的航道疏浚边坡稳定计算公式及参数取值，克服了现行规范仅仅依据土质查表确定的不足，对于在保证疏浚边坡的安全性前提下提高航道设计的经济性具有重要意义。七是流变特性试验研究发现，针对适航淤泥重度值提出了新的确定方法，不同重度下的剪切力曲线存在转折现象，为适航深度的选取提供了客观的科学依据。八是首次成功开发应用 760 克/平方米高强机织加筋砂被的充填袋和抛石组合堤身斜坡堤，减少石料用量，降低工程投资，为连云港地区大规模高强度筑堤解决了关键技术问题。九是研制了提高硬黏土疏浚效率的绞吸新设备，提高了效率，降低了能耗；研制了密实粉土和粉砂土耙吸效率的耙齿设备和高压冲水设备，节省了成本、缩短了工期。这些研究成果直接支撑了 30 万吨级航道工程建设，通过解决关键技术难题，降低了工程建设风险，提高了施工效率，节省了工程投资，在国家科技部组织的 863 项目检查中得到了肯定。

项目投产后促进了连云港港吞吐量的快速增长。连云港港 30 万吨级航道一期工程已于 2012 年 6 月完工，可满足 25 万吨级散货船乘潮单向通航、7 万吨级以下船舶全潮双向通航要求；航道的开通使连云港港具备了接纳 25 万～28 万吨级散货船的能力，有效缓解了建成多年的 30 万吨级矿石码头"有力使不出"的问题，突破了通航能力的瓶颈。截至 2015 年 4 月，共有 236 艘次 25 万吨级及以上船舶进出，其中实际载货 25 万吨及以上

161 艘次,40 万吨级矿砂船"淡水河谷·马来西亚"号轮顺利进港装卸。因航道由 15 吨级提升至 25 万吨级,2012 年度共有 63 艘 20 万吨级以上大型船舶进港,直接增加货物吞吐量 1260 万吨,产生经济效益 2520 万元;2013 年度共有 260 艘 20 万吨级以上大型船舶进港,直接增加货物吞吐量 5540 万吨,产生经济效益 11080 万元;2014 年度共有 269 艘 20 万吨级以上大型船舶进港,直接增加货物吞吐量 5860 万吨,产生经济效益 1.17 亿元。

项目建设有效促进了到港船舶的大型化。据港口生产部门统计,2013 年到港船舶共计 7456 艘次,其中 5 万～10 万吨级以上船舶 978 艘次、12 万吨级船舶 52 艘次、15 万吨级船舶 9 艘次、20 万吨级船舶 192 艘次、25 万吨级船舶 23 艘次、25 万吨级以上船舶 45 艘次;2014 年到港船舶共计 7662 艘次,其中 5 万～10 万吨级以上船舶 940 艘次、12 万吨级船舶 22 艘次、15 万吨级船舶 33 艘次、20 万吨级船舶 173 艘次、25 万吨级船舶 52 艘次、25 万吨级以上船舶 44 艘次。从统计数据上看,工程实施后,航道等级由 15 万吨级提升至 25 万吨级,有效地促进了到港船舶的大型化。

项目建设有效促进港口增量、到港船舶大型化的同时,大大增加了港口生产的经济效益。工程实施后,有效地增加了 20 万吨级散货船舶的进港数量,增加港口的货物吞吐量。2013 年 1—12 月增加货物吞吐量 5540 万吨,增加港口运营收入 1.11 亿元;2014 年 1—12 月增加货物吞吐量 5860 万吨,增加港口运营收入 1.17 亿元。连云港港 30 万吨级航道一期工程经过试运行,证明了项目建设是成功的,各项工程质量均满足设计要求,实现了原定的各种工程目标,工程运行后实际经济效益巨大,超出工程可行性研究报告的预测,公共效益显著,不仅促进了连云港港口本身的发展,而且带动了腹地社会经济和交通运输的发展,对实现江苏沿海开发、振兴苏北经济具有重大的现实意义和深远的历史意义,为实现江苏沿海大开发、振兴苏北经济以及我国中西部大开发的发展奠定了基础。

(20)连云港港旗台港区新世纪液体化工泊位工程

项目于 2011 年 4 月开工,2017 年 4 月试运行,2018 年 4 月竣工。

项目建设依据:2010 年 8 月,江苏省交通运输厅《关于连云港港旗台港区新世纪液体化工泊位工程初步设计的批复》(苏交港〔2010〕62 号);2011 年 6 月,江苏省海洋与渔业局《关于连云港旗台港区新世纪液体化工泊位工程用海的批复》(苏海域〔2011〕19 号);2007 年 3 月,交通部《关于连云港港旗台港区油品化工码头工程使用港口岸线的批复》(交规划发〔2007〕90 号)。

项目建设 1 个 5 万吨级化学品码头泊位(码头水工建筑允许靠泊能力 10 万吨),岸线总长 327 米。码头采用引桥式布局,高桩式结构。码头前沿水深 16.2 米。项目后方储罐容积 32.1 万立方米,储罐容量 28.58 万吨。主要装卸设备配置液压遥控装卸臂(12 寸)2 台、液压遥控装卸臂(6 寸)3 台、液压软管(8 寸)5 条、液压软管(6 寸)35 条。项目总投资 5.34 亿元,其中业主自有资金 1.93 亿元,其他银行贷款 3.41 亿元。项目征用海域 34

公顷。

项目建设单位为连云港新世纪石油化工有限公司;设计单位为中交第三航务工程勘察设计院有限公司、浙江省天正设计工程有限公司;施工单位为中港第三航务工程局第五分公司、宁波建工股份有限公司、浙江省工业设备安装公司;监理单位为连云港科谊工程咨询监理有限公司、连云港昊达工程建设监理咨询有限公司;质监单位为连云港市港口工程质量监督站。

(21)连云港港旗台作业区液体散货泊位工程2至4号液体散货泊位工程

项目于2013年11月开工,2016年10月试运行,2017年10月竣工。

项目建设依据:2013年12月,江苏省海洋与渔业局《关于连云港港旗台作业区2#～4#液体化工泊位工程海洋环境影响报告书的核准意见》(苏海环函〔2013〕191号);2012年12月,交通运输部《关于连云港港连云港区旗台作业区2至4号液体散货泊位工程使用港口岸线的批复》;2013年9月,江苏省海洋与渔业局《关于连云港港旗台作业区2#～4#液体化工泊位工程项目用海的预审意见》(苏海域函〔2013〕110号);2014年3月,江苏省海洋与渔业局《关于连云港港连云港区旗台作业区2至4号液体散货泊位工程项目用海的批复》(苏海域函〔2014〕46号)。

项目建设3个5万吨级化学品码头泊位(码头水工建筑允许靠泊能力10万吨),岸线总长981米。码头采用引桥式布局,高桩式结构。码头前沿水深14米。项目总投资5.61亿元,其中业主自有资金1.68亿元,其他银行贷款3.83亿元。项目用海面积合计27.98公顷。

项目建设单位为连云港港口国际石化港务有限公司;设计单位为中交第三航务工程勘察设计院有限公司;施工单位为连云港港务工程公司、上海东源计算机自动化工程有限公司、中国石油天然气第一建设公司;监理单位为连云港科谊工程建设监理有限公司、北京华油鑫业工程监理有限公司;质监单位为连云港市港口工程质量监督站。

(三)赣榆港区

1.港区综述

(1)港区建设和运营概况

赣榆港区位于连云港港北侧海州湾内,是连云港港拓展港口功能和空间、实现可持续发展的重要支撑,是连云港市"以港兴市"、发展腹地临港产业的重要平台,是苏北地区及周边部分省市发展外向型经济、加快工业化发展的重要依托。

2011年10月9日,江苏省发展和改革委员会正式下发文件,核准赣榆港区一期(起步)工程项目,意味着工程项目前期工作全部完成,并具备工程开工前置条件,标志着连云港港北翼港区——赣榆港区码头工程建设正式拉开帷幕。

根据核准批复,赣榆港区一期(起步)工程建设 3 个 5 万吨级通用泊位和 1 个 5 万吨级液体化工品泊位(水工结构均按靠泊 15 万吨级散货船设计);通用泊位岸线总长 769 米,年吞吐量为 668 万吨;液体化工品泊位岸线长 334 米,年吞吐量为 213 万吨,同时建设港区生产、生活辅助设施以及相关配套设施等项目,总投资 22.09 亿元。

2012 年 12 月 24 日下午 3 时 25 分,满载 5.62 万吨红土镍矿的中国香港籍"金泽号"轮,安全靠泊赣榆港区通用散货 203 号泊位,成为连云港港赣榆港区建成开港后接靠的第一艘船舶,既标志着赣榆港区正式开港,也从此结束了赣榆有海无港的历史。

2013 年 3 月 1 日零时起,赣榆港区 5 万吨级航道及进出港航道正式开通使用。2013 年 5 月 25 日,赣榆港区 4 个泊位获准临时进靠国际航行船舶,标志着赣榆港区正式进入外贸运营阶段。2014 年 12 月 7 日,赣榆港区一期(起步)工程"三同时"顺利通过检查验收。2015 年 2 月 23 日,赣榆港区首靠超 7 万吨级船舶,赣榆港区 10 万吨级航道首次发挥作用,赣榆港区服务临港产业、助推临港经济的能力再次得到提升。

截至 2015 年,赣榆港区开通的集装箱定期班轮航线(内贸)有 2 条,分别是赣榆港区—青岛港和赣榆港区—连云港主港区。

赣榆港区 2012—2015 年完成的港口货物吞吐量分别为 2012 年 5.6 万吨、2013 年 561.5 万吨、2014 年 1015.1 万吨、2015 年 1004 万吨,主要货种为金属矿石、木材、钢铁、粮食、集装箱。

(2)港区地理条件和集疏运概况

赣榆港区是连云港港新开辟的港区,位于连云港区北侧海州湾内,绣针河口与龙王河口之间,北邻山东省日照市。

赣榆港区后方的集疏运通道主要有汾灌高速公路、临海高等级公路和 204 国道等。赣榆港区铁路集疏运主要由沿海铁路及港区支线承担。同时,根据港区和临港产业布局情况,考虑设置港区铁路专用线和企业铁路专用线。铁路主要承担港口以及临港产业园区企业原料、产成品中大宗物资的长距离运输。通榆运河在赣榆境内由韩绣河、青龙大沟、沭北运河等构成,规划为五级航道。

2.港区工程项目

(1)连云港港赣榆港区防波堤工程

项目于 2010 年 10 月开工。

项目建设依据:2010 年,江苏省发展和改革委员会《关于连云港港赣榆港区防波堤工程可行性研究报告的批复》(苏发改基础发〔2010〕726 号);2010 年,江苏省发展和改革委员会《关于连云港港赣榆港区防波堤工程初步设计的批复》(苏发改基础发〔2010〕1508 号);2010 年,江苏省海洋局《关于连云港港赣榆港区 5 万吨级航道及防波堤工程海洋环评报告书核准意见》(苏海环〔2010〕6 号);2010 年,江苏省海洋局《关于连云港港赣榆港区5万吨级航道及防波堤工程用海批复》(苏海域〔2010〕34号)。

连云港港赣榆港区防波堤工程位于连云港港赣榆港区柘汪作业区,建设在规划一突堤东侧。工程起点位于该防波堤与现有防潮大堤的接岸处,西距绣针河口约1.2千米。工程新建防波堤总长6350米,其中按其兼有的功能分为AB段(兼有集疏运通道作用)4147米、BC段(兼有护岸作用)803米、CD段1400米。结构采用斜坡堤方案。项目总投资5.05亿元,其中工程费用4.14亿元,其他费用5204.89万元,预备费2331.34万元,贷款利息1588.23万元。项目用海面积37.37公顷。

项目建设单位为连云港金东方港口投资有限公司;设计单位为中交第一航务工程勘察设计院有限公司;施工单位为连云港港务工程公司;监理单位为天津中北港湾工程建设监理有限公司。

(2)连云港港赣榆港区航道工程

项目于2011年3月开工。

项目建设依据:2010年,江苏省发展和改革委员会《关于连云港港赣榆港区航道工程可行性研究报告的批复》(苏发改基础发〔2010〕725号);2010年,江苏省发展和改革委员会《关于连云港港赣榆港区5万吨级航道初步设计的批复》(苏发改基础发〔2010〕1509号);2010年,江苏省海洋局《关于连云港港赣榆港区5万吨级航道及防波堤工程海洋环评报告书核准意见》(苏海环〔2010〕6号);2010年,江苏省海洋局《关于连云港港赣榆港区5万吨级航道及防波堤工程用海批复》(苏海域〔2010〕34号)。

工程为连云港港赣榆港区起步工程中的码头工程配套建设的5万吨级航道,航道长度为8060米,航道有效宽度为170米,设计底高程-11.0米(从岚山港区理论最低潮面起算,下同)挖泥边坡1:4,疏浚超深0.40米,超宽每侧3.0米。航道疏浚方量为558万立方米(其中含施工期回淤55万立方米)。纳泥区根据港区起步区后方港口配套工程和码头堆场工程的造陆需求确定,新建护岸长1050米,设计顶高程为10.0米;围埝长1853米,设计顶高程为7.0米。航道工程的疏浚土方,全部吹填至纳泥区造陆,充分利用弃土资源,最大限度减少对环境的影响。项目总投资3.45亿元,用海面积37.37公顷。

项目建设单位为连云港金东方港口投资有限公司;设计单位为中交第一航务工程勘察设计院有限公司;施工单位为连云港港务工程公司;监理单位为天津中北港湾工程建设监理有限公司。

(3)赣榆港区一期(起步)工程

项目于2011年8月开工,2012年12月试运行,2012年12月竣工。

项目建设依据:2012年3月,江苏省交通运输厅《关于连云港港赣榆港区一期(起步)工程(不含陆域罐区)初步设计的批复》(苏交港〔2012〕26号);2012年7月,江苏省交通运输厅《关于连云港港赣榆港区一期(起步)工程(陆域罐区)初步设计的批复》(苏交港

〔2012〕72号）；2010年2月，江苏省国土资源厅《关于连云港港赣榆港区起步工程项目压覆矿产资源情况的复函》（苏国土资矿审〔2010〕40号）；2011年8月，交通运输部《关于连云港港赣榆港区一期（起步）工程使用港口岸线的批复》（交规划发〔2011〕412号）。

项目建设4个码头泊位，其中3个5万吨级杂货泊位（码头水工建筑允许靠泊能力15万吨），岸线总长769米，码头采用顺岸式布局，重力式结构；1个5万吨级化学品泊位（码头水工建筑允许靠泊能力15万吨），岸线总长334米，码头采用引桥式布局，重力式结构。码头前沿水深13.6米。项目后方堆场面积34.6万平方米，堆存能力271万吨；储罐容积为27.4万立方米，其中成品油储罐8座、6万立方米，原料油储罐14座、17.8万立方米，化工品储罐18座、3.6万立方米，储罐容量为7.3万吨。主要装卸设备配置杂货泊位：门座起重机（40吨）5台、门座起重机（25吨）4台、挖掘机（1.5立方米）6台、装载机（3立方米）6台、装载机（5立方米）6台、自卸汽车（25吨）18台、叉车（32吨）1台、叉车（10吨）4台、叉车4台（5吨、3吨各2台）、轮胎起重机（25吨）6台、牵引拖挂车（25吨）12台、汽车衡（180吨）6台、桥式起重机（37.5米、25吨）2台、抓料机3台；化学品泊位：液压输油臂4台（DN400、DN250\DN200各2台）、液压输油管（DN200）17条、立式管道泵2台、立式双螺杆泵1台。项目总投资22.09亿元，其中业主自有资金6.85亿元，其他银行贷款15.24亿元。项目征用海域面积69.5公顷。

项目建设单位为连云港新海湾码头有限公司；设计单位为中交第一航务工程勘察设计院有限公司；施工单位为连云港港务工程公司、连云港港口建筑安装工程公司、江苏省水文地质工程地质勘察院；监理单位为连云港科谊工程建设监理有限公司；质监单位为连云港市港口工程质量监督站。

赣榆港区定位为依托临港工业起步，逐步发展成为腹地经济发展和后方临港工业服务的综合性港区。该港区以干散货、散杂货和液体散货运输为主，并兼有集装箱运输功能。服务对象主要集中在赣榆临港及临沂临港等周边企业，包括鑫海科技（红土镍矿、煤炭）、镔鑫钢铁（钢材、铁矿砂、黄沙）、新海石化（燃料油）、金茂源（木薯干）、龙河生物科技（木薯干）、海赣科技（红土镍矿）以及木材客户等，吞吐量的一半以上服务于赣榆地方企业，为赣榆经济的快速发展起到了积极的推动和保障作用。

（4）连云港港赣榆港区10万吨级航道一期工程

项目于2013年2月开工。

项目建设依据：2014年，江苏省发展和改革委员会《关于连云港港赣榆港区10万吨级航道一期工程工可报告的批复》（苏发改基础发〔2014〕346号）；2014年，江苏省交通运输厅《关于连云港港赣榆港区10万吨级航道一期工程初步设计的批复》（苏交港〔2014〕32号）；2014年，江苏省海洋局《关于连云港港赣榆港区10万吨级航道一期工程海洋环评报告书核准意见》（苏海环函〔2014〕12号）；2013年，江苏省海洋局《关于连云港港赣榆港区 10 万吨级航道一期工程的用海预审意见》（苏海域函〔2013〕160 号）。

赣榆港区 10 万吨级航道一期工程在既有 5 万吨级航道基础上进一步提升航道等级，AB 段维持既有 5 万吨级航道轴线方位不变，新的航道轴线 A'B' 段方位 340°～160°，长度 1168 米。B'C' 段沿既有航道轴线向南侧加宽拓深，并延伸至 −13.6 米天然水深 D 点（航道起点）处，B'D 段航道轴线方位 290°～110°，长度 15.18 千米。两段航道间夹角为 50°，通过转弯半径 2000 米（8 倍 10 万吨级散货船船长）的圆弧衔接。浚深后航道总长 16.35 千米，满足 10 万吨级散货船和 10 万吨级油船乘潮进出港需求。工程疏浚工程量为 1469.96 万立方米，其中包括航道疏浚工程量 1343.96 万立方米、航道施工期回淤工程量 126 万立方米。工程设置一对航道中心导标。航道两侧设置助航浮标。项目总投资 9.43 亿元，用海面积 518.37 公顷。

项目建设单位为连云港金东方港口投资有限公司；设计单位为中交第一航务工程勘察设计院有限公司；施工单位为中交天津航道局有限公司；监理单位为连云港科宜科谊工程建设监理有限公司；质监单位为连云港港口工程质量监督站。

（5）连云港港赣榆港区防波堤二期工程

项目于 2014 年 11 月开工。

项目建设依据：2014 年，江苏省发展和改革委员会《关于连云港港赣榆港区防波堤二期工程工程可行性研究报告的批复》（苏发改基础发〔2014〕1199 号）；2015 年，江苏省交通运输厅《关于连云港港赣榆港区防波堤二期工程初步设计的批复》（苏交港〔2015〕9 号）；2014 年，江苏省海洋局《关于连云港港赣榆港区防波堤二期工程海洋环评报告书核准意见》（苏海环函〔2014〕176 号）；2014 年，江苏省海洋局《关于连云港港赣榆港区防波堤二期工程用海批复》（苏海域函〔2014〕325 号）。

工程位于的规划建设的赣榆港区，新建防波堤总长 7600 米，按其位置分为三部分：A 段为现有东防波堤的延伸段，长 1200 米；B 段为规划航道口门南侧离岸段，长 2400 米；C 段为接岸段，长 4000 米。项目总投资 7.40 亿元，用海面积 47.20 公顷。

项目建设单位为连云港金东方港口投资有限公司；设计单位为中交第一航务工程勘察设计院有限公司；施工单位为中国铁建港航局集团有限公司；监理单位为连云港科谊工程建设监理有限公司。

（四）徐圩港区

1. 港区综述

（1）港区建设和运营概况

2011 年 10 月，徐圩港区一期工程可行性研究报告通过江苏省发展和改革委员会审核，同月，岸线使用获交通运输部批复；2011 年 12 月，江苏省发展和改革委员会正式核准徐圩港区一期工程项目,根据核准批复,该项目建设2个10万吨级通用泊位(水工结构按靠泊15万吨级散货船设计,1个泊位长度按同时兼靠1万吨级和5千吨级杂货船作业考虑);泊位岸线总长640米,同时建设港区生产、生活辅助设施以及相关配套设施等,项目总投资16.85亿元。2011年12月29日,徐圩港区一期工程正式开工。2013年12月28日,"江远扬州号"国际货轮满载着红土镍矿稳稳地停靠在徐圩港区10万吨级通用2号泊位,宣告徐圩港区实现开港试通航,也标志着连云港市"一体两翼"组合大港已从蓝图变为现实。连云港促进江苏沿海开发和东中西区域合作示范区两大国家战略建设的能力得到了进一步提升。

项目的建成能够更好地满足徐圩新区临港产业发展对港口运输不断增长的需求,并有效带动地区经济的发展,同时还能够进一步缓解主体港区码头泊位的压力,对推进连云港港"一体两翼"总体规划建设具有十分重要的现实意义。徐圩港区2014年吞吐量84.8万吨,2015年578.2万吨。货种主要有煤炭、金属矿石、钢铁、水泥、化工原料及制品、粮食。

(2)港区地理条件和集疏运概况

连云港港徐圩港区位于海州湾埒子口以北至小丁港之间海岸,隶属于连云区,其起步工程更接近于小丁港位置。地理坐标为34°44′32″N,119°27′28″E。东距韩国釜山港522海里、日本长崎港587海里,西至徐州223千米、乌鲁木齐3626千米,南距上海港383海里、香港1106海里,北至大连港342海里、青岛港107海里。

徐圩港区集疏运系统主要包括公路、铁路和内河三种运输方式。公路运输纵向的有S226、S242两条省级干线和港前大道,横向的有徐新公路(徐圩片区北侧对外公路运输通道,以及徐圩片区和新浦城区联系的快速通道,将徐圩片区联系上沿海高速公路和连徐高速公路,并继续西延至宿迁)、中通道(徐圩片区中部的对外运输主通道,是徐圩港区最重要的主疏港路,将徐圩片区联系上淮连高速公路,进而可至宿迁、安徽西部地区)、南通道即徐仲公路(徐圩片区南部对外集疏运公路,将徐圩片区联系上沿海高速公路,并可通过淮安至连云港一级公路至淮安)。徐圩港区铁路支线工程将于2018年建成通车。支线工程是新建连盐铁路的延伸和扩展,是连云港"一体两翼"组合大港的重要支撑。该支线西连陇海线,东到徐圩港区,穿过云台山,跨连霍高速公路、烧香河,在东辛农场设东辛车站,然后跨S242、烧香河支流到达徐圩港区并设终点站徐圩站。

2.港区工程项目

(1)连云港港徐圩港区一期工程

项目于2012年3月开工,2012年12月试运行,2013年12月竣工。

项目建设依据:2012年7月,江苏省交通运输厅《关于连云港港徐圩港区一期工程初步设计的批复》(苏交港〔2012〕73号);2014年6月,江苏省环境保护厅《关于连云港港徐圩港区一期工程项目环评修编报告的复函》(苏环便管〔2014〕0062号);2011年10月,江苏省海洋与渔业局《关于连云港港徐圩港区一期工程项目用海的预审意见》(苏海域函〔2011〕90号);2011年10月,交通运输部《关于连云港港徐圩港区一期工程使用港口岸线的批复》(交规划〔2011〕554号);2013年3月,交通运输部《关于连云港港徐圩港区一期工程变更港口岸线使用人的批复》(交规划发〔2013〕183号)。

项目建设2个10万吨级通用散货码头泊位(码头水工建筑允许靠泊能力15万吨),岸线总长640米。码头采用引桥式布局,高桩式结构。码头前沿水深15.6米。项目后方堆场面积36.77万平方米,其中散货堆场23.2万平方米、散杂货堆场7.95万平方米、杂货堆场5.62万平方米,堆存能力200万吨。主要装卸设备配置门座起重机(40吨)10台、32吨内燃平衡重式叉车1台、6吨内燃平衡重式叉车2台、履带式抓料机2台、镍矿漏斗4台。项目总投资16.85亿元,其中业主自有资金5.39亿元,其他银行贷款11.46亿元。征用海域48.95公顷。

项目建设单位为连云港港口集团有限公司;设计单位为中交第三航务工程勘察设计院有限公司;施工单位为连云港港务工程公司、连云港建港实业总公司、连云港港口建筑安装工程公司等;监理单位为连云港科谊工程建设监理有限公司;质监单位为江苏省交通运输厅工程质量监督局、连云港市港口工程质量监督站。

徐圩港区既是连云港港的重要港区和可持续发展的重要保障,也是建设国家东中西区域合作示范区和石化产业基地的重要依托,是带动江苏沿海和周边地区开发开放的重要支撑。

(2)连云港港徐圩港区液体散货泊位一期工程

项目于2014年1月开工,2014年12月试运行,2016年1月竣工。

项目建设依据:2014年,江苏省交通运输厅《关于连云港港徐圩港区液体散货泊位一期工程初步设计的批复》(苏交港〔2014〕43号);2013年12月,江苏省海洋与渔业局《关于连云港港徐圩港区液体散货泊位一期工程海洋环境影响报告书的核准意见》(苏海环函〔2013〕190号);2013年2月,交通运输部《关于连云港港徐圩港区液体散货泊位一期工程使用港口岸线的批复》(交规划发〔2013〕99号)。

项目建设2个5万吨级和1个1万吨级液体散货码头泊位(码头水工建筑允许靠泊能力10万吨)。项目总投资4.15亿元,用海总面积49.04公顷。

项目建设单位为连云港新荣泰码头有限公司;设计单位为中交第三航务工程勘察设计院有限公司;施工单位为中交第三航务工程局有限公司、连云港港口建筑安装工程公司、中交广州航道局有限公司等;监理单位为连云港科谊工程建设监理有限公司、江苏科兴工程建设监理有限公司、洛阳石化工程建设集团有限责任公司等。

连云港港徐圩港区液体散货泊位一期工程投入使用,增加了连云港港接卸液体散货的能力,同时也为徐圩后方的化工企业原材料进口以及产成品的出口提供了便捷的水上运输通道。

(五)灌河港区

1. 港区综述

(1)港区建设和运营概况

灌河港区包括燕尾港作业区和灌南九队作业区。

燕尾港作业区建设 1 号码头 3 万吨级通用泊位 2 个,泊位长 450 米,码头平台采用高桩梁板式结构,布置 3 座引桥与陆域连接,陆域用地面积 30 万平方米。工程总投资 4.72 亿元。工程于 2010 年 8 月开工建设,2013 年 3 月,一期码头工程及后方 1.8 万平方米堆场施工完毕,并投入试运营。"一体两翼"发展战略中的南翼重要组成部分——燕尾港作业区开港试通航。

九队作业区建设 2 个 2 万吨级通用泊位,泊位长 400 米,兼顾 2 艘 5000 吨级和 1 艘 2000 吨级船舶同时靠泊作业。工程总投资 1.76 亿元。该工程于 2011 年 8 月开工,2012 年 7 月完工并投入试运营。

灌河港区 2012—2015 年吞吐量分别为 2012 年 48.1 万吨、2013 年 2378.9 万吨、2014 年 403.1 万吨、2015 年 540.9 万吨。货种主要有煤炭、金属矿石、钢铁、非金属矿石、盐。

(2)港区地理条件和集疏运概况

灌河港区位于江苏省连云港市灌南县堆沟港镇九队,灌河下游左岸凹岸段,距入海口约 20 千米,紧邻连云港市化工园区和船舶工业园区,属灌河港区九队作业区。灌河是苏北唯一未在干流上建挡潮闸的入海河流,地处苏北沿海的北段,海州湾南缘,毗邻连云港。灌河自灌南县盐东东三汊到燕尾港入海口全长 74.5 千米,流经淮阴、盐城、连云港三市,与京杭大运河相连,水深都在 6.0 米以上,河宽 180~1100 米。

作为"一体两翼"的南翼重要港区,灌河港区综合区位交通优势明显,灌河的海河联运潜力巨大,具备海河相通、江河相通、河陆相通的良好集疏运条件。公路方面,灌河港区内包括 G25 长深高速公路、G15 沿海高速公路、204 国道、324 省道、326 省道、236 省道、226 省道、临海高等级公路等交通干道,灌河产业大道及新港大道横贯东西,灌河半岛"二横七纵"的疏港道路建设,构筑灌河港区"内联外通,短直快速"的方格状公路网络。铁路方面,作为国家中长期铁路网规划项目的连盐铁路已开工建设,2018 年建成运营。连盐铁路将在灌南县田楼乡建设车站,铁路的建设大大优化了灌河港区的集疏运体系,为港区的开发战略提供了强有力的运输保障。内河方面,灌河港区水运条件较好,灌河横穿东西,离入海口 9 千米,可直通大运河、与淮河和长江相通,实现了灌河港区内的海河联运。

2.港区工程项目

(1)连云港港灌河港区燕尾作业区一期工程

项目于 2010 年 5 月开工,2013 年 3 月试运行,2013 年 8 月竣工。

项目建设依据:2013 年 3 月,江苏省海洋与渔业局《关于连云港港灌河港区燕尾作业区一期工程用海的预审意见》(苏海域函〔2013〕22 号);2012 年 12 月,交通运输部《关于连云港港灌河港区燕尾作业区一期工程使用港口岸线的批复》(交规划发〔2012〕718 号)。

项目建设 2 个 3 万吨级码头泊位,岸线总长 450 米。码头采用引桥式布局,高桩式结构。码头前沿水深 13.8 米。项目后方堆场面积 21.7 万平方米,堆存能力 60 万吨;仓库面积 1.12 万平方米,堆存能力 4 万吨。主要装卸设备配置门座起重机 4 台(25 吨)、牵引车(20 吨)7 台、轮胎起重机(25 吨)6 台等。项目总投资 4.72 亿元,均由企业自筹。项目用地面积 33 万平方米,水域面积 14.61 公顷。

项目建设单位为江苏新龙港港口有限公司;设计单位为河海大学、中交第三航务工程勘察设计院;施工单位为中交第三航务工程局有限公司江苏分公司、连云港港口建筑安装工程公司、连云港港务工程公司等;监理单位为连云港科谊建设咨询有限公司;质监单位为连云港市港口工程质量监督站。

2016 年 10 月 8 日,连云港市港口管理局出具《关于连云港港灌河港区燕尾作业区一期工程初步设计变更的意见》,设计变更内容包括陆域用地面积由 30.02 万平方米调整为 33.4 万平方米。地基处理方案由塑料排水板联合堆载预压法为强夯浅层处理的地基加固工艺。

燕尾作业区地处灌河入海口左岸,经济腹地主要是灌云县和苏北地区,其腹地自然资源丰富,有粮油食品、土特产品、水果蔬菜、畜牧产品和矿产资源等;港口背依经济开发区和临港产业区,"两区"建设以来,逐步形成了机械电子、船舶制造、清洁能源、精细化工、纺织服装、医药制造等主导产业体系,工业实力逐步增强,产业结构不断优化。连云港港灌河港区燕尾作业区是江苏条件最优的海河联运港。该作业区位于灌河入海口处,向上游经灌河、大运河可以进入长江,具有海河联运的先天优势条件,也是东部沿海海河联运的重要节点。燕尾作业区一期工程试投产,为经济腹地特别是为灌云临港产业区提供了重要的水路交通支撑条件,同时也为连云港港"一体两翼"南翼灌河港区增添了新的生力军。

(2)连云港港灌河港区九队作业区一期工程

项目于 2011 年 8 月开工,2012 年 7 月试运行,2012 年 7 月竣工。

项目建设依据:2012 年 9 月,交通运输部《关于连云港港灌河港区九队作业区一期工程使用港口岸线的批复》(交规划发〔2012〕435 号)。

项目建设 2 个 2 万吨级多用途码头泊位,岸线总长 400 米。码头采用引桥式布局,高桩式结构。码头前沿水深 13 米。项目后方堆场面积 5.06 万平方米,堆存能力 15 万吨。主要装卸设备配置门座起重机(10 吨)4 台、装载机(3 立方米)4 台、轮胎起重机(16 吨)3

台、轮胎起重机(25 吨)5 台、牵引车(4.5 吨)9 台、平板车(20 吨)18 台、平板车(40 吨)9 台、叉车 2 台(3 吨、10 吨各 1 台)、地磅(80 吨)2 台。项目总投资 1.76 亿元,其中业主自有资金 5283 万元,其他银行贷款 1.23 亿元。项目用地面积 10.03 万平方米。

项目建设单位为江苏灌河国际港务有限公司;设计单位为中交第三航务工程勘察设计院有限公司、连云港港口工程设计研究院有限公司;施工单位为中交第三航务工程局有限公司、连云港港口建筑安装工程公司、连云港港口集团供电工程公司;监理单位为连云港科谊工程建设监理有限公司;质监单位为连云港市港口工程质量监督站。

灌河港区九队作业区一期工程 2 万吨级通用码头试运行,标志着灌河实现了码头泊位从千吨级跃升至万吨级的历史性跨越,开启了深水大港崭新的发展时代。该码头是灌河上第一个具备 2 万吨级靠泊能力的通用码头,也是地处灌河半岛临港产业区核心位置,融综合物流和海河联运为一体的第一个万吨级码头。它的建成运行对灌南深入推进沿海开发、大力发展临港产业具有举足轻重的意义。

三、盐城港

(一)港口概况

1. 港口综述

盐城市是江苏省面积第一、人口第二的大市,后方直接面对苏北地区和淮河流域广阔腹地,交通便捷。盐城港是江苏沿海地区性重要港口,是区域综合交通运输体系的重要枢纽,是苏北地区及淮河流域经济社会发展和对外开放的重要口岸,是盐城市临港产业发展的重要依托。

盐城港位于苏北沿海中部,黄海西岸,拥有 582 千米海岸线和 46.5 千米灌河、42 千米射阳河等河口岸线,市境海岸资源丰富,北起连盐分界处灌河口中心线,南至盐南分界处老坝港中心线。盐城港共规划港口岸线 128.24 千米,截至 2015 年已利用港口岸线 24.83 千米。

盐城港现有大丰、射阳、滨海、响水四个港区。

盐城港现有整治航道 4 条,分别为大丰港区 10 万吨级航道 1 条、射阳港区 3.5 万吨级航道 1 条、滨海港区 5 万吨级航道 1 条和响水港区 5 万吨级航道 1 条。与之配套的锚地共 6 个,其中大丰港区 4 个、射阳港区 1 个、滨海港区 1 个,共有锚位 70 ~ 80 个。

2. 港口水文气象

盐城地区分属暖温带和北亚热带两个生物气候带,分界线大致在苏北灌溉总渠附近,气候为湿润季风区,受热带气旋和温带气旋双重影响,光照条件北部较好,水热条件南部更优。在两大潮波系统的控制下,江苏沿岸基本以半日潮为主,仅在滨海港区附近至射阳河口岸段,由于无潮点的影响,为不规则半日潮,落潮历时大于涨潮历时。潮差分部以废黄河口为最小,向南北逐渐加大,平均潮差可达4米以上。盐城港海岸线顺直,北部外海几乎无岛屿,直面黄海,掩护条件较差,南部是辐射沙洲,对外海波浪有较好的掩护,波浪较小。该海区的常浪向和强浪向为偏东北向,最大波高在6米左右。

盐城中部海岸大致以射阳河口为界,北面海岸冲刷,南岸海岸淤积。射阳河口处于冲、淤交替的过渡段。南部大丰港区一带海岸是由潮滩淤长、潮上带围垦后海岸线随之外移而逐渐形成的。

射阳河口、灌河口外拦门沙经过治理,河口段通航条件得以改善。

3.发展成就

"十二五"期间,盐城港按照"沿海中部区域性重要港口"的战略定位,围绕"特色产业港"发展主题,抢抓沿海开发国家战略实施机遇,突出深水航道和港口能力建设,突出港产联动、功能提升和转型升级,突出发展改革创新,全面推进规划目标任务,建设、发展、转型和管理等方面都取得显著成绩。

至2015年底,盐城港共建成生产性泊位86个,其中海港泊位58个(万吨级以上15个、5万吨级以上9个),形成货物年综合通过能力6018万吨、集装箱年通过能力10.7万TEU、滚装汽车年通过能力23万辆。2015年盐城港完成货物吞吐量7575.9万吨,其中外贸吞吐量1745.2万吨、集装箱吞吐量17.2万TEU。

2011—2015年吞吐量分别为2011年2124.34万吨、2012年3137.27万吨、2013年5010.37万吨、2014年6106.01万吨、2015年7575.94万吨。主要货种有液体散货、干散货、件杂货、集装箱。

盐城港港区分布图如图8-6-2所示。盐城港基本情况见表8-6-3。

(二)大丰港区

1.港区综述

(1)港区建设和运营概况

大丰港区是盐城港的主港区,依托临港产业形成专业化物流和综合物流体系,以散货、杂货、粮油、石化、集装箱和汽车滚装运输为主,发挥多式联运优势,发展成为具备装卸、中转、储备、商贸等功能的区域综合性枢纽港区。目前,大丰港区共有集装箱、通用、石化、滚装等海港生产性泊位35个、锚地4个。大丰港是江苏省委、省政府重点建设的三大海港之一,拥有深水岸线29千米。2007年,经国务院批准为对外开放一类口岸。2008年,被列入国家首批对台直航的63个港口之一。目前大丰港作为上海港的喂给港、连云港港的组合港,已开辟至日本、韩国、俄罗斯、澳大利亚以及经上海港中转至世界各地的多条国际航线。

图 8-6-2　盐城港港区分布图

（2）港区地理条件和集疏运概况

大丰港区为江苏苏北沿海三大深水海港之一，处于苏北海岸线港口空白带的中心位置，位于江苏省沿海地区中部，东傍"西洋深槽"，地理坐标为 33°17′N，120°48′E。港区水路北距连云港 120 海里，南距上海港 280 海里、秦皇岛港 490 海里，距日本长崎港 430 海里、韩国釜山港 420 海里；陆路西距大丰市 25 千米，距盐城 75 千米。码头前沿自然水深 13.5～14.0 米。

大丰港集疏运以公路和内河水运为主。大丰港区有两条过境高速公路，南北向的 G15 沿海高速公路和东西向的 G1516 盐洛高速公路。大丰港区主要通过东西向的 332 省道和南北向的 226 省道、临海 G228 与大丰区城市路网相连。港区内部公路网也逐步形成，南北港区连接道路、海滨大道、环港公路桥等工程建成通车。刘大线四级航道是大丰港区主要的内河集疏运通道，实现了与苏中、苏北等广大腹地连通。

盐 城 港 基 本 情 况

序号	港区名称	港口岸线		2015年港口生产用泊位				其中:1978—2015年建成的生产用泊位				2015年港口货物和旅客吞吐量						
		港口规划岸线	其中:2015年前已建成岸线	生产用泊位数	其中:万吨级及以上	生产用泊位总长	其中:万吨级及以上	生产用泊位数	其中:万吨级及以上	生产用泊位总长	其中:万吨级及以上	货物吞吐量	其中:外贸货物吞吐量	集装箱	滚装车辆 数量	滚装车辆 质量	旅客	其中:国际旅客
		千米	千米	个	个	米	米	个	个	米	米	万吨	万吨	万TEU	万辆	万吨	万人	万人
1	响水港区	42.24	2.55	27	3	2554	634	18	3	2313	634	—	—	—	0	0	—	—
2	滨海港区	18.6	0.31	1	1	310	310	1	1	310	310	—	—	—	0	0	—	—
3	射阳港区	24.5	1.19	23	2	1194	337	10	2	909	337	—	—	—	0	0	—	—
4	大丰港区	49	4.71	35	9	4712	2622	35	9	4712	2622	—	—	—	0	0	—	—
	合计	134.34	8.76	86	15	8770	3903	64	15	8244	3903	7575.94	1745.15	17.21	0	0	0	0

2.港区工程项目

(1)大丰港5000吨级码头工程

项目于2001年7月开工,2005年10月试运行,2007年9月竣工。

项目建设依据:1996年7月,江苏省计划委员会《关于大丰港5000吨级码头工程可行性研究报告的批复》(苏计经交〔1996〕1164号);1997年12月,江苏省建设委员会批复《大丰港5000吨级码头工程初步设计》(苏建重〔1997〕577号);1996年5月,江苏省环境保护局《关于对大丰港5000吨级码头工程环境影响报告书的批复》(苏环管〔96〕54号)。

项目建设1个5000吨级散杂货码头泊位(码头水工建筑允许靠泊能力1万吨)、1个5000吨级多用途码头泊位(码头水工建筑允许靠泊能力1万吨)。岸线总长269米。码头采用顺岸式布局,高桩式结构。码头前沿水深7.6米。项目后方堆场面积2.71万平方米,年周转能力360万吨。主要装卸设备配置16吨门座式起重机2台、40吨门座起重机1台、集装箱轮胎式起重机1台、集装箱铲车1台、电动固定式起重机3台、单斗装载机4台、小叉车2台、地中衡2台。项目总投资2.57亿元,其中政府投资1.8亿元(其中中央投资1750万元、地方投资1.63亿元),企业投资4119.98万元,银行贷款3600万元。项目用海面积68.97公顷,其中建设填海造地54.05公顷,码头引桥7.41公顷,港池7.51公顷。

项目建设单位为大丰港开发建设有限公司;设计单位为中交水运规划设计院;施工单位为海军华东工程建设局、中海工程建设总局宁波分局、上海信达机械有限公司;监理单位为江苏科兴建设监理公司、上海东华建设监理所;质监单位为南通市港口工程质量监督站。

盐城港大丰港区一期5000吨级工程投入生产以来运营情况良好,改善了苏北沿海港口布局,缓解能源、原料供应紧张局面,促进了大丰和盐城市经济发展。

(2)盐城港大丰港区二期工程

项目于2007年9月开工,2010年6月试运行,2015年4月竣工。

项目建设依据:2007年7月,江苏省发展和改革委员会出具《关于核准盐城港大丰港区二期工程项目的批复》(苏发改〔2007〕664号);2007年9月,江苏省交通厅出具《盐城港大丰港区二期工程初步设计的批复》(苏交港〔2007〕55号);2007年,江苏省环境保护厅《关于对大丰港二期工程环境影响报告书的批复》(苏环管〔2007〕101号);2007年3月,江苏省海洋与渔业局《关于对于盐城港大丰港区二期工程使用海域环境影响报告书的核准意见》(苏海环〔2007〕8号);2006年12月,交通部《关于盐城港大丰港区二期工程使用港口岸线的批复》(交规划发〔2006〕707号);2007年4月,连云港海事局《关于同意大丰港二期工程使用通航水域岸线的批复》(云海通航〔2007〕42号)。

项目建设1个5万吨级散货码头泊位(码头水工建筑允许靠泊能力7万吨)、1个2万吨级杂货泊位(码头水工建筑允许靠泊能力4万吨)。岸线总长585米。码头采用顺岸式布局,高桩式结构。码头前沿水深14米。项目后方二期矿石堆场用地面积29.38万平方米,散杂货堆场用地面积53.8万平方米,年周转货物800万吨。主要装卸设备配置ZH40-35m/1250桥式散货抓斗卸船机2台、MQ40-35门座起重机2台、MQ16/25-35/24门座起重机1台、皮带机系统4.87千米,仓库设置龙门式起重机4台,堆场配置轮胎海港吊4台、10.5吨沃尔玛装载机6台、9.5吨徐工装载机9台、5吨装载机12台及相应平面运输、装卸设备50套。项目总投资9.31亿元,其中企业投入3.41亿元,银行贷款5.90亿元。项目用海面积56.44公顷,其中码头引桥12.41公顷,港池37.40公顷。

项目建设单位为大丰港开发建设有限公司;设计单位为中交水运规划设计院;施工单位为中交第三航务工程局有限公司、中海工程建设总局大连工程建设局;监理单位为上海凯悦建设咨询监理有限公司、江苏河海工程建设监理有限公司;质监单位为江苏省交通运输厅工程质量监督局。

盐城港大丰港区二期工程投入生产以来运营情况良好,改善了苏北沿海港口布局,缓解能源、原料供应紧张局面,促进了大丰和盐城市经济发展。自2010年8月10日至2014年9月30日,靠泊二期码头的外贸航线船舶分别来自韩国、美国、墨西哥、澳大利亚、泰国、越南、伊朗、印度、印度尼西亚、菲律宾、俄罗斯、日本等;内贸航线船舶主要来自大连、广州、烟台、营口、舟山、宁波、秦皇岛及环渤海各港口,共计作业船舶1910艘次,吞吐量2956.74万吨,两个不同泊位均不同频次投入使用。作业货物主要为煤炭、矿石、建材、红土镍矿、木材、大件设备、粮食及油料作物、钢材、木材、PTA等。

(3)盐城港大丰港区南作业区油品化工码头

项目于2009年5月开工,2014年3月试运行,2016年6月竣工。

项目建设依据:2009年8月,江苏省发展和改革委员会《关于核准盐城港大丰港区南作业区油品化工码头工程项目的通知》(苏发改交通发〔2009〕1084号);2010年6月,江苏省交通运输厅批复《盐城港大丰港区南作业区油品化工码头工程(不含后方罐区)初步设计》(苏交港〔2010〕46号);2008年11月,江苏省海洋与渔业局《关于大丰港石化码头工程海洋环境影响报告书的核准意见》(苏海环〔2008〕60号);2008年11月,江苏省环境保护厅《关于对大丰港石化码头工程环境影响报告书的批复》(苏环管〔2008〕318号);2009年8月,江苏省海洋与渔业局《关于大丰港石化码头工程项目用海的批复》(苏海环〔2009〕27号);2009年6月,交通运输部《关于盐城港大丰港区南作业区油品化工码头工程使用港口岸线的批复》(交规划发〔2009〕289号)。

项目建设1个5万吨级液体化工码头泊位(码头水工建筑允许靠泊能力8万吨)、1个5000吨级液体化工泊位、1个5万吨级植物油泊位。岸线总长792米。码头采用顺岸式布局,高桩式结构。码头前沿水深14.4米。主要装卸设备配置4台AM63HDN300船用装卸臂、4台RGD1015软管吊、压力管道76千米。项目总投资6.05亿元,其中企业投资2.15亿元,银行贷款3.9亿元。项目用海面积58.91公顷,其中码头引桥10.04公顷,港池 41.40 公顷。

项目建设单位为大丰港开发建设有限公司；设计单位为中交第二航务工程勘察设计院有限公司、江苏省化工设计院有限公司；施工单位为中交第三航务工程局有限公司、湖南省工业设备安装有限公司、江苏华能设备安装有限公司；监理单位为上海海科工程监理所、江苏金丰华工程监理咨询有限公司；质监单位为江苏省交通运输厅工程质量监督局。

盐城港大丰港区南作业区油品化工码头试运行第一年，码头实现总吞吐量万余吨，靠泊百余艘次，最大船型为 5 万吨级，最小为 1000 吨级，投入生产以来运营情况良好，进一步加快了大丰港区的开发建设步伐，提升港口发展水平，改善了投资环境，适应区域化工产业发展需要，促进了沿海开发和区域经济社会发展。

（4）盐城港大丰港区粮食码头工程

项目于 2012 年 4 月开工，2014 年 1 月试运行，2016 年 8 月竣工。

项目建设依据：2011 年 8 月，江苏省发展和改革委员会《关于核准盐城港大丰港区粮食码头工程项目的通知》（苏发改基础发〔2011〕1300 号）；2012 年 1 月，江苏省交通运输厅批复《盐城港大丰港区粮食码头工程初步设计》（苏交港〔2012〕3 号）；2011 年 4 月，江苏省海洋与渔业局《关于对于盐城港大丰港粮食现代物流项目码头工程海洋环境影响报告书的核准意见》（苏海环〔2011〕4 号）；2011 年 12 月，江苏省海洋与渔业局《关于对于盐城港大丰港粮食现代物流项目码头工项目用海的批复》（苏海域〔2011〕81 号）；2011 年 6 月，交通运输部《关于盐城港大丰港区粮食码头工程使用港口岸线的批复》（交规划发〔2011〕284 号）。

项目建设 1 个 5 万吨级散粮码头泊位（码头水工建筑允许靠泊能力 10 万吨）、1 个 5 万吨级通用泊位（码头水工建筑允许靠泊能力 10 万吨）。岸线总长 530 米。码头采用顺岸式布局，高桩式结构。码头前沿水深 14.1 米。项目后方堆场面积 6.6 万平方米，年周转粮食 240 万吨。主要装卸设备配置 1 台 65 吨岸边集装箱起重机、4 台 40 吨门座式起重机、1 台连续卸船机、1 台粮食皮带机。水平装载运输采用装载机、集装箱牵引车、集装箱半挂车、汽车、自卸汽车等若干台。项目总投资 6.78 亿元，其中企业投入 2837.77 万元，银行贷款 6.50 亿元。项目用海面积 57.96 公顷，其中码头引桥 6.88 公顷，港池 51.08 公顷。

项目建设单位为江苏大丰海港港口有限公司；设计单位为中交第三航务工程勘察设计院有限公司；施工单位为中交第三航务工程局有限公司；监理单位为山东省交通工程监理咨询公司；质监单位为江苏省交通运输厅工程质量监督局。

盐城港大丰港区粮食码头自试生产运营以来，大力开拓货源，合理安排生产计划，精心组织生产，各道流程环环相扣，生产秩序良好，港口吞吐量逐月增长，呈现了良好的生产态势。据初步统计，自 2014 年元月试生产以来，截至 2014 年 12 月 31 日，累计完成吞吐量 379.45 万吨。盐城港大丰港区粮食工程投入生产以来运营情况良好，适应大丰粮油加工产业发展需要，缓解了港区泊位通过能力不足的状况，完善了港口功能，改善了投资环境，促进了沿海开发和地区经济社会发展。

（5）盐城港大丰港区三期通用码头工程

项目于 2012 年 4 月开工，2014 年 3 月试运行，2016 年 8 月竣工。

项目建设依据：2011 年 9 月，江苏省发展和改革委员会《关于核准盐城港大丰港区三期通用码头工程项目的通知》（苏发改基础发〔2011〕1435 号）；2011 年 12 月，江苏省交通运输厅批复《盐城港大丰港区三期通用码头工程初步设计》（苏交港〔2011〕105 号）；2011 年 3 月，江苏省海洋与渔业局《关于对于盐城港大丰港区三期通用码头工程海洋环境影响报告书的核准意见》（苏海环〔2011〕2 号）；2011 年 12 月，江苏省海洋与渔业局《关于对于盐城港大丰港区 5 万吨级通用码头工项目用海的批复》（苏海域〔2011〕82 号）；2011 年 7 月，交通运输部《关于盐城港大丰港区三期通用码头工程使用港口岸线的批复》（交规划发〔2011〕338 号）。

项目建设 2 个 5 万吨级通用码头泊位（码头水工建筑允许靠泊能力 10 万吨），岸线总长 560 米。码头采用顺岸式布局，高桩式结构。码头前沿水深 14.5 米。项目后方堆场面积 48.26 万平方米，年周转货物 560 万吨。主要装卸设备为 4 台 35 米/40 吨门座式起重机，4 台 42 米/40 吨门座式起重机，若干台自卸汽车、牵引车、平板车、装载机、轮胎吊、叉车等。项目总投资 8.92 亿元，其中企业投入 2.42 亿元，银行贷款 6.5 亿元。项目用海面积 60.36 公顷，其中非透水构筑物 8.95 公顷，码头引桥 13.10 公顷，港池 38.31 公顷。

项目建设单位为大丰海港港口有限责任公司；设计单位为中交第三航务工程勘察设计院有限公司；施工单位为中铁港航局集团有限公司；监理单位为上海海科工程监理所；质监单位为江苏省交通运输厅工程质量监督局。

盐城港大丰港区三期通用码头工程自试生产运营以来，大力开拓货源，合理安排生产计划，精心组织生产，各道流程环环相扣，生产秩序良好，港口吞吐量逐月增长，呈现了良好的生产态势。据初步统计，生产到 2014 年 12 月 31 日，泊位先后停靠"浦丰祥富海"等 5 万吨级以上船舶 15 艘次、5 万吨级以下船舶 120 艘次，累计完成吞吐量 208.46 万吨。盐城港大丰港区通用码头工程投入生产以来运营情况良好，适应大丰临港产业发展需要，缓解了港区泊位通过能力不足的状况，完善了港口功能，改善了投资环境，促进了沿海开发和地区经济社会发展。

（6）东海救助局大丰救助码头工程

项目于 2012 年 11 月开工，2014 年 10 月试运行，2015 年 6 月竣工。

项目建设依据：2010 年 10 月，交通运输部《关于东海救助局大丰救助码头工程可行性研究报告的批复》；2011 年，交通运输部批复《东海救助局大丰救助码头工程初步设计》

（交水发〔2011〕753 号）;2013 年 12 月,江苏省海洋与渔业局《关于东海救助局大丰救助码头工程项目用海的批复》（苏海域〔2013〕111 号）。

项目建设 1 个 220 米码头 1 座,码头前沿可满足 1 艘 6000 千瓦和 1 艘 8000 千瓦专业救助船同时停靠,或单独停靠 1 艘 14000 千瓦的专业救助船。岸线总长 220 米,码头采用突堤式布局,高桩式结构。码头前沿水深 7.1 米。项目总投资 5388 万元,全部为中央投资。项目用地面积 0.54 万平方米,用海面积 11.75 公顷,其中码头引桥 0.32 公顷,港池 11.43 公顷。

项目建设单位为交通运输部东海救助局;设计单位为中交武汉港湾工程设计研究院有限公司;施工单位为中交第二航务工程局有限公司;监理单位为上海海科工程咨询有限公司;质监单位为盐城市交通工程质量监督站、大丰建设工程质量安全监督站。

交通运输部东海救助局大丰救助码头于 2014 年 10 月报大丰市港口管理局试运行备案。试运行期间安全无事故,未出现质量问题。大丰救助码头是顺应国际形势和满足我国快速发展的海上交通需要而列入交通运输部"十二五"规划的国家公益性建设项目。大丰救助码头履行了国际海上救助义务和国家承担的直接以人命救生为目的的救助职责,适应了国家海上交通和海洋资源开发等事业发展的需要,完善了与我国海运大国相称的救助体系。

（7）盐城港大丰港区二期散货码头扩建工程

项目于 2013 年 8 月开工,2017 年 12 月试运行。

项目建设依据:2013 年 6 月,江苏省发展和改革委员会出具《关于核准盐城港大丰港区二期散货码头扩建工程项目的通知》（苏发改基础发〔2013〕866 号）;2013 年 7 月,江苏省交通运输厅批复《盐城港大丰港区二期散货码头扩建工程初步设计》（苏交港〔2013〕83 号）;2012 年 9 月,江苏省海洋与渔业局《关于对于盐城港大丰港区二期散货码头扩建工程海洋环境影响报告书的核准意见》（苏海环〔2012〕35 号）;2013 年 8 月,江苏省海洋与渔业局《关于对于盐城港大丰港区二期散货码头扩建工项目用海的批复》（苏海域函〔2013〕53 号）;2013 年 2 月,交通运输部《关于盐城港大丰港区二期散货码头扩建工程使用港口岸线的批复》（交规划函〔2013〕35 号）。

项目建设 1 个 5 万吨级散货码头泊位（码头水工建筑允许靠泊能力 7 万吨）,岸线总长 260 米。码头采用顺岸式布局,高桩式结构。码头前沿水深 14.5 米。项目后方二期矿石堆场用地面积 29.38 万平方米,散杂货堆场用地面积 53.8 万平方米,年周转货物 800 万吨。主要装卸设备配置 2 台 35 吨抓斗卸船机（额定生产率 1250 吨/小时）、1 台输送皮带机。项目总投资 3.12 亿元,其中企业投入 0.92 亿元,银行贷款 2.2 亿元。项目用海面积 16.92 公顷,其中码头 0.73 公顷,港池 16.19 公顷。

项目建设单位为大丰海港港口责任有限公司;设计单位为中交第三航务工程勘察设

计院有限公司；施工单位为广东金东海集团有限公司；监理单位为上海海科工程咨询有限公司；质监单位为盐城市交通工程质量监督站。

（8）盐城港大丰港区滚装船码头工程

项目于2014年9月开工，2016年1月试运行，2016年11月竣工。

项目建设依据：2014年8月，大丰市发展和改革委员会出具企业投资项目备案通知书（大发改审〔2014〕346号）；2014年10月，大丰市港口管理局批复《盐城港大丰港区滚装船码头工程初步设计》（大港〔2014〕32号）；2014年5月，江苏省海洋与渔业局《关于盐城港大丰港区滚装船码头工程海洋环境影响报告书的核准意见》（苏海环函〔2014〕51号）；2014年8月，江苏省海洋与渔业局《关于对于盐城港大丰港区滚装船码头工项目用海的批复》（苏海域函〔2014〕322号）；2014年8月，交通运输部《关于盐城港大丰港区滚装船码头工程使用港口岸线的批复》（交规划函〔2014〕663号）。

项目建设1个7万吨级汽车滚装船码头泊位，岸线总长339米、2万TEU。码头采用顺岸式布局，高桩式结构。码头前沿水深11.4米。项目总投资8005万元，其中企业投入2401.5万元，银行贷款5603.5万元。项目用海面积20.59公顷，其中码头1.74公顷，港池18.84公顷。

项目建设单位为大丰海港港口责任有限公司；设计单位为中交第三航务工程勘察设计院有限公司；施工单位为江苏大丰港建设有限责任公司；监理单位为江苏泰康工程咨询监理有限公司；质监单位为盐城市交通工程质量监督站。

盐城港大丰港区滚装码头工程投入生产以来运营情况良好，对于降低悦达起亚及周边车企运输成本、实现南北对流的内贸输运、促进汽车外贸进出口、发展中韩陆海联运都具有重要意义。大丰港滚装码头自2015年12月开港以来，从2015年12月31日的第一条滚装船"世源"，至2018年1月6日的"加洛韦"，共完成14艘次，累计装船车辆3391辆，卸船活牛2543头。

（9）盐城港大丰港区深水航道一期工程

项目于2016年2月开工。

项目建设依据：2013年12月，江苏省发展和改革委员会《盐城港大丰港区深水航道一期工程工程可行性研究报告的批复》（苏发改基础发〔2013〕1895号）；2013年12月，江苏省交通运输厅批复《盐城港大丰港区深水航道一期工程初步设计》（苏交港〔2013〕91号）；2013年10月，江苏省海洋与渔业局《关于盐城港大丰深水航道一期工程海洋环境影响报告书的核准意见》（苏海环函〔2013〕126号）；2013年10月，江苏省海洋与渔业局《关于盐城港大丰深水航道一期工程项目用海的预审意见》（苏海环函〔2013〕152号）。

盐城港大丰港区深水航道一期工程建设5万吨级散货船全潮单向通航、兼顾10万吨级散货船乘潮单向通航航道。

设计代表船型：散货船（设计船型）载重 5 万吨，长 223 米，宽 32.3 米，吃水 12.8 米；散货船（兼顾船型）载重 10 万吨，长 250 米，宽 43 米，吃水 14.5 米；油船（设计船型）载重 5 万吨，长 229 米，宽 32.2 米，吃水 12.8 米；油船（兼顾船型）载重 8 万吨，长 243 米，宽 42 米，吃水 14.3 米；化学品船载重 5 万吨，长 183 米，宽 32.2 米，吃水 12.9 米；集装箱船载重 3 万吨，长 241 米，宽 32.3 米，吃水 12 米；杂货船载重 4 万吨，长 200 米，宽 32.3 米，吃水 12.3 米。工程进港航道全长 79.9 千米，其中疏浚段长约 46.7 千米。航道通航宽度 210～223 米，设计水深 16.7～16.9 米，设计边坡 1:10。疏浚量 1600 万立方米。航标及标志数量为 12 个岸标、4 个浮标、6 个无线电航标、4 个航标遥测遥控终端。项目总投资 11.38 亿元，其中地方投资 5.24 亿元，省级财政投资 3.07 亿元，中央投资 3.07 亿元。项目用海面积 501.60 公顷。

项目建设单位为大丰港深水航道建设工程指挥部；设计单位为中交上海航道勘察设计研究院有限公司；施工单位为中港疏浚有限公司；监理单位为天津中北港湾工程建设监理有限公司；质监单位为江苏省交通运输厅工程质量监督局。

（三）射阳港区

1. 港区综述

（1）港区建设和运营概况

射阳河在历史上是一条良好的出海航道，射阳港也曾是天然商港。1938 年以前曾有 5000 吨级海轮自上海直达射阳，并沿河上溯至阜宁县城一带。之后由于日寇侵华及 1956 年在射阳河建挡潮闸，致使射阳河航运中断，港口瘫痪。党的十一届三中全会以后，各级政府重视港口建设，于 1980 年建成 500 吨级的高桩梁板式件杂货码头 1 座。1980 年 7 月，黄沙港作业区港池发生淤积，港口建设重心逐步向射阳河口转移。20 世纪 90 年代，江苏省政府批准建设射阳河口作业区后，射阳港先后建成了 1000 吨级通用泊位、3000 吨级油码头、射阳港电厂 3000 吨级煤码头及 3000 吨级多用途泊位，港口面貌逐步改善。

2015 年底，全港共有生产性泊位 23 个，码头泊位长度 1194 米，其中万吨级以上泊位 2 个。港区工程项目主要有盐城港射阳港区通用码头工程、江苏射阳港发电有限责任公司通用码头工程等。

2017 年 4 月 10 日，首次开通青岛港——射阳港集装箱内支线，完成集装箱装卸量近 6000TEU。

射阳港区 2011—2015 年完成吞吐量分别为 2011 年 264.9 万吨、2012 年 302.3 万吨、2013 年 379.9 万吨、2014 年 510.1 万吨、2015 年 1020 万吨。主要货种有煤炭及制品、散粮、矿建材料、非金属矿石、农林牧渔产品、件杂货等。

（2）港区地理条件和集疏运概况

射阳港区地处苏北沿海中部、射阳河入海处,经黄沙河、射阳河等内河与京杭大运河相通。射阳港北距连云港80海里,南距上海港280海里,东距韩国木浦港300海里、釜山港380海里,日本长崎港460海里。

进出港航道为3.5万吨级,航道总长约12千米,可满足万吨级散杂货船全潮双向航道,同时兼顾3.5万吨级散货船乘潮单向通航。近年来,射阳港区积极开展了进港航道整治工程,极大地增强了港区进港航道通航能力。

2.港区工程项目

（1）盐城港射阳港区进港航道整治工程

项目于2011年3月开工,2017年1月试运行,2017年12月竣工。

项目建设依据:2009年2月,江苏省交通运输厅《盐城港射阳港区进港航道整治工程工程可行性研究报告的批复》(苏交港〔2009〕13号);2010年12月,江苏省交通运输厅批复《盐城港射阳港区进港航道整治工程初步设计》(苏交港〔2010〕98号),2013年3月,江苏省交通运输厅批复《盐城港射阳港区进港航道整治工程(二期)初步设计》(苏交港〔2013〕20号);2009年7月,江苏省海洋与渔业局《关于盐城港射阳港区进港航道整治工程海洋环境影响报告书的核准意见》(苏海环〔2009〕10号);2010年1月,江苏省海洋与渔业局《关于盐城港射阳港区导堤工程项目用海的批复》(苏海域〔2010〕1号);2016年5月,江苏省海洋与渔业局《关于同意盐城港射阳港区导堤工程北导堤海域使用权变更的批复》(苏海域函〔2016〕42号)。

盐城港射阳港区进港航道整治工程航道等级为3.5万吨级,可满足万吨级散杂货船全潮双向航道,同时兼顾3.5万吨级散货船乘潮单向通航。设计船型:1万吨级杂货船,146米×22.0米×8.7米;1万吨级散货船,135米×20.5米×8.5米。兼顾船型:3.5万吨级散货船,190米×30.4米×11.2米。航道全长12千米,其有效宽度160~360米,设计水深12.75~13.45米。疏浚量总量1800万立方米。建设总长15.7千米的双导堤,其中南导堤7.8千米,北导堤7.9千米。共设航标及标志20座,锚地面积为15万平方公里。项目总投资17.27亿元,其中企业投资10.93亿元,地方投资2.57亿元,中央投资3.78亿元。项目用海面积96.15公顷。

项目建设单位为江苏射阳港港口股份有限公司;设计单位为中交第二航务工程勘察设计院有限公司、中交上海航道勘察设计研究院有限公司;施工单位为中交广州航道局有限公司、中交上海航道局有限公司、长江南京航道工程局;监理单位为天津中北港湾工程建设监理有限公司;质监单位为盐城市交通工程质量监督站。

盐城港射阳港区进港航道整治工程全面实施完成后,攻克了困扰射阳港发展多年的"拦门沙"难题,进出港航道明显改善,航道通过能力和航运效益显著提高。随着项目的顺利实施,射阳港区货物吞吐量逐年递增,2015年完成货物吞吐量1020万吨,是整治前的3.85倍,2017年货物吞吐量增至1278.6万吨。项目的投产还促进了射阳港石材产业园、益海嘉里粮油、农垦麦芽、海越麦芽等临港重点产业的发展,吸引了远景新能源、深蓝玉航空、辉山乳业等一批重大项目纷纷落地,取得了良好的经济效益和社会效益。除此之外,航道等级的提升还带来了安全性提升、运行时间减少等好处。

(2)盐城港射阳港区通用码头工程

项目于2012年9月开工,2014年8月试运行,2014年12月竣工。

项目建设依据:2012年4月,江苏省发展和改革委员会《关于核准盐城港射阳港区通用码头工程项目的通知》(苏发改基础发〔2012〕508号);2012年7月,江苏省交通运输厅批复《盐城港射阳港区通用码头工程初步设计》(苏交港〔2012〕71号);2012年3月,江苏省海洋与渔业局《关于盐城港射阳港区通用码头工程海洋环境影响报告书的核准意见》(苏海环〔2012〕4号);2012年6月,江苏省海洋与渔业局《省海洋与渔业局关于盐城港射阳港区通用码头工程项目用海的批复》(苏海域〔2012〕29号);2012年2月,交通运输部《关于盐城港射阳港区通用码头工程使用港口岸线的批复》(交规划发〔2012〕67号)。

项目建设2个1万吨级通用码头泊位(码头水工建筑允许靠泊能力3.5万吨),岸线总长337米。码头采用顺岸式布局,高桩式结构。码头前沿水深9.6米。项目后方堆场面积7.72万平方米,堆存能力14.2万吨,集装箱0.16万TEU。仓库面积为0.37万平方米,堆存能力0.32万吨。主要装卸设备配置2台25吨和2台45吨门座式起重机。项目总投资5.1亿元,其中企业投资1.53亿元,银行贷款3.57亿元。项目用海面积30.86公顷,其中填海造地(堆场)21.40公顷,码头引桥1.18公顷,港池8.28公顷。

项目建设单位为江苏射阳港口股份有限公司;设计单位为中交上海航道勘察设计研究院有限公司、中交第二航务工程勘察设计院有限公司;施工单位为中交广州航道局有限公司、中交一航局第二工程有限公司、盐城市虹宇建筑工程有限公司;监理单位为天津中北港湾工程建设监理有限公司;质监单位为盐城市交通工程质量监督站。

盐城港射阳港区通用码头工程于2014年8月投入试运行,中转的货物主要有粮食、建材等散杂货,主要用于海越麦芽制造啤酒麦芽、连盐铁路射阳段和各大建筑工地。项目的正常运行,有力服务于重大项目建设和地方经济发展,实现了货物吞吐量和社会经济效益双提升。2014年共完成货物吞吐量50万吨,占射阳港区货物总吞吐量510.1万吨的9.8%。

(四)滨海港区

1. 港区综述

(1)港区建设和运营概况

滨海港区分为北区和南区,北区以干散货、煤炭为主,南区以液体散货为主。滨海港区有进港航道等级为 5 万吨级双向通航航道，后期将建设成为 10 万吨级。滨海港区有建设生产性泊位 7 个，其中北区通用码头一期工程 10 万吨级泊位 1 个、北区通用码头二期工程 10 万吨级泊位 1 个、南区液体散货码头 5 万吨级泊位 1 个、国电投煤炭码头一期工程泊位 4 个（包括 1 个 7 万吨级和 1 个 10 万吨级卸船泊位、1 个 5 万吨级和 1 个 3.5 万吨级装船泊位）；港区有普通船舶锚地 1 个，面积 15 平方公里，可锚泊 5 万吨级散杂货船。

滨海港区于 2015 年 10 月 20 日正式开港通航（北区通用码头一期），国电投煤炭码头一期于 2017 年 4 月正式开港通航。2015 年吞吐量 1.5 万吨（矿建材料），2016 年吞吐量 15 万吨（矿建材料），2017 年吞吐量 180 万吨（煤炭 150 万吨、矿建材料 30 万吨）。

（2）港区地理条件和集疏运概况

滨海港区位于苏北废黄河三角洲上，隶属江苏省盐城市滨海县，具体地理位置在滨海县域东北部，滨海沿海开发节点的南端。港城城区依托滨海港区镇的镇区新建，东临黄海，南与振东乡接壤，西与滨淮镇交界，北与滨淮农场、新滩盐场相邻。

滨海港区水陆交通便利，水路北距连云港 60 海里、青岛港 145 海里，南至上海港 335 海里，东至韩国木浦港 360 海里、釜山港 480 海里，至日本长崎港 475 海里；陆路沿海有海堤路、陈李线等，北距灌河口 50 千米、连云港 100 千米，西距滨海县城 53 千米，西南距阜宁县城 79 千米、盐城市区 100 千米，南距射阳河口 58 千米。

滨海港区的对外交通通道主要是公路，已经建成的主要有北疏港路、S327、G228（临海高等级公路）、S226 等。集疏运总体规划以港口为放射源，形成三束面向内陆的集疏运交通走廊，由公路、铁路和内河三种交通方式组成。规划新建疏港铁路专线、淮滨高速公路、北疏港航道、南疏港航道等。

2.港区工程项目

（1）盐城港滨海港区 10 万吨级航道工程

项目于 2009 年 7 月开工，2017 年 4 月试运行。

项目建设依据：2008 年 4 月，江苏省发展和改革委员会《关于核准盐城港滨海港区 10 万吨级航道工程项目的批复》（苏发改交通发〔2008〕371 号）；2008 年 7 月，江苏省交通运输厅批复《盐城港滨海港区 10 万吨级航道工程初步设计》（苏交港〔2008〕58 号）；2007 年 9 月，江苏省环境保护厅《关于对江苏滨海港十万吨级航道工程环境影响报告书的批复》（苏环管〔2007〕210 号）；2007 年 10 月，江苏省海洋与渔业局《关于对江苏滨海港十万吨级航道工程环境影响报告书的核准意见》（苏海环〔2007〕28 号）；2007 年 9 月，江苏省海洋与渔业局《关于江苏滨海港 10 万吨级航道工程项目用海的预审意见》（苏海域函〔2007〕45 号）。

盐城港滨海港区进港航道工程航道等级为 10 万吨级（一期按 5 万吨级航道建设，二期按照 10 万吨级建设），按照单向航道考虑。设计船型：5 万吨级散货船，223 米×32.3

米×12.8米;5万吨级原油船,229米×32.2米×12.8米;10万吨级散货船,250米×43.0米×14.5米。航道全长5450米,其有效宽度190~240米,设计水深13.15米(5万吨级航道)、14.65米(10万吨级航道)。疏浚量总量340万立方米。建设总长6780米的双导堤,其中北导堤4800米,南导堤1980米。共设航标及标志14座。项目总投资16.42亿元,均由企业自筹。项目用海面积40.22公顷。

项目建设单位为国家电投集团江苏滨海港航有限公司;设计单位为中交第一航务工程勘察设计院有限公司;施工单位为中交第三航务工程局有限公司;监理单位为天津中北港湾工程建设监理有限公司;质监单位为江苏省交通运输厅工程质量监督局。

中电投江苏滨海港务有限公司于2009年7月投资建设滨海港10万吨级航道工程。2015年8月,根据企业发展需要,按项目对原中电投江苏滨海港务有限公司进行存续分设,中电投江苏滨海港务有限公司负责码头项目,中电投江苏滨海港航有限公司负责航道项目。2016年8月,根据国家电投集团公司要求,中电投江苏滨海港航有限公司更名为国家电投集团江苏滨海港航有限公司。

(2)盐城港滨海港区中电投煤炭码头一期工程

项目于2012年12月开工,2017年6月试运行。

项目建设依据:2012年5月,国家发展和改革委员会《关于江苏盐城港滨海港区中电投煤炭码头一期工程项目核准的批复》(发改基础发〔2012〕1151号);2012年9月,交通运输部批复《盐城港滨海港区中电投煤炭码头一期工程初步设计》(交水发〔2012〕481号);2011年12月,国家环境保护部《关于对于盐城港滨海港区中电投煤炭码头一期工程海洋环境影响报告书的核准意见》(环审〔2011〕354号);2011年11月,国土资源部《关于对于盐城港滨海港区中电投煤炭码头一期工程建设用地预审意见的复函》(国土资预审字〔2011〕309号);2011年5月,国家海洋局《关于对于盐城港滨海港区中电投煤炭码头一期工程项目用海预审意见的函》(国海管字〔2011〕338号)。

项目建设1个7万吨级(码头水工建筑允许靠泊能力10万吨)和1个10万吨级(码头水工建筑允许靠泊能力15万吨)海港煤炭接卸泊位、1个3.5万吨级和1个5万吨级海港煤炭装船泊位(码头水工建筑允许靠泊能力7万吨)、2个1000吨级内河装船泊位,海港和河港各建设1个工作船泊位。岸线总长1308米。码头采用突堤式布局,重力式结构。海港卸船泊位码头前沿设计水深15.65米,海港装船泊位码头前沿设计水深13.65米,海港工作船泊位码头前沿设计水深15.65米,河港装船泊位码头前沿设计水深1.85米。项目后方堆场面积14.8万平方米,堆存能力70万吨,球形仓容量108万吨(单仓18万吨)。主要装卸设备配置海港卸船泊位配置5台1800吨/小时桥式抓斗卸船机,海港装船泊位配置2台5000吨/小时移动伸缩装船机,河港装船泊位配置2台1000吨/小时移动伸缩回转式装船机;每个球形仓内部布置1台悬臂式堆取料机(堆料额定能力5400吨/

小时、取料额定能力 2500 吨/小时),堆场布置 1 台堆取料机和 1 台取料机(其中堆取料机额定能力堆料 5400 吨/小时、取料 5000 吨/小时,取料机额定能力 5000 吨/小时);物料输送采用带式输送机;汽车疏港采用单斗装载机进行装车作业。项目总投资 38.23 亿元,其中企业投资 11.46 亿元,银行贷款 26.77 亿元。用地面积 112.33 万平方米,用海面积 35.18 公顷,其中码头引桥 5.97 公顷、港池 29.21 公顷。

项目建设单位为国家电投集团滨海协鑫发电有限公司;设计单位为中交第一航务工程勘察设计院有限公司;施工单位为中交第三航务工程局有限公司、长江航道局、河南第二建设集团;监理单位为天津中北港湾工程建设监理有限公司;质监单位为江苏省交通运输厅工程质量监督局。

项目建成试运行后,在港区起步阶段起到十分重要的先头带动作用,对滨海港区的开发、港口规模的提升起到重要的促进作用。为滨海县的众多临港企业提供更加便捷、安全、低价的海上运输通道,降低物流运输成本,节约社会资源,社会经济效益明显。

(3)盐城港滨海港区北区通用码头一期工程

项目于 2014 年 3 月开工,2015 年 10 月试运行,2018 年 4 月竣工。

项目建设依据:2014 年 1 月,江苏省发展和改革委员会《关于核准盐城港滨海港区北区通用码头一期工程项目的通知》(苏发改基础发〔2014〕110 号);2014 年 9 月,江苏省交通运输厅批复《盐城港滨海港区北区通用码头一期工程初步设计》(苏交港〔2014〕44 号);2013 年 12 月,江苏省海洋与渔业局《关于对于盐城港滨海港区北区通用码头一期工程海洋环境影响报告书的核准意见》(苏海环函〔2013〕195 号);2013 年 13 月,江苏省国土资源厅《关于盐城港滨海港区北区通用码头一期工程项目用地的预审意见》(苏国土资预〔2013〕243 号);2014 年 3 月,江苏省海洋与渔业局《关于对于盐城港滨海港区北区通用码头一期工项目用海的批复》(苏海域函〔2014〕35 号);2013 年 12 月,交通运输部《关于盐城港滨海港区北区通用码头一期工程使用港口岸线的批复》(交规划发〔2013〕766 号)。

项目建设 1 个 10 万吨级通用码头泊位,岸线总长 310 米。码头采用顺岸式布局,板桩式结构。码头前沿水深 15.65 米。项目后方堆场面积 24.9 万平方米,堆存能力 41.2 万吨。主要装卸设备配置 40 吨门座式起重机 4 台。项目总投资 10.34 亿元,其中企业投入 1.50 亿元,银行贷款 3.49 亿元。用地面积 36.11 公顷,用海面积 14.55 公顷,其中码头引桥 4.93 公顷、港池 9.62 公顷。

项目建设单位为滨海县滨海港投资开发有限公司;设计单位为中交第一航务工程勘察设计院有限公司;施工单位为天津深基工程有限公司、中交一航局第四工程有限公司、青岛海西重机有限责任公司;监理单位为江苏科兴项目管理有限公司;质监单位为盐城市交通工程质量监督站。

项目建成试运行后,在港区起步阶段起到十分重要的先头带动作用,对滨海港区的开发、港口规模的提升起到重要的促进作用。为滨海县的众多临港企业提供更加便捷、安全、低价的海上运输通道,降低物流运输成本,节约社会资源,社会经济效益明显。

（4）盐城港滨海港区南区液体散货码头一期工程

项目于 2015 年 9 月开工。

项目建设依据:2014 年 7 月,滨海县发展和改革委员会出具企业投资项目备案通知书(滨发改审〔2014〕130 号);2016 年 3 月,盐城市港口管理局批复《盐城港滨海港区南区液体散货码头一期工程初步设计》(盐港字〔2016〕7 号);2014 年 8 月,滨海县环境保护局《关于对于盐城港滨海港区南区液体散货码头一期工程海洋环境影响报告书的核准意见》(滨环管〔2014〕083 号);2013 年 11 月,江苏省国土资源厅《关于对于盐城港滨海港区南区液体散货码头一期工程用地的预审意见》(苏国土资预〔2013〕241 号);2013 年 12 月,交通运输部《关于盐城港滨海港区南区液体散货码头一期工程使用港口岸线的批复》(交规划发〔2013〕7446 号)。

项目建设 1 个 5 万吨级液体散货码头泊位(码头水工建筑允许靠泊能力 10 万吨),岸线总长 315 米。码头采用顺岸式布局,板桩式结构。码头前沿水深 13.65 米。项目总投资 5.27 亿元,其中企业投入 1.58 亿元,银行贷款 3.69 亿元。项目用地面积 35.04 万平方米。

项目建设单位为滨海县滨海港投资开发有限公司;设计单位为中交第一航务工程勘察设计院有限公司;施工单位为天津深基工程有限公司;监理单位为江苏科兴项目管理有限公司;质监单位为盐城市交通工程质量监督站。

（五）响水港区

1. 港区综述

（1）港区建设和运营概况

20 世纪初,大源、裕通、庆日新、大有晋等盐业公司,在陈家港铺盐滩,筑盐坨,挑河道,建码头,港口日趋繁荣。1918 年,大源盐业公司率先在现陈家港盐业运销栈对面建设 1 座木质码头,陈家港码头由此慢慢发展壮大。自 G204 灌河大桥向下游依次划分为:大桥作业区、双港作业区、大湾作业区、陈港作业区和小蟒牛作业区。大桥作业区位于亘河闸下游,下游端点距沿海高速大桥 370 米,分布有响水县交通投资有限责任公司 1000 吨级和 3000 吨级泊位各 1 个、中油盐城分公司响水油库 1000 吨级泊位 1 个、在建的中联水泥 1000 吨级泊位 4 个。双港作业区位于姚湾闸和新开城闸之间,有已建成的江苏万融国际港务有限公司 7 个 5000 吨级泊位。大湾作业区位于红星闸至安潮河闸之间,内有裕廊化工的液体化工码头以及森达热电的煤码头。陈港作业区位于陈家港作业区老码头下游,现状分布有 500 ~ 1000 吨级小码头多个。小蟒牛作业区位于国华陈家港电厂下游,有江苏陈家港电厂 1 个 2 万吨级煤码头和 1 个 2000 吨级码头、江苏宏海港务有限公司 2 个 2 万吨级泊位、原宏铭船厂 3.5 万吨级舾装码头、在建的 2 个 5 万吨级码头。

响水港区航道包括灌河口外航道和口内航道。目前,灌河口 5 万吨级航道整治工程正在有序推进,完成后,通航底高程 –11.15 米,航道通航有效宽度 170 ~ 230 米,航道全长 29.15 千米。灌河口内航道平均潮位下河宽 300 ~ 1100 米,河道底宽 160 ~ 180 米,最宽处达 230 米。盐连高速公路大桥以下航道自然水深 6 ~ 12 米,每潮水利用 3 小时高潮通航水深可达 9 ~ 14 米。

随着响水港区的发展,吞吐量也是在逐年上升,2010 年吞吐量为 493.86 万吨,2011 年吞吐量为 612 万吨,2012 年吞吐量为 812.8 万吨,2013 年吞吐量为 1280 万吨,2014 年吞吐量为 1519.05 万吨,2015 年吞吐量为 2030.57 万吨。响水港区装卸的货种主要为煤炭、红土镍矿矿建材料。

（2）港区地理条件和集疏运概况

响水港区位于盐城市北部,东临黄海,北至灌河,南到中山河,西接灌南、涟水两县。响水县境东西长 61 千米,南北宽 23 千米,总面积为 1461 平方公里。响水港区北距连云港港 32 海里,南距上海港 385 海里,东距日本长崎港 510 海里、韩国木浦港 330 海里。海岸线 43 千米,海域面积 159900 公顷。南依中山河,流长 63 千米;西贯通榆河,境内流长 20 千米;北部的灌河素有“苏北黄浦江”之称,境内流长 46.5 千米。

响水港区公路方面靠 S326 与外连接,各作业区通过连接线接入 S326,然后连接沿海高速公路、G204 及临海高等级公路。水路方面靠灌河与外沟通,灌河内连盐河,与京杭大运河相交,直接辐射苏北、鲁西地区,沿大运河向南进长江、淮河、洪泽湖,可辐射皖北和豫东地区;与通榆河相交,直接与长江相连,可快速辐射到苏中和苏南地区。

规划继续完善响水港区的集疏运体系。在公水联运方面,在小蟒牛作业区规划直通沈海高速公路和宁连高速公路的高速公路通道,同时加快实施宁靖盐高速公路北沿至响水段工程。在铁水联运方面,规划建设一条直通宁盐铁路的支线。在海河联运方面,加快推进小蟒牛作业区内挖式 12 个 1000 吨级泊位的建设,满足内河船舶的靠泊和转运。

2.港区工程项目

（1）江苏国华陈家港电厂“上大压小”新建工程一期配套码头工程

项目于 2008 年 4 月开工,2012 年 9 月试运行,2017 年 3 月竣工。

项目建设依据:2012 年 8 月,国家发展和改革委员会《关于江苏国华陈家港电厂“上大压小”新建工程项目核准的批复》(发改能源〔2012〕2550 号);2016 年 2 月,江苏省交通运输厅批复《江苏国华陈家港电厂“上大压小”新建工程一期配套码头工程初步设计》(苏交港〔2016〕5 号);2011 年 11 月,环境保护部《关于江苏国华陈家港电厂一期工程环境影